„Stets korrekt und human“

Antiziganismusforschung interdisziplinär
Schriftenreihe der Forschungsstelle Antiziganismus
Herausgegeben von Tanja Penter, Frank Reuter und Daniela Gress
Band 4

Interdisciplinary Studies in Antigypsyism
Book Series of the Research Centre on Antigypsyism
Series Editors: Tanja Penter, Frank Reuter and Daniela Gress
Volume 4

„STETS KORREKT UND HUMAN“

Der Umgang der westdeutschen Justiz mit dem NS-Völkermord an den Sinti und Roma

Ulrich Friedrich Opfermann

HEIDELBERG
UNIVERSITY PUBLISHING

Finanziert vom
Ministerium für Wissenschaft, Forschung und Kunst Baden-Württemberg

Baden-Württemberg
MINISTERIUM FÜR WISSENSCHAFT, FORSCHUNG UND KUNST

Die dieser Studie zugrunde liegende Expertise „Zum Umgang der deutschen Justiz mit an der Roma-Minderheit begangenen NS-Verbrechen nach 1945" wurde im Jahr 2020 unter Gewährung einer Zuwendung des Bundesministeriums des Innern, für Bau und Heimat für die Unabhängige Kommission Antiziganismus erstellt.

Bibliografische Information der Deutschen Nationalbibliothek
Die Deutsche Nationalbibliothek verzeichnet diese Publikation in der Deutschen Nationalbibliografie; detaillierte bibliografische Daten sind im Internet über http://dnb.dnb.de abrufbar.

Publiziert bei Heidelberg University Publishing (heiUP), 2023

Universität Heidelberg / Universitätsbibliothek
Heidelberg University Publishing (heiUP)
Grabengasse 1, 69117 Heidelberg
https://heiup.uni-heidelberg.de

Die Online-Version dieser Publikation ist auf den Verlagswebseiten von Heidelberg University Publishing https://heiup.uni-heidelberg.de dauerhaft frei verfügbar (Open Access).
doi: https://doi.org/10.17885/heiup.949

Umschlagabbildung: Landesarchiv Berlin, F Rep 290/0410224;
Begleitinformation: Landesarchiv Berlin, B 057-01, Bl. 187 f.,
Ermittlungen Staatsanwaltschaft Berlin gegen RSHA-Angehörige,
Vernehmung, 15.4.1946.

ISSN 2629-4990
eISSN 2629-5008

ISBN 978-3-96822-197-7 (Hardcover)
ISBN 978-3-96822-123-6 (Softcover)
ISBN 978-3-96822-122-9 (PDF)

Für Marla, Maya, Toni

Epilog

So endet
Die Geschichte einer Reise.
Ihr habt gehört und ihr habt gesehen.
Ihr saht das Übliche, das immerfort Vorkommende.
Wir bitten euch aber:
Was nicht fremd ist, findet befremdlich!
Was gewöhnlich ist, findet unerklärlich!
Was da üblich ist, das soll euch erstaunen.
Was die Regel ist, das erkennt als Missbrauch
Und wo ihr den Missbrauch erkannt habt,
Da schafft Abhilfe!

Bertolt Brecht

Inhaltsverzeichnis

— ※ —

Vorbemerkung der Reihenherausgeber

— ※ —

Diese Untersuchung geht auf ein Gutachten zurück, das Ulrich Friedrich Opfermann für die im März 2019 im Bundesministerium des Innern und für Heimat eingerichtete Unabhängige Kommission Antiziganismus erarbeitet hat.[1] Im Zentrum stand das mit Blick auf den NS-Völkermord an den Sinti und Roma umfangreichste Strafverfahren in der Bundesrepublik, das Sammelverfahren zum „Zigeunerkomplex" (1958 bis 1970). Der justizielle Umgang mit den an Sinti und Roma begangenen NS-Verbrechen ist bislang erst in Ansätzen erforscht. Vor diesem Hintergrund konnte der Autor dafür gewonnen werden, sein auf das Sammelverfahren fokussiertes Gutachten zu einer Monografie auszuarbeiten, in der die rechtlichen, politischen und gesellschaftlichen Kontexte stärker einbezogen werden. Zugleich wird der Blick geweitet auf die Behandlung der für den Völkermord an den Sinti und Roma Verantwortlichen durch bundesdeutsche Gerichte insgesamt. So enthält das Buch erstmalig einen tabellarischen Überblick von mehr als 150 Verfahren, in denen Verbrechen an Sinti und Roma thematisiert wurden – wenn auch die übergroße Mehrheit der Tatbeteiligten einer Verurteilung entging und kaum ein Täter oder eine Täterin angemessen zur Verantwortung gezogen wurde.

1 Das Gutachten mit dem Titel „Zum Umgang der deutschen Justiz mit an der Roma-Minderheit begangenen NS-Verbrechen nach 1945" ist auf der Internetseite des BMI abrufbar: https://www.bmi.bund.de/DE/themen/heimat-integration/gesellschaftlicher-zusammenhalt/unabhaengige-kommission-antiziganismus/unabhaengige-kommission-antiziganismus-node.html.

Die vorliegende, empirisch gesättigte Studie hat weit mehr als den doppelten Umfang des ursprünglichen Gutachtens. Sie bildet eine wichtige Ressource für zukünftige Forschungen und trägt hoffentlich dazu bei, weitere Detailuntersuchungen auf diesem Feld anzuregen.

Heidelberg, im Januar 2023

Prof. Dr. Tanja Penter
Dr. Frank Reuter
Daniela Gress

1

Einleitung

— ※ —

Das „Sammelverfahren zum ‚Zigeunerkomplex'"[2] der 1950er- bis 1970er-Jahre war als ein Großereignis neben dem ersten Auschwitz-Prozess geplant gewesen. In Unterscheidung zu Einzelverfahren bündelte es sachlich und fachlich zusammenhängende Strafverfahren gegen eine große Gruppe von Tatverdächtigen. Mit seiner Thematik war es in dieser Größenordnung in der Geschichte der westdeutschen NSG-Verfahren einzigartig. Der justizielle, rechtspolitische, gesellschaftliche und politische Rahmen, in dem dieses Verfahren und sein Verlauf standen, wird im Folgenden gründlich betrachtet werden. Dies wird Anlass sein, den Blick darüber hinaus auf den justiziellen Umgang mit den NS-Verbrechen an der Roma-Minderheit[3] durch Gerichte in

2 Die hier verwandte Bezeichnung für dieses Verfahren entspricht dem Wortgebrauch der Verfahrensjuristen, siehe etwa die Frankfurter Oberstaatsanwaltschaft im Zusammenhang der Bestellung des Sachbearbeiters Fritz Thiede: LAV NRW, Abt. Rheinland, Ger. Rep. 231, Nr. 1.547, Bl. 478, Erster StA Hanns Großmann, Vermerk, 31. 1. 1961; hinzugefügt wurden distanzierend ein An- und ein Abführungszeichen.

3 *Roma* bezeichnet mit einem Romanes-Wort nach internationaler Konvention alle Angehörigen der zahlreichen romanessprachigen Gruppen, also die Gesamtminderheit. Das Romanes-Wort *Sinti*, das im Text ebenfalls auftritt, bezeichnet die Angehörigen einer vor allem in Mittel- und Westeuropa seit dem ausgehenden Mittelalter beheimateten Teilgruppe der Roma. Die auf den deutschen Sprachraum beschränkte Zusammenführung von „Roma" mit „Sinti" als Gesamtbezeichnung ist kategorial inkonsistent und wird daher hier nicht verwendet. Dass sie im Untertitel dieser Schrift dennoch auftritt, geht auf editorische Anforderungen zurück. Die abwertende Bezeichnung „Zigeuner" wird als Quellen- und Fremdbegriff zitiert und distanzierend in Anführungszeichen gesetzt.

Westdeutschland – Bundesrepublik Deutschland, Westberlin und Saarland (bis Ende 1956 französisch verwaltet) – zu richten.

Bislang liegt dazu anders als zu anderen Verfolgtengruppen erst wenig vor. Das Thema wurde bisher nur in Ansätzen angegangen. Insbesondere aber hinsichtlich der westdeutschen Justizaktivitäten zu den Verbrechen an dem osteuropäischen Teil der Roma gibt es in der Literatur nur Verstreutes.[4] Man konnte meinen, dass das Thema über die Tatträume hinweg in der vergangenheitspolitischen Forschung zu den NS-Gewaltverbrechen (NSG) deshalb keine größere Aufmerksamkeit hatte finden können, weil entweder derartige Verbrechen kaum geschehen seien oder weil sich die juristischen Instanzen dafür nicht interessiert hätten. Dieser Eindruck wandelte sich mit Aufnahme der Recherche. Es hatte Verbrechen wie Verfahren zahlreich gegeben.

Da der Genozid an der Roma-Minderheit nicht nur in den Auschwitzdeportationen kulminierend eine mitteleuropäische, sondern mit den Massenmorden der Einsatzgruppen im europäischen Osten eine zweite, nicht weniger gewichtige Dimension hatte, waren beide Tatträume zu betrachten, für die in gleicher Weise justizielle Ermittlungen stattgefunden hatten. Die Voraussetzungen waren also vorhanden, auf einer breiteren Grundlage Gang, Ziel und Zweck der strafrechtlichen Bearbeitung nachzuzeichnen.

Um die Verfahren einordnen zu können, ist es erforderlich, die den Akteuren von außen gesetzten Handlungsbedingungen gründlich in Augenschein zu nehmen. Was waren die vergangenheitspolitischen Voraussetzungen für die Tätigkeit der Justiz, wie gestalteten sich die rechtlichen Möglichkeiten für die Beteiligten und wie gingen sie damit um? Wer waren die Beschuldigten und deren Unterstützer? Wer waren die Verfolgten gewesen, wer stand ihnen nun bei? Wer waren die Juristen? Was meinten die Sachverständigen? Was waren die Quellen ihres Sachverstands?

In welche politischen und sozialen Strukturen waren die jeweiligen Gruppen von Handlungsträgern eingebunden und welche Interessen

Zu sehen ist, dass die Verwendung ethnografischer Gruppenkonstrukte und die damit einhergehenden aus- und einschließenden Grenzziehungen in der Regel abstammungsbiologisch begründete und immer kulturell homogenisierende Setzungen darstellen. Sie decken sich nicht mit den zahlreichen real diversen und prozesshaften individuellen, familiären und sozialen Teilgruppen-Biografien und Herkunftsgeschichten.

4 Hohmann: Robert Ritter, S. 380–416; Sandner: Criminal justice; Opfermann: Genozid und Justiz; Heuß/Roßberg: Schonung.

bestimmten ihr Rollenverständnis? Welches Gewicht hatten in diesem widersprüchlichen Kräftefeld jeweils die gesellschaftlichen, justiziellen und politischen Instanzen und welche Durchsetzungsmöglichkeiten oder -einschränkungen ergaben sich daraus?

Das Titelbild dieser Studie kann als visueller Einstieg in den mit diesen Fragen skizzierten Schwerpunkt genommen werden.[5] Es zeigt im Treppenhaus des Reichskriminalpolizeiamts (RKPA) am Werderschen Markt 5/6 in Berlin 24 Mitarbeiter und eine Mitarbeiterin der Reichszentrale zur Bekämpfung des Zigeunerunwesens. Sie hatten sich, wie dem Bild beigegeben ist, am 28. Mai 1942 für eine fotografische „Erinnerung an den Neuaufbau der Reichszentrale" versammelt. Die Reichszentrale hatte nach einer Renovierung ihre Räume dort 1939 bezogen. Der „Neuaufbau" einer solchen „Zentralstelle", die es bereits seit dem ausgehenden 19. Jahrhundert im Deutschen Reich gegeben hatte, wurde im Mai 1941 abgeschlossen. Es handelte sich um eine jener „Reichszentralen" des RKPA, deren Aufgabe die Erfassung und Aussonderung von Bevölkerungsgruppen war, die aus einer bürgerlich-volksgemeinschaftlichen Ordnungs- und Sicherheitsperspektive als deviant und kriminogen betrachtet wurden. Neben „Zigeunern" waren das auch andere als „asozial" Betrachtete wie Homosexuelle, „Mädchenhändler", „Jugendkriminelle", „Triebverbrecher", Verbreiter „unzüchtiger Bilder, Schriften und Inserate" usw.[6]

Bei dem Sitz des RKPA handelte es sich um ein im Kaiserreich ausgebautes vierstöckiges Gebäude eines Textilkaufhauses in jüdischem Eigentum. 1937 wurde es nach der Flucht der Inhaber „arisiert" und nahm zwei Jahre später nach einer Renovierung die Filialbehörde des sich über Berlin verteilenden Reichssicherheitshauptamts (RSHA) auf. Damit sind Entwicklungsschritte benannt, die sich in den beruflichen Biografien auch der Menschen auf der Treppe spiegeln dürften.

Die Männer dort weisen sich mit der Einheitlichkeit ihrer Kleidung als Angehörige eines gemeinsamen Sozialmilieus aus. Kein Blaumann,

5 Zum Bild: Landesarchiv Berlin, F Rep 290/0410224, siehe Nerdinger: München und der Nationalsozialismus, S. 617; Begleitinformation: Landesarchiv Berlin, B 057-01, Bl. 187 f., Ermittlungen Staatsanwaltschaft Berlin gegen RSHA-Angehörige, Vernehmung, 15. 4. 1946. Ich bedanke mich für die Angaben bei Verena Meier (Heidelberg).

6 Einen guten Überblick über die Entstehung und Tätigkeit des RKPA gibt: Grau: Lexikon, S. 243 f. Der Schwerpunkt von Grau ist die Verfolgung der Minderheit der Homosexuellen zwischen 1933 und 1945, immer wieder aber geht er auch auf die Verfolgung der Roma-Minderheit ein.

kein Kittel, sondern Krawatte, weißes Hemd und leichtes Schuhwerk sind zu sehen. Offenbar verrichteten sie ihre Arbeit an Schreibtischen. Sie sind den Mittelschichten zuzuordnen, den Trägerschichten des NS-Aufstiegs. Die meisten, wenn nicht alle Abgebildeten werden wie die vier mit Kreuzchen Markierten einem Zweig der nicht uniformierten Polizei, der Kriminalpolizei, angehört haben. Das Gruppenbild hätte sich auch im Innenhof des Gebäudes oder in einem der größeren Räume aufnehmen lassen, aber die Fotografierten befinden sich auf den Stufen des Mittelteils einer Treppe, die sich nach oben und nach unten in weitere Stockwerke fortsetzt. Treppen sind keine Orte eines dauerhaften Aufenthalts, sie sind Orte des Auf- und des Abstiegs. Sie symbolisieren hierarchische Verhältnisse. Die Angehörigen der Reichszentrale zur Bekämpfung des Zigeunerunwesens zeigen sich in einem figurativen Sinn auf der Treppe an jenem gesellschaftlichen Ort, dem sie angehörten. Die Treppe spiegelt die Lage von Menschen in der Mitte der Gesellschaft. Man vertritt Konstanz im einmal Erreichten und zugleich Aufstiegsehrgeiz, man fürchtet den Abstieg, der immer möglich ist. Erfolgsvoraussetzung beim Absichern des Erreichten auf einem nach oben fortzusetzenden Weg ist, an den Rahmen der eigenen Lage, an die Verhältnisse, in die man sich platziert findet, gut angepasst zu sein.

Das Bild hätte auch in den 1950er-Jahren entstanden sein können, es vermittelt eine Statik der Sozialverhältnisse über die Einschnitte 1933 und 1945 hinweg. Allein das Hakenkreuz-Geländer eröffnet dem Betrachter die Möglichkeit einer zeitlichen Einordnung. Das Bild legt einen vergleichenden Blick auch auf das Personal der Rassenhygienischen und bevölkerungsbiologischen Forschungsstelle (RHF) im Reichsgesundheitsamt als der zweiten tragenden Instanz bei der Verfolgung der deutschen Roma-Minderheit und auf das Justizpersonal nahe. Die Angehörigen dieser Institutionen – RKPA, RHF, Justiz – gehörten demselben sozialen Segment der deutschen Bevölkerung an. Die einen wie die anderen lassen sich in gleicher Weise auf einer Treppe eines deutschen wilhelminischen Amtsgebäudes vorstellen.

Das Foto gibt einen ins Bild gesetzten Arbeitszusammenhang wieder. Die vier mit Kreuzchen markierten Personen waren mit gehobenen Verantwortlichkeiten ausgestattet.[7] Sie hatten Leitungsaufgaben. Es wird Gelegenheit sein, ihre Berufsgeschichten näher kennenzulernen.

7 Mutmaßlich erst nach 1945 in hierarchischer Rangfolge markiert sind: Heinrich Böhlhoff („xxxxx“), Josef Eichberger („xxx“), Wilhelm Supp („xx“), Johannes Otto („x“).

Zu fragen ist nach den Motiven, sozialen Rollen und biografischen Profilen der Beteiligten, nach den staatlichen Institutionen, für die sie standen, nach dem Ablauf und den Ergebnissen von Strafverfahren nach 1945, die ins Verhältnis zu setzen sind zu den rechtlichen Möglichkeiten, zu den Ergebnissen von Nachbarverfahren und zu dem politischen sowie zeitgeschichtlichen Raum, in dem sie sich ereigneten. Zu fragen ist nach dem Stellenwert von das Ende des NS-Systems überdauernden völkischen Konzepten, die es ja nicht erst seit der Übergabe der staatlichen Macht an die NSDAP und deren Bündnispartner gab, sondern die als Massenerscheinung und Alltagsphänomen vor allem in den bürgerlichen Schichten wie auch als politisches Programm eine längere Geschichte hinter sich hatten. Sie konnten 1945 nicht einfach aus der deutschen Vorstellungswelt und auch nicht aus dem Instrumentarium der Politik verschwunden sein.

Das schließt ein, dass der Blick nicht eng auf die Roma-Minderheit begrenzt sein darf. Deren Verfolgung hatte im Kontext der Verbrechen an einem ganzen Spektrum aus der „Volksgemeinschaft" exkludierter, sich überschneidender sozialer, politischer, ethnischer und kultureller Minderheiten gestanden. Wenn die Frage nach dem staatlichen Umgang mit diesen Gruppen nach dem Ende des NS-Systems hier auf die westdeutschen Justizbehörden bezogen ist, wird dabei unvermeidlich immer wieder dieses ganze Spektrum von Exkludierten anzusprechen sein. Die Zeitgeschichte der deutschen Roma-Minderheit war vor und nach 1945 Teil eines Ganzen, wenngleich in der westdeutschen Öffentlichkeit ganz besonders wenig wahrgenommen.

Dabei müssen mit Blick auf gegensätzliche Interessenlagen und zeithistorische Bezugspunkte Unterschiede beachtet werden. Was „zeitüblich" gewesen sei und heute vielleicht „kritisch bewertet" wird, war und ist jeweils nur ein Ausschnitt, der unter dem Titel „Zeitgeist" für das Ganze gesetzt wird, aber nie allein stand. Es ist erforderlich, Stimmen und Gegenstimmen zu berücksichtigen, wenn es darum gehen soll, einen Diskurs nachzuzeichnen. Dass es sich bei Widerspruch um eine vielleicht kleinere Größe in der gesellschaftlichen Diskussion handelt, muss dabei ohne Bedeutung bleiben, weil es ja um die Wiedergabe der Breite des Diskurses gehen muss. Das heißt, dass die abweichenden Stimmen aus der Minderheit und die damit korrespondierenden Stimmen aus der sonstigen Bevölkerung, wie es sie seit Anbeginn der Ausbildung einer westdeutschen Staatlichkeit zur Frage der Ahndung der NS-Verbrechen an Minderheiten gab, zu benennen und zu beschreiben sind. Und es bedeutet, dass das vergangenheitspolitische Klima, in dem diese Stimmen Stellung bezogen, ausführlich darzustellen ist, um die Durchsetzungschancen der Diskursteilnehmer beurteilen zu können.

Dabei soll die Wahrnehmung nicht einseitig auf Westdeutschland beschränkt bleiben, sie soll grenzübergreifend vergleichen und dabei ganz besonders die westliche Nachbarschaft im Auge haben, weil dort einerseits die Erfahrungen mit und die Haltungen gegenüber der NS-Gewaltherrschaft von Westdeutschland differierten und zugleich von einer Gemeinsamkeit der wirtschaftlichen und staatlichen Grundordnung nach 1945 auszugehen ist.

Das Sammelverfahren zum „Zigeunerkomplex" der 1950er- bis 1970er-Jahre wandte sich seinem Anspruch nach einem Kernbereich des genozidalen Vernichtungskonzepts gegen die Minderheit umfassend zu. Der Anstoß dazu fällt in das Jahr 1958 und damit zeitlich zusammen zum einen mit der Hauptverhandlung und dem Urteil im medial viel beachteten Ulmer Einsatzgruppen-Prozess wegen Mordes an Tausenden Männern, Frauen und Kindern, der für die zehn Angeklagten mit außerordentlich milden Beihilfe-Urteilen endete,[8] und zum anderen mit den ersten Initiativen zur juristischen Ahndung von Verbrechen im Vernichtungslager Auschwitz. Dabei ging es primär um die Vernichtung der jüdischen Minderheit durch das Auschwitz-Personal. Der hessische Generalstaatsanwalt Dr. Fritz Bauer führte dieses Vorhaben Anfang 1959 in Frankfurt zu einem weithin beachteten ersten „Auschwitz-Prozess", an den sich weitere Prozesse anschlossen.[9] Abseits dieses Verfahrens, aber mit Blick auf ihn soll der hessische Justizminister Georg-August Zinn dem Generalsekretär des *Internationalen Auschwitz Komitees* in Wien, Hermann Langbein, zugesichert haben, auch die Verbrechen an der Roma-Minderheit vor Gericht zu bringen.[10] So hatte man es auch in der Zeitung lesen können. Es werde, hieß es 1960, vier große Frankfurter Verfahren zu nationalsozialistischen Gewaltverbrechen (NSG) geben, von denen eins „Vernichtungsmaßnahmen gegen Zigeuner aufklären" solle.[11] Generalstaatsanwalt Bauer unterschied deutlich zwischen dem Auschwitz-Prozess und dem Verfahren zum „Zigeunerkomplex": Sie würden jeweils unterschiedliche Tatgegenstände und Tätergruppen

8 Miquel: Ahnden, S. 15ff.

9 Pendas: Auschwitz-Prozess.

10 Winckel: Antiziganismus, S. 68. Leider fehlte ein weitergehender Quellenverweis.

11 So laut *Kölner Stadt-Anzeiger* 1960 OStA Heinz Wolf als Leiter der OStAsch am LG Frankfurt a. M., siehe LAV NRW, Abt. Rheinland, Ger. Rep. 231, Nr. 1.546, Bl. 290: „In einem KZ-Verfahren gibt es 950 Beschuldigte. Die Frankfurter Staatsanwaltschaft wurde verstärkt", Kölner Stadt-Anzeiger, 21. 5. 1960.

thematisieren. Im ersten Verfahren gehe es um strafbare Handlungen im Lager selbst, im zweiten aber um den Vorwurf, Personen dorthin verbracht zu haben.[12] Die Ermittlungen richteten sich in diesem Fall nicht gegen Angehörige des KZ-Personals, sondern gegen Angehörige des RSHA, insbesondere gegen Beamte in den Fachabteilungen des RKPA, gegen solche des Kriminalbiologischen Instituts (KBI) im RKPA, gegen Kriminalbeamte aus regionalen Leitstellen und lokalen Dienststellen, gegen die Angehörigen der RHF in Berlin-Dahlem, gegen den Leiter des Reichsgesundheitsamts, in das die RHF eingegliedert war, ferner gegen einzelne Beamte des Reichsinnenministeriums.

Die Überlieferung zu diesem Verfahren reduziert eine Vielzahl von Tatverdächtigen auf zwei Hauptbeschuldigte. Nach einer der beiden Personen erhielten die Strafakten ihren Titel: „Ermittlungssache – Voruntersuchung Dr. Maly wegen Freiheitsberaubung mit Todesfolge pp."[13] Mit Dr. Eva Justin hatte es eine zweite Hauptverdächtige gegeben. Aufeinanderfolgend wurde an zwei Orten ermittelt und entschieden. In einer ersten Phase ging es mit Justin um eine führende Figur der RHF. Strafermittlungen dazu gab es seit September 1958, abgeschlossen wurde der Verfahrensteil zu Justin im Dezember 1960. Ebenfalls seit August 1958 trat mit wachsendem Gewicht Hans Maly ins Bild, ein Polizeioffizier im RKPA. Dieser Teil des Verfahrens endete im Mai 1970. Die Zuspitzung auf die beiden Akteure Justin und Maly in der strafrechtlichen Bearbeitung und anschließend in der Literatur nimmt die beiden aus ihrem institutionellen Umfeld heraus und lässt sie tendenziell als Einzeltäterin und Einzeltäter erscheinen. Das mindert erheblich die Bedeutung der zahlreichen anderen Tatverdächtigen und ihres Zusammenwirkens.

Wenn auf der Anklagebank des ersten Auschwitz-Prozesses von einem Funktionshäftling abgesehen Täter der Lager-SS saßen, die in der Organisation der Vernichtung die am Ende Ausführenden gewesen waren, dann repräsentierten Justin wie Maly die Schreibtischtäterschaft der vorgelagerten Stellen, vor allem der RHF und des RKPA.

12 LAV NRW, Abt. Rheinland, Ger. Rep. 231, Nr. 1.546, Bl. 490, Schreiben GStA Fritz Bauer an Oskar Rose, Verband und Interessengemeinschaft rassisch Verfolgter nicht-jüdischen Glaubens deutscher Staatsbürger e. V., 18. 4. 1961.

13 Der heutige Titel des Bestands B 162 bei der Zentralen Stelle der Landesjustizverwaltungen zur Aufklärung nationalsozialistischer Verbrechen lautet „Ermittlungen gg. Dr. H. Maly wegen seiner Mitwirkung an der Verfolgung von Sinti und Roma".

Es ist notwendig, über die Vernichtungsdeportationen von Angehörigen der Roma-Minderheit nach Auschwitz-Birkenau hinaus auf die anderen Tatträume und insbesondere auf die von der Historiografie lange vernachlässigten Verbrechen im besetzten Osteuropa einzugehen. Es gab zu all dem, wie sich im Zuge der Recherchen zeigte, eine große Zahl von Einzelverfahren. Es war unmöglich, umfassend auf sie einzugehen. Einige dieser Verfahren sind als exemplarische Fälle in die Betrachtung mit aufgenommen. Dass einer weiter ausgreifenden Untersuchung Grenzen gesetzt waren, erklärt sich nicht zuletzt auch aus der monatelangen Unzugänglichkeit der Archive durch die Pandemie 2020/21.

2

Instanzen und Akteure des Genozids an der Roma-Minderheit

— ※ —

Gegenstand der justiziellen Bearbeitung des Genozids musste die Frage nach den institutionellen Handlungsträgern und dem dort aktiven Personal sein. Dabei ist eine Unterscheidung zu treffen: Bei den Verbrechen in Mitteleuropa handelte es sich vor allem um einen „wissenschaftlich-polizeilichen Komplex" (Michael Zimmermann) von Täterschaft.[14] Die Straftaten der Direkttäter im „Zigeunerlager" in Auschwitz-Birkenau fußten auf der praktischen Umsetzung von Entscheidungen in der Genozid-Bürokratie. Dort wurden die Opfer namentlich benannt, und dort wurde in einem Konsensverfahren ihre Deportation entschieden. Die Verbrechen in Ost- und Südosteuropa dagegen wurden regelmäßig vom Personal militärischer Einheiten begangen und ohne dass es bei diesen „Osteinsätzen" zu einer mehr als allgemein anweisenden Beteiligung von den Schreibtischen der administrativ-bürokratischen Struktur der Verfolgung gekommen wäre. Die Vollzugsorte der Taten lagen abseits der zentralen Instanzen der Vernichtungsbürokratie. Die konkreten Anweisungen erfolgten auf regionaler Ebene im Besatzungsgebiet oder unmittelbar vor Ort. Die Opfer blieben in der Regel für die Täter anonym.

Die justizielle, mediale und historiografische Wahrnehmung der Verfolgung und Vernichtung der west- und mitteleuropäischen Roma, das heißt vor allem der Sinti-Minderheit, war lange gänzlich unzureichend.

14 So die Kapitelüberschrift bei der Darstellung der Kooperation von RHF und RKPA bei Zimmermann, Rassenutopie, S. 147.

Noch desinteressierter waren Historiker und Medien beim Blick auf die Verfolgungsgeschichte der osteuropäischen Roma in den besetzten Gebieten. Das passt wenig zu den Fallzahlen. Donald Kenrick und Grattan Puxon kamen in Zusammenfassung ihrer Teilschätzungen 2009 auf etwa 200.000 europäische Roma, die im Verlauf des Genozids „were deliberately killed or died through starvation or lack of medical attention".[15] Dem schließt sich auch Mikhail Tyaglyy an.[16] Geht man von etwa 27.000 mitteleuropäischen Angehörigen der Minderheit aus, die nicht überlebten, ist also die große Mehrheit der Opfer dem östlichen und südöstlichen Europa zuzuordnen. Kenrick und Puxon schließen nicht aus, dass künftige detailliertere Dokumentationen der Verbrechen höhere Zahlen der im Osten und Südosten Europas Ermordeten ergeben werden. Eine Voraussetzung dafür wäre, dass die Quellenrezipienten sich stärker als bislang bemühen, die Minderheit im Quellenmaterial wahrzunehmen.

Bislang ist deutsche quellenbasierte Forschung zum osteuropäischen Tatraum rudimentär geblieben. Ansätze dazu, die auch in westlicher, vor allem in englischsprachiger Literatur rezipiert wurden, gibt es in einigen osteuropäischen Ländern.[17] Dass dabei neue Ergebnisse über den Inhalt der „Ereignismeldungen" der Täterseite hinaus zu erwarten sind, zeigt aber bereits ein Gutachten von 2009, das der *Zentralrat Deutscher Sinti und Roma* zu sowjetischen Teilgebieten in Auftrag gegeben hatte und das sich auf Recherchen in bis dahin nicht erschlossenen Quellenbeständen russischer und ukrainischer Archive stützte.[18] Es dokumentiert den mitunter bestrittenen intentionalen, rassistischen und auf vollständige Vernichtung gerichteten Charakter der Mordaktionen von Einsatzgruppen, Militär und Besatzungsverwaltung an Roma. Es belegt, dass keinesfalls nur „nichtsesshafte" Roma von Verfolgung und Ermordung betroffen waren. Es weist die „Sesshaftigkeit" der meisten von ihnen nach, sei es in Roma-Kolchosen auf dem Land oder in städtischen Quartieren. Es weist daraufhin, dass die Unterscheidung zwischen einer Ortsfestigkeit hier und einem angeblichen Vagabundieren von Teilen der Minderheit dort angesichts von für jedermann erkennbarer

15 Kenrick/Puxon: Gypsies, S. 153; siehe auch Fings: Sinti und Roma, S. 81: „Viele Wissenschaftlerinnen und Wissenschaftler gehen inzwischen von mindestens 200.000 Opfern aus."

16 Tyaglyy: Nazi Occupation, S. 146.

17 Tyaglyy: Genocide of the Roma; Weiss-Wendt, The Nazi Genocide of the Roma; ders., Murder without hatred; ders., The Roma in Nazi-Occupied Baltic States.

18 Holler: Völkermord.

Flucht und Vertreibung unter Kriegs- und Besatzungsbedingungen als Unterscheidungsmerkmal unbrauchbar ist. Eine Schwierigkeit ergibt sich bei sowjetischen Quellen bei der Bestimmung der Opfer nach Nationalität und Ethnizität. Kategorien zur Gliederung einer Bevölkerung nach „Rassen"-, „Volks"-, „Volksgruppen-" oder Glaubenszugehörigkeiten waren nachrangig oder ganz unüblich. Angesichts der Vielzahl ethnischer und nationaler Bevölkerungsgruppen in der UdSSR und einer Opferzahl von 27 Millionen wären mit aufgegliederten Zahlenangaben einhergehende Vergleiche ein äußerst schwieriges Thema. Mit „an den Massengräbern" seien „alle Schicksale zu einem verschmolzen", brachte 1966 der sowjetische Dichter und Sänger Wladimir Wyssozki in einem seiner bekanntesten Lieder eine verbreitete Ansicht und Haltung zum Ausdruck.

Der nach Datenlage präzisierbare Anteil der west- und mitteleuropäischen Opfer aus Deutschland Österreich, Tschechien, den Niederlanden, Belgien und zwei an Belgien angrenzenden französischen Departements dürfte bei etwa 30.000 liegen.[19] Damit ergibt sich ein deutliches Missverhältnis in der Wahrnehmung, Erarbeitung und Darstellung des Genozids im mitteleuropäischen Raum einerseits und im osteuropäischen Raum andererseits.[20]

2.1 Tatraum Mitteleuropa: Rassenhygienische Forschungsstelle, Kriminalpolizei, Deportation

Das hier im Mittelpunkt stehende nazistische[21] Konzept einer grundsätzlichen Ungleichheit der Angehörigen der mit „Volk" im Sinne

19 Zimmermann: Rassenutopie, S. 382f.

20 Zur vorliegenden Literatur siehe Holler: Völkermord; zu Jugoslawien: Fings/Lissner/Sparing: Einziges Land; zum Gesamtraum des südlichen und nördlichen besetzten Osteuropa: Zimmermann: Rassenutopie, S. 248–292; zu Weißrussland: Gerlach, Kalkulierte Morde.

21 Ich ziehe es vor, der international geltenden Konvention zu folgen, nach der nicht die Vokabel „Nationalsozialismus" mit den zugehörigen Ableitungen verwendet wird, sondern wie etwa im Englischen „nazism" oder „fascism". Die Benennungspraxis im heutigen deutschsprachigen Raum geht zurück auf eine westdeutsche Sprachregelung, die sich in den Hochzeiten des Kalten Kriegs herausgebildet hat. Sie konserviert die demagogische Qualität der Selbstbezeichnung und reicht sie weiter. Sie ist eine Besonderheit, wie sich auf kurzem Weg den Titeln eines beliebigen Literaturverzeichnisses in anderen europäischen Sprachen entnehmen lässt;

von *ethnos* gemeinten Entitäten war ein Differenzkonzept und als solches keine ideologische Besonderheit. Das Panorama ethnisch-völkischer Ideen und Fantasien hatte als gemeinsamen Ausgangspunkt die Vorstellung einer diversen Pluralität als organische Gemeinschaften gegeneinander abgrenzbarer „Völker" und „Volksgruppen". Es handle sich dabei um Abstammungs- und Kulturgruppen, die eine jeweils kollektive Genetik und / oder eine separate gemeinschaftliche Kultur menschheitsgeschichtlich ungleich hervorgebracht hätten. Damit gingen wertende Selbst- und Fremdbilder einher. Innerhalb nationaler, regionaler und lokaler Grenzen befindliche sowie diese überschreitende Minoritäten mit einer „andersartigen Kultur" würden dem allgemeinen Stand der Menschheits- und Kulturentwicklung weit voraus sein oder weit dahinter zurückliegen können. Man habe es dabei – bezogen jeweils auf die Gesamtheit der Individuen – mit charakteristischen Persönlichkeitsbildungen zu tun, die zu pflegen oder, falls sie sich wertmindernd im eigenen „Volk" ausbreiteten oder bedrohlich in dessen Nachbarschaft aufträten, abzuwehren seien. „Herrenmenschen" waren damit „Primitiven" und „Schädlingen" gegenübergestellt. Das völkische Konzept war über ein Differenzkonzept hinaus auch ein Defizitkonzept.

Erklärungsansätze für derartige ethnisch-völkische Klischeebildungen beziehen sich auf „das Wesen des Menschen" oder auf evolutionäre Zeiträume einer Entstehung solcher Bewertungen mindestens seit dem Paläolithikum. Daneben tritt inzwischen häufig die weniger weit zurückreichende, aber ebenso stereotype ideengeschichtliche Überzeugung auf, es seien „alte Vorurteile" über minderheitliche Menschengruppen in der „Mentalität" eines großen Teils der mittel- oder auch gesamteuropäischen Bevölkerung seit vielen Jahrhunderten „verankert". Das eine wie das andere bleibt leider spekulativ und ist ohne Erklärungswert, denn eine belastbare Empirie lässt sich für diese Thesen nicht erarbeiten. Das gilt generell für negative oder positive Gesamturteile über „ethnische" Bevölkerungsgruppen und ganz besonders für die Herkunft von „Zigeunerbildern". Es ist erforderlich, in die historischen strukturellen Gegebenheiten Einblick zu nehmen.

siehe etwa auch Madeleine Albright: Fascism. A Warning, New York 2019. Wie zahlreiche andere fragwürdige Benennungspraxen mit hartnäckiger Persistenz ist auch diese m. E. in Frage zu stellen und zu vermeiden.

Ein kurzer historischer Rückblick bis 1933

Im 15. Jahrhundert, in einer ersten Phase der Migration aus Südosteuropa und der Etablierung der Gruppen der Roma in Mitteleuropa erfuhren sie obrigkeitliche Akzeptanz.[22] Repräsentative Belege für Vertreibungen oder Verfolgungen durch lokale Bevölkerung liegen ebenfalls nicht vor. Die bekannten frühneuzeitlichen Vogelfrei-Beschlüsse der Reichstage mit ihren Begründungskonstrukten gegen die als „Zigeuner" oder „Heiden" Bezeichneten ergingen erst um die Wende zum 16. Jahrhundert. Massenhafte Ressentiments spiegeln sich darin nicht. Die Reichstage waren das Gegenteil von Volksvertretungen. Voten aus der Bevölkerungsmehrheit sind dort nicht zu finden. Es tagten die fürstlichen Gewalten. Sie entschieden ganz nach ihren Interessen. Experten und solitäre Stimmen von Stubengelehrten an ihrer Seite lieferten Begründungen. Verabschiedet wurden die Reichstagsbeschlüsse in einer schweren Existenzkrise der mittel- und westeuropäischen Feudalherrschaft. Sie waren Ausdruck einer aggressiven Abwehrpolitik gegen alle „Herrenlosen", als in den Untertanenschaften ein massenhaftes rebellisches Bestreben nach Herrenlosigkeit zum Durchbruch gekommen war und jahrzehntelang die bestehenden Herrschaftsstrukturen bedrohte. Die ländlichen Bundschuhaufstände, der städtische Arme Konrad und die als „Bauernkrieg" bezeichneten Erhebungen in Stadt und Land stellten den „Herren" die Machtfrage, und deren Beschlüsse zu „Herrenlosen" dienten der feudalen Herrschaftssicherung. Zahllose landesherrliche strafbewehrte Ausschlussvorschriften folgten ihnen. Überall beschworen sie Gefahren durch „Herrenlose" und benannten wieder und wieder ein ganzes Spektrum dieser Spezies von Nicht-Untertanen und Gefährdern der herrschenden Ordnung, häufig darunter auch „Zigeuner", nur selten aber allein diese.[23]

Eine Komponente neben der Peitsche war in der Politik des Adels das Zuckerbrot des Versprechens, ein Schutzpatron seiner Untertanen zu sein. Die Herrschaft schütze, so ließ man erklären, die „erschöpften armen Unterthanen" vor dem gottlosen und „herrenlosen Gesindel".[24] Um diese Botschaft in einer analphabetischen Untertanenschaft verbreiten

22 Siehe etwa LAV NRW, Abt. Rheinland, Jülich-Berg I, 1.363, Geleitsbriefe für „Zigeuner", 1442–1454 (darin: Seefeld, 15.4.1442/König Friedrich II.; Bensberg, 11.6.1443/Herzog Gerhard II.; Burg, 15.11.1444/Herzog Gerhard II.; Düsseldorf, 9.2.1454/Herzog Gerhard II.).

23 Opfermann, „Seye kein Zigeuner", S. 113 ff., 358.

24 Siehe auch Opfermann: „... eines Tattern Kind".

zu können, stand der Herrschaft neben der kirchlichen Kanzel und der abschreckenden Wirkung aufsehenerregender Strafen als Erziehungsmittel nicht viel zur Verfügung. Nur zu eindringlich erklärte den Untertanen ihr Alltag, wer ihnen tatsächlich im Nacken saß. Der Adel und das „Volk", dieses nicht als *ethnos*, sondern – auch in seinem Selbstverständnis – als *plebs* betrachtete Größe, blieben einander Fremde und Feinde. Die Konfliktlinie verlief jahrhundertelang zwischen unten und oben, nicht zwischen „Ethnien".

Unter diesen Bedingungen gab es in „breiten Bevölkerungsschichten" einen „verbreiteten Unwillen", „sich an der hoheitlich angeordneten Zigeunerverfolgung zu beteiligen".[25] Vor den „Heidenjagden", die den Untertanen auferlegt waren, drückten diese sich und warnten die Bedrohten, sodass die „Jagden" zumeist ein Schlag ins Wasser blieben. Überall setzte die Obrigkeit auf die Grenzen „Heidenstöcke", Schilder mit Betretungsverboten und Bildern der drohenden Strafen. Sie mussten ständig erneuert werden, weil der Pöbel sie entfernte und das Material anderen Zwecken zuführte.[26]

„Zigeuner" waren ein Teil der ländlichen Bevölkerung und Gesellschaft. Man kannte sich, arbeitete zusammen, feierte zusammen, heiratete, hatte gemeinsame Kinder, stritt sich, trug untereinander Konflikte aus und verstieß miteinander gegen die obrigkeitliche Rechtsordnung. Ein typisches Merkmal der Beziehungen zwischen den angeblichen „Heiden" und den Untertanen benennen quer durch die Landschaften die mitteleuropäischen Kirchenbücher: Patenschaften der Untertanen für Kinder der Sinti-Minderheit.

Die Landesherren waren auch durchaus nicht einseitig darauf bedacht, „Zigeuner" nur zu verfolgen. Sinti waren trotz „Vogelfreiheit" in der Frühen Neuzeit in die herrschaftliche multiethnische Militärorganisation einbezogen, auch im Offiziersrang, und keiner von ihnen war als Soldat oder als „Landesvisitator" und Führer einer Gruppe einer Sinti-Policey „herrenlos".[27] Den Landesherren war über „ethnische" Diversität hinweg die Nützlichkeit dieser Menschen und ihrer Kompetenzen in den ständigen inneren und äußeren Konflikten wichtig. Die Kirchenbücher dokumentieren auch für das Verhältnis der adligen

25 Meuser: Vagabunden, S. 106, 109; dazu umfangreich mit vielen Details in Auswertung handschriftlicher Primärquellen: Fricke: „Zigeuner"; Opfermann: „Seye kein Zigeuner"; ders.; Situation.

26 Insbesondere: Opfermann: Sinti im frühneuzeitlichen Militär- und Policeydienst.

27 Ebd.

Minderheit zur Sinti-Minderheit zahlreiche Patenschaften und damit ein friedliches Schutzverhältnis der einen gegenüber den anderen.

Diese Geschichte einer friedlichen Koexistenz vor allem auf den unteren Ebenen der frühneuzeitlichen Gesellschaft wird bis heute von der professionellen Historiografie kaum wahrgenommen und hat keinen Eingang ins Alltagsdenken finden können. Sie ist untergegangen. Die Erklärung dafür findet sich in der im 19. Jahrhundert sich durchsetzenden Dominanz eines bürgerlichen deutschen Nationalismus und in dessen Abgrenzungs- und Homogenisierungsanstrengungen.

Vorstellungen von einem volksgemeinschaftlichen „Deutschen Reich" mit scharfer Abgrenzung gegen „Nicht-" und „Undeutsches" waren lange nur ein Thema kleiner intellektueller Kreise im städtischen Bürgertum gewesen. Gesellschaftliches Gewicht durch eine große Anhängerschaft bekamen ethnisch, medial und politisch inszenierte „völkische" Gemeinschaftlichkeit einerseits und „völkische" Fremdheit andererseits erst im letzten Drittel des Jahrhunderts im Zuge der Errichtung eines deutschen Nationalstaats. Nun eröffneten sich mit Hilfe neuer Techniken und Methoden Möglichkeiten weitester Propagierung inkludierender und exkludierender Vergemeinschaftungsinhalte.

Vor allem in den für dieses Angebot offenen Mittelschichten begann man, sich als Teil einer „deutschen" Abstammungs- und Kulturgemeinschaft zu betrachten. Aus einem global schon hoch überlegenen „abendländischen Kulturkreis" rage man als „Volk" im Sinne von *ethnos* zivilisatorisch noch ganz besonders hoch hinaus. „Ethnische" Abgrenzung wurde zur Bedingung dieser Konstruktion und ein populäres Element der Selbstbeschreibung oberhalb der Unterschichten. Soziale oder ethnische Ungleichheit sei natürlich, normal und zu akzeptieren, Gleichheit aber unnatürlich und unnormal, daher schädlich und auf jeden Fall zu bekämpfen.

Ein nationalistisches Großprojekt wie das von einem künftigen weltpolitischen „Platz an der Sonne" erforderte ein „Wir"-Gefühl einer real nach Klassen, Schichten, Regionen, Religionen usw. fragmentierten Bevölkerungsmehrheit als ethnisch geschlossenes „Staatsvolk" und als kulturell überlegene „deutsche Volksgemeinschaft".

Die massenhafte Popularisierung dieses Konstrukts wurde eine ständige Aufgabe bürgerlich-konservativer Politik. Zumal es auf diesem Weg auch möglich wurde, sich den Erfordernissen der drängenden sozialen Frage und den Forderungen einer multiethnischen sozialistischen Arbeiterbewegung zu entziehen, die sich durch Klassenzugehörigkeit vergemeinschaftete, sich in einer Klassengesellschaft verortete, sich ethnisch-biologischen und ethnisch-kulturellen Grenzziehungen verweigerte und eine nichtnationalistische egalitäre Gesellschaft anstrebte. Rassistische Stimmungsmache etwa bei den nun fälligen allgemeinen Wahlen eignete sich bei aller Künstlichkeit der Konstruktion gut als politisches Gegenmittel: Die Fokussierung von Feindangeboten auf als andersartig ausgeschriebene „geringwertige" Risikoträger wie Juden, Polen oder „Zigeuner" verschob das Interesse von der realen sozialen Spaltung der Gesellschaft auf zugeschriebene „ethnische" Spaltungen, ein Mechanismus, der seither zu einem wesentlichen Element bürgerlicher Massenpolitik wurde. Für minoritäre Gruppen war das „im Wortsinn fatal".[28]

Dafür stehen beispielsweise die Einschränkungen der Berufsausübung für den jüdischen Bevölkerungsteil oder die restriktiven Vorschriften und polizeilichen Praktiken gegen noch reisende Roma aus dem Unterhaltungsgewerbe oder dem ambulanten Handel. Daran änderte sich, was die Roma-Minderheit betraf, nach dem Untergang des Kaiserreichs und nach der Etablierung des Weimarer Verfassungsstaats nichts.[29] So zeigen es etwa die Einführung von Ausweisen (Fingerabdrücke, Fotos, persönliche Daten, „Z"-Markierung) in Baden (1922), das bayerische Zigeuner- und Arbeitsscheuengesetz (1926), der Runderlass des preußischen Innenministers zur erkennungsdienstlichen Behandlung (Fingerabdrücke, Fotos, persönliche Daten, rote Markierung „Zigeuner") aller „nichtseßhaften Zigeuner und nach Zigeunerart umherziehenden Personen" (1927), das hessische Gesetz zur Bekämpfung des Zigeunerunwesens (1929) oder die Forderung nach „Konzentrationslagern" für „Ostjuden" und für „Zigeuner" und deren Diskussion und Realisierung in Stargard (Pommern), Cottbus, Bamberg oder Frankfurt am Main.[30] Mit einer einflussreichen medialen Rhetorik konnten die parlamentarischen oder administrativen Exklusionsbeschlüsse abgestützt werden. Die politische Trägerschaft lag in einer Bandbreite von der Sozialdemokratischen Partei Deutschlands (SPD) bis zur Deutschnationalen Volkspartei (DNVP). Die in diesen Jahren noch erst aufkommende NSDAP spielte dabei keine Rolle.

Kritische Gegenstimmen kamen nur von wenigen Experten wie dem Kriminologen Hans von Hentig oder dem Juristen Werner K. Höhne und von der Kommunistischen Partei Deutschlands (KPD), die von

28 Uerlings/Patrut: ‚Zigeuner' und Nation, S. 14.

29 Die folgenden Angaben: Opfermann: Weimar. Personalausweise, wie diese Kennkarten sie darstellten, wurde allgemein im Reich erst 1938 eingeführt.

30 Ebd., S. 80.

Verfassungsbruch sprachen.[31] Unter den Parteien stand die KPD mit ihrer liberalen Haltung und ihrem Stimmverhalten in den Parlamenten jeweils allein.

Auch das rassenhygienisch ausgerichtete Gesetz zur Verhütung erbkranken Nachwuchses („Sterilisationsgesetz"), das 1934 in Kraft trat und auch gegen die Roma-Minderheit eingesetzt wurde, wurde vor 1933 konzipiert und erst nach der Machtübergabe verabschiedet. Inzwischen verwendeten Kritiker für die sich in derartigen Rechtsvorschriften zeigenden Vorstellungen den neuen Begriff „Rassismus".[32]

NS-Herrschaft

Aber das war alles noch erst Stückwerk gewesen. Die Umsetzung von Rassismus in einem umfassenden Praxiskonzept bedingte einen repressiven völkischen Staat als volksgemeinschaftliche Disziplinierungs-, Ordnungs- und Sicherheitsinstanz, der die als gefährlich, unverbesserlich und minderwertig geltenden „Schädlinge des Volkskörpers" bekämpfte und eliminierte.

Einen solchen Staat gab es seit 1933 und seit 1935 mit ihm dann – bezeichnet als „Nürnberger Gesetze" – ein „Reichsbürgergesetz" und ein „Gesetz zum Schutz des deutschen Blutes", die die Staatsangehörigkeit auf Menschen „deutschen oder artverwandten Blutes" beschränkten bzw. sexuelle Beziehungen und Heiraten zwischen „Deutschblütigen" und „Angehörigen artfremder Rassen" verboten. Wer mit „artfremd" gemeint war, erklärte den die Vorgaben umsetzenden Angestellten und

31 Im Überblick siehe Opfermann: Roma in Deutschland, S. 65 ff.; siehe von Hentig: Rechtliche Bedenken, und Höhne, Vereinbarkeit; ausführlich zu von Hentig und Höhne: Müller / Wasserburg: „Kritik und Vertrauen", S. 303–307.

32 Dem belgischen Kolonialbeamten Théophile Simar wird für 1922 eine frühe, wenn nicht erste Verwendung des Begriffs zugeordnet (siehe etwa Bühl: *Rassismus*). Tatsächlich sprach Simar aber von einer „doctrine des races". Er sah darin ein unter den Bedingungen des preußischen Absolutismus entstandenes Gegenkonzept zu den Ideen der kosmopolitisch und menschenrechtlich orientierten Französischen Revolution von 1789. Staatlicher Spitzenvertreter der doctrine des races sei seit der zweiten Hälfte des 19. Jahrhunderts das Deutsche Reich gewesen. Dort habe man mit Hilfe einer Ideologie „germanischer" erblicher Überlegenheit nationalistische Vormachtansprüche begründet: Simar: Étude critique, passim, bes. S. 70, 90, 172 ff. Im deutschen Sprachraum findet „Rassismus" sich zuerst bei dem Berliner Sexualforscher und Publizisten Magnus Hirschfeld. Er schrieb 1933/34 zur Rassenideologie das Buch *Racism*, das erst 1938 und posthum in London veröffentlicht wurde, Neuauflage London 1973. Drei Jahre zuvor erschien, ebenfalls den Begriff „Rassismus" verwendend: Huxley / Haddon: We Europeans.

Beamten im Jahr darauf der Kommentar von Dr. Wilhelm Stuckart und Dr. Hans Maria Globke: So seien „in Europa regelmäßig nur Juden und Zigeuner“ zu werten. Inzwischen hatte eine Reihe von Kommunen sich an die gelegentlich geübte Weimarer Praxis der „Einlagerung“ erinnert und lokale, nun polizeilich regulierte und überwachte „Zigeunerlager“ etabliert. 1937 erging dann ein „Grundlegender Erlass über die vorbeugende Verbrechensbekämpfung“, wie ihn sich viele Kripobeamte schon in der Weimarer Republik gewünscht hatten. Er ermöglichte die Inhaftierung von „Berufs-“ und „Gewohnheitsverbrechern“ sowie von „Asozialen“ an den Gerichten vorbei durch die Kripo. Zu den Tausenden 1938 im Zuge der Aktion „Arbeitsscheu Reich“ in Konzentrationslager Überstellten gehörten viele „Zigeuner und nach Zigeunerart umherziehende Personen“, eine Form der Kategorisierung, die es schon in der Kaiserzeit und in der Weimarer Republik gegeben hatte.

Am 8. Dezember 1938 kündigte ein Himmler-„Grunderlass“ zur „Regelung der Zigeunerfrage aus dem Wesen dieser Rasse“ die umfassende Bekämpfung der Roma auf einer ethnisch-rassenbiologischen Basis an.

Nach Kriegsbeginn kulminierte die bisherige Verfolgung in einem Verbot, den zum Stichtag gegebenen Aufenthaltsort zu verlassen („Festsetzungs-“/„Festschreibungserlass“). Wer dagegen verstoße, habe KZ zu erwarten. Damit war eine wesentliche Voraussetzung für die ins Auge gefassten Massendeportationen vorhanden, die ein erstes Mal im Mai 1940 an mehr als 2.500 Angehörigen der Minderheit als „Umsiedlung in geschlossenen Sippen“ nach Polen stattfanden und denen dann seit Ende Februar 1943 die Deportationen nach Auschwitz-Birkenau folgten.

Die RHF, das RKPA und das Reichsgesundheitsamt mit seinen lokalen Gesundheitsämtern wurden zu den organisatorisch und weltanschaulich tragenden Instanzen der Entwicklung. Innerhalb der staatlichen Organisation bildeten sie einen intensiv kooperierenden institutionellen Komplex.

Es wäre eine Verkürzung, ihre rassenhygienischen Maßnahmen nur als Ausdruck einer ideologischen Verblendung zu sehen. RHF, RKPA und der Reichsausschuss, der die Krankenmorde organisierte, mit den jeweils nach- und beigeordneten Behörden zielten zugleich auf einen volkswirtschaftlichen Beitrag. Ihre Ziel war nicht zuletzt, den volkswirtschaftlichen Aufwand für die volkstümlich als „überflüssige Esser“ beschriebenen nicht oder nur schwer ökonomisch nutzbaren Bevölkerungsgruppen zu reduzieren. Die Vernichtung von „Ballastexistenzen“, ein Terminus schon aus dem Weimarer konservativen

Diskurs zu Psychiatrie, Erbhygiene und Gesundheitspolitik,[33] sollte materielle Ressourcen für die Kriegsvorbereitung und später dann für die Kriegsführung und auch für sozialpolitische Zwecke freimachen. Daneben ergaben sich zudem für den einzelnen Akteur Möglichkeiten der materiellen Bereicherung und für „Volksgenossen" auf den unteren Rängen Hochgefühle durch „Machtzuwachs".[34] Das galt, sobald sich Gelegenheiten boten, auch beim Zugriff auf die als „Zigeuner" und „Zigeunermischlinge" Deklarierten.[35]

Die RHF, Unterabteilung L 3 im Reichsgesundheitsamt, hatte 1936 in Berlin-Dahlem ihre Tätigkeit aufgenommen. Sie war die zentrale Erfassungseinrichtung zur künftigen „Regelung der Zigeunerfrage". Die gedankliche Basis dafür war das rassistisch-biologistische Konstrukt einer volkstümlich „Erbmasse" genannten Genetik von „Völkern" und „Volksgruppen" aus dem 19. Jahrhundert.

Der Leiter der RHF Dr. Dr. Robert Ritter lehnte „Milieutheorien", wie er sozialwissenschaftlich orientierte Konzepte abwertend bezeichnete, wegen eines „übermäßigen Glaubens an die Erziehbarkeit" und wegen ihrer „Verkennung der Macht der Vererbung" und der „rassischen Eigenart"[36] prinzipiell ab. Ritter vertrat rassenhygienische und erbbiologische Auffassungen.

Neben der RHF gab es erstens seit 1937 ebenfalls im Reichsgesundheitsamt die zunächst von dem Rassenforscher und Kriminalbiologen Prof. Dr. Ferdinand Edler von Neureiter geleitete Unterabteilung L 2 als „Kriminalbiologische Forschungsstelle" bzw. als „Kriminalbiologisches Institut" und zweitens seit Ende 1941 ein „Kriminalbiologisches Institut" der Sicherheitspolizei (Sipo) im RKPA. L 2 und L 3 waren zwei von fünf Unterabteilungen des Tätigkeitsbereichs „Erbmedizin" bzw. „Erb- und Rassenpflege" („Abteilung L"). Ritter leitete nach Neureiters Weggang seit 1939 auch L 2 und seit Anbeginn das Institut

33 Binding/Hoche: Vernichtung lebensunwerten Lebens; Karl Binding war Professor für Straf- und Staatsrecht, Alfred Hoche Psychiater, beide waren nach Henry Friedlander „right-wing nationalists": Friedlander, Origins, S. 14.

34 Vgl. Miquel: Ahnden, S. 13 f.: „der Eroberungskrieg versprach auch den ‚einfachen Volksgenossen' einen immensen Machtzuwachs und – mehr oder weniger offen – eine Bereicherung auf Kosten vertriebener Juden und besiegter Nachbarvölker." Es fällt auf, dass die Roma-Minderheit von Miquel nicht in diese Perspektive aufgenommen ist.

35 Opfermann: Zigeunerverfolgung, Enteignung, Umverteilung.

36 Ritter: Zigeunerfrage, S. 17.

der Sipo.[37] Bekannt ist, dass er als Neureiter-Nachfolger 1942/43 von einer Kriminal-Fürsorgerin rheinische Strafanstalten nach Gefangenen durchkämmen ließ,[38] die zur „Vernichtung durch Arbeit" an KZs zu überweisen waren. Sein Schwerpunkt war und blieb aber mit der RHF die „Bekämpfung der Zigeunerplage", während die anderen beiden Einrichtungen ein sozialrassistisches Profil hatten.

Hier wie dort galt für Ritter die Maxime, „den verbrecherisch veranlagten Menschen so rechtzeitig wie möglich als solchen zu erkennen." Es habe die Kriminalbiologie „alle Kräfte dafür einzusetzen, daß der Verbrecher aus Hang, der Artverbrecher, nicht erst zur Störung der Volksordnung oder zur Schädigung der Volksgemeinschaft antreten kann".[39] Er müsse vor der zu erwartenden Tat und vor gerichtlichen Ermittlungen und Entscheidungen ausgesondert werden,

Die RHF „sichtete" den individuellen „Erbwert" der Angehörigen der Roma-Minderheit, die in toto als „asozial" und „verbrecherisch" eingeordnet war. Die Gesamtpopulation von „Zigeunern" wurde von ihr in ein gestuftes Schema von „stammechten Zigeunern" und von „Zigeunermischlingen" aufgegliedert. Die Größenordnung des beiden unterstellten „zigeunerischen" Erbanteils als Maß des individuellen Asozialitäts- und Kriminalitätsrisikos errechnete sie mit einfacher Bruchrechnung nach der Idee fiktiver „Blutsanteile" aus den Genealogien. „Je nach der Erbmasse" lasse sich nämlich vorhersagen, in welchen Anteilen „in welchen Menschen eine ‚Verbrechernatur'" stecke.[40] Für „Mischlinge" wurde die Schädlichkeit wesentlich höher angesetzt als bei „Vollzigeunern", weil sich ihr „minderwertiges Zigeunertum" um die ererbte „Minderwertigkeit" des „Bodensatzes" der „deutschen Volksgemeinschaft", aus dem die Beziehungspartner kämen, steigere. Nach Meinung der RHF bestanden gut 90 Prozent des „Zigeunervolks"

37 Simon: Kriminalbiologie und Zwangssterilisation, S. 190 f.

38 So der von Ritter als Leiter des Kriminalbiologischen Instituts im Reichsgesundheitsamt angeordnete Arbeitsauftrag für die im Institut tätige Kripofürsorgerin Anne Pillmann, die dazu mindestens die Haftanstalten in Rheinbach und in Köln (Klingelpütz) aufsuchte, siehe Bundesarchiv, R 160/69, Bl. 1 ff., 170, Korrespondenz Dr. Dr. Robert Ritter / Obermedizinalrat Dr. Felix Stemplinger Landesarchiv NRW, Abt. Rheinland, NW 1004-G41 A1, Nr. 1.016, Entnazifizierungsakte Anne Pillmann; ebd., NW 1.000, Nr. 2.707, Entnazifizierungsakte Anne Pillmann; Niedersächsisches Landesarchiv, Abt. Hannover, Nds. 721 Hannover Acc. 90/99, Nr. 3.318, Bl. 213; Stadtarchiv Duisburg, 103/A, Nr. 7.926, Personenakte Anne Pillmann.

39 Ritter: Das Kriminalbiologische Institut, S. 117.

40 Ritter: Die Aufgaben der Kriminalbiologie, S. 40.

aus „Mischlingen". Es blieben im Reich „kaum hundert Familien"[41] von „stammechten Zigeunern", wie Ritter 1942 vermutete.

Die RHF unterschied – in diesem Fall unter Verwendung von Romanes-Bezeichnungen – nach „Stammeszugehörigkeit" die im Deutschen Reich lebenden „Sinte" als „inländische Zigeuner" von den osteuropäischen „Róm". „Róm" standen demnach im Gegensatz zu „Sinte" unterschiedslos auf niedrigster biologischer und sozialer Stufe, was mit einer chauvinistischen Gesamtabwertung der Menschen im Osten Europas korrespondierte. Bei „balkanischen Zigeunern" erübrigte sich für die Rassenhygieniker und Bevölkerungsbiologen daher die Festlegung von Mischungskomponenten.

Die Rechenergebnisse der RHF erhielten eine Kurzform – „Z" für „Zigeuner", „ZM" für „Zigeunermischling" zuzüglich eines Plus- oder Minuszeichens – und wurden so als „Rassendiagnose" zur wesentlichen Aussage der vorgeblich wissenschaftlichen „gutachtlichen Äußerungen" der RHF. Der Kripo und der Gesundheitsverwaltung wurden sie als Entscheidungsgrundlage an die Hand gegeben. Die Nachforschungen befütterten die Datenbank der RHF mit Genealogien, biografischen Daten und Wohnsitzen und mit aus dem Blutsfantasma und physischen Vermessungen resultierenden „Rasseanteilen". Sie lieferte legitimatorische Voraussetzungen für den Einbezug in den Genozid. Die RHF hatte mit ihren „Gutachten" eine nicht alleinige, aber doch eine überragende Funktion innerhalb des sich radikalisierenden Ausgrenzungsprozesses. Sie hatte sich ein rassenpolitisches Deutungsmonopol geschaffen.[42] Schaut man auf die Entstehungsbedingungen der „wie am Fließband"[43] produzierten „Gutachten", erweisen sie sich als „fragwürdig" (Michael Zimmermann). Nicht nur der rassistische Ansatz sei unhaltbar gewesen, „sondern auch die Genealogien als solche [...], da lückenhaft".[44] Das muss für die RHF-„Feldforschung" nicht lange begründet werden. Sie zeigt sich als „ein parasitäres Zerrbild" ernsthafter zeitgenössischer Forschung[45] allein schon aufgrund des Drucks, dem die Objekte dieser Recherchen ausgesetzt waren. Was die Auswertung der Kirchenbücher

41 Ritter: Das „Zigeunersippenarchiv", Westdeutscher Beobachter, 20.6.1942, zit. nach: ebd., S. 296.

42 Fings: Gutachtliche Äußerungen, passim.

43 Ebd., S. 438.

44 Zimmermann: Rassenutopie, S. 144, 431 f. Vgl. das gleichlautende Urteil bei Renner: Pfälzer Zigeuner, S. 121.

45 Rosenhaft: Wissenschaft als Herrschaftsakt, S. 330.

und Zivilstandsregister angeht, so ergeben Stichproben, dass die RHF und deren dezentrale Datenzulieferer sehr eigenständig mit den ihnen begegnenden Daten umgingen.[46] Die von Ritter im großtuerischen Auftritt verkündeten „großangelegten kriminalbiologischen Untersuchungen", die einen „viel höheren Grad von Kriminalität" bei „Mischzigeunern" als bei „unvermischten Wanderzigeunern" nachweisen würden, gab es nicht.[47] Die „fliegenden Arbeitsgruppen" der RHF waren nur an wenigen Orten im Einsatz, die angeblich weit zurückreichenden Genealogien lagen nur für einen kleinen Teil des mitteleuropäischen Territoriums vor. Ritter übertrieb in der Außendarstellung die RHF-Tätigkeit und deren Ergebnisse maßlos, um an Forschungsgelder zu kommen.[48] Die „Wissenschaft", die von ihm und seiner RHF betrieben wurde, war eine Karikatur ernsthafter Forschung.

Die auffälligsten Merkmale des theoretischen und anwendungspraktischen Ethnizitätsansatzes der RHF waren dessen fachliche Dürftigkeit und inhaltliche Beschränktheit. Die „Zigeunerforschung" war ein wissenschaftlich „hohler" Herrschaftsakt (Eve Rosenhaft).[49] Gerade deshalb war sie wie die „vorbeugende Verbrechensbekämpfung" in der Lage, ein nicht nur Fachvertreter ansprechendes, sondern zur Popularisierung geeignetes Erklärungsmuster und Handlungskonzept anzubieten. Die real unterkomplexe Theorie und Praxis wertete dann der Nimbus einer über den Meinungen schwebenden, wertfreien angeblichen Wissenschaftlichkeit auf.

Das RKPA und die nachgeordneten Kripobehörden setzten die Angaben der RHF in eine eliminatorische „Lösung der Zigeunerfrage" praktisch um, zum einen durch KZ-Einweisungen und zum anderen gemeinsam mit dazu bereiten Ärzten durch Sterilisierungen. Lag auch die Selektionsgewalt beim RKPA, so trafen doch Kripobeamte vor Ort immer wieder eigene Entscheidungen und setzten sie durch.

Michael Zimmermann schätzt, dass 1943/44 zwischen 2.000 und 2.500 Sterilisierungen erzwungen wurden.[50] Gesetzwidrige Sterilisationen waren als Bedingung für eine Ehegenehmigung seit Inkrafttreten des Gesetzes zur Verhütung erbkranken Nachwuchses praktiziert

46 Opfermann: Soest, S. 262 ff.; ders.: Siegerland und Wittgenstein, S. 262 ff.

47 Berbüsse: Bild der „Zigeuner", S. 122, 146.

48 Luchterhandt: Robert Ritter, S. 325.

49 Rosenhaft: Wissenschaft als Herrschaftsakt, S. 329.

50 Zimmermann: Rassenutopie, S. 362.

worden.[51] Nun nahmen sie auf dem Weg erzwungener „Freiwilligkeit" zu.[52] Ihre Grundlagen waren eine gutachterliche Einstufung durch die RHF und eine Einverständniserklärung der Verfolgten oder bei Kindern und Jugendlichen der gesetzlichen Vertreter, die ohne große Umstände mit der Drohung einer Einweisung in ein KZ erpresst werden konnte.[53]

Die Handelnden folgten dem Konzept der „vorbeugenden Verbrechensbekämpfung". Es wurde zur Leitlinie des 1937 gegründeten RKPA, dem in Berlin im RSHA residierenden „Generalstab der deutschen Kriminalpolizei" (so sein Leiter Arthur Nebe), und der regionalen Kripoleitstellen.[54] Neben der von der von der Kripo verhängten „Vorbeugehaft" stand die von der Geheimen Staatspolizei (Gestapo) verhängte „Schutzhaft".[55]

In fachbezogenen Varianten waren unter NS-Bedingungen ähnliche Überlegungen in der Gesundheitspolitik ebenfalls zum Programm geworden. Sie hatten Diskussionen und Entscheidungen von den Eheverboten über die Zwangssterilisation bis zu den Krankenmorden bestimmt.[56] Auch das betraf die Angehörigen der Minderheit.

Die Praxis der „Bekämpfung der Zigeunerplage" mündete in den Auschwitz-Erlass vom 16. Dezember 1942. Himmler hatte festgelegt, dass „Zigeunermischlinge, Rom-Zigeuner und nicht deutschblütige Angehörige zigeunerischer Sippen balkanischer Herkunft nach bestimmten Richtlinien auszuwählen und in einer Aktion von wenigen Wochen in ein Konzentrationslager einzuweisen" seien. In Diskussionen zwischen dem RKPA, Himmlers Forschungsinstitut „Ahnenerbe", der Parteikanzlei und der RHF ging es darum, diese Vorgabe zu präzisieren. Am 29. Januar 1943 hatte ein Schnellbrief detailliert die Modalitäten der Deportation festgelegt und als Ziel „das Konzentrationslager (Zigeunerlager) Auschwitz" benannt.[57] Ab Ende Februar 1943 wurden insgesamt etwa 23.000 Roma in Auschwitz inhaftiert, von denen vielleicht 1.000 oder 2.000 überlebten, nachdem 3.000 bis 4.000 noch arbeitsfähige auf Lager wie Ravensbrück, Buchenwald oder

51 Ebd., S. 209 f.

52 Ebd., S. 362.

53 Ebd., S. 359 ff.

54 Wagner: Hitlers Kriminalisten, S. 75–79.

55 Luchterhandt: Weg nach Birkenau, S. 110.

56 Schmuhl: Patientenmorde, S. 295–330.

57 Ebd., S. 303. Der Schnellbrief ist vollständig wiedergegeben bei Döring: Die Zigeuner, S. 215–218.

Sachsenhausen verteilt worden und die letzten mehr als 4.200 als nicht mehr nutzbar beurteilten Auschwitz-Häftlinge in der Nacht vom 2. auf den 3. August 1944 vergast worden waren.[58]

In diesem allgemeinen, hier nur grob skizzierten Rahmen ereigneten sich Verfolgung und Vernichtung der mitteleuropäischen Roma-Minderheit als ein gemeinsames Arbeitsprojekt von Rassenforschern und -hygienikern, Kriminalbeamten und Spezialisten einiger anderer staatlicher Organe wie der beiden Reichsausschüsse zum Schutze des deutschen Blutes und zur wissenschaftlichen Erfassung von erb- und anlagebedingten schweren Leiden sowie dem Reichsgesundheitsamt.

Als die letzte Instanz in der genozidalen Entscheidungskette sind die Orte der Vernichtung, die Konzentrationslager, zu nennen. Das war vor allen anderen Lagern für die in West- und Mitteleuropa Verfolgten das „Zigeunerlager" in Auschwitz-Birkenau, von dem es eine Rückkehr nicht geben sollte, das jedoch aufgrund des Sieges der Alliierten über NS-Deutschland eine Minderheit der Deportierten überlebte.

2.2 Tatraum Osteuropa: Einsatzgruppen, Polizeieinheiten, Wehrmacht

Sowjetunion

Der Krieg gegen die Sowjetunion war von Beginn an angelegt als ein antikommunistischer rassen- und raumpolitischer Vernichtungskrieg. Der in seinem Kern eliminatorische Rassismus in Gestalt des Antirussismus, des Antisemitismus und des Antiziganismus, amalgamiert mit Antikommunismus, war eine tragende Kraft der Kriegsführung. Kaum dass die Fronttruppen die östlichen Grenzen des deutschen Herrschaftsbereichs überschritten hatten, begann der flächendeckende und systematische Massenmord durch Einsatzkommandos des Sicherheitsdiensts der SS (SD), Einheiten der Ordnungspolizei und der Wehrmacht sowie durch einheimische antikommunistisch-antisemitisch-antiziganistische Formationen. Die Zahl der Opfer in der NS-Sammelkategorie der zu vernichtenden „potentiellen Gegner" nur bis zum Jahresende 1941 wird auf etwa 500.000 geschätzt.[59]

58 In der Literatur werden allgemein etwa 3.000 Opfer genannt. Neuere Forschungen haben 4.200 bis 4.300 ergeben, siehe Kubica / Setkiewicz: Last Stage, S. 15.

59 Wirsching: Deutsche Geschichte, S. 82.

Die deutschen Besatzer und ihre nationalistischen Kollaborateure machten Jagd auf Kommunisten, Juden, Roma, „asiatisch-Minderwertige", Partisanen, „Geisteskranke" und generell auf „Mißliebige". Die Verdachtsetiketten, die den Verfolgten als Gruppenzugehörigkeiten angeheftet wurden, basierten auf den von diffusen Fantasievorstellungen und von Unwissenheit bestimmten Ideen und ideologischen Glaubenssätzen ihrer Gegner. Sie boten weite Räume für Entscheidungen und trafen auch Menschen, die diesen Gruppen nicht angehörten. Die Feindgruppen überschnitten sich – es gab jüdische Kommunisten und Roma-Partisanen – und sie wurden ohne Rückfragen bei einem „wissenschaftlichen" Erfassungsinstitut einsortiert. „Die Einsatzgruppen mordeten nach einem groben Raster; präzise Definitionen interessierten sie nicht."[60]

Was die Roma-Minderheit betrifft, so muss mit Martin Holler festgestellt werden, dass die Roma-Verfolgung in Osteuropa zu den am stärksten vernachlässigten Aspekten der Historiografie der deutschen Besatzung dort gehört. Dazu trug auch bei, dass die sowjetischen Quellen lange kaum zugänglich waren und es ein Sprachproblem gab. Was sich in den Akten vorfand, war Ausdruck eines Selbstverständnisses, nach dem alle Angehörigen des säkularen, multinationalen und multiethnischen Staatsverbands der Sowjetunion unterschiedslos erst einmal Sowjetbürger waren.

Dennoch lässt sich auf der Grundlage der vorliegenden Daten sagen, dass dieser Tatraum „a key role in establishing genocidal intent in the Nazi persecution of Roma" einnahm, insofern der Überfall auf die Sowjetunion am 22. Juni 1941, zwei Jahre vor den Auschwitzdeportationen von Roma, „the transition toward systematic mass murder" markierte.[61]

In der deutschen Forschung traf Michael Zimmermann im Hinblick auf die Opfer der Massenmorde der Einsatzgruppen und der Wehrmacht die Unterscheidung zwischen „wandernden Zigeunern" und „seßhaften Roma und Sinti". Erstere seien stärker bedroht gewesen als Letztere.[62] Hier sah er einen grundlegenden Unterschied zur Verfolgung in Mitteleuropa. Dort sei es umgekehrt gewesen. Er verwies auf den Kommandierenden General im Heeresgebiet Nord, Franz von Roques. Der hatte im November 1941 dekretiert, „seßhafte Zigeuner, die bereits zwei Jahre an ihrem Aufenthaltsort wohnten" und politisch und strafrechtlich unauffällig seien, könnten am Ort „belassen" werden. „Herumziehende

60 Zimmermann: Rassenutopie, S. 262.

61 Holler: Nazi Persecution, S. 153.

62 Zimmermann: Rassenutopie, S. 372.

Zigeuner“ seien auf jeden Fall dem nächsten Einsatzkommando zu übergeben, was auf einen Mordauftrag hinauslief.[63] Das war jedoch eine Form der Unterscheidung, die insbesondere mit dem Kriterium der politischen Unauffälligkeit weite Auslegemöglichkeiten bot.[64]

Zimmermann bezog sich darauf, dass die im besetzten Gebiet lebenden Roma zu einem großen Teil seit Langem fest ansässig waren und es eine Segregations- und Verfolgungspolitik, wie sie schon im deutschen Kaiserreich stattgefunden hatte, im Zarenreich nicht gegeben hatte. Viele Roma arbeiteten, bis die Deutschen kamen, in „ethnisch“ gemischten oder eigenständigen landwirtschaftlichen Genossenschaften. Die Empirie der Mordtaten belegt jedoch, dass es einen Schutz als nutzbringende Arbeitskraft bei ihnen grundsätzlich nicht gab. Mit Kriegsbeginn fehlten dann auch für eine Unterscheidung zwischen „sesshaft“ und „umherziehend“ die Voraussetzungen. Viele Menschen waren als Kriegsflüchtlinge Binnenmigranten. Das galt auch für viele Roma. Dem Mythos vom „ewigen Wandervolk“ folgend gingen deutsche Besatzer bei ihnen oft umstandslos von „wandernden Zigeunern“ aus, fügten „spionierend“ oder „Partisanenunterstützung“ hinzu und verfügten damit über eine Legitimation für deren Vernichtung.[65] Es galt der Grundsatz „lieber einer mehr als einer zu wenig“.

Erst in jüngster Zeit ergab sich ein ausführlicher Einblick in ex-sowjetische Quellen, das heißt in eine umfangreiche Gegenüberlieferung aus der Opferperspektive. Daraus seien im Folgenden exemplarisch drei Fälle im Tätigkeitsbereich der Einsatzgruppe A, die im Norden und im Baltikum agierte, und der Führung der Heeresgruppe Nord, die im Nordwesten das Sagen hatte, entnommen. Dort ereignete sich der Übergang zur systematischen Vernichtung der Roma zwischen Februar und Juni 1942. In dieser ersten Jahreshälfte „wurde die Mehrzahl der ‚Zigeuner‘ im sowjetrussischen Nordwesten ermordet. Ein Unterschied zwischen wandernden und sesshaften Roma wurde dabei nicht gemacht.“[66] In den meisten Gebieten seien zur Jahresmitte fest ansässige Roma „bereits vollständig vernichtet“ gewesen. Auch die Unterscheidung zwischen Roma als „Partisanen“ bzw. „Partisanenhelfern“, also Kombattanten, einerseits und Nichtkombattanten andererseits, wie sie in den späteren

63 Ebd., S. 265; vgl. Holler, Völkermord, S. 31 f.

64 Ebd.

65 Holler: Völkermord, S. 20 ff.; Curilla: Ordnungspolizei, S. 34.

66 Alle nachfolgenden Angaben, soweit nicht anders angegeben: Holler: Roma-Verfolgung, S. 243 f., 253, 257.

NSG-Verfahren von den Beschuldigten vorgetragen wurde, um die Vernichtung als berechtigte militärische Aktion erscheinen zu lassen, war gegenstandslos. Bei keiner Gelegenheit hatte es sich nach Meinung der lokalen Zeitzeugen, die der Außerordentlichen Staatlichen Kommission zur Untersuchung der deutsch-faschistischen Gräueltaten (ChGK)[67] berichteten, bei den Mordopfern tatsächlich um Partisanen gehandelt.[68] Für sie war offensichtlich, dass die Mörder beabsichtigten, die Bevölkerungsgruppe auszulöschen. Sie mordeten, „because they were Gypsies by ethnicity". Dem schloss sich die ChGK grundsätzlich an.

Mehrere Roma-Familien, insgesamt 26 Personen, waren im Februar 1942 im Dorf Filippovščina bei Gdow im nordwestlichen Russland zum Arbeitseinsatz einquartiert. Die Besatzer warfen ihnen Kontakte zu Partisanen vor, eine deutsche „Vergeltungseinheit" kam ins Dorf.

> Bei minus 30 Grad Frost, wurden sämtliche Roma halbbekleidet aus ihren Häusern getrieben und auf eine Brücke am Dorfeingang gestellt. […] [D]ie Familien [wurden] gezwungen, vor den Augen des [zwangs-]versammelten Dorfes zu tanzen, ehe sie aus drei Maschinengewehren erschossen wurden. Nach der Erschießung mussten die Dorfbewohner die Leichen begraben. Ein zehnjähriger Junge, der bei der ‚Aktion' lediglich an der Hand verwundet worden war, versuchte vergeblich, mit Hilfe der Dorfbewohner zu fliehen. Er wurde gefangen und […] lebendig begraben.

Dass eine Mordaktion von den Tätern als groteskes Schauspiel mit Opfern in einer Art von Clownsrollen und mit Zuschauern wie bei einer öffentlichen Veranstaltung inszeniert wurde, begegnet in den Quellen zum deutschbesetzten Osten immer wieder. Die deutschen Täter pervertierten dabei Zigeunerbilder aus dem mitteleuropäischen romantischen Repertoire. Sie denunzierten ihre Opfer auf die brutalstmögliche Weise, bevor sie sie umbrachten. Sie zeigten sich in solchen Situationen eher als Lust-, denn als Hassmörder.

67 Vollständiger Titel der Kommission: Außerordentliche Staatliche Kommission zur Feststellung und Untersuchung der Gräueltaten der deutsch-faschistischen Eindringlinge und ihrer Komplizen. In der Bundesrepublik wird in der Literatur abweichend die Bezeichnung „Staatskommission für die Ermittlung von NS-Verbrechen" verwendet.

68 Holler: Nazi Persecution, S. 174, 180.

Der Mord in Filippovščina war nach Holler der Einstieg in eine Serie von Massenerschießungen, denen nach den unvollständigen Belegen der ChGK zwischen 700 und 900 Roma zum Opfer fielen. Beteiligt waren unterschiedliche Kommandos der Einsatzgruppe A. Sie stand unter dem Befehl des SS-Brigadeführers und Generalmajors der Polizei Heinz Jost.

Ein zweites von Holler geschildertes Beispiel ist die Geschichte der achtköpfigen Familie Massal'skij im Mai 1942.[69] Sie wohnte in einem Dorf in der Region Nowgorod, der Vater Semen Massal'skij arbeitete als Eisenbahnschaffner. Die als „wandernd" bezeichnete Familie wurde festgenommen und mit 30 angeblich ebenfalls „nomadisierenden Zigeunern" in ein Kriegsgefangenenlager auf einer Sowchose verbracht. Über einen offenen Graben im Viehhof, der zugleich Hinrichtungsort für Kriegsgefangene war, waren Bretter gelegt, „auf welche zunächst Kinder und Jugendliche getrieben wurden, die vor den Augen der Eltern erschossen wurden. Anschließend kamen die Erwachsenen an die Reihe. Diejenigen Opfer, die bei der Erschießung lediglich verwundet worden waren, wurden lebendig begraben."

Ein weiterer Fall war das Massaker von Novoržev in der Oblast Pskow im nordwestlichen Russland im Mai 1942, das durch Angehörige der 281. Sicherungsdivision der Wehrmacht begangen wurde, die sich damit über bestehende Regelungen zur Abgrenzung der Kompetenzen gegenüber den Einsatzgruppen hinwegsetzte.[70] Mit der so unbegründeten wie üblichen Verdächtigung, die Roma in diesem Bezirk seien alle Partisanenhelfer, und unter Vortäuschung einer „Umsiedlung" wurden Roma-Familien aus den umliegenden Dörfern und Kolchosen zusammengetrieben und nach Folterungen durch „vernehmende" Angehörige der Gruppe 714 der Geheimen Feldpolizei erschossen. Die Exhumierung der Mordopfer 1944 durch sowjetische Stellen ergab:

> Erschießung durch mehrere Schüsse in verschiedene Körperteile. Ermordung durch verschiedene Gegenstände per Schlag auf den Kopf mit Zertrümmerung des Schädels. Das Aufschlitzen des Bauches mit Hilfe von Bajonetten und Messern. Mord durch Vergiftung unter Anwendung von Giften. Lebendiges Begraben insbesondere der Kinder. [...] gebrochene Gliedmaßen, abgerissene Hände, Füße und Köpfe, die getrennt von den Rümpfen gefunden wurden.

69 Holler, Völkermord, S. 43 f.

70 Dazu siehe auch Kilian: Wehrmacht und Besatzungsherrschaft, S. 498 ff.

Man fand mehr als 330 Leichen.[71] Nach Angabe der Wehrmacht waren es „nur" 128 gewesen. Die Ortskommandantur hatte sich auf einen Befehl gestützt, nach dem „Zigeuner stets wie Partisanen zu behandeln" seien. Dass eine „Partisanentätigkeit" „nicht einwandfrei nachgewiesen" worden war, blieb unerheblich.[72] Dieses Massaker ging in die Dokumentation der Verbrechen ein, die den Angeklagten im Nürnberger Prozess zum Oberkommando der Wehrmacht (OKW; Fall 12) vorgeworfen wurden.

Holler kommt zu dem Ergebnis, dass der Genozid an den osteuropäischen Roma in den besetzten sowjetischen Gebieten intentionalen und systematischen Charakter hatte. Beteiligt waren SD-Einsatzgruppen, Wehrmachtseinheiten, die Waffen-SS und Polizeibataillone.

Mitbeteiligt waren in der Regel einheimische kollaborierende Kommandos. Auch lokale nichtdeutsche Gendarmerie erschoss Roma. In der Westukraine hetzten zwei Organisationen ukrainischer Nationalisten, die OUN (B) und die OUN (M), ebenso aggressiv wie die Nazi-Propaganda gegen „Zigeuner, Moskowiter, Juden und anderes Gesindel",[73] eine unvollständige Aufzählung, der mindestens Polen hinzuzufügen wären. Die eine OUN war nach ihrem Anführer Stepan Bandera benannt, die andere nach ihrem Anführer Andrij Melnyk. Bereits in der ersten Hälfte der 1930er-Jahre hatte die noch geeinte OUN terroristische Aktivitäten wie Brandstiftungen, Banküberfälle und politische Morde an polnischen „Besatzern" und ukrainischen „Verrätern" begangen.[74] Sie imitierte die italienischen Faschisten und die deutschen Nazis und arbeitete mit beiden zusammen.

71 Holler: Völkermord, S. 37–39.

72 Krausnick: Hitlers Einsatzgruppen, S. 244.

73 Diese und die folgenden Angaben: Tyaglyy: Einstellung, passim, bes. S. 3–8; Richter: „Herrenmensch" und „Bandit", S. 20 f.; zur OUN und zu Bandera umfassend: Rossoliński-Liebe: Bandera, siehe auch die Rezension von Delphine Bechtel, abrufbar unter: https://www.hsozkult.de/publicationreview/id/reb-21048 [letzter Zugriff: 20. 6. 2022].

74 Im Ergebnis des polnisch-sowjetischen Kriegs von 1920/21 war es dem polnischen Staat gelungen, die Grenze nach Osten weit jenseits der 1919 ausgehandelten „Curzon-Linie" zu verschieben und die mehrheitlich von Litauern, Weißrussen und Ukrainern, aber auch von Polen bewohnten Territorien einer nach „Nationalität" und „Ethnizität" heterogenen Bevölkerung zu annektieren. Mit dem Deutsch-Sowjetischen Grenz- und Freundschaftsvertrag vom September 1939 wurde vereinbart, die Grenzziehung der Curzon-Linie wiederherzustellen und das Gebiet östlich davon an die Sowjetunion zurückgehen zu lassen. Das wurde im Zuge des deutschen Überfalls auf Polen durch den Einmarsch sowjetischer Truppen umgesetzt. Die heutigen Westgrenzen der Ukraine, Weißrusslands und Litauens entsprechen nach wie vor weitgehend der Curzon-Linie.

Ein Teil der OUN radikalisierte sich dann unter Bandera weiter. Die Banderiwzi der OUN (B) beabsichtigten eine „nationale Revolution“ nach faschistischem Vorbild für die Gesamtukraine und planten aus dem multiethnischen Land einen „ethnisch reinen“ Staat ohne fremdvölkische Minderheiten zu machen. Ihr militärischer Arm, die Ukrainische Aufständische Armee (UPA), praktizierte daher ethnische Säuberungen gegen die unerwünschten Bevölkerungsgruppen. Sie beteiligte sich an Massakern der Deutschen und beging eigene. Roma oder Juden flüchteten unter diesen Bedingungen in den Schutz der sowjetischen bewaffneten Widerstandsgruppen und schlossen sich diesen auch an.[75]

Neben der Vernichtung vor Ort gab es die Überweisung in Vernichtungslager. 2.800 Roma wurden nach der Aufnahme der Deportationen aus dem Reich nach Auschwitz aus dem Kreis Grodno ebenfalls dorthin deportiert und am Ankunftsort zum größten Teil in die Gaskammern getrieben.[76] Im estnischen Harku ließ der Kripoleiter beim Kommandeur der Sipo und des SD Heinrich Bergmann 243 im lokalen Gefängnis inhaftierte Frauen und Männer aus der Roma-Minderheit am 27. Oktober 1942 durch einheimische Hilfspolizei erschießen.[77] 60 Kinder der Ermordeten, die während der elterlichen Haft in einer „Kinderkolonie“ in Laitse untergebracht waren, wurden im Herbst 1943 von einem Bus abgeholt und bei Kalevi-Liiva umgebracht.

Im Februar 1943 wurden alle etwa 500 noch nicht inhaftierten Roma aus Estland, Frauen, Männer und Kinder, nach Tallinn in das dortige Gefängnis transportiert.[78] Dabei war die Frage, ob „sesshaft“ oder nicht, ohne Bedeutung. Die Festgenommenen wurden 1943 und 1944 an unterschiedlichen Orten exekutiert. Soweit es sich um Bauern gehandelt hatte, gingen das hinterlassene Land, die Häuser und das Vieh an die nicht betroffenen Dorfbewohner.

Im Herbst 1941 teilte der Generalmajor Georg Hewelcke mit einem Merkblatt den Soldaten seiner in Weißrussland agierenden Infanteriedivision mit, dass aus Gründen eines möglichst ruhigen Hinterlands die Notwendigkeit bestehe, „politisch verdächtige Zivilisten“ zu vernichten. Er konkretisierte diesen Feind als „Bolschewisten, Juden und

75 Ebd., S. 9–11.

76 Curilla: Ordnungspolizei, S. 382.

77 Weiss-Wendt: Murder, S. 145; diese und die nachfolgende Angabe aus Primärquellen des Estnischen Staatsarchivs.

78 Ebd., S. 145 f.; siehe auch Birn: Heinrich Bergmann, S. 50.

Zigeuner".[79] Eine Arbeitsteilung war nach Hewelcke dabei zu beachten: Einen Vernichtungsauftrag habe die Wehrmacht nur dann, wenn es um „Partisanen und Helfer" gehe, ansonsten falle die Tötung den SD-Einsatzgruppen zu. Das schließe Frauen und Kinder mit ein, da es rassenpolitisch um die „Lösung des Judenproblems und der Zigeunerfrage" gehe.[80] Diese Aufteilung der Verantwortlichkeiten blieb indessen Papier.

Die Gleichsetzung der drei von Hewelcke genannten Verfolgtengruppen war für die Täter eine Selbstverständlichkeit, wie ein Gendarmeriemeister Fritz Jacob aus Kamenez-Podolsk im Juni 1942 an einen SS-Obergruppenführer und Generalleutnant Rudolf Querner schrieb: „Wöchentlich drei-vier Aktionen. Einmal Zigeuner und ein andermal Juden, Partisanen und sonstiges Gesindel. [...] Sie waren keine Menschen, sondern Affenmenschen. [...] Wir machen Bahn ohne Gewissensbisse. Die Wellen schlagen zu, die Welt hat Ruh!" Es gehe darum, „für unsere Nachkommen ein schöneres und ewiges Deutschland zu bauen".[81]

Michael und Zvi Rajak, die schon in den 1950er-Jahren die Geschichte der NS-Verfolgung der Juden der weißrussischen Stadt Glubokoje (Glubokie, Hlybokaye) recherchierten, stießen dabei auf eine regionale „‚Zigeuner'-Jagd" im Dezember 1941. Mehr als 100 Roma, Männer, Frauen und Kinder, hatte lokale Polizei auf den Dörfern und in den Wäldern in ihre Gewalt bekommen und nach Glubokoje verbracht. Dort hatten die Festgenommenen sich bei hoher Kälte nackt auszuziehen. Die im Schnee liegenden Kinder froren blau an, die Mütter baten das deutsche Mordkommando, ihre qualvoll erfrierenden Kinder zu erschießen. Darüber machten die Deutschen sich lustig. Sie trieben ihre Opfer in den am Stadtrand gelegenen Borok-Forst. Ihre inzwischen toten Kinder hatten die Familien mitzunehmen.

> There, at the open pits near their dead children, the murderers ordered them to sing, dance, jump, clap and so on. As they performed they were beaten with whips to make them dance better, sing louder and the young gypsies were forced to laugh [...]. The Germans photographed this macabre sight. When

79 Gerlach: Kalkulierte Morde, S. 605.

80 Ebd.

81 Vollständiges Zitat siehe Hoppe/Hansen/Holler: Verfolgung und Ermordung, S. 309–311.

> they completed the 'entreating' part of the scene, the murderers pushed the unfortunate gypsies into the pits, where they had previously thrown their dead children, and there, they shot them. Local Christians, and German lackeys [...] stood by joyfully and had a good time. They carried on an animated conversation, joked, laughed, and with great satisfaction observed it all.[82]

Das Fazit von Michael und Zvi Rajak: „The [...] gypsies, just like the Jews, suffered simply because of the fact that they were gypsies." Dortmunder Ermittler gingen in den 1970er-Jahren davon aus, dass in Glubokoje 1941 und 1942 etwa 1.000 Roma deutschen Polizei- und SD-Einheiten zum Opfer fielen.[83]

Zu einem Symbol für die nazistischen Menschheitsverbrechen wurde die Schlucht Babyn Jar (Babi Jar) am Stadtrand von Kiew in der Ukraine. Am 23. September 1941 waren dort Dutzende Roma erschossen worden.[84] Ende September erschossen Angehörige des Einsatzkommandos 4a der Einsatzgruppe C dann etwa 34.000 Juden. Es folgte eine große Zahl weiterer Massenmorde in der Schlucht: an weiteren Tausenden Juden, an sowjetischen Kriegsgefangenen, an Roma und weiteren „potentiellen Gegnern". „Fascists hunted the Roma like game. They were subject to immediate destruction like the Jews [...] The Roma were taken to Babi Yar by entire caravans, and it seems that until the very last moment they could not comprehend what was about to happen them."[85] In Kiew habe es ein geflügeltes Wort zur deutschen Besetzung der Stadt gegeben: „The Jews are kaput. The Gypsies are dead too. And so will be the Ukrainians."[86] Zum 1. April 1942 seien nur 20 Juden und 40 Roma lebend in Kiew verblieben. Im Jahr darauf seien es noch zwei Roma gewesen. Die sowjetische Außerordentliche

82 Michael und Zvi Rajak (Hrsg.): The Destruction of Glubokie (Hlybokaye, Belarus), Buenos Aires 1956, S. 76–78, abrufbar unter: https://jewishgen.org/yizkor/hlybokaye/hly060.html [letzter Zugriff: 20.6.2022], S. 60–78, Museum of Jewish Heritage, New York.

83 NSG-Datenbank des IfZ-Archivs, Reportdatum: 17.3.2021, S. 393: Verfahren 45 Js 16/73 am LG Dortmund, eingestellt bei dem Hauptbeschuldigten, dem Gestapobeamten Balthasar Lutz, weil verstorben.

84 Hoppe: Babyn Jar, S. 7.

85 Tyaglyy: Nazi Occupation, S. 131, nach Anatoly Kuznetsov: Babii Iar. Romandokument, Saporoschje 1991, S. 114.

86 Diese und die nachfolgenden Angaben: Tyaglyy: Nazi Occupation, S. 131, nach Alexander Kruglov: Genotsid tsigan v Ukrainy v 1941–1944. Statistiko-regional'nyi aspect, in: Golokost i suchastnist. Studii v Ukraini i sviti 6 (2009), no. 2, S. 8.

Staatliche Kommission gelangte zu einer Schätzung von insgesamt 100.000 Ermordeten in Babyn Jar.[87]

1968 fand in Darmstadt ein Prozess gegen einige der hauptverantwortlichen SS-Offiziere des Einsatzkommandos 4a statt. Es ging um Babyn Jar und um weitere Mordorte in der Region. Außer im Vorspann der Urteilsbegründung, der an drei Stellen Anweisungen von ganz oben zitiert, werden „Zigeuner" und andere Opfergruppen neben der jüdischen dort nicht genannt. In der Beschreibung der Mordpraxis kommen sie nicht vor.[88] Das blieb bis in die jüngere Zeit in der west- und gesamtdeutschen Literatur zu diesem berüchtigtsten Tatort der ungeheuerlichen Verbrechen im Osten so.

Umfang und Aggressivität der Verfolgung von Roma standen bereits im Nürnberger Einsatzgruppen-Prozess 1947/48 am Rand der Aufmerksamkeit. Nur an einer Stelle der rund 250 Seiten umfassenden Dokumentation des Urteils und der Urteilsbegründung wird auf drei Seiten ausführlicher auf die Mordpraxis an Roma eingegangen, ansonsten sind nur wenige Nennungen in Aufzählungen von Opfergruppen zu finden.[89] Gegenstand dieses Abschnitts ist das vom Gericht recherchierte Massaker im Dezember 1941 bei Simferopol, der Hauptstadt der Krim.[90] Es wurde später als „Weihnachtsgemetzel" bezeichnet, da es kurz vor den Weihnachtsfestlichkeiten der Täter stattfand. Beteiligt waren Angehörige des Sonderkommandos 11b der Einsatzgruppe D, dem der Kommandeur der 11. Armee mitgeteilt hatte, die Wehrmacht erwarte, dass das Sonderkommando noch vor Weihnachten 1941 mehrere Tausend Juden und „Zigeuner" töte. Nach Täterangaben wurden im Dezember zwischen 700 und 800 Menschen – Frauen, Männer, Kinder – aus dem Stadtteil, in dem die Simferopoler Roma als in der Stadt Eingesessene lebten, auf Lastwagen zur Hinrichtungsstätte außerhalb der Stadt transportiert. Dort wurden sie ihrer Wertsachen und Oberbekleidung beraubt und anschließend in Panzerabwehrgräben erschossen.

87 Artikel Babi Jar, in: Gutman: Enzyklopädie, S. 144–146, hier: S. 146; Diner nennt 200.000 Opfer: Diner: Enzyklopädie, Bd. 1, S. 226.

88 JuNSV, Bd. XXXI, Lfd. Nr. 694, S. 1–312, Verfahren KS 1/67 am LG Darmstadt, Urteil 29.11.1968, Verfahren 2 StR am BGH, Urteil 5.4.1973. Da die gesamte Urteilssammlung 2021 ins Netz gestellt wurde und nun allgemein zugänglich ist, ist für die hier angeführten mit einem Urteil abgeschlossenen Verfahren jeweils ein Verweis auf die Urteilssammlung aufgenommen.

89 Die folgenden Angaben siehe Leszczyński: Fall 9, S. 135ff., 231f.

90 Siehe: ebd., S. 135 ff; Zimmermann: Rassenutopie, S. 264f.; Holler: Völkermord, S. 78ff.

Dabei hatte das Kommando die personelle, materielle und logistische Unterstützung durch die Wehrmacht. Im November 1941 waren 1.700 Einwohner als „Zigeuner" gemeldet gewesen. Anfang Januar 1943 waren es noch acht.[91]

Folgte man der Engführung auf die jüdische Minderheit in diesen Prozessen oder dem Einwand von Zimmermann, es sei im Osten zwischen zu verfolgenden „wandernden" und zu verschonenden „sesshaften" Roma unterschieden worden, dann müsste man zu dem Schluss kommen, dass zentrale selbstbelastende Aussagen führender Offiziere der Einsatzgruppen unzutreffend sind. SS-Obergruppenführer und General der Polizei Erich von dem Bach-Zelewski, Chef der Einsatzgruppe B, erklärte, die Bekämpfung des bewaffneten Widerstands sei „mehr und mehr" zum Vorwand „für die Ausrottung von Juden und Zigeunern, [und] die systematische Verringerung der slawischen Völker um dreißig Millionen genutzt" worden.[92] Von unterschiedlichen Graden der Betroffenheit sprach er nicht. SS-Gruppenführer Otto Ohlendorf, Chef der Einsatzgruppe D, traf im Nürnberger Einsatzgruppen-Prozess die Feststellung, es sei bei „Zigeunern" „ebenso wie mit den Juden" gewesen. „Es bestand kein Unterschied zwischen den Zigeunern und den Juden".[93] Das habe auch für seine eigene Praxis gegolten. Man habe „unerwünschte Elemente" insgesamt exekutiert, „Russen, Zigeuner, Juden und andere". Ähnlich auch das Nürnberger Gericht in seinem Urteil: Es seien die Gruppen der „Jews, gypsies, insane people, Asiatic inferiors, Communist functionaries, and asocials" einem „summary killing" ausgesetzt gewesen.[94] Die Formen der Massentötung unterschieden sich nicht. Es gab sie in allen Details bei den verschiedenen Gruppen.

Die geringere Zahl der Roma-Opfer im Vergleich mit der jüdischen Minderheit erklärt sich nicht aus einer geringeren Betroffenheit aufgrund einer partiellen Schonung, sondern vor allem aus der geringeren Größe der Minderheit. Für 1939 wird nach dem Wiederanschluss der 1920/21 an Polen gegangenen Westgebiete der Ukraine eine Zahl von 2,36 Millionen Juden, also etwa 5 bis 6 Prozent der ukrainischen Gesamtbevölkerung genannt.[95] Der aus unterschiedlichen Gründen nur

91 Tyaglyy: Nazi Occupation, S. 137.

92 Kempner: SS im Kreuzverhör, S. 101.

93 Ebd.; The Einsatzgruppen Case, S. 286.

94 Ebd., S. 416.

95 Curilla: Ordnungspolizei, S. 834.

schwer zu beziffernde Bevölkerungsanteil der Roma wird auf zwischen 20.000 und 40.000 geschätzt.[96] Entsprechend weit auseinanderfallen dürften auch im sonstigen europäischen Osten die Bevölkerungsanteile. Was aber die Wucht der Vernichtung angeht, traf sie beide Bevölkerungsgruppen gleichermaßen existenziell.

Nach ihrer Zahl waren Juden die „ethnisch" Hauptbetroffenen der jahrelang anhaltenden Serie flächendeckend verübter Massenverbrechen. Roma und des Kommunismus und des Widerstands („bolschewistisches Bandenwesen") verdächtigte Angehörige der sowjetischen Bevölkerung, die in der reichsdeutschen bzw. westdeutschen Diktion pauschal und abfällig als „der Russe" bzw. „der Iwan" firmierten, waren im NS-Spektrum der „potentiellen Gegner" jedoch keinesfalls weniger bedroht.

Für all dies bedurfte es weder eines einsamen „Führerbefehls", auf den sich bereits im Nürnberger Einsatzgruppenprozess die Täter beriefen, der aber der Forschung bislang nirgendwo begegnete, noch irgendwelcher anderer Anordnungen aus der Verfolgungsbürokratie des Reichs. Die Täter kamen aus allen Stufen der militärischen Hierarchie und repräsentieren ein ausgedehntes soziales Spektrum vom „einfachen Mann" bis zum Universitätsprofessor.

Bei der Vernichtung von Bevölkerungsgruppen in der okkupierten Sowjetunion hatten die Täter vor Ort ganz im Einklang mit den Planern in den Leitungsstäben gehandelt. Die Übereinstimmung der Handlungsträger auf den verschiedenen Ebenen war nicht nur rassenideologisch motiviert, sie entsprach auch handfesten ökonomisch-pragmatischen Überlegungen, die darauf gerichtet waren, das Raubgut – ob Sache oder Mensch – im Sinne einer Kosten-Nutzen-Kalkulation, soweit es möglich war, vorteilhaft zu verwerten. Der in Minsk residierende SD-Leiter der Abteilung für Juden-, Zigeuner- und Polenfragen in Weißruthenien, der gelernte Jurist und damalige Gestapochef Georg Heuser, sah den Massenmord 1966 vor Gericht so: Es sei darum gegangen, „lebenswertes Leben [...] zu Lasten ‚unwerten oder kranken' Lebens (Juden, Zigeuner, Geisteskranke sowie Gefängnisinsassen) zu retten".[97] Damit hatte er noch nicht alle Gruppen benannt, die die Einsatzgruppen, Polizeibataillone und Wehrmachtseinheiten auch zugunsten der Versorgung

96 Myeshkov: Einleitende Bemerkungen, in: Tyaglyy, S. 2.

97 Dieckmann: Scheitern des Hungerplans, S. 121, dort mehr zu den internen Diskussionen zum Umgang mit der Ressourcenfrage und mit den ökonomischen Zielsetzungen beim Massenmord; ausführlich zu Weißrussland: Gerlach, Kalkulierte Morde.

der Angehörigen der Wehrmacht und der „deutschen Volksgemeinschaft“ vernichteten.

So vertrat es im November 1941 mit klaren Worten auch der schon angeführte Generalmajor Hewelcke in einer Lagebeurteilung für die befürchtete winterliche Ernährungskrise. Er schloss einen kleineren Teil der einheimischen Bevölkerung in die Nutznießerschaft der Mordserien ein. Die viel schlechter als deutsche Landser verpflegten weißrussischen militärisch organisierten Kollaborateure sollten an etwas bessere Rationen gelangen können, indem „alle Schädlinge und unnützen Esser (geflohene und wieder aufgegriffene Kriegsgefangene, Landstreicher, Juden und Zigeuner)“ „ausgemerzt“ würden.[98]

Es ging bei diesen Planungen um erhebliche materielle Werte. Nach den Massakern in Babyn Jar und in Schitomir im September 1941 kamen 137 Lkw-Ladungen Kleidung zusammen. In Kiew nahm eine geräumte Schule das Raubgut als Zwischenlager auf. Im Erdgeschoss befanden sich die Lebensmittel, im ersten Stock die Wäsche, im zweiten die Oberbekleidung und im dritten die Wertsachen. Darüber verfügte die NS-Volkswohlfahrt (NSV), die die Güter in erster Linie an die „Volksgemeinschaft“ weiterverteilte.[99] Geld – laut einem der tagelang mit der Glättung der Scheine Beauftragten „Millionenbeträge“ – „wurde in Säcke verpackt und weggeschickt“.[100]

Südosteuropa

Eine mehrschichtige Motivlage von der Bekämpfung des Widerstands über die Ausplünderung bis zur rassenpolitisch begründeten Eliminierung unerwünschter Bevölkerungsgruppen findet sich wie für den sowjetischen Teil Osteuropas auch für Südosteuropa vor. Mit der Aufteilung Jugoslawiens in mehrere „ethnische“ Teil-, Anschluss- und Besatzungsgebiete unter deutscher Führerschaft ereigneten sich dort gegen die jugoslawischen Roma alle Formen der Verfolgung und Vernichtung, wie sie im Reich und in den okkupierten Gebieten der Sowjetunion gegen die Minderheit praktiziert wurden.[101] Hervorzuheben sind die

98 Ebd., S. 602.

99 Hoppe: Babyn Jar, S. 16.

100 Wilhelm: Rassenpolitik, S. 240 f.

101 Zu Jugoslawien siehe Fings / Lissner / Sparing: Einziges Land; Manoschek: Serbien; Zimmermann: Rassenutopie, S. 248–258; im Überblick: Đurić / Becken / Bensch: Ohne Heimat, S. 277–284.

in Kroatien von den dortigen Ustascha-faschistischen Bündnispartnern der Nazis und in Serbien von den deutschen militärischen Besatzern eingerichteten Konzentrationslager, in die auch in hoher Zahl Roma eingewiesen wurden. Die 1941 vom deutschen Befehlshaber in Serbien erlassene „Verordnung betreffend Juden und Zigeuner" exkludierte die beiden Minderheiten wirtschaftlich, politisch und kulturell in gleicher Weise. Sie orientierte sich bei der Einführung von „Zigeunerlisten" und gelben Armbinden nicht an den Mischlingskategorien der RHF in Berlin, sondern an den Nürnberger Vorgaben gegen die jüdische Minderheit. Die Träger der Armbinden wurden zur Zwangsarbeit eingesetzt und in den von der Sicherheitspolizei eingerichteten KZs festgehalten.

In dem zum Teil von „Volksdeutschen" bewohnten jugoslawischen Anteil des Banats wurde eine deutsche Zivilverwaltung eingerichtet. Bekannt sind die Morde, die dort von dem Polizeichef Rudolf Kremling und dessen Stellvertreter Robert Varadi in Pančevo (Pantschowa) angeordnet wurden und zu deren Opfern auch Roma gehörten. Die jugoslawischen Ermittler gingen nach der Befreiung davon aus, dass etwa zwei Monate lang täglich bis zu zehn Lkws mit jeweils 30 bis 40 Personen eingetroffen waren und dort insgesamt etwa 5.000 Menschen getötet wurden.[102] Gegen den Haupttäter ermittelte 1974 das Landgericht Stuttgart vergeblich. Er war Jahre zuvor verstorben.[103]

Auf die seit dem Überfall auf die Sowjetunion stark anwachsende jugoslawisch-kommunistische und auf die serbisch-nationalistische Widerstandsbewegung reagierte die deutsche Militärführung mit äußerst brutaler Repression, der ganz besonders Serben, Juden und Roma zum Opfer fielen und die eine ausgeprägt rassenpolitische Seite hatte: Erschießungen von jüdischen und Roma-Geiseln im Verhältnis hundert zu einem deutschen Opfer. In einer Meldung des Chefs der Sicherheitspolizei und des SD vom 9. Oktober 1941 hieß es: „Als Sühnemaßnahme für die vor einigen Tagen erschossenen 21 deutschen Soldaten werden 2.100 Juden und Zigeuner exekutiert. Die Exekution wird von der deutschen Wehrmacht durchgeführt."[104]

Am gleichen Tag begannen die Erschießungen. In einem Befehl machte der Chef der deutschen Militärverwaltung in Serbien, Staatsrat

102 Miša: Ncmački zatvori, S. 101.

103 NSG-Datenbank des IfZ-Archivs, Reportdatum: 17.3.2021, S. 330, Verfahren 85 Js 98/74 am LG Stuttgart.

104 Faksimiliert in: Verbrechen der Wehrmacht. Dimensionen des Vernichtungskrieges 1941–1944. Ausstellungskatalog, Hamburg 2021, S. 560.

Dr. jur. Harald Turner, gegenüber sämtlichen Kreis- und Feldkommandanturen seine Position verbindlich: Es sei „der jüdische Intellekt, der diesen Krieg heraufbeschworen hat und der vernichtet werden muss. Der Zigeuner kann aufgrund seiner inneren und äußeren Konstruktion kein brauchbares Mitglied einer Volksgemeinschaft sein."[105] Aus diesen Gründen seien stets Juden und „Zigeuner" als Geiseln zu verwenden.

Im April 1942 erklärte er in einem Resümee zur „politischen Lage" als herausragenden Erfolg, es sei inzwischen „die Judenfrage, ebenso wie die Zigeunerfrage völlig liquidiert (Serbien einziges Land, in dem Judenfrage und Zigeunerfrage gelöst)".[106] Das muss nicht der Wirklichkeit entsprochen haben, belegt aber die Zielsetzung.[107]

Fazit

Die hier wiedergegebenen Ermittlungsergebnisse zeigen an, dass die Verfolgung der osteuropäischen Roma nicht weniger schrankenlos war als die der jüdischen Minderheit und dass beide Bevölkerungsgruppen einer Motivlage ausgesetzt waren, die in ihrem alle Grenzen überschreitenden Extremismus mit Verweisen auf tradierte Stigmata und Volksgemeinschaftspropaganda allein nicht mehr zu fassen ist.

Durch Migrationsprozesse vor allem aus dem Osten Europas ist die Roma-Minderheit heute in der Bundesrepublik vertreten wie nie zuvor. Das Wissen aber der westdeutschen und der heutigen gesamtdeutschen Öffentlichkeit über ihre Verfolgung im Osten und im Südosten Europas blieb durch die Zeiten hinter dem schon geringen Wissen über die Verfolgung in Mitteleuropa noch weit zurück. Die Gleichsetzung der Roma als Verfolgte mit der jüdischen Minderheit war lange selbst im akademischen Raum einem allgemeinen Zweifel ausgesetzt. In den 1990er-Jahren wurde sie in einem Teil der Forschung mit der Behauptung einer absoluten Singularität der Shoa völlig abgelehnt, aber die Primärquellen bestätigten sie.[108] Daher hat die Literatur sie inzwischen

105 Manoschek: Serbien, S. 166.

106 Zit. nach Fings / Lissner / Sparing: Einziges Land, S. 40, und – dort mit Primärquellenangabe: Fings: Sinti und Roma, S. 75.

107 Michael Zimmermann bestreitet, dass es tatsächlich so war, und geht davon aus, „der Mord an den Zigeunern" in Serbien habe real „keinen umfassenden Charakter" gehabt: Zimmermann: Rassenutopie, S. 258.

108 Bauer: Befehl; Bauer verneinte eine intentionale, rassistisch motivierte und auf die Gesamtheit der Roma gerichtete genozidale Verfolgung. Dem widersprachen bereits damals entschieden Romani Rose und Wolfgang Wippermann: Rose, Befehl;

aufgenommen, wenn auch „kursorische Unterschiede“, nämlich in der Begründung des „Massenmord[s] an den jüdischen Bevölkerungsteilen und den ihnen in dieser Hinsicht praktisch gleichgestellten Roma“ (Jürgen Kilian), zu bemerken seien.[109] Es hätten „bei beiden Opfergruppen rassistische Beweggründe eine große Rolle“ gespielt, aber im Fall der Roma-Minderheit sei als Vorwand oder als Überzeugung stärker als bei Juden auch das Klischee der Partisanenunterstützung von Bedeutung gewesen. Das würde, wenn es so gewesen wäre, das Gewicht des rassistischen Motivs reduzieren, ohne freilich dem Gewicht der nazistischen Vernichtungspolitik und der Betroffenheit der Roma irgendetwas zu nehmen.

In der staatlichen Erinnerungspolitik ist die Gleichrangigkeit im Opferstatus nach Meinung mancher Beobachter noch nicht richtig angekommen. Sie mahnen an, aus der deutschen historischen Verantwortlichkeit für den Holocaust zugunsten der Roma praktisch-politische Maßnahmen zur Gleichstellung der beiden Opfergruppen zu ergreifen. Das betreffe Fragen der Aufarbeitung der Verbrechen, der materiellen Entschädigung und auch des heutigen Migrationsrechts.[110]

Wippermann, „Auserwählte Opfer“?; Kilian: Wehrmacht und Besatzungsherrschaft, S. 471, 487, 495.

109 Diese und die folgende Zitierung: Kilian: Wehrmacht und Besatzungsherrschaft, S. 471, 495, 500.

110 Siehe etwa den mit dem Status der osteuropäischen jüdischen „Kontigentflüchtlinge“ vergleichenden und Gleichstellung einfordernden Appell von Prof. Dr. Christian Schwarz-Schilling, Claudia Roth, Rainer Eppelmann, Ernst-Dieter Kottnick, Barbara Lochbihler, Dr. Hermann-Otto Solms und weiteren Bundestagsabgeordneten, Romani Rose und Sprechern von Flüchtlingsorganisationen, Kirchen- und Wohlfahrtsverbänden vom 8.4.2010, in: Pressemitteilung Flüchtlingsrat Schleswig-Holstein, 8.4.2010, abrufbar unter: https://www.yumpu.com/de/document/read/6452952/bundestagsabgeordnete-und-menschenrechtler-innen-fordern- [letzter Zugriff: 20.6.2022].

3

Zu den politischen und rechtlichen Voraussetzungen der westdeutschen NSG-Verfahren

— ⁂ —

3.1 Menschenrechte, Völkerrecht und die westdeutsche Perspektive

Die Alliierten hatten sich frühzeitig entschieden, die Bestrafung der deutschen Täter und Täterinnen nicht wie nach dem Ersten Weltkrieg der deutschen Justiz zu überlassen. 1.625 Verfahren ab 1921 vor dem Reichsgericht wegen deutscher Kriegsverbrechen an alliierten Staatsangehörigen führten bis 1933 zu acht milden Urteilen, von denen nur vier Bestand hatten.[111] Das „Fiasko von Leipzig", das auf diese Verfahren grundsätzlich ablehnende nationalistische Staatsanwälte und Richter zurückging, sollte sich nicht wiederholen können.

Mehrfach im Kriegsverlauf hatten die Staaten der Anti-Hitler-Koalition ihre Absicht erklärt, die Verbrechen des NS-Systems strafrechtlich zu ahnden. Das bedurfte internationaler völkerrechtlicher Vereinbarungen. Im Anschluss an die Einrichtung einer Inter-Alliierten Kommission zur Bestrafung von Kriegsverbrechen war 1943 in London die United Nations War Crimes Commission (UNWCC) gegründet worden, der sich 17 Staaten anschlossen. Die Kommission sammelte und sichtete Beweismaterial über Kriegsverbrechen, erstellte Kriegsverbrecherlisten und beriet die Regierungen. Exekutive Rechte hatte sie

111 Pöpken: Vergangenheitspolitik, S. 61; in der Literatur gibt es unterschiedliche Angaben sowohl zur Zahl der Verfahren als auch der Verurteilungen. Pöpken stützte sich auf jüngere Angaben in renommierter Literatur.

nicht. Zum rechtlichen Gang der Dinge hatte es Differenzen zwischen den „Großen Drei" gegeben.[112] Die britische Regierung bevorzugte ein Schnellverfahren, nach dem – so Winston Churchill – die ins Auge gefassten NS-Führungspersonen nach kurzer Identitätsfeststellung als „Outlaws" zu behandeln seien und wie notorische schwere Straftäter in älteren Zeiten umstandslos erschossen werden sollten. In den Genuss eines förmlichen Verfahrens sollten nur nachgeordnete Täter kommen. Dem stimmte US-Präsident Franklin D. Roosevelt zu. Widerspruch kam von Josef Stalin, der darauf bestand, es dürfe kein Todesurteil ohne ordentlichen Prozess geben. Die Sowjetunion schlug einen großen internationalen Gerichtshof vor.

Im November 1943 positionierten sich die drei Alliierten mit der „Moskauer Erklärung über die Verantwortlichkeit der Hitler-Anhänger für begangene Gräueltaten", der sich wenig später das Französische Komitee für die nationale Befreiung anschloss. Zu den Beschlüssen in Moskau gehörte die Sanktionierung der „Hauptkriegsverbrecher" („major war criminals") durch ein gemeinsames alliiertes Strafverfahren. Die Verantwortlichen seien der Planung und Führung von Angriffskriegen, Kriegsverbrechen („war crimes") und von Verbrechen gegen die Menschheit („crimes against humanity") anzuklagen und von einem internationalen Gericht der Alliierten zu verurteilen.

Damit waren die Voraussetzungen für das Londoner Vier-Mächte-Abkommen vom 8. August 1945 geschaffen, das Internationale Militärgerichtshöfe (IMT) zur Aburteilung der Hauptkriegsverbrecher in Nürnberg und Tokio einsetzte. Es wurde in London ein Statut beschlossen, das die Prozessordnung und die Rechtsgrundlagen regelte. Dabei handelte es sich um einen völkerrechtlichen Vertrag zwischen den Regierungen Großbritanniens, der USA, der UdSSR und Frankreichs, dem weitere 19 Staaten beitraten. Das Statut sprach in seinem Artikel 6 von „war crimes, crimes against peace and against humanity", die zu ahnden seien. Als *war crimes* galten Unrechtshandlungen im Kontext militärischer Aktivität sowohl gegen Soldaten als auch gegen Zivilisten, also z.B. die Tötung von Kriegsgefangenen oder zivilen Geiseln oder Plünderungen. Als *crimes against humanity* galten Unrechtshandlungen aus politischen, rassistischen oder religiösen Gründen wie Zwangsverschleppung, Folterung und Freiheitsberaubung.

Der Gesamtentwurf für die Nürnberger Prozesse hatte seine Grundlage in einem sozial- und politikwissenschaftlichen Verständnis des

112 Zu den folgenden Angaben siehe z.B. Gelletaly: Nuremberg, S. VIII–XI.

NS-Systems, das nicht zuletzt auf die Faschismus-Analysen in die USA geflüchteter deutsch-jüdischer Gesellschaftswissenschaftler zurückging. Dazu gehörte eine Gruppe um Franz L. Neumann, der sich auch Otto Kirchheimer, Herbert Marcuse und John H. Herz angeschlossen hatten. Sie beriet die Roosevelt-Regierung und entwickelte in deren Auftrag ein Nachkriegsprogramm, nach dem die aus den Bedingungen der Weimarer Republik hervorgegangene NS-Herrschaft von ihren Wurzeln her anzugehen war. Ein grundlegender gesellschaftlicher Umbau Deutschlands sei erforderlich. Den als für den Aufstieg und die Durchsetzung der NS-Politik verantwortlich betrachteten Macht- und Einflussgruppen und -milieus waren ihre Möglichkeiten zu nehmen, wenn demokratische Ansprüche glaubwürdig umgesetzt werden sollten.[113] Das hieß, dass eine Reduktion der Verantwortlichkeit auf einige Einzelpersonen in der Spitze und Ignoranz gegenüber den Beiträgen aus der das NS-System strukturell tragenden sozialen, wirtschaftlichen, militärischen und administrativen Hierarchie nicht zu akzeptieren seien. Wenn im Nürnberger Hauptverfahren die „Hauptkriegsverbrecher" auf die Anklagebank gesetzt wurden, dann schloss das mit ein, dass es hierarchisch unter ihnen weitere Täter gegeben hatte. Programmatisch hieß es im Urteil des Nürnberger Nachfolgeprozesses zum OKW, es sei „unzulässig",

> in einer Diktatur den Diktator als Prügelknaben zu benutzen, auf den die Sünden aller seiner Untergebenen [...] abgewälzt werden. [...] Wir nehmen an, daß viele der bösen unmenschlichen Taten des letzten Krieges dem Gehirn dieser Männer [Hitler, Keitel, Jodl] entsprungen sein mögen. Es ist aber andererseits selbstverständlich, daß das von ihnen gezeugte und geförderte Übel sich nicht von selbst [...] verbreitet hat.[114]

Als die Basis der Führung wurden jene Teilgruppen einer gesellschaftlichen „Elite" betrachtet, wie sie dann zum Gegenstand der zwölf, jetzt allein von US-Instanzen getragenen Nachfolgeprozesse in Nürnberg wurden.

Als Beweismittel wurden vom IMT vorrangig amtliche Schriftstücke überwiegend deutscher Provenienz verwendet. Das war ein wesentlicher Unterschied zum späteren westdeutschen Strafrecht und dem

113 Perels: Erbe, S. 39ff.

114 Zöller/Leszczyński: Fall 12, S. 82, 90.

dort geforderten „konkreten Tatnachweis“, worauf noch ausführlich einzugehen sein wird.

Das alliierte Kontrollratsgesetz Nr. 10 (KRG 10) vom 20. Dezember 1945 setzte die alliierten und inzwischen darüber hinaus internationalisierten Grundvorstellungen einer justiziellen Bearbeitung des nazistischen Gewaltsystems um. Es bestimmte den Gang der Nachfolgeprozesse und weiterer NSG-Verfahren. Sein Ziel war in Übereinstimmung mit dem Wortlaut des Londoner Statuts die Sanktionierung von Straftätern, die als „guilty of war crimes, crimes against peace and against humanity” zu betrachten waren. Es ging um neuartige Straftaten ohne kodifizierte Tatbestände im nationalen Strafrecht. Das KRG musste zurückwirken, denn zweifellos ging es um Verbrechen in einer solchen Quantität und Qualität, dass ihr Unrechtscharakter für jeden zivilisierten Menschen, für jegliche Rechtsordnung und jede staatliche Instanz offenbar war. Keine Justiz durfte Tatbeteiligte hoffen lassen, mangels Kodifizierung straflos bleiben zu können. Ein Rückwirkungsgebot war zwingend. Allein in der westdeutschen Mehrheitspolitik und -justiz und dort ausgehend von den Verteidigern der in Nürnberg Angeklagten kam schärfster Widerspruch. Es hieß: Rückwirkung verbieten!

„Befehlsnotstand“ akzeptierte das KRG 10 nur als Strafmilderungs-, nicht als Strafausschließungsgrund: Ein Regierungs- oder Vorgesetztenbefehl „befreit [...] nicht von der Verantwortlichkeit für ein Verbrechen“. Einen Verjährungsanspruch schloss es für Verbrechen in der Zeit vom 30. Januar 1933 bis zum 1. Juli 1945 aus. Die Zugehörigkeit zu „Verbrechervereinigungen oder Organisationen“, wie das IMT sie festgestellt hatte, bildete im KRG 10 einen eigenständigen Straftatbestand. Er betraf das Korps der politischen Leiter der NSDAP, die Mitglieder der SS, des SD und der Gestapo.

Im Artikel II Absatz 3 beinhaltete das KRG 10 als Höchststrafmaß bei Kriegsverbrechen, Verbrechen gegen den Frieden und gegen die Menschheit die Todesstrafe. Auch in diesem Punkt gab es keinen Dissens zwischen den Alliierten. Daraus folgte, dass in den vier Besatzungszonen in Deutschland von den alliierten Gerichten in der zweiten Hälfte der 1940er-Jahre eine insgesamt nicht präzise feststellbare, jedenfalls vierstellige Zahl von Todesurteilen gegen deutsche NS-Täter ausgesprochen und durch Enthaupten, Erschießen oder Erhängen vollstreckt wurde, ein Sachverhalt, der in Teilen der westdeutschen Politik zunehmend Unruhe auslöste.[115] Das sollte aus westdeutscher Sicht im Zuge der Umstellung

115 Frei: Vergangenheitspolitik, S. 143; Lölke: Maßnahmen, S. 172.

auf eigenständige Rechtsverhältnisse beendet werden, am besten durch ein Verfassungsgebot.[116] Im Mai 1949 entfiel mit Inkrafttreten des Grundgesetzes (GG) die Todesstrafe als Sanktion aus dem Mordparagrafen 211 des StGB, nachdem sie 1946 und 1947 noch in die Landesverfassungen von Baden, Bayern, Bremen, Hessen und Rheinland-Pfalz aufgenommen worden war und auch in Westberlin galt.[117]

Der Antrag dazu im Parlamentarischen Rat, der Verfassungsgebenden Versammlung, war 1948 von rechts außen gekommen, von der Deutschen Partei (DP), und wurde von CDU-Politikern unterstützt. Man lehnte die Todesstrafe mit nationalistisch-populistischem Beiton vor allem deshalb ab, weil sie „deutschen Menschen" drohen würde.[118] Tatsächlich ging es um den Schutz der höchstbelasteten NS-Täter.[119]

In der westdeutschen Bevölkerung waren die Meinungen geteilt. 37 Prozent der vom Institut für Demokopie in Allensbach Befragten befürworteten im Spätherbst 1948 allgemein eine Beibehaltung der Todesstrafe und ebenfalls 37 Prozent ihre Anwendung „in besonderen Fällen", während nur 21 Prozent sie vollständig abschaffen wollten.[120] Aber die Demoskopen hatten die Fragestellung darüber hinaus konkretisiert und daraus ergab sich eine Differenzierung. Sie hatten unterschieden zwischen einer Todesstrafe für „politische Delikte" und einer Todesstrafe für „Verbrechen gegen die Menschlichkeit". „Politische Delikte" war assoziiert mit der zwölfjährigen Erfahrung von Verurteilungen politischer Gegner des NS-Systems und dem damit verbundenen Anstieg der Todesurteile, der zweite Begriff war neu, bezog sich auf das alliierte völkerrechtliche Wörterbuch und war verbunden mit dem Wissen um die NS-Massenverbrechen in ganz Europa. Eine große Mehrheit sprach sich gegen die Todesstrafe bei „politischen" Delikten aus. Zugleich gab es viel Zustimmung für sie im Fall der „Verbrechen gegen die Menschlichkeit". Dieses Meinungsbild verkehrte der DP-Antrag in

116 Ebd., S. 170 ff.; Hötzel: Debatten, S. 325 f.

117 Düsing: Abschaffung, S. 230.

118 Ein Teil der Todesstrafengegner hoffte, schon bald unter ruhigeren Bedingungen und nach der Rettung der NS-Angeklagten wieder zur alten Hinrichtungspraxis zurückkehren zu können. Schon 1950, nachdem die westalliierten Hinrichtungen abgeebbt waren und NS-Täter diese Höchststrafe auch vonseiten westdeutscher Gerichte nicht mehr zu fürchten hatten, forderten die DP und die Bayerische Volkspartei die Wiedereinführung der Todesstrafe. Siehe dazu auch die Initiativen der CDU Schleswig-Holstein und des Vorstands der Bundestagsfraktion der CDU/CSU 1951 und 1952: Hötzel: Debatten, S. 78.

119 Dazu siehe Raim: Justiz, 522–550.

120 Zu der Allensbacher Umfrage: Hötzel: Debatten, S. 5.

sein Gegenteil. Er missbrauchte die Geschichte der Verfolgung von NS-Gegnern zur Rettung der übelsten Gestalten der NS-Anhängerschaft.

Das parlamentarische Votum zeigte am Ende eine über die DP und Teile der Unionsparteien weit hinausgehende Spannbreite der Unterstützung. Die oft zu findende Aussage, es habe „die Bundesrepublik mit ihrer Gründung die Todesstrafe abgeschafft" und die Parlamentarier hätten sich damit mutig zugunsten der Humanität über eine Bevölkerungsmehrheit mit Moraldefiziten hinweggesetzt, geht über die Genese dieser Entscheidung hinweg. Sie ignoriert, dass damit parteiübergreifend der Geburtsurkunde des neuen Staats die Einordnung der NS-Ausnahmekriminalität in ihren schlimmsten Fällen als gewöhnliche Kriminalität eingeschrieben wurde. Mit dem Schein einer humanistischen Motivation ging die westdeutsche Politik einen großen Schritt in Richtung der Verharmlosung der monströsen Naziuntaten und der Entlastung der NS-Kriminellen.

Viele Betrachter im In- und Ausland schüttelten über den Bundestagsbeschluss den Kopf.[121] Der US-Hochkommissar John McCloy hielt einer Delegation des Bundestags unter Führung des SPD-Politikers Carlo Schmid noch zum Jahresbeginn 1951 zu diesem Thema vor, „die Deutschen müssen endlich die ‚Enormität' des Geschehens begreifen". Dazu gehöre zu erkennen, wie „die Welt" die Horrortaten der Nationalsozialisten wahrnehme.[122] Nur wenige Tage später stand in Landsberg am Lech, Ort des US-War Criminal Prison No. 1, der Bundestagsabgeordnete Dr. jur. Richard Jaeger (CSU) als Redner an der Spitze einer Kundgebung gegen die Hinrichtung einsitzender NS-Schwerstverbrecher, darunter hohe SS-Offiziere aus den Einsatzgruppen und KZ-Leitungen. Gegendemonstranten wurden von Sympathisanten Jaegers mit „Juden raus" angeschrien, bevor die Polizei gegen sie eingesetzt wurde.[123]

121 Die Kirchenführungen unterstützten den Vorstoß der Deutschen Partei. Die KPD lehnte die Todesstrafe ebenfalls ab, jedoch mit Blick auf das westdeutsche Gerichtswesen, das „angesichts seiner Zusammensetzung und seiner nationalsozialistischen Vergangenheit" nicht über ein politisches Instrument gegen fortschrittliche demokratische Kräfte verfügen dürfe. So der Abgeordnete Heinz Renner, zit. nach: ebd., S. 24, 55 f.

122 Ebd., S. 67; vgl. auch die Aussagen von McCloy gegenüber dem Bundespräsidenten Theodor Heuss, der sich bei ihm für die NS-Täter eingesetzt hatte („I do wish that the German Government and the German people had a wider concept of the crimes which are represented by many of those at Landsberg."): Frei: Vergangenheitspolitik, S. 214.

123 Der vormalige NS-Amtsgerichtsrat Jaeger stieg später zum Bundesjustizminister auf. In dieser Funktion trat er als „glühender Verfechter" (Norbert Frei)

Hannah Arendt meinte noch Jahre nach diesen Diskussionen, es könne ein in dieser Weise belasteter Straftäter „nicht länger auf der Erde unter den Menschen bleiben, weil er in ein Unternehmen verwickelt war, das zugegebenermaßen gewisse ‚Rassen' vom Erdboden verschwinden lassen wollte".[124] Niemand könne zugemutet werden, mit so jemand zusammen den Globus zu bewohnen. Die westdeutsche Mehrheitspolitik nahm in dieser Frage in Europa eine einsame Position ein. Parlamentarische Initiativen mit dem ausdrücklichen Ziel, hochbelastete NS-Verbrecher von der Todesstrafe freizustellen, hat es in keinem der vom NS-Krieg und den NS-Gewaltverbrechen betroffenen Staaten gegeben.

Zugleich wurde 1949 mit dem Grundgesetz ein Artikel 25 beschlossen, der die allgemeinen Regeln des Völkerrechts zu einem Bestandteil des Bundesrechts machte, wie ja das Grundgesetz als Ganzes den Anspruch vertrat, die rechtliche und politische Überwindung von NS-Verhältnissen zu repräsentieren. Er wurde bald, worauf noch näher einzugehen sein wird, in seiner Bedeutung nachdrücklich zurückgesetzt. Die alliierten Bemühungen um eine völkerrechtliche Grundlegung der westdeutschen Rechtsordnung insbesondere im Umgang mit den nazistischen Verbrechen wurden von der Mehrheitspolitik und damit korrespondierend von einer Mehrheit der Staatsjuristen abgelehnt. Mit der Rhetorik der Weimarer Rechten nach dem Ersten Weltkrieg sprachen die westdeutschen politischen und justiziellen Gegner des KRG 10 von einer bösartigen „Siegerjustiz", von der man sich „befreien" müsse.[125] Das KRG 10 wurde entsprechend der Leitlinie der Alliierten zwar auch in der deutschen Rechtsprechung zunächst angewendet, aber das blieb eine Episode. Es stand dem Bemühen im Weg, möglichst viel Straffreiheit für die Opfer als unversöhnlich geltender Sieger zu erwirken.

Der Strafrechtler und spätere langjährige Direktor des Freiburger Max-Planck-Instituts zur Erforschung von Kriminalität, Sicherheit und Recht, Prof. Dr. Hans-Heinrich Jescheck, erklärte 1952 in seiner Habilitationsschrift zur „Verantwortlichkeit der Staatsorgane nach

der Wiedereinführung der Todesstrafe auf, was ihm den Spitznamen „Kopf-ab-Jaeger" einbrachte. Er forderte sie u. a. für die bundesdeutsche Staatssicherheit gefährdende Delikte; siehe Frei: Vergangenheitspolitik, S. 211; Rigoll: Staatsschutz, S. 160.

124 Arendt: Eichmann, S. 402, so zu Eichmann.

125 Zu KRG 10 und Rückwirkungsverbot im Überblick: Raim: Justiz, S. 579–607.

Völkerstrafrecht"[126], es sei „unerträglich, wenn genau gleich liegende Sachverhalte mit zweierlei Maß gemessen" würden.[127] Dem war eine Gleichsetzung der Opfer mit den Tätern, der Angegriffenen mit dem Angreifer, der politisch, rassistisch und religiös motivierten Menschheitsverbrechen mit Kriegshandlungen zugrunde gelegt. So wurden bei Jescheck etwa die SS- und Polizeimassaker an der Zivilbevölkerung in Oradour oder Lidice zu militärischen Aktivitäten und „rechtmäßigen Repressalien". In seiner Aufrechnung kam er zu dem Urteil, dass die alliierten Prozesse allein dazu geführt worden seien, die „gegen Deutschland geführte Politik durch ein Gerichtsverfahren zu rechtfertigen".[128] Das entsprach einem innerhalb der westdeutschen Bevölkerung zu hörenden Wunsch: „Man sollte auch einmal dagegen rechnen, was die anderen für Verbrechen begangen haben."[129] Jescheck und die beiden Kommentatoren des Strafgesetzbuchs (StGB) Eduard Dreher und Karl Lackner, von denen noch die Rede sein wird, waren sich fachlich einig, standen sich persönlich nahe und dominierten die Rechtsauslegung.[130]

Im September 1952 urteilte der SPD-Abgeordnete und vormalige Wehrmachtspfarrer Hans Merten in schroffer Verurteilung sämtlicher Nürnberger Prozesse, diese Verfahren hätten „nicht dem Willen der Gerechtigkeit gedient", sondern „der Ausübung politischer Macht und politischer Gewalt". Sie seien „politische Prozesse mit einem ad hoc geschaffenen Recht", also nicht „neutral" und damit eigentlich von Grund auf unrechtmäßig. Das sei nicht hinzunehmen, man müsse „Schluss machen mit jeder Diskriminierung von Deutschen [...], Schluss mit der Rechtspraxis, deren Grundlage von dem Willen zur Rache und zur Vergeltung diktiert" sei.[131]

Das sah auch Bundeskanzler Dr. jur. Konrad Adenauer so, gewiss ein NS-Gegner, aber auch ein geriebener bürgerlicher Politiker. 1952 vertrat er im Bundestag den Standpunkt, die meisten in den Nürnberger Verfahren Verurteilten seien völlig unschuldig und es gebe unter ihnen „nur einen kleinen Prozentsatz von asozialen Elementen", die „wirkliche Verbrechen" begangen hätten. Der Staatssekretär im Justizministerium Dr. jur. Walter Strauß bezifferte ihn auf zehn Prozent. Das war das, was

126 Jescheck: Verantwortlichkeit.

127 Zit. nach Müller: Der strafrechtliche Umgang.

128 Zit. nach Müller: Strafvereitelungskartell, S. 61.

129 Noelle / Neumann: Jahrbuch 1967, S. 204.

130 Siehe die Beiträge von Jescheck und Lackner in Jescheck / Lüttger: Festschrift.

131 Zit. nach Görtemaker / Safferling: Rosenburg, S. 245.

die Verteidiger der in Landsberg Einsitzenden in der Öffentlichkeit verkündeten. Es verblieben demnach „90 Prozent der für Mordaktionen, Terrorurteile und Ausgrenzungsnormen Verantwortlichen" als zu Unrecht verurteilt.[132] Damit war der Großteil der Täter, soweit sie von den Alliierten sanktioniert worden waren, pauschal zu Justizopfern erklärt und außer Verdacht gestellt.[133]

Sieht man einmal von der medial und politisch marginalisierten und isolierten KPD und von manchen ähnlich gelagerten Stimmen in der SPD ab, dann gab es in Westdeutschland eine große und kleine politische Parteien und die justiziellen Parteiungen verbindende mehrheitspolitische Weigerung, den Ausnahmecharakter der genozidalen Verbrechen NS-Deutschlands anzuerkennen und daraus rechtliche Schlussfolgerungen zu ziehen. Das war die Richtung, die die westdeutsche Politik mehrheitlich einschlug und auf die die Rechtsprechung einging.

Sie war nicht ohne westalliierte Unterstützer.[134] Schon bald nach Aufnahme der Nürnberger Verfahren hatten sich US-amerikanische hegemonialpolitisch orientierte Kritiker zu Wort gemeldet. Sie sahen die vormaligen deutschen Führungsgruppen, die nun vor dem Richter standen, nicht als Gegner, sondern erhofften sie sich als künftige Garanten eines der westlichen Staatengruppe zugehörigen Westdeutschlands und als aktive Bündnispartner gegen den gemeinsamen „bolschewistischen" Feind im anlaufenden Kalten Krieg. Sie erklärten die Nürnberger Prozesse zu einem sowjetischen Plan.[135] Schon bald verschob sich das politische Kräftefeld zu ihren Gunsten.

Bereits 1951 hatte Bundeskanzler Adenauer bei den Westalliierten erreichen können, dass den westdeutschen Gerichten das Recht entzogen wurde, sich auf das alliierte KRG 10 zu stützen. Nun galt nur noch das westdeutsche StGB, und es war damit der strafrechtliche Zustand vor dem Untergang der NS-Staatlichkeit politisch durchgesetzt, als habe es die Nürnberger Prozesse nie gegeben. 1956 verschwand mit dem Ersten Gesetz zur Aufhebung von Besatzungsrecht das KRG 10. Dessen völker- und menschenrechtliche Festlegungen waren endgültig aus dem in Westdeutschland geltenden Rechtskorpus entfernt.[136] Ein – so das

132 Perels: Umgang, S. 363.

133 Herbert: Nationalsozialisten, S. 21, 40.

134 Meusch: Diktatur, S. 304.

135 Teschke: Hitler's Legacy, S. 235 f.

136 Siehe Raim: Justiz, S. 604–607 („Das Ende der Anwendung des KRG 10 durch [west]deutsche Gerichte").

fachliche Attribut – „deutschrechtliches"[137] Strafrecht war reetabliert. Das war das, was die Verteidiger der NS-Täter seit Anbeginn ihrer Tätigkeit gefordert hatten. Die in einer kurzen Phase nach 1945 bis zum endgültigen Bruch der Viermächteallianz vorhandenen Ansätze einer gesellschaftlich wirksamen „Aufhellung" (Joachim Perels) durch intensive Ermittlungen und einer angemessenen Sanktionierung der NS-Verbrechen waren in Westdeutschland einer restaurativen Entwicklung zum Opfer gefallen.[138]

Rückwirkungsverbot, Individualstrafrecht und Rechtspositivismus

In den Nürnberger Prozessen und überall dort, wo das KRG 10 eingesetzt wurde, traten die Verteidiger der NS-Straftäter der Anklage mit dem Einwand des Rückwirkungsverbots entgegen. Eine Tat dürfe nur bestraft werden, wenn die Strafbarkeit gesetzlich bestimmt gewesen sei, bevor die Tat begangen wurde. Dieser Grundsatz galt überall in Europa, aber es hatten sich Straftaten ereignet, die über die Grenzen der Alltagskriminalität, wie die nationalen Strafgesetzbücher sie kannten, weit hinausgingen. Das NS-System hatte Rechtsbrüche praktiziert, die „nach internationalen Abkommen, nach anerkannten Bräuchen und Gewohnheiten des Krieges oder nach den gesitteten Völkern gemeinsamen allgemeinen Prinzipien des Strafrechts" Verbrechen einer ungewöhnlichen Qualität darstellten.[139] Es habe sich um Taten gehandelt, „die infolge der Tiefe und Weite ihrer Vertiertheit der Beschreibung trotzen. Hier erreicht die Erbarmungslosigkeit ihren Tiefpunkt, und nichts in Dantes imaginärem Inferno kann den Schreckenstaten gleichen, die sich, wie wir gefunden haben, in den Jahren 1941, 1942 und 1943 [...] ereigneten," wie es zu den Verbrechen im Osten im Urteil zum Nürnberger Fall 9, dem Einsatzgruppen-Prozess, hieß.[140] Diese Einschätzung teilten im Grundsatz blockübergreifend alle

137 So etwa 1950 unterscheidend das LG Duisburg in einer Entscheidung zu einem Gestapo-Beamten, der zu diesem Zeitpunkt noch sowohl nach dem KRG 10 (wegen „Verbrechen gegen die Menschlichkeit") als auch nach westdeutschem Strafrecht (wegen Körperverletzung im Amt und Aussageerpressung) verurteilt wurde: LA NRW, Abt. Rheinland, NW 1023, Nr. 7.440 (Entnazifizierungsakte Josef Börgers). Umfassend zum (west-)deutschrechtlichen Strafrecht im Verhältnis zum alliierten Recht in der Frage der Menschheitsverbrechen und insbesondere zum KRG 10 am Beispiel der Entscheidungen des Obersten Gerichtshofs der Britischen Zone siehe Pöpken: Vergangenheitspolitik.

138 Perels: Verpaßte Chancen, S. 36.

139 Zöller / Leszczyński: Fall 7, S. 75.

140 Leszczyński: Fall 9, S. 134.

Nachbarstaaten der Bundesrepublik. Sie führten für diese Verbrechen ein Rückwirkungsgebot ein. Das bedeutete, dass das Rückwirkungsverbot zwar auch in der Zukunft für die gewöhnliche Delinquenz gelten würde, dass aber die nazistischen Völker- und Menschenrechtsverstöße als Verbrechen eigener Art davon ausgenommen sein würden.

In der Bundesrepublik und in Westberlin war das anders. Das Grundgesetz enthielt zwar den Völkerrechts-Artikel 25, aber zugleich auch den Artikel 103 Absatz 2, der für das westdeutsche Strafrecht ein durch nichts einzuschränkendes Rückwirkungsverbot über die Ebene eines Gesetzes hinaus auf die Höhe einer Verfassungsvorschrift erhob. Dieser Artikel sollte verhindern, dass vor 1949 im Geltungsraum des StGB begangene Verbrechen, die als Völker- und Menschenrechtsverletzungen zu werten gewesen wären, als solche bestraft werden konnten. Es habe damals im Tatbestandskatalog des StGB Beschreibungen derartiger Rechtsverletzungen nicht gegeben, und es müsse der unbedingte Grundsatz *nullum crimen, nulla poena sine lege* – „kein Verbrechen, keine Strafe ohne ein zuvor eingeführtes Gesetz" – gelten. Es hatte, ließe sich nicht ohne Sarkasmus sagen, der NS-Staat keinen Anlass gesehen, seine weit über jede Alltagskriminalität hinausgehenden Verletzungen der Grundnormen der menschlichen Zivilisation mithilfe seiner Staatsjuristen in sein StGB hineinzuschreiben, bevor er sie beging.

Der GG-Kommentar klopfte das Rückwirkungsverbot fest. Er trug die Handschrift von Theodor Maunz, einem Rechtsprofessor, der seit 1934 in zahlreichen fachlichen Aussagen durchgängig über „nationales Recht" noch den Führerwillen als gesetzesgleiche Rechtsquelle einer „völkischen Ordnung" gesetzt hatte.[141] Nach dem Zusammenbruch von 1945 lagen seine politischen Präferenzen naturgemäß nicht weiter bei der NS-Staatsführung, aber doch im rechtsradikalen Nahbereich. Anonym schrieb der auf seine konservativ-bürgerliche Reputation Bedachte jahrzehntelang Beiträge für die völkische *Deutsche National- (und Soldaten-)Zeitung* des Rechtsaußen-Verlegers Gerhard Frey, dessen Rechtsberater er war.

Zu dem Konflikt mit dem Völkerrechts-Artikel 25 des Grundgesetzes befand die herrschende juristische Meinung, die Maunz anführte, dieser Artikel formuliere keine bindende „Regel", sondern nur ein jeder Regel nachrangiges „Prinzip", das der „Völkerfreundschaft". Prinzipien dürften schon auch ignoriert werden, die Regel des Rückwirkungsverbots, wie im Artikel 103 Absatz 2 GG zu finden, aber keinesfalls. Mit ihr stehe

141 Siehe etwa Ambos: Nationalsozialistisches Strafrecht, S. 43.

und falle die Rechtsstaatlichkeit der Bundesrepublik.[142] Die Artikel 25 und 139 GG („Befreiung des deutschen Volkes vom Nationalsozialismus und Militarismus") vertraten einen antifaschistischen Verfassungsansatz, der wenige Jahre nach seiner Verkündung nicht nur abgelehnt, sondern von der Mehrheitspolitik, in den Rechtswissenschaften und in der Rechtsprechung bekämpft wurde.[143]

1948 hatte die Generalversammlung der Vereinten Nationen die Konvention über die Verhütung und Bestrafung des Völkermords verabschiedet. Sie wertete die „Absicht, eine nationale, rassische, religiöse oder durch ihr Volkstum bestimmte Gruppe als solche ganz oder teilweise zu zerstören", als strafwürdig. Tatverdächtige waren durch die Aufenthaltsstaaten auf Antrag auszuliefern.[144]

Die Konvention trat 1951 in Kraft, und die Bundesrepublik trat ihr 1954 bei. Gleichzeitig übernahm sie den Völkermordtatbestand wortgleich und mit Rechtskraft erst ab dem 22. Mai 1945 als § 220a in das StGB. Als Sanktion war lebenslängliches Zuchthaus vorgesehen. Für das westdeutsche Rechtswesen galt die in der westdeutschen Justiz vorherrschende Meinung: NS-Tatverdächtige seien aufgrund des Rückwirkungsverbots von diesem § 220a auszunehmen.

Die 1953 in Kraft tretende Europäische Konvention zum Schutz der Menschenrechte und Grundfreiheiten hatte die Sperrwirkung des Rückwirkungsverbots für international geächtete Verletzungen des Völkerrechts und der Menschenrechte in Artikel 7 Absatz 2 ausdrücklich aufgehoben:

> (1) Niemand darf wegen einer Handlung oder Unterlassung verurteilt werden, die zur Zeit ihrer Begehung nach innerstaatlichem oder internationalem Recht nicht strafbar war. Es darf

142 Schäfer: Treaty Overriding, S. 65.

143 Siehe Perels: Ausschaltung; Art. 139 regelte, dass die antifaschistischen und antimilitaristischen Rechtsvorschriften neben der Verfassung weitergelten konnten. Er galt mit dem Abschluss der Entnazifizierung in der ersten Hälfte der 1950er-Jahre der herrschenden Meinung als gegenstandslos.

144 Abrufbar unter: https://www.voelkermordkonvention.de/uebereinkommen-ueber-die-verhuetung-und-bestrafung-des-voelkermordes-9217/ [letzter Zugriff: 20. 6. 2022]; zum Rückwirkungsverbot: Deutscher Bundestag – Wissenschaftliche Dienste (Hg.): Zur Einordnung historischer Sachverhalte als Völkermord, Aktenzeichen WD2-3.000-092/15, 2015, S. 4 f., abrufbar unter: https://www.bundestag.de/resource/blob/459004/ca4beaf04bbf08916db7ba711331184e/WD-2-092-15-pdf-data.pdf [letzter Zugriff: 20. 6. 2022].

> auch keine schwerere als die zur Zeit der Begehung angedrohte Strafe verhängt werden.
>
> (2) Dieser Artikel schließt nicht aus, dass jemand wegen einer Handlung oder Unterlassung verurteilt oder bestraft wird, die zur Zeit ihrer Begehung nach den von den zivilisierten Völkern anerkannten allgemeinen Rechtsgrundsätzen strafbar war.[145]

Das ging über die UN-Konvention, die zum Rückwirkungsverbot nicht Stellung nahm, hinaus. Allein die BRD verweigerte beim Rückwirkungsgebot die Zustimmung. Drei Jahre nach der Staatsgründung teilte man demonstrativ allen anderen Staaten und Bevölkerungen in Europa mit, dass man die Entlegitimierung der NS-Unrechtsordnung durch das geltende Völkerrecht mit der nur dann möglichen Folge einer angemessenen Sanktionierung der Straftäter ablehnte.

Ungeachtet aller internationalen Festlegungen war in der BRD auch bei NS-Gewaltverbrechen allein das deutschrechtliche Individualstrafrecht des StGB anwendbar. Es war für die Beurteilung völker- und menschenrechtlicher Straftatbestände ein völlig ungeeignetes Richtmaß. Es sah die Möglichkeit nicht vor, dass von einer größeren Zahl von Personen, die sich zur Begehung von Verbrechen zusammengefunden hatten, jeder einzelne in Realisierung des gemeinsamen Plans für die Folgen von dessen Umsetzung dasselbe Haftungsrisiko zu tragen hatte. Mangels einer der Dimension der Verbrechen angemessenen Normenbildung[146] hatten Staatsanwälte und Richter Massenmorde und Einzeltaten, die aus einer Besatzungsadministration oder aus dem Organisationszusammenhang eines KZs heraus begangen worden waren, strafrechtlich gleichzusetzen mit einem individuellen Tötungsdelikt im Zuge einer Erbschleichung oder in einem Beziehungskonflikt. Der interindividuelle

145 Abrufbar unter: https://www.bmj.de/SharedDocs/Downloads/DE/PDF/Themenseiten/EuropaUndInternationaleZusammenarbeit/EuropaeischeKonventionMenschenrechte.pdf [letzter Zugriff: 20.6.2022]. Das „Rechtsinformationssystem des Bundes" formuliert bis heute eine Variante mit Auslassungen. Sie lautet, es dürfe „die Beurteilung oder Bestrafung einer Person nicht ausgeschlossen werden, die sich einer Handlung oder Unterlassung schuldig gemacht hat, welche im Zeitpunkt ihrer Begehung nach den allgemeinen Rechtsgrundsätzen strafbar" gewesen sei, abrufbar unter: https://www.ris.bka.gv.at/eli/bgbl/1958/210/A7/NOR12016938 [letzter Zugriff: 20.6.2022]. Da fehlt, dass es nicht um wie auch immer „allgemeine Rechtsgrundsätze" geht, sondern um die „von zivilisierten Völkern".

146 Miquel: Ahnden, S. 328: Es habe „an einer konsistenten Normenbildung sowie an einer Subsumtion des Tatgeschehens" gefehlt.

und strukturelle Kontext war nach dem StGB vom Gericht aufzulösen und nach Einzelakteuren und Einzeltaten zu fragmentieren. Als Straftäter kam nur infrage, wer am Ende unmittelbar Hand angelegt hatte und die Tat nachweislich hatte begehen wollen. Um ihn verurteilen zu können, mussten konkrete Einzeltatnachweise und Tatmotive für den jeweiligen Tatverdächtigen vorgelegt werden können, und er musste das Verbrechen als seine eigene Tat gewollt haben. Das hieß in der Rechtsauslegung durch die westdeutschen Gerichte jahrzehntelang, dass ein auf der Rampe in Auschwitz zur Selektion für die Gaskammer eingesetzter und die Opfer dorthin begleitender SS-Mann, der von Zeugen erkannt worden war und der diesen Sachverhalt eingestanden hatte, dennoch nur dann verurteilt werden konnte, wenn ihm als „subjektiver Tatbestand" der Wille zu einem kausalen Beitrag zur Tötung der Menschen nachgewiesen werden konnte. Nur unter diesen äußerst eng gesetzten Voraussetzungen war der konkrete Einzeltatnachweis im Sinne der herrschenden westdeutschen Strafrechtsprechung komplett.

Diese Rechtsprechung schuf für die Opferzeugen die Schwierigkeit, den Aufenthalt der für sie oft namenlosen Täter am Tatort nachweisen zu müssen. Das war oft kaum möglich, da die uniformierten und namentlich nicht bekannten Täter oft nicht gut zu identifizieren waren und sich vor ihren Handlungen gegenüber den Opfern nicht zu erkennen gegeben hatten. Die Tatbeteiligten[147] wiederum bestritten regelmäßig in abgestimmten Aussagen ihre Anwesenheit und leugneten einen Tatwillen. Ihre Verteidigungslinie lautete „nicht vor Ort, nichts gewollt und nichts gewusst". Die Beweislast für das Gegenteil lag bei den Opferzeugen und den Ermittlern.

Aber es ging aus den Vorschriften des StGB und den daraus erwachsenden Einzeltäterschaften ein zweites und weitreichenderes Problem hervor: Die Rechtsprechung, die sie ermöglichten, entpolitisierte die aus rassen-, raum-, wirtschafts- und staatspolitischen Überzeugungen, Projekten und Strategien hervorgegangenen Verbrechen. Aus ihrem Kontext herausgelöst verblieb nur die Erklärung aus der individuellen Persönlichkeit eines Handlungsträgers. Die Anwendung des überkommenen deutschrechtlichen Strafrechts blockierte den Zugang zu überindividuellen, strukturellen Erklärungsansätzen für die NS-Verbrechen, wie das alliierte Strafrecht sie in den Blick genommen hatte.

147 Der Begriff wird hier und im Folgenden umgangssprachlich und nicht in verengter Definition als juristischer Terminus verwendet.

Das westdeutsche Individualstrafrecht verbesserte die Chancen der NS-Täter vor Gericht außerordentlich und sorgte auf dem Weg vor allem der „Gehilfenjudikatur", wie die westdeutsche NSG-Rechtsprechungspraxis seit etwa der Jahrhundertwende in der rechtshistorischen und vergangenheitspolitischen Literatur bezeichnet wird, für eine rechtliche Besserstellung der NS-Täter im Vergleich mit gewöhnlichen Kriminellen. Damit wurde, wie Joachim Perels feststellte, „die Gleichheit vor dem Gesetz (Art. 3 Abs. 1 GG)" verletzt.[148]

Der Bundestag hätte das alles noch wieder ändern können. Aber es sollte – parteiübergreifend – so sein und bleiben, solange es diese besonderen Täter gab. Wenn es um „die Beurteilung von NS-Verbrechen" ging, sollte für die westdeutschen Staatsjuristen in Justiz, Forschung und Lehre der Strafrechtsapparat der NS-Staatlichkeit die Bezugsgrundlage bleiben.[149] Die Befürworter des *nullum crimen sine lege* bzw. *nulla poena sine lege* und des Individualstrafrechts argumentierten mit einer roten Linie der „Rechtsstaatlichkeit". Die Abwendung vom Völkerrecht, die Relegitimierung des nazistischen Normsystems und das deutschrechtliche StGB erhielten durch diesen deklamatorischen Bezug den Schein einer Abgrenzung von NS-Verhältnissen.

Dagegen gab es durchaus auch Kritik von juristischer Seite. Die Referenz auf Rechtsstaatlichkeit ignoriere, dass Rechtssicherheit nicht glaubwürdig von einem Staat erklärt werden könne, „wenn die vergangenen Verbrechen gegen die Menschlichkeit teilweise ohne die gerechte Strafe" bleiben würden. So sah es der in der Diskussion rechtspolitisch mittig positionierte Senatspräsident am Oberlandesgericht (OLG) Köln Dr. Dr. August Wimmer aus der Minderheit in der Nazi-Zeit drangsalierter Staatsjuristen.[150] Ein solcher Widerspruch sei bei klarem Blick leicht zu erkennen, meinte der Rechtsphilosoph Gustav Radbruch. Es sei beleidigend, jemand die Annahme zu unterstellen, „bei Anstaltsmorden, Denunziationen, Justizmorden und anderen Arten gesetzlichen Unrechts", die „eine kriminelle Regierung legalisiere", gehe es mit rechten Dingen zu. Das so zu sehen, gelinge nur „vom Positivismus verblendeten Richtern".[151] 1946 formulierte er in einer nach

148 Perels: Ausschaltung, S. 446.

149 Zur Grundproblematik dieser Entwicklung siehe insbesondere Perels: Umdeutung, und Perels: Ausschaltung.

150 Wimmer: Bestrafung von Humanitätsverbrechen, zit. nach Bahlmann: Verbrechen, S. 184; Wimmer: Unmenschlichkeitsverbrechen, Sp. 258; siehe auch Raim, Justiz, S. 587.

151 Zit. nach Hoeppel: NS-Justiz, S. 94f.

ihm benannten Formel seine Grundposition so:[152] Es könne zwar sein, dass im Konflikt zwischen Gerechtigkeit und Rechtssicherheit „durch Satzung und Macht gesichertes Recht" den Vorrang erhalte, obwohl es „inhaltlich ungerecht und unzweckmäßig" sei. Darum aber gehe es nicht, wenn „der Widerspruch des positiven Gesetzes zur Gerechtigkeit ein so unerträgliches Maß erreicht, dass das Gesetz als ‚unrichtiges Recht' der Gerechtigkeit zu weichen hat". Dieses „unerträgliche Maß" sah Radbruch in NS-Gesetzen realisiert. Auch „positives Recht" sei nicht anders zu definieren als gesetzt, um der Gerechtigkeit zu dienen. Der Sozialdemokrat Radbruch gehörte zu den 1933 aus dem Staatsdienst entlassenen Rechtsprofessoren.

Rechtspositivismus war in Westdeutschland die herrschende Lehre. Recht sei das, was ein staatlicher Gesetzgeber im formalen Verfahren verabschiedet habe. Eine Beurteilung des Rechts nach moralischen Maßstäben verbiete sich. Dort, wo es eine formale Rechtsgrundlage für ein Unrecht gegeben hatte, konnte für Rechtspositivisten niemandem, der es beging, ein strafrechtlicher Vorwurf gemacht werden. Es habe alles seine Ordnung gehabt. Das „technische Normengefüge der Diktatur einschließlich des Systems völkerrechtswidriger Befehle" war damit akzeptiert, und die Feststellung des Nürnberger Juristen-Prozesses von 1947, dass von einer „fortschreitenden Entartung des Rechtssystems unter der Naziherrschaft" zu reden sei,[153] wurde als falsch zurückgewiesen. Der NS-Normierung mit etwa den Nürnberger Gesetzen, dem Heimtücke- oder dem Erbgesundheitsgesetz war damit ganz grundsätzlich ihr Unrechtscharakter genommen.[154] Die NS-Rechtsordnung wurde zur Bezugsgrundlage für die Beurteilung von NS-Verbrechen. Das leitete über zu der späteren Erklärung Dr. jur. Hans Filbingers, eines vormaligen an Todesurteilen beteiligten NS-Marinerichters und baden-württembergischen Ministerpräsidenten (1966–1978), die zum geflügelten Wort wurde: „Was damals rechtens war, kann heute nicht Unrecht sein" (1978).[155] Rechtspositivismus war ein Freischein für Schreibtischtäter.

152 Zit. nach Aydin: Gustav Radbruch, S. 92.

153 Zit. nach Glienke: Ausstellung, S. 212.

154 Joachim Perels: Ignorieren, relativieren, verharmlosen. Wie die Justiz in der frühen Bundesrepublik mit NS-Gewalttätern umging. Erinnerung an einen Skandal, Die Zeit, Nr. 5, 24. 1. 2013; König, Zukunft, S. 78; nach König ging es darum, die alliierte Rechtsprechung zu delegitimieren und künftige NSG-Verfahren unmöglich zu machen.

155 Zit. nach Zülch: Auschwitz, S. 177.

Um es an einem Beispiel zur Verfolgung nach den Kriterien der Nürnberger Gesetze zu konkretisieren: Am Landgericht Kassel stellte ein Urteil 1950 fest: „Die Gesetze, die damals galten, waren verbindlich für die Gerichte, ihre Anwendung kann für sich noch keine Rechtsbeugung darstellen. [...] (der Verurteilte) ist einmal der Rassenschande in vier Fällen für schuldig befunden worden. Die Anwendung des Blutschutzgesetzes ist damals ohne Zweifel zu Recht erfolgt."[156] Staatliche Normierung, die die rechtliche Gleichheit der Menschen leugnete und bekämpfte, war als Recht akzeptiert.[157]

Dr. h. c. Hermann Weinkauff, 1950 vom Bundespräsidenten Dr. oec. publ. Theodor Heuss zum ersten Präsidenten des Bundesgerichtshofs (BGH) berufen und vormals am Reichsgericht Mitglied des für Fälle von „Blutschutz" und „Rassenschande" zuständigen Senats, dem die Mitwirkung an einem „Rasseschande"-Urteil 1936 nachgewiesen werden konnte,[158] sprach sich grundsätzlich dagegen aus, den NS-Staat als „Unrechtsstaat" zu bezeichnen.[159] Es lasse sich, erklärte er 1956, dem „nationalsozialistischen Staat" der Staatscharakter nicht absprechen. Das genüge. Das Regime habe trotz aller Verbrechen „eine bestimmte Ordnung des staatlichen und gesellschaftlichen Gefüges" aufrechterhalten. Widerstand gegen den NS-Staat entbehrte demnach jeglicher Legitimation, denn „jeder Staat" habe nun einmal „um der von ihm erbrachten Ordnungsfunktion willen grundsätzlich das Recht, sich durch Strafandrohungen gegen gewaltsame Angriffe auf seinen inneren und äußeren Bestand zu schützen."

Weinkauffs Position in der Frage legitimer Staatlichkeit und seine Weigerung, im NS-Staat einen „Unrechtsstaat" zu sehen,[160] befand sich in einem Gleichklang mit der westdeutschen staatlichen Führung. Es gab demnach Schlimmeres als den NS-Staat und dessen Verbrechen. 1950 hatte Adenauer auf dem ersten Bundesparteitag der CDU erklärt, „der Druck, den der Nationalsozialismus durch Gestapo, durch

156 Ebd., S. 238.

157 Falk: Entnazifizierung, S. 424 ff.

158 Hoeppel: NS-Justiz, S. 4.

159 Diese und die nachfolgenden Zitierungen aus: Weinkauff, Hermann, Die Militäropposition gegen Hitler und das Widerstandsrecht, in: 20. Juli 1944, bearb. von Hans Roye, neubearb. und erg. von Erich Zimmermann und Hans-Adolf Jacobsen, Bonn o. J. (1960), S, 259, zit nach Perels / Wojak: Motive, S. 26 f.

160 Ebd.

Konzentrationslager, durch Verurteilungen ausgeübt" habe, sei „mäßig" gewesen „gegenüber dem, was jetzt in der Ostzone geschieht".[161]

Das ging selbst über die formelhafte Gleichsetzung „der braunen NS-Diktatur mit der roten SED-Diktatur" weit hinaus.[162] Es wäre unangemessen, solche Rhetorik als eine nun einmal übliche Kalte-Kriegs-Propaganda abzutun, denn diese Kombination aus Unter- und Übertreibung, ob vorgetragen aus der staatlichen Spitze oder von anderer Seite, beeinflusste den justiziellen wie auch den politischen und medialen Umgang mit den NS-Verbrechen. Sie relativierte den Unrechtscharakter des NS-Systems und bestritt die beispiellose Größenordnung der aus ihm hervorgegangenen Verbrechen. Sie delegitimierte die völkerrechtlichen Einsichten der Alliierten, schadete der strafrechtlichen Aufarbeitung und diente den nazistischen Tätern. Erst 1998 beschloss der Bundestag ein Gesetz, mit dem NS-Strafrechtsurteile, die elementar die allgemeinen Vorstellungen von Gerechtigkeit verletzt hätten und „in einem Unrechtsstaat" aus politischen, militärischen, rassischen, religiösen oder weltanschaulichen Gründen ergangen seien, zu Unrechtsurteilen erklärt und aufgehoben wurden.[163]

Kritik der herrschenden Meinung

Die Auseinandersetzung um die Ersetzung des KRG 10 durch das hergebrachte StGB war lange abgeschlossen, als sich Hannah Arendt der sprachpolitischen Seite der Thematik zuwandte. Sie hatte 1961 als Korrespondentin des *New Yorker* den Eichmann-Prozess in Jerusalem verfolgt. In der viel beachteten Sammlung ihrer Reportagen[164] trat sie entschieden dafür ein, die singulären NS-Verbrechen als „crimes against humanity" einzuordnen. Ihr ging es dabei um die Anerkennung des genozidalen Charakters dieser Verbrechen. Den Schlüsselbegriff *humanity* übersetzte sie ins Deutsche mit *Menschheit.* Das wäre die korrekte Übersetzung gewesen,[165] so zu übersetzen wurde in Westdeutschland jedoch in Politik, Wissenschaft und Medien schon früh unüblich, denn

161 1. Bundesparteitag der CDU in Goslar, 20.–22.10.1950, siehe Schwarz: Konrad Adenauer, S. 186.

162 Zu den „ambivalenten Folgen" dieser Vergangenheitspolitik siehe in Stichworten etwa Wolfrum: Die beiden Deutschland, S. 137.

163 Gesetz zur Aufhebung nationalsozialistischer Unrechtsurteile in der Strafrechtspflege, 25.8.1998.

164 Arendt: Eichmann.

165 Vgl. Barth: Genozid, S. 44.

mit *Menschlichkeit*[166] für *humanity* gab es eine zwar falsche, aber doch unauffällig falsche und in ihrem Inhalt für viele im deutschsprachigen Raum sehr viel angenehmere Übertragungsmöglichkeit. Ein Sprecher vermied es damit, das Hauptmerkmal dieser Verbrechen beim Namen zu nennen, und verschob den Inhalt in Richtung einer Verletzung eines Anstandsgebots. Die Täter hätten es demnach an Empathie fehlen lassen. Damit war gelöscht, was die alliierten Juristen hatten sagen wollen: dass das Völkerrecht die unnachgiebige Sanktionierung des Völkermords verlange, eines Ausnahmestraftatbestands, der jenseits aller gewöhnlichen Delinquenz liege. Der sprachliche Kunstgriff fügte sich ein in den mit der Ersetzung des KRG durch das StGB geschaffenen juristischen Kontext.

Arendt sah in dieser Umdeutung von *humanity* „wahrhaftig das Understatement des Jahrhunderts".[167] Sie war der Auffassung, dass „die Auslöschung ganzer Völker – der Juden, der Polen oder der Zigeuner – mehr als ein Verbrechen gegen das jüdische oder das polnische Volk oder das von den Zigeunern" sei, „dass vielmehr die völkerrechtliche Ordnung der Welt und die Menschheit im ganzen dadurch aufs schwerste verletzt und gefährdet" seien.[168] Dem schloss sich Karl Jaspers, Doktorvater und lebenslanger Freund von Hannah Arendt, nachdrücklich an und sprach ebenfalls von „Verbrechen gegen die Menschheit".[169]

In Deutschland war seit Aufnahme der NS-Verfahren im Anschluss an das alliierte Wort von den „Verbrechen gegen die Menschheit" von VgM-Verfahren die Rede gewesen. Das Kürzel verschwand in Westdeutschland schon bald, während es im Osten blieb. An die westdeutsche Stelle trat zu einem späten unbekannten Zeitpunkt „NSG" für „nationalsozialistische Gewaltverbrechen", ein Akronym, das nach 1990 gesamtdeutsch wurde.

Kritikern der herrschenden individualstrafrechtlichen StGB-Praxis war es darum gegangen, dass die üblichen auf Einzeltäter bezogenen Vorschriften nicht anwendbar waren. Es ging ihnen um die Frage, ob nicht jeder daran Beteiligte sowohl für alle in Ausübung des kriminellen Konzepts begangenen Verbrechen als auch für die sich daraus

166 Englisch: *humaness, benevolence.*

167 Arendt: Eichmann, S. 399: „als hätten es die Nazis lediglich an ‚Menschlichkeit' fehlen lassen, als sie Millionen in die Gaskammern schickten. Wahrhaftig das Understatement des Jahrhunderts."

168 Ebd., S. 400.

169 Jaspers: Provokationen, S. 104 (Gespräch mit François Bondy zum Eichmann-Prozess, 1961).

ergebenden Folgen zu haften habe. Einzubeziehen war in diesem Zusammenhang ein weiterer Aspekt, dass nämlich die Opferzahl und die Größenordnung der Verantwortlichkeit für derartige Verbrechen mit der Distanz zu ihrer lokalen Ausführung nicht ab-, sondern zunahmen.

1956 hatte der hessische Ministerpräsident und Justizminister Georg August Zinn (SPD) den niedersächsischen Generalstaatsanwalt Dr. Fritz Bauer von Braunschweig nach Frankfurt am Main in das Amt des Generalstaatsanwalts geholt. Bauer, Jahrgang 1903, war Remigrant, der als Aktivist des sozialdemokratischen Reichsbanners Schwarz-Rot-Gold nach der Machtübergabe zeitweise im KZ Heuberg festgehalten worden war und erst nach Dänemark, dann nach Schweden hatte flüchten können.

Bereits aufgrund seines Verfolgungshintergrunds war er in seinem Berufsfeld eine Ausnahmeerscheinung. Er war beharrlich, durchsetzungsstark, unbeugsam. Er war ein linker Sozialdemokrat aus einer jüdischen Familie, selbst Atheist, und zudem durch das konservative Milieu der westdeutschen Justiz auch deshalb angreifbar, weil er bekanntermaßen homophil war. Noch schwerer jedoch musste dort, wohin er zurückgekehrt war, wiegen, „in die Nähe der Kommunisten gerückt zu werden". Das „war schon für einen Normalsterblichen existenzbedrohend, geschweige denn für einen Mann in exponierter Position", wie Conrad Taler (Kurt Nelhiebel) im Kontext des ersten Auschwitz-Prozesses zu Bauer feststellte.[170] Bauer war die führende Persönlichkeit dieses Verfahrens. Die Zuschreibung, ein „Nestbeschmutzer" zu sein, ist bis heute in der etablierten Publizistik lebendig geblieben.[171]

An seiner Seite stand bis zum Abschluss der Voruntersuchungen 1962 in der Rolle des leitenden Untersuchungsrichters Dr. Heinz Düx,[172] Jahrgang 1924, der Bauer aufgrund seiner engagierten Tätigkeit in Entschädigungsverfahren aufgefallen war. Düx war ein staatlicher Jurist, der alle Verfolgtengruppen als gleichrangig betrachtete, was keineswegs selbstverständlich war. Angehörige der Roma-Minderheit, „Asoziale",

170 Taler: Asche auf vereisten Wegen, S. 135f.; siehe auch Nelhiebel: Nestbeschmutzer.

171 Siehe Dahlhoff: Konrad Adenauer, S. 1061; der Verfasser, Jurist und ehemaliger BRD-Botschafter (Jahrgang 1936), vertritt 2015 die Ansicht, die Anstrengungen Bauers für einen großen Auschwitz-Prozess hätten „nicht nur" zur „Nestbeschmutzung" geführt, sondern auch einen Nutzen „für das Ansehen der Bundesrepublik im Ausland" erbracht. In dieser besonderen Hinsicht sei der erste Auschwitz-Prozess „mehr förderlich als schädlich" gewesen.

172 Zu Düx' Bedeutung für den Auschwitz-Prozess siehe etwa Müller: Frankfurter Auschwitz-Prozess, S. 169.

Zwangssterilisierte, Homosexuelle, „Bolschewiken", Deserteure oder Kriegsdienstverweigerer galten weiten Teilen der Politik, der staatlichen Verwaltung und vielen innerhalb der westdeutschen Gesellschaft als ganz zu Recht verfolgt. Zahlreiche Entschädigungsämter und -gerichte verweigerten ihnen die Anerkennung als entschädigungsberechtigt.

Düx war wie Bauer ein weißer Rabe in der westdeutschen Juristenszene. 1945/46 war er der KPD beigetreten, wechselte später in die SPD, war aber neben seinem Beruf, wie allgemein bekannt, in der *Vereinigung der Verfolgten des Naziregimes* (VVN) und wurde dort ins Präsidium gewählt.[173]

Die linke *VVN* mit ihren zahlreichen kommunistischen Mitgliedern wurde von der Bundesregierung geächtet und bekämpft.[174] Sie werde von der KPD und diese wiederum von der SED gesteuert, sei also „ein Sprachrohr Pankows". 1956 wurde die KPD nach ihrer Illegalisierung im Jahre 1933 ein weiteres Mal verboten. Dieses Parteiverbot verwies geschichtspolitisch ohne weiteres zurück auf die Nazizeit und unterschied die BRD nun – sieht man von bemerkenswerten Sonderfällen, den Diktaturen in Spanien und Portugal, ab – von der sonstigen Staatenwelt in Europa.

Der Versuch drei Jahre später, in gleicher Weise die *VVN* auszuschalten, deren Mitglieder immer wieder als Hinweisgeber auf NS-Biografien und als Initiatoren von NS-Prozessen auftraten, scheiterte jedoch. Ein NS-Verfolgter brachte im Gerichtssaal die NS-Vergangenheit des Vorsitzenden Richters des Verbotssenats Dr. Fritz Werner ans Licht. Er war zugleich Präsident des Bundesverwaltungsgerichts, vordem aber „Alter Parteigenosse" und höherer SA-Führer gewesen.[175] Bei dem die Bundesregierung als Kläger vertretenden Anwalt sah es nicht viel besser aus, und es drohten Enthüllungen auch noch zu den Beisitzern, sodass das Gericht es vorzog, die Illegalisierung der *VVN* zu vertagen und das Verfahren mit geringstmöglicher Aufmerksamkeit versanden zu lassen. Dessen ungeachtet dürften Heinz Düx' *VVN*-Aktivitäten seine Arbeit und folglich die seines Chefs Fritz Bauer nur erschwert haben.

173 Zu Düx' Biografie siehe Balzer: Heinz Düx.

174 Antrag der Bundesregierung vom 20.10.1959 an das Bundesverwaltungsgericht gegen die „Vereinigung der Verfolgten des Naziregimes" (VVN), BMI, BArch, Edition „Die Kabinettsprotokolle der Bundesregierung", online abrufbar unter: Kabinettsprotokolle online „5. Antrag der Bundesregierung nach § 129 a StGB" https://www.bundesarchiv.de/cocoon/barch/0000/k/k1959k/kap1_2/kap2_33/para3_7.html [letzter Zugriff: 20.6.2022].

175 Rigoll: Staatsschutz, S. 174–178.

Bauer hatte sich zum Ziel gesetzt, den „sogenannten Background“ der Verbrechen auszuleuchten.[176] Das war etwas Neues. Seine Absichten waren bei den Frankfurter Kollegen, als er sie ihnen im Frühjahr 1959 vortrug, nicht auf Gegenliebe gestoßen. Es war das, woran westdeutsche Juristen gerade nicht rührten. Die führenden Staatsanwälte, Oberstaatsanwalt Heinz Wolf, Jahrgang 1908, Ex-NSDAP-Mitglied, vormaliger Sonderrichter und Gaurichter der NSDAP, nun Leiter der Frankfurter Oberstaatsanwaltschaft, und Dr. Hanns Großmann, Jahrgang 1912, Erster Staatsanwalt (später Oberstaatsanwalt), Leiter der Politischen Abteilung und engagiertes CDU-Mitglied in öffentlichen Funktionen, artikulierten ein „Desinteresse der Anklagebehörde“ und wandten sich, wenngleich erfolglos, gegen das generalstaatsanwaltliche Weisungsrecht von Bauer.[177] Sie hatten Vorbehalte gegen das umfassende Verfahren.[178] In seiner Dokumentation nach Abschluss des Verfahrens warf Hermann Langbein, Sprecher des *Internationalen Auschwitz Komitees*, Wolf und Großmann vor, „wichtige Kronzeugen, die bereits während der Voruntersuchung von dem sehr initiativ tätigen Untersuchungsrichter Dr. Düx vernommen worden waren“, ignoriert und nicht befragt zu haben.[179]

Bauer sah mit dem KRG 10 die Möglichkeit, die Ungeheuerlichkeit der NS-Verbrechen strafrechtlich und prozessrechtlich zu fassen. Er war der Meinung, Gesetz und Befehl seien unter nazistischen Bedingungen „null und nichtig“ gewesen, das KRG 10 habe der deutschen Rechtspflege aber die Chance gegeben, „einer Zeit revolutionären Unrechts durch revolutionäres Recht Herr zu werden“.[180]

Zu Bauers und Düx’ Ansatz gehörte das Konzept der „natürlichen“ und „rechtlichen Handlungseinheit“ in einer weit gefassten Variante.[181] Die Mehrheit der westdeutschen Strafrichter, angeführt vom BGH, vertrat demgegenüber geradezu kämpferisch eine äußerst enge Auslegung der „natürlichen Handlungseinheit“. So entschied das Landgericht Hagen 1959 unter Verweis auf eine Reichsgerichtsentscheidung und

176 Frei: Gerichtstag.

177 Renz: Frankfurter Auschwitz-Prozess, S. 353.

178 Knigge-Tesche: Auschwitz-Prozess, S. 7.

179 Langbein: Auschwitz-Prozess, S. 44.

180 Bauer: Das „gesetzliche Unrecht“, S. 302.

181 Einen guten Überblick bietet Kaiser: Individuelle und kollektive Zurechnung, S. 168 ff. Siehe auch einschließlich der folgenden Zitierung der BGH-Entscheidung vom 20. 2. 1969 Renz: „Am Rande des Lebens“, S. 19 f.

auf BGH-Entscheidungen in einem NSG-Verfahren wegen mehrerer Gruppenerschießungen von Zwangsarbeitern, es dürfe die Erschießung von drei in einem Raum stehenden Menschen durch drei hintereinander abgegebene Feuerstöße aus der Pistole eines Täters auf keinen Fall als rechtliche Einheit gewertet werden. Dergleichen habe „die Rechtsprechung [...] stets für unzulässig erklärt".[182] Jeder dieser drei Vorgänge sei für sich zu sehen und zu belegen. Bauer überraschten derartige Entscheidungen nicht, stammten doch 80 Prozent der BGH-Richter aus dem NS-Verwaltungs- und Justizdienst. Er sah dort eine Art „Traditionskompanie des Reichsgerichts" am Werk.[183]

Nach Bauer ließen sich die handlungseinheitlichen Aktivitäten sämtlicher SS-Angehörigen in Auschwitz ohne weiteres als Beihilfe oder Mittäterschaft qualifizieren. Die Verbrechen konstituierten sich aus der „Tätigkeit eines jeden Mitglieds" des Auschwitz-Personals, sie bildeten eine einheitliche Tat mit vielen Beteiligten auch im Rechtssinn.

Nach Bauers Auffassung reichte die Täterschaft über das engere Lagerpersonal weit hinaus. Es hatten sich demnach alle am arbeitsteilig organisierten Vernichtungsapparat Beteiligten strafbar gemacht. Sie alle seien also anzuklagen und nach dem Maß ihrer Beiträge zu verurteilen. „Eine Aufteilung z. B. der Beiträge der ganz überwiegenden Mehrzahl der Beteiligten – seien es Mittäter oder Gehilfen – in Episoden, die Auflösung des Geschehens und der Tätigkeiten der Mitwirkenden in – im Zeitlupenstil aufzuklärende – Details" sei ein sowohl historisch als auch rechtlich untaugliches Bestreben.[184] „Die organisatorischen Verzweigungen der zwangsläufig arbeitsteilig durchgeführten Aktionen, auch die Beteiligten, vor allem in den oberen und mittleren Rängen, sind weitgehend feststellbar. Ihre jeweiligen bürokratischen Apparaturen können erfasst werden." „Sog. Schreibtischtäter" habe es „in allen Bereichen der bürokratischen Pyramide" gegeben, „nicht nur in den höheren Rängen". Die Gerichte der Bundesrepublik würden versuchen, „das totale Geschehen, z. B. den Massenmord an Millionen in den Vernichtungslagern, in Episoden aufzulösen, etwa in die Ermordung von

182 Siehe am Beispiel eines Endphaseverbrechens: JuNSV, Bd. XVI, Lfd. Nr. 486, S. 165–250, Verfahren 3 Ks 1/57 am LG Hagen, Urteil 17. 11. 1959, Verfahren 4 StR 438/58 und 4 StR 242 am BGH, Urteile 13. 3. 1959, 7. 10. 1960 (mit Verweisen auf eine Reichsgerichtsentscheidung von 1911 und BGH-Entscheidungen von 1953 und 1958).

183 Zit. und Angaben nach Perels: Erbe, S. 215.

184 Dieses und die folgenden Zitate: Bauer: Ideal- oder Realkonkurrenz, S. 625 f.

A durch X, von B durch Y oder von C durch Z". Dem einzelnen Angeklagten „sein individuelles Tun im Detail nachzuweisen, [...] vergewaltigt aber das Geschehen, das nicht eine Summe von Einzelereignissen" sei. Von einer jedem jungen Strafjuristen an und für sich geläufigen Praxis weiche man in den westdeutschen NS-Prozessen ab. Anders als bei organisierter Kriminalität im hergebrachten Rahmen, also zum Beispiel bei einer Gangsterbande mit dem die Revolver verteilenden Boss „am Schreibtisch", mit dem, der Schmiere stehe, und mit dem oder den Ausführenden, werde in NSG-Verfahren vielfach „das kollektive Geschehen durch Atomisierung und Parzellisierung der furchtbaren Dinge" aufgelöst.[185]

Einen Unterstützer hatte Bauer in dem Philosophen Karl Jaspers. Auch er vertrat die Ansicht, „vom Schreibtischmörder bis zur Sekretärin, die die Mordbefehle schrieb", und bis zum Täter an den Mordstätten, vom Planen und Organisieren über die Deportation bis zu den Details der Morde konstituiere sich ein Zusammenhang, in dem jeder Teilnehmer „auch in irgendeinem Maße mitschuldig" geworden sei. Es handle sich hier um Verbrechen einer solchen Größenordnung, dass „sie mit dem vorliegenden Gesetzbuch nicht aufzufangen" seien.[186]

Bauer sah in der herrschenden Strafrechtspraxis gesellschaftlich und geschichtspolitisch wirksam werdende Motive. Die in der Justiz so „beliebte Annahme bloßer Beihilfe", erklärte er 1965, gehe auf die „Wunschvorstellung" zurück, die Verantwortlichkeit auf „Hitler und ein paar seiner Allernächsten" reduzieren zu können, „während alle übrigen lediglich vergewaltigte, terrorisierte Mitläufer oder depersonalisierte und dehumanisierte Existenzen gewesen" seien.[187] Dem widersprach er unter Hinweis auf die ausgedehnte Motivlage der Tatbeteiligten. Aus einem Bündel unterschiedlicher Gründe und nicht nur aus einem Rassenhass hätten viele Zeitgenossen „den Nazismus und sein Unrecht" bejaht: „aus Machthunger, aus Lust am Fortkommen und an Karriere, aus Habsucht, aus Sadismus zwecks Befriedigung von Instinkten und Affekten, aus Bequemlichkeit und was es sonst an kriminellen Motiven gibt und geben mag."[188]

Damit erweiterte er den Blick. Die Zwangsarbeit, die Krankenmorde, das Projekt einer „Vernichtung durch Arbeit", das Zahngold,

185 Bauer: Im Namen des Volkes, S. 84.

186 Jaspers: Bundestagsdebatten, S. 58 ff.

187 Diese und die nachfolgenden Zitierungen: Bauer: Im Namen des Volkes, S. 82 ff.

188 Ebd., S. 83.

das die Degussa zu Barren schmolz, die deutsche Praxis des Umgangs mit der Bevölkerung der Besatzungsgebiete besonders im europäischen Osten zeigten an, dass das NS-System auch für einen über jede Humanität und jede Moral hinweggehenden Anspruch auf wirtschaftlichen Nutzen stand. Eine solche Interessenlage machte aus Morden institutionell betriebenen Raubmord. Das damit gegebene „niedere Motiv" einer strukturell gegebenen organisierten Bereicherung fehlt als Tatbestandsmerkmal in den westdeutschen Anklagen nach 1945. Ein strafrechtliches Regelwerk, das die Taten auf die Generalformel „Hass-Verbrechen" aus individuell-privaten Voreingenommenheiten reduzierte und die alliierte Sicht auf Menschheitsverbrechen zurückwies, wie es in der westdeutschen Strafrechtslehre und mit dem StGB geschah, war außerstande, mit diesen Verbrechen angemessen umzugehen. Konsequent schlugen die westdeutschen Staatsjuristen und die Verteidiger der Straftäter aber genau diese Richtung ein. Mit einer subjektivistischen „Abgrenzungstheorie", die in weiter Überdehnung die gänzlich unüberprüfbare „innere Haltung" von individuellen Tatbeteiligten zum entscheidenden Kriterium machte, ließ sich aus einer Täterschaft noch Beihilfe machen. Das fügte sich in eine konservativ-nationalistische Tradition: So hatte es schon die Weimarer Justiz in den reichsgerichtlichen Verfahren zu den Fememorden der völkischen Rechten praktiziert.[189]

„Tatbegehung" und „Tatausführung" würden demnach auseinanderfallen können.[190] Es sei durchaus möglich, dass ein Tatbeteiligter „auch bei eigenhändiger Verwirklichung aller Tatbestandsmerkmale" einer „Täterschaft nicht gerecht" werde, sondern nur „Gehilfe" sei. An dieser Rechtsauffassung hielt der maßgebliche StGB-Kommentar mit nachdrücklicher Unterstützung aus der Rechtswissenschaft noch in seiner 23. Auflage 1999 fest, obwohl es für die „subjektive Theorie", wie dieser Ansatz genannt wurde, inzwischen in der Rechtsprechung nicht mehr so einfach war. Der Kommentar sah aber immer noch passende Anwendungsfälle, nämlich bei „Extremfällen" von Tötungsverbrechen. Dazu gab er deutlich die Richtung an: Gedacht sei damit „z. B. [an] die Tötung im Rahmen von Erschießungskommandos". Der Bezug zu NSG-Verfahren war damit von den Kommentatoren hergestellt. Sie schützten die Täter weiterhin.

189 Müller: Juristen, S. 252.

190 Diese und die folgenden Ausführungen nach Roxin: Täterschaft, S. 548.

Die „Gehilfenjudikatur“ ergab Taten ohne Täter mit enormen Vorteilen für die angeklagten Helfer beim Strafmaß und bei der Verjährung.[191] Es blieb aber bei einzelnen Urteilen, die das nicht teilten. Dem schob 1969 der BGH nach einem staatsanwaltlichen Revisionsantrag zu dem Urteil gegen den SS- und Lager-Arzt Dr. Franz Lucas im ersten Auschwitz-Prozess einen Riegel vor. Lucas hat auf der Rampe selektiert, und er hatte das Zeichen zum Gaseinsatz in den Tötungskammern gegeben. Das Urteil war mit drei Jahren und drei Monaten Haft unbegreiflich milde gewesen. Ein Nebenergebnis, über das das Gericht aber hinweggegangen war, war nach Vorhaltungen von Zeugen Lucas' Eingeständnis gewesen, Zwangsterilisierungen an „Zigeunern“ vorgenommen zu haben.[192]

Dem BGH ging es in seiner Entscheidung in der Revision nicht um Milde, sondern ums Prinzip. Es kam zu einer Generalabrechnung mit Bauer. Der BGH warf der Staatsanwaltschaft vor, sie vertrete „in Übereinstimmung mit Bauer“, „daß jeder, der in das Strafverfahren gegen ehemalige Angehörige der Sicherheitspolizei (Sipo) für den Bezirk Białystok eingegliedert war und dort irgendwie anläßlich dieses [Vernichtungs-]Programms tätig wurde, sich objektiv an den Morden beteiligt hat und für alles Geschehene verantwortlich ist. Diese Ansicht ist nicht richtig.“[193] Das Strafrecht sehe nur die Ahndung einzelner als selbständig zu betrachtender Delikte vor. Das ergab einen Freispruch für Lucas. Der BGH erklärte zudem ausdrücklich, dass anders als das Rückwirkungsverbot das IMT-Statut und das daraus hervorgegangene KRG 10 „mangels Anerkennung in der Bundesrepublik“ verfassungsrechtlich nicht bindend seien. Beides rechne „nicht zu den allgemeinen Regeln des Völkerrechts im Sinne des Art. 25 GG“.[194] In diesem Punkt stützte der BGH sich auf den schon genannten vormaligen NS-Professor Theodor Maunz.

In den folgenden Jahrzehnten wurden sämtliche Verfahren gegen Wachpersonal, wenn es nicht um Exzesstaten ging, aus Beweismangel eingestellt. Gemeint war bei dieser Begründung in vielen Fällen nicht die faktische Seite eines Verbrechens, sondern die subjektive, wie ein

191 Müller: Juristen, S. 252; Freudiger: Juristische Aufarbeitung, S. 63; Hoffmann: Verfolgung, S. 232 ff.

192 Stengel: Die Überlebenden, S. 394.

193 Urteil des Bundesgerichtshofs in der Strafsache gegen Mulka und andere vom 20. Februar 1969, in: Gross / Renz: Auschwitz-Prozess, S. 1302, 1306 f.; siehe JuNSV, Bd. XXI, Lfd. Nr. 595, S. 361–887, Verfahren 4 Ks 2/63 am LG Frankfurt a. M., Urteil 19. 8. 1965, Verfahren 2 StR 280/67 am BGH, Urteil 20. 2. 1969.

194 Ebd.

Tatverdächtiger sie darstellte. Es lasse sich, hieß es dann etwa, die Erkenntnis des verbrecherischen Charakters einer Tat nicht nachweisen oder die Behauptung einer Nötigung lasse sich nicht widerlegen.

Bauer ordnete die justizielle Problematik gesellschaftlich und geschichtlich ein. Nach seiner Überzeugung hatte sich in der bürgerlich-demokratischen Weimarer Republik eine soziale Trägerschaft für die NS-Diktatur herausbilden können. Hier fand er die Erklärung für den Übergang in ein Unrechtsregime, dessen Hauptmerkmal staatlich organisierte Menschheitsverbrechen wurden. Damit hielt Bauer die Erkenntnis von der Notwendigkeit von politischen Eingriffen in die gesellschaftliche Struktur einer bürgerlichen Demokratie wach. Im Bekenntnis seiner Überzeugung ging er über die Grenze des für einen staatlichen Repräsentanten in Westdeutschland öffentlich Sagbaren hinaus: „Man hätte es so machen sollen wie in der DDR, die gesamte alte Bürokratie abschaffen, ganz neue Leute suchen – ein Experiment, wirklich eine Art Revolution." Aber das sei in den Westzonen nicht möglich gewesen.[195]

Eine Rechtsordnung, die diesen Namen verdiene, dürfe das Eindringen schwer belasteter Krimineller, die ihre Fähigkeit zu den barbarischsten Verbrechen bewiesen hätten, in gesellschaftlich, wirtschaftlich und politisch relevante Führungsfunktionen und schon erst recht in die Sicherungssysteme einer Grundordnung mit demokratischem Anspruch nicht zulassen. Damit stand Bauer nicht allein. Ermögliche die Politik das, dann werde sie damit – so der Strafrechtler Ulrich Klug in der Verjährungsdebatte des Jahres 1965 – „die rechtstreue Gesinnung der Anständigen korrumpieren."[196] Das Rechtsempfinden in der Bevölkerung werde nicht gestärkt, sondern schwer beeinträchtigt. Die Möglichkeit einer Rückkehr „resozialisierter" NS-Straftäter zu den Kapitalverbrechen, derer sie nachweislich fähig waren, bestehe zwar nicht weiter, aber es bleibe die Notwendigkeit der Schuldvergeltung, und es bleibe der Nutzen der Tatsachenfeststellungen aus den Strafermittlungen.

195 Fritz Bauer: Ich hätte in Kopenhagen bleiben sollen. Gespräch mit dem hessischen Generalstaatsanwalt Fritz Bauer über die Nazi-Prozesse, in: Land og Folk, 11./12.4.1965, S. 4ff., zit. nach Rauschenberg/Steinbacher (Hg.): Fritz Bauer und „Achtundsechzig", S. 17. *Land og Folk* war die Tageszeitung von Danmarks Kommunistiske Parti (DKP).

196 Klug: Verpflichtung, S. 151; Jäger, Strafrecht, S. 92; zu Gesprächen von Vertretern der kritischen Minderheit mit mittigen Mitteilnehmern und Opponenten auf einer Tagung im Rahmen des Juristentags 1966: Horstmann/Litzinger: Grenzen des Rechts.

Auch diese „Feststellungswirkung“ behalte Bedeutung über ein Verfahren hinaus, so der Gießener Strafrechtsprofessor Herbert Jäger, ein Außenseiter wie Bauer, Klug oder Düx. Jäger hatte 1968 dabei das Problemfeld der westdeutschen Kriminalpolizei und insbesondere fünf Festnahmen nordrhein-westfälischer Kripoleiter 1960 unter dem Verdacht der Mordbeteiligung und anderer nazistischer Verbrechen vor Augen, auf die zurückzukommen sein wird.[197]

Diese Kritik mochte man in der Justiz im Konsens mit weiten Teilen der Erlebnisgeneration der bürgerlichen Mitte schon aufgrund der eigenen Biografie mehrheitlich nicht teilen. Die Chance, einer Zeit extremen Unrechts durch eine grundlegende Umgestaltung der rechtlichen Herangehensweise Herr werden zu können, war bereits vertan, als das große Sammelverfahren zu Auschwitz vorbereitet wurde. Als Bauer 1960 und 1961 zudem Strafverfahren gegen 138 belastete hessische Richter und Staatsanwälte wegen ihrer Beteiligung an Todesurteilen veranlasste, musste er die Ermittlungen bald wieder einstellen. Die von den Staatsjuristen in Forschung, Lehre und Justizpraxis nach der subjektiven Theorie proklamierten „subjektiven Mordmerkmale“ – in diesem Fall vor allem der direkte Vorsatz – waren den Juristen auf diesem Weg nicht nachzuweisen.[198] Die Juristen „waren halt nicht so dumm, ein Geständnis abzulegen“ (Dieter Schenk).[199] Das genügte.

Ein Vergleich: NSG-Strafrecht in Nachbarstaaten

Für viele Politiker und Juristen im Ausland war die sich in Westdeutschland einbürgernde Form des justiziellen Umgangs mit den NS-Verbrechen kein gangbarer strafrechtlicher Weg. Die europäischen Staaten überführten internationales Menschen- und Völkerrecht in nationales Recht. Die nazistischen Massenverbrechen wurden strafrechtlich in ihrer Besonderheit gefasst und konnten daraufhin dieser Vorgabe entsprechend bearbeitet werden.

197 Jäger: Strafrecht.

198 Falk: Die ungesühnten Verbrechen, S. 359; Meusch, Diktatur, S. 251 ff.

199 Siehe ein fiktives Interview von Dieter Schenk, vormaliger leitender BKA-Beamter und späterer Publizist zur Geschichte der nazistischen Justizverbrechen und ihrer Akteure, mit Bauer: Dieter Schenk: Generalstaatsanwalt Fritz Bauer im Widerstreit politischer Interessen. Das Interview, 2019, S. 8, abrufbar unter: http://www.dieter-schenk.info/images/2018/BauerTeilIIIfinal.pdf [letzter Zugriff: 20. 6. 2022].

Belgien

In Belgien fielen NS-Verbrechen den Militärgerichtshöfen zu.[200] Man sah sich vor einem juristischen und gesetzlichen Neuland, „da die meisten Anklagepunkte [...] präzedenzlos“ waren. Dabei schaute man über die Grenzen und orientierte sich an internationalen Vereinbarungen: „Die Urteile des IMT, der alliierten Militärgerichte in Deutschland und Österreich sowie der holländischen, italienischen oder luxemburgischen Gerichtshöfe bildeten den Rahmen, innerhalb dessen sich die belgischen Richter bewegten.“ Die belgische Rechtsprechung folgte durch eine parlamentarische Entscheidung seit 1947 „dem neuen internationalen Konzept“, nämlich der Verfolgung von *crimes contre l'humanité* bzw. von *misdaden tegen de mensheid.*

Dänemark

In Dänemark beschloss das Folketing, das Parlament, 1946 ein Gesetz zur Bestrafung von deutschen Kriegsverbrechen und schweren Menschenrechtsverletzungen, soweit Handlungen die für Krieg und Besatzung geltenden völkerrechtlichen Regeln verletzten. Schuldig Gesprochene erwartete rückwirkend bei *forbrydelser mod menneskeheden* lebenslänglich oder die für NS-Straftaten eingeführte Todesstrafe.[201]

DDR

Schon in der Sowjetischen Besatzungszone (SBZ) und anschließend in der Deutschen Demokratischen Republik (DDR) galt für NSG-Verfahren mit dem KRG 10 und mit der Kontrollratsdirektive (KRD) Nr. 38 alliiertes Recht. Die KRD 38 fußte auf dem US-Befreiungsgesetz von 1946,[202] das in allen vier Besatzungszonen galt. Es schloss alle Befürworter und Nutznießer der NS-Gewaltherrschaft „von der Einflußnahme auf das öffentliche, wirtschaftliche und kulturelle Leben“ aus und verpflichtete sie zur „Wiedergutmachung“. Für Täter, die „aus politischen Beweggründen Verbrechen gegen Opfer oder Gegner des Nationalsozialismus begangen“ hatten,

200 Alle Angaben in diesem Abschnitt: Lagrou: Frage, S. 336 ff.

201 Lammers: Späte Prozesse, S. 353 f., 363.

202 Weinke: Alliierter Angriff, S. 46; Gesetz zur Befreiung von Nationalsozialismus und Militarismus vom 5. März 1946, München 1948, abrufbar unter: https://digicoll.library.wisc.edu/cgi-bin/History/History-idx?type=header;pview=hide;id=History.GesetzBefreiung [letzter Zugriff: 20. 6. 2022].

sah das Gesetz „Todesstrafe, Zuchthaus oder Gefängnis auf Lebenszeit oder für die Dauer von 5 bis 15 Jahren“ vor. Die IMT-Grundsätze und die Nichtanwendbarkeit des Rückwirkungsverbots bei der Ahndung von Menschheitsverbrechen wurden 1949 in der DDR Verfassungsrecht.[203]

1950 entließ die sowjetische Besatzungsbehörde mit der Auflösung der sowjetischen Internierungslager mehr als 15.000 Internierte und überstellte weitere 3.432 an das Innenministerium der DDR zur justiziellen Überprüfung ihrer Belastung. Das geschah im selben Jahr in Waldheim bei Chemnitz durch das Chemnitzer Landgericht. Es handelte sich oft um wenig transparente Schnellverfahren. Meist urteilten seit 1946 ausgebildete „Volksrichter“, ein justizielles Ost-Pendant zu den dortigen „Neulehrern“. Angehörige der beiden hoch NS-affinen Berufsgruppen der Juristen und der Lehrer waren nach DDR-Anforderungen häufig ungeeignet, die Berufsausübung fortzusetzen. Nicht wenige hatten auch das Land in Richtung Westen verlassen.

Die Waldheim-Verfahren endeten oft mit hohen Strafen. 81 Prozent der Angeklagten wurden zu Freiheitsstrafen zwischen zehn und 25 Jahren verurteilt, zwei Drittel davon zu zwischen 15 und 25 Jahren. Es gab 32 Todesurteile gegen die Höchstbelasteten.[204] Es dürfte dennoch bei den Prozessen wohl eher ein symbolischer Antifaschismus mit dem Ziel einer hohen öffentlichen Aufmerksamkeit praktiziert worden sein, denn aufgrund einer Reihe von Amnestien in der ersten Hälfte der 1950er-Jahre waren Ende 1956 nur 18 „Waldheimer“ noch inhaftiert. Die Haftverbüßung blieb demnach sehr weit hinter den Urteilen zurück, während 24 der Todesurteile vollstreckt wurden.

Es ist bislang leider nicht untersucht, in welcher Größenordnung die Amnestierten anschließend die DDR verließen, um nach Westdeutschland zu wechseln. Wie es dort mit ihnen weiterging, wäre auch deshalb zu fragen, weil das Westberliner Kammergericht 1954 die Grundsatzentscheidung getroffen hatte, das eiserne Prinzip „ne bis in idem“ („nicht zweimal in derselben Sache“) bei Waldheim-Urteilen zu ignorieren. Diese Urteile seien alle „absolut und unheilbar nichtig“,[205] erklärte es.

203 Peschel-Gutzeit: Bedeutung des Nürnberger Juristenprozesses, S. 119.

204 Werkentin: Politische Strafjustiz, S. 179.

205 Anlass dazu waren Ermittlungen gegen einen Arzt und Gestapospitzel, der Angehörige des bürgerlichen Widerstands aufs Schafott und in Haft gebracht hatte. 1952 in der DDR amnestiert, wechselte er nach Westberlin, wo nun ein zweites Mal gegen ihn ermittelt wurde. Alle Angaben in diesem Abschnitt: Werkentin: Politische Strafjustiz, S. 173 f.; Leide: Auschwitz und Staatssicherheit, S. 79; Baganz: Hohnstein-Prozesse, S. 217; Jeske / Morré: Inhaftierung, S. 634.

Damit war der Weg zu erneuten Ermittlungen und – angesichts der im Westen vorherrschenden justiziellen Regelungen und Rechtsprechung – zu einer Rehabilitierung der Verurteilten durch Freispruch oder Verfahrenseinstellung eröffnet.

Die rechtlichen Bedingungen für NSG-Verfahren unterschieden sich in der DDR mit dem KRG 10 und der KRD 38, mit dem Verzicht auf die Praxis des herkömmlichen Individualstrafrechts und mit der Unwirksamkeit des Rückwirkungsverbots bei NS-Straftaten grundlegend von den inzwischen geschaffenen Gegebenheiten in Westdeutschland. Was dort in NSG-Verfahren als Beleg für Rechtsstaatlichkeit angeführt wurde, galt in der DDR wie im sonstigen Europa und darüber hinaus als völkerrechtswidrig. Daraus resultierte eine ständige in- und ausländische Kritik an einem, wie es hieß, politischen und justiziellen Schutzprogramm für westdeutsche Nazi-Täter. Die Mängel der Waldheim-Verfahren boten eine Möglichkeit, dem polemisch etwas entgegenzusetzen. In einer gemeinsamen Erklärung bewerteten 1950 der Bundesminister der Justiz und der Bundesminister für gesamtdeutsche Fragen die Waldheim-Prozesse entsprechend der westdeutschen Rechtsstaatsinterpretation als „Verfahren, die mit Rechtspflege nichts mehr zu tun haben“ und politisch als „Mißbrauch der Justiz zur Tarnung politischen Terrors“.[206] So urteilte auch die große Mehrheit der westdeutschen Medien.

1968 wurden die Straftatbestände des Viermächte-Abkommens in das StGB der DDR aufgenommen, Verjährung und Berufung auf einen Befehlsnotstand damit ausgeschlossen.[207] Dass die meisten Angeklagten aus Angst vor dem KZ und dem Tod Befehle ausgeführt hätten, wurde dort nicht akzeptiert. Deren Handeln „aus Überzeugung, Gleichgültigkeit oder wegen eines befürchteten Karriereknicks“ rechnete „zum gesicherten Wissen“.[208]

Entsprechend bildet es sich in den Verfahrensergebnissen ab. Bei einer Bevölkerungszahl von etwas mehr als einem Viertel der westdeutschen Bevölkerung kam es zu doppelt so vielen Verurteilungen, davon in 129 Fällen zur Todesstrafe (Westdeutschland 16) und 274 mal zu lebenslänglich (Westdeutschland 166). Die Summe der Haftzeiten lag in der DDR deutlich über der im Nachbarstaat.[209]

206 Werkentin: Politische Strafjustiz, S. 167 f.

207 Wentker: Ahndung, S. 69 f.

208 Rüter: Ost- und westdeutsche Strafverfahren, S. 48.

209 Rüter: DDR-Justiz und NS-Verbrechen, Bd. I, S. 15, siehe auch Lichtenstein, Heiner: Zeitgeschichtliche Jahrestage. Ärzteprozess, DDR-NS-Prozesse, Ghetto

Zwei der in den Waldheim-Prozessen mit hohen Haftstrafen Belegten und vorzeitig Entlassenen begegnen in den hier angesprochenen westdeutschen Ermittlungsverfahren. Martin Nauck gehörte zu den Beschuldigten des Sammelverfahrens zum „Zigeunerkomplex", erst in Frankfurt / Köln und dann auch in dem noch näher zu erläuternden gescheiterten Verfahren gegen die SS- und SD-Offiziere im RSHA. Erhard Wetzel war tatverdächtig in einem Hannoveraner Verfahren zu NS-Verbrechen an Juden, Polen und Roma. Die westdeutschen Ermittlungen gegen die beiden endeten jeweils mit der Entlassung aus dem Vorverfahren. Die Ergebnisse der westdeutschen Verfahren dürften von den Beschuldigten wie auch von der Öffentlichkeit, soweit sie von den Ermittlungen und deren Einstellung überhaupt erfuhr, als eine Korrektur von „Unrechtsurteilen" der Justiz der in der BRD verfemten DDR gewertet und als späte Umsetzung westdeutscher Rechtsstaatlichkeit beschrieben und rezipiert worden sein.

Frankreich

In Frankreich fiel die Grundsatzentscheidung zur Frage der Anwendung des traditionellen Individualstrafrechts in einem Streit zwischen Politikern und Juristen zugunsten des Prinzips der kollektiven Verantwortlichkeit.[210] Das bedeutete nach einem 1948 vom französischen Parlament verabschiedeten Gesetz, dass bei *crimes contre l'humanité*, die von Angehörigen einer vom IMT für verbrecherisch erklärten Organisation gemeinschaftlich begangen worden waren, alle Mitglieder der Gruppe als Mittäter angesehen werden konnten. Dahinter stand die Erkenntnis, dass – wie bei den Gräueltaten in Oradour – „die Anwendung der geltenden Strafvorschriften auf kollektiv begangene Massenverbrechen problematisch war". Die Erfahrung der deutschen Besatzung und deren nachhaltige und reflektierte Bewahrung in der französischen Politik dürften die Bereitschaft zum Vergeben und Vergessen in der französischen Gesellschaft stärker gemindert haben als bei anderen Westalliierten. Die Strafverfolgung durch die französische Militärverwaltung auf westdeutschem Boden endete im Dissens mit den angloamerikanischen Verbündeten[211] erst 1954. In Frankreich

Riga, Eichmanns Todesurteil, in: Tribüne, S. 156–162, hier: S. 159: abrufbar unter: http://www.tribuene-verlag.de/TR_Lichtenstein.pdf [letzter Zugriff: 20.6.2022].

210 Alle Angaben in diesem Abschnitt: Moisel: Résistance, S. 274 f.

211 Ebd., S. 268.

verfolgte man alle NSG-Verfahren aufmerksam und stimmte hohen Strafen allgemein zu.[212]

In diesem Zusammenhang ist auf einen zwischen der Französischen Republik und der Bundesrepublik Konflikte auslösenden und folgenreichen Fall von Sanktionierung nazistischer Straftaten einzugehen, der die entgegengesetzten Haltungen der jeweiligen Justizapparate veranschaulicht. Es ging dabei um Georg Hempen, Verwalter des SS-Sonderlagers „Feste Goeben" in Metz 1943/44, der nach 1945 untergetaucht war, 1954 in Oldenburg einige Wochen nach dem Inkrafttreten des Straffreiheitsgesetzes wieder auftauchte und einige Zeit darauf in seine alte Oldenburger Kripostelle zurückkehrte.[213] In dem Metzer Lager waren überwiegend französische Widerstandskämpfer inhaftiert gewesen, und Hempen war aufgrund besonderer Brutalität gegenüber den Gefangenen aufgefallen. 1951 hatte ihn ein französisches Gericht in Abwesenheit zum Tode verurteilt. 1962 zeigte die *VVN* ihn bei der Zentralen Stelle der Landesjustizverwaltungen zur Aufklärung nationalsozialistischer Verbrechen an. Es folgten eine Voruntersuchung am Landgericht Oldenburg und eine Anklage wegen Mordes aus niedrigen Beweggründen in elf Fällen. Aufgrund eines Passus im „Überleitungsvertrag" von 1952 zwischen den Westalliierten und der Bundesrepublik war eine Hauptverhandlung mit Urteil jedoch nicht möglich. Der Vertrag verbot deutschen Gerichten, Straftaten zu verfolgen, deren „Untersuchungen [...] von den Strafverfolgungsbehörden der betreffenden Macht [...] endgültig abgeschlossen" waren. Das sollte verhindern, dass deutsche Gerichte diese Urteile anschließend aufhoben. Eine Auslieferung von Hempen verbot das Grundgesetz. Hempen blieb daher straflos. So entschied es 1966 der BGH. Die BGH-Entscheidung bedeutete über Hempen hinaus Straffreiheit für „1.314 Straftäter, die französische Militärgerichte in Abwesenheit wegen der Ermordung von 80.000 französischen Juden und der Erschießung von 29.000 Geiseln und anderen Zielpersonen verurteilt hatten".[214] Sie war ein „Todesstoß für die französischen Ahndungsbemühungen"[215] und löste in Frankreich große Empörung aus.

212 Ebd., S. 279.

213 Detailliert zum Fall Hempen: Moisel: Frankreich, S. 196–211; JuNSV, Bd. XXXII, Lfd. Nr. 705, S. 147–188, Verfahren 2 Ks 2/63 am LG Oldenburg, Urteile 14.9.1964, 13.5.1969, Verfahren GSSt 1/65 am BGH, Urteil 14.2.1966, 5 StR 610/64, Urteil 14.6.1966.

214 Müller: Strafvereitelungskartell, S. 63.

215 Brunner: Frankreich-Komplex, S. 224.

Niederlande

Der Beschluss „Außergewöhnliches Strafrecht" der niederländischen Exilregierung hatte die Deliktkategorien des Londoner Statuts und damit das Konzept der *crimes against humanity* übernommen.[216] Die *Bijzondere Rechtspleging* zu NS-Taten, -Tätern und Kollaborateuren basierte auf Völkerrecht und Menschenrechten. Die Koalitionsregierung aus Christ- und Sozialdemokraten aber lehnte Verurteilungen von *misdrijven tegen de menselijkheid* bzw. *misdrijven tegen de mensheid* ab. Dennoch entschieden im Widerspruch zur Meinung der Regierung Gerichte zu *misdrijven tegen de mensheid.* Sie verwiesen dabei auf die Funktion, die ein Angeklagter ausgeübt hatte und aus der hervorgehe, dass ein Wissen von den Massenverbrechen vorlag. Er musste in einem solchen Fall unabweisbar in der Lage gewesen sein, seine Handlungen klar einzuordnen. Darüber hinaus habe es alliierte Meldungen, illegale Mitteilungen und andere Wege der Information gegeben, um einen solchen Zusammenhang herstellen zu können. Es bedürfe daher bei einem leugnenden Angeklagten keines gerichtlich haarklein nachzuweisenden individuellen Kenntnisstands, um zu einer Verurteilung kommen zu können.[217] Ein „konkreter Tatnachweis", wie das westdeutsche StGB ihn verlangte, musste nicht vorliegen.

1949 stand der deutsche Leiter der Zentralstelle für jüdische Auswanderung Ferdinand aus der Fünten vor einem Amsterdamer Gericht. Verhandelt und entschieden wurde, was zehn Jahre später auch im Zentrum des westdeutschen Sammelverfahrens zur Roma-Minderheit stand. Ein Vergleich ist deshalb aufschlussreich, weil bei sehr ähnlichen Tatvorwürfen sich die Verfahrensausgänge unterschieden wie Feuer und Wasser. Aus der Fünten wurde verurteilt, weil er Juden in „Mischehen" durch Androhung ihrer Deportation zu Sterilisierungen gezwungen und Deportationen in die Vernichtungslager in Polen durchgeführt hatte. Es hatte für das Gericht „keinen Zweifel daran [gegeben], daß er verstanden hat, daß er mit dem Anzeigen und Abholen der unglücklichen Juden dazu beitrug, Männern und Frauen, aber auch alten Leuten, kleinen Kindern und Kranken eine katastrophale Zukunft zu eröffnen". Es konnte den Angeklagten aus der Sicht des Gerichts nicht entlasten, dass er vielleicht „nicht in allen Einzelheiten" gewusst habe, „welche teuflischen Maßnahmen" die Deportierten „dort [in Polen]

216 De Mildt / Meihuizen: Unser Land, S. 323.

217 Ebd., S. 302.

erwarteten". Das Gericht war für eine schwere Strafe, hielt ihm aber gleichzeitig einen Befehlsnotstand zugute. Das lehnte die Revision ab. Der Angeklagte wurde schließlich zum Tode statt zu lebenslänglich verurteilt.[218] Zu einer Vollstreckung kam es aufgrund eines königlichen Gnadenerlasses nicht, aber zu einer 44-jährigen Haft in Breda, die bis 1989 kurz vor aus der Füntens Tod andauerte. So lange wie dieser und ein weiterer Bredaer NS-Häftling saß niemand aus der Gruppe dieser Straftäter im Westen ein.

Aus der Fünten erfuhr wie die zunächst drei weiteren wegen NS-Verbrechen in Breda einsitzenden Deutschen Unterstützung aus Teilen der westdeutschen Bevölkerung, aus der Politik über die Parteigrenzen hinweg und von den Bundesregierungen. Die Forderung nach einer Amnestierung der im Ausland Einsitzenden war „ein fester Bestandteil der bundesdeutschen Staatsräson" (Felix Bohr).[219] Die großen Medien gaben „den Vier von Breda" einen Verfolgtenstatus. Durchgängig wurden sie als „Kriegsgefangene" bezeichnet, obwohl ihre Straftaten mit militärischen Vorgängen nichts zu tun hatten. Hohe Haftstrafen im Ausland gefährdeten sowohl die Anerkennung als „Spätheimkehrer" als auch die damit einhergehenden Vergünstigungen in der Bundesrepublik nicht.

In den Niederlanden betrachteten viele Menschen die Straftäter und die Haftumstände auf eine gänzlich andere Weise. Bereits die königliche Begnadigung der vier zum Tode Verurteilten und dann in Breda Einsitzenden hatte Empörung ausgelöst. Nach allgemeiner Überzeugung handelte es sich um die schwersten Fälle in den Niederlanden verurteilter NS-Verbrecher. Für einen Sühneverzicht gebe es keinen Anlass.

Die Bundesregierungen waren bis in die 1960er-Jahre öffentlich für im Ausland einsitzende hochbelastete NS-Verbrecher und deren Freilassung eingetreten, später dann verdeckt. Sie ließen ihnen bis zur Entlassung der letzten zwei aus Breda „Liebesgabenpakete" mit Zigaretten, Schokolade, Kognak und Konserven, anwaltlichen Rechtsschutz und diplomatische Interventionen bis zur Forderung nach Amnestierung zukommen. Das wurde auch in der sozialliberalen Ära Brandt fortgeführt.[220] Es habe, so Felix Bohr, „der sozialdemokrati-

218 Ebd., S. 308.

219 Zum Nachfolgenden: Bohr: Kriegsverbrecherlobby, hier insbesondere der Abschnitt „Größte Zurückhaltung. Das diskrete Engagement in den Niederlanden" sowie S. 162 und 191.

220 Die folgenden Angaben und Zitierungen siehe ebd., S. 21 ff., 90.

schen Maxime der innergesellschaftlichen Versöhnung" entsprochen. Es sei darum gegangen, ehemalige Befürworter der Nazi-Herrschaft und deren Gegner politisch einzubinden. „Wählerstimmen aus dem rechten Milieu" seien dabei „ein willkommener Beifang" gewesen.

Eine Erklärung für die jahrzehntelange Fortdauer des staatlichen Beistands für verurteilte NS-Kriminelle sieht Bohr daneben in den NS-Kontinuitäten im Auswärtigen Amt und im diplomatischen Dienst. Als ein weiterer Faktor sind volksgemeinschaftliche mentale NS-Überhänge innerhalb der westdeutschen Bevölkerung anzunehmen, die wiederum eine den Einbindungsprozess verstärkende mediale Resonanz hervorbrachten. Öffentlicher Widerspruch gegen Hafterleichterungen und Amnestierungen von NS-Tätern polarisierten und mussten aus diesem Blickwinkel stören.

In den Niederlanden rief die Unterstützung von NS-Tätern Proteste hervor, die 1963 einen Höhepunkt erreichten, als sich zwei niederländische Strafrechtsprofessoren auf die westdeutsche Seite stellten und die Amnestierung der Breda-Häftlinge befürworteten.[221] Die SS-Offiziere seien „als deutsche Beamte einem schweren Druck der nationalsozialistischen Diktatur ausgesetzt" gewesen. Die Bereitschaft zur Thematisierung der Jahre 1940 bis 1945 flammte daraufhin innerhalb der niederländischen Gesellschaft „so groß" auf, „wie sie es schon bald nach der Befreiung nicht mehr gewesen war". Sie richtete sich nicht zuletzt gegen „ein von Regierung und Parlament forciertes Schweigen" über diese Jahre. „Politiker aller etablierten Parteien" seien bestrebt gewesen, die Möglichkeiten zur Thematisierung einer Schweigepolitik durch eine „gegenüber den ungeschriebenen Spielregeln" des Konsenses kritische Linke zu minimieren. Sie wollten „dieses Problem außerhalb öffentlicher Diskussionen [...] halten". Das gelang nicht. Niederländische Medien erinnerten an die Verbrechen der Besatzer und insbesondere an die der Vier in Breda. Die sozialdemokratische Zeitung *Het Parool* erklärte: „Sie standen nicht unter Druck – sie waren der Apparat." Alles andere sei „rundweg absurd".[222] Nach einem Sturm der Entrüstung in der niederländischen Gesellschaft fiel eine Parlamentsmehrheit dem zur Begnadigung bereiten Justizminister in den Arm und setzte die Fortführung der Haft durch.

221 Führer: Nachspiel, S. 205, 245 ff., 441.

222 Ebd., S. 246.

Österreich

In Österreich erging bereits am 8. Mai 1945 ein antinazistisches „Verbotsgesetz“ (VG), das nach mehrfacher Novellierung 1947 in „Nationalsozialistengesetz“ (NSG) umbenannt wurde. Daneben gab es ein „Verfassungsgesetz über Kriegsverbrechen und andere nationalsozialistische Untaten“, kurz „Kriegsverbrechergesetz“ (KVG). Es richtete sich gegen NS-Organisationen und gegen die Fortführung von NS-Aktivitäten. Es wurde am 26. Juni 1945, dem Tag der Unterzeichnung der Charta der Vereinten Nationen in San Francisco, verabschiedet und war nach Inhalt und politischer Symbolik auf die Menschen- und Völkerrechte bezogen.

Vier „Volksgerichte“ ermittelten in Wien, Graz, Innsbruck und Linz zu und urteilten über NS-Straftaten. Die Entscheidungen trafen jeweils drei Laien- und zwei Berufsrichter.[223] Im § 1 Absatz 1 benannte das KVG programmatisch als strafwürdigen Tatbestand „eine Tat, die den natürlichen Anforderungen der Menschlichkeit und den allgemein anerkannten Grundsätzen des Völkerrechts oder des Kriegsrechts widerspricht.“ Im Absatz 3 schrieb es vor, dass Handeln auf Befehl entsprechend dem Statut des IMT kein Entschuldungs-, sondern höchstens ein Strafmilderungsgrund sein könne. Die üblichen Verjährungsfristen galten für NS-Verbrechen nicht. Das KVG hob das Rückwirkungsverbot auf, denn bei NS-Straftaten „handelt es sich um strafbare Handlungen, welche die Gesetze der Menschlichkeit so gröblich verletzen, dass solchen Rechtsbrechern kein Anspruch auf die Garantiefunktion des Tatbestandes zukommt“, zumal „anders die dem Rechtsgefühl schuldige Sühne einer Tat nicht gefunden werden kann“, wie der 1938 zwangspensionierte, nach 1945 dann in Österreich prominente liberale Jurist Dr. Wilhelm Malaniuk 1947 seine Befürwortung begründete.[224] Zu jedem der angeführten Punkte gab es öffentlichen und fachlichen Widerspruch wie in Westdeutschland, aber in Österreich blieb er minderheitlich.

Hinter dem KVG standen die Sozialistische Partei Österreichs (SPÖ), die Kommunistische Partei Österreichs (KPÖ) und die Österreichische Volkspartei (ÖVP).

In einem Gespräch mit der von den Regierungsparteien SPÖ, KPÖ und ÖVP herausgegebenen Zeitung *Neues Österreich* erklärte der Staatssekretär für Justiz, der parteilose NS-Verfolgte Josef Gerö, dass

223 Diese und die nachfolgenden Angaben: Kuretsidis-Haider: Rezeption, S. 410f.; Marschall: Volksgerichtsbarkeit, S. 5–16, S. 33ff.; Markus: Strafverfolgung, S. 152ff.

224 Kuretsidis-Haider: Volk, S. 55.

das österreichische Strafgesetz (StG)[225] bei den „nazistischen Untaten" deshalb fehl am Platz sei, weil sie „eine solche Bestialität (verraten), dass man ihnen mit den bisher geltenden Strafparagrafen nicht gerecht werden kann. Durch diese Bestialität ist das neue Gesetz erzwungen worden."[226] Die drei Verfasser des Kommentars zum NSG, in das das KVG 1947 integriert wurde, setzten der auch in Österreich zu hörenden Kritik an einem „Sühnegesetz" entgegen, dass die Frage der Prävention nicht wie sonst im Umgang mit Straftätern der wesentliche Gesichtspunkt sei. Es gehe „vom Standpunkt des Sittlichen", „aus ethischen Gründen" um Sühne, und die erfordere Rückwirkung. Das KVG stelle den Versuch dar, „eine sittliche Forderung im Wege eines Strafgesetzes zu erfüllen". Darüber hinaus bedingten Katastrophen außerordentliche Maßnahmen, ob nun in der Natur oder im Leben eines Staats.[227]

Davon ausgehend, dass unter NS-Bedingungen leitende Stellen stets NS-konform besetzt gewesen waren, wurden die Strafbarkeit und das Strafmaß bei NS-Taten an die Rangstellung eines Täters gebunden, und ein besonderes Augenmerk lag auf Schreibtischtätern. Das westdeutsche Konzept des Umgangs mit NS-Straftaten wurde ausdrücklich verworfen. Es würde auf eine Annullierung des österreichischen NS-Gesetzes hinauslaufen.[228] Nur mühsam gelang eine Amnestie. Sie war beschränkt auf Minderbelastete.

Die Todesstrafe wurde in Österreich zwar „im ordentlichen Gerichtsverfahren", also für den Bereich der Alltagskriminalität, abgeschafft, jedoch nicht für NS-belastete Täter. Das änderte sich erst 1968, als ein allgemeines Verbot der Todesstrafe verfassungsrechtlich festgeschrieben wurde.[229]

1955 unterzeichnete Österreich wenige Tage vor dem Beitritt der BRD zur NATO und dem Bonner Parlamentsbeschluss zum Aufbau der Bundeswehr einen Staatsvertrag mit den vier Alliierten. Er enthielt neben einer Neutralitätsverpflichtung das Verbot, Offiziere aus der NS-Wehrmacht

225 Von 1852, 1975 nach einer Strafrechtsreform durch das Strafgesetzbuch (StGB) abgelöst.

226 Gespräch über das Kriegsverbrechergesetz, Neues Österreich, 28.6.1945, zit. nach Kuretsidis-Haider: Rezeption, S. 410.

227 Nach Kuretsidis-Haider: Rezeption, S. 412.

228 Stiefel: Entnazifizierung, S. 300.

229 Von den für NS-Verbrechen zuständigen österreichischen „Volksgerichten" wurden 43 Todesstrafen verhängt, von denen 30 vollstreckt wurden. Zum Gesamtkomplex siehe Garscha, Todesstrafe.

ab dem Rang eines Obersten in das neue Bundesheer zu übernehmen.[230] Wehrmachtsauszeichnungen an der Uniform waren verboten.

Aber es wehte wie im gesamten Westen auch in Österreich nun schon ein anderer Wind. 1955 stellten die Volksgerichte ihre Tätigkeit ein, 1957 wurde das KVG aufgehoben und eine NS-Amnestie beschlossen.[231] NS-Straftaten wurden künftig nur noch – wie in Westdeutschland schon seit Jahren – auf der Basis des nationalen Strafbestandskanons des StG bzw. später des Strafgesetzbuchs (StGB) verfolgt. Parlamentarisch kam Widerspruch gegen die Revision der bisherigen Vergangenheitspolitik nur noch von der KPÖ. Sie sprach davon, es werde ein Schlussstrich gezogen. NS-Kriminelle würden reingewaschen.[232] Tatsächlich kam es zu zahlreichen Verfahrenseinstellungen und -abbrüchen. Das gilt auch für die Verfahren zu Tötungsverbrechen an der Roma-Minderheit. Usla-Pauer kam 2002 bei diesem Thema zu dem Fazit, die österreichische Bilanz sei „unbefriedigend". Der Großteil der Verantwortlichen für Taten an Roma sei milde verurteilt oder freigesprochen worden. Die Justiz habe sich gegenüber dieser Fallgruppe nicht vorurteilsfrei verhalten.[233]

Drei Jahre nach dem Ende des KVG übernahm Österreich, anders als die BRD, mit der Europäischen Menschenrechtskonvention, was der staatliche Nachbar entschieden verweigerte: auch den Artikel 7 Absatz 2, also die Aufhebung des Rückwirkungsverbots. Die Konvention erhielt in Österreich in ihrem gesamten Inhalt Verfassungsrang.[234] In der Bundesrepublik (wie auch in anderen Staaten) hatte sie nur die Bedeutung eines einfachen Gesetzes.

Dafür, dass Politik und Justiz in Österreich einen anderen Weg im Umgang mit den Nazi-Verbrechen als in Westdeutschland gingen,

230 Dennoch kam es vereinzelt zur Einstellung auch solcher Bewerber. Ausführlich: Barthou: „Oberstenparagraph".

231 Diese und die nachfolgenden Angaben nach Kuretsidis-Haider: Rezeption, S. 425, 428 f.

232 Kuretsidis-Haider: Volk, S. 63.

233 Uslu-Pauer: Strafrechtliche Verfolgung, S. 232. Die Autorin bezieht sich auf die Ergebnisse ihrer Diplomarbeit von 2002: „Verdrängtes Unrecht". Eine Auseinandersetzung mit den in Zusammenhang mit NS-Verbrechen an Roma und Sinti stehenden Volksgerichtsverfahren (1945–1955) unter besonderer Berücksichtigung des Lagers Lackenbach im Burgenland (Beschreibung – Analyse – Auswirkungen nach 1945), Wien 2002.

234 Theo Öhlinger, Verfassungsrecht, 3. Aufl., Wien 1997, S. 269.

stehen auch die Ergebnisse.[235] Die von Karl Marschall dazu für Österreich ermittelten Zahlen beziehen sich auf 1945 bis 1972, die vergleichend von Andreas Eichmüller für Westdeutschland herangezogenen auf 1945 bis 2005. Österreich hatte ein Achtel der Bevölkerung Westdeutschlands. Durch Zuzug von außen lag die Täterdichte pro Flächeneinheit in Westdeutschland höher. In allen Bereichen – eingeleitete Verfahren, an die Vorverfahren anschließende Anklagen, nachfolgende Einzelurteile, Schuldsprüche und ausgesprochene Haftjahre – lagen die Zahlen in Österreich entweder absolut oder in der Relation weitaus höher. Es wurden auch 43 Todesurteile verhängt. Es kam zu erheblich weniger Verfahrenseinstellungen und Freisprüchen. NS-Straftäter hatten in Österreich entschieden mehr zu fürchten als in Westdeutschland.

An den Kontroversen zwischen den Handlungsträgern der niederländischen Politik um die Frage einer Nachsicht für die Bredaer Häftlinge in den 1960er-Jahren oder in Österreich um die Rücknahme des KVG ist zu erkennen, dass abseits der sich außerparlamentarisch in der Gesellschaft artikulierenden Haltung das staatliche Verfolgungs- und Ahndungsinteresse, wie es zunächst existiert hatte, begonnen hatte zu erodieren. Damit waren diese beiden Staaten keine Besonderheit.

An dieser Stelle ist auf die westliche Containment- und Rollback-Politik im Zuge der Blockbildung seit 1947/48 einzugehen. Sie vereinheitlichte die darin eingebundenen Staaten auch, was die Ahndung der NS-Verbrechen anging. Es wurde wichtig, die staatlichen und gesellschaftlichen Verhältnisse in den gegnerischen Staaten im europäischen Osten mit dem NS-System und dessen Verbrechen entweder gleichzusetzen oder sie als noch viel schlimmer darzustellen. Das zog nach sich, dass die NS-Beschuldigten nicht mehr als Repräsentanten kriminogener Trägerschichten des Regimes, also des Militärs, der Privatwirtschaft oder der Staatsverwaltung galten, sondern ihrer sozialen Zugehörigkeiten enthoben als nicht rückfallgefährdete Individualtäter, deren Expertentum noch viel Nutzen erwarten ließ. Sühne störte. „Die Kooperation mit den alten, zunächst bekämpften Oberschichten (schien) unabdingbar“ (Joachim Perels).[236] In Rom wurde ein militäranwaltschaftlich versiegelter Schrank mit einer vierstelligen Zahl von Akten

235 Vgl. Eichmüller: Strafverfolgung, S. 625, 630ff., 635f. mit Marschall: Volksgerichtsbarkeit, S. 34–39.

236 Diese Aussagen und das folgende Zitat siehe Perels: Erbe, S. 68f.

zu NS-Verbrechen mit der Tür zur Wand gestellt. Nur sehr wenige Menschen wussten von ihm. Dieser erst 1994 entdeckte sogenannte Schrank der Schande wurde zum Symbol einer gesamtwesteuropäischen Umstellung des politischen und staatlichen Umgangs mit den Nazi-Tätern. Westdeutschland aber als eins von drei Nachfolgeterritorien des vormaligen „Großdeutschen Reichs" blieb bei aller westeuropäischen Angleichung der Vergangenheitspolitik dennoch in der Summe der politischen und rechtlichen Handlungen und Unterlassungen im Umgang mit den Taten und mit den Tätern eine justizielle Sonderzone. Dort waren die völker- und menschenrechtlichen Schlussfolgerungen aus den nazistischen Gräueln, wie sie in allen Nachbarstaaten aufgrund der besonderen Qualität dieser Straftaten einen eigenen Platz im nationalen Strafrecht erhalten hatten, ohne mehrheitspolitische und -justizielle Anerkennung geblieben.

Es versteht sich, dass vor diesem Hintergrund zum einen NS-Belastete aus dem Ausland – wie zahlreiche Mittäter der Massenverbrechen aus dem Baltikum, Weißrussland oder der Ukraine – in die Bundesrepublik wechselten und zum anderen Auslieferungen von NS-Tätern aus dem Ausland auf diese straf- und prozessrechtliche Rettungsinsel zu Verfahrenseinstellungen statt zu Verurteilungen führten und drittens die Verweigerung von Auslieferungen ins Ausland deutsche Täter straflos ließ, und zwar auch dann, wenn sie die deutsche Staatsbürgerschaft erst durch Eintritt in die SS erworben und anschließend in der SS ihre Verbrechen begangen hatten.

3.2 Strafbefreiende Maßnahmen

Gesetzliche Amnestien und Verjährungen

Neben die mit dem Wechsel vom KRG 10 auf das StGB herbeigeführten Einschränkungen einer Verfolgung von NS-Kriminalität traten schon bald Straffreiheitsgesetze und Verjährungen. Nachdem der Parlamentarische Rat mit dem Grundgesetz und dem Wahlgesetz die Voraussetzungen für ein ordentliches legislatives Verfahren im künftigen Bundestag hergestellt hatte, beschloss dieser in seinem ersten Akt der Gesetzgebung das Gesetz über die Gewährung von Straffreiheit vom 31. Dezember 1949. Es war auf starke Bedenken der Alliierten Hohen Kommission gestoßen und wurde doch mit überwältigender Mehrheit von der CDU bis zur KPD beschlossen. Es legte fest, dass vor dem

September 1949 begangene Delikte – also zumeist solche aus den Jahren der NS-Diktatur –, bei denen eine Strafe von mehr als sechs Monaten Haft oder eine Geldstrafe von mehr als 5.000 DM nicht zu erwarten sei, nicht mehr zu ahnden und die Ermittlungen einzustellen seien. Das schloss Straftaten bis zur Körperverletzung mit Todesfolge und selbst Totschlag „in minderschweren Fällen" mit ein, wie sie in zahlreichen Fällen etwa an Angehörigen der jüdischen und der Roma-Minderheit oder an osteuropäischen Zwangsarbeitern begangen worden waren.[237] Es profitierten davon etwa 800.000 Bundesbürger, unter ihnen viele Zehntausend NS-Täter. Kurz vor seiner Verabschiedung war das Gesetz noch „im Handstreichverfahren um eine Illegalen-Regelung erweitert" worden. Sie bezog sich vor allem auf abgetauchte Nazis mit Tarnidentität, wenn sie höhere Strafen zu erwarten hatten. Bei ihnen galt anders als bei anderen Tatverdächtigen nicht, dass sie nur dann von einer Sanktionierung befreit waren, wenn sie eine niedriger Haft- oder Geldstrafe zu erwarten hatten. Sie durften auch mit einem deutlich höheren Strafmaß zu rechnen haben.[238] Das war ein Verstoß gegen das Gleichheitsgebot der bundesdeutschen Verfassung, denn es stellte insbesondere die hochbelasteten NS-Kriminellen rechtlich besser als gewöhnliche Straftäter.

1951 wurde ein Vorbereitender Ausschuss zur Herbeiführung einer Generalamnestie gegründet.[239] Geführt wurde er von dem FDP-Landtagsabgeordneten Dr. jur. Ernst Achenbach, Jahrgang 1909, dem früheren Geschäftsführer der von Gustav Krupp von Bohlen und Halbach 1933 initiierten „Adolf-Hitler-Spende der deutschen Wirtschaft". In den 1940er-Jahren hatte Achenbach die Politische Abteilung der deutschen Botschaft in Paris geleitet und war an Deportationen von Juden nach Auschwitz als Vergeltung gegen Aktionen des französischen Widerstands beteiligt gewesen. In den 1950er-Jahren war Achenbach ein Exponent des völkischen Flügels in der FDP und „eine wichtige Scharnierstelle zum neuen Rechtsextremismus der Republik".[240] Er trat für die vollständige Vernichtung der nordrhein-westfälischen Entnazifizierungsakten ein.

237 Frei: Vergangenheitspolitik, S. 18.

238 Frei: Vergangenheitspolitik in den fünfziger Jahren, S. 81 ff.

239 Eichmüller: Keine Generalamnestie, S. 109.

240 Leßau: Entnazifizierungsgeschichten, S. 412.

An seiner Seite stand mit Dr. jur. Werner Best, Jahrgang 1903,[241] ein vormaliger SS-Obergruppenführer im RSHA und Stellvertreter von Reinhard Heydrich, stellvertretender Leiter des Geheimen Staatspolizeiamts (Gestapa), Führer des Sicherheitsdiensts des Reichsführers SS, Kronjurist der SS, zuletzt Reichsbevollmächtigter in Dänemark. Best hatte sich vielfältig selbst unmittelbar an den Massenverbrechen beteiligt. Nach der Kapitulation war er wie viele Kader der NS-Kriminalpolizei bis zu seinem Wiedereintritt in die Kripo in einem Industrieunternehmen auf der Leitungsebene tätig. Ab 1953 war er Justiziar und Direktoriumsmitglied im Hugo-Stinnes-Konzern.[242]

Best hatte in den 1940er-Jahren als Besatzungsoffizier der Wehrmacht in Frankreich ein antisemitisches Ordnungsrecht durchgesetzt und Vergeltungsdeportationen von Juden veranlasst. Achenbach und Best kannten sich also aus gemeinsamen Arbeitszusammenhängen. Best aktivierte und koordinierte nun die Bewegung für Straffreiheit aus der Anwaltspraxis von Achenbach heraus, die von Stinnes mitfinanziert wurde.[243] Er reiste durchs Land und lehrte seine Klienten die optimale Form des Umgangs mit staatsanwaltlichen Ermittlungen und Vorwürfen. Er war „Zentralfigur der ‚Kameradenhilfe'"[244] und unterhielt Kontakte zur „Stillen Hilfe für Kriegsgefangene und Internierte",[245] die ihrerseits zusammenarbeiteten. Beides waren Selbsthilfeorganisationen von NS-Straftätern. Daneben saß er als Sachverständiger im Arbeitskreis Entnazifizierung des nordrhein-westfälischen Landtags und war Entnazifizierungsberater des FDP-Landesvorstands.[246]

Während Best vorrangig ehemalige Kripokollegen betreute, kümmerte die Kameradenhilfe und deren Sprecher Willy Papenkort[247] sich nicht nur, aber vor allem um die, wie es nach wie vor Sprachgebrauch war, „Kameraden" aus der Schutzpolizei. Ein kleiner Kreis nordrhein-westfälischer Schupo-Offiziere hatte in den 1960er-Jahren die Kameradenhilfe gegründet. Papenkort war ein ehemaliger Hauptkommissar

241 Alle nachfolgenden Angaben zur „Kameradenhilfe" in diesem Abschnitt, soweit nicht anders angegeben, nach Klemp: „Nicht ermittelt", S. 390–399.

242 Zu Best: Herbert: Best.

243 In diesem Zusammenhang siehe Frei: Vergangenheitspolitik, S. 107 f.

244 Alte Kameraden, Der Spiegel, 36 (1982), H. 26.

245 Ebd., S. 464.

246 Ebd., S. 489 f.

247 Ebd., S. 390–399; Klemp musste feststellen, dass die archivalische Überlieferung nur noch aus Fragmenten bestand, weil der Großteil des Aktenmaterials vernichtet worden war. Es ist nicht bekannt, wann und durch wen.

und Kompanieführer eines der zahlreichen Polizeibataillone, wie sie im „Osteinsatz" hinter der Front an zahlreichen Massenverbrechen gegen „potentielle Gegner", darunter Roma, beteiligt gewesen waren. Sein eigenes Verfahren 1961 wegen Teilnahme an einer Massenerschießung von Juden hatte er mit Freispruch unbeschadet überstanden. Die Gruppe betrieb eine Rechtsberatung und vertrat politisch ultrarechte Positionen: Die bundesdeutschen Gerichte betrieben eine „politische Haß- und Rachejustiz", es handle sich um eine „Terrorjustiz". Die Ermittler bildeten eine üble „Meschpoke", und die Bundesrepublik sei ein „Saustaat" für „Wohlstandsverblödete". Die Gruppe leitete zu Falschaussagen an, empfahl Aussageverweigerung, Nichterinnern, Druck gegen aussagebereite Kollegen und deren „Ausschaltung", die Erwirkung von Verfahrenseinstellung durch vorgetäuschte Krankheiten usw. Die Kameradenhilfe empfahl ihren Klienten, wie schon Best es getan hatte, die Berufung auf „Befehlsnotstand", obwohl alle Bemühungen, ihn nachzuweisen, fehlgeschlagen waren. 1964 hieß es intern, man habe sich bereits „seit Jahren" bemüht, „konkrete Fälle von Befehlsverweigerungen mit entsprechend schweren Folgen (Todesurteil, Einweisung ins KZ und dergl.) ausfindig zu machen. Das ist uns bisher nicht gelungen."[248] Bei vielen Richtern kam Befehlsnotstand jedoch auch ohne Belege gut an.

Die Arbeitsweise der Kameradenhilfe führte 1970 zu einem Gerichtsverfahren gegen den „Einzeltäter" Papenkort. Da die Ermittlungsakten inzwischen vernichtet wurden, ist nur das versöhnliche Urteil dokumentiert: Freispruch bis auf den Vorwurf der „missbräuchlichen Rechtsberatung", also eine Art Wirtschaftsdelikt. Dafür hatte er 600 DM zu zahlen.

Die Kameradenhilfe unterhielt enge Kontakte zu erfolgreichen Rückkehrern in leitende Schupo-Funktionen und kooperierte mit der „Stillen Hilfe", in der die Himmler-Tochter Gudrun Burwitz eine gewichtige Rolle spielte. Die Stille Hilfe organisierte die Flucht höchstbelasteter Nazis wie Klaus Barbie, Adolf Eichmann, Josef Mengele, Erich Priebke oder Josef Schwammberger ins Ausland. Sie ließ ihnen Unterstützungs- und Absicherungsleistungen zukommen. Das Netzwerk mit Best, Kameradenhilfe und Stiller Hilfe veranschaulicht die vergangenheitspolitische Verflechtung innerhalb der westdeutschen Polizeiorganisation mindestens auf höheren Ebenen der Hierarchie, in der nicht nur NS-affine, sondern auch offen nazistische Akteure tätig waren. Dieses Netzwerk propagierte einen Schlussstrich unter

248 Ebd., S. 394 f.

die Verfolgung der von ihm betreuten „Kameraden" und überschnitt sich mit der Amnestiebewegung. Seine Bestrebungen stießen auf große Zustimmung in Parteien, Kirchen und Verbänden.

Bereits das im Titel unauffällige Gesetz über den Erlass von Strafen und Geldbußen und die Niederschlagung von Strafverfahren und Bußgeldverfahren vom 17. Juli 1954 hatte sich in diese Richtung bewegt. Es beendete die Strafverfolgung aller zwischen dem 1. Oktober 1944 und dem 31. Juli 1945 „in Annahme einer Amts-, Dienst- oder Rechtspflicht, insbesondere eines Befehls", also in einem sogenannten Befehlsnotstand,[249] begangenen Straftaten mit einer ausgesprochenen oder zu erwartenden Höchststrafe von drei Jahren. Dazu konnten auch Tötungsverbrechen gehören. Es bezog sich auf die später als Endphaseverbrechen bezeichneten Untaten in den Monaten des endgültigen Zusammenbruchs des NS-Systems 1944/45, als physische Übergriffe jeder Art und Schwere gegen Angehörige der verschiedenen NS-Feindgruppen extrem eskaliert waren. Die meisten davon blieben nun ungesühnt. Achenbach war einer der Autoren des Gesetzes, und die juristische Konstruktion hatte im Wesentlichen Werner Best entwickelt.[250] Ein fachlicher Hauptbetreiber war daneben Dr. jur. Ernst Kanter[251], Ministerialrat und Abteilungsleiter im Bundesjustizministerium. Höhepunkt von Kanters NS-Karriere war das Amt des Chefrichters im besetzten Dänemark und die Rolle des Rechtsberaters im Stab des dortigen Befehlshabers der Wehrmacht gewesen. Kanter und Best kannten sich aus ihrer Zeit in Dänemark. Mit Best beriet der Ministerialrat Inhalte und Vorgehen zum Straffreiheitsgesetz. 1958 stieg Kanter zum Präsidenten des Staatsschutzsenats des BGH auf, wo er seine dänischen Erfahrungen bei der justiziellen Bekämpfung der politischen Linken einbringen konnte. Im Jahr darauf ging er vorzeitig in den Ruhestand. Es war bekannt geworden, dass es unter ihm in Dänemark etwa 500 Todesurteile gegeben hatte.

Die parlamentarische Mehrheit für eine weitere Amnestie war 1954 nicht mehr ganz so groß wie 1949, aber sie reichte von der CDU bis zu weiten Teilen der SPD. Man habe es hinbekommen, „einen Schlussstrich zu ziehen unter eine chaotische Zeit, für die niemand von uns verantwortlich war und die Menschen zu Straftaten oder Gesetzesübertretungen geführt hat, die sie sonst niemals begangen hätten", wie der

249 Ebd., S. 19.

250 Sandkühler: Nach dem Unrecht, S. 20.

251 Miquel: Ahnden, S. 34; Frei: Vergangenheitspolitik, S. 115.

damalige Bundesminister Fritz Neumayer (FDP) die Verabschiedung des Gesetzes bewertete.[252]

Das nachfolgende Erste Gesetz zur Aufhebung des Besatzungsrechts vom 30. Mai 1956, vom Bundestag einstimmig und ohne Aussprache angenommen,[253] erklärte, dass alle rechtlichen Fristen, die „auf Grund von Vorschriften oder infolge von Maßnahmen der Besatzungsbehörden gehemmt worden" seien, „in dem Zeitpunkt" ablaufen würden, „in dem der Ablauf ohne diese Hemmung eintreten würde".[254] Die Unterbrechung des Verjährungsablaufs galt nicht mehr. Das galt wie selbstverständlich auch für NS-Straftaten, sodass abgesehen von Tötungsdelikten alle nazistischen Rechtsverletzungen zum Jahresende verjährt waren, bevor ein westdeutsches Gericht sie hätte verfolgen können.[255]

Zum 8. Mai 1960 ließ der Bundestag mehrheitlich dann den Totschlag und mit ihm schwere Freiheitsberaubung oder Körperverletzung mit Todesfolge verjähren. Ein Gesetzentwurf der SPD zur Verschiebung der Verjährung um nur vier Jahre ging der Bundestagsmehrheit zu weit und wurde abgelehnt.[256]

Als justiziable Tötungsverbrechen verblieben nun allein Mord und Beihilfe zum Mord. Unterbrochen werden konnte der Ablauf einer Verjährungsfrist nur durch eine justizielle Handlung wie die Mitteilung über die Eröffnung eines Ermittlungsverfahrens oder eine erste Vernehmung eines Beschuldigten.

Das Ausschlussdatum für Mord und Beihilfe war zunächst auf den 8. Mai 1945 als dem offiziellen Kriegsende gelegt worden. Mit dem Mai 1965 lief dann die zwanzigjährige Strafbarkeit aus, und alle NS-Verbrechen sollten damit endgültig verjährt sein. So wollte es mit Nachdruck das Bundesjustizministerium und mit ihm die Bundesregierung.[257] Im Ausland rief das erhebliche Proteste hervor. Es kam diesmal nicht nur eine Gegenrede aus der DDR, es meldeten sich auch Verfolgtenverbände und jüdische Organisationen wie der American Jewish Congress. Vor westdeutschen Botschaften und Konsulaten in Israel, Westeuropa

252 Foschepoth: Verfassungswidrig, S. 282.

253 Die Verjährung von NS-Kapitalverbrechen, Der Spiegel, 19 (1965), H. 5.

254 Siehe Bundesgesetzblatt, Teil I, S. 437–445, hier: S. 438, abrufbar unter: http://www.bgbl.de/xaver/bgbl/start.xav?startbk=Bundesanzeiger_BGBl&jumpTo=bgbl156s0437.pdf [letzter Zugriff: 20.6.2022].

255 Müller: Der strafrechtliche Umgang.

256 Streim: Arbeit der Zentralen Stelle, S. 54; Wengst: Ahndung, S. 20.

257 Vollnhals: Verjährungsdebatten, S. 382ff.

und den USA kam es zu Kundgebungen. Zahlreiche Parlamente und Regierungen in Ost und West mahnten mindestens eine Fristverlängerung an.[258] Demonstrativ beschloss das französische Parlament zum Jahresende 1964 ein Gesetz, nach dem *crimes contre l'humanité* nicht verjähren konnten und das sich damit unmissverständlich auf das Londoner Viermächte-Abkommen vom 8. August 1945 bezog.[259] Die Stimmen aus dem westlichen Ausland führten zu Widerspruch auch in der westdeutschen Parteipolitik und im Bundestag.

Nach kontroverser Diskussion setzte der Bundestag 1965 den Fristbeginn auf den 1. Januar 1950 und verlängerte damit das Ende der Verjährungsfrist bis zum Jahresende 1969. Das war ein Kompromiss und eine halbe Sache, die keinen Bestand hatte. Die DDR hatte bereits 1964 ein Gesetz zur Nichtverjährung von Kriegs- und NS-Verbrechen verabschiedet, wodurch die Bundesrepublik „zunehmend unter Handlungsdruck" geriet.[260] Das Näherrücken des „Schlussstrichs" auch für die schwersten Straftaten musste die Diskussion zum westdeutschen Umgang mit NS-Kriminellen im In- und Ausland erneut aufbrechen lassen, zumal die Vollversammlung der Vereinten Nationen (bei Stimmenthaltung zahlreicher westlicher Staaten) im November 1968 eine Konvention über die Nichtanwendbarkeit der gesetzlichen Verjährungsfristen bei Kriegsverbrechen und Verbrechen gegen die Menschheit verabschiedet hatte.[261] Es folgte 1969 die mehrheitliche Bundestagsentscheidung gegen eine Nichtverjährbarkeit und für eine Fristverlängerung auf 30 Jahre, womit der Endtermin auf Ende 1979 gesetzt war. Wie schon zuvor verwiesen Kritiker auf die Nichtvereinbarkeit mit der UN-Konvention von 1968.[262]

Auch diese Entscheidung war nur wieder ein Zwischenschritt in einem Eiertanz[263] der Protagonisten in Politik und Justiz gewesen. 1979

258 Miquel: Ahnden, S. 109.

259 Moisel: Résistance, S. 275; vgl. République Française, Publications officielles, abrufbar unter: Loi n°64-1326 du 26 décembre 1964: „Les crimes contre l'humanité, tels qu'ils sont définis par la resolution des Nations Unies du 13 février 1946, prenant acte de la définition des crimes contre l'humanité, telle qu'elle figure dans la charte du tribunal international du 8 août 1945, sont imprescriptibles par leur nature." – Légifrance (legifrance.gouv.fr) [letzter Zugriff: 20.6.2022].

260 Deutscher Bundestag (Hg.): Historische Debatten (4). Verjährung von NS-Verbrechen, abrufbar unter: https://www.bundestag.de/dokumente/textarchiv/24031343_debatten04-199958 [letzter Zugriff: 20.6.2022].

261 Miquel: Ahnden, S. 323f.

262 Streim: Arbeit der Zentralen Stelle, S. 57.

263 So („Eiertanz um die Verjährungsfristen") Heinar Kipphardt an Karlheinz Braun am 3.2.1965, zit. nach Wannemacher: Nachkriegstheater, S. 282.

wurde der Straftatbestand Mord nach viel Druck aus dem Ausland und durch das Europaparlament, das für NS-Morde eine Straffreiheit ablehnte, mit 255 gegen 222 Stimmen vom Bundestag für unverjährbar erklärt. Anders als es die Nachbarstaaten geregelt und viele Stimmen in der Bundesrepublik gefordert hatten, wurden nach 30 Jahren Diskussion die übelsten Nazi-Verbrechen mit gewöhnlichen Morden gleichgestellt. Es hatte sich um einen Kompromiss gehandelt, damit es überhaupt irgendwie zu einer Nichtverjährung kommen konnte. Erneut wurde in größter Öffentlichkeit die menschenrechtliche und geschichtlich-zivilisatorische Ausnahmestellung jener Verbrechen bestritten, die national und international im Zentrum der Verjährungsdebatte gestanden hatten. Die mit dem Wechsel vom KRG 10 zum StGB eingeschlagene Linie der Verweigerung wurde damit demonstrativ bekräftigt. Die Bundesrepublik blieb konsequent auf ihrem Sonderweg eines in seiner Auslegung eingeschränkten StGB-Regimes.

Kam es trotz aller Verjährungen immer noch zu einer Haftstrafe, so konnte ein NS-Straftäter mit einer im Zuge der Strafrechtsreform 1969 vom Bundestag beschlossenen veränderten Vorschrift zur bewährungsbedingten Entlassung rechnen. Das war eine Kann-Bestimmung gewesen, aus der nun eine Verpflichtung wurde, „wenn es sich um schwere Taten wie etwa Gewalttaten in der nationalsozialistischen Zeit" handelte und zwei Drittel der Strafe verbüßt waren, wie die die Neufassung vorbereitenden Abgeordneten aus CDU/CSU, SPD und FDP es sahen. Die „günstige Prognose", die einem Straftäter gestellt wurde und die seine vorzeitige Entlassung ermöglichte, erhielt den Vorrang vor einem angemessenen Schuldausgleich.[264] Von diesem Sanktionierungsverzicht profitierten insbesondere die wegen schwersten NS-Verbrechen verurteilten NS-Täter. Bei ihnen gab es nur günstige Prognosen. Sie würden nach Haftende eine weitgehend konfliktfreie berufliche und private Lebenssituation in gesetzter Bürgerlichkeit und ohne Kapitalverbrechen erwarten lassen. Damit mussten die Vorstellungen der traumatisierten Überlebenden in den Opfergruppen von einem wenigstens symbolischen

264 Der Reformausschuss kam „nach sorgfältiger Erörterung aller Umstände" zu dem Ergebnis, dass „der Gedanke des Schuldausgleichs und auch der Generalprävention die bedingte Entlassung bei günstiger Prognose auch dann nicht hindern dürfe, wenn es sich um schwere Taten wie etwa Gewalttaten in der nationalsozialistischen Zeithandle und zwei Drittel der Strafe verbüßt seien", siehe „Erster Schriftlicher Bericht des Sonderausschusses für die Strafrechtsreform", in: Verhandlungen des Deutschen Bundestages, 5. Wahlperiode, Drucksache V/4.094, S. 13f., abrufbar unter: https://dserver.bundestag.de/btd/05/040/0504094.pdf [letzter Zugriff: 20.6.2022].

Schuldausgleich und mit ihm auf eine wenigstens immaterielle Anerkennung ihrer Verfolgungsbiografien nach den Schwierigkeiten der Entschädigungsverfahren ein weiteres Mal enttäuscht werden.

Die Kalte Amnestie von 1968

Nachdem der offene Weg zu einer Gesamtamnestie nicht ans Ziel geführt hatte, wurde im Mai 1968 der Umweg über das parlamentsübliche „Omnibusverfahren" gewählt. Es wurde bei öffentlich schlecht vertretbaren, ins In- und Ausland nur schwer zu vermittelnden Gesetzesvorlagen gewählt. Der Omnibus hieß hier „Einführungsgesetz zum Gesetz über Ordnungswidrigkeiten". Es thematisierte vor allem Regelverstöße im Straßenverkehr, führte jedoch unauffällig als blinde Passagiere auch einzelne StGB-Änderungen mit sich. Beim „Fehlen besonderer persönlicher Eigenschaften, Verhältnisse oder Umstände (besondere persönliche Merkmale), welche die Strafbarkeit des Täters begründen", wurde der Mordvorwurf reduziert auf einen Mordversuch. Die so bewirkte Strafmilderung endete zumeist in einem Strafverzicht. Die Arbeit an dem Gesetzentwurf und insbesondere an diesem Passus lag in den Händen des Ministerialrats im Bundesjustizministerium (BMJ) Dr. Eduard Dreher.

Die Neubewertung der beiden nebeneinanderstehenden Tatbestände Mord und Beihilfe zum Mord knüpfte über die „persönlichen Eigenschaften des Gehilfen" an eine 1941 vorgenommene Veränderung des Mordparagrafen 211 an, mit dem die NS-Justiz vom Tatstrafrecht zu völkisch geleitetem Täterstrafrecht übergegangen war.[265] Bis 1941 war wegen Mordes zu bestrafen gewesen, „wer vorsätzlich einen Menschen tötet, [...], wenn er die Tötung mit Überlegung ausgeführt hat". Der neue NS-Paragraf bezog sich auf charakterliche Merkmale, die die „Gesamtpersönlichkeit" eines Täters spiegeln würden: Der musste aus einer „verwerflichen Gesinnung" hervorgegangene „niedrige Beweggründe" wie Rachsucht, krasse Eigensucht oder Mordlust gehabt haben.[266] Das war an einer Tätertypologie ausgerichtet, für die Gruppenkonstrukte wie „Gewohnheitsverbrecher", „gemeingefährliche Geisteskranke", „jugendliche Schwerverbrecher" oder „Asoziale" standen.

265 Rechtspolitische Leitlinie eines neuen StGB war die bereits 1933 unter dem deutschnationalen Justizminister Franz Gürtner erarbeitete, am völkischen „Aufbau der organischen Volksgemeinschaft" orientierte ministerielle Denkschrift „Nationalistisches Strafrecht". Siehe Gruchmann: Justiz, S. 760 ff.

266 Müssig: Mord und Totschlag, S. 85.

Der NS-Mordparagraf wurde nun zum Tor, um zu einer für viele der besonders stark belasteten NS-Straftäter vorteilhaften Neuregelung zu kommen. Aus dem Komplex der Verantwortlichkeit bei NS-Gewaltverbrechen wurde die große Gruppe der Akteure zwischen den wenigen „Machthabern" bzw. „Hauptverantwortlichen" einerseits und den „Schergen" ganz unten in der Hierarchie herausgenommen. Bei den Beteiligten aus der ausgedehnten Mitte könne die „besondere persönliche Eigenschaft" der Angehörigen des exklusiven Täterzirkels an der Spitze wie auch der mit körperlicher Gewalt agierenden Täter, nämlich deren angeblich pathologischer „Rassenhass", kaum aufgetreten sein. Vermeintlich in großer Sachlichkeit an einem Schreibtisch sitzend, war der Mittelbau der Hierarchie, der nach den Opfern gesucht, sie identifiziert, die Mordaufträge erteilt und die Nutznießung bei der Ausplünderung an den Erschießungsgruben oder in Auschwitz noch der Leichen organisiert hatte, entlastet und fiel nun aus der Kausalkette der Verantwortlichkeiten vollständig heraus. Der Akteur am Schreibtisch wurde zum „Gehilfen" und sein Beitrag auf eine „Beihilfe" reduziert. Aus der Möglichkeit der Verhängung einer lebenslangen Haft war in diesem Fall die Pflicht des Gerichts geworden, die „Strafe nach den Vorschriften über die Bestrafung des Versuchs zu mildern". Dadurch verjährte die Tat nicht erst nach zwanzig Jahren Ende 1969, sondern war schon nach fünfzehn Jahren spätestens seit dem 8. Mai 1960 verjährt.[267] Das galt nun für eine enorme Zahl bis dahin noch möglicher NSG-Verfahren. „Die, die Morde nicht eigenhändig begangen haben, [...] sind [...] es, die jetzt am besten dran sind", stellte der Leiter der Ludwigsburger Zentralen Stelle der Landesjustizverwaltungen zur Aufklärung nationalsozialistischer Verbrechen, Adalbert Rückerl, 1969 dazu fest. Das werde „ein ganz schwerer Knüppel zwischen die Beine der Staatsanwälte" werden, wie der einstige stellvertretende US-Chefankläger in Nürnberg Robert M. W. Kempner den Vorgang kommentierte.[268]

Die Novelle, die im Mai 1968 vom Bundestag einstimmig verabschiedet wurde und im Oktober in Kraft trat, sollte „wie kein zweites Gesetz in der Geschichte der Bundesrepublik die Ahndung von NS-Kriminalität beeinträchtigen".[269] Es war der Weg zu einem unauffälligen Strafverzicht

267 Ausführlich zur „de-facto-Amnestie für ‚Beihilfe'" siehe Herbert: Best, S. 533 ff.; das Datum der Verjährung bei Herbert („1965") folgt einem Bericht im *Spiegel* und ist unzutreffend: Miquel: Ahnden, S. 327 ff.

268 Beide Zitate nach NS-Verbrechen. Kalte Verjährung, Der Spiegel, 23 (1969), H. 3.

269 Miquel: Ahnden, S. 221.

gefunden, wie er „von ehemaligen Tätern und deren Anwälten ebenso wie von konservativen Politikern und Richtern brennend gewünscht wurde".[270] Bereits im Dezember 1968 beriefen sich die ersten Verteidiger hochrangiger NS-Täter darauf.[271]

Justizminister Dr. jur. Gustav Heinemann verzichtete auf eine Überprüfung des Vorgangs, Voraussetzung einer Nachkorrektur. Er könne sich vorstellen, erklärte der westdeutsche Spitzenjurist zum Erstaunen vieler Beobachter im Januar 1969, den Verantwortlichen sei „gar nicht der Gedanke gekommen [...], auch Gehilfen eines Mordes" würden von der Neuregelung profitieren können.[272] Wenig überzeugend wurde das Omnibusverfahren von der offiziellen Politik und deren medialen Sprechern als „Panne" camoufliert. Der Vertuschung setzten kritische Beobachter passend das Wort von der Kalten Amnestie entgegen.[273] Der Bundestag hätte seine Entscheidung revidieren können, aber dafür fehlten die Voraussetzungen. Die seit 1961 (bis 1980) auf CDU / CSU, FDP und SPD geschmolzene Repräsentanz der bundesdeutschen Bevölkerung im Parlament war sich hier einig. Das kam nicht von ungefähr. Eine Mehrheit der Abgeordneten hatte selbst ein vergangenheitspolitisches Problem. Die ehemaligen NSDAP-Mitglieder in diesen Parteien bildeten in den 1960er Jahren zusammen die größte „Fraktion".[274]

Vom BGH wurde das neue Recht am 20. Mai 1969 in einer Entscheidung zu einem SS- und Sipo-Angehörigen festgeklopft.[275] Der Oberscharführer Hermann Heinrich war 1942 sowohl „mit Stempel und Papier" als auch „tatnah" an der Auflösung des Krakauer Ghettos und an der Selektion von Bewohnern zur Deportation nach Bełżec und Auschwitz beteiligt gewesen. Er war der leitenden Rolle bei zwei „Selektionsaktionen" und bei der Ermordung von Juden bei der Ghettoräumung überführt worden. Wegen Beihilfe zum Mord aus niedrigen Beweggründen an mindestens 37.600 Juden hatte ihn das Kieler Landgericht zu sechs Jahren Haft verurteilt. In der Revision korrigierte das der Fünfte Strafsenat des BGH. Der Täter sei weder als Mörder noch als Mordgehilfe zu verurteilen, denn niedrige Beweggründe seien

270 Ebd., S. 335.

271 Wildt: Generation, S. 837.

272 Miquel: Ahnden, S. 332 f.

273 Vgl. Görtemaker / Safferling: Rosenburg, S. 420.

274 Herwig: Die Flakhelfer, S. 168: „Noch in den 1960er Jahren hätten die ehemaligen NSDAP-Mitglieder im Bundestag die größte Fraktion stellen können."

275 Recht / Mordgehilfen. Solche Tücken, Der Spiegel, 23 (1969), H. 22.

ihm nicht zurechenbar und Beihilfe sei verjährt. Das BGH-Kollegium bestand von einer ungeklärten Ausnahme abgesehen aus ehemaligen NS-Landgerichtsräten und einem ehemaligen NS-Kriegsgerichtsrat. Man hatte sich nur an die Vorgaben gehalten. Das mediale Interesse an der Entscheidung war gering.

Tausende von Tatbeteiligten kamen in Hunderten von Ermittlungsfällen in den Genuss von Verfahrenseinstellungen. So geschah es 1968 bei dem kurz vor dem Eintritt in die öffentliche Hauptverhandlung stehenden Prozess gegen eine große Zahl von Angehörigen des RSHA. Als Resultat der seit 1963 stattfindenden umfangreichen Ermittlungen hatte eine Kommission von Westberliner Staatsanwälten Tausende Ordner mit Ermittlungsergebnissen angesammelt und Anklagen wegen Mordes oder wegen Beihilfe zum Mord formuliert. Alle Arbeitsergebnisse wurden obsolet.[276] „Die aufwendig und genau vorbereitete Anklage stürzte wie ein Kartenhaus in sich zusammen."[277] 360 SS-Offiziere waren mit einem Schlag straffrei. Unter den Augen einer aufmerksamen außerparlamentarischen Opposition, wie sie sich seit den ausgehenden 1960er-Jahren auf der Straße und in den Veranstaltungssälen zusammenfand, hätte eine gut besetzte Anklagebank mit zahlreichen Schreibtischtätern in bürgerlichem Habit viel Interesse gefunden.

Ein solches Verfahren mit spürbarer öffentlicher Wirkung, ein Lernansatz und -anreiz für die westdeutsche Bevölkerung war verhindert.

Die Resonanz in der westdeutschen Bevölkerung auf den ersten Auschwitz-Prozess hatte Hannah Arendt einige Jahre zuvor den Eindruck vermittelt, es lasse sich der Mehrheit der westdeutschen Bevölkerung „mangelnde Begeisterung für Gerichtsverfahren gegen Naziverbrecher" nicht vorwerfen.[278] Aber sie hatte zugleich festgehalten, dass es ein offenes Geheimnis sei, „dass die deutschen Verwaltungsbehörden auf allen Ebenen mit Nazis durchsetzt" seien. Auch dieser Gegensatz und der darin enthaltene Widerspruch dürften den Betreibern der Kalten Amnestie bewusst und wichtig gewesen sein. Es galt, an den Meinungsverhältnissen etwas zu tun. Da waren vor allem die Politik und die Medien gefragt, aber auch die Justiz konnte einen Beitrag leisten.

Nun schrumpfte mit der Zahl der Hauptverhandlungen der mögliche Umfang an öffentlicher Aufmerksamkeit, und ein weiterer politischer

276 Zum gesamten Abschnitt: Müller: Juristen, S. 248; Miquel: Ahnden, S. 330; Prozesse. Reichssicherheitshauptamt. Mord und Met, Der Spiegel, 22 (1968), H. 37.

277 Schenk: Post von Danzig, S. 245.

278 Wojak: Fritz Bauer, S. 359.

Vorteil stellte sich ein: Es verschwand mit der Beihilfe das mit ihr verbundene bizarre, nicht nachvollziehbare und öffentlich nicht vermittelbare Missverhältnis zwischen extremen Opferzahlen und niedrigem Strafmaß, das im In- und Ausland wieder und wieder scharfe Proteste ausgelöst hatte.

Spätestens jetzt lagen die Dinge so, dass jeder, dem nicht individuell tatbezogen nachgewiesen werden konnte, dass er aus einem ganz persönlichen belegbaren „Rassenhass" heraus gehandelt habe, de facto amnestiert war.[279]

Zum Urheber der Kalten Amnestie

Auf den strafrechtlichen Handstreich von 1968 ist deshalb ausführlicher einzugehen, weil sich darin prägnant die westdeutsche rechts- und vergangenheitspolitische Kräfteverteilung abbildet, wie sie auch in die NSG-Verfahren zur Roma-Minderheit hineinwirkte. Für diese war das geplatzte RSHA-Verfahren von besonderer Bedeutung, denn dem RSHA unterstanden entscheidende Tätergruppen: im osteuropäischen Tatraum die Einsatzgruppen und im mitteleuropäischen Tatraum die für Erfassung, Festnahme und Deportation verantwortlichen Kripobeamten sowie die Exzess- und Direkttäter in den Konzentrationslagern an den Bestimmungsorten der genozidalen Verschleppung.

Im Mittelpunkt der Aufmerksamkeit um die „Panne" stand als der entscheidende Akteur Dr. jur. Eduard Dreher, Jahrgang 1907, ein staatlicher Spitzenstrafrechtler. Der „Amnestiestratege" (Miquel) war die Schlüsselfigur. Um Drehers Handlungsweise mit ihren weitreichenden Konsequenzen für Verfolger und Verfolgte besser verstehen zu können, ist es erforderlich, ihn sich genauer anzuschauen und seine Motivation kennenzulernen.

Dreher kam aus einer gehobenen klassisch-bildungsbürgerlichen Familie. Er war der Sohn eines Kunstmalers und Professors an einer Kunstakademie. Görtemaker / Safferling ordnen ihm eine „schöngeistige Art" zu, „die sich auch in privaten Kunst- und Literaturtreffen in seinem Haus" mit Teilnehmern aus der „besseren" Gesellschaft der Bundeshauptstadt geäußert habe.[280]

279 Vgl. Christoph Safferling: Urteil gegen Oskar Gröning. Ende der kalten Amnestie, 22.7.2015, abrufbar unter: https://www.lto.de/recht/hintergruende/h/ermittlungsverfahren-kz-helfer-vernischtungslager/2/ [letzter Zugriff: 20.6.2022].

280 Görtemaker / Safferling: Rosenburg, S. 331.

Er war Parteigenosse gewesen, und am Sondergericht Innsbruck hatte er jahrelang die Stelle eines Ersten Staatsanwalts eingenommen. Seit 1951 war er im BMJ und dort schnell aufgestiegen. 1953 wurde er bereits Ministerialrat, und in den 1960er-Jahren koordinierte er als Ministerialdirigent, Leiter der Strafrechtsabteilung und Generalreferent der Kommission zur Überarbeitung des Strafrechts die westdeutsche Strafrechtsreform in dem von Gustav Heinemann geführten Bundesjustizministerium einer großen Koalition. Dreher hatte 1961 von einem verstorbenen hochanerkannten Vorgänger die richtungsweisende Autorenschaft für den Kommentar zum bundesdeutschen StGB übernommen, den seither sogenannten „Grauen Dreher", und kann als westdeutscher „Doyen des Strafrechts" und „unanfechtbare Instanz strafrechtlichen Wissens" (Görtemaker / Safferling) angesehen werden.

Schon 1957 hatte der Ausschuss für Deutsche Einheit der DDR auf einer internationalen Pressekonferenz auf einen Antrag Drehers auf Todesstrafe in Innsbruck hingewiesen.[281] Zwei Jahre später ging in einer internen Untersuchung auch das Bundesjustizministerium Drehers Tätigkeit in Innsbruck nach,[282] denn es lag nun ein Hinweis auf ihn in einer DDR-Publikation vor,[283] woran sich 1961 eine dritte Meldung anschloss.[284] Im *Braunbuch. Kriegs- und Naziverbrecher in der Bundesrepublik*, in das die Angaben aufgenommen wurden, bekam Dreher einen festen Platz.[285] Die DDR-Meldungen gingen auf österreichische Stellen zurück. Eine größere Resonanz in den auf die Gegnerschaft zur DDR eingestimmten westdeutschen Medien konnten sie nicht entfalten. Obschon es journalistisch verlockend gewesen sein muss, Dreher und dessen Vergangenheit bekannt zu machen, ging beispielsweise *Der Spiegel* – das als Hauptorgan einer ernsthaften liberalen Publizistik geltende politische und Kulturmagazin – darauf nicht ein.

Die Vorwürfe gegen Dreher sollen an vier Einzelfällen konkretisiert werden, sodass erkennbar werden kann, in welcher Dimension er als

281 So in einer Dokumentation, in der Dreher allerdings nur einer von 118 westdeutschen Richtern und Staatsanwälten aller Stufen bis zum Bundesrichter war, die „an Hitlers Ausnahmegerichten" tätig gewesen seien und die zusammen mehr als 400 Angeklagte zum Tode verurteilt hätten: Ausschuß für Deutsche Einheit: Hitlers Blutrichter, zu Dreher dort: S. 7; Miquel: Ahnden, S. 57, 59.

282 Rückert: Abschiede, S. 212ff.

283 Ausschuß für Deutsche Einheit: 800 Nazi-Blutrichter, S. 13.

284 Rabofsky / Oberkofler: Wurzeln, S. 75ff., 248.

285 Nationalrat der Nationalen Front: Braunbuch, S. 128f.

NS-Strafjurist berufspraktisch NS-typische Rechtsvorstellungen teilte und umzusetzen bemüht war.[286]

1942 hatte die 41-jährige Fabrikarbeiterin Karoline Hauser wegen eines verbotenen Kleinhandels als „Volksschädling" in Innsbruck vor Gericht gestanden. Dreher hatte ein Todesurteil verlangt, das Gericht entschied auf 15 Jahre Arbeitshaus. Dreher beschwerte sich beim Reichsjustizminister, das Reichsgericht hob das Urteil auf. Im Revisionsverfahren bestand Dreher auf der Todesstrafe, jedoch wieder erfolglos.

1943 hatte der 57-jährige Josef Knoflach, Hilfsarbeiter in einer Gärtnerei, vor Gericht gestanden. Er arbeitete täglich 15 Stunden und mehr. Sein Chef stellte ihn bei der Verpflegung mit den bei ihm arbeitenden Kriegsgefangenen und Ostarbeitern gleich. Im Frühjahr eines Abends in sein Quartier zurückgekehrt, gab es für ihn dort und auch im Gasthof kein Essen mehr. Mit einem entwendeten Fahrrad fuhr er los, stahl auf einem Bauernhof ein halbes Brot, 500 g Zucker und etwas Käse, auf einem zweiten Hof Speck. Ertappt, fuchtelte er beim Fluchtversuch mit einem Holzscheit. Das war für Dreher ein Gewaltakt. Er forderte die Todesstrafe für einen Gewohnheits-, Gewalt- und Verdunkelungsverbrecher. Das teilte das Sondergericht, die NSDAP-Gauleitung aber lehnte ab. Sie fürchtete Widerspruch aus der Bevölkerung. Das Reichsjustizministerium fand Drehers Urteilsantrag „unbegreiflich". Knoflach erhielt acht Jahre Zuchthaus.

1944 hatte der 62-jährige, Jahre zuvor vorbestrafte, lohnabhängige Kaffeebrenner Anton Rathgeber ein weiteres Mal vor Gericht gestanden. Er hatte Wochen nach einem Luftangriff aus einem Trümmergelände einige als herrenlos erachtete geringwertige Gegenstände mitgenommen. Dreher plädierte auf „Plündern" und beantragte die Todesstrafe. Rathgebers Chef, die Belegschaft und der Verteidiger widersprachen. Das Gericht ebenfalls, einstimmig. Zwölf Jahre Haft müssten genügen. Dreher lehnte ab. Diesmal auch das Reichsjustizministerium. Am 8. Juni 1944 wurde das Urteil vollstreckt.[287]

Im November 1942 saß wegen mehrerer Diebstähle der Tiroler Heizungsmonteur Siegfried Leimgruber in Untersuchungshaft. Als er

286 Zu den Fällen Hauser, Knoflach und Rathgeber wie auch zu den behördeninternen Reaktionen auf Belastungsvorwürfe gegen Dreher siehe vor allem Rabofsky / Oberkofler: Wurzeln, S. 75–77, und auch Rückert: Abschiede, S. 212 ff.; Miquel: Ahnden, S. 57 ff. Zwei weitere Nennungen (Mitglieder des Deutschen Metallarbeiterverbands, „Rundfunkverbrecher") bei Koppel / Sauer: Führer, S. 50, 95.

287 Ebd., S. 58; Sebastian Cobler: „Als Gummischwein bestraft", Der Spiegel, 35 (1981), H. 49.

in eine andere Anstalt verlegt werden sollte, stach er mit einem im Haftraum aufgefundenen Messer den bewachenden Polizisten nieder, der an den Verletzungen verstarb. Das war morgens geschehen, abends stand das von Dreher geforderte Todesurteil gerichtlich fest, am Tag darauf wurde ein Gnadenerweis abgelehnt und zwei Tage später wurde Leimgruber um 17.30 Uhr in München-Stadelheim geköpft.[288] Das war ein Schnelldurchgang gewesen, und Dreher hatte sich angesichts eines „Nicht-Urteils" „als Teilnehmer oder sogar als Mittäter eines Tötungsdelikts des Gerichts womöglich strafbar gemacht".[289]

Es fällt auf, dass diese von Drehers Strafrechtsverständnis besonders hart Betroffenen ausnahmslos den unteren Rängen der sozialen Hierarchie zuzuordnen sind, und zwar bis hinein in den Raum, in dem in einer gutbürgerlichen Vorstellungswelt die „Asozialität" zu Hause ist. Es stießen mit Dreher und den von ihm Beschuldigten soziale Antagonisten aufeinander. Drehers Strafanträge gegen „Volksschädlinge" hatten eine Schlagseite. Mit ihrer scharfen Verurteilung von Angehörigen der sozialen Unterschichten enthielten sie eine klassische Komponente der Bekämpfung des „Ziganen", sie überschnitten sich mit einer antiziganistischen Perspektive.

249 von 389 Verfahren hatte Staatsanwalt Dreher in seiner Innsbrucker Dienstzeit mitverantwortet.[290] Die vier genannten in ihren Einzelheiten bekannten Fälle verbindet eine extensive Unerbittlichkeit dieses Sonderstaatsanwalts. 1959 hatte er sich in einer dienstlichen Erklärung in Erwartung weiterer Entlarvungen zu mehreren Anträgen auf ein Todesurteil bekannt.[291] Alles habe, soweit erinnerlich, seine rechtliche Ordnung gehabt. Im Entnazifizierungsverfahren war er als „Mitläufer" (Kategorie IV) eingestuft worden.

288 Görtemaker/Safferling: Rosenburg, S. 334; Tiroler Landesarchiv Innsbruck, Bestände Sondergericht beim Landgericht Innsbruck, KLs 167/42 (Strafsache gegen Siegfried Leimgruber) und Sondergericht IBK KLs 167-42, dort insbesondere Urteil 24.11.1942, und Niederschrift zur Urteilsvollstreckung, 27.11.1942. Görtemaker/Safferling geben als Name des Opfers „Siegfried Leimberger" an. Das ließ die Frage entstehen, ob es sich um einen Angehörigen der Sinti-Minderheit handelte, da „Leimberger" ein häufiger Sinti-Familienname ist, der auch unter österreichischen Verfolgungsopfern auftritt. Die Nachrecherche ergab aber, dass es „Siegfried Leimgruber" hätte heißen müssen. Ich bedanke mich für freundliche Unterstützung bei Christian Formwagner von der Landesregierung Tirol.

289 Ebd., S. 420.

290 Ebd., S. 335.

291 Miquel: Ahnden, S. 59.

Zu den von ihm als „sozialschädlich"[292] Kategorisierten gehörten auch Homophile. Bekannt ist, dass er 1944 in Innsbruck in einem Fall von „Unzucht" zwischen Männern vier Jahre Zuchthaus erwirkt hatte.[293] Dreher, für den selbstverständlich gewesen sein dürfte, dass sich in der Politik Interessenten hinter geschlossenen Türen im kleinen Kreis vereinbaren, bekämpfte „Cliquenbildung" dann, wenn es um Homosexuelle ging. „Homosexuelle Herrschaft und homosexuelle Cliquen in Betrieben und Ämtern" seien keine Verschwörungsfantasien. Homosexuelle seien anfällig für Hoch- und Landesverrat. An diesem Punkt verbanden sich überkommene homophobe, antisemitische und antiziganistische Ausgrenzungsbegründungen mit einem ordnungspolitisch-strafrechtlichen Anspruch.

In die Strafrechtsdiskussion der 1950er-Jahre brachte Dreher 1956 ein, dass es „ganz bestimmte Menschentypen" gebe, die unabänderlich „durch ungünstige endogene Einflüsse charakterisiert" seien, eine „Minusauslese" darstellten und sicherungsverwahrt in eine „Psychopathenanstalt" weggeschlossen gehörten.[294] Dabei bezog er sich ausdrücklich auf die „Minusselektion" der völkischen Vererbungslehre, also auf die Behauptung von der Erblichkeit der Kriminalität in den Unterschichten und auf die Vorstellung einer abweichenden kollektiven Risikogenetik auch von „ethnischen" Bevölkerungsgruppen, wie sie im Antiziganismus, im Antisemitismus oder im Antislawismus vertreten wurde. Das war in der Strafrechtskommission mehrheitsfähig. Dreher hielt auch die „verschärfte Bestrafung politischer Delikte" hoch.[295] Das war schon in den NS-Jahren so gewesen. In der *Deutschen Justiz*, dem ministeriellen Organ der NS-Justiz, hatte er die mit Kriegsbeginn eingeführte, „Rundfunkverbrechen" bekämpfende Verordnung begrüßt und erklärt, dass sie ganz zu Recht „das Eindringen des Giftes der feindlichen Lügenpropaganda in den Körper des Volkes verhindern" werde.[296]

Filzige Beziehungsnetze, gestiftet durch das zeitgenössisch so genannte Vitamin B, wie Dreher sie anderen unterstellte, kannte er bestens, so auch aus dem Versuch in den 1950er-Jahren, eine allgemeine Straffreiheit für NS-Täter durchzudrücken. Seither kooperierte er zu diesem Zweck mit

292 Diese und die nachfolgenden Zitierungen: Schwartz: Homosexuelle, S. 266 f.

293 Görtmaker / Safferling: Rosenburg, S. 373.

294 Zit. nach Baumann: Verbrechen, S. 189 f.

295 Klee: Personenlexikon, S. 118.

296 Eduard Dreher: Verschiedene Rechtsfragen der Rundfunkverordnung, in: DJ 102 (1940), S. 1419–1420.

dem hochbelasteten FDP-Bundestagsabgeordneten Ernst Achenbach, „Spinne im Netzwerk der jüngeren NS-Funktionselite“ (Lutz Hachmeister), wie sie sich in der Bundesrepublik zur wechselseitigen Förderung ihrer beruflichen Möglichkeiten zusammengefunden hatte.[297]

Die Juristen Achenbach, Best, Dreher und der Ex-Marinekriegsgerichtsrat Otto Kranzbühler, letzterer Sprecher eines Heidelberger Juristenkreises und prominent als Verteidiger in den Industriellen-Prozessen gegen Krupp, Flick und Röchling, und das diese vier umgebende Beziehungsnetz suchten nach einem Ende der NS-Prozesse. Es sollte anders gestaltet sein als die im In- und Ausland vielfach abgelehnte und daher schwer durchsetzbare „Generalamnestie“. Es sollte ein Abschluss in aller Stille sein.[298]

Nachdem die so unauffällig wie effizient betriebene Kalte Amnestie allmählich offenbar geworden war, aber doch in der Politik akzeptiert blieb, verschwand Dreher verfrüht in die Pensionierung. Er schrieb nun ein Buch gegen Siegmund Freud und dessen „schmutzige Zauberküche“ der Traumdeutung. Dort bekannte er, „je reiner der Mensch auch in seinen Triebgeschichten“ sei, „umso reiner werden auch seine Träume sein“.[299] Er träumte demnach stets unter Wahrung des bürgerlichen Anstands.

Dreher repräsentiert biografisch, soziografisch, mental und intellektuell ein Milieu, das an historischer und politischer Aufarbeitung der Nazi-Vergangenheit in keiner Weise interessiert war und aus Gründen des Selbst- und Gruppenschutzes NSG-Verfahren konsequent ablehnte. Er steht für den justiziellen Teil des polizeilich-justiziellen Machtnetzwerks, das systematisch die Entlastung der Belasteten betrieb und das tief in die Politik hineinreichte. Er entwickelte ein besonderes Maß an Initiative, aber als biografischer Einzelgänger lässt er sich nicht beschreiben. „Von 170 Juristen, die zwischen 1949 und Anfang der 70er-Jahre in Leitungspositionen des Justizministeriums tätig waren, gehörten 90 der NSDAP an, [...] die nachher in leitender Funktion, das heißt, Abteilungsleiter oder Unterabteilungsleiter oder aber auch als Referatsleiter im Justizministerium“ waren, darunter weitere für Todesurteile verantwortliche ehemalige Sonderrichter.[300]

297 Hachmeister: Gegnerforscher, S. 306.

298 Görtemaker / Safferling: Rosenburg, S. 183; Eichmüller: Keine Generalamnestie, S. 110; Wildt: Generation, S. 836.

299 Siehe Dreher: Traum, zit. nach Cobler, Sebastian: Als Gummischwein bestraft, Der Spiegel, 35 (1981), H. 49. Das „Traumbuch“ löste einen ersten Bericht des *Spiegel* über Dreher aus.

300 So die vormalige Bundesjustizministerin Sabine Leutheusser-Schnarrenberger, in: Nazis im Bundesjustizministerium. „Es gab sehr große Kontinuitäten“, Sabine

Es mag dort wie auch immer begründete ältere Gegnerschaften zum NS-System und es wird ganz sicher taktische Meinungsdifferenzen zum bestmöglichen Vorgehen gegeben haben, ein grundsätzlicher vergangenheitspolitischer Dissens ist nicht feststellbar.

3.3 Zum Stellenwert der NSG-Rechtsprechung in der westdeutschen Justiz

Die mit Abstand größte Zahl von Ermittlungen wegen NS-Kriminalität fällt in die Zeit vor der Gründung der Bundesrepublik. 70 Prozent aller Urteile zu Gewaltverbrechen (Freiheitsberaubung, Körperverletzung, Totschlag, Mord und anderes) wurden in der Zeit der alliierten Besatzung gesprochen, wobei das Jahr 1948 den Höhepunkt darstellte.[301] Darin bildet sich ab, dass die Westalliierten und die Sowjetunion zunächst das Interesse an der Verfolgung der nazistischen *war crimes and crimes against humanity* teilten. Der große Einfluss der alliierten Rechtsoffiziere fand seinen Ausdruck in dieser hohen Zahl von Ermittlungen, wenn es auch zumeist deutsche Richter waren, die in den unter alliierter Hoheit stattfindenden Verfahren urteilten.[302] Das endete mit dem Bruch der vormaligen Anti-Hitler-Koalition und dem Übergang in den Kalten Krieg. Nun dominierte im Westen das Bestreben, mit den Beschuldigten und den überführten NS-Tätern milde zu verfahren, um sich mit ihnen verbünden zu können.

Aus den erst west- und später gesamtdeutschen Ermittlungsverfahren gegen insgesamt 106.496 Personen ergaben sich nach Rüter / de Mildt bis 1998 6.495 rechtskräftig verurteilte Angeklagte. Bei 102.223 Beschuldigten kam es im Vor- oder im Hauptverfahren zur Einstellung oder zum Freispruch. Die Freisetzungsquote lag also bei 93,6 Prozent und die Verurteilungsquote bei 6,4 Prozent. Von den nicht ganz 6.500 Verurteilten wurden 150 zu lebenslanger Haft und 14 bis 1949 zum Tode verurteilt. Das waren zusammen etwa 2,5 Prozent der ermittelten Straftäter. Sieben Prozent erhielten elf- bis 15-jährige Haftstrafen. Das heißt, mehr als 90 Prozent der Urteile lagen mit zumeist deutlich

Leutheusser-Schnarrenberger im Gespräch mit Bettina Klein, 10.10.2016, abrufbar unter: https://www.deutschlandfunk.de/nazis-im-bundesjustizministerium-es-gab-sehr-grosse-100.html [letzter Zugriff: 20.6.2022].

301 Osterloh / Vollnhals: NS-Prozesse, S. 22.

302 Siehe Weinke: Alliierter Angriff, S. 40 ff.

geringerem Freiheitsentzug darunter. Eine hohe Einstellungsquote und niedrige Haftzeiten waren die erwünschte Folge der Gehilfenjudikatur und des Individualstrafrechts. Die StGB-Elle machte aus einer sehr großen Zahl von Tatbeteiligten Nicht-Täter.[303]

Die von Rüter / de Mildt ermittelten Zahlen passen zu den Angaben von Eichmüller,[304] der sich auf 36.393 Strafverfahren zwischen 1945 und 2005 mit 172.294 namentlich Beschuldigten und 2.378 Verfahren gegen Unbekannt bezog. Mehr als 90 Prozent der Ermittlungen wurden eingestellt, „die Masse der Einstellungsbegründungen" lautete auf mangelnden Beweis oder Tatverdacht.[305] Gegen 16.740 der Beschuldigten wurde eine Anklage beantragt, bei 2.510 davon wegen eines Tötungsdelikts.

14.693-mal übernahm das Gericht die staatsanwaltliche Anklage, aber da Angeklagte verstorben oder nicht verhandlungsfähig waren, die Verjährung eingetreten, die Schuld geringfügig war oder die zu erwartende Strafe ohne hinreichendes Gewicht sein würde, gab es nur 13.952 rechtskräftige Einzelurteile. 5.184-mal lautete das Urteil auf Freispruch, meist wegen Beweismangels. Nach Abzug von 2.001 richterlichen Einstellungen im Laufe der Hauptverhandlung verblieben noch 6.656 mit Strafen sanktionierte Täter. Etwa 60 Prozent aus dieser Gruppe erhielten eine Haftstrafe zwischen sechs Monaten und einem Jahr, 31 Prozent eine Haftstrafe im mittleren Bereich bis zu fünf Jahren und neun Prozent lagen darüber. Zur realen Dauer der Haftstrafen, die häufig und gerade dann, wenn sie höher angesetzt waren, verkürzt wurden, liegen keine Zahlen vor. Weniger als ein Prozent – 166 – der ursprünglich Angeklagten erhielt mit „lebenslang" die Höchststrafe, und es kam zu 16 Todesurteilen, von denen vier 1946 vollstreckt wurden. Bei den unvorstellbaren Verbrechen an Millionen stehen diese 166 Täter für eine ins Groteske eingeschränkte Sanktionierung.

Zu berücksichtigen ist bei alldem eine Täterzuwanderung. Viele Täter gingen davon aus, dass sie Kommunisten und Angehörige der sowjetischen Bevölkerung – „Russen" – als Gegner und Verfolger mehr zu fürchten hätten als die westdeutsche Justiz. Wenn nicht überhaupt statt staatsanwaltlicher Ermittlungen im Westen eine Wiedereinstellung oder Pension zu erwarten waren. Sie wechselten in nicht geringen Anteilen aus dem Osten in den Westen und erhöhten damit dort die Täterdichte.

303 Rüter / de Mildt: Die westdeutsche Strafverfolgung, S. IX, 223 ff.

304 Eichmüller: Strafverfolgung, S. 625, 630 ff., 635 f.; ders.: Keine Generalamnestie, S. 225.

305 Grabitz: Verfolgung, S. 157.

Die Zahlen zu Anklagen und Urteilen wären ins Verhältnis zur mutmaßlichen Gesamtzahl der an den Verbrechen Beteiligten zu setzen. Dieter Pohl bezog sich bei einem Schätzungsversuch zu deutschen und österreichischen NS-Tätern und -Tatbeteiligten allein auf den Holocaust an den europäischen Juden und kam zu der Feststellung, dass 200.000 bis 250.000 Personen involviert gewesen seien, von denen Zehntausende hätten verurteilt werden können.[306] Dabei bezog er sich allerdings nicht auf das nationale Strafrecht, sondern auf die Kriterien des Völkerstrafrechts. In der westdeutschen Gesamtbilanz ist jedenfalls festzustellen, dass nur „eine verschwindend geringe Zahl" der Täter, die meisten aus den unteren Rängen der NS-Hierarchie, verurteilt wurde.[307]

Ungeachtet ihrer Ergebnisse hätten die etwa 15.000 Hauptverhandlungen in westdeutschen Gerichtssälen dennoch einen erheblichen erinnerungspolitischen Effekt haben können, wenn Medien und Politik für einen angemessenen Platz in der öffentlichen Wahrnehmung gesorgt hätten. Das aber war durchweg nicht der Fall. Ganz überwiegend ist der Großteil dieser Prozesse nach einem kurzen Interesse selbst lokal inzwischen seit Langem völlig vergessen.

Die große Ausnahme ist der erste Auschwitz-Prozess (1963–1965). Sein Verlauf vermittelt eine Vorstellung davon, welche Möglichkeiten einer breit angelegten Aufarbeitung der nazistischen Verbrechen es durch die Prozesse gab. Einzelne Verfolgte und das Internationale Auschwitz-Komitee hatten das Auschwitz-Verfahren in Gang gebracht. Es wurde medial so stark beachtet und begleitet, dass es bis heute erinnerungswirksam geblieben ist. So hatte Fritz Bauer es beabsichtigt, nämlich als ein Verfahren, das übcr strafrechtliche Aspekte weit hinaus zum einen ein kritischer und in die Breite der Gesellschaft hinein wirkender Beitrag zu einer geschichtspolitischen Aufklärung und zum anderen ein Mittel zur Stärkung und narrativen Selbstvergewisserung der Verfolgten sein würde. Bauers vorrangiges Ziel sei, so seine Biografin Irmtraud Wojak, nicht Bestrafung gewesen, sondern „die Aufklärung der Gesellschaft darüber, dass es sich auch beim kleinsten Mitwirkenden an der Mordmaschinerie um einen Täter handelte", und zwar gleichgültig, ob es um Auschwitz, Babyn Jar / Babi Jar, NS-„Euthanasie" oder Deportationen aus Bulgarien, Griechenland oder Ungarn gegangen sei.[308]

306 Pohl: Holocaust, S. 124, 177.

307 Miquel: Mit den Mördern zusammenleben, S. 111.

308 Wojak: Fritz Bauer, S. 427.

Was aber das strafrechtliche Ergebnis angeht, so folgte der Ausnahmeprozess mit den geringen Strafzumessungen ganz der westdeutschen Gesamtlinie. Die Urteile, so Fritz Bauer, hätten „häufig an der Mindestgrenze des gesetzlich Zulässigen" gelegen, „was mitunter einer Verhöhnung der Opfer recht nahekam".[309]

Die Verfolgung und Vernichtung der europäischen Roma-Minderheit war in diesem Auschwitz-Prozess ein Teil der Ermittlungen gewesen. Von den insgesamt 211 Häftlingszeugen kamen sechs aus der Roma-Minderheit. Ihre Aussagen „wurden in der Urteilsbegründung sämtlich als unglaubhaft oder unzulänglich beiseitegeschoben".[310] Die einzige Schrift, die die Staatsanwaltschaft als zur Frage der Verfolgung der Roma-Minderheit genutzt in der Anklageschrift angab, war eine zweifelhafte Schrift des Nachwuchsjuristen Hans-Joachim Döring,[311] auf die noch einzugehen sein wird. Die Urteile für die vier auch in diesem Zusammenhang Angeklagten von insgesamt 20 SS-Angehörigen gaben den Straftaten an Roma mit einer Ausnahme – einem „lebenslänglich" für den Lagerführer Franz Hofmann des „Zigeunerlagers" – nachgeordnete Bedeutung. So wurde der berüchtigte Oberscharführer Wilhelm Boger, Namensgeber der Foltermethode „Bogerschaukel", wegen seiner Exzesstaten an einzelnen Häftlingen als „Täter" zwar zu „lebenslänglich" verurteilt, wegen seiner Beiträge zum Völkermord an der jüdischen Minderheit aber nur als ein „Gehilfe" betrachtet und dafür mit gerade einmal fünf zusätzlichen Zuchthausjahren sanktioniert. Hinsichtlich Selektionen im „Zigeunerfamilienlager" und seiner Aktivitäten bei der mörderischen Auflösung dieses Teillagers wurde er freigesprochen.[312]

In der Gesamtbetrachtung zeigt die westdeutsche richterliche Praxis in NSG-Verfahren ein klares Bild: Sie hatte ein „dürftiges Ergebnis" (Andreas Eichmüller). „Insbesondere im Hinblick auf das Ziel der Gerechtigkeit gegenüber den Opfern" seien die Verfahren „mehr als unbefriedigend" ausgefallen.[313]

309 Bauer: Im Namen des Volkes, S. 84.

310 Stengel: Glaubwürdigkeit, S. 444.

311 Döring: Zigeuner.

312 Zur Distanz des ersten Auschwitz-Prozesses gegenüber dem völkerrechtlichen Konzept der *crimes against humanity* und der dahinter stehenden Haltung westdeutscher Gerichte siehe Pendas: Auschwitz-Prozess.

313 Eichmüller: Strafverfolgung, S. 639.

4

Mehrheitspolitischer Konsens, gesellschaftlicher Dissens und Interventionen

— ※ —

Erklärt wird der vergangenheitspolitische Verzicht in Politik und Justiz häufig mit einem in der westdeutschen Bevölkerung seit den 1950er-Jahren vorherrschenden und nur weiter zunehmenden Wunsch nach „Normalität", nach Teilhabe am „Wirtschaftswunder" und nach einem Ende familienbiografisch und gesellschaftlich störender öffentlicher Rückbezüge auf die Nazi-Zeit. „Die deutsche Gesellschaft" habe sich schwergetan mit ihrer NS-Vergangenheit, heißt es in einer Verallgemeinerung über die Grenzen Westdeutschlands hinaus. In den Familien habe man „nur auf spezielle Weise" und eingeschränkt über „den Krieg" gesprochen, nämlich im Stil der *Landser*-Hefte und der Konsalik-Kriegsromane.[314] Das lässt sich angesichts der Auflagenhöhen vielleicht annehmen, aber in seiner Größenordnung und Bedeutung für die westdeutsche Bevölkerung nicht belegen. Es bleibt dabei unberücksichtigt, dass mithilfe dieser Publikationen oder auch einer parallelen „Kriegsfilmwelle" wie mit anderem mehr Stimmung gerade deshalb gemacht wurde, weil in der westdeutschen Bevölkerung eine starke vergangenheitspolitisch kritische Sicht auf Krieg, Militär und die NS-Jahre und deren Protagonisten zu finden war. *Landser*-Hefte und Kriegsfilme etwa hatten die Wiederaufrüstung zu bewerben, weil sie nicht zuletzt aufgrund ihrer vergangenheitspolitischen Bezüge unpopulär war.[315] Die Bemühungen hatten nur einen begrenzten Erfolg,

314 Stellvertretend für diese Sichtweise Wildt: Verdrängung.

315 Siehe Buhl: Landser-Hefte; Knäpple: Kriegsfilmwelle.

denn die Meinungen blieben trotz aller Anstrengungen geteilt und die Mehrheit noch lange ablehnend. Es gab auch bei diesem Thema nicht die eine Meinung „der Gesellschaft", die die in der Politik getroffene Entscheidung für eine Remilitarisierung abgesegnet hätte.

Eine ähnlich pauschalisierende These[316] geht davon aus, dass es allein in einer kurzen Phase „unmittelbar nach dem Krieg" ein mehrheitliches und gesamtdeutsches Verlangen nach einer Sühne für die NS-Verbrechen gegeben habe. Spätestens aber seit den 1960er-Jahren sei diese Mehrheit in Westdeutschland zur Minderheit geschrumpft. Die Erklärung dafür finde sich weniger in der Politik oder in medialen Aktivitäten als in privat-individuellen Befindlichkeiten: in einem „wenig gefestigten Selbstwertgefühl" des einzelnen Westbürgers, in individuellem Überdruss an der NS-Thematik und in privaten „Identifikationsproblemen mit dem nationalen Kollektiv". Das habe selbst die TV-Serie *Holocaust* Ende der 1970er-Jahre nicht ändern können. Das mag plausibel erscheinen, ist aber wieder nur eine spekulative Annahme und unbelegbare Verallgemeinerung.

Gesichert lässt sich sagen, dass im Meinungsbild der westdeutschen Bevölkerung in fluktuierenden Anteilen die Auffassungen widersprüchlich nebeneinanderstanden. In den in ihrer vergangenheitspolitischen Gesamttendenz in hohem Maße einheitlichen parlamentarischen Entscheidungen findet sich das nicht wieder. Sie wurden offenbar davon unabhängig getroffen, mit klarer Ausrichtung auf eine Vergangenheitspolitik des Beschweigens der Verbrechen und der Entlastung der Anhängerschaft und der Mitgliedschaft der NSDAP, wer auch immer das im Einzelfall war.

4.1 Parlamentarische und administrative Entscheidungen

Wiedereinzug der „131er"

So zeigt es eine weitreichende Entscheidung des Bundestags in Bonn zwei Jahre nach der Staatsgründung. 1951 verabschiedete das Parlament ein „Gesetz zur Regelung der Rechtsverhältnisse der unter Artikel 131 des Grundgesetzes (GG) fallenden Personen", das bis heute besteht und Verfassungsrang hat. In unauffälliger rechtlicher Diktion erklärt es, „die Rechtsverhältnisse von Personen [...], die am 8. Mai 1945 im öffentlichen

316 So etwa Gessler: Sekundärer Antisemitismus.

Dienste standen, aus anderen als beamten- oder tarifrechtlichen Gründen ausgeschieden […] und bisher nicht oder nicht ihrer früheren Stellung entsprechend verwendet“ worden seien, durch ein Bundesgesetz „regeln“ zu wollen. Entsprechendes gelte für „Personen, die am 8. Mai 1945 versorgungsberechtigt“ gewesen seien und „keine oder keine entsprechende Versorgung mehr erhalten“ würden. Das Gesetz zu Artikel 131 GG[317] erkannte die zwischen 1933 und Mai 1945 erworbenen Qualifikationen, Dienstjahre und -ränge, Einkommensstufen und Pensionsansprüche für alle Politiker, Beamte, Militärs, Angestellte und Arbeiter im öffentlichen Dienst nach den seit den 1920er-Jahren geltenden Modalitäten an. Allen, die durch Kriegsereignisse und Kriegsfolgen oder Entscheidungen der Alliierten (wie Internierung, Entlassung oder Suspendierung) noch „nicht ihrer früheren Stellung entsprechend“ wieder untergekommen waren, wurde ein gesetzlicher Anspruch auf Einstellung und Wiederverwendung zugesprochen. Ausnahmen gab es nur in den seltenen Einzelfällen, wenn durch Urteile von Spruchkammern oder Gerichten Ansprüche aberkannt worden waren. Es wurde eine „Unterbringungspflicht“ eingeführt. „Mindestens zwanzig vom Hundert der Gesamtzahl der Planstellen“ mussten mit „131ern“ besetzt werden, die vorrangig zu berücksichtigen waren. Aufgrund erhöhter Belastungsdichte in Westdeutschland nach 1945 lag der NS-Anteil in der staatlichen Administration in manchen Ämtern nun höher als zuvor, zumal das Gesetz auf diesem Weg eine Sperre gegen NS-Gegner auf den einstellenden Ebenen der Hierarchie einbaute. Es homogenisierte in dem hier interessierenden Kontext das Personal im Justiz- und Polizeiapparat politisch nach rechts hin. Angenommen wurde es im Parlament mit zwei Enthaltungen und ohne Gegenstimmen, also einschließlich der als linke Arbeiterparteien zu bezeichnenden SPD und KPD mit ihren hohen Anteilen von NS-Verfolgten in ihrer Mitgliedschaft.

Die Bundestagsentscheidung ermöglichte rund 460.000[318] belasteten Ex-NS-Staatsbeschäftigten die Rückkehr in den öffentlichen Dienst. Das war eine Weichenstellung, die zu einer „fast vollständigen Übernahme der beamteten Funktionselite des Dritten Reiches in die Verwaltung, die Justiz und die Universitäten“ führte[319] und die über einen Nebenweg

317 Bundesgesetzblatt, Teil I, Nr. 22, S. 307–322, abrufbar unter: https://www.bgbl.de/xaver/bgbl/start.xav?start=%2F%2F*%5B%40attr_id%3D%27bgbl151s0307.pdf%27%5D#__bgbl__%2F%2F*%5B%40attr_id%3D%27bgbl151s0307.pdf%27%5D__1665384246130 [letzter Zugriff: 20.6.2022].

318 Franz: Prinzipien und Pragmatismus, S. 31.

319 Dieses und das folgende Zitat: Perels: Erbe, S. 234.

noch die Mehrzahl der Gestapobeamten miteinschloss.[320] Sie „normalisierte“ den institutionellen Umgang mit NS-Unrecht im Sinne einer „rechtlichen Neulegitimation von Kernbereichen der NS-Herrschaft“ und rehabilitierte die diskreditierten Handlungsträger genauso wie deren Überzeugungen. Sie delegitimierte die alliierten Säuberungsbeschlüsse der ersten Nachkriegsphase. Das Ausmaß der Rückkehr zeigt an, dass wie bei der großen Amnestie von 1949 auf diesem Weg eine politische Botschaft ausgesendet wurde. Sie war über die vormaligen Leitgruppen hinaus an die Trägerschichten des NS-Regimes adressiert. Diese wurden umworben, die Verfolgten und deren Unterstützer damit auf das Bitterste enttäuscht. Der Wiedereintritt der „131er“ in die Polizei und in die Justiz musste zu „schwersten Unterlassungsschäden“ „auf dem Gebiet der justiziellen Verfolgung von NS-Straftaten“ führen. Er war ein „vergangenheitspolitischer Dammbruch“.[321]

Ehemalige Mitglieder von Nazi-Parteien und Kollaborateure gab es überall in Europa, aber der westdeutsche flächendeckende Wiedereinbau solcher Entscheidungsträger in den Behördenapparat war einzigartig. Er lief auf die nachhaltige Befestigung NS-affiner gesellschafts-, rechts- und ordnungspolitischer Denkschablonen an den Schreibtischen hinaus. Deren Blockierung in der staatlichen Struktur, wie in der Zusammenbruchs- und Schockphase nach der bedingungslosen Kapitulation verlangt, wurde nun konterkariert. Die Welterklärungen aus der völkischen Ideenwerkstatt konnten in die staatlichen Institutionen auf allen Ebenen wieder einziehen. Ihre Akzeptanz hatten sie offenbar in der westdeutschen Mehrheitspolitik nicht verloren. Untergründig oder auch offen lebten sie auf allen staatlichen Ebenen fort.

Die Entschädigungsfrage

Mit dem Einzug der „131er“ korrespondiert das Verschwinden von Verfolgten aus den Entschädigungsbehörden. So wurden zu Beginn der 1950er-Jahre mit antisemitischem Zungenschlag unter den Vorwürfen von „Selbstbedienung“ und Korruption die Landesverantwortlichen für „Wiedergutmachung“ Philipp Auerbach[322] (Bayern, 1952), Curt

320 Selbst die KPD sprach sich dafür aus, auch einen Gestapobeamten wiedereinzustellen, wenn er „trotz allem ein anständiger Mensch geblieben“ sei, zit. nach Herbert: Best, S. 657.

321 Frei: Vergangenheitspolitik, S. 18, 100; siehe auch Perels: Übernahme.

322 Jahrgang 1906, Unternehmer, Chemiker, DDP, Reichsbanner Schwarz-Rot-Gold, 1933 Flucht nach Belgien, Abschiebung nach Frankreich, interniert, Haft in KZs

Epstein[323] (Hessen, 1950), Marcel Frenkel[324] (NRW, 1950), Alphonse Kahn[325] (Rheinland-Pfalz, 1950) und Ludwig Loeffler[326] (Hamburg, 1954), die jeweils jüdischer Herkunft und mit Ausnahme von Auerbach Juristen waren, ihrer Ämter enthoben. Es handelte sich um Eingriffe in eine mit der Aufarbeitung der westdeutschen Vergangenheitspolitik betraute Führungsgruppe mit dem Ziel, deren Ausrichtung in den Griff zu bekommen. In jedem dieser Fälle erwiesen sich die Vorwürfe später als unbegründet. Zu einer Rückkehr ins Amt führte das bei keinem.[327] Es hatte innerhalb der staatlichen Führungsstellen auf dem größten Teil des bundesdeutschen Territoriums eine auch geschichtspolitisch wirksame Säuberung stattgefunden. Indem sie mit viel medialer Begleitung jüdische Linke aus Einflusspositionen eliminierte, setzte sie ein grundsätzliches Fragezeichen hinter die Verfolgung und das Recht auf Entschädigung. Aber es blieb nicht beim Antisemitismus und dem Rekurs auf das Feindbild vom staatsgefährdenden und gemeinschädlichen „jüdischen Bolschewisten". Ämter und Gerichte scheuten sich in dem vorherrschenden Klima nicht, bei der „Wiedergutmachung" polizeiliche „Zigeunersachverständige" und -Rasseforscher aus der NS-Zeit als Gutachter zurate zu ziehen. Das war „ohne Parallele in den Entschädigungsverfahren jüdischer Opfer".[328] Es war demütigend für die Familien der Roma-Minderheit und auch für deren Verbündete. Es führte ihnen vor, wer die Macht hatte. Es erinnerte sie an ihre Verfolgung und entmutigte sie erneut. Mit Frenkel, Auerbach und Epstein

Auschwitz-Birkenau und Groß-Rosen, Gründungsmitglied der VVN, SPD, Ausschluss wegen VVN-Mitgliedschaft.

323 Jahrgang 1998, Richter, Entlassung, Lager Viliampol bei Kovno, KZ Dachau, Mitgründer der VVN.

324 Jahrgang 1907, Rechtsanwalt, Rechtsberatung für die Rote Hilfe, keine Einstellung, Flucht in die Niederlande, Mitglied des Joodschen Raads Amsterdam, Untergrund, Widerstandsgruppe, KPD (1942 ff.), VVN (Präsidiumsmitglied), in der Folge des Verbots der Volksbefragung gegen die Remilitarisierung (1951) wegen Hochverrats angeklagt, Verfahren eingestellt, siehe Oppenheimer: Weg der VVN, S. 19.

325 Jahrgang 1908, Jurist, Flucht nach Frankreich, interniert, Widerstandsgruppe, Mitgründer der VVN (Präsidiumsmitglied), KPD, DKP.

326 Jahrgang 1906, Jurist, Entlassung, KZs Theresienstadt, Auschwitz-Birkenau, Groß-Rosen, Vorsitzender des Jüdischen Gemeindefonds Norddeutschland und andere Funktionen in jüdischen Zusammenschlüssen. Loeffler arbeitete eng mit der VVN zusammen: Asmussen: Der kurze Traum, S. 38. Parteipolitische Bindungen sind nicht bekannt.

327 Auerbach beging Suizid, Epstein wanderte nach Israel aus. Siehe Spernol: Kreuzfeuer, S. 203–236.

328 Spitta: Entschädigung für Zigeuner?, S. 398.

hatten Beamte ihren Platz räumen müssen, die derartige Praktiken ablehnten und sich im Gegensatz zu vielen Kollegen nachdrücklich für die Gleichstellung der „Zigeuner" mit anderen Opfergruppen stark gemacht und soziale Forderungen dazu an die Polizei- und Innenbehörden gerichtet hatten.[329]

Es sei in diesem Zusammenhang erstens auf die Vokabel „Wiedergutmachung", die sich bis heute im NSG-Diskurs behaupten konnte, und zweitens auf das, was im Fall der Roma-Minderheit rechtlich dahinterstand, eingegangen.

Die jüdische Publizistin Lea Fleischmann schrieb 1980, „gegen das Wort Wiedergutmachung hätte man sofort gerichtlich Einspruch erheben und verbieten müssen, es im Zusammenhang mit Judenverfolgungen zu nennen".[330] Der Begriff brachte eine angesichts der Dimensionen der nazistischen Verbrechen absurd erscheinende Betrachtungsweise zum Ausdruck. Es sei, so in aller Kürze der Vorsitzende des *Zentralrats der Juden in Deutschland* Paul Spiegel in einem Plädoyer gegen „Wiedergutmachung" 2002, „das falsche Wort".[331] Für die Verfolgung der Roma-Minderheit gilt das in einer besonderen Weise. Vielleicht ohne es beabsichtigt zu haben, hatte Spiegel den Titel eines Dokumentarfilms von 1987 zitiert, der die nazistische Verfolgung und Vernichtung der Roma-Minderheit und deren Kämpfe um „Wiedergutmachung" aus der Perspektive von Betroffenen beschrieb.[332] Westdeutscher Rundfunk (WDR) und Bayerischer Rundfunk (BR) sowie das Zweite Deutsche Fernsehen (ZDF) lehnten mit unterschiedlichen Begründungen die Ausstrahlung von „Das falsche Wort" ab. Gegenstimmen kamen von der Filmbewertungsstelle Wiesbaden und der Jury der Evangelischen Filmarbeit. 1989 kam der Film dann doch ins ZDF, im Nachtprogramm.[333]

Der rechtliche Umgang mit Entschädigungsforderungen musste der Minderheit vor allem als eine Farce erscheinen. Die institutionellen Auffassungen zur Entschädigung der „Zigeuner" gingen auseinander, und die Justiz zog die Grenzen. Sie schwankte zwischen der Meinung, Roma seien ähnlich wie Juden grundsätzlich als „rassisch verfolgt" zu

329 Margalit: Die Nachkriegsdeutschen, S. 97.

330 Fleischmann: Nicht mein Land, S. 70.

331 Zit. nach Fritsche / Paulmann: „Arisierung", S. 11.

332 Das falsche Wort, BRD 1987, Katrin Seybold / Melanie Spitta, Produktion Katrin Seybold Film GmbH.

333 1988 zeigten ihn 3sat und der Norddeutsche Rundfunk (NDR), siehe dazu ausführlich Gress: Visualisierte Emanzipation, S. 367–378, hier: S. 372 f.

betrachten, und der Auffassung, genau dies sei nie der Fall gewesen. Wenn 1956 das Landgericht Bremen feststellte, es seien „Zigeuner [...] bereits ebenso wie die jüdische Bevölkerung Deutschlands im Jahre 1935 durch eine Reihe von Gesetzen zu Staatsangehörigen minderen Rechts gestempelt worden", dann war dieser Hinweis auf die Nürnberger Gesetze zwar zutreffend, aber unter Juristen nicht mehrheitsfähig.[334] Der Kommentar zum Bundesentschädigungsgesetz (BEG) suchte 1955 nach einer Position zwischen Anerkennung und Verneinung von Verfolgung und offenbarte dabei ideologische und minderheitspolitische Kontinuitäten: „Bei den Maßnahmen, die nach 1933 gegen die Zigeuner ergriffen worden sind, ist zu unterscheiden zwischen solchen aus kriminalpolizeilichen und solchen aus rassischen Gründen." Erst die Deportationen nach Auschwitz ab 1943 seien „nicht mehr auf die [kriminalpolizeiliche] Bekämpfung derjenigen Zigeuner beschränkt [gewesen], die sich als asozial erwiesen" hätten.[335] Jede Entschädigung für staatliches Handeln davor sei also auszuschließen. „Die den Zigeunern eigenen Eigenschaften (Asozialität, Kriminalität, Wandertrieb)", so der Kommentar, „gaben Anlaß zu ihrer Bekämpfung."[336] So auch der BGH am 7. Januar 1956 bei der Ablehnung einer vom OLG Koblenz anerkannten Entschädigung für eine Deportation in das Generalgouvernement 1940, für die nach dem OLG „rassische Gesichtspunkte ausschlaggebend gewesen" waren. Der BGH widersprach: „Zigeuner [...] gelten [...] als asozial. Sie neigen, wie die Erfahrung zeigt, zur Kriminalität, besonders zu Diebstählen und Betrügereien, es fehlen ihnen vielfach die sittlichen Antriebe der Achtung vor fremdem Eigentum, weil ihnen wie primitiven Urmenschen ein ungehemmter Okkupationstrieb eigen ist."[337] Nicht alle Maßnahmen „gegen Zigeuner in der Verfolgungszeit" seien also „aus Gründen der Rasse ergriffen" worden, sondern manche auch „aufgrund der asozialen Eigenschaften der Zigeuner".[338] So gelte es für diese „Umsiedlung", wie schon die NS-Behörden die Deportation genannt hatten.

334 Zit. nach dem Historiker-Gutachten im „König-Prozess" (1984–1991): LAV NRW, Abt. Rheinland, Ger. Rep. 118, Nr. 2498, Bl. 2877–2930, hier: Bl. 2929: Hellmuth Auerbach: Gutachten über die Geschichte der SS, der Konzentrationslager und der Verfolgung der Zigeuner unter der nationalsozialistischen Herrschaft, speziell in Auschwitz, 27.5.1987.

335 Becker / Huber / Küster: Bundesentschädigungsgesetz, S. 48 f.

336 Ebd.

337 Zit. nach Margalit: Die Nachkriegsdeutschen, S. 164.

338 Zit. nach Görtmaker / Safferling: Rosenburg, S. 278.

Über die bereits vor der Machtübertragung an die Koalition aus Deutschnationalen und NSDAP des Jahres 1933 bestehende staatliche Diskriminierung und Segregation[339] schauten die BGH-Richter vollständig hinweg. Die BGH-Richter schränkten das grundrechts- und menschenrechtswidrige Wesen der Verfolgung auf deren äußerste Radikalisierung in den Massenverbrechen ein. Dass diese Perspektive auf unverbesserlich nazistische Richter verweisen würde, lässt sich nicht sagen. Zwar war der Senatspräsident des BGH ein vormaliges Parteimitglied, nicht aber die anderen vier Bundesrichter, unter denen auch ein Angehöriger der jüdischen Minderheit war.[340] Es artikulierte sich eine in der Mitte der Gesellschaft von vielen vertretene Sichtweise.

Es gab einzelne jüdische Stimmen, die Urteilsschelte übten:[341] Kurt May, jüdischer Leiter der United Restitution Organization (URO) in Frankfurt, motivierte den Historiker Dr. Hans Buchheim, die Deportationen von Roma 1940 nach Polen zu untersuchen, und appellierte an seinen jüdischen Freund Franz Calvelli-Adorno, Senatsvorsitzender des Frankfurter Landgerichts, juristisch Stellung zu nehmen. Calvelli-Adorno arbeitete den völkischen Kern der BGH-Argumentation heraus und rügte 1961 in einem Aufsatz die Entscheidung scharf,[342] woraufhin der BGH 1963 einen früheren Verfolgungsbeginn nicht mehr ganz ausschloss. Der Himmler-Erlass zur „Regelung der Zigeunerfrage aus dem Wesen dieser Rasse" von 1938 könne vielleicht „mitursächlich" gewesen sein.[343] Dabei blieb es dann. Ein nicht geringer Teil der noch zu Entschädigenden war bis dahin verstorben. Von der grundsätzlichen Einschätzung der NS-Politik als genozidal, wie sie Hannah Arendt in Auswertung des Eichmann-Prozesses mit der Gleichstellung der Roma-Minderheit mit der jüdischen Minderheit und mit den großen von der NS-Propaganda als „Ostvölker" titulierten Bevölkerungsgruppen vertreten hatte, war das sehr weit entfernt.

Calvelli-Adornos Kritik an der BGH-Entscheidung wurde von der *Frankfurter Allgemeinen Zeitung* kurzerhand als „kommunistische Propaganda" abgefertigt.[344]

339 Opfermann: Rassenkunde, S. 71–85.

340 Ebd., S. 278 f.

341 Margalit: Die Nachkriegsdeutschen, S. 164 f.

342 Calvelli-Adorno: Die rassische Verfolgung, S. 529–537.

343 Müller / Wasserburg: „Kritik und Vertrauen", S. 296.

344 Hedemann: Zigeuner, S. 80.

Der Entschädigungsjurist Heinz Düx stellte später die Entscheidung von 1956 in den Gesamtkontext der Abkehr von alliierten Einsichten und des Fortbestehens einer rassistischen Perspektive über die angebliche „Stunde Null“ hinaus. Es hätten sich die Alliierten in den 1940er-Jahren bei der „Wiedergutmachung“ „auf den Rassebegriff des deutschen Faschismus, der die Bekämpfung von ‚Juden, Zigeunern und Negern‘ im Auge hatte, [bezogen]. Diese Position des alliierten Gesetzgebers entsprach der NS-Realität“. Dem habe der BGH 1956 prinzipiell widersprochen. Das habe ganz dem „kleinbürgerlichen die eigene Position überschätzenden und andere Menschengruppen unterbewertenden Weltbild“ entsprochen, „aus dem der deutsche Faschismus in erheblichem Umfang sein Potenzial aufgebaut“ habe.[345]

Wiederbewaffnung

Ein besonders eklatantes Beispiel für Diskrepanzen zwischen gesellschaftlichem Diskurs und parlamentarischen und staatsoffiziellen Entscheidungen bietet die Wiederaufrüstung, weil sie in einem offenen Widerspruch zur langjährigen mehrheitlichen Auffassung in der Bevölkerung getroffen wurde.[346] Der vergangenheitspolitische Inhalt und dessen Konflikthaltigkeit liegen dabei auf der Hand:[347] Die Kritik hob hervor, dass die künftige „Bundeswehr“ altbekanntes Führungspersonal habe, gegen den alten Gegner gerichtet sein würde und dass sie mit politischen Aussagen begründet werde, mit der die deutsche Bevölkerung schon bis 1945 in den Zeitungen und im Radio ständig propagandistisch bearbeitet worden sei. Es entwickelte sich ein erheblicher,

345 Heinz Düx in seinem Vorwort zu Stengel: Feindbilder, S. 6 f.

346 1950 hatte Emnid 75 Prozent „Ohnemichel“ und nur 18 Prozent Zustimmung für eine Remilitarisierung ermittelt, die Allensbacher Ergebnisse sahen ähnlich aus. 1955 gab es trotz des Umschlags vom Kalten Krieg in den heißen Koreakrieg und der damit zunehmenden Militärpropaganda immer noch 44 Prozent bzw. in der Altersgruppe der unter 30-Jährigen 55 Prozent Ablehnung der Wiederbewaffnung und nur 38 Prozent Befürwortung, knapp 20 Prozent waren unentschieden: Kluger: Nachwuchswerbung, S. 90; Geyer: Der Kalte Krieg, S. 274 f. Der Widerspruch nahm mit der Etablierung der Bundeswehr nicht ab, sondern erst einmal kräftig zu. In der zweiten Hälfte der 1950er-Jahre bewegte er sich bei 60 und 70 Prozent: Noelle / Neumann: Jahrbuch 1957, S. 296; Rupp: Bundesrepublik, S. 89. Noch 1969 stellte die geheime „Schnez-Studie“ fest, es herrsche eine Abneigung gegen den Wehrdienst in der Bevölkerung vor. Es müsse von den Medien mehr Werbung für die Bundeswehr gemacht werden: Kluger: Nachwuchswerbung, S. 92 f.

347 Zur Ablehnung der Wiederbewaffnung: Naumann: Nachkrieg, S. 236, 278.

in Teilen von der SPD unterstützter außerparlamentarischer Druck gegen die Regierungsparteien CDU / CSU, FDP und DP. Eine von bürgerlichen Sprechern wie Martin Niemöller, Karl Jaspers oder Gustav Heinemann, von Sozialdemokraten, Kommunisten, Gewerkschaftern und Kirchenvertretern initiierte „Volksbefragung" wurde daraufhin von der Bundesregierung verboten. In einem aufsehenerregenden Prozess wurden 1954 drei führende Mitarbeiter im Hauptausschuss der Volksbefragung, Mitglieder der KPD, zu Gefängnisstrafen verurteilt.[348]

Die Befragung der Bevölkerung sei auf den „Umsturz der verfassungsmäßigen Ordnung des Bundesgebietes" gerichtet.[349] Die Bundestagsentscheidungen zum NATO-Beitritt und zum „Wehrbeitrag" (1955) sowie zur Wehrverfassung und zum Soldatengesetz (1956) beendeten die Diskussion nicht. Die staatlichen Instanzen mussten dauerhaft daran arbeiten, eine Mehrheit im Wahlvolk für die Wiederaufrüstung zu erwirken. Das geschah nicht nur im Großen, sondern auch im Kleinen auch mit repressiven Mitteln. Als 1958 der Film *Das Mädchen Rosemarie* mit Nadja Tiller in der Titelrolle der Freiwilligen Selbstkontrolle (FSK), einer Vertretung staatlicher Körperschaften und der Filmwirtschaft, zur Überprüfung vorgelegt wurde, verbot die FSK eine Szene, in der die Bundeswehr vergangenheitspolitisch einige Minuten lang schlecht

348 Einer der drei war Karl Dickel aus Vohwinkel im Wuppertal, Maurer, seit den 1920er Jahren Mitglied der KPD und als Angehöriger des Widerstands mehrere Jahre inhaftiert. 1954 entzog Karl Dickel sich der Urteilsvollstreckung im Volksbefragungsprozess durch Flucht in die DDR. Dickel kam aus einem Wittgensteiner Verwandtschaftsnetz in den unteren Sozialschichten der Armutsregion, einer Gemengelage aus den regionalen „Zigeunerkolonien" und deren auch jenischer und jüdischer Bewohnerschaft. „Ethniziät" war dort angesichts ihrer Uneindeutigkeit kein großes Unterscheidungsmerkmal. Das sahen die Berliner Ethnizitätsforscher der RHF anders. Sie legten ein erbhygienisches Dossier auch zu den Wittgensteiner Dickels an. Daraus resultierten deren listenmäßige Erfassung und die Deportation von Namensträgern nach Auschwitz. Karl Dickels jüngerer Bruder Friedrich, gelernter Gießer, seit den 1930er Jahren in der KPD und in deren lokalem Spielmannszug, flüchtete nach einer „Schutzhaft" ins westeuropäische Ausland und kämpfte in Spanien auf republikanischer Seite. Er ging nach 1945 in die DDR und war dort viele Jahre Innenminister (1963–1989). Bei ihm verlangte das RSHA 1940 einen „Bericht über seine Rassezugehörigkeit", der sich auf eine mögliche „Zigeuner"-Eigenschaft bezogen haben dürfte. Siehe: LAV NRW, Abt. Rheinland, RW 58, Nr. 50.928 bis 50.931; Bundesarchiv (im Folgenden: BArch) Berlin-Lichterfelde, R 165, Nr. 170 (Sammelband), dort „Dickel"; Opfermann: Zigeuner-Habit, insbesondere S. 118–124; Peukert: KPD im Widerstand, S. 100; Posser: Anwalt im Kalten Krieg, S. 158.

349 So der Bundesinnenminister Robert Lehr (CDU) zur Begründung, siehe Verhandlungen des Deutschen Bundestages, Stenographische Berichte, Bd. 7, Ausgaben 133–146, 1951, S. 5486.

wegkam. Sie begründete ihr Verbot mit der „Herabwürdigung der verfassungsmäßigen und rechtstaatlichen Grundlagen des deutschen Volkes", sprich mit der Verletzung der Staats- und Volkstreue.[350]

Zentrale Stelle der Landesjustizverwaltungen

Ende 1958 wurde in Ludwigsburg die Zentrale Stelle der Landesjustizverwaltungen begründet. Ihr waren von der Politik bereits im Vorfeld einige Zähne gezogen worden. Ihre Kompetenzen beschränkten sich aufs Vorermitteln, und bis zum Dezember 1964 durfte sie sich nur außerhalb des Raums der Bundesrepublik begangenen Verbrechen zuwenden. Damit war „weitgehend sichergestellt, dass alle noch ungeahndeten NS-Verbrechen", die Angehörige der in Westdeutschland ansässigen Bevölkerung „in ihrer eigenen Umgebung gegen Juden, Roma und Sinti, Fremdarbeiter und andere begangen hatte[n], unermittelt blieben".[351] Die Gründung war nicht zuletzt eine Reaktion darauf, dass der BRD „die DDR im Nacken saß" (Christiaan F. Rüter), die dem In- und Ausland mitteilte, der Nachbarstaat fördere NS-Kontinuitäten in seinen Führungsgruppen.[352] Das war nicht ohne Substanz, wie das 1965 und 1968 in drei Auflagen erschienene *Braunbuch. Kriegs- und Naziverbrecher in der Bundesrepublik* mit seinen 2.300 Namen „durchweg zutreffend und berechtigt" belegte.[353]

Die Möglichkeiten der Zentralen Stelle für eine aufklärende Justizarbeit waren von vornherein eingeschränkt worden. Anklagen waren ihr verwehrt. Die wenigen „Hauptverantwortlichen" sollten ihr Thema werden. Zu verschonen waren insbesondere drei Gruppen möglicher Täter: Angehörige der Wehrmacht, wie sie zu diesem Zeitpunkt dabei waren, die Bundeswehr aufzubauen; „kleine Befehlsempfänger", die die zu Vernichtenden im „Osteinsatz" zusammengetrieben und massenhaft umgebracht hatten und die nun unauffällig ihren familiären

350 Der Film stellte das Leben und die nie aufgeklärte Ermordung des „Freudenmädchens" Rosemarie Nitribitt dar, die großindustrielle Kundschaft in ganz Westdeutschland gehabt hatte. Eine Szene zeigte zwei proletarische Gestalten (eine davon: Mario Adorf), die auf die Melodie des *Königgrätzer Marsches* zu einem Bundeswehrmarschzug, der in Richtung eines Trümmergeländes steuerte, „Wir ham den Kanal noch lange nicht voll" sangen. Das ging der FSK zu weit; siehe Buchloh: Zensur, S. 199.

351 Rüter: Ost- und westdeutsche Strafverfahren, S. 55.

352 Rüter: Das Ganze, S. 130.

353 Ebd., S. 198.

und beruflichen Alltag regelten, und „NS-Aktivisten im Dienste der Bundesrepublik“ (Klaus Bästlein), wozu Staatsanwälte und Richter oder das Leitungspersonal des Bundeskriminalamts (BKA), der Landeskriminalämter (LKÄ), der Nachrichtendienste und vieler anderer administrativer und politischer Einrichtungen gehörten. Bästlein kommt zu dem Schluss, dass die Zentrale Stelle ihre „Aufgabe, unliebsame NS-Verfahren auszusondern, fast perfekt [erfüllte]“.[354] Der Kreis von Tatbeteiligten, die mit Ermittlungen zu rechnen hatte, war „so klein wie möglich“ gehalten.[355]

An die Spitze der Zentralen Stelle war mit Erwin Schüle jemand gesetzt worden, der zwar zunächst als Ermittler gelobt wurde, sich jedoch dann als Mitglied der NSDAP und der SA erwies. Er musste nach Vorwürfen, an Kriegsverbrechen in der Sowjetunion, seinem jetzigen territorialen Arbeitsschwerpunkt, beteiligt gewesen zu sein, 1966 die Zentrale Stelle wieder verlassen. Der positiven Aufnahme der Zentralen Stelle folgte nach einem gründlicheren Blick auf deren Praxis die Kritik. Investigative Journalisten machten die Gründe für abgelaufene Fristen und leere Anklagebänke öffentlich bekannt.[356] Schüle „sabotierte“, wie sich zeigte und Ingo Müller konstatierte, „die Arbeit zunächst sogar nach Kräften“.[357]

4.2 Demoskopische Befragungen

Solche Verfahrensweisen im Umgang mit den Verbrechen standen im Widerspruch zu bei demoskopischen Nachfragen erkennbaren mehrheitlichen Überzeugungen in der Bevölkerung. 1952 führte das konservative Allensbacher Institut für Demoskopie eine Bevölkerungsbefragung zur Bewertung der Teilnehmer des Putschversuchs vom 20. Juli 1944 durch. 40 Prozent stellten sich auf deren Seite, 30 Prozent gegen sie, 3 Prozent schwankten und 16 Prozent waren ohne Meinung. 11 Prozent hatten noch nichts davon gehört, wie sie sagten.[358] Als 1955

354 Bästlein: Historiografie, S. 323.

355 Rüter: Das Ganze, S. 130.

356 Greve, Von Auschwitz nach Ludwigsburg, S. 52–60; Klemp, „Nicht ermittelt“, S. 421.

357 Müller, Strafvereitelungskartell, S. 69.

358 Noelle-Neumann / Köcher: Jahrbuch 1998–2002, S. 569.

der vormalige Generalfeldmarschall Ferdinand Schörner, der für seine Durchhalteparolen und Hinrichtungen kriegsmüder Soldaten bekannt war, von der UdSSR nach Westdeutschland entlassen wurde, verlangten zwei Drittel der von Allensbach Befragten, den „Heimkehrer" vor Gericht zu stellen.[359] Im August 1958 sprachen sich in einer Umfrage desselben Instituts zwar 34 Prozent für einen „Schlussstrich unter die Vergangenheit" aus, aber 54 Prozent widersprachen dem.[360]

Die Resonanz auf den ersten Auschwitz-Prozess bewies, dass es konstant viel kritische Aufmerksamkeit für die Nazi-Verbrechen in der Öffentlichkeit gab und dass sie keineswegs nur beschwiegen wurden. Mehr als 200 Verfolgte hatten über Auschwitz berichtet und so ihre Sichtweise auf die dort verübten Straftaten und auf die Täter in eine weite Öffentlichkeit hinein vermittelt. Tagebuchartig hatten Zeitungen aus dem Gerichtssaal berichtet. Der Historiker Norbert Frei verallgemeinert das zu der weitgehenden Feststellung, „über all das nichts zu wissen" sei „den Westdeutschen im Sommer 1965, als der Prozess nach 183 Verhandlungstagen zu Ende ging, praktisch unmöglich geworden".[361] Dahinter lässt sich allerdings ein Fragezeichen setzen, denn wenn auch 60 Prozent der 1964/65 Befragten den Demoskopen ein Interesse an den Prozessinhalten bekundeten, so bleibt doch eine große Minderheit Nichtinteressierter.[362]

Die Frage nach einer kritischen Rezeption der NS-Geschichte in der westdeutschen Bevölkerung ist auch deshalb anzusprechen, weil das Auftreten von Personen mit früheren NS-Mitgliedschaften und -Amtsinhaberschaften mit den daraus hervorgehenden vergangenheitspolitischen Bedürfnissen und Einstellungen im Westen durch kräftigen Zuzug NS-Belasteter aus dem Osten seit dem Ende des NS-Reichs höher war als je zuvor. Es gab eine gewachsene und noch zunehmende Allgegenwart von vormaligen NS-Anhängern wie auch von deren konservativen weltanschaulichen Nachbarn. Man kannte sich und stand sich nah. Nach seinem sozialen und beruflichen Profil war dieser Bevölkerungsteil über Generationen in den mittleren und gehobenen westdeutschen Funktionsgruppen, nicht in den lohnabhängigen unteren Schichten und Milieus zu verorten. Der Zahl nach eine Minderheit, jedoch einflussreich.

359 Eichmüller: Strafrechtliche Verfolgung, S. 68.

360 Nach Vollnhals: Verdrängung und Aufklärung, S. 374; siehe auch Raim: Verfolgung; Frei: 1945 und wir, S. 34.

361 Nach Frei: Gerichtstag.

362 Miquel: Mit den Mördern zusammenleben, S. 103f.

4.3 Außerparlamentarische Interventionen

Der Fall Hedler

1950 kam es zu einer richterlichen vergangenheitspolitischen Entscheidung mit starkem gesellschaftlichen Widerhall.[363] Ein gewisser Wolfgang Hedler, Alter Parteigenosse, nun Bundestagsabgeordneter der Deutschen Partei, hatte in Einfeld bei Neumünster öffentlich die Massenverbrechen an der jüdischen Minderheit als eine diskutable Möglichkeit bezeichnet, „sich ihrer zu entledigen",[364] und die Verschwörer des 20. Juli als „Landesverräter" beschimpft. Das Landgericht Kiel, dessen Vorsitzender Richter ebenfalls ein ehemaliger Parteigenosse war, hatte Hedler vom Vorwurf der Verleumdung und Verunglimpfung freigesprochen.

Es gab viel Empörung und Widerspruch im Ausland, aber auch in der westdeutschen Bevölkerung. In Neumünster, Tagungsort des Gerichts, protestierten 15.000 Menschen. In Kiel und Hannover legten Produktionsarbeiter in großen Werken die Arbeit nieder. Ein starkes Polizeiaufgebot wurde gegen die Straßenproteste eingesetzt, Journalisten wurden festgenommen. Von den Parteien unterstützten die SPD und die KPD die vergangenheitspolitische Justizkritik auf der Straße und aus den Betrieben. Das konservative Leitorgan, die *Frankfurter Allgemeine Zeitung*, verteidigte dagegen das Urteil und stellte sich gegen die Urteilskritik. Der Herausgeber erklärte sie zu einer Bedrohung des Rechtsstaats.

Der Protest in Neumünster wegen Hedler stand nicht allein. In München gingen 1950 2.000 Menschen gegen einen Freispruch für den lokalen Gestapochef auf die Straße, in Augsburg 15.000 bis 20.000 gegen die milden Urteile für die Täter der Penzberger Mordnacht in der Endphase des NS-Regimes, in Bielefeld 35.000–40.000 gegen den teilweisen Freispruch eines verhassten Gestapobeamten, unterstützt

363 Zu den folgenden Angaben siehe Frei: Vergangenheitspolitik, S. 317; Buschke: Deutsche Presse, S. 122 ff. Der Vorsitzende Richter hatte in der Urteilsbegründung gefragt, „Wie hätte sich denn der Angeklagte ausdrücken sollen, als er in seiner Rede […] auf das Judenproblem zu sprechen kam?", zit. nach Adolf Arndt: Richter Paulicks Einstellung, in: Sozialdemokratischer Pressedienst, Hannover, 20. 2. 1950, abrufbar unter: http://195.243.222.33/spdpd/1950/500220.pdf [letzter Zugriff: 20. 6. 2022].

364 Hedler hatte wörtlich erklärt, „Man macht zu viel Aufhebens von der Hitlerbarbarei gegen das jüdische Volk. Ob das Mittel, die Juden zu vergasen, das Gegebene gewesen sei, darüber kann man geteilter Meinung sein. Vielleicht hätte es andere Wege gegeben, sich ihrer zu entledigen."; siehe Bergmann, Antisemitismus, S. 119.

von *VVN*, SPD und KPD sowie von Gewerkschaften des Deutschen Gewerkschaftsbundes (DGB), Trägern eines eintägigen Streiks in den Großbetrieben.[365]

Das *Braunbuch*

Das oben angesprochene *Braunbuch* des Dokumentationszentrums der DDR-Archivverwaltung wurde auch in Westdeutschland zwar von den entsprechenden Fachkräften und einem kleinen politisch interessierten Publikum und auch im sonstigen Ausland aufmerksam wahrgenommen,[366] blieb aber in seiner westdeutschen Reichweite eng begrenzt. Seine Bedeutung liegt in der Betroffenheit staatlicher Stellen und Personen und im Auslandsecho. Für die akademische und nichtakademische Öffentlichkeit gab es diese Schrift nicht. Vom Landgericht Lüneburg wurde sie bundesweit zur Beschlagnahme ausgeschrieben. Das lehnte – auch bei diesem Thema Außenseiter – Fritz Bauer jedoch für Hessen grundsätzlich ab, sodass ihn die rechtskonservative Deutschland-Stiftung verklagte.[367] Selbst in westdeutschen Medien der liberalen Mitte wie der Wochenzeitung *Die Zeit* firmierte sie unter der disqualifizierenden Diffamierung „Braunbuch der Russen".

Mit seiner für historische Nachschlagewerke unverhältnismäßig niedrigen Irrtumsquote, wie Götz Aly 2002 zur Wiederauflage feststellte,[368] folgte es vorausgegangenen Publikationen aus der DDR zu belasteten Richtern, Staatsanwälten und führenden Polizeibeamten, die seit 1957 vorlagen und an deren „Wahrheitsgehalt im großen und ganzen nicht zu rütteln" war.[369] Informationen aus der DDR zu NS-Belasteten wurden von der zeitgenössischen Politik in Westdeutschland – soweit medial überhaupt aufgenommen – als bösartige feindliche Kampagne diffamiert und ihre Verbreitung möglichst behindert. Eine interne „Wagenburgmentalität" (Miquel) und der Antikommunismus in Gesellschaft und Politik schirmten die angegriffenen Juristen und Angehörigen anderer westdeutscher Einflussgruppen gegen die Vorwürfe ab. Das

365 Zu Augsburg, Bielefeld, München, Neumünster siehe Eichmüller: Keine Generalamnestie, S. 17–36.

366 „Vor allem in Großbritannien", siehe Görtemaker/Safferling: Rosenburg, S. 31.

367 Wojak: Fritz Bauer, S. 18.

368 Götz Aly: Zuverlässig. Lob des antifaschistischen Rentners. Reprint des Braunbuchs, Süddeutsche Zeitung, 9.8.2002.

369 Werkentin: Politische Strafjustiz, S. 200.

Braunbuch wurde als ein „kommunistisches Propagandawerk“ (Kurt Georg Kiesinger[370]) beschrieben. Dennoch überzeugte es Leser, bewirkte weitere Enthüllungen und in Einzelfällen auch politische Rücktritte.[371] Es bildete einen unterhalb der und neben den parlamentarischen Debatten wirksamen Aufklärungsimpuls auch zum NS-Justiz-Terror, zu den darin involvierten Tätern und zu deren beruflichem Fortwirken in der Bundesrepublik.[372]

Die Ausstellung „Ungesühnte Nazijustiz“

Die Kritik am Widerstand gegen den aufklärerischen Umgang mit NS-Belastung hielt an. Ende der 1950er-Jahre entstand die Wanderausstellung „Ungesühnte Nazijustiz“[373] (1959–1962) einer Gruppe junger Leute um die sozialdemokratischen Studenten Reinhard Strecker und Wolfgang Koppel im Auftrag des Sozialistischen Deutschen Studentenbunds (SDS), des Studentenverbands der SPD. Darin wurden von westdeutschen Kritikern jenseits der KPD die NS-Justizverbrechen und die biografischen Kontinuitäten in der westdeutschen Justiz angesprochen.[374]

Es war eine kleine laienhafte Ausstellung. Während den Gegenkräften alle professionellen Möglichkeiten zur Verfügung standen, beschränkte sich der Zugang der Ausstellungsmacher zur Öffentlichkeit auf die Hinterzimmer von Gaststätten und auf Studentenwohnheime, wo die Besucher eine technisch unzulängliche Exposition der Beweisstücke und hektografierte Begleitblätter erwarteten. Da die westdeutschen Archive sich ihnen verschlossen hatten, präsentierte die Gruppe, was sie aus der DDR hatten erhalten können. Das brachte den Verantwortlichen den vernichtenden Vorwurf ein, sie seien „Handlanger der Machthaber von Pankow“. Aus ihrer Partei, die sich von der Ausstellung distanzierte, wurden sie ausgeschlossen.

370 1958 bis 1966 Ministerpräsident in Baden-Württemberg, danach bis 1969 Bundeskanzler, NS-belastet, weshalb Karl Jaspers und seine Frau aus Protest gegen diese Kanzlerschaft ihre Pässe abgaben und Staatsbürger der Schweiz wurden: Krogmann: Jaspers, S. 5.; Beate Klarsfeld ohrfeigte Kiesinger öffentlich (1968): Kerkmann: Kiesinger-Ohrfeige, in: Fischer / Lorenz: „Vergangenheitsbewältigung“, S. 195 f.

371 Görtemaker / Safferling: Rosenburg, S. 198.

372 So im Ergebnis seiner Untersuchung: Miquel: Ahnden, S. 371, 373.

373 Siehe Glienke: Ausstellung; Görtemaker / Safferling: Rosenburg, S. 202 ff.

374 Görtemaker / Safferling: Rosenburg, S. 203.

Strecker, seine Mitstreiter und deren Familien erhielten zahlreiche Drohbriefe, an ihrer Seite standen nach dem Verbot der KPD und einer Rechtswende der SPD randständig gewordene linke und linksliberale Kleinmedien wie *Die Andere Zeitung* der ebenfalls ausgeschlossenen ehemaligen *Vorwärts*-Redakteure Gerhard Gleißberg und Rudolf Gottschalk, wie *konkret* mit Klaus Rainer Röhl und Ulrike Meinhof, die der illegalen KPD angehörten, oder wie Martin Niemöllers *Stimme der Gemeinde.* Eine aufsehenerregende Begleitaktion der Studenten zu ihrer Ausstellung waren 43 Strafanzeigen gegen Staatsanwälte und Richter wegen Rechtsbeugung in Tateinheit mit Totschlag oder Beihilfe zum Totschlag. Das immerhin ließ sich politisch so wenig einfach wegschieben wie der Erfolg der studentischen Initiative im Ausland.

Varianten der Ausstellung wurden in Oxford, London, Amsterdam, Utrecht und Leiden gezeigt, wo sie von den Medien und vom Publikum freundlich aufgenommen wurden. In den Niederlanden, von wo die Ausstellung 1960 angefordert worden war, stand die Präsentation in einem zeitlichen Zusammenhang mit dem Befreiungstag, dieser dort ein jährliches Volksfest, mit Diskussionen um als unzureichend empfundene westdeutsche Entschädigungen für Kriegs- und Besetzungsschäden und um Antisemitismus in der Bundesrepublik.

Das bezog sich auf aktuelle Vorgänge dort. Ausgehend von einer Synagogenschändung in Köln hatte sich im Winter 1959/60 eine Flut von antisemitischen Aktivitäten über Westdeutschland ausgebreitet. Zwischen Weihnachten 1959 und Mitte Februar 1960 war es zu 833 Vorfällen gekommen, die im In- und Ausland höchstes Aufsehen erregt und erhebliche Befürchtungen hatten entstehen lassen. Die staatliche Führung der Bundesrepublik reagierte darauf, wie sie schon auf die Kritik der Studenten an der westdeutschen Vergangenheitspolitik, auf das *Braunbuch* und in zahllosen anderen derartigen Drucksituationen reagiert hatte: mit einer eine kommunistische Verschwörung unterstellenden Drahtzieher-Erklärung. Bundeskanzler Adenauer sprach den Osten und die noch im Land befindlichen KPD-Mitglieder schuldig: „Was da gemacht wird, wird von Kommunisten gemacht und wird dann in der ganzen Welt verbreitet."[375]

Nach Großbritannien wurden Strecker und Koppel von einem Allparteienkomitee eingeladen, und die Ausstellung erhielt gewichtige Unterstützung von Einzelpersonen und einflussreichen Medien. Der westdeutsche Staat erlebte anlässlich der Ausstellung mit seiner Art

375 Mersey: Adenauer. Teegespräche, S. 31.

Vergangenheitspolitik in den Niederlanden und in Großbritannien nicht die gute Presse, die diese hatte.[376] Statt sich zu bemühen, die Vorwürfe gegen das Justizpersonal zu entkräften, versuchte man in der Bundesrepublik, sie mit antikommunistischen Pankow-Verweisen zu diffamieren[377] und Vorwürfe unaussprechbar zu machen. Seit dem Ende der alliierten Anti-NS-Justizpraxis nähmen Männer, „deeply involved in the Nazi terror", wieder eine führende Rolle in Westdeutschland ein, war hingegen die Schlussfolgerung des britischen *New Statesman*.[378]

Im Vergleich der Rezeption der Ausstellung in der Bundesrepublik mit der im Ausland zeigt sich, dass in den jeweiligen Gesellschaften in der medialen Vermittlung sehr unterschiedliche NS-Narrative dominierten. Es würden nun bei jeder Gelegenheit „die Wogen des Ressentiments gegen unser Land" hochschlagen, kommentierte im März 1960 im Ton nationalen Zusammenhalts und mit einer diffamierenden Gleichsetzung von „rot und braun" in der Überschrift der Westberliner *Kurier* die Kritik an der westdeutschen Justiz.[379]

Populäre Medien

Filme waren erst vor, dann mit dem Fernsehen das bestimmende visuelle Massenmedium der frühen Bundesrepublik.[380] Heimat-, Liebes-, Musik- und Landserfilme fluteten die Kinos. Aber es gab die Ausnahmen von der Regel. Dazu gehörten Filme, die vergangenheitspolitische Stoffe aufklärend bearbeiteten. Einige gehörten zu den großen Erfolgen der Filmproduktion.

Einer der bekanntesten und einflussreichsten Filmemacher der Bundesrepublik war der aus der DDR in den Westen gegangene Wolfgang Staudte. Ihm war die kritische Bearbeitung der NS-Jahre und ihrer Vor- und Nachgeschichte ein großes Anliegen. In der SBZ drehte er 1946 mit Hildegard Knef und Ernst Wilhelm Borchert den ersten deutschen Nachkriegsfilm, dem er den Titel *Die Mörder sind unter uns* gab. Es waren die NS-Mörder in der noch gesamtdeutschen

376 Görtemaker / Safferling: Rosenburg, S. 136–141, insbes. S. 138.

377 Ebd., S. 150 f.

378 Ebd.

379 Ebd., S. 144.

380 Zu den folgenden Angaben: Laser: Glamour, S. 141 ff.; Miquel: Ahnden, S. 49; Frühbrodt: Wolfgang Staudte, abrufbar unter: https://www.zweite-aufklaerung.de/wolfgang-staudte-der-nestbeschmutzer-des-deutschen-nachkriegsfilms/ [letzter Zugriff: 20. 6. 2022].

Nach-NS-Gesellschaft, die er meinte. Er stellte sie am Beispiel eines Wehrmachtsoffiziers und Verantwortlichen für Massenerschießungen in der besetzten UdSSR dar, der nach 1945 im Westen zum erfolgreichen Unternehmer aufsteigt. Von der britischen und US-amerikanischen Besatzungsbehörde wurde das Drehbuch abgelehnt, die sowjetische Verwaltung unterstützte es, sodass die spätere DDR-Produktionsfirma DEFA den Film übernehmen konnte, der anschließend in 24 Staaten des Auslands gezeigt wurde. 1951 kam Staudtes Verfilmung[381] des Romans *Der Untertan* von Heinrich Mann, in die dortigen Filmtheater. Er behandelte die mentalen, sozialen und politischen Kontinuitäten vom preußischen Nationalismus der Kaiserzeit bis in die NS-Diktatur und zeigte „den deutschen Kleinbürger als verlässlichste Stütze einer großmannssüchtigen Bourgeoisie" (Kurt Laser). Anders als im sonstigen Ausland, wo der Film sehr positiv aufgenommen wurde, gelangte er in die Kinos der Bundesrepublik nicht. Das Innenministerium verweigerte die für die Einführung des Films erforderliche Genehmigung, sodass er im Westen nur illegal-subversiv in kleinen linken Filmclubs gezeigt werden konnte. Das ergab jedoch eine nicht unterdrückbare zustimmende Resonanz, sodass das Ministerium sich 1957 entschloss, den Film doch lieber zuzulassen. Zur Auflage machte der Interministerielle Ausschuss Schnitte von zwölf Minuten und einen Vorspann, der den Antihelden des Films zu einer bizarren Ausnahmeerscheinung der wilhelminischen Gesellschaft machte. Er lief nun vor ausverkauften Sälen, galt aber rechten Kritikern nach wie vor als „Substanzkritik an unserem Volk" und „am bürgerlichen Stand". Erst 30 Jahre später konnte die von zahlreichen Filmexperten als „Staudtes Meisterwerk" bezeichnete Arbeit ungekürzt gezeigt werden.

1958 arbeitete der Produzent Artur Brauner, ein jüdischer NS-Verfolgter, der den Großteil seiner Familie verloren hatte, an einem Film über NS-belastete Richter. Die staatlichen Autoritäten in der Bundesrepublik und in Westberlin waren damit nicht einverstanden. Es gelang dem Bundesjustizministerium und in Westberlin dem Senat, Brauner zur Zurücknahme seines Projekts zu veranlassen.[382]

1959 folgte nach Staudtes Wechsel in den Westen *Rosen für den Staatsanwalt* mit Martin Held, Walter Giller, Ingrid van Bergen und Camilla Spira: Ein Gefreiter hat gegen Ende des Krieges eine Tafel

381 Zu den folgenden Angaben: Weckel: Begrenzte Spielräume, S. 31–47; Töteberg: Film-Klassiker, S. 167.

382 Miquel: Ahnden, S. 49.

Schokolade gestohlen und wird dafür von einem Kriegsgerichtsrat zum Tode verurteilt. Ein Fliegerangriff verhindert die Hinrichtung. Nach 1945 ist der Richter Oberstaatsanwalt in einer kleineren Stadt, wohlhabend und angesehen. Dort stößt der Gefreite, jetzt schlechtbezahlter Handelsvertreter, auf ihn. Mit einem Trick – er stiehlt wieder Schokolade – erreicht er eine Gerichtsverhandlung gegen sich, in der aus dem Juristen der unverbesserliche Nazi herausbricht: Er verlangt wie damals die Todesstrafe für den Schokoladendieb und enthüllt so seine Vergangenheit als Justizmörder.

Der Film hatte neben dem Happy End für den Gefreiten und mit dessen Liebesglück angesichts der Aufdeckung des Nazis im Juristen auch einen vergangenheitspolitisch glücklichen Ausgang, der der justiziellen Wirklichkeit allerdings widersprach. Die Grundkonstellation aber passte und wurde vom Publikum nicht beklagt, sondern für wahr befunden. Der Film von Staudte bewies mit seinem außerordentlichen Erfolg („Kassenschlager"), dass es möglich war, auf populäre Weise aufklärend mit der NS-Thematik umzugehen.

Das war genau das, was die Mehrheitspolitik zu verhindern versuchte. Sämtliche Filmstudios hatten die Produktion des Films abgelehnt (Staudte: „Alle haben gesagt: ‚Nein, wir wollen damit nichts zu tun haben'"[383]), die erst durch einen unerwarteten Produktionsausfall möglich wurde. Während der Dreharbeiten erschien ein Vertreter des Bundesministeriums des Innern und forderte deren Einstellung, die Staudte dann durch einen „Kompromiss" abbiegen konnte. Er fügte eine Szene mit nicht belasteten Justizvertretern ein. 1960 wurde der Film gegen den Willen des Bundesinnenministers Dr. Gerhard Schröder (CDU) mit dem Bundesfilmpreis ausgezeichnet, den Staudte aber unter Hinweis auf die NSDAP- und SA-Mitgliedschaft des Ministers ablehnte. Staudte drehte einige weitere Filme mit zeitgeschichtlichem Inhalt. Aus den Medien und von der Mehrheitspolitik wurde er wieder und wieder als „Nestbeschmutzer" und „Kommunist" beschimpft, der mit der DDR unter einer Decke stecke.

Mehr als zwei Jahrzehnte später entstand der Dokumentarfilm *Von Richtern und anderen Sympathisanten* des Regisseurs Axel Engstfeld und der Autorinnen Gisela Keuerleber und Peggy Parnass, diese eine vielfach ausgezeichnete Gerichtsreporterin jüdischer Herkunft und einzige Überlebende ihrer Familie. Die Bundesfilmpreisjury plädierte für eine Auszeichnung. Das hatte wie 1959 scharfe Einwände

383 Schmidt-Lenhardt: Ein politischer Regisseur, S. 42.

des Innenministeriums zur Folge.[384] Der Film diffamiere alle Juristen, verunglimpfe die Bundesrepublik und sei auf keinen Fall preiswürdig. Die Jury blieb dabei: Auch dieser Film erhielt den Bundesfilmpreis.

Die staatlichen Instanzen waren, wie an diesem kleinen Überblick zu erkennen ist, keine Befürworter und Unterstützer der Verbreitung von Kritik an der herrschenden restaurativen Politik, wie es sie beständig in der westdeutschen Gesellschaft gab. Sie taten, was sie konnten, um Kritik mit repressiven Mitteln zu verhindern.

4.4 Schlussfolgerungen

Es gab zu den Verhältnissen in der westdeutschen Justiz und eingebettet in eine allgemeine Kritik am politischen und staatlichen Umgang mit der deutschen NS-Vergangenheit eine deutliche öffentliche Gegenrede. Über den selbstgewählten vorzeitigen Abgang einer kleinen Gruppe belasteter Juristen in den Ruhestand hinaus erzielte sie jedoch keine erkennbare Wirkung. Ohne dass sich präzise Zahlenangaben dazu in der Literatur finden ließen, ist zu sagen, dass sich in der Bundesrepublik und in Westberlin „eine wirkliche und durchgreifende Entnazifizierung der höheren Justizbeamten“ nicht nur nicht durchsetzte, sondern dass es sie nicht auch nur ansatzweise überhaupt je gegeben hat. Vielmehr war es so, dass schon bald ein „Tross juristischen Fußvolks erneut seinen Dienst versah, als sei nichts geschehen“, und zwar seit den 1950er-Jahren in einer Häufung wie nie zuvor. Denn nach der Entlassung der allermeisten Alt-Richter und Alt-Staatsanwälte im Zuge einer Neustrukturierung der Justiz in der SBZ waren sehr viele dieser Unerwünschten „bereits frühzeitig in die westlichen Besatzungszonen“ verschwunden.[385] Dort konnten sie ihre rasche Übernahme ohne Status-, Reputations- und materiellen Verlust erwarten – ein starker Anreiz für den Wechsel in den Westen. Auch auf ein in Teilen verändertes Rechtssystem umlernen und ihre Haltungen umstellen, mussten sie nicht. Die gemessen am vormaligen Deutschen Reich weitaus kleinere Bundesrepublik Deutschland inkorporierte auf diese Weise nahezu die gesamte NS-Juristenschaft und verteilte sie in nicht erlebter Dichte auf die Staatsbehörden in Westdeutschland und auf die dortige Empfängerschaft der staatlichen

384 Richter und andere Sympathisanten, Der Spiegel, 36 (1982), H. 42.

385 Alle Angaben in diesem Abschnitt: Görtemaker / Safferling: Rosenburg, S. 81, 83.

Pensionen.[386] Ein Jurist mit einer Vergangenheit als NS-Gegner hatte gegenüber dieser sich neu begründenden geschlossenen Gesellschaft ein erhebliches Akzeptanzproblem.

Am strafrechtlichen Gang der Dinge war unter solchen Voraussetzungen ohne viel gesellschaftlichen Druck in den NS-Prozessen nicht viel zu machen.

Zu den Folgen der Bewertung von NS-Recht als Nicht-Unrecht und als wertfreie Rechtsgrundlage gehört der mit dieser Sichtweise einhergehende Blick auf die Verfolgten. Ihre Schuldlosigkeit war infrage gestellt. Wie konnten so viele Menschen in einem „ordentlichen Verfahren" auf „gültiger Rechtsgrundlage" durch Verwaltungs- oder Justizinstanzen völlig unschuldig verfolgt worden sein? NS-Verfolgte, zumal wenn sie „Zigeuner" waren, hatten gegenüber diesen Juristen ein Glaubwürdigkeitsproblem.

Der westdeutsche juristische Sonderweg blieb im Ganzen wie in seinen Details so gestaltet, dass er dem besonderen Charakter der Menschheitsverbrechen nicht gerecht werden konnte. Dem entsprach ganz die Absage an einen Umgang mit dem Thema, wie er in den Grundeinrichtungen der staatlichen Erziehung, in den Schulen, zu leisten gewesen wäre. Von einer „Aufarbeitung" konnte keine Rede sein. So belegen es die Schulbücher. Selbst der Genozid an der jüdischen Minderheit war dort meist nicht oder nur in Kurzdarstellung anzutreffen.[387] Soweit die völkische Ausrottungspolitik gegen soziale und ethnische Bevölkerungsgruppen überhaupt zur Sprache kam, beschränkten die Kurzaussagen sich auf den jüdischen Teilaspekt, der ein Randaspekt der in den Schulen abgehandelten Zeitgeschichte war. Er lag zwischen 1951 und 1971 in den westdeutschen Geschichtsbüchern der gymnasialen Oberstufe bei „einem Satz bis zu etwa einer Seite". „Der Holocaust wird übersprungen", stellte Bodo von Borries fest.[388] Der Genozid an der Roma-Minderheit blieb vollständig außen vor. Dabei ist mitzubedenken, dass mit den „131ern" nach der Heerschar wiedereingestellter bereits entnazifizierter Lehrer und Lehrerinnen auch das überdurchschnittlich belastete Personal zurückkehren konnte. In den Schulen herrschten folglich gegenüber der nachwachsenden Generation Schweigen und Entlastungserklärungen vor, wenn es um die jüngere deutsche Zeitgeschichte ging.

386 Perels: Erbe, S. 243.

387 Die folgenden Angaben nach Uhe: Nationalsozialismus, S. 13, 98, 102.

388 Von Borries: Vernichtungskrieg und Judenmord, S. 222.

Was sich vergangenheitspolitisch fortlaufend ereignete, das war das spontane außerinstitutionelle Lernen. Gute Anlässe dazu hätten NS-Prozesse sein können, die aber immer seltener stattfanden, bis sie dann in den 1950er-Jahren in einem „strafrechtlichen Ahndungsstillstand" (Norbert Frei) nahezu verebbten. 1959/60 wurde der Tiefststand erreicht.[389] Heinz Düx stellte diese Entwicklung in den Rahmen des Kalten Kriegs und der „Einflußgewinnung konservativer Kreise". Dafür habe, erklärte er im Rückblick, „schlaglichtartig" der Chef des Bundeskanzleramts Dr. jur. Hans Globke gestanden, der im NS-Staat die Rassengesetze vertreten und kommentiert habe, mit denen der „Holocaust der Juden und Sinti" eingeleitet worden sei.[390]

Vor dem beschriebenen Hintergrund muss als vorläufige Annahme formuliert werden, dass die Voraussetzungen für einen angemessenen justiziellen Umgang mit den Verbrechen an der Roma-Minderheit – zum einen im Sinne eines Schuldausgleichs, einer angemessenen Sühne für begangene Straftaten, einer Stärkung des gesellschaftlichen Vertrauens in die geltende Rechtsordnung, der Verhinderung ihrer künftigen Verletzung und zum anderen in Gestalt einer in die Gesellschaft hineinwirkenden zeitgeschichtlichen Aufarbeitung – sehr ungünstig waren. Und zwar mindestens so lange, wie es eine große Zahl von Tätern, Tatbeteiligten und mit ihnen verbundenen Instanzen mit großem politischem und gesellschaftlichem Einfluss im Land gab, die sich von einer Aufarbeitung nichts versprachen und hinreichend durchsetzungsfähig waren, weil ihre Interessen sich mit denen der Entscheidungsträger deckten.

Das Narrativ eines angeblich gesamtgesellschaftlichen Schweigens in diesen Jahren verlagert die vergangenheitspolitische und erinnerungskulturelle Verantwortlichkeit aus dem politischen Raum weg auf eine anonyme und einheitlich erscheinende westdeutsche Gesellschaft. Es erklärt nicht, es verdeckt die restaurativen Maßnahmen in einem nach rechts verschobenen politischen Kräftefeld. Die Ermittlungs- und Strafverfahren zur Verfolgung und Vernichtung der Roma-Minderheit sind unter diesen Bedingungen zu sehen, zu verstehen und strukturell einzuordnen.

389 Eichmüller: Strafrechtliche Verfolgung, S. 55.

390 Heinz Düx: Über die juristischen Aspekte einer Auseinandersetzung mit der NS-Psychiatrie, in: Sozialpsychiatrische Informationen, H. 4/1983, zit. nach Klee: Was sie taten, S. 208 f.

5

Verbrechen an der Roma-Minderheit in Einzelverfahren

— ※ —

5.1 Überblick

Ein auch nur annähernder Überblick über NSG-Verfahren, in denen Verbrechen verhandelt oder mitverhandelt wurden, denen Angehörige der Roma-Minderheit zum Opfer fielen, stand lange aus.

Inzwischen konnte die NSG-Datenbank des Instituts für Zeitgeschichte (IfZ) mit ihren mehr als 51.400 deutschen Verfahren daraufhin ausgewertet werden.[391] Das IfZ filterte 286 westdeutsche Verfahren mit diesem Ermittlungsgegenstand aus seinem Bestand heraus. Dieser Auszug ergibt die bislang ausführlichste Zusammenstellung von Verfahren, Verfahrensgegenständen und -ausgängen. Die in der „Auskunft aus der Datenbank" gesammelten Kurzdarstellungen gehen häufig und zum Teil mit umfangreichen Übernahmen von Aussagen aus den Ermittlungsakten auf die Tatvorwürfe, -räume und -orte ein, mitunter auch auf Urteilsbegründungen. Die abschließenden Entscheidungen teilen sie leider nicht mit. Die Beschuldigten, Angeklagten und Verurteilten sind namentlich nur dann angegeben, wenn sie zum Zeitpunkt des

391 Auskunft aus der NSG-Datenbank des IfZ-Archivs, Reportdatum: 17.3.2021. Ich bedanke mich bei dem Leiter des Archivs des IfZ, Klaus A. Lankheit (München). Daneben standen zwei weitere IfZ-Auflistungen zur Verfügung: eine Liste, die 1994 im Rahmen von Recherchen von Karola Fings (Köln) durch einen Sachbearbeiter der Zentralen Stelle entstand, und eine zweite nicht ganz deckungsgleiche ebenfalls aus der Zentralen Stelle, die an Frank Reuter (Heidelberg) ging. Ich bedanke mich bei beiden für die freundliche Unterstützung.

Verfahrens nicht mehr lebten. Eine umfassende zahlenmäßige Bilanzierung schon nur nach Ermittlungseinstellungen und deren Begründung, nach Freisprüchen, nach dem Strafmaß und der realen Strafverbüßung ist auf dieser Grundlage nicht möglich. Sie erforderte den gründlichen Einblick in das Gesamtaktenkorpus, der im gegebenen Zusammenhang nicht möglich war.

Neben den IfZ-Angaben steht die bekannte niederländische Urteilssammlung „Justiz und NS-Verbrechen", die 28 mit einem Urteil abgeschlossene westdeutsche Verfahren mit Roma als Opfergruppe dokumentiert. Da nicht selten die an Roma begangenen Verbrechen in die Ermittlungen, nicht aber in das Urteil eingingen, ergibt sich auch hier ein Defizit.[392] Zu einer Antwort auf die Frage nach den Verfahrenseinstellungen und nach den Tatbeteiligten, die häufig nur mit den Initialen bezeichnet sind, eignet die Urteilssammlung sich nicht.

Wie sich zudem zeigte, ist sowohl die IfZ-Sammlung als auch die niederländische Urteilssammlung unvollständig. Im Zuge der Recherchen zur vorliegenden Studie konnten weitere, dort nicht angesprochene Verfahren ermittelt werden, die Gesamtzahl dürfte über 300 liegen. Gelegentlich stößt man auf den Hinweis, dass nach Abschluss des Verfahrens die Akten durch das Gericht vernichtet worden seien. Das heißt, dass mit den Akten Spuren der Verbrechen wie auch Belege ihrer strafrechtlichen Folgen beseitigt wurden.

Um einen in etwa repräsentativen Überblick über die Verfahrensergebnisse mit Angaben auch zu den Leerstellen der vorliegenden Sammlungen gewinnen zu können, wurden die im Anhang angegebenen 151 Verfahren, für die das nach Primärquellen und Literatur möglich war, auf einige Hauptmerkmale hin ausgewertet. Es handelt sich bei dieser umfangreichen Teilmenge um Verfahren, bei denen für den Zeitraum von 1946 bis 2014 mindestens Angaben zu den Beschuldigten / Angeklagten, die Tatvorwürfe, das Vorermittlungsergebnis, Urteile im Hauptverfahren, soweit es zu einem solchen kam, sowie die bearbeitenden Gerichte identifiziert werden konnten. In einigen Fällen mussten Beschuldigte, Angeklagte oder Verurteilte deshalb offenbleiben, weil die Gerichte sie nicht feststellen konnten, und im Einzelfall

392 Diese und weitere Quellen siehe JuNSV mit 28 Verfahren in einer Rubrik zur Opfergruppe „Zigeuner" (die unvollständig ist), ferner Angaben in Primärquellen und einschlägiger Literatur, dort insbesondere bei Hohmann: Robert Ritter, S. 382f.

gelang es nicht, sie in den vorliegenden Quellen ausfindig zu machen.[393] Die Mehrheit der Verfahren bearbeitete Straftaten, die nicht allein an Roma, sondern zugleich an anderen Bevölkerungsgruppen begangen wurden.

Unter den westdeutschen Bedingungen konnten die Staatsanwaltschaften oft nicht hinreichend ermitteln, da die heute in der Russischen Föderation und anderen Nachfolgestaaten der UdSSR liegenden Dokumente unzureichend bekannt waren und der Kalte Krieg die Zugänge erschwert hatte. Was in die Ermittlungen zur Verfolgung der Roma-Minderheit einging, floss oft nicht in das staatsanwaltliche Ermittlungsergebnis ein oder fand keinen Niederschlag in der Urteilsbegründung.

Ebenfalls einen hohen Verfahrensanteil, jedoch deutlich darunterliegend, hatte für den mitteleuropäischen Tatraum die Thematik der Erfassung der Angehörigen der Minderheit und die damit einhergehenden Überweisungen in die Vernichtungslager. Zwei weitere Prozessgegenstände mit geringerem Gewicht in der Strafverfolgung waren zum einen Einzelverbrechen in den KZs, oft Exzesstaten, und zum anderen von Ärzten praktizierte Sterilisationen und in KZs von ihnen durchgeführte Menschenversuche. Die Verbrechen im mitteleuropäischen Tatraum betrafen vor allem Sinti und seit dem 19. Jahrhundert nach Mitteleuropa migrierte osteuropäische Roma.

Sechs Verfahren ereigneten sich vor Gerichten mit westalliiertem Personal (fünf Nürnberger US-Nachfolgeverfahren, ein britischer Curiohaus-Prozess in Hamburg). Sie wurden mit Strafurteilen für eine große Mehrheit der Angeklagten abgeschlossen. Bei Beschuldigungen wegen Verbrechen an der Roma-Minderheit gab es in diesen Verfahren 25 Angeklagte. Zwei wurden zur Todesstrafe, acht zu lebenslänglicher Haft und fünf zu höheren zeitlichen Strafen zwischen zehn und 20 Jahren verurteilt. Es verbleibt ein Rest von sieben Verurteilten mit einer Haftstrafe zwischen einem und fünf Jahren, zum Teil zur Bewährung ausgesetzt, von zwei Freisprüchen und einer Verfahrenseinstellung aufgrund von Krankheit. Hinter der Strafzumessung blieb jedoch die Strafverbüßung weit zurück. Zwar wurde tatsächlich eine Hinrichtung vollzogen, aber die zweite Todesstrafe wurde in eine lebenslange Haft umgewandelt und alle Häftlinge mit einer Ausnahme – Entlassung

393 Beeinträchtigt wurde die ohnehin nicht leistbare umfassende Auswertung der justiziellen Archivalien in erheblichem Maße durch monatelange bis nahezu an den Abgabetermin der vorliegenden Arbeit reichende pandemiebedingte Schließungen der Archive für den Publikumsverkehr.

1957 – wurden frühestens 1947 und – im Zuge einer westalliierten Begnadigungswelle – spätestens 1953 wieder auf freien Fuß gesetzt.

Die westdeutschen Verfahren, in die einzelne Verfahren mit alliierter Oberhoheit, aber deutschem Personal (Spruchgerichts-/Spruchkammerverfahren) einbezogen sind, endeten zum größten Teil schon in der ersten Ermittlungsphase für die Beschuldigten mit einer Einstellung. Dafür lassen sich unterschiedliche Gründe angeben: Die ermittelnde Staatsanwaltschaft konnte Beschuldigte nicht identifizieren oder auffinden. Beschuldigte waren ins Ausland geflüchtet. Ermittler konnten keinen hinreichenden Tatverdacht erkennen. Gerichte ließen eine Anklage nicht zu, weil sie den Anfangsverdacht nicht bestätigt fanden, von der Erfolglosigkeit der Beweisführung ausgingen oder Verjährung eingetreten war. Beschuldigte waren oder wurden verhandlungsunfähig oder waren verstorben. Es kam zu einer Verurteilung, aber nicht zum Haftantritt oder nur zu einer Teilhaft, weil der Verurteilte als nicht haftfähig galt.

323 Personen ließen sich für die festgestellten 151 Verfahren als Beschuldigte individuell bestimmen. Die tatsächliche Zahl der Tatbeteiligten ging weit darüber hinaus, denn ein hoher Anteil von ihnen blieb aufgrund unzureichender Zeugenangaben oder aus anderen Gründen unbenannt.

In 145 Fällen kam es zu Verfahrenseinstellungen. Das ist keine Aussage zur Zahl der Personen mit Verfahrenseinstellung, da die Angabe einer Einstellung sich auf eine Beschuldigtengruppe mit unbestimmter Teilnehmerzahl beziehen konnte. Auf Einzelpersonen bezogen, war der Einstellungsanteil also erheblich höher. Bei 48 Angeklagten entschied ein Gericht auf Freispruch, bei mindestens der Hälfte davon aus Beweismangel. Dreimal erkannte es auf Straflosigkeit aufgrund „geringer Schuld“ nach § 47 Militär-Strafgesetzbuch (MStGB). Nimmt man die Einstellungen hinzu, kam es ganz überwiegend nicht zu einem Strafurteil. 108-mal verurteilte ein Gericht zu einer Haftstrafe, die bei nicht ganz einem Drittel der Angeklagten bei maximal dreieinhalb Jahren und bei nicht ganz der Hälfte in dieser Teilgruppe im Bewährungsbereich bis zu zwei Jahren lag. 33 Angeklagte wurden zu mittleren zeitlichen Haftstrafen zwischen vier und neun Jahren und 17 zu höheren zwischen zehn und 20 Jahren verurteilt, 26 zu lebenslänglich. Leider lagen Angaben zur realen Strafverbüßung meist nicht vor. Es ist davon auszugehen, dass mindestens die langen Zeitstrafen in aller Regel durch Begnadigungen oder aufgrund ärztlicher Atteste („Haftunfähigkeit“) wesentlich verkürzt wurden.

Seit den 1970er-Jahren kam es bei noch 52 der 151 festgestellten Verfahren bei sechs Angeklagten zu Strafurteilen. Bis auf einen zivilen Textilkaufmann ohne SS-Zugehörigkeit hatten sich diese Verurteilten auf unteren Stufen der SS befunden und entsprachen dem medialen Bild des „Schergen". Alle sechs kamen aus den unteren Segmenten der sozialen Hierarchie. Einer erhielt eine Jugendstrafe von zweieinhalb Jahren, ein zweiter eine Strafe von sechs Jahren, die anderen wegen Mordes lebenslänglich. Nicht einer von ihnen jedoch wegen Verbrechen an Roma. Diese wurden im Urteil gar nicht angesprochen. Es ist nicht bekannt, ob diese vier ihre Strafe tatsächlich bis ans Ende verbüßten.

Beihilfe zum Mord war in den 52 Verfahren kein Gegenstand mehr. Hier ist zu sehen, dass seit Ende der 1960er-Jahre der Bundestagsbeschluss nach der Dreher'schen Amnestieaktion Verfahrenseinstellungen an die Stelle von Beihilfeurteilen setzte und mit ihnen nun auch die äußerst befremdlichen Verurteilungen wegen Beihilfe mit wenigen Haftjahren bei Tausenden von Opfern verhinderte, die regelmäßig zu empörten öffentlichen Kommentaren geführt hatten.

Mit der Gründung des *Zentralrats Deutscher Sinti und Roma* trat bei der Strafverfolgung eine selbstorganisierte, mit viel fachlicher Kompetenz ausgestattete Kraft an die Seite der individuellen Initiative einzelner Betroffener. Der *Zentralrat* erreichte mehr als 30 Ermittlungs- und Strafverfahren. Zu einer Verurteilung kam es aber allein in dem Verfahren gegen Ernst-August König.[394]

Die westdeutsche NSG-Rechtsprechung unterscheidet sich im Maß der Milde der Richtersprüche ganz erheblich von den Ergebnissen der sechs Verfahren unter alliierter Justiz. Schaut man nach der realen Strafverbüßung, konvergierte jedoch schon bald ein westalliiertes Entgegenkommen mit der westdeutschen Politik der Versöhnlichkeit, der eine Mehrheit in der Justiz im Grundsatz wie auch aus Eigeninteresse folgte. In Übereinstimmung „mit der Reinwaschung der eigenen Kaste nach 1945" betrieb sie insgesamt eine „an Widerwärtigkeiten wahrlich nicht arme" Strafrechtspraxis in Fällen von NS-Belastung, wie Ralph Giordano in einer viel gelesenen Schrift 1998 rückblickend feststellte.[395] Inzwischen

394 Zentralrat Deutscher Sinti und Roma, Prozessbeginn gegen ehemaligen Wachmann im Konzentrationslager Sachsenhausen – Zentralrat prangert jahrelanges Versagen der Justiz an, 6.10.2021, abrufbar unter: https://zentralrat.sintiundroma.de/prozessbeginn-gegen-ehemaligen-wachmann-im-konzentrationslager-sachsenhausen-zentralrat-prangert-jahrelanges-versagen-der-justiz-an/ [letzter Zugriff: 20.6.2022].

395 Giordano: Zweite Schuld, S. 146; Perels: Verpaßte Chancen, S. 30, unter Verweis auf Frei: Vergangenheitspolitik, S. 133 ff.; Kruse: NS-Prozesse und Restauration, S. 170 ff.

war die Grundentscheidung durchgesetzt, an die Stelle der Bestrafung die alten Führungsgruppen in ihre alten Rechte wiedereinzusetzen.

Es fällt die Überlänge nicht weniger westdeutscher Verfahren auf, die sich über ein Jahrzehnt und länger hinziehen konnten. Ein weiteres auffälliges Merkmal ist die Diskrepanz zwischen der oft sehr großen Zahl der Opfer und dem geringen Umfang der Haft für einen Täter. Die Erklärung dafür ist das am StGB und seinem Kommentar („Grauer Dreher") orientierte Strafrechtsverständnis der urteilenden Richter. Das konnte bedeuten, dass nach fünf Jahren Ermittlung sich zwar ein Inspektor der Kripo und ein Oberinspektor der Gestapo im „Osteinsatz" bei der Sipo Minsk jeweils als beteiligt an der Ermordung von einigen Tausend Menschen erwiesen hatten, aber mit viereinhalb Jahren Haft wegen Beihilfe aus dem Prozess gingen.[396] In manchem Fall geschah die Entlassung gleich nach dem Urteilsspruch, da das Urteil mit der Untersuchungshaft abgedient war.

Wenn im Folgenden aus der großen Zahl der Verfahren einige Einzelprozesse vorgestellt werden, dann geht es darum, über Verfahrensinhalte und -verläufe eine Vorstellung davon zu vermitteln, wie Beschuldigte, staatliche Juristen und die medialen Begleiter der Verfahren mit den Prozessstoffen konkret umgingen. Unzureichend zu Wort kommen in diesem Zusammenhang Angehörige der Minderheit oder deren Helfer, weil es nur eine spärliche Überlieferung von dieser Seite gibt. Die Zeugen, die von den Gerichten befragt wurden, waren ganz überwiegend Kameraden, Parteigenossen usw. der Beschuldigten. Angehörige der Minderheit hatten, wie zu zeigen sein wird, im Gegensatz zu der ersten Zeugengruppe für viele staatliche Juristen bei ihren sehr viel selteneren Auftritten ressentimentbedingt und als Gefährder der Entlastungstrategien der Beschuldigten zudem eine geringere Glaubwürdigkeit.

Die hier als wesentlich erachteten und exemplarisch herausgehobenen und ausführlich dargestellten Einzelverfahren leiten über zu dem als Großverfahren angelegten Sammelverfahren zum „Zigeunerkomplex", das parallel zum ersten Auschwitz-Prozess hatte stattfinden sollen, um wie dieser im Fall der jüdischen Minderheit die Verbrechen an der Roma-Minderheit am Tatort Auschwitz-Birkenau aufklären und ahnden zu können.

396 JuNSV, Bd. XXII, Lfd. Nr. 601, S. 363–396, Verfahren 9 Ks 2/62 am LG Koblenz, Urteil 10.11.1965, Verfahren 1 StR 463/64 am BGH, Urteil 19.1.1965.

Die Einzelverfahren verteilen sich auf fünf Felder: Den alliierten Prozessen mit Urteilsrelevanz auch für Verbrechen an der Roma-Minderheit schließen sich in gesonderter Betrachtung der Tatraum Mitteleuropa und der Tatraum Osteuropa als Thema westdeutscher Gerichte an. Es folgen Einzelverfahren, die für das Sammelverfahren von Bedeutung waren und darin einbezogen wurden. Es folgt die ausführliche Darstellung des Sammelverfahrens. Abschließend werden einzelne Prozesse aus der Auslaufphase der NSG-Rechtsprechung dargestellt, wie sie nach dem Bundestagsbeschluss zur Kalten Amnestie stattfanden.

5.2 Nürnberger Nachfolgeprozesse (1946–1949)

In den alliierten Verfahren auf Grundlage des Londoner Statuts und des KRG 10 waren Verbrechen an der Roma-Minderheit nur eine nebengeordnete Facette in umfangreicheren Tatzusammenhängen und neben Verbrechen an weiteren Verfolgtengruppen. In fünf der zwölf Nürnberger Nachfolgeprozesse gehörten zu den Tatvorwürfen, die in die Urteilsbegründungen eingingen, auch Verbrechen an Roma. Eine Gleichstellung der Vernichtung von Roma und Juden als genozidale Verbrechen vermieden Ankläger wie Richter. In die publizierte Dokumentation der Quellen gingen die Verbrechen an Roma kaum ein.[397]

Der Ärzte-Prozess

Der Ärzte-Prozess (Fall I, 1946/47)[398] hatte 23 Angeklagte – 20 KZ-Ärzte, zwei Verwaltungsvertreter und einen Juristen. Sieben von ihnen wurden zum Tode, fünf zu lebenslänglich und vier zu geringeren, aber doch langen Haftstrafen verurteilt. Sieben Angeklagte wurden freigesprochen.

Bei drei Ärzten ging es um Zwangsversuche zur Trinkbarmachung von Meerwasser im Auftrag der deutschen Luftwaffe. Sie sollten dazu führen, die Überlebenschancen von abgestürzten Piloten durch Trinkbarmachung von Meerwasser zu verbessern. Diese drei Ärzte waren Dr. Hermann Becker-Freyseng, Jahrgang 1910, Stabsarzt und Chef der Abteilung für Luftwaffenmedizin der Luftwaffe, der Österreicher Prof.

397 Wippermann: „Wie die Zigeuner“, S. 177, 190.

398 Linne: Nürnberger Ärzteprozeß, S. 15–17, 55–63; Weindling: „Unser eigener ‚österreichischer Weg‘“.

Dr. Wilhelm Beiglböck, Jahrgang 1905, Oberarzt im Sanitätsdienst der Luftwaffe, und Dr. Konrad Schäfer, Jahrgang 1911, Assistenzarzt im Forschungsinstitut des Reichsluftfahrtministeriums. Ein weiterer Arzt, der Österreicher Prof. Dr. Hans Eppinger, Jahrgang 1879, Leiter der Universitätsklinik Wien, Vorsitzender der Deutschen Gesellschaft für Innere Medizin, hatte sich 1946 dem Verfahren durch Suizid entzogen. Beiglböck war sein Assistent gewesen.

Da bei den mindestens zwölftägigen äußerst qualvollen Experimenten mit schweren Dauerschäden und mit dem Tod der Zwangsprobanden gerechnet wurde, stellte Himmler für die „Durstversuche" männliche KZ-Häftlinge zur Verfügung. Die Angaben zur Anzahl schwanken zwischen 44 und 60. Die meisten von ihnen waren als „Arbeitsscheu Reich" kategorisiert und Roma. Drei oder vier waren sowjetische Gefangene („Russen"), weitere unklarer Zuordnung.

40 Roma waren vor der Auflösung des „Zigeunerlagers" in Birkenau durch eine Massenvergasung Anfang August 1944 als noch arbeitsfähig ins KZ Buchenwald verlegt worden und hatten sich auf das Versprechen eines „guten Kommandos" für den Transport nach Dachau gemeldet. Becker-Freyseng organisierte die Versuche, Beiglböck führte sie durch. Als Durchsetzungsmittel gegenüber widerwilligen Probanden setzte er vor allem Zwang ein. Das beruhte auf seiner Überzeugung, es mit „primitiven, einfachen Leuten", mit „Kleinkriminellen" und „geborenen sozialen Parasiten" zu tun zu haben, wie er vor Gericht erklärte. Zu den Prozeduren gehörten Fesselungen ans Bett und schmerzhafte Leber- und Rückenmarkspunktionen ohne lokale Betäubung. Es ist unbekannt, ob alle Opfer überlebten, die Angaben dazu gehen auseinander. Aus den Versuchen ergaben sich Delirien, schwere Krämpfe und bleibende Schäden. Im Ermittlungsverfahren sagten die Sinti Jakob „Johnny" Bamberger,[399] Karl Höllenreiner, Josef Laubinger, Ernst Mettbach und Xaver Reinhardt aus. Im Prozessverlauf hatte es ein auffälliges Ereignis gegeben, das Öffentlichkeit herstellte: Karl Höllenreiner hatte Beiglböck nach einem Sprung über die Barriere während einer Gegenüberstellung geohrfeigt und als Mörder bezeichnet.[400] Das war eine Verhaltensweise, die im scharfen Widerspruch zum gerichtlichen Auftritt der sich mit größtem äußerem Anstand und mit Eloquenz ins Bild

399 Siehe Boström / Dresing / Escher / Grünewald: Buch der Sinti, S. 156–158.

400 Zigeuner schlägt Prof. Beiglböck ins Gesicht, Deutscher Pressedienst (DPD), 27. 6. 1947, nach Linne: Nürnberger Ärzteprozess, S. 292.

setzenden Angeklagten stand. Höllenreiner wurde für seine Intervention zu 90 Tagen Haft verurteilt, wenn auch schon bald auf Bewährung wieder entlassen.

1947 verurteilte das Gericht Becker-Freyseng zu 20 Jahren und Beiglböck zu 15 Jahren Haft. 1949 wurde die Haft bei beiden auf zehn Jahre verkürzt.[401] Schäfer wurde freigesprochen.

Während alle Todesurteile im Ärzteprozess vollstreckt wurden, wurden sämtliche zu Haftstrafen Verurteilte zwischen 1950 und 1955 wieder auf freien Fuß gesetzt. 1951 wurde Beiglböck im Rahmen der „Weihnachtsamnestie“ des US-Hochkommissars John McCloy, im Jahr darauf Becker-Freyseng aus gesundheitlichen Gründen entlassen. Dieser war bis zum Prozess für das Army Air Force Aero Medical Center der US-Streitkräfte in Heidelberg tätig gewesen. Sein Name hatte 1946 auf einer von der US-Luftwaffe geführten Liste von Ärzten gestanden, die man aufgrund ihres Expertentums in die USA holen wollte, wohin Becker-Freyseng 1952 von der Air Force eingeladen wurde und reiste.[402]

Gegen Beiglböck nahm die Staatsanwaltschaft am Landgericht Bückeburg 1959 abermals Ermittlungen wegen Mordes auf, die Anfang 1960 eingestellt wurden.[403] Da dem mitverurteilten Kollegen Becker-Freyseng die Approbation nicht entzogen worden war, arbeitete er nach seiner Entlassung aus alliierter Haft weiter in seinem Beruf. Er wurde von der Medizinischen Klinik des Städtischen Krankenhauses Buxtehude als Leitender Arzt eingestellt, ein Sachverhalt, der auf personelle Zusammenhänge verweist.

401 Zumindest bei Beiglböck ging die Haftminderung nach Darstellung von Paul Weindling auf eine „öffentliche Kampagne“ zweier Mitarbeiter des 1948 hingerichteten Generalkommissars des Gesundheitswesens Dr. Karl Brandt zurück, auf die Professoren Dr. Paul Rostock und Dr. Wolfgang Heubner. Der Generalarzt Rostock, Mitglied der NSDAP, war als Koordinator der medizinischen Zwangsversuche Angeklagter im Nürnberger Ärzteprozess und wurde freigesprochen. Der deutschnationale Pharmakologe Heubner, mit Eppinger einer der Initiatoren der Meerwasserversuche, war im Prozess einer der Gutachter. Nach der Kapitulation hatte Heubner zunächst hohe Funktionen in der ostdeutschen Gesundheitsverwaltung inne, war Ordinarius an der Humboldt-Universität und wechselte dann im Jahr der beiden Staatsgründungen an die Westberliner Freie Universität. Heubner war seit den 1920er-Jahren Experte auf dem Spezialgebiet der militärischen Giftgase. Siehe Weindling: „Unser eigener ‚österreichischer Weg‘“, S. 159; Klee: Personenlexikon, S. 251, 509; Einhäupl / Ganten / Hein: 300 Jahre Charité, S. 163.

402 Moreno: Undue Risk, S. 91; Jacobsen: Operation Paperclip, passim.

403 Roth / Schmidt / Weindling: Dokumente und Materialien, S. 299.

Die Verwaltung des Krankenhauses leitete der Jurist Dietrich Allers, ein alter Parteigenosse und vormaliges SA-Mitglied. Mit Verwaltungsarbeit im medizinischen Bereich war er vertraut. Als aktiver Befürworter der NS-Euthanasie war er zum Geschäftsführer der Zentralstelle T4 in Berlin aufgestiegen, die bis 1941 etwa 70.000 Morde an Menschen mit körperlichen, geistigen und seelischen Einschränkungen organisiert hatte, wozu die Leichenplünderung auf Zahngold und die systematische Irreführung der betroffenen Familien gehörten. Dem Verwaltungschef Allers[404] unterstanden sämtliche Anstalten für Krankenmorde im Reich. 1948 wurde er von den US-Behörden festgenommen und der westdeutschen Justiz übergeben, die 1950 ihre Ermittlungen einstellte. Ab 1962 wurde erneut ermittelt, 1963 wurde er festgenommen. 1966 wurde dieses Vorverfahren eingestellt, nachdem inzwischen auch andernorts zu ihm ermittelt wurde, nun mit anschließender Hauptverhandlung. 1968 wurde Allers in Frankfurt am Main wegen Beihilfe zum Mord an mindestens 34.549 Menschen zu acht Jahren Haft verurteilt. Das geringe Haftmaß erklärt sich aus dem entlastenden Konstrukt, er habe die Tat nicht als eigene gewollt. Es fehle ein Beleg, dass er „den Opfern gegenüber feindlich gesinnt gewesen sei". Der BGH verwies in seiner Bestätigung des Urteils die Nebenkläger auf die Nichtanwendbarkeit des Artikels 25 GG, denn „ein derartiges Völkerstrafrecht [traf] zur Zeit der von den Angeklagten begangenen Taten nicht zu." Das belegte das Urteil mit dem Grundgesetzkommentar des Rechtsaußen-Professors Theodor Maunz.

Ab 1951 war Allers Syndikus der Deutschen Werft, im gleichen Jahr kandidierte er für die 1952 verbotene NS-Nachfolgepartei Sozialistische Reichspartei (SRP) für den Bundestag. Allers war Mitträger der „Stillen Hilfe" für hochbelastete NS-Täter und koordinierte wie Dr. Werner Best oder Willy Papenkort die Aussagestrategien der wegen der Krankenmorde Beschuldigten.

Beiglböck, der in der fachlichen Gemeinschaft durch seine Beiträge, viel Anerkennung erfuhr, hatte 1962 den Fehler gemacht, eine Einladung zu einem Vortrag an der Wiener Universität anzunehmen. Es lag aber ein Haftbefehl in Österreich gegen ihn vor, und er wurde festgenommen.

In die BRD ausgeliefert war ihm die Rückkehr in die Buxtehuder Klinik nicht mehr möglich, zumal sein Unterstützer Allers verhaftet

404 Angaben zu Allers siehe JuNSV, Bd. XXXI, Lfd. Nr. 697, S. 407–478, Verfahren Ks 2 (GStA) am LG Frankfurt a. M., Verfahren StR 105/70 am BGH, Urteile: 20. 12. 1968, 27. 10. 1972; Forsbach/Hofer: Aus der Geschichte, S. 203; Weindling: Nazi Medicine, S. 315.

worden war. Beiglböck beging Suizid. Sein Vermögen hatte er zuvor der Stillen Hilfe vermacht.[405]

Der Juristen-Prozess

Der Juristen-Prozess (Fall III, 1947)[406] hatte 16 Angeklagte, von denen einer aufgrund von Suizid und ein zweiter wegen Krankheit aus dem Verfahren ausschieden. Vier Angeklagte wurden freigesprochen, sechs erhielten Zuchthausstrafen zwischen fünf und zehn Jahren und vier lebenslänglich. Die zeitlich begrenzt Bestraften und, wegen Haftunfähigkeit, auch einer der Lebenslänglichen wurden 1950 und 1951 entlassen, die drei verbliebenen Langzeitgefangenen 1955, 1956 und 1957. Das war aus Tätersicht keine schlechte Bilanz.

Als *crime against humanity* war rassische Verfolgung einer der Gründe für eine Verurteilung. Reichsjustizminister Otto Thierack hatte im Herbst 1942 mit Goebbels und Himmler vereinbart, dass in Justizhaft befindliche „Zigeuner“, „Russen“ und Ukrainer sowie Polen mit über drei Jahren Haftstrafe, inhaftierte Tschechen oder Deutsche mit über acht Jahren Haftstrafe, soweit die Justiz diese Häftlinge als „asozial“ betrachte, den Konzentrationslagern zu übergeben seien. Leitend dabei war „der Gedanke der Vernichtung durch Arbeit“.[407] Thierack hatte dazu dem Reichsleiter der NSDAP Martin Bormann als rassenpolitisches Motiv ausdrücklich mitgeteilt, „die Strafverfolgung gegen Polen, Russen, Juden und Zigeuner“ solle deshalb ganz an die SS gehen, weil leider „die Justiz nur in kleinem Umfang dazu beitragen“ könne, „Angehörige dieses Volkstums auszurotten“.[408] Eine vierstellige Zahl von politischen Häftlingen erweiterte dieses Konzept in der Umsetzung. Die Opfer wurden durch höhere Juristen in Listen zusammengestellt.

An der Spitze einer der beiden dazu begründeten Abteilungen des Reichsjustizministeriums (RJM) hatte der Ministerialrat Dr. jur. Karl Engert, Jahrgang 1877, SS-Oberführer, Vizepräsident des Volksgerichtshofs (VGH), gestanden. Ihm und sechs weiteren Angeklagten – Josef von Altstötter, Jahrgang 1892, Ministerialdirektor, Dr. jur. Wilhelm von Ammon, Jahrgang 1903, Ministerialrat, Dr. jur. Günther Joel, Jahrgang

405 Ebd., S. 309, 315.

406 Steininger / Leszczyński: Fall 3.

407 Gespräch Thierack mit Goebbels, 14. 9. 1942, zit. nach Zimmermann: Entscheidung, S. 407.

408 Thierack an Bormann, 13. 10. 1942, zit. nach Müller: Zerstörung, S. 306.

1903, SS-Obersturmbannführer, Ministerialrat, Herbert Klemm, Jahrgang 1903, Staatssekretär, Dr. jur. Wolfgang Mettgenberg, Jahrgang 1882, Ministerialdirigent, und Dr. jur. Franz Schlegelberger, Jahrgang 1876, Staatssekretär und geschäftsführender Reichsjustizminister – warf das alliierte Gericht unter anderem vor, mit anderen Häftlingen Angehörige der Roma-Minderheit willkürlich als „asozial" eingestuft zu haben, um sie entsprechend einer Übereinkunft zwischen dem Justizministerium und der SS-Führung KZs zu übergeben, „to be worked to death" „both during and after service of prison sentences".[409]

Engert schied ohne Urteil wegen Krankheit aus dem Verfahren aus. Altstötter erhielt fünf Jahre und war 1950 wieder frei, Ammon, Joel und Mettgenberg erhielten zehn, sie waren 1951 wieder auf freiem Fuß bzw. 1950 verstorben (Mettgenberg). Schlegelberger und Klemm bekamen lebenslänglich. Schlegelberger wurde 1951 als haftunfähig entlassen. Der nach Abzug des Gnadenvorteils am härtesten sanktionierte war Klemm. Er musste bis 1957 auf seine Entlassung warten.

Bemerkenswert ist in diesem Verfahren ein schriftsprachliches Detail im englischen Urteilstext, das in westdeutschen Urteilen so nicht begegnet. Es zeigt an, dass den alliierten Verfassern 1947 die Fragwürdigkeit eingeübter Zuordnungen im deutschen Sprachgebrauch bewusst war. Davon distanzierten sie sich. Für sie stand eine nichtethnische Staatsbürgerschaft an der Stelle, wo es im Deutschen begrifflich um eine ethnisch definierte „Volkszugehörigkeit" bzw. Nichtzugehörigkeit ging. Das Urteil sprach von „Jews of all nationalities, Poles, Ukrainians, Russians, and other nationals of the Occupied Eastern Territories, indiscriminately classed as 'gypsies'" und von Bevölkerungsgruppen „arbitrarily designated 'asocial'". „Jews, Poles, 'gypsies' and other designated 'asocials'" seien diskriminierenden Maßnahmen ausgesetzt gewesen.[410]

Der Geiselmord-Prozess

Im Geiselmord-Prozess (Fall VII, 1947/48)[411] wurden zehn Südost-Generäle angeklagt, „Haupttäter oder Teilnehmer" bei Verbrechen durch Truppen der deutschen Wehrmacht gewesen zu sein, die auf deren Befehl so gehandelt hätten, „daß eine große Anzahl von Bürgern – Demokraten, Nationalisten, Juden und Zigeuner – aufgegriffen, in

409 The Justice Case: S. 21.

410 Ebd., siehe etwa S. 20, 22, 23, 80.

411 Zöller / Leszczyński (Hg.): Fall 7, S. 80, 106, 119, 122, 131 f., 134, 175 f., 222 f.

Konzentrationslager geworfen, geschlagen, gefoltert, mißhandelt und ermordet wurden". Die Beweisaufnahme habe ergeben, dass „bei zahlreichen Exekutionen Hunderte von Zigeunern, Juden und Angehörigen anderer Bevölkerungsgruppen getötet wurden, die mit irgendwelchen Zwischenfällen, denen deutsche Truppen ausgesetzt waren, in keinem Zusammenhang gestanden" hätten. „Juden, Zigeuner und andere rassische Gruppen", lautete das Fazit, seien „aus keinem anderen Grund als nur wegen ihrer Rasse oder Religion" zu Opfern von Morden und anderen Verbrechen geworden.

Wehrmachtsbefehlshaber Südost Generalfeldmarschall Wilhelm List wurde unter anderem wegen Erschießung von „2.100 Juden und Zigeunern" 1941 in Serbien, die als Geiseln für „Sühnemaßnahmen" dienten, zu lebenslänglich verurteilt. 1954 wurde er aus gesundheitlichen Gründen auf Bewährung entlassen. Sein Stellvertreter und Nachfolger General Walter Kuntze erhielt wegen Inhaftierung einer fünfstelligen Zahl „von Juden und Zigeunern in Sammel- oder Konzentrationslagern" und Erschießung von 3.200 „Juden und Zigeunern" vom 27. bis zum 30. Oktober 1941 in Serbien gleichfalls lebenslänglich. Anfang 1953 wurde er von dem US-Hochkommissar McCloy begnadigt und entlassen.

In der Literatur werden die Geiselmorde anhand des sogenannten Walther-Protokolls des Oberleutnants Hans-Dietrich Walther vom 1. November 1941 („Bericht über die Erschießung von Juden und Zigeunern") beschrieben.[412] Der Bericht des Kompaniechefs im Infanterieregiment 443 bezeugt detailliert die Massenerschießung Ende Oktober 1941 durch Soldaten dieses Regiments.[413] Walther schließt mit den Worten:

> Anfangs waren meine Soldaten nicht beeindruckt. Am zweiten Tag jedoch machte sich schon bemerkbar, daß der eine oder andere nicht die Nerven besitzt, auf längere Zeit eine Erschießung durchzuführen. Mein persönlicher Eindruck ist, daß man während der Erschießungen keine Hemmungen bekommt. Diese stellen sich jedoch ein, wenn man nach Tagen abends in Ruhe darüber nachdenkt.[414]

412 Manoschek: Serbien, S. 100 f.; siehe auch The High Command Case, S. 996 f.

413 Kaden / Nestler: Dokumente des Verbrechens, S. 70.

414 Kipp: Feindbilder, S. 393; vgl. Roßberg: Verfolgung, S. 363; Roßberg ordnet das Ereignis fälschlich dem Einsatzgruppen-Prozess zu und irrt in der Annahme, es habe sich bei Walther um einen „kommandierenden Wehrmachts-General" gehandelt. Bemerkenswert ist seine Feststellung, dass der 1964 nach einem

Der Einsatzgruppen-Prozess

Im Einsatzgruppen-Prozess (Fall IX, 1947/48)[415] gegen 24 SS-Offiziere ging es um eine Vielzahl von Massakern in den besetzten Gebieten der Sowjetunion mit Zigtausenden von Morden an zahlreichen Bevölkerungsgruppen. 24 Führer von Einsatzgruppen und -kommandos standen vor Gericht, von denen 14 zum Tode, zwei zu lebenslänglich und fünf zu einer langen Freiheitsstrafe von zehn oder 20 Jahren verurteilt wurden. Ein Angeklagter wurde in Höhe der bereits verbüßten Haft verurteilt und nach dem Urteil entlassen, einer war durch Suizid verstorben und einer aus dem Verfahren aufgrund schwerer Krankheit ausgeschieden. In seiner Härte unterscheidet sich das Urteil sehr von den Urteilen westdeutscher Instanzen in späteren Einsatzgruppen-Prozessen. In der Vollstreckung deutet sich ein künftiger Wandel im Umgang mit den Nazi-Tätern an. Für zehn der zur Hinrichtung durch den Strang Verurteilten trat Haft an die Stelle, sodass es nur zu vier Vollstreckungen der Todesurteile kam, und die Haftstrafen endeten vorzeitig zwischen 1951 und 1958, für die meisten bereits 1951.

Bei dem SS-Brigadeführer und Generalmajor der Polizei Heinz Jost, einem engen Vertrauten von Werner Best, dem SS-Brigadeführer Erich Naumann, dem SS-Obersturmbannführer Gustav Noßke und dem SS-Obersturmführer Heinz Schubert[416] gingen Verbrechen an der Roma-Minderheit,[417] im letzten Fall auch das Massaker von Simferopol in das Urteil ein. Schubert hatte es organisiert und überwacht. Noßke war an Verbrechen des Einsatzkommandos 12 an Roma beteiligt gewesen[418] und Jost wurde ebenfalls wegen Verbrechen seiner Kommandos auch an Roma verurteilt.[419]

Der Schuldspruch für Naumann betraf auch Massaker zweier ihm unterstellter Einsatzkommandos, bei denen Roma zu den Opfern gehörten. Eine Einsatzmeldung belegte für die Zeit vom 6. bis zum 30. März 1942 Morde des Einsatzkommandos 7a an 1.657 Menschen, davon 1.585 Juden,

Ermittlungsverfahren wegen Befehlsnotstands außer Verfolgung gesetzte Walther zu diesem Zeitpunkt Bundeswehroffizier war.

415 Leszczyński: Fall 9, S. 135, 149, 153, 200, 230.

416 Zu Schubert und Simferopol siehe The Einsatzgruppen Case, The RSHA Case, S. 581–583.

417 Einen Überblick anhand der SD-„Ereignismeldungen" an das RSHA vermittelt ebd., S. 515–521.

418 Ebd., S. 556, 558.

419 Ebd., S. 513.

45 „Zigeuner“ und 27 „Partisanen“ oder „frühere Kommunisten“, und des Einsatzkommandos 8 an 1.609 Menschen, davon 1.551 Juden, 33 „Zigeuner“, 20 „russische Kommunisten“ und fünf „Kriminelle“.[420]

Heinz Schubert, der im Bestreben nach Entlastung auf seine Verwandtschaft mit dem romantischen Komponisten Franz Schubert hinwies, ließ das Gericht im Urteil die Bedeutung der sozialen Herkunft und der öffentlichen Reputation von NS-Tätern ansprechen. Es sei eine der interessanten Seiten des Prozesses gewesen, „dass die Schilderungen ungeheurer Greueltaten ständig mit den akademischen Titeln der als ihre Täter genannten Personen durchsetzt“ gewesen seien.[421]

Zwei der Angeklagten, Paul Blobel und Waldemar Radetzky, wurden unter anderem für das Groß-Massaker an der jüdischen Minderheit in Babyn Jar verantwortlich gemacht. Dass auch Roma in dieser Schlucht erschossen worden waren, wurde im Verfahren nicht angesprochen.

Das Ausbildungsniveau und die beruflichen Positionen in dieser Angeklagtengruppe waren weit überdurchschnittlich: 17 der 24 hatten Abitur, 16 hatten mit Abschluss studiert, vier promoviert, von denen einer habilitiert und Professor war. Zehn waren Volljuristen, die übrigen Staatswissenschaftler und Volkswirte, Volksschul- und Gymnasiallehrer, einer Opernsänger und einer evangelischer Pfarrer. Die „bildungsfernen Schichten“ waren nicht vertreten, und viele Verurteilte rückten schon bald nach 1945 in Leitungsstellen westdeutscher Unternehmen ein, darunter große wie die Mannesmann AG oder die Bayer AG. SS-Brigadeführer Franz Six,[422] vormals Professor für Rechts- und Staatswissenschaften und Dekan der Friedrich-Wilhelms-Universität in Berlin, war ein offensiver Vertreter der völkischen Sache gewesen. Er beanspruchte „reine“ Wissenschaftlichkeit. Im RSHA war er als Marxismus-Referent im Amt VII aktiv gewesen. 1944 hatte er sich auf einer Sitzung von Judenexperten der deutschen Botschaften für die „physische Beseitigung des Ostjudentums“ ausgesprochen. Das werde „dem Judentum die biologischen Reserven“ entziehen.[423] Zu 20 Jahren verurteilt, war er dank westalliierter Begnadigung schon 1952 wieder auf freiem Fuß. Er habe, bekundete Six, in der Landsberger Haft „Jahre der Standhaftigkeit, der Bestätigung einst gewonnener Erkenntnisse“ erfahren und sei nach

420 Ebd., S. 516.

421 Leszczyński: Fall 9, S. 134.

422 Hier und im Folgenden, soweit nicht anders angegeben: Hachmeister: Gegnerforscher.

423 Leszczyński: Fall 9, S. 163.

wie vor „von der Richtigkeit des revolutionären Ziels des Nationalsozialismus überzeugt" – so 1977 im Vorwort zu der Schrift *Ein anderer Hitler* seines Freunds, des Alten Parteigenossen, Hitler-Architekten und SA-Brigadeführers Prof. Hermann Giesler, ein verurteilter, vorzeitig entlassener und bekennender Nazi bis an sein Lebensende.[424]

Mit Six' persönlichem Umfeld konkretisiert sich eine für diese Jahre beispielhafte Verfilzung von Angehörigen des gehobenen westdeutschen Bürgertums mit Nazi-Vergangenheit. Dazu nur ein Ausschnitt: Der ebenfalls vorzeitig aus Landsberg entlassene Großindustrielle Friedrich Flick (Nürnberger Fall V, „Flick-Prozess") ebnete Six nach dessen Freisetzung den Weg in die Rolle des Geschäftsführers des renommierten Leske-Verlags.[425] Daneben wurde Six für den Bundesnachrichtendienst (BND) tätig. Mitinhaber bei Leske war der prominente FDP-Politiker, Rechtsanwalt und Protagonist einer Generalamnestie Ernst Achenbach. Der Verlag beschäftigte weitere hochkompromittierte ehemalige Nazis oder publizierte Schriften von ihnen. Im Blick zurück beschreibt der Verlag heute seine damalige Verfassung als „verdeckte Publikationsplattform für Nazi-Verbrecher".[426]Zu dem Six-Netzwerk gehörte auch Werner Best, den Six seit RSHA-Zeiten gut kannte und der nun unter anderem auch im Leske-Verlag tätig war. Dort hatte Six mit dem *Spiegel*-Verleger Rudolf Augstein zu tun, der im Leske-Verlag erste Schriften publizierte und dem Six für leitende Funktionen beim *Spiegel* erfolgreich die SS-Offiziere Horst Mahnke und Georg Wolff, alte Bekannte von ihm, empfahl.[427]

Der OKW-Prozess

Der OKW-Prozess (Fall XII, 1947–1949)[428] gegen das Oberkommando der Wehrmacht hatte 14 Angeklagte, von denen elf verurteilt wurden. Einer der Angeklagten entzog sich durch Suizid dem Verfahren, zwei

424 Giesler: Hitler, S. 18; das Buch erschien im rechtsradikalen Druffel-Verlag.

425 Berghoff/Rauh-Kühne: Fritz K., S. 282.

426 Abrufbar unter: https://cwleske.de/verlag/verlagsgeschichte/ (letzter Zugriff: 20.6.2022).

427 Zur Häufung im *Spiegel* tätiger ehemaliger NSDAP-Angehöriger in gehobener Funktion siehe das Interview von Wolfgang Michal mit Lutz Hachmeister, zeitweise Leiter des Grimme-Instituts, 2.8.2016: „Lutz Hachmeister im Gespräch: ‚Ich wollte dem Spiegel nicht schaden'", abrufbar unter: https://www.newsroom.de/news/aktuelle-meldungen/leute-6/lutz-hachmeister-im-gespraech-mit-wolfgang-michal-ich-wollte-dem-spiegel-nicht-schaden-853934/ (letzter Zugriff: 20.6.2022).

428 The High Command Case, S. 1–756.

erhielten lebenslänglich, drei 20 Jahre, zwei 15, vier zwischen drei und acht Jahren und zwei wurden freigesprochen.

Zwei der zu 20 Jahren Verurteilten waren der Generalfeldmarschall Georg von Küchler, Oberbefehlshaber der Heeresgruppe Nord, und der General Karl von Roques, Befehlshaber des Rückwärtigen Heeresgebiets der Heeresgruppen Süd und A. Beide wurden wegen Kriegs- und Menschheitsverbrechen verurteilt. Bei diesen beiden gehörten zu den Tatvorwürfen und im Urteil auch Verbrechen an Roma.

Küchler hatte noch 1939 bei dem Angriff auf Polen Morde an Juden abgelehnt, im Jahr darauf dann jedoch als Oberbefehlshaber der 18. Armee seine Einheiten instruiert, sich jeder „Kritik an dem im Generalgouvernement durchgeführten Volkstumskampf, z. B. Behandlung der polnischen Minderheiten, der Juden“ zu enthalten. „Zur endgültigen völkischen Lösung“ des „Volkstumskampfes“ seien nun „einmalige, scharf durchgeführte Maßnahmen“ erforderlich.[429] Schließlich hatte er, wie sich in den Nürnberger Ermittlungen herausstellte, ihm unterstellte Einheiten schwere Verbrechen gegen sowjetische Bevölkerungsgruppen begehen lassen. Zu den im Urteil festgehaltenen Tatbeständen gehörte, dass sie zahlreiche Zivilisten umgebracht hatten, die verdächtigt worden waren, „Zigeuner“ oder Kommunisten zu sein, eine antideutsche Haltung eingenommen oder antideutsche Propaganda betrieben, Radio Moskau gehört, Informationen über deutsche Gräueltaten mitgeteilt, Partisanen unterstützt oder die Arbeit für deutsche Auftraggeber verweigert zu haben. Der „Widerstand“, so das Urteil, sei von deutscher Seite und auch von Küchler als gute Gelegenheit genutzt worden, alle auszulöschen, die irgendwie im Weg gewesen seien.[430]

Roques wurde die Verantwortung für die Tötung von etwa 500 Gefangenen am 15. Mai 1942 der zu diesem Zeitpunkt zwischen 15.000 und 20.000 Inhaftierten des Durchgangslagers (Dulag) 160 bei Chorol („Grube von Chorol“) in der Ukraine zugewiesen. Nicht nur Kriegsgefangene waren dort untergebracht, sondern auch als Juden, „Zigeuner“, Partisanen, Kommunisten oder „Funktionäre“ Verdächtigte.[431]

Roques verstarb 1949 in der Haft, Küchler wurde 1953 amnestiert.

429 Müller: Heer und Hitler, S. 45.

430 The High Command Case, S. 577.

431 Ebd., S. 637 f.

5.3 Westdeutsche Verfahren

Der Juristen-Prozess in Wiesbaden (1947–1952)

Im Wiesbadener Juristen-Prozess standen nach Ermittlungen, die 1947 begonnen hatten, 1951/52 sieben hochrangige Juristen als Angeklagte vor dem Landgericht.[432] Es ging um die Deportation von mehr als 15.000 Justizhäftlingen aus dem justiziellen Strafvollzug in Konzentrationslager zum Zweck der „Vernichtung durch Arbeit". In der Justiz hatte es Widerstand gegen einen solchen Prozess gegeben. Er konnte sich gegen ein deutsch-amerikanisches Überleitungsgremium und das hessische Justizministerium nicht durchsetzen. Die Häftlingsüberweisungen in den Tod waren bereits im Nürnberger Juristen-Prozess („Fall III") ein Thema gewesen. Daraus war das Wiesbadener Verfahren hervorgegangen. Die Anklage lautete auf Mord, versuchten Mord und Beihilfe zum Mord. Die Deportationen gingen zurück auf die geschilderten Vereinbarungen des Reichsjustizministers Otto Thierack mit Goebbels und Himmler zur „Vernichtung durch Arbeit" vom Herbst 1942.

Zwei Abteilungen im Justizministerium hatten an der Umsetzung gearbeitet. Die eine hatte der Ministerialdirigent Rudolf Marx geleitet. Hier hatte der Senatspräsident Robert Hecker die allgemeine Abgabe von Juden, Roma, Russen, Ukrainern und Polen sowie der „sicherungsverwahrten" Häftlinge organisiert. Die andere, neu gegründete Abteilung hatte der Ministerialdirektor, stellvertretende Vorsitzende des Volksgerichtshofs und SS-Oberführer Dr. jur. Karl Engert geleitet. Dort stellten seit Herbst 1942 Oberstaatsanwalt Friedrich Wilhelm Meyer, Oberregierungsrat Dr. jur. Albert Hupperschwiller und Staatsanwalt Dr. jur. Otto Gündner die Abgabelisten mit „asozialen" deutschen Häftlingen für die KZs zusammen. Otto Giese, Reichshauptamtsleiter und Beisitzer im Volksgerichtshof, und Herbert Peters, zwei Beamte aus der Führerkanzlei, hatten die besondere Aufgabe gehabt, diesen rund 2.000 politische Häftlinge hinzuzufügen. Die führende Figur in dieser Juristengruppe war der schon im Nürnberger Fall III aufgetretene Karl Engert. 1937 hatte er den großen, in den NS-Medien ausführlich behandelten Berliner Katholikenprozess geleitet, dessen Hauptangeklagter der Düsseldorfer Pfarrer Joseph Rossaint gewesen war, später Präsident der westdeutschen *VVN*, den er zu elf Jahren Zuchthaus verurteilt hatte.

432 JuNSV, Bd. IX, Lfd. Nr. 310, S. 267–367, Verfahren 2 Ks 2/51 am LG Wiesbaden, Urteil 24. 3. 1952; dazu detailliert Kramer: Beitrag.

Ein halbes Jahr nach der Thierack-Himmler-Absprache im Herbst 1942 hatte die Juristengruppe dem RSHA bereits fast 17.000 zu Deportierende aufgelistet. Sie kamen überwiegend in das KZ Mauthausen. Weitere Deportationsziele waren Auschwitz, Neuengamme, Buchenwald und Ravensbrück. Offen bekundete Thierack Ende September 1942 gegenüber Spitzenbeamten der Justiz, es würden diese Häftlinge „dort eingesetzt, wo sie zugrunde gehen".[433] Die Wiesbadener Staatsanwaltschaft schätzte, dass die Hälfte der Häftlinge die ersten drei Monate nicht überlebte. Alle Angeklagten hatten eine konkrete Kenntnis der Lebensbedingungen in den Konzentrationslagern aufgrund mehrfacher Dienstreisen dorthin. Besonders gut bekannt waren ihnen mit Mauthausen und Auschwitz die berüchtigtsten Lager. So hatten sich etwa Engert, Gündner und Giese im Juni 1944 als Teilnehmer einer größeren Reisegruppe von Fachjuristen im Lagerkomplex Auschwitz aufgehalten. Ziel war es gewesen, sich über die dortigen Möglichkeiten zur Zwangsarbeit zu informieren und sich bestätigen zu lassen, dass diese Arbeiten sehr häufig zum Tod führten. Ihrem Kollegen Marx hatten sie einen dienstlichen „Reisebericht" zugesandt.[434] Das offenkundig für die Akten gedachte Papier, mitunterzeichnet von Gündner, verschleierte die Absicht der KZ-Einweisung, indem die Lage der Häftlinge in dem Vernichtungslager perfide beschönigt wurde. Ihr Ernährungszustand, hieß es, sei dort besser als in den Justizvollzugsanstalten. Es falle „vom Standpunkt des Strafvollzugs gesehen" auf, „daß männliche und weibliche Häftlinge ohne unmittelbare Aufsicht sich ziemlich frei bewegten und ungehindert miteinander in Berührung kamen". Die Frauen „machten nach Haartracht, Kleidung und Aussehen einen gepflegten Eindruck", wenn man auch an einem Krematorium vorbeigekommen sei, bei dem ein Scheiterhaufen für Leichen existiert habe. Es ist nicht davon auszugehen, dass der Adressat des Berichts, der Abteilungsleiter Marx, diese Passagen ernst nahm.

Unter dem Vorsitz von Engert hatte am 16. November 1944 eine Tagung der Generalstaatsanwälte von Bamberg, München und Nürnberg zum Thema stattgefunden. Im Protokoll war in Auswertung der „verschiedenen Besuche" zu lesen, es seien immer wieder Häftlinge aufgefallen, „die durch ihre körperliche Gestaltung den Namen Mensch gar nicht verdienen; sie sehen aus wie Mißgeburten der Hölle. Es wird erwogen, auch diese Gefangenen auszuschalten. Straftat und Strafdauer spielen

433 Thierack-Rede auf der Arbeitstagung mit den Chefpräsidenten und Generalstaatsanwälten, 29. 9. 1942, zit. nach Wiedemann: „Anständige" Täter, S. 600.

434 Rudorff: Verfolgung und Ermordung, S. 428 ff.

keine Rolle."[435] Das war der Vorschlag einer Ausweitung der „Vernichtung durch Arbeit".

Das Wiesbadener Gericht kam zu dem Schluss, dass „mindestens 75 %" der Häftlinge aus den Justizvollzugsanstalten (JVA) in den KZs umkamen, die Mehrheit im ersten und zweiten Monat nach ihrer Überstellung.[436]

Beim Blick auf die NS-Vergangenheit der Beschuldigten kommt Gegensätzliches zusammen. Die beiden nacheinander die Strafermittlungen führenden Oberstaatsanwälte waren Juristen mit Distanz zum NS-System schon in den Weimarer Jahren. Alfred König war vormals Mitglied der linksliberalen Deutschen Demokratischen Partei gewesen und hatte nach 1943 eine Beförderungssperre erlebt. Sein Nachfolger Arnold Buchthal war jüdischer Herkunft und ein Rückkehrer aus britischem Exil, der für die US-Anklagebehörde in Nürnberg gearbeitet hatte, so auch bei der Vorbereitung des Nürnberger Juristen-Prozesses. An seine Seite hatte er allerdings einen ehemaligen Kriegsgerichtsrat bekommen, gegen den Fritz Bauer später ein Ermittlungsverfahren wegen Kriegsverbrechen einleitete. Vorsitzender Richter wurde ein langjähriges Partei- und SA-Mitglied, das wie auch die beiden Beisitzer schon in den NS-Jahren als Staatsjurist aktiv gewesen war.

Gemeinsam war Staatsanwälten, Richtern und Angeklagten ihr von gehobener Bürgerlichkeit bestimmter sozialer Bezugs- und Erfahrungsraum und damit etwas grundlegend anderes als die Lebenswirklichkeit der großen Mehrheit der Überlebenden in der Zeugenrolle, zumal diese anders als die Angeklagten emotional mitunter aus der gerichtlichen Rolle fielen, wenn sie ihre Ablehnung von Angeklagten und deren Aussagen offen und zugespitzt aussprachen oder von Erinnerungen überwältigt weinten oder sogar schrien.[437] Aussagen von Angehörigen der Roma-Minderheit wertete das Gericht oft als „verworren" oder als „wertlos" ab. Die teils mit zynischen Bemerkungen vorgetragene Leugnung einer Kenntnis der KZ-Morde durch die Angeklagten versuchten die Richter nicht zu widerlegen, sie akzeptierten sie. Sie fanden deren angebliche Unwissenheit glaubwürdig. Sie erkläre sich aus raffinierten Vortäuschungen der Lagerleitungen. Was die Lagerhaft angehe, so sei deren Notwendigkeit nachvollziehbar. So sei das nun einmal in einem Staat, der sich „in einem Kampf um die nackte Existenz" befinde.

435 NSG-Datenbank des IfZ-Archivs, Reportdatum: 17.3.2021, S. 58–62, hier: S. 58.

436 Ebd., S. 59.

437 Wiedemann: „Anständige" Täter, S. 614.

Die Kleinstgruppe von „Haupttätern" reduzierte das Gericht auf nur noch drei: Hitler, Himmler und Thierack. Nur bei ihnen konstatierten die Richter ein „Fehlen moralischer Hemmungen". Wichtig war ihnen, äußerste formale „Rechtsstaatlichkeit" zu demonstrieren.[438] Sie betonten als eine Art rechtsstaatliches Defizit, da verstorben, hätten sie die drei Hauptverantwortlichen nicht anhören können. Das heiße leider auch, diese hätten sich nicht verteidigen können. Eine „besondere Vorsicht" habe man als Richter insofern walten lassen müssen, als die Gefahr der Vorurteilsbildung gegenüber den außerhalb der juristischen Sphäre inzwischen durchweg verurteilten Hauptverantwortlichen gedroht habe: Man habe sich nicht „von der politischen Beurteilung der Genannten beeinflussen" lassen dürfen. Die nun Angeklagten sahen die Richter in einer guten „festgefügten Tradition", stets aktiv unter dem geradezu antinazistischen Motto gehandelt zu haben: „Wer von beiden hat jetzt recht?" Den Angeklagten sei auch im NS-Gerichtssaal nur immer wichtig gewesen, „nicht die Grundsätze rechtsstaatlichen Denkens zu verlassen". Sie hätten stets klar Position gegen die „überzeugten Nationalsozialisten" um sie herum bezogen.

Engert war bereits im Nürnberger Juristen-Prozess einer der Angeklagten gewesen, wenngleich aufgrund von Krankheit kaum präsent. 1948 hatte die Staatsanwaltschaft Kiel Ermittlungen gegen ihn aufgenommen, die wegen des Verfahrens in Wiesbaden eingestellt worden waren. Dort wurde er erneut wegen Krankheit aus dem Verfahren genommen. Allein er war in Wiesbaden wegen Mordes angeklagt worden, alle anderen nur wegen Beihilfe. Er verstarb 1951. Hecker verstarb 1952 kurz vor Eintritt in die Hauptverhandlung. Das Verfahren gegen Peters wurde wegen Krankheit abgetrennt. Für Giese, Gündner, Hupperschwiller, Marx und Meyer hatte der Staatsanwalt mit 15 Jahren die Höchststrafe bei Beihilfe gefordert. Das Gericht entschied:

> Allen Angeklagten war nicht nachzuweisen, dass sie während ihres Tätigwerdens die beabsichtigten oder bereits erfolgten Tötungen der Häftlinge kannten oder sie für möglich hielten und für den Fall der Verwirklichung mit ihnen einverstanden waren. [...] Da infolgedessen die subjektiven Voraussetzungen fehlen, waren alle Angeklagten von der Anklage der Beihilfe zum vollendeten und versuchten Mord [...] freizusprechen.[439]

438 Hier und im Folgenden: JuNSV, Bd. IX, Lfd. Nr. 310, S. 267–367, Verfahren 2 Ks 2/51 am LG Wiesbaden, Urteil 24.3.1952.

439 Ebd., S. 356.

Das war die beispielhafte Formulierung eines Freispruchs nach dem Textbuch der subjektiven Theorie. Das bedeutete, dass die nach 1945 eingeschlagenen Berufswege als Staatsjuristen oder Rechtsanwälte bis zum Ruhestand fortgesetzt werden konnten.

Die Eingaben von Personen aus Politik, Justiz und Kirchen zugunsten der Tatbeteiligten belegten deren gute Vernetzung in gesellschaftlichen Einflussgruppen. Ein journalistischer Außenseiter kritisierte, dass sie von den Richtern wie „Gentleman-Angeklagte" behandelt worden seien.[440]

Der Fall Anton Bühler / Reinhardt (1959–1961)

Im Oktober 1959 standen Karl Hauger und Franz Wipfler in Offenburg wegen eines Tötungsdelikts vor dem Landgericht. Der Arztsohn Hauger, Jahrgang 1906, im Zivilberuf Forstrat, war seit 1930 in der NSDAP, war SS-Hauptsturmführer mit mehreren SS-Auszeichnungen und zeitweise im RSHA beschäftigt gewesen. Er war neben seiner Forstratstätigkeit beruflich Vertreter der Außenstelle Wolfach des SD. Einen militärischen Rang hatte er nicht, da er sich bis hin zu der Vorhaltung einer „Feigheit vor dem Feinde" stets erfolgreich dem Wehrdienst hatte entziehen können. Er war mehrfach wegen Disziplinverstößen sanktioniert worden. Er hatte sich Versorgungsvorteile auf Kosten anderer verschafft.[441] Zum Zeitpunkt der in Offenburg verhandelten Ereignisse im allerletzten Kriegsabschnitt nahm Hauger als Volkssturmmann an der Kurzausbildung einer Volkssturmeinheit teil.

Der Maurersohn Franz Wipfler, Jahrgang 1915, im Zivilberuf Förster, war Hauptmann der Wehrmacht, schwer kriegsbeschädigt und leitete bei Bad Rippoldsau als Kreisstabsführer des Volkssturms die Ausbildungsübung, an der Hauger, mit dem er befreundet war, teilnahm.

Es ging vor dem Landgericht Offenburg um den Tod von Anton Reinhardt bzw. Bühler. Der 17-jährige Sinto aus dem Dorf Weiden im Landkreis Rottweil übernahm nach dem frühen Tod des Vaters Ludwig Reinhardt und der Neuheirat seiner Mutter Elvira den Familienamen seines Stiefvaters Johann Bühler. Im August 1944 sollte er im Krankenhaus

440 Düstere Schatten der Vergangenheit. Juristen des Dritten Reiches in Wiesbaden unter Mordanklage, Nürnberger Nachrichten, 16. 1. 1952, zit. nach Wiedemann: „Anständige" Täter, S. 614.

441 Zu den beiden Angeklagten und zum Verfahrensverlauf siehe JuNSV, Bd. XVII, Lfd. Nr. 517, S. 611–644, Verfahren III Ks 3/60 am LG Karlsruhe, Urteil 10. 5. 1961, Verfahren 1 StR 85/60 am BGH, Urteil 19. 7. 1960.

Waldshut gegen seinen Willen sterilisiert werden.[442] Um ihn gefügig zu machen, wurde ihm die Deportation nach Auschwitz angedroht. Er floh aus dem Krankenhaus, legte zu Fuß in Richtung Schweiz, wo er Verwandte hatte, bis zum Rhein eine Strecke von 100 Kilometern zurück, durchschwamm den Fluss und erreichte das Schweizer Ufer im Kanton Aargau. In der Schweiz wurde er umgehend festgenommen und ins Elsass abgeschoben, obwohl die Schweizer Regierung nach langer Verweigerung inzwischen entschieden hatte, „an Leib und Leben" bedrohte NS-Flüchtlinge aufzunehmen. Die deutschen Besatzungsbehörden im Elsass nahmen Reinhardt fest und inhaftierten ihn im „Sicherungslager" Schirmeck-Vorbruck. Mit dem Vorrücken der alliierten Truppen wurde das Elsass von den Deutschen geräumt und so kam Anton Reinhardt von dort in das Nebenlager Rotenfels. Es gelang ihm zusammen mit anderen Gefangenen im März 1945 zu fliehen. Er wurde aufgegriffen und kam in ein Außenlager des KZs Natzweiler-Struthof in Sulz am Neckar, von wo er am Gründonnerstag zusammen mit einem ehemaligen Wehrmachtssoldaten, dieser noch in Uniform, aber ohne Kennzeichen, wieder fliehen konnte. Am 30. März 1945 – Karfreitag – wurde zunächst er, dann der Wehrmachtssoldat von Angehörigen der Wipfler'schen Volkssturmeinheit bei Bad Rippoldsau festgenommen.

Während der Soldat der Feldgendarmerie übergeben wurde, wurde Anton Reinhardt von Hauger und Wipfler in Gewahrsam genommen. Hauger warf ihm vor, er habe sich einem Gestellungsbefehl entziehen wollen. Er erklärte, wie ein Zeuge aussagte, „der Mann nütze ihnen nichts, der schade bloß, solche Leute müssten weg". Reinhardt werde daher „umgelegt". Damit war Wipfler einverstanden. Aus einem im späteren Tagesverlauf stattfindenden Kameradschaftsabend holte Hauger einige Teilnehmer zusammen, zog ein Blatt Papier aus der Tasche und las vor, dass der Gefangene wegen Wehrdienstverweigerung zum Tod durch Erschießen verurteilt sei. Dann ließ er das „Urteil" reihum unterschreiben. Auch nur die Andeutung der Formalien einer Gerichtsverhandlung gab es nicht. Nach der Verlesung der Hauger-Entscheidung wurde der Abend fortgesetzt. Hauger fragt im Verlauf des Abends nach Interessenten für die Erschießung, blieb dabei aber erfolglos.

Am Tag darauf – Karsamstag – musste im Gaisbachtal an einem Berghang im Wald Anton Reinhardt sein Grab schaufeln, und Hauger,

442 Zu Anton Reinhardts Biografie siehe insbesondere Huonker/Ludi: Roma, Sinti und Jenische, S. 7–10; Fings: „Da ich euch nicht mehr sehen werde"; Reuter: Anton Reinhardt.

begleitet von einem Wehrmachtssoldaten, einem Oberscharführer der Waffen-SS und einem Volkssturmmann, erschoss ihn mit einem Genickschuss. Einer der Begleiter hatte Hauger vorher gefragt, wie er denn so etwas fertigbringe. Die Antwort war gewesen, er habe heute schon 13 „umgelegt", dies sei der 14. Im Verfahren erklärte er dazu, diese Art der Hinrichtung sei ihm bekannt aus seiner Tätigkeit als Kommandeur der Sicherheitspolizei im Elsass und als Vorgesetzter von Gestapo- und SD-Organen. Am Ostermontag wurde die Ausbildungsgruppe zum Fronteinsatz nach Karlsruhe beordert. Hauger fehlte, er hatte sich krank gemeldet.

Nach Kriegsende wurde Hauger von einem französischen Kriegsgericht wegen Erschießung von 14 Gestapo- und Justizhäftlingen in einem Wald bei Wolfach in den letzten Kriegstagen in Abwesenheit zum Tode verurteilt. Er tauchte unter, wechselte in die Britische Zone und wurde dort mit falscher Identität als Bauleiter bei der Anlage von Flugplätzen, also mutmaßlich für die Militärregierung tätig. Wipfler ging nach Heidelberg und trat dort in die Stadtverwaltung ein. Die Auslieferung nach Frankreich musste Hauger dank des westdeutschen Auslieferungsverbots nicht fürchten. In dem für NS-Täter vorteilhaften Prozessklima der fortgeschrittenen 1950er-Jahre zeigten Hauger und Wipfler sich 1957 wegen der Tat an dem jungen Sinto selbst an, nachdem Hauger sich ausführlich rechtlich hatte beraten lassen und eine Prozessstrategie mit Wipfler abgestimmt hatte, die er dann jedoch insofern änderte, als er alle Verantwortung Wipfler anlastete.

Die Hauptverhandlung vor dem Landgericht Offenburg endete 1959 entgegen den Erwartungen der Selbstanzeiger mit siebeneinhalb Jahren Haft für Hauger und vier Jahren Haft für Wipfler wegen gemeinschaftlichen Totschlags. Staatsanwalt und Angeklagte legten Revision ein. Der BGH verwarf 1960 die Revision der Angeklagten und griff die Position des Offenburger Staatsanwalts auf, der auf Mord plädiert hatte. Bereits das Offenburger Urteil hatte die Behauptung Haugers verworfen, er habe in Reinhardts Flucht den Versuch gesehen, sich dem Wehrdienst zu entziehen. So auch der BGH. Das Opfer sei ein „Zigeuner" gewesen und eine Einziehung zur Wehrmacht daher gar nicht in Betracht gekommen. Sein Fluchtmotiv sei gewesen, seine Sterilisierung zu verhindern, wie das Landgericht Offenburg zu Recht festgestellt habe. Der BGH monierte, dass das Offenburger Landgericht die Mordmerkmale der Grausamkeit und des niedrigen Bewegrunds verneint und dem Angeklagten Hauger einen Verbotsirrtum zugutegehalten habe. Grausamkeit sei mit dem Schaufeln des eigenen Grabes gegeben gewesen und der niedrige Bewegrund habe in „rassischen Gründen“ vor dem Hintergrund des „Ausrottungsprogramms“ „nach dem Grundsatz, ‚der nützt uns nichts, der schadet nur, der muss weg‘“, gelegen.[443]

Der Fall sei an ein anderes Gericht zurückzuverweisen. Dieses Gericht war 1961 das Landgericht Karlsruhe. Anton Reinhardt, der noch seinen ihm als Gnadenerweis zugestandenen kurzen Abschiedsbrief an seine Mutter mit „Anton Bühler“ unterschrieben hatte, unterstellte das Gericht, sich in geläufiger „Zigeuner“-Manier „den falschen Namen [...] auf der Flucht zugelegt“ zu haben. Es akzeptierte wie schon der Täter dieses antiziganistische Klischee als vertretbare Begründung einer Verfolgung. Zwar habe Hauger ein „von ihm selbst nicht mehr überschaubares Lügengewebe“ entwickelt, aber dessen Behauptungen, nicht von einer „Zigeuner“-Eigenschaft von Reinhardt ausgegangen zu sein und von der Sterilisationsdrohung nichts gewusst zu haben, rechnete das Gericht dazu nicht. Es wies generell zurück, dass es an irgendeiner Stelle im Ablauf der Geschehnisse darum gegangen sei, Reinhardt sei ein „Zigeuner“. Es verwarf Haugers Nazi-Satz zum „Ausrottungsprogramm“ als verwendbares Beweismittel, der auf die Vernichtung von „Asozialen“ und anderen „Volksschädlingen“ hinauslief und nach Meinung des BGH ein Schlüsselmotiv freigelegt hatte.[444] Den Zeugen, der Hauger eine niedrige Gesinnung attestiert hatte, da er Reinhardt „als Ballast“ gesehen habe, der habe „abgeworfen werden“ müssen, erklärte das Gericht für unglaubwürdig. Hätte Hauger den Jungen tatsächlich als „‚Volksschädling‘ seiner verdienten Strafe zuführen wollen“, dann sei das dennoch nicht als niedriger Beweggrund im Sinne des § 211 StGB zu werten. Das Gericht stufte den an dieser Stelle offen und klar hervortretenden mörderischen Rassismus des NS-Täters zu einer Ansichtssache herunter. Damit offenbarten die Richter ein weiteres Mal die eigene Verbundenheit mit völkischen Überzeugungen.

Neben dem niedrigen Beweggrund entfiel auch die Grausamkeit der Tatausführung: Es seien beim Gericht Zweifel geblieben, ob „das Schaufeln des eigenen Grabes dem Opfer besondere Qualen bereiten musste“. Überhaupt habe sich nicht klären lassen, wer die Anordnung

443 Zitierungen: JuNSV, Bd. XVII, Lfd. Nr. 517, S. 611–644, Verfahren III Ks 3/60 am LG Karlsruhe, Urteil 10.5.1961, Verfahren 1 StR 85/60 am BGH, Urteil 19.7.1960, hier: S. 644.

444 Diese und die nachfolgenden Angaben: ebd., S. 629, 638.

zum Schaufeln des eigenen Grabs gegeben habe, und sich nicht beweisen lassen, dass die Angeklagten sich eine Vorstellung davon gemacht hätten, wie sich das auf das Opfer ausgewirkt habe. Das Vorstellungsvermögen des Frontsoldaten Wipfler könne durch „Verhärtung" eingeschränkt gewesen sein. Dass Hauger sein Opfer „ohne weiteres ein letztes Gebet verrichten" und einen Abschiedsbrief habe schreiben lassen, spreche sogar für eine gewisse Milde.

Das Landgericht Karlsruhe senkte im Juli 1961 die Strafen ab. Es entschied wegen gemeinschaftlich begangenen Totschlags auf sieben Jahren Zuchthaus und dreieinhalb Jahren Gefängnis. Die Untersuchungshaft war anzurechnen, und Hauger erkrankt, sodass beide Täter noch im selben Jahr aus der Haft entlassen wurden.

Die Chełmno-Prozesse (1960–1965)

1962/63 ging es im Chełmno-Prozess in der Bundeshauptstadt um die Tötung von mindestens 152.000 Juden und mehr als 4.000 österreichischen Roma aus dem „Zigeunerlager" des Ghettos Litzmannstadt (Łódź), von sowjetischen Kriegsgefangenen und von weiteren Opfern am Vernichtungsort Kulmhof (Chełmno). Kulmhof war kein Lager. Die dorthin Verschleppten waren im Winter 1941/42 am Ziel umgehend in Lkws („Gaswagen") vergast worden.[445] Die Leichen wurden anschließend systematisch geplündert. Ein jüdisches Arbeitskommando hatte sie zu durchsuchen, das Raubgut zu sortieren und die Kleidungsstücke zu verpacken. Die Täter waren Angehörige eines Sonderkommandos Kulmhof der Ordnungspolizei gewesen, zum Teil mit Vorerfahrungen aus den Krankenmorden.

Nachdem das Verfahren gegen den höchstrangigen Angeklagten, den General der Polizei und der Waffen-SS und Höheren SS- und Polizeiführer (HSSPF) Wartheland Wilhelm Koppe, abgetrennt worden war, verblieben elf Angeklagte, ausnahmslos weit unter ihm liegende Ränge der SS und der Ordnungspolizei. Alle elf wurden verurteilt. Bei zehn Tätern ging das Urteil von jeweils mindestens Zehntausenden Opfern aus, im Einzelfall von bis zu 100.000 oder mehr als 150.000. Bei dem elften waren es „nur" 1.000. Inwieweit Morde an Roma bei

445 Sparing: „Zigeunerwohngebiet", S. 162. Sparing korrigiert mit überzeugenden Belegen die Forschungsliteratur, die im Allgemeinen einen Zeitraum dieser Deportationen vom 5. bis zum 12. Januar 1942 angibt, siehe etwa Krakowski: Das Todeslager Chełmno/Kulmhof, S. 46 ff.

der jeweiligen Urteilsfindung eine Rolle spielten, erschließt sich nicht. Darauf gingen die Richter nicht ein.[446]

Walter Burmeister, Alois Häfele und Gustav Laabs wurden wegen einer „erheblichen Mitwirkung an den von den Haupttätern [Hitler, Himmler, Goebbels usw.] befohlenen Massentötungen" zu 13 Jahren verurteilt. Mit der Feststellung einer „erheblichen" Mitwirkung bewegte das Gericht sich einen Schritt in Richtung einer Mittäterschaft und ging damit verbal ein wenig über die „Beihilfe" hinaus, bei der es am Ende rechtlich dann aber doch blieb, womit ein angesichts des Umfangs der Verbrechen äußerst unangemesses Strafmaß ermöglicht wurde. Übertroffen wurde das durch die Urteile zu Kurt Möbius und Karl Heinl mit acht bzw. sieben Jahren und bei Wilhelm Heukelbach, Friedrich Maderholz und Wilhelm Schulte mit 13 Monaten und zwei Wochen. Bei den Polizeiwachtmeistern Heinrich Bock, Anton Mehring und Alexander Steinke sah das Gericht trotz Verurteilung wegen Beihilfe zum Mord „wegen geringer Schuld" von einer Strafe ganz ab. Das ermöglichte der § 47 des Militärstrafgesetzbuchs (MStGB), der auf das Verhältnis zwischen Befehlsgeber und Befehlsempfänger bei einem rechtswidrigen Befehl einging und bei „geringer Schuld" die Möglichkeit der Strafbefreiung eröffnete.

Ein weiterer Täter aus dem Sonderkommando, der Hauptwachtmeister der Polizei Gustav Fiedler, erhielt 1965 vom Landgericht Kiel wegen Mordbeihilfe an 40.000 Opfern wie drei seiner Kameraden in Bonn 13 Monate und zwei Wochen.

Der ausgegliederte Angeklagte Wilhelm Koppe,[447] Parteigenosse seit 1930 und Großhandelskaufmann, war neben seinen sonstigen hohen Funktionen Beauftragter des Reichskommissars für die Festigung des deutschen Volkstums, also Heinrich Himmlers gewesen und damit jemand im nächsten Umfeld dieses „Haupttäters". Zu Koppes NS-Biografie gehörten die Begründung der Vernichtungsstätte „Kulmhof", der ersten des Holocaust, und des Kulmhof-Sonderkommandos. Unter dem Namen „Lohmann" war er inzwischen in Bonn Direktor der Schokoladenfabrik „Sarotti", hatte eine großbürgerliche Existenz begründet und spielte wie sein vormaliger SS-Kamerad Hans Maly oder der Ministerialbeamte Eduard Dreher im gesellschaftlichen Leben

446 JuNSV, Bd. XXI, Lfd. Nr. 594, S. 221–360, Verfahren 8 Ks 3/62 am LG Bonn, Urteile 23.7.1965, Verfahren 2 StR 71/64 unnd 2 StR 149/66 am BGH, Urteile 25.11.1964, 3.8.1966; Peitsche bewahrt, Der Spiegel, 20 (1966), H. 52.

447 Ausführlich zu Koppe: Schreiber: Elite, S. 47 ff.; Klee: Personenlexikon, S. 330 f.

der Bundeshauptstadt „eine beachtliche Rolle" *(Frankfurter Allgemeine Zeitung).* Koppes Sohn arbeitete als Jurist in der Bundestagsverwaltung, seine Tochter als Sekretärin im Verteidigungsministerium. 1960 erstmals festgenommen, wurde Koppe 1962 gegen Zahlung einer Kaution von 30.000 DM wieder auf freien Fuß gesetzt. Im Verfahren plädierte der Staatsanwalt nicht auf Mord, da Koppe nicht zu den „Haupttätern" gehörte habe, sondern wie bei den Wachtmeistern und Scharführern im Parallelverfahren auf Beihilfe. Angeklagt wurde er erstens wegen Verdachts der Beihilfe zum Mord an 1.558 psychisch Kranken im Jahr 1940 in Posen,[448] für deren Ermordung er vom SS-Gruppenführer Jakob Sporrenberg jeweils zehn Mark („15.580 Reichsmark") verlangt hatte. Ein zweiter Anklagepunkt war die Beihilfe zur Anstiftung zum Mord an 145.000 Menschen in Posen und Kulmhof, wofür er auch Material und Transportmittel organisiert habe, ein dritter die Beihilfe zur Anstiftung zum Mord, indem er – noch im Dezember 1944 – befohlen habe, bei Attentaten und Sabotageakten nicht nur die Täter zu erschießen, sondern auch alle ihre männlichen Angehörigen, ferner möglichst viele Angehörige der polnischen Widerstandsbewegung und zusätzlich alle Männer im „Bandengebiet" im Alter von 16 bis 60 Jahren zu erschießen und jeden Tag 50 Polen in Krakau auf der Straße ohne Gerichtsverfahren ebenfalls, soweit sie zu mindestens 60 Prozent einer verbrecherischen Tat „überführt" worden seien. Der Bonner Anklage folgte kein Hauptverfahren, da Koppe ärztlich als verhandlungsunfähig beurteilt wurde, sodass das Verfahren 1966 vom Landgericht Bonn endgültig eingestellt wurde. Er verstarb 1975 in Bonn.

Das Spruchgerichtsverfahren zu Reichskommissar Hinrich Lohse (1947–1948)

Die Spruchgerichtsverfahren standen unter alliierter Oberhoheit, waren aber mit deutschen Richtern und Schöffen besetzt. Daher sind sie hier der westdeutschen Rechtsprechung zugeordnet. Im Mai 1945 von britischem Militär festgenommen, stand Hinrich Lohse, Alter Kämpfer, Gauleiter von Schleswig-Holstein und Reichskommissar für das Ostland in Riga, also der besetzten Gebiete im Baltikum und in Weißrussland, nach seiner Internierung im Lager Eselsheide (Sennelager) 1947 in Bielefeld vor einem Spruchgericht.

448 NSG-Datenbank des IfZ-Archivs, Reportdatum: 17. 3. 2021, S. 25 ff.

In Lohses Herrschaftsbereich hatten SD-Kommandos und ihre Begleittruppen in großer Zahl Juden, Roma, „Kommunisten" und „Geisteskranke" umgebracht. Gleich im Anschluss an die Frontkämpfe und an die Etablierung des Besatzungsregimes hatte der SD mit der „Endlösung der Judenfrage" begonnen und zusammen mit Einheiten der aus der Schutzpolizei rekrutierten Polizeibataillone und kollaborierenden weißrussischen und baltischen Nationalisten Zehntausende Juden getötet.

Ein Tatvorwurf gegen Lohse bezog sich auf einen Erlass, mit dem er mit dem Datum vom 4. Dezember 1941 die folgenden Feststellungen getroffen hatte:

> Die im Lande umherirrenden Zigeuner bilden eine Gefahr in doppelter Hinsicht:
> 1.) Als Überträger von ansteckenden Krankheiten, insbesondere von Fleckfieber;
> 2.) Als unzuverlässige Elemente, die sich weder den Vorschriften der deutschen Behörden beugen, noch gewillt sind, eine nutzbringende Arbeit zu verrichten.
>
> Es besteht begründeter Verdacht, dass sie durch Nachrichtenübermittlungen im feindlichen Sinne der deutschen Sache schaden.
>
> Ich bestimme daher, daß sie in der Behandlung den Juden gleichgestellt werden.[449]

Der Erlass war als Anweisung der Abteilung Gesundheit und Volkspflege des Reichskommissariats Ostland mit Lohses Unterschrift an den SS- und Polizeichef Ostland Friedrich Jeckeln gegangen. Es war ein sprachlich kaum verhülltes Todesurteil gegen alle Angehörigen der Minderheit.

Zwischen einerseits ortsfest und andererseits „nach Zigeunerart lebenden" bzw. „im Lande umherirrenden" Angehörigen der Minderheit zu unterscheiden, war kaum möglich, denn Kriegsereignisse und Verfolgung hatten aus residenten Roma „umherirrende" Vertriebene gemacht. Lohse stand mit seiner Vernichtungsbereitschaft zu diesem Zeitpunkt nicht allein. Das Datum seines Erlasses deckt sich mit dem einer ebenfalls die schrankenlose Verfolgung eröffnenden Strafrechtsverordnung des kommissarischen Reichsjustizministers Dr. Franz Schlegelberger zu Polen und Juden. Sie führte, wie ein Memorandum des RJM feststellte, „ein drakonisches Sonderstrafrecht" ein,

449 Zit. nach Fings / Heuss / Sparing: Swastika, S. 143.

das bei weit gedehnten Straftatbeständen ausnahmslos „die Todesstrafe zuläßt".[450] Die Verordnung war rückwirkend in Kraft getreten. Das für Lohse zuständige Ostministerium war mit dessen Entscheidungen aus Gründen der Kompetenzabgrenzung zur Sipo und zum SD zunächst nicht einverstanden. Dort schloss man sich ihm erst im Juli 1942 an, übernahm dabei ebenfalls nicht mehr die Unterscheidung „zwischen seßhaften und fahrenden Zigeuner[n]" und analog zur jüdischen Minderheit auch die zwischen „Zigeunern" und „Zigeunermischlingen" nicht mehr: „Zigeuner" waren „in der Regel Juden gleichzustellen".[451] Inzwischen befürwortete man die Massenerschießungen, wenn sie auch nicht beim Namen genannt wurden: „Heute scheint ein Umherziehen der Zigeuner durch die polizeilichen Maßnahmen zur Fleckfieberbekämpfung restlos unterbunden zu sein."[452]

Lohses Anordnung vom 4. Dezember 1941 war rückwirkend in Kraft getreten. Er formulierte sie Heiligabend 1941.[453] Das falsche Datum sollte nachträglich ein Massaker legitimieren, das bei Saldus (Frauenburg) stattgefunden hatte. Der Kommandeur der Ordnungspolizei in Riga, der wie Lohse die Vernichtung von Juden, „Zigeunern" und, als dritter Feindgruppe, von als „Kommunisten" Betrachteten als einheitliche Aufgabe ansah, berichtete: „Am 5.12.41 wurden die Zigeuner der Stadt Libau, insgesamt 101, evakuiert und in der Nähe von Frauenburg exekutiert."[454] Das geschah durch lettische Kommandos unter Beteiligung von Beamten des Polizeibataillons 22 und wurde auch im „Tätigkeitsbericht" des SD festgehalten.[455]

Mit dem rückdatierten „Heiligabend-Erlass" hatte Lohse förmlich den Übergang zu einer Vernichtungspolitik auch gegen Roma vollzogen, die seit dem Frühjahr 1942 in Massenerschießungen umgesetzt wurde. Begründet hatte er das mit den bekannten Klischees, also mit angeblicher „Wanderung", Arbeitsscheu, Verratsbereitschaft und der Gefahr der Krankheitsübertragung, wie sie auch über die jüdische Minderheit

450 Memorandum vom 22.4.1941, siehe Perels: Erbe, S. 59.

451 Zimmermann: Rassenutopie, S. 267–276, insbes. S. 274.

452 Ebd.

453 Perels: Verpaßte Chancen, S. 31 f.

454 Zit. nach Aly/Heim: Vordenker, S. 467.

455 Zimmermann: Rassenutopie, S. 269 ff.; Curilla: Ordnungspolizei, S. 194 f., 248; Curilla bezieht sich auf Vernehmungen im Verfahren Hildesheim 9 Js 923/69 am LG Hildesheim; NSG-Datenbank des IfZ-Archivs, Reportdatum: 17.3.2021, S. 401.

verbreitet wurden.[456] Die Zigeunereigenschaft war zwar nach Lohse und nach dessen Behörde formal aufgrund von Selbstzuschreibungen aus der Gruppe oder durch Betroffene und aufgrund genealogischer Daten, der Lebensweise und -bedingungen zu entscheiden, das waren aber Details ohne große praktische Bedeutung. Tatsächlich reichte deutschen Tätern in der Regel ihr Rassenverdacht oder bei der Zuführung von Opfern durch lettische Kollaborateure deren Annahmen.

Lohse und das Ministerium gingen über Einwände hinweg, die besagten, dass sich ein ganz erheblicher Teil der lettischen – wie insgesamt der sowjetischen Roma – nicht als „vagabundierend" einordnen ließ. Tatsächlich waren viele fest ansässig, arbeiteten in Fabriken, als Landarbeiter oder als Fuhrleute und die Kinder besuchten Schulen, auch weiterführende, und Hochschulen, oder hatten sie bis zum NS-Schulverbot besucht. Bei einem Teil der baltischen Roma wird es sich um Nachfahren jener „preußisch-litauischen" Sinti gehandelt haben, die bereits im 18. Jahrhundert von dem Völkerkundler Heinrich Moritz Grellmann als „sesshaft" beschrieben wurden. Dazu dürften auch die im kurländischen Sloka (Schlock) ansässigen Sinti gehört haben, die im Gefolge des Lohse-Erlasses 1942 umgebracht wurden.[457]

Zwei Zeugnisse zeigen an, dass Menschen aus der Roma-Minderheit mit Widerspruch auf die Verfolgung reagierten. Der Rom und Student in Riga Vanya Kochanowski war, als er von den Morden hörte, so erschüttert, dass er bei Lohse protestierte und eine Studie zur Rechtschaffenheit der lettischen Roma verfasste. Eine Antwort ist nicht überliefert.[458] Im März 1942 wandten sich der Fuhrmann Paul Johans Ludwigs und zehn weitere Petenten aus Roma-Familien aus Saldus „in ehrwürdiger Ergebung" an Lohse und an dessen Gebietskommissar für Kurland in Liepāja, Dr. jur. Walter Alnor.[459] Sie baten die beiden, ihnen bei der

456 Danker / Schwabe: Schleswig-Holstein, S. 145.

457 Zimmermann: Rassenutopie, S. 271.

458 Kochanowski wurde im März 1943 zur Zwangsarbeit rekrutiert, flüchtete, wurde gefasst und in Kaunas und Salaspils inhaftiert, von wo er zur Zwangsarbeit nach Frankreich deportiert wurde. Wieder floh er und schloss sich der Résistance an, blieb nach der Befreiung in Frankreich, wo er Linguistik und Anthropologie studierte und zweimal promovierte. „Zeit seines Lebens verstand er sich als Aktivist für die Rechte der Roma und engagierte sich in französischen und internationalen Organisationen, darunter die Internationale Roma Union" (Martin Holler), siehe Holler: Vergebliche Proteste; Mégret: Vania de Gila-Kochanowski.

459 1950 wurde Walter Alnor, nun Mitglied der CDU, zum Landrat des Kreises Segeberg gewählt. Er war und blieb ein Verehrer des prominenten NS-Schriftstellers Hans Friedrich Blunck. 1963 publizierte er für die „Gesellschaft zur Förderung des Werkes

„Regelung unserer Lebensumstände" zu helfen. „Wir sind bereit, eine jegliche Arbeit auszurichten, die in unseren Kräften steht." Wenn nicht als Fuhrleute, dann „gerne als Landarbeiter oder Tagelöhner". Ihre Kinder besuchten „die Grundschule und das Gymnasium". Mit der Fortnahme der Pferde und der Transportwagen hatte man ihnen die Subsistenzmittel genommen.[460] Eine Reaktion ist nicht bekannt, wohl aber Alnors Kommentar zu einem von ihm konstatierten durch die Massenexekutionen hervorgerufenen „Moment der Unruhe": „Gerade die Erschießung der Frauen und kleinen Kinder, die z.B. schreiend zu den Exekutionsplätzen geführt worden sind, hat das allgemeine Entsetzen erreicht." Das könne sich „eines Tages" als schwerer Fehler herausstellen, wenn man nicht „alle dabei mitwirkenden Elemente auch anschließend liquidiert".[461]

Wer überleben durfte, musste harte Restriktionen erdulden, wie beispielsweise die Beschlagnahmung des Besitzes, Polizeiüberwachung, Verbot von Ortswechseln und – so ist es zumindest in einem Fall belegt – die Zwangssterilisation.

Im Januar 1948 verurteilte das Spruchgericht Bielefeld Lohse zu zehn Jahren Gefängnis.[462] Das war in den Spruchgerichtsverfahren die höchstmögliche Sanktion, bei Lohse allerdings erweitert um den Entzug seines Vermögens. Das Urteil bezog sich allein auf Lohses Zugehörigkeit zum Korps der NSDAP und auf sein Wissen um den Holocaust. Seine Beteiligung daran, die ein Teil seiner Tätigkeit im Reichskommissariat gewesen war, blieb straflos.

Nach noch nicht einmal drei Jahren war er im Februar 1951 wieder auf freiem Fuß. Er wurde krankheitsbedingt „dauernd haftunfähig" vorzeitig in die Pension entlassen. 1947 hatte neben dem Spruchgericht die Kieler Staatsanwaltschaft – „wenig engagiert, hilflos"[463] – begonnen, gegen Lohse zu ermitteln. 1950 wurde das Vorverfahren eingestellt. Da hatte der Dauerkranke noch 14 Lebensjahre vor sich, in denen es jedoch zu Unterbrechungen des Pensionärsalltags kam, die Lohse,

von Hans Friedrich Blunck" seine Erinnerungen an diesen: Alnor: Begegnungen und Gespräche; ausführlich zu Alnor: Großbölting/Grawe, Gutachten.

460 Paul Johans Ludwigs u.a. an Reichskommissar mit Abschrift an Gebietskommissar in Libau, 12.3.1942, zit. nach Holler: Lettland, 2017, und Zimmermann: Rassenutopie, S. 272.

461 Danker: Judenmord, S. 47.

462 Danker/Schwabe: Schleswig-Holstein, S. 176; Danker: Die drei Leben; Kilian: Wehrmacht und Besatzungsherrschaft, S. 496.

463 Danker: Geschichten und Geschichtskonstruktionen, S. 336.

„Nationalsozialist bis zum Tod“ (Uwe Danker), aber jeweils überstand. Neue Ermittlungen der Staatsanwaltschaft Itzehoe seit 1959 wurden 1962 eingestellt. Weitere Ermittlungen gegen ihn und einige andere wurden in Kiel 1967 eröffnet. Sie wurden 1971 eingestellt, nachdem Lohse als der Hauptbeschuldigte seit sieben Jahren nicht mehr lebte.

Was die „Endlösung der Judenfrage“ angeht, an der er seit seiner Amtsübernahme in Riga gearbeitet hatte, so ist auf ein in der Literatur als „Gaskammerbrief“ bekanntes Schreiben zu verweisen, das im Oktober 1941 vom Reichsministerium für die besetzten Ostgebiete an ihn gerichtet war. Konzipiert hatte es Dr. jur. Erhard Wetzel, Jahrgang 1903. Der „Sonderdezernent Rassenpolitik“ im Ostministerium hatte es mit Adolf Eichmann abgestimmt. Wetzel hatte erklärt, „nach Sachlage“ bestünden „keine Bedenken, wenn diejenigen Juden, die nicht arbeitsfähig sind, mit den Brackschen Hilfsmitteln beseitigt“ würden, gemeint war Vergasungen.[464] Damit habe sich auch Sturmbannführer Eichmann einverstanden erklärt. Der diplomierte Wirtschaftsingenieur Viktor Brack hatte auf diese Weise den Krankenmord betrieben.

Von Wetzel ist eine raum- und wirtschaftspolitische Grundsatzerklärung auf einer Arbeitstagung überliefert, nach der im Zuge einer künftigen deutschen „Industrialisierung“ des eroberten Ostraums „zweckmäßigerweise die rassisch unerwünschten Teile der Bevölkerung verschrottet werden könnten“. Es handle sich bei diesen Bevölkerungsgruppen insgesamt „um ausgesprochen Asoziale“ ohne jeden wirtschaftlichen und kulturellen Wert.[465] Da artikulierte sich kein überschießender „Hass“ im Sinne eines emotionalen Ausbruchs und auch keine abgehobene ideologische Welt- und Menschenbetrachtung, es argumentierte in machtbewusstem Selbstgefühl eine pragmatisch-kühle Stimme bei vollem Verstand und abgrundtief amoralisch für eine bestialische Modernisierung und die maximale volks- und betriebswirtschaftliche Verwertung der Bevölkerung des Kolonialraums im Osten unter tödlichem Verzicht auf als überflüssig erachtete „Ballastexistenzen“ und „Untermenschen“.

464 Zu Wetzel: Klee: Personenlexikon, S. 673; Leide: Auschwitz und Staatssicherheit, S. 79; siehe auch Harvard Law School Library Nuremberg Trials Project, Evidence Code: NO-365, abrufbar unter: https://nbg-02.lil.tools/documents/1675-draft-of-letter-to-the-reich?q=evidence:%22NO-365%22#p.1 [letzter Zugriff: 22.6.2022].

465 Bericht Wetzel über die Besprechung im „Ostministerium“ am 4.2.1942, siehe Wildt: Begriff der Arbeit, S. 22; dazu auch Kraus/Kulka: Massenmord und Profit, S. 53.

Wetzel, Teilnehmer auch von zwei Konferenzen zur „Endlösung“, wurde nach seiner Festnahme und Aufenthalten in verschiedenen Internierungslagern der Sowjetischen Militärverwaltung 1950 in der DDR im Zuge der Waldheim-Prozesse als „Treibrad“ in der „Maschinerie“ der Vernichtung zu 25 Jahren Haft und zum Entzug seines Vermögens verurteilt, fünf Jahre später aber im Rahmen einer allgemeinen Amnestie in den Westen entlassen, wo er sogleich als anerkannter „Heimkehrer“ mit dem alten Rang eines Ministerialrats im niedersächsischen Innenministerium eingestellt wurde und 1958 in die Frühpension ging.[466] Den Brief an Lohse konnte man seit den Nürnberger Prozessen in den Ermittlungsakten und spätestens 1961 in der aufarbeitenden Literatur finden.[467] Die in diesem Jahr durch die Staatsanwaltschaft Hannover eingeleiteten Ermittlungen gegen Wetzel wurden sogleich wieder eingestellt. Einer der Tatvorwürfe neben dem „Gaskammerbrief“ war ein Vorschlag von ihm nach dem Besuch lettischer Kinderheime in Swinemünde im Dezember 1944 gewesen. Kinder aus der Roma-Minderheit und körperbehinderte Kinder sollten entsprechend den „Bestimmungen über Eugenik und Rassenpflege“ der „Sonderbehandlung“ zugeführt werden.

Wetzels Entlastungszeugen – mit „zum großen Teil beachtliche[n] Stellungen im bürgerlichen Leben“ – hielten dicht, und für den Ermittler war das Beweismaterial am Ende zu „lückenhaft“.[468] Mit Eintritt in das Verfahren war ihm die Pension entzogen worden. Nun erhielt er sie wieder. Die Ermittlungen in Hannover endeten mit einer Art westdeutscher Revision des Waldheim-Chemnitzer Verfahrens gegen ihn und mit seiner Rehabilitierung als in jeder Hinsicht gesellschaftsfähig.

Verfahren zu Tötungsverbrechen in Lettland (1960, 1961, 1965, 1975)

Neben dem Verfahren zu Lohse gab es einige Verfahren gegen Personen, die das von ihm vertretene Vernichtungsprojekt in dessen Verantwortungsbereich, dem Baltikum und „Weißruthenien“, einem Teil

466 Leide: Auschwitz und Staatssicherheit, S. 79.

467 Oppenheimer: Eichmann, S. 130.

468 NSG-Datenbank des IfZ-Archivs, Reportdatum: 17.3.2021, S. 241, Verfahren 2 Js 499/61 am LG Hannover, Einstellungsverfügung, 9.12.1961; siehe auch Klee: Was sie taten, S. 217f.; „Einer kam durch“, Der Spiegel, 15 (1961), H. 34. Der *Spiegel* nennt die Wiedereinstellung von Wetzel in Niedersachsen nicht, sondern macht ihn seit seiner Ankunft in der BRD 1956 zum Pensionär.

Weißrusslands, umgesetzt hatten. In den baltischen Staaten lebten neben „ethnischen“ Balten eine große russischsprachige Minderheit sowie weißrussische, polnischsprachige, jüdische und andere Minderheiten und unter diesen auch eine kleinere Minderheit von Roma. Sie alle waren in der einen oder anderen Weise Angriffen der jeweiligen nationalistischen Bewegungen und einschränkenden staatlichen Maßnahmen ausgesetzt.

In Estland wurde die Roma-Bevölkerung in der Zeit der deutschen Besatzung nahezu ausgelöscht.[469] In Lettland wurden der Minderheit nach sowjetischer Zählung vor Kriegsbeginn 3.839 Personen zugerechnet. Die meisten überlebten nicht. Litauens etwa 1.500 Roma überlebten nach Weiss-Wendt dagegen zu zwei Dritteln, weil sie ganz überwiegend ortsfest gelebt hätten. Bei diesen Angaben ist zu berücksichtigen, dass der Holocaust an der baltischen Roma-Minderheit bislang sehr unzureichend erforscht wurde. Weiss-Wendt als der Hauptbearbeiter der Verfolgungsgeschichte der jüdischen Minderheit in Estland wendet sich in seiner nahezu 500 Seiten starken Arbeit zwar auch den Verbrechen an Roma und an psychisch Erkrankten in Estland, Lettland und Litauen zu. Dazu genügen ihm aber einmal etwa vier und einmal etwa drei Seiten. Die Kommunistenverfolgung und -vernichtung kommt bei ihm so gut wie gar nicht vor, obwohl die Zahlen hoch lagen und es zudem Überschneidungen zwischen den ethnorassistisch und den politisch Verfolgten vor allem in der großen russischsprachigen Minderheit gegeben haben dürfte. Die erheblichen Disproportionen im Narrativ zur NS-Verfolgung, wie sie typisch für die westdeutsche Rezeption sind, finden sich hier zugespitzt vor.

Aus der großen Zahl der im Baltikum begangenen Verbrechen und den nachfolgenden strafrechtlichen Ermittlungen sollen im Folgenden stellvertretend einige der auf Taten in Lettland bezogenen Verfahren vorgestellt werden.[470] Dort machten Zeugen zwar immer wieder Angaben zu Mordaktionen gegen Angehörige der Roma-Minderheit. Sie dürften aber in den Verfahren nur zu einem Bruchteil zur Sprache gekommen und mit einem hohen Anteil unbekannt geblieben sein. Die Situation der Minderheit vor der deutschen Besetzung des Territoriums beschrieb im *Journal of the Gypsy Lore Society* Vanya Kochanowski (Jahrgang 1920) 1946 so: „Before 1940 life in Latvia was very wonderful. We enjoyed absolute freedom and we could live and study as we

469 Diese und alle nachfolgenden Angaben siehe Weiss-Wendt: Murder, S. 146–151.

470 Die folgenden Angaben, soweit nicht anders belegt, siehe Huttenbach: The Romani Pořajmos, S. 42; Kochanowski: Some notes.

wished."[471] Er fügte hinzu: „The Soviet Government treated the Gypsies well, and although we were all obliged to work hard and to attend school or university, we Tziganes were satisfied with their régime."[472] Die erste Aussage ist in ihrem zeitlichen Bezug allerdings nicht gut einzuordnen. Seit 1934 war Lettland unter Kārlis Ulmanis eine nationalistische Diktatur mit antisemitischen Zügen, in der auch die lettischen „Zigeuner" nicht mit „ethnischen" Letten gleichgestellt gewesen sein dürften. 1939 endete sie und die staatliche Führung ging an die Sowjetunion über. Entweder bezieht sich die erste Aussage auf die Zeit vor 1934 oder beide Erinnerungen beziehen sich auf die sowjetische Regierungszeit bis zum Einmarsch der Wehrmacht, mit dem dann eine unbarmherzige Verfolgung begann.

Mordopfer im Generalkommissariat Lettland wurden Juden, Roma, Kriegsgefangene, „Geisteskranke" und Letten sowie „Russen", die von den Besatzern und deren lettischen Sympathisanten und Verbündeten als „Kommunisten" oder „Kommunistenfreunde" angesehen wurden. Es gab in Lettland zum Zeitpunkt des Einmarschs 70.000 Juden, von denen Ende 1941 mehr als 90 Prozent nicht mehr lebten und beim Ende der deutschen Besatzung im Herbst 1944 nur noch 3.000.[473] Die nach der Volkszählung von 1935 nicht ganz 4.000 Roma lebten zum Zeitpunkt der Befreiung des besetzten Gebiets von einzelnen Ausnahmen abgesehen nicht mehr.[474]

In den Gebieten Sakskaja und Kalwanes wurden 1941 210 Menschen in Massenerschießungen getötet, 90 davon Roma. Für den 5. Dezember 1941 wurde, nachdem bereits seit Monaten in einer ersten Vernichtungswelle Tausende von Juden umgebracht worden waren – wie im Abschnitt zu Lohses Spruchkammerverfahren beschrieben –, die Erschießung von etwa 100 Roma aus Liepāja (Libau / Liebau) ermittelt. Die Opfer waren durch die lettischen Polizeireviere, in denen deutsche Schutzpolizisten die Aufsicht hatten, als „Zigeuner" erfasst worden. Dem folgte in einer zweiten Welle seit dem Frühjahr 1942 mit der Vernichtung des Großteils der wenigen bis dahin verschonten Juden die vermehrte Vernichtung der Roma, der „Geisteskranken" und der politisch Unerwünschten. Insgesamt nennt das Gedenkbuch für Liepāja für die Zeit vom 25. September 1941 bis zum Juni 1942 als Opfer 4.761 Juden,

471 Kochanowski: Some notes, S. 112.

472 Crowe: History, S. 180.

473 Gutman: Enzyklopädie, S. 856 f.

474 Holler: Lettland, 2017.

209 Kommunisten und 193 Roma.[475] Demnach war es der Mehrheit der Roma-Minderheit zunächst gelungen, den Verfolgern zu entgehen.

Im Frühjahr 1942 waren im „Ersatzgefängnis“ in Valmiera (Wolmar) etwa 500 politische Häftlinge, Roma und sowjetische Kriegsgefangene inhaftiert. Etwa 200 Roma und Kriegsgefangene wurden erschossen.[476] Am 21. Mai 1942 wurden 19 „vagabundierende“ Roma aus dem Kreis Hasenpoth (Aizpute) erschossen,[477] am 27./28. Mai 280 Roma im Wald Emikju Priedes, ebenfalls im Mai 250 Roma in Bauska. In Tukums trieb man im Juni 1942 die jüdische Bevölkerung sowie die bis dahin überlebenden jüdischen Familien aus Kandawa zusammen mit den Roma-Familien von Tukums in die Synagoge, die angezündet wurde.[478] Insgesamt etwa 2.500 Menschen wurden vom Juli 1941 bis zum Juli 1942 beim See Walgum bei Tukums erschossen, darunter im Juni 1942 200 Roma.[479] Im Juni / Juli wurden 130 Roma und arbeitsunfähige Patienten des Krankenhauses Günthershof getötet, im Herbst 1942 50 Roma durch lettische Polizei in Bauska, im März 1943 400 oder 500 Roma in einem Wald bei Jelgava[480] und im Juni / Juli 130 Roma zusammen mit Patienten eines Krankenhauses. Im September wurden in einem Wald bei Valmiera 150 Roma getötet, von denen 100 – die gesamte Roma-Bevölkerung von Valmiera – dort fest ansässig waren.[481]

In Ventspils (Windau) wurde die Roma-Gemeinschaft ausgelöscht. In Jelgava wurden 810 Roma erschossen.[482] Von den 150 bis 200 Roma in Daugavpils (Dünaburg) überlebten 16 die deutsche Besatzung.[483] In Rēzekne (Rositten) und Viļāni (Welonen) wurden die lokalen Roma aufgefordert, sich zu versammeln, um in nahegelegenen Waldgebieten erschossen zu werden. Von den Rēzekner Roma überlebte niemand. Auch in Ludza hatten die Roma-Familien sich zu versammeln, und zwar in der

475 Anders / Dubrovskis: Jews in Liepāja, S. 7.

476 Vestermanis: Haftstätten, S. 477.

477 NSG-Datenbank des IfZ-Archivs, Reportdatum: 17. 3. 2021, S. 499 f., Verfahren 2 AR 11/71 am LG Flensburg.

478 Kaufman: Churbn [Zerstörung], S. 307; Zimmermann: Rassenutopie, S. 271.

479 Siehe: NSG-Datenbank des IfZ-Archivs, Reportdatum: 17. 3. 2021, S. 269, Verfahren 2 Js 1.304/71 am LG Verden.

480 Siehe: ebd., S. 37, Verfahren 2 Js 230/71 am LG Verden.

481 Holler: Lettland, Quellenbeleg: Lettische Sozialistische Sowjetrepublik, Volkskommissariat für interne Angelegenheiten, Aussage Avgust Antonovič Burkevič, 1. 3. 1945.

482 Holler: Lettland.

483 Kenrick / Puxon: Sinti und Roma, S. 102.

Synagoge, wo sie eingeschlossen wurden. Sie „verhungerten zu Hunderten“. Der barbarische Charakter der Verbrechen an Roma entsprach vollständig dem der an der jüdischen Bevölkerung begangenen. So wurden auch Roma-Kinder „an den Füßen gepackt und mit dem Kopf gegen Bäume geschlagen oder sie wurden mit Gewehrkolben erschlagen“.[484]

Begangen wurden die Verbrechen von Angehörigen deutscher Polizeieinheiten, SD-Einsatzkommandos, Geheimer Feldpolizei der Wehrmacht und lettischen kollaborierenden Einheiten, das heißt von den „Schutzmannschaften“ (Schuma) und dem Sonderkommando A des lettisch-deutschen SS-Offiziers Victors Arājs. Die Schuma wurden von deutscher Polizei ausgebildet und waren Teil der deutschen Befehlsstruktur. Allein die Tötung von 2.000 Roma und „Geisteskranken“ wird ihnen zugeordnet.[485] Das Sonderkommando unter Arājs war aufgrund seiner Exzess- und Massenverbrechen weithin berüchtigt. Ein Teil der lettischen Kollaborateure kam aus den nationalistischen antikommunistischen Untergrundeinheiten – darunter dem offen faschistischen Zusammenschluss „Pērkonkrusts“ (Donnerkreuz) –, die die Zugehörigkeit Lettlands zur UdSSR mit der Waffe bekämpft und den deutschen Einmarsch als eine Befreiung betrachtet hatten. In ihrem Antisemitismus, Antirussismus und Antikommunismus, wie sie der „Antibolschewismus“ zusammenband, standen sie den deutschen Besatzern in nichts nach.

Zu den Verbrechen in Lettland wurden von westdeutschen Gerichten mehrere Verfahren eingeleitet. Dort machten Zeugen zwar Angaben auch zu Mordaktionen gegen Angehörige der Roma-Minderheit;[486] sie hatten aber ein geringeres Gewicht und dürften mit einem hohen Anteil unbekannt geblieben sein.

Verfahren gegen Angehörige des Polizeibataillons 9 und des Einsatzkommandos 2 (1965–1969)

1965 wurden am Landgericht Dortmund bei einer der beiden nordrhein-westfälischen Zentralstellen zur Verfolgung nationalsozialistischer Gewaltverbrechen Ermittlungen gegen sechs Angehörige des

484 Holler: Lettland, Quellenbeleg: Lettische Sozialistische Sowjetrepublik, Volkskommissariat für interne Angelegenheiten, Aussage Avgust Antonovič Burkevič, 1.3.1945.

485 Ezergailis: The Holocaust in Latvia, S. 114, 188.

486 NSG-Datenbank des IfZ-Archivs, Reportdatum: 17.3.2021, S. 35 ff., Verfahren 2 Js 230/71 am LG Verden.

Polizeibataillons 9 und des Einsatzkommandos 2 der Einsatzgruppe A aufgenommen. Einer der Tatverdächtigen verstarb, in zwei Fällen wurde das Verfahren eingestellt, ein weiterer Beschuldigter wurde mangels Beweisen außer Verfolgung gesetzt.[487] Das Verfahren gelangte damit über die Vorermittlungen nicht hinaus.

1968 ermittelte das Landgericht Verden unter den Angehörigen einer ganzen Reihe deutscher Polizei-, SS- und Wehrmachtseinheiten und mit ihnen kollaborierender lettischer Formationen wie dem Sonderkommando Arājs wegen einer vierstelligen Zahl von Morden im Raum der Außenstelle Mitau (Jelgava) des Kommandeurs der Sicherheitspolizei und des SD (KdS) Lettland vor allem an Roma und an Insassen psychiatrischer Kliniken, die nach der Vernichtung der jüdischen Bewohner Mitaus getötet werden sollten. Die meisten Befragten „gaben [...] an, sie wüßten nichts von Juden- oder Zigeuneraktionen", und schwiegen. Die meisten als Zeugen befragten Letten waren inzwischen Angehörige von US-Dienstgruppen und erklärten, keine sachdienlichen Hinweise liefern zu können. Das Fazit der Staatsanwaltschaft war, dass sichere Nachweise nicht zu beschaffen seien und eine weitere Aufklärung damit unmöglich sei. Die Ermittlungen wurden eingestellt.[488]

Zwei Vorermittlungen, die die Kommandeure einer der Exekutionsgruppen, den Kriposekretär und SS-Mann Alfred Becu und den Schutzpolizisten und Oberwachtmeister Wilhelm Adelt, betrafen, wurden an das Landgericht Köln abgegeben.[489] Becu wurde am 8. Juli 1968 wegen Beihilfe zu Mord zu drei Jahren, Adelt zu eineinhalb Jahren Haft verurteilt. Der Strafantritt bei Adelt begann erst zum Jahresbeginn 1972 und endete bereits Anfang Oktober, die Haftstrafe war damit auf neun Monate geschmolzen. Über Adelt berichteten im Laufe des Verfahrens mehrere Augenzeugen, dass er in einem Triumphrausch schreiend auf den Leichen gerade erschossener Männer, Frauen und Kinder herumgetanzt war. Von „Völkermord" sei deshalb nicht auszugehen, meinte das Gericht unter Bezugnahme auf das Rückwirkungsverbot, weil eine entsprechende StGB-Vorschrift zur Zeit des Völkermords nicht existiert

487 Siehe Klemp: „Nicht ermittelt", S. 91, 95, 470, Verfahren 45 Js 18/65 am LG Dortmund, Zentralstelle, abgegeben unter 24 Ks 1/68 an das LG Köln; siehe JuNSV, Bd. XXX, Lfd. Nr. 686, S. 107–156, Verfahren 24 Ks 1/68 am LG Köln, Urteil 8.7.1968.

488 NSG-Datenbank des IfZ-Archivs, Reportdatum: 17.3.2021, S. 35 ff., Verfahren 2 Js 230/71 am LG Verden.

489 LAV NRW, Abt. Rheinland, Ger. Rep. 248, Nr. 308–315; JuNSV, Bd. XXX, Lfd. Nr. 686, S. 107–156, Verfahren 24 Ks 1/68 am LG Köln, Urteil 8.7.1968.

habe. Dergleichen gebe es ja erst seit dem ab dem 22. Mai 1945 wirksamen Völkermord-Paragrafen. „In erster Linie als Haupttäter" seien „die nationalsozialistischen Führer" anzusehen,[490] zu denen etwa Lohse vom Gericht nicht gerechnet wurde, sondern nur die im gängigen Muster in den westdeutschen Verfahren herangezogene Kleinstgruppe mit Hitler an der Spitze. Nur dort seien niedrige Beweggründe und ein grausames Handeln anrechenbar gewesen. Es bleibe also nur der Vorwurf einer Beihilfe.

Im gesamten Verfahren wurde ausführlich die Verfolgung und Vernichtung der jüdischen Minderheit thematisiert, an wenigen Stellen die der als „Kommunisten" Eingestuften und der psychisch Kranken. In den Prozesspapieren war von diesen und den als Juden Verfolgten ohne Distanz zur NS-Sicht als „Delinquenten" die Rede, und an nicht einer Stelle kamen Roma vor, obwohl auch sie Opfer der Vernichtung im Handlungsraum der Angeklagten gewesen waren. Das Urteil war eingeschränkt auf die Massenerschießung von Juden aus Jelgava. Seit dem Einstieg in die Strafverfolgung 1965, als von Ermittlungen zur „Tötung von mindestens 3.000 Juden, Kommunisten, Zigeunern und Geisteskranken" die Rede gewesen war, hatte sich das Erkenntnisinteresse weit vom Ausgangspunkt entfernt.

Das Verfahren zu Victors Arājs (1975–1979)

Von besonderer Bedeutung im Reichskommissariat Ostland war das Kommando des Majors Victors Arājs gewesen, eines gelernten Juristen und Rechtsanwalts, der dem ultranationalistischen Zusammenschluss „Pērkonkrusts" beigetreten war und zum SS-Sturmbannführer aufstieg.[491] Keine zwei Wochen nach dem deutschen Einmarsch setzte Arājs' Einheit in Riga die Große Synagoge mit zahlreichen eingesperrten Gemeindemitgliedern in Brand. Es folgten weitere jüdische Gebetshäuser, in die unterschiedliche Opfergruppen getrieben wurden, Festnahmen und anschließende Massenerschießungen von Juden, Roma, Kommunisten wie auch von anderen als linke Aktivisten geltenden Menschen und von „Geisteskranken". Nach Kellmann erschossen Angehörige von Arājs' Einheit allein in den Wäldern um Riga von Ende 1941 bis Anfang 1942 26.500 lettische und 10.000 aus dem Reich und aus der Tschechoslowakei deportierte Juden, „wobei sie sich von anwesenden Gaffern fotografieren

490 LAV NRW, Abt. Rheinland, Ger. Rep. 248, Nr. 314, Bl. 91, Urteil 8.7.1968; siehe auch ebd., Nr. 311, Bl. 183–240.

491 Zu Arājs siehe u. a. Knop: Viktor Arajs, S. 231–245.

ließen".[492] Hinzu kamen bei zurückhaltender Schätzung 2.000 „Kommunisten" und 2.000 Roma und „Geisteskranke".[493] Das Kommando hatte auf dem Höhepunkt der Rekrutierung etwa 2.000 Mitglieder.[494] In der Endphase flüchtete Arājs mit den deutschen Truppen in den Westen, wurde zweimal in Hamburg vergeblich zur Festnahme ausgeschrieben und tauchte 1949 vor der geplanten Festnahme unter. Er lebte als Hilfsarbeiter in Frankfurt am Main, als er 1975 verhaftet wurde. Hauptgegenstand des folgenden Verfahrens wurde die Massenerschießung der im Großen Ghetto von Riga lebenden Juden im Wald von Rumbula. Arājs wurde für weitere mindestens 19 Erschießungen zwischen Juli und Dezember 1941 bei Jelgava, Daugavpils, Liepāja und an anderen Orten verantwortlich gemacht. 1979 wurde er nach seinem sozialen Abstieg – anders als Lohse, Koppe oder Adelt kein „reiner Deutscher" und in der Rolle des deklassierten „Schergen" – wegen gemeinschaftlichen Mordes an mindestens 13.000 Menschen zu lebenslanger Haft verurteilt.[495] Das Urteil bezog sich vor allem auf Verbrechen an Juden und mehrfach auf solche an Kommunisten. An einer Stelle geht es darüber hinaus, nennt zwei weitere Opfergruppen der Sondereinheit und erklärt zugleich deren Absenz im Urteil: Es seien auch „Zigeuner und Geisteskranke" erschossen worden, aber nur „vereinzelt". Das passte wenig zu den Ermittlungsergebnissen, die einige Jahre zuvor das Landgericht Verden zutage gefördert hatte, so die Erschießungen von Hunderten Roma im Wald Emikju Priedes, in einem Wald bei Mitau, in Bausk und im Raum Jelgava, an denen auch lettische Formationen, darunter die von Arājs, beteiligt gewesen waren.[496]

Das Urteil hielt fest, dass der Angeklagte in seinem letzten Wort an das Gericht appelliert hatte, er habe den „Kampf gegen den Kommunismus" und die „Reinigung des Landes von schädlichen Elementen" als Aufgabe gesehen und dabei bleibe er. Das war eine Grundsatzerklärung von Arājs und eine Art Gnadengesuch unter dem Motto: „Wir sind doch Gleichgesinnte."[497]

492 Kellmann: Dimensionen, S. 287.

493 Mann: Die dunkle Seite, S. 416.

494 Kellmann: Dimensionen, S. 287.

495 JuNSV, Bd. XLIII, Lfd. Nr. 856, S. 169–282, Verfahren 141 Js 534/60 bzw. (37) 5/76 am LG Hamburg, Urteil 21. 12. 1979.

496 NSG-Datenbank des IfZ-Archivs, Reportdatum: 17. 3. 2021, S. 35 ff., Verfahren 2 Js 230/71 am LG Verden.

497 JuNSV, Bd. XLIII, Lfd. Nr. 856, S. 169–282, Verfahren 141 Js 534/60 bzw. (37) 5/76 am LG Hamburg, Urteil 21. 12. 1979, hier: S. 179.

356 Angehörige der Arājs-Einheit wurden von sowjetischen Gerichten verurteilt, die meisten zu zeitlichen Lagerstrafen zwischen zehn und 25 Jahren, einige zum Tode.[498]

Beaufsichtigt, angeleitet und angeregt wurde Arājs durch seinen deutschen Vorgesetzten, den Oberregierungsrat und SS-Sturmbannführer Rudolf Batz, zeitweise Kommandeur der Sicherheitspolizei und des SD (KdS) Lettland, wie sein Untergebener ein gelernter Jurist und der Führer des Einsatzkommandos 2 der Einsatzgruppe A.[499] Dieser Mentor von Arājs verschwand nach 1945 unter einem Falschnamen in einer ominösen Firma „Informator für Wirtschaftsangelegenheiten und Wirtschaftswerbung“, die eine ganze Reihe belasteter NS-Funktionsträger beschäftigte. Dort zog er ein Unterstützungsnetz von Ex-Nazis auf. Ihm gelang anders als Arājs der Wiedereinstieg in eine Mittelschichtnormalität, 1960 wurde er jedoch erkannt und festgenommen. Die Ermittlungen endeten, nachdem er sich im Jahr darauf in der Zelle erhängt hatte.[500]

Das Verfahren gegen Angehörige des Polizeibataillons 13 und des Einsatzkommandos 2 (1960–1971)

Im Jahr von Batz’ Festnahme begannen westdeutsche Ermittlungen gegen Angehörige des Einsatzkommandos 2 der Einsatzgruppe A, des Polizeibataillons 13 und des SD Libau zur „Tötung von mindestens 3.000 Juden, Kommunisten, Zigeunern und Geisteskranken“ in Liepāja, Priekule, Aizpute (Hasenpoth), Skede (Schkede) und Ventspils.[501] Sie zogen sich über ein Jahrzehnt hin. Die Staatsanwaltschaft Hannover hatte zunächst versucht, das Verfahren loszuwerden, und es der Kölner Oberstaatsanwaltschaft angeboten, die es erfolglos an die NRW-Zentralstelle in Dortmund durchzureichen versuchte, sodass es am Ende wieder nach Niedersachsen zurückgegangen war. In Hannover angeklagt wurden 1970 Carl-Emil Strott, Erhard Grauel, Georg Rosenstock, Otto Reiche, Gerhard Kuketta, Paul Fahrbach, Philipp Krapp, Josef Michalsky und Erich Handke.[502] Zu den Tatbeständen gehörte die

498 Anders / Dubrovskis: Jews in Liepāja, S. 29.

499 Zu Batz siehe Klee: Personenlexikon, S. 30; Musial: „Aktion Reinhardt“, S. 358.

500 Klee: Personenlexikon, S. 30; Angrick / Klein: Die „Endlösung“ in Riga, S. 458.

501 Auszüge in LAV NRW, Abt. Rheinland, Ger. Rep. 248, Nr. 308, Bl. 87–170; JuNSV, Bd. XXXVI, Lfd. 760, S. 105–298, Verfahren 2 Js 291/60 bzw. 2 Ks 3/68 am LG Hannover, Urteil 14. 10. 1971, Verfahren 58 StR 148/73 am BGH, Urteil 11. 6. 1974.

502 Ebd.

Ermordung von 173 Roma, 38 Juden und sechs „Kommunisten" am 16. Mai 1942 in den Kreisen Libau (Liepāja) und Goldingen (Kuldiga) und am 2. Juni 1942 von 19 Roma in Aizpute.[503] Die gerichtliche Bilanz ergab, dass 4.761 Juden, 209 angebliche Kommunisten und 193 Roma umgebracht worden waren. Im Ergebnis des Hauptverfahrens wurden 1971 drei Angeklagte freigesprochen und sechs wegen Beihilfe zum Mord zu mittleren und zu geringen Haftstrafen verurteilt. „Die Haupttäter waren [...] Hitler, Himmler und Heydrich", konstatierte das Gericht und fügte „außerdem als Haupttäter" noch den Chef der Außenstelle Libau des KdS, den Kriminaloberassistenten und SS-Untersturmführer Wolfgang Kügler, den Polizeistandortführer in Libau, den SS-Obersturmbannführer Dr. Fritz Dietrich sowie den SS-Obergruppenführer, General der Polizei und Höheren SS- und Polizeiführer Russland-Nord und Ostland Friedrich Jeckeln hinzu. Die Erweiterung der „Haupttäter" um diese Rangstufen wich vom landläufigen Muster ab. Dass blieb schadlos für die drei, denn Kügler hatte 1959 in Untersuchungshaft Selbstmord begangen, Dietrich war in einem der US-Prozesse in Dachau zum Tode verurteilt und 1948 hingerichtet worden und Jeckeln 1946 von einem sowjetischen Gericht verurteilt und ebenfalls hingerichtet worden. Dass die den „Haupttätern" Hinzugefügten wie diese nicht mehr lebten, erleichterte nun die Entlastung der verbliebenen Angeklagten zu „Gehilfen".

Die Morde an Angehörigen der Roma-Minderheit hatten in diesem Hannoveraner Verfahren eine Randbedeutung.

In dem Verfahren fehlte der gelernte Schlosser und SS-Mann Hans-Joachim Baumgartner, ein Mittäter. Seine Dienststelle war die SD-Außenstelle in Liepāja gewesen.[504] In der SBZ lebend, hatte er später nicht den Weg in den Westen angetreten. 1969 wurde der Lagerist in der DDR entdeckt und festgenommen. Die Berliner Staatsanwaltschaft untersuchte seine Rolle bei der Zusammentreibung und Verschleppung Tausender Unerwünschter der verschiedenen Feindgruppen durch die Angehörigen der SD-Außenstelle und durch lettische Hilfspolizei und kam zu dem Schluss, dass er vom Oktober 1941 bis zum September 1943 „gemeinschaftlich und arbeitsteilig mit anderen handelnd" an der „Ermordung von 6.329 Sowjetbürgern meist jüdischer Herkunft,

503 Wilhelm: Einsatzgruppe A, S. 118.

504 Diese und die nachfolgenden Angaben in JuNSV, Bd. II, Lfd. Nr. 1.046, S. 323–352, Verfahren 101a BS 24/70 am Stadtgericht Berlin, Urteil 18. 3. 1971, Verfahren 1a Ust 13/71 am OG der DDR, Urteil 7. 5. 1971, hier: S. 345 f., 348, 351 f.

darunter Gebrechliche, Frauen, Kinder und Säuglinge", mitgewirkt habe. Allein an sieben Tagen seien „mehr als 5.000 unschuldige Menschen allein deshalb getötet [worden], weil sie jüdische Bürger waren".

Tatorte, von denen bekannt ist, dass dort oder in deren Nähe auch oder nur Roma ermordet worden waren, wie Liepāja, Aizpute oder Skede, spielten wie schon in Hannover auch in dem Berliner Verfahren keine Rolle. Es seien mit dem Ziel der „Ausrottung des Judentums" „insbesondere Sowjetbürger jüdischer Herkunft systematisch ermordet" worden. Das sei ein Element der „Durchsetzung der unmenschlichen Rassen- und Germanisierungspolitik" gewesen. In diesem allgemeinen Zusammenhang wurden dann ohne konkreten Bezug zu Baumgartner und seinem Handlungsraum auch „Zigeuner" als Opfer „summarischer Tötungen" neben Juden und „Geisteskranken, asiatisch Minderwertigen, kommunistischen Funktionären und Asozialen" genannt.

Baumgartner wurde 1971 vom Stadtgericht Berlin auf Grundlage des IMT-Statuts und des StGB der DDR wegen Kriegsverbrechen und Verbrechen gegen die Menschlichkeit zum Tode verurteilt, was vom Obersten Gericht der DDR bestätigt wurde, und hingerichtet.[505] Das Stadtgericht hatte hervorgehoben, dass es „dem spezifischen Charakter dieser Verbrechen" entspreche, „dass sie nicht von einzelnen Personen und unabhängig voneinander begangen werden können, sondern erst das planmäßige und arbeitsteilige Zusammenwirken vieler den angestrebten Gesamterfolg" herbeiführe. Das Gesamtverbrechen habe nur vollendet werden können, „weil auch der Angeklagte durch sein verbrecherisches Handeln in den verschiedenen Phasen aktiv" mitgewirkt habe.

Er habe sich damit „selbst außerhalb der humanitären Prinzipien der Menschheit gestellt". Das erinnert deutlich an die Argumentation von Hannah Arendt für die Todesstrafe für NS-Verbrecher.

In der aus den Opferzahlen hervorgehenden starken Fokussierung auf die jüdische Minderheit zeigt sich neben den Unterschieden eine Gemeinsamkeit des Ostberliner Verfahrens mit westlichen Prozessführungen.

Ein weiterer Angehöriger des Einsatzkommandos 2 der Einsatzgruppe A war der Arzt Dr. Rudolf Sicius, ein Alter Parteigenosse, der schon in den 1920er-Jahren in seiner Heimatstadt Memmingen als antisemitischer Aktivist aufgetreten war. Der vormalige Leiter des Rassenpolitischen Amts im Gau Schwaben war 1942 in dem „Ersatz-Gefängnis

505 Ebd., S. 351 f.

Womar“ im lettischen Valmiera eingesetzt, das als eine Art KZ vom Einsatzkommando 2 verwaltet wurde.[506] Dort wurden im Frühjahr von den 500 Insassen – politische Häftlinge, Roma und sowjetische Kriegsgefangene – 200 erschossen, weshalb 1970 das Landgericht Kaiserslautern ermittelte.[507] Weitere Tatvorwürfe, die bis in das Jahr 1944 reichten, schlossen sich an. Das Verfahren zu Sicius wurde zwei Jahre später eingestellt.

Verfahren zu Tötungsverbrechen in der Ukraine, in Weißrussland und in Russland (1960–1979)

Zum Reichskommissariat Ostland gehörte neben dem Baltikum das weißrussische Generalkommissariat „Weißruthenien“. Dort lebte eine große jüdische Minderheit. In der westlichen Hälfte waren es 1941 10 Prozent von insgesamt etwa 1,9 Millionen, in der östlichen 8 Prozent von etwa 2,3 Millionen, im städtischen und administrativen Zentrum Minsk war es nicht ganz die Hälfte der Bevölkerung.[508] Das bildet sich in den Zahlen der nazistischen Vernichtungspolitik ab und bedeutete nach 1945, dass die justizielle Bearbeitung der Verbrechen sich stärker als anderen Verfolgtengruppen dieser Minderheit zuzuwenden hatte. Neben Juden galten der deutschen Besatzung insbesondere Roma und Widerstandskämpfer als „potentielle Gegner“. Die kommunistische bewaffnete Widerstandsbewegung in Weißrussland war nach Meinung von Christian Gerlach die stärkste in Europa.[509] Das schloss zahlreiche jüdische und Roma-Widerstandskämpfer mit ein. Neben den Stützpunkten der Partisaneneinheiten lagerten nicht selten weißrussische, jüdische und Roma-Familien, die aus den angegriffenen oder durchsuchten Dörfern geflüchtet waren, weil sie darin eine Überlebenschance sahen. In der Wahrnehmung der westdeutschen Justiz hatte die kleine Roma-Minderheit ungeachtet des gleichermaßen gegen sie gerichteten Vernichtungswillens nur eine Randbedeutung.

506 Zu Valmiera: Vestermanis: Haftstätten, S. 477.

507 Zu Sicius siehe Wirsching: Nationalsozialismus, S. 207 f., 220; Fassl: Geschichte und Kultur, S. 100, 105–107; zum Verfahren 18 Js 11/70 am LG Kaiserslautern siehe NSG-Datenbank des IfZ-Archivs, Reportdatum: 17. 3. 2021, S. 261.

508 Krausnick/Wilhelm: Die Truppe des Weltanschauungskrieges, S. 309; Gutman: Enzyklopädie, S. 1570.

509 Gerlach: Kalkulierte Morde, S. 12.

Das Verfahren zu Georg Heuser und weiteren Angehörigen des KdS Minsk (1960–1963)

In Minsk residierte in wechselnder Besetzung der Kommandeur der Sicherheitspolizei und des Sicherheitsdienstes (KdS). Sein Gestapochef und Leiter der Abteilung für Juden-, Zigeuner- und Polenfragen war von 1941 bis 1944 SS-Obersturmführer Georg Heuser, zuvor Angehöriger des Sonderkommandos 1b unter Erich Ehrlinger der Einsatzgruppe A, 1942/43 auch KdS in Minsk. Seit 1958/59 wurde in Ludwigsburg gegen Heuser ermittelt. Seine Tätigkeit in Minsk steht für das gesamte Ausmaß sowohl der Schreibtisch- als auch der Direkttäterschaft.

1963 legte die Koblenzer Staatsanwaltschaft Heuser und zehn weiteren Angehörigen der Minsker Dienststelle zur Last, an der Tötung von 30.356 Juden, Roma, des Widerstands Verdächtigter und „Geisteskranken“ beteiligt gewesen zu sein. Die neben Heuser angeklagten SS-Offiziere waren der Untersturmführer Baron Eberhard von Toll, die Obersturmführer Karl Dalheimer, Johannes Feder, Wilhelm Kaul, Friedrich Merbach, Jakob Oswald und Artur Wilke sowie die Hauptsturmführer Arthur Harder, Rudolf Schlegel und Franz Stark. Sie gehörten zu den Jahrgängen 1900 bis 1913. Sie sind als Elektrotechniker, Zolloberinspektor, Kaufmannsgehilfe, Kfz.-Mechaniker, Polizeibeamte im mittleren Dienst oder Lehrer mit nichtuniversitärer Ausbildung durchweg dem unteren Bereich der Mittelschichten zuzuordnen.

Die weiteren Verbrechen Heusers als Mitglied des Sonderkommandos 1b 1941 in Riga und 1944 bei der Niederschlagung des Aufstands in der Slowakei, als Heuser Slowaken, Juden, Roma, Ungarn und Kriegsgefangene „sonderbehandelte“, wie er nach oben meldete, interessierten das Gericht nicht.

Über die Verbrechen an Roma in Heusers Befehlsregion Minsk war im Prozess nur wenig zu erfahren, wiewohl sie keine Seltenheit darstellten und mit derselben Gnadenlosigkeit praktiziert wurden wie die an der jüdischen Minderheit.

Der Prozess fand viel öffentliche Aufmerksamkeit, weil der Hauptangeklagte und ehemalige Gestapobeamte Georg Heuser seit 1954 wieder bei der Kripo arbeitete, schon im Jahr darauf kommissarischer Polizeipräsident in Kaiserslautern wurde und seit 1958 als Kriminaloberrat das Landeskriminalamt (LKA) Rheinland-Pfalz leitete, zu dessen Aufgaben auch die Fahndung nach NS-Straftätern gehörte.

Hier soll ausführlicher auf den Prozess zu diesen elf KdS-Vertretern eingegangen werden, weil er gebündelt Einblicke in nazistische

Täterschaften ermöglicht, in deren Rezeption durch ein westdeutsches Gericht, in das Selbstverständnis von Tätern und in den gesellschaftlichen Umgang mit ihnen.

Heuser kam im Dezember 1941 nach Minsk und blieb dort bis Mitte 1944. Er war Jurist ohne zweites Examen, hatte sich entschieden, zur Kripo und in die SS zu gehen, und trat seit 1941 wie auch nach 1945 mit einem falschen Doktortitel auf, was erst Ende der 1950er-Jahre aufgedeckt wurde.[510] An seinem Minsker Schreibtisch entschied er, welche Gefängnisinsassen zu töten waren. Bei „verschärften Vernehmungen" beteiligte er sich eigenhändig und erschoss Tatverdächtige auch selbst, diktierte den Einsatz der Gaswagen, leitete Massenerschießungen und nahm aktiv daran teil: „Ich schoss mit, zunächst auf solche in der Grube liegenden Juden, die noch lebten, dann direkt als Schütze mit Genickschuss."[511] Bei der Erschießung von 900 aus Wien nach Weißruthenien deportierten Juden schoss er nach eigenem Bekunden „wie eine Maschine".[512] Laut Heusers Komplizen Artur Wilke bilanzierte sein Vorgesetzter den Stand der Erschießungen durch die Minsker SD-Dienststelle 1943 wie ein sonstiges gelungenes Arbeitsergebnis mit der Bemerkung: „So, jetzt haben wir in der Vollzugsmeldung 70.000 erschossene Juden erreicht." An allen Verbrechen waren die elf Beschuldigten jeweils in gleicher Weise beteiligt gewesen.

Heuser war es wichtig gewesen, dass die ihm Untergebenen sich in Minsk wohlfühlten, auch durch eine Vielfalt kultureller und Freizeitangebote. Es gab dort Konzerte, Gedichtvorträge, Film- und Theatervorführungen, Fußballspiele, „Kameradschaftsabende" und ein ordentlich geführtes Bordell. Die Verbrechen waren wie die Unterhaltungsangebote in eine Welt bürgerlicher Doppelmoral integriert. Für die Teilnehmer an den Massenerschießungen standen Zehntausende Wodkaflaschen zur Verfügung. Der Gewerbelehrer Rudolf Schlegel, nach 1945 Ausbilder von kaufmännischen Lehrlingen bei Daimler-Benz in Stuttgart – und wie Heuser aus einer Einsatzgruppe kommend –, hatte in Minsk eine der SD-Abteilungen geleitet. Von ihm kam im Verfahren die grundsätzliche Feststellung zur Praxis der Verbrechen: „Es gab keine Zwischenfälle. Es funktionierte alles."

510 Diese und die nachfolgenden Angaben, soweit nicht anders angegeben, siehe Matthäus: Georg Heuser, S. 115–125.

511 Klee: Personenlexikon, S. 251.

512 Langerbein: Hitler's Death Squads, S. 160.

Im Prozess kam jedoch eine Unregelmäßigkeit im Winter 1941/42 zur Sprache. Die Anklage hielt Franz Stark die Erschießung von Roma als Leiter eines Teilkommandos vor. Eine größere Gruppe, etwa 50 Männer, Frauen und Kinder, war festgenommen worden, und Heuser hatte ihre Erschießung angeordnet. Die Roma hatten diese Absicht erkannt und einen Fluchtversuch unternommen, der den meisten gelang. Fünf von ihnen konnte das SS-Kommando wieder festnehmen. Sie wurden auf Starks Befehl von kosakischen Bewachern getötet. Vorwürfe gegen sie hatte es nicht gegeben. Das Koblenzer Gericht stellte fest, „sie sollten vielmehr, was Stark wusste, als lebensunwerte Elemente ausgemerzt werden". Stark habe das Kommando „wissentlich und willentlich" geführt und aus niedrigen Beweggründen gehandelt. Das sei Mord im Sinne des § 211 gewesen.[513]

Ein grausiges Schauspiel inszenierte der Angeklagte Arthur Harder, der Kaufmannsgehilfe in der Gruppe, im Herbst 1943 an drei Angehörigen des Widerstands, die auf einem Scheiterhaufen, bestehend aus aufeinandergeschichteten verwesenden Mordopfern des von diesem SS-Hauptsturmführer geleiteten „Enterdungskommandos", lebend verbrannt wurden. Heuser und andere SS-Führer standen zuschauend dabei.

Das „Heuser-Verfahren" endete 1963 mit einer Verurteilung zu lebenslänglich, zwei Verurteilungen zu zehn und 15 Jahren, zwei zu sieben und acht Jahren und sechs Haftstrafen von viereinhalb, vier und dreieinhalb Jahren. Alle Angeklagten waren überführt, jeweils an der Tötung von Tausenden beteiligt gewesen zu sein, aber nur einer erhielt wegen Mordes die Höchststrafe. Soweit sie nach 1945 in ein alliiertes Internierungslager geraten waren, wurde ihnen später die Zeit dort auf die Haftzeit angerechnet.

Nur dreimal sprach die umfangreiche Anklage Verbrechen an Roma an. Demnach hatte es neben der Erschießung der fünf geflüchteten Roma noch sieben Getötete während des „Partisaneneinsatzes Nürnberg" im November 1942 und 30 Getötete während des „Partisaneneinsatzes Hamburg" im Dezember 1942 gegeben. Davon verblieb im Urteil nur die Erschießung der fünf im Winter 1941/42. Zwar wurde sie vom Gericht als Mord gesehen, aber Heuser in diesem Punkt

513 Zum Folgenden: JuNSV, Bd. XIX, Lfd. Nr. 552, S. 159–318, Verfahren 9 Ks 2/62 am LG Koblenz, Urteil 21.5.1963, hier: S. 165, 226, 257, 304; ebd., Bd. XXII, Lfd. Nr. 601, S. 383–396, Verfahren 9 Ks 2/62 am LG Koblenz, Urteil 10.11.1965, Verfahren 1 StR 463/64 am BGH, Urteil 19.1.1965; NSG-Datenbank des IfZ-Archivs, Reportdatum: 17.3.2021, S. 357.

freigesprochen. Er hatte den Vorwurf bestritten, und Stark bekundete inzwischen, nicht mehr zu wissen, ob es Heuser war, der den Befehl gegeben hatte. Stark, der den Kosaken den Auftrag zur Erschießung gab, wurde in diesem Anklagepunkt nur als Gehilfe gesehen. Nach dem Gesamtbild seiner Persönlichkeit und seines Tatbeitrags habe er keinen Willen zur Tatherrschaft gehabt und den Befehl nur befolgt, um mitwirken zu können.[514] Einen ermittelbaren Täter im strafrechtlichen Sinn, wie die westdeutsche Rechtsprechung ihn verlangte, gab es bei dieser Erschießung nicht.

Es war Stark, der sich als früherer Hilfsarbeiter auf der sozialen Stufenleiter der Gruppe in der niedrigsten Position befand, der zu lebenslänglich verurteilt wurde. Alle anderen – auch Heuser – wurden vom Gericht nur als Gehilfen eingestuft. Heuser, der 15 Jahre erhalten hatte, saß seine Strafe im Zuchthaus Diez ab. Nach zwei Dritteln der Strafverbüßung beantragte er erfolgreich, die Reststrafe aufgrund einer positiven Sozialprognose auszusetzen. Der Vorstand der Strafanstalt unterstützte ihn dabei mit der Begründung, Heuser sei „kein Krimineller im üblichen Sinn". Die Reststrafe wurde Ende 1969 ausgesetzt und dann erlassen. Hätte die fünf Jahre nach diesem Urteil von Eduard Dreher durchgesetzte Kalte Amnestie schon gegriffen, wäre es allein bei Stark zu einer Verurteilung gekommen.

Während des Verfahrens in den 1960er-Jahren stellte *Der Spiegel* fest, es stehe „bei fast allen [Angeklagten] [...] die inkriminierte SS-Tätigkeit von gestern in groteskem Widerspruch zu ihrem reputierlichen Bürger-Beruf von heute".[515] Hätte der Journalist auch auf das Gestern geschaut, hätte er abgesehen von zwei Ausnahmen eine über die Bruchstelle 1945 hinausreichende Kontinuität der Zugehörigkeit zur unteren Mittelschicht seit den Weimarer Jahren und über die NS-Jahre hinweg beschreiben können. Die Ausnahmen waren mit Franz Stark ein NS-Aufsteiger aus dem unteren Segment der Arbeiterschaft und mit Baron Eberhard von Toll ein Angehöriger der alten Oberschicht. Auf die Schulen, die die Angeklagten besucht hatten, folgte mit Ausnahme von Stark eine gute handwerkliche oder kaufmännische Ausbildung, bei vier von ihnen aber der Einstieg in ein Studium, wenn es auch nicht unbedingt ein universitäres war. Nicht ganz die Hälfte wurde irgendwann Polizeibeamter im höheren Dienst. Von Toll

514 JuNSV, Bd. XIX, Lfd. Nr. 552, S. 159–318, Verfahren 9 Ks 2/62 am LG Koblenz, Urteil 21. 5. 1963, hier: S. 304.

515 Heuser: „Im Schatten der Fackeln", Der Spiegel, 16 (1962), H. 42.

war ein deutsch-estnischer Baron, dessen Beruf in der Verwaltung der familiären Ländereien bestand.

Nicht in den sozialen Zusammenhang dieser Gruppe von – sieht man von Heuser ab – kleinen Emporkömmlingen passte der proletarische Aufsteiger Stark. Der vormalige Hilfsarbeiter war schon 1920 der NSDAP beigetreten. Nach einer NS-Karriere bis zum SS-Offizier und mit dem Zusammenbruch der NS-Herrschaft war er erneut als Hilfsarbeiter tätig, während die anderen ausnahmslos wieder in der vom *Spiegel* angesprochenen gesellschaftlichen Mitte Fuß fassten, Heuser mit erhöhtem Erfolg. 1954 hatte er als Unterbringungsberechtigter nach dem Gesetz zum Artikel 131 GG unter Verschweigen seiner SS-Mitgliedschaft und Stellung in Minsk, die in seinem Berufskreis auf den höheren Rängen ebenso wie seine Karriere nach 1945 allgemein bekannt waren, in den Kripodienst zurückkehren können. Dabei hatte ihn ein ehemaliger Mitschüler auf der Führerschule der Sicherheitspolizei in Berlin-Charlottenburg und Mitangehöriger des Einsatzkommandos 14, nun Kriminalrat beim Bundesnachrichtendienst (BND), unterstützt.

Heuser und Schlegel waren 1913 geboren und damit die jüngsten unter den jungen Angeklagten. Alle waren sie 1945 in ihrem besten Alter.

Einen besonderen Beleg für das arrogante Selbstbild hochkultureller Herrenmenschen, die legitimiert seien, primitive Untermenschen zu vernichten, lieferte im Verfahren der Theologe und Lehrer ohne zweites Examen Artur Wilke mit seinem Tagebuch. Sowjetische Ermittler fanden es im weißrussischen KZ Trostinez und brachten es in den Prozess ein. Seit Beginn der 1940er-Jahre war Wilke Spezialist und Ausbilder für Partisanenbekämpfung. Dazu gehörte die Abschreckung der Zivilbevölkerung durch äußerste Brutalität. So ordnete er etwa eine Verbrennung bei lebendigem Leibe von mehreren Hundert Personen in einer verschlossenen Dorfkirche an. Die Pausen bei den Massenerschießungen verbrachte er laut Tagebuch mitunter zu seiner Ablenkung und Entspannung mit dem Lesen von Hölderlin-Versen.[516] Im Verfahren stellte er sich mit lateinischen und griechischen Zitaten als bürgerlicher humanistischer Feingeist dar, literarisch, philosophisch und religiös hochgebildet. Auch dieser nach 1945 in die Rolle eines Volksschullehrers Geschlüpfte war an allen Formen der Vernichtung beteiligt gewesen.

516 Zu Wilke: Stefanie Gollasch: „Stederdorf. Gestapo-Massenmörder tarnte sich als Lehrer“, Peiner Allgemeine Zeitung, 21.9.2019; Glückel: Klassenfoto; Süselbeck: Niemanden verloren geben, S. 25 ff.

Die Anklage hielt ihm mindestens 3.000 Tötungen vor. Dass er eine falsche Identität angenommen hatte, war in der Familie sowie unter den Bewohnern des Ortes, in dem er lebte, und damit auch in den Familien seiner Schüler kein Geheimnis.

Als gläubiger Christ beschrieb sich der vormalige Organist einer protestantischen Kirchengemeinde und Polizeioberinspektor mit Gestapo- und RSHA-Erfahrung Wilhelm Kaul. Er war bekannt als Pistolenschütze. Mehr als 2.400 Tötungsdelikte bei Massenerschießungen und bei Vergasungen mit den Minsker Gaswagen wurden ihm vorgeworfen. Er war zu Verfahrensbeginn Zolloberinspektor bei der Oberfinanzdirektion Münster.

Zum gläubigen Protestanten erklärte sich Baron Eberhard von Toll, der mit Heuser außerdienstlich befreundet gewesen war. Der Dolmetscher bei der Gestapo und Kripo Minsk gestand, dass er auch als Schütze mit Genickschüssen bei Massenerschießungen mitgewirkt hatte. Zu seinem aktuellen Bekanntenkreis gehörte die Familie des Bundestagspräsidenten und Theologen Eugen Gerstenmaier von der CDU. Von Toll war nun im Generalsekretariat des westdeutschen Deutschen Roten Kreuzes (DRK) in der Bundeshauptstadt tätig.

Arthur Harder, jetzt kaufmännischer Angestellter in einem Krupp-Unternehmen in Frankfurt, wurde 1952 gerichtlich auffällig, aber es ging nicht um die Morde in Weißrussland. Das Mitglied der SS-Veteranenvereinigung HIAG hatte in einer Frankfurter Gaststätte in einer fröhlichen Runde antisemitische SS-Lieder gesungen und war angezeigt worden. Ein Aushilfskellner bezeugte den Vorgang. Daraufhin lauerte Harder ihm auf und schlug ihn mit einer Zaunlatte und dem Ausruf „Jetzt habe ich dich, du Hund!" nieder. Das anschließende Verfahren wegen Beleidigung und Körperverletzung endete mehr als zwei Jahre später für Harder nicht ohne richterliches Verständnis mit zwei Monaten auf Bewährung.[517]

Im Heuser-Prozess trat ein politisch-justizielles Grunddilemma von westdeutschen Verfahren zu NS-Verbrechen im okkupierten Osteuropa auf.[518] Eine sowjetische Kommission hatte eine archivalische Dokumentation erarbeitet. Den Überbringern des Quellenmaterials und Prozessbeobachtern, einem Rechtsprofessor und einem Attaché

517 Glückel: Klassenfoto, S. 72 f.; Einigkeit. Zentralorgan der Gewerkschaft Nahrung-Genuss-Gaststätten 5 (1954), S. 251.

518 Die nachfolgenden Angaben siehe Dietrich Strothmann: Hölderlin zwischen den Exekutionen. Porträt eines Kriegsverbrecherprozesses, der noch nicht der letzte ist, Die Zeit, 14. 6. 1963; Ein Haushaltsmann in Riga, Der Spiegel, 17 (1963), H. 17.

des sowjetischen Außenministeriums, waren von der Bundesregierung jedoch die Einreise verweigert und die Visa entzogen worden. Im Widerspruch zu den staatlichen Interventen beurteilte das Gericht die sowjetische Dokumentation als „in ihrer Echtheit über jeden Zweifel erhaben“ und bedankte sich. Vernommen wurde im Verfahren auch der westdeutsche Staatssekretär im Bundesministerium für wirtschaftliche Zusammenarbeit, zuvor Ministerialrat im Bundeskanzleramt, Dr. jur. Friedrich Karl Vialon.[519] Das frühere NSDAP-Mitglied war in Lohses Reichskommissariat Chef der Abteilung zur Vereinnahmung jüdischer Gold- und Silbersachen und „anfallender Spinnstofferzeugnisse“ gewesen, wie sie vor den Erschießungen der zuvor Entkleideten an den Mordgruben massenhaft zusammenkamen. Er war nach Lohses Urteil einer seiner „fähigsten Leute“ gewesen. Vialon erklärte, über den Tatbestand der Vernichtung habe er erst nach Kriegsende etwas erfahren. Wegen Meineids angezeigt, wurde seit 1963 gegen ihn ermittelt. Ihm wurden von ihm unterschriebene Anordnungen, so ein „Nacktbefehl“ zur Sicherung der weiter zu verwertenden Kleidung der Erschießungsopfer und zur Entdeckung am Körper verborgener Wertsachen, vorgehalten. 1971 wurde er freigesprochen. Ein späteres Verfahren, nun wegen Beihilfe zum Mord, wurde 1973 eingestellt.

Das Verfahren gegen Angehörige des Polizeibataillons 306 (1962–1973)

Lohses Heiligabend-Erlass zur Gleichsetzung von „Zigeunern“ mit Juden vorgreifend, hatte Ende November 1941 der Wehrmachtskommandant in Weißruthenien zum Zweck der „Partisanenbekämpfung“ darauf hingewiesen, es müssten „wie angeordnet [...] die Juden vom flachen Lande verschwinden und auch die Zigeuner vernichtet werden“. Dafür sei die zivile oder die Polizeibehörde zuständig, was die Reservepolizeibataillone miteinschloss.[520]

1942 war das Polizeibataillon 306 mit der Polizeireiterabteilung 2 im Gebiet des Kommissariats Pinsk in Weißrussland und in nächster Nachbarschaft zur Ukraine grenzüberschreitend eingesetzt. Das Bataillon hatte seit 1941 eine Blutspur im besetzten Polen hinterlassen. Es

519 Zu Vialon im Heuser-Prozess siehe Hans Schueler: Log Vialon? In Koblenz begann der Meineidsprozeß gegen den Staatssekretär i.R., Die Zeit, 16.4.1971; Vialon. Am Stehpult, Der Spiegel, 19 (1965), H. 21; Glückel: Klassenfoto.

520 Hoppe/Hansen/Holler: Verfolgung und Ermordung, S. 134.

mordete eine fünfstellige Zahl „potentieller Gegner". Das setzte es in Weißrussland und der Ukraine fort.

Seit 1961 eröffneten mehrere Landgerichte Ermittlungsverfahren gegen Angehörige der Formation. Ab 1962 richteten sich Ermittlungen des Landgerichts Frankfurt am Main[521] gegen den stellvertretenden Gebietskommissar von Pinsk und Stabsleiter Alfred Ebner, den SS-Mann Adolf Petsch sowie gegen die Schutzpolizisten Rudolf Karl Eckert, Heinrich Walter Groß, Johann Josef Kuhr, Heinrich Wilhelm Plantius, Heinz-Dieter Teltz und Günter Waltz.

Alfred Ebner, Jahrgang 1913, war gelernter Maschinenschlosser und Kraftfahrer gewesen, bevor er zur SS ging und sich nach dem Besuch zweier „Ordensburgen" zum SS-Führer qualifiziert hatte. Nach 1945 wurde er als Kleinunternehmer und als Handelsvertreter tätig. Er wurde im Verfahren von Überlebenden „auf das Schwerste belastet". Ständig hatte er Menschen erschießen lassen oder selbst erschossen. Mit Blick auf seine Entlastungsbemühungen vor dem Frankfurter Gericht sei hervorgehoben, dass es zu seinen Praktiken gehörte, im Ghetto von Pinsk als „Geisteskranke" Verdächtige aus den Häusern zu holen, um sie umbringen zu lassen.[522]

Rudolf Karl Eckert, Jahrgang 1914, ging nach dem Abitur zur Wehrmacht und wechselte dann zur Schutzpolizei, wo er ab 1937 einen Offiziersrang hatte. Im Polizeibataillon 306 war er Hauptmann und Kompanieführer, in der Kriegsendphase in Italien bei der „Bandenbekämpfung". Er ging nach einer Kriegsgefangenschaft 1948 wieder zurück in den Polizeidienst, wo er in Hamburg zum Zeitpunkt seiner Verhaftung Hauptkommissar war.[523]

Heinrich Walter Groß, Jahrgang 1911, war gelernter Autoschlosser und ging 1932 zur Polizei. Ab 1938 Schutzpolizist kam er als Zugführer zum Polizeibataillon 306 und nahm am Niederbrennen des Ghettos in Pinsk und an sogenannten Vergeltungsaktionen teil. Nach einer Internierung in den Niederlanden wurde er Gastwirt in Frankfurt am Main und erhielt, da aufgrund einer Kriegsverletzung nicht wieder in den Polizeidienst übernommen, eine Unterhaltsrente nach dem Gesetz zu Artikel 131 GG.

521 Die nachfolgenden Angaben siehe Schäfer: Mitgeschossen; Sichergestellte Eier, in: Der Spiegel, 26 (1972), H. 20; Hoffmann: Verfolgung, S. 86, 284; JuNSV, Bd. XXXVIII, Lfd. Nr. 787, S. 271–382, Verfahren 4 Js 901/62 und 4 Ks 1/71 am LG Frankfurt a. M., Urteil 6. 2. 1973.

522 Schäfer: Mitgeschossen, passim, insbesondere S. 154 ff., 357.

523 Schäfer: Mitgeschossen, passim, insbesondere S. 66 ff.

Johann Josef Kuhr, Jahrgang 1916, ging nach dem Abitur zur Wehrmacht und wechselte 1938 zur Schutzpolizei. Seit 1940 im „Osteinsatz", war er seit 1942 Chef verschiedener Kompanien des Polizeibataillons 306 und zeitweise Adjutant des Bataillonskommandeurs. Nach der Vernichtung des Bataillons durch die Rote Armee wurde Kuhr in den Niederlanden und in anderen Zusammenhängen eingesetzt. 1946 von den US-Militärbehörden wegen Verdachts auf NS-Verbrechen festgenommen, wurde er in die Niederlande überstellt und dort bis 1949 interniert. Dabei war ein Vortrag zu seinem „Osteinsatz" von Bedeutung, den er dort 1943 gehalten hatte. Er hatte, wie aus einem Entwurf unter der Überschrift „Einsatz des Bataillons zur Bandienbekämpfung in den Rokitnosümpfen" hervorging, den Kameraden mitgeteilt: „Vorher Bataillonssonderaktion in Pinsk zur Lösung der Judenfrage. Ukraine judenfrei [...] Zusammenarbeit mit dem SD". 1952 konnte er als Kriminalkommissar in den Polizeidienst in Frankfurt zurückkehren.

Heinrich Wilhelm Plantius, Jahrgang 1914,[524] bestand das Abitur mit Auszeichnung, musste ein Lehramtsstudium aber wegen Arbeitslosigkeit des büroangestellten Vaters abbrechen. Nach dem Wehrdienst ging er zur Polizei und war dort 1942 Hauptmann der Schutzpolizei. Im Polizeibataillon 306 war er Gerichtsoffizier, verantwortlich für die „weltanschauliche Schulung" und zeitweise Adjutant des Kommandeurs. Nach kurzzeitigen Zwischenstationen war er Ausbilder eines Bataillons der Waffen-SS-Division Galizien, die sich aus westukrainischen Freiwilligen vor allem der Melnyk-Fraktion der OUN rekrutierte, während die Bandera-Fraktion sich erst später anschloss.[525] Er wurde anschließend beim Befehlshaber der Ordnungspolizei Schwarzes Meer in Gallas (Rumänien) eingesetzt, bevor er in Kriegsgefangenschaft geriet und danach wegen des Verdachts auf NS-Verbrechen interniert wurde. 1952 konnte er in Frankfurt in den Polizeidienst zurückkehren.

Der sudetendeutsche Adolf Petsch, Jahrgang 1905, war gelernter Küfer, ging nach dem Anschluss an das Deutsche Reich zur SS und kam über die Gestapo nach einer Ausbildung für die künftige Aufgabe der Einsatzgruppe C – der „Säuberung" des Besatzungsgebiets von „kommunistischen Funktionären", Juden, „Zigeunern" und anderen

524 Schäfer: Mitgeschossen, passim, insbesondere S. 62 ff.

525 Die Formation wurde in Zusammenarbeit mit diesen und anderen nationalistischen Ukrainern aufgebaut, die für eine „ethnisch reine Ukraine", gegen Juden und andere Minderheiten hetzten, „ethnische Säuberungen" verlangten und auch selbst praktizierten: Golczewski: Kollaboration in der Ukraine, S. 178.

Feindgruppen – mit Beginn des Überfalls auf die Sowjetunion in die Ukraine. Die Einsatzgruppe ermordete dort etwa 75.000 Menschen. Er räumte ein, an der Erschießung von 20 sowjetischen Bürgern durch Genickschuss teilgenommen und „öfter derartige Einsätze mitgemacht" zu haben. In Rowno war er an der Vernichtung des Ghettos beteiligt gewesen, bevor er von dort zur Außenstelle des SD in Pinsk kam. „Unter den besonderen Verhältnissen des Einsatzes in Russland" – so das Gericht – habe er die Überzeugung vertreten, „dass die Vorgesetzten nichts Unrechtes anordnen würden".

Nach 1945 etablierte er sich als Küfermeister in einer hessischen Kleinstadt. In den Ermittlungen räumte er ein, „mehrere tausend Menschen im Raum Pinsk eigenhändig erschossen zu haben", und auch, dass er nicht sagen könne, „daß man direkt Zwang auf uns ausgeübt hat".[526]

Heinz-Dieter Teltz, Jahrgang 1916, ging nach Abitur, Arbeitsdienst und Wehrdienst zur Schutzpolizei. Im Osteinsatz war er als Polizeioffizier in der Südukraine bei der Bewachung von Ölleitungen und Mangangruben, in der „Bandenbekämpfung", bei der Brandstiftung des Ghettos in Janow und der Auflösung des Ghettos in Stolin und der Erschießung seiner Bewohner eingesetzt. Zu Janow berichtete im Verfahren sein Mitangeklagter Adolf Petsch, wie er seine MP auf Einzelfeuer stellte, dann zielte und auf die Nacken von Männern, Frauen und Kindern schoss, die mit dem Gesicht nach unten in einer Grube lagen – schichtweise, die nackten Opfer jeweils auf den Leichen. Mit zwei Kameraden wechselte Petsch sich dabei ab. „Wir drei haben vom morgens bis nachmittags geschossen." Manchmal habe man dabei geraucht, aber nicht gegessen, „weil sich während der Erschießung ein penetranter Gestank verbreitete."[527]

Teltz gehörte Polizeireiterabteilung 2 des Polizeibataillons 306 an. In der Endphase geriet er in US-Kriegsgefangenschaft, wurde 1945 entlassen und war im Jahr darauf bereits wieder als Kommissar in Düsseldorf im Polizeidienst. Dort war er bis zum Zeitpunkt seiner Festnahme zum Polizeihauptkommissar aufgestiegen.

Günter Waltz, Jahrgang 1913, trat nach dem Abitur ein Studium an der philosophisch-theologischen Hochschule St. Stefan in Augsburg an, das er abbrach. Er ging zur SS, nahm an Ausbildungen im KZ Dachau teil, wechselte dann in eine Offiziersfunktion bei der Schutzpolizei in Frankfurt. Er kam zum Polizeibataillon 306 und war als Hauptmann

526 Schäfer: Mitgeschossen, passim, insbesondere S. 449 ff.

527 Sichergestellte Eier, in: Der Spiegel, 26 (1972), H. 20.

auch Gerichtsoffizier. Seit 1942 bis zur Kapitulation war er bei der Waffen-SS. Bis zu seiner Verhaftung 1962 war er als Bauingenieur im öffentlichen Dienst in Augsburg tätig. Waltz wurde aus dem Frankfurter Verfahren herausgenommen und Gegenstand getrennter Ermittlungen durch die Staatsanwaltschaft Augsburg,[528] da ihm „nur Einzelexzesse" hätten vorgeworfen werden können. Von Kameradenzeugen wurde er als „Schwein" beschrieben und als jemand der „aus Vergnügen" und „willkürlich" Menschen getötet habe. Torsten Schäfer, der akribisch die Ermittlungen gegen das Polizeibataillon und die Polizeireiterabteilung untersuchte, kam zu dem Schluss, dass als „Nebeneffekt" dieser Verfahrensabtrennung das Frankfurter Landgericht das antisemitische Motiv habe individualisieren, auslagern und für Frankfurt „tabuisieren" können.[529]

Nach mehr als zehn Jahren wurde in Frankfurt 1971 die Hauptverhandlung angesetzt. 1973 fiel das Urteil.

Das Verfahren gegen Ebner, den höchstrangigen Angeklagten, der als einziger wegen Mordes vor Gericht stand, wurde eingestellt. Er hatte eine „Demenz" vorgetäuscht. Die hatte sich nach dem medizinischen Gutachter angeblich zu einer in „höchsten Graden von Scheinblödsinn" auftretenden „Pseudodemenz" fortgebildet und wurde nun als echt gewertet.[530] Dadurch sei der Angeklagte real verhandlungs- und haftunfähig. Dass er einschränkungslos als Handelsvertreter tätig gewesen war, stellte diese Diagnose nicht infrage.

Die anderen sechs wurden wegen gemeinschaftlicher Beihilfe verurteilt. Petsch, der als „Dauerschütze" galt und etwa 6.000 Menschen erschossen hatte, erhielt 15 Jahre, die Höchststrafe für Gehilfen. Das Gericht hatte ihn „ganz in der Nähe der Täterschaft" gesehen, diese dann aber doch verneint.[531] Seine fünf Kameraden erhielten zwischen zweieinhalb und vier Jahren Zuchthaus. Mit Ausnahme von Groß bezog sich das Urteil jeweils auf Tausende von Tötungsverbrechen. Im Mittelpunkt des Verfahrens hatte die jüdische Minderheit mit einem Anteil an Opfern gestanden, der über alle anderen betroffenen Bevölkerungsgruppen sehr weit hinausging. Die historiografische Überlieferung des Verfahrens reduziert auch diesen Fall fast vollständig auf die Verbrechen

528 JuNSV, Bd. XX, Lfd. Nr. 589, S. 817–838, Verfahren 6 Ks 1/64 am LG Augsburg, Urteil 2.4.1965.

529 Schäfer: Mitgeschossen, S. 382.

530 Siehe auch „Sichergestellte Eier", in: Der Spiegel, 26 (1972), H. 20.

531 Schäfer: Mitgeschossen, S. 451.

an der jüdischen Minderheit, nennt mitunter sowjetische Kriegsgefangene zwar ebenfalls, aber die Angehörigen der Roma-Minderheit nur minimal.[532] Das Gericht stellte fest, dass ein Teil der Reiterabteilung Mitte August 1942 mit der Aufgabe, vor allem Juden und Roma zu identifizieren und zu vernichten, aus der Ukraine ins weißrussische Stolin verlegt worden sei. Die Reiter hätten „in Stolin unter der Tarnbezeichnung ‚Bandenbekämpfung' die sogenannte ‚Befriedung' der Umgebung betrieben. Vor allem sollten Juden und Zigeuner aufgespürt und vernichtet werden." „In Ausführung dieser Aufgabe" hätten dann begleitende SD-Leute „die Liquidierung aufgegriffener Personen" vorgenommen.[533] Entscheidungsrelevant wurde dieser Blick auf beide betroffene Minderheiten im Urteil nicht.

Waltz wurde in seinem separaten Verfahren in Augsburg 1965 wegen der Tötung mehrerer jüdischer Frauen und Männer zu 13 Jahren Zuchthaus verurteilt. Anders als die Frankfurter Angeklagten galt er dem Gericht jedoch nicht als Gehilfe, sondern als Mittäter, wenngleich aufgrund eines Verbotsirrtums „nach den mildernden Grundsätzen des Versuchs". Er habe möglicherweise irrtümlich geglaubt, „er müsse ihm gegebene Befehle ohne Rücksicht auf ihren verbrecherischen Zweck ausführen" und sei daher immer „selbst strafrechtlich entschuldigt".

Das Verfahren zu Rudolf Werner und Leopold Windisch (1960–1971)

Nach dreijährigen Vorermittlungen standen 1963 zwei Angehörige der deutschen Zivilverwaltung in Mainz vor dem Landgericht. Verhandelt wurde gegen den Kaufmann Leopold Windisch, Jahrgang 1906, und den Regierungsoberinspektor Rudolf Werner, Jahrgang 1900, wegen Beteiligung an fünf Massenerschießungen von Juden und Festnahme und Erschießung einer Gruppe von 86 Roma im Herbst 1941 bei Lida sowie wegen der Erschießung von aus dem Ghetto im litauischen Wilna ins weißrussische Lida geflüchteten Juden und des Judenrats von Lida. In drei Fällen ging es um eigenhändige Erschießungen.[534]

532 Vgl. Schäfer: Mitgeschossen.

533 Schäfer: Mitgeschossen, S. 317.

534 JuNSV, Bd. XXXII, Lfd. Nr. 712, S. 505–580, Verfahren 3 Ks 1/67 am LG Mainz, Urteil 17. 7. 1969.

Werner war Gebietskommissar von Baranowicze gewesen. Er bestritt, überhaupt etwas von Massenerschießungen erfahren zu haben. Windisch war 1942 Stabsleiter beim und Stellvertreter des Gebietskommissars Hermann Hanweg von Lida. Als „Judenreferent" war er zuständig für Volkstumsarbeit, Verwaltung und Ernährung des jüdischen Bevölkerungsteils, später auch für die jüdischen Zwangsarbeitsstätten. Gerade die für die Ernährung verantwortlichen Angehörigen der Zivilverwaltung hatten „ein Interesse daran ..., die Zahl der Juden möglichst klein zu halten", wie der zeitweilige Kommandeur eines Sonderkommandos Georg Heuser 1966 in der Vernehmung vor dem Landgericht Hamburg erklärte.[535]

Hanweg hatte sich das Ziel gesetzt, Lida „judenfrei" zu machen. Gemeinsam organisierten Hanweg und Windisch Massaker. Nach den Morden wurden die von den Opfern zuvor abgelegten Kleidungsstücke verteilt: Die abgetragene Kleidung wurde den Bauern verkauft, die bessere nach Deutschland geschickt und der Volksgemeinschaft zur Verfügung gestellt. Im Spätsommer oder im Herbst 1941 hatte Windisch erst sechs bis acht Roma in Lida festnehmen lassen, dann weitere etwa 80. Es handelte sich um eine große Familiengruppe. Die Opfer wurden auf seinen Befehl und von ihm mitbegleitet in ein Waldgelände bei der Stadt geführt und dort von einem litauischen Exekutionskommando unter Führung eines Unteroffiziers der deutschen Feldgendarmerie erschossen. Das Gericht kam zu dem Schluss, Windisch habe sie als „Angehörige einer minderwertigen Rasse und deshalb bevölkerungspolitisch unerwünschte Menschen" umbringen lassen.[536] Damit habe es sich, so das Gericht nicht ganz ohne Verständnis für eine „vorbeugende" Verfolgung, nicht mehr um Maßnahmen „nur polizeilich-präventiver Natur" gegen „Zigeuner" gehandelt. Nun habe mit Rassismus ein niedriger Beweggrund vorgelegen und die Tat sei nach dem StGB als Mord zu werten.

Windisch und Hanweg lebten mit ihren Ehefrauen und ihren Kindern, ausgestattet mit einheimischem Personal, im Stil gehobener Bürgerlichkeit und im Selbstverständnis von Kolonialherren in Lidaer Herrenhäusern. In ihrer Arbeitszeit organisierten sie Massenmorde, in ihrer Freizeit gehörten mörderische Menschenjagden auf in die Wälder

535 Gerlach: Kalkulierte Morde, S. 697.

536 JuNSV, Bd. XXXII, Lfd. Nr. 712, S. 505–580, Verfahren 3 Ks 1/67 am LG Mainz, Urteil 17.7.1969, hier: S. 527, 569.

Geflüchtete zu ihren Vergnügungen, an denen Hanweg auch gerne seine Sekretärin teilnehmen ließ.

1969 wurde der als der Brutalere der beiden Angeklagten beschriebene Windisch („tollwütig“[537]) vom Mainzer Landgericht zu lebenslänglicher Haft verurteilt. Der mit ihm angeklagte Werner starb vor dem Urteil in der Haft. Hanweg war schon 1944 verstorben.

Die Überlieferung zu dem Mainzer Prozess und seinem Ergebnis weist einen beachtenswerten Unterschied zu den anderen hier genannten Fällen auf. Sie zeigt an, dass Windisch offen von der äußersten Rechten unterstützt wurde. Sie verlangte seine Freilassung aus der Haft. Er sei, hieß es von dieser Seite, unschuldig und müsse daher begnadigt werden. 1974 zogen der Jurist Manfred Roeder und der Verleger von geschichtsrevisionistischen Kleinschriften Erwin Schönborn an der Spitze eines Fackelzugs mit schwarz-weiß-roten Fahnen und einem Rudolf-Heß-Porträt durch Diez zur Haftanstalt, in der Windisch einsaß. Man skandierte: „Nieder mit der Republik“ und sang: „Es kommt der Tag der Rache“. Die Polizei stoppte den Zug nicht, sondern begleitete ihn.[538] Im Jahr darauf erschienen Roeder und Schönborn für Windisch demonstrierend vor dem Haus des rheinland-pfälzischen Ministerpräsidenten Helmut Kohl. Zu den Bemühungen um Windisch gehörte auch eine als „Hungerstreik“ bezeichnete Aktion.

Roeder und Schönborn waren notorische Nazis, Holocaust-Leugner und Geschichtsrevisionisten. Roeder organisierte seit 1980 Brand- und Sprengstoffanschläge. Schönborn gründete als Wahlplattform 1977 eine „Aktionsgemeinschaft nationales Europa“. Für sie kandidierte bei den Europawahlen 1979 die Hauptangeklagte im Düsseldorfer Majdanek-Prozess Hildegard Lächert.[539] Es gab also, mit welchem Anteil auch

537 Beorn: Marching, S. 243.

538 Diese und die nachfolgenden Angaben Schneider: SS ist ihr Vorbild, S. 92; Fromm: „Wehrsportgruppe Hoffmann“, S. 244; Hessischer Landtag, Antwort des Ministers des Innern auf die Kleine Anfrage des Abg. Holzapfel (SPD) betreffend faschistische Demonstrationen im Frankfurter Westend, Drucks. 8/120, 25.3.1975; Anti-Roeder-Arbeitskreis: NSDAP-Propagandisten, S. 84.

539 Horn: Ich fühlte mich, S. 231 ff.; Oliver Das Gupta: Hildegard Lächert. Wie eine KZ-Aufseherin von CIA und BND angeheuert wurde, Süddeutsche Zeitung, 6.9.2016; Lächert war auch für den BND und die CIA tätig gewesen und ihre Rolle als Aufseherin im Frauenblock des Durchgangslagers Bozen, zu der ein italienisches Gericht ermittelt hatte, wurde im „Schrank der Schande“ in Rom von den italienischen Regierungen vor der Öffentlichkeit verborgen gehalten: Juliane Wetzel: Italien, S. 302 f.

immer, in den 1970er-Jahren im öffentlichen westdeutschen Meinungsbild durchaus auch den offenen Nazi-Auftritt.[540]

Das Verfahren zu Albert Krüger / Aleksandr Jermoltschik (1963–1979)

1963 hatte die UdSSR von der Bundesrepublik die Auslieferung des damals 48-jährigen Schlossers und / oder Kaufmanns Albert Krüger wegen Verbrechen in den besetzten Gebieten beantragt. Daraufhin wurde in Ludwigsburg zu ihm ermittelt. Der ukrainisch-deutsche Kollaborateur hatte als Aleksandr Jermoltschik[541] die deutschhörige Bezirkspolizei mit etwa 80 ukrainischen Angehörigen in Choiniki[542] im Generalkommissariat Schitomir geleitet, die in und um Choiniki, Novoselki und Strelitschew zahlreiche Morde begangen hatte, an denen Krüger unmittelbar beteiligt war. Die Habe der Opfer hatte er bei den Morden an sich genommen und einiges davon in seiner Einheit verteilt.

Noch vor seiner Gefangennahme durch US-Militär oder auch erst 1952 hatte er sich den deutschen Namen Albert Krüger zugelegt. Er hatte sich nach Celle abgesetzt. Die Stadt war Anfang der 1950er-Jahre mit mehr als einem Fünftel der Wählerstimmen für die SRP eine neonazistische Hochburg. 1955 war er als Deutscher eingebürgert worden. Die sowjetische Untersuchung der Verbrechen an der lokalen Bevölkerung im Verantwortungsbereich von Krüger / Jermoltschik stieß unter anderem auf ein Verbrechen im November 1942. Eine Familie von sieben Roma war von einer Gruppe ukrainischer Hilfspolizisten unter Führung von Krüger / Jermoltschik in einem Waldstück erschossen worden. Die Obduktion der Leichen im Jahre 1963 ergab, dass die Mordopfer durch Kopfschüsse getötet worden waren. Zeugen aus der örtlichen Bevölkerung erinnerten sich, wie die Polizisten ein bekanntes Volkslied singend den Mordort verlassen hatten.[543] Der sowjetische Auslieferungsantrag wurde abgelehnt, da Krüger / Jermoltschik die bundesdeutsche Staatsangehörigkeit hatte.

540 Stöss: Vom Nationalismus zum Umweltschutz, S. 167 f. Inwieweit und warum es Überschneidungen mit mittigen westdeutschen Auffassungen gab, muss offenbleiben. Dass es sie gab, nicht.

541 So die korrekte Umschrift des Namens ins Deutsche. In der Literatur unterschiedliche Schreibweisen: Alexander Jermoltschik, Ermoltschik, Yermolchik.

542 Damals Ukraine, heute Weißrussland.

543 Martin: Soviet Ethnic Germans, S. 260 f.

Im Ergebnis der Ludwigsburger Vorermittlungen wurde er 1975 vom Landgericht Lüneburg wegen der Tötung von 176 Juden und Roma im Herbst 1942 angeklagt.[544] Zu den Tatvorwürfen gehörte nun, einen Mann geprügelt, gefoltert, mit Benzin übergossen, angezündet und erschossen und einen Rom gezwungen zu haben, ihm ein Lied auf der Ziehharmonika vorzuspielen, bevor er ihn erschoss.

Der Angeklagte wurde in Lüneburg in der üblichen Weise verteidigt: Er sei bei den Verbrechen gar nicht vor Ort gewesen und habe im Befehlsnotstand gehandelt. Zu dem durchaus mit hohem Aufwand geführten Prozess gehörten Vernehmungsreisen in die UdSSR und der Einblick in sowjetische Vernehmungsprotokolle teils zum Tode verurteilter Angehöriger von Krügers Einheit. Sowjetische Zeugen kamen nach Lüneburg. Nach zwölf Jahren Vorermittlung und zwölf Monaten Hauptverhandlung platzte der Prozess 1976 wegen einer Operation des Angeklagten und der damit begründeten Aussetzung des Verfahrens. 1979 wurde es eingestellt. Im Ausland wurde bis in entfernte Weltengegenden (Kolumbien, USA, Australien) darauf hingewiesen, in Westdeutschland war und ist das Verfahren nahezu unbekannt.[545]

Der Sonderführer-Prozess in Essen (1960–1966)

1960 wurden in Ludwigsburg Ermittlungen gegen Angehörige des Sonderkommandos 7a der Einsatzgruppe B aufgenommen, die 1962 von der Dortmunder nordrhein-westfälischen Zentralstelle übernommen wurden. Sie endeten 1963 im Essener „Sonderführerprozess“ mit einer

544 Verfahren 2a Js 1.453/63 und 14/2a Ks 1/73 am LG Lüneburg; Celler Schlosser soll 176 Menschen ermordet haben, Landeszeitung für die Lüneburger Heide, 24. 9. 1975; „Partisanen machten uns hart zu schaffen“, ebd., 1. 10. 1975; Der Prozeß gegen Krüger ist geplatzt, ebd., 26. 9. 1976 (ich bedanke mich bei der VVN-BdA Lüneburg für die freundliche Übermittlung der Zeitungsausschnitte aus ihrem Archiv); The Current Digest, S. 19; Molchanov: Retribution, S. 108; Nazi Crimes in Khoiniki – White Russia, nicht datierte und zugeordnete Zitierung von Presseartikeln in John H. E. Fried Collection: Prozeß-Spiegel, XXXXI. Folge, S. 30, abrufbar unter: https://archive.org/stream/johnhefried_01_reel34/johnhefried_01_reel34_djvu.txt [Zugriff: 20. 6. 2022].

545 Auf eine Nachfrage am 24. 2. 2021 teilte das Stadtarchiv Lüneburg mit, dass man dazu nichts sagen könne und dass es keine Quellen dazu gebe, wie als Sprecher der Archivleitung ein Auszubildender schriftlich bekundete. Die demonstrativ unangemessene Form der Beantwortung legt nahe, dass die angebliche Unkenntnis nur vorgeschützt wurde, weil das Thema jedenfalls im Archiv der Stadt immer noch störte. Unterstützung kam von der Geschichtswerkstatt Lüneburg und der VVN-BdA Lüneburg. Ich bedanke mich bei beiden.

Anklage gegen den Kommandeur wegen Erschießung von mindestens 3.000 Menschen in Russland im Grenzraum zur Ukraine und zu Weißrussland vom 21. Februar bis zum 20. April 1942 „durch mindestens 24 selbständige Handlungen aus niedrigen Beweggründen und grausam“ und 1965 gegen drei ihm untergebene SD-Offiziere „wegen Mordes bzw. Beihilfe zum Mord“.[546]

Vier SS-Offiziere des Sonderkommandos 7a standen vor Gericht, die im Ergebnis der Ermittlungen in der Vorgesetztenrolle besonders aufgefallen waren: der Kommandeur und SS-Obersturmbannführer Albert Rapp, Jahrgang 1908, der SS-Hauptsturmführer und Teilkommandoführer Kurt Matschke, Jahrgang 1908, der SS-Hauptsturmführer Franz Tormann, Jahrgang 1911, und der SS-Untersturmführer Eduard Spengler, Jahrgang 1900. Von 1964 bis 1966 fanden vor dem Landgericht die Hauptverhandlungen dieser nun zwei Verfahren statt. Der Hauptangeklagte Rapp wurde 1965, die anderen Angeklagten wurden 1966 verurteilt.

In den Vorermittlungen waren 94 Zeugen gehört worden. Zahlreiche Dokumente, darunter neun Ordner mit „Ereignismeldungen“ und „Tätigkeitsberichten“ von Einsatzgruppen, das heißt nach Zahl und Gruppenzugehörigkeit geordnete Abrechnungen der als „Sonderbehandlungen“ bezeichneten Mordaktionen, waren eingesehen worden. Einige gutachtliche Literatur, darunter auch Arbeitsergebnisse der polnischen Hauptkommission zur Untersuchung der NS-Verbrechen, war verwendet worden.[547] Für den Zeitraum vom März bis zum August 1942 kam die Ermittlung nach der Buchhaltung der „Exekutionsziffern unter den einzelnen Kommandoführern des SK 7a“ auf 4.764 Tote: Juden, „Kommunisten“, „Bandenzugehörige und Helfer“, „Kriminelle“, „Zigeuner“, „Geisteskranke“.[548]

Eröffnet wurde die rechtliche Würdigung der festgestellten Tatbestände in der Dortmunder Anklageschrift durch Oberstaatsanwalt Erich Fricke mit einem Bekenntnis zu dem in der westdeutschen

546 Zu dem Verfahren siehe LAV NRW, Abt. Rheinland, Ger. Rep. 299, Nr. 766–798; Mallmann: Lebenslänglich; Klemp: Albert Rapp; zu Rapp JuNSV, Bd. XX, Lfd. Nr. 588, S. 715–816, Verfahren 29 Ks 1/64 am LG Essen, Urteil 29.3.1965, Verfahren 4 StR 1/66 am BGH, Urteil 1.7.1966; zu Matschke, Spengler und Tormann: ebd., Bd. XXIII, Lfd. Nr. 620, S. 127–200, Verfahren 29 Ks 1/65 am LG Essen, Urteil 10.2.1966.

547 LAV NRW, Abt. Rheinland, Ger. Rep. 299, Nr. 774, Bl. 3–12, Anklageschrift gegen Albert Rapp, 10.8.1963, Liste der Beweismittel.

548 Siehe etwa ebd., Nr. 767, Bl. 146–148, mit der Angabe „Gesamtzahl der Sonderbehandelten: Sonderkommando 7a 6.281“, abgezeichnet vom Führer der Einsatzgruppe B Erich Naumann.

Politik und Justiz bestimmenden Erklärungsmodell für die nazistischen Verbrechen. Fricke verschob in extremer Personalisierung wie üblich die grundlegende Verantwortung auf eine Schar von nicht einmal einem halben Dutzend so einsamer wie perverser Psychopathen, auf „Hitler, Himmler, Göring, Goebbels und Heydrich". Sie seien es gewesen, die aufgrund eines persönlichen „triebhaften und hemmungslosen Hasses" einen „Vernichtungsplan" gegen einzelne Bevölkerungsgruppen ersonnen und verfolgt hätten. Deren „Haßgefühle" hätten einen Ausrottungsentschluss „gegen die Juden und gegen alle Russen, die ihren politischen Plänen irgendwie im Wege standen", hervorgebracht. „Russen" war für Fricke ein übergreifender Titel für die Bewohner der besetzten sowjetischen Gebiete mit Ausnahme der jüdischen Minderheit. Von „Zigeunern" war bei Fricke in diesem Teil seiner Darstellung der NS-Vernichtungspolitik nicht die Rede. Sie kamen erst zur Sprache beim Eintritt in die Schilderung der einzelnen Taten. Dabei sah der Oberstaatsanwalt das Gericht vor der Aufgabe zu ermitteln, ob die angeklagten SS-Offiziere die niedrigen Tatmotive der fünf Triebtäter an der Spitze subjektiv geteilt hätten oder aber nur als Gehilfen oder als Mittäter anzusehen seien.[549]

Fricke, der zehn Jahre später Generalstaatsanwalt in Düsseldorf war, war seit 1933 in der SA, dort Rottenführer gewesen und hatte sich nach dem Ende der Eintrittssperre 1937 der NSDAP angeschlossen.[550] Gegenüber dem Entnazifizierungsausschuss hatte er wie viele behauptet, ein „Parteianwärter" geblieben zu sein. Die zahlreichen „Parteianwärter" in den Entnazifizierungsverfahren ergaben sich aus dem Umstand, dass der Prüfling zumeist erklären konnte, er habe nach seinem Antrag auf Eintritt kein Parteibuch erhalten. Das mochte stimmen. Ein Parteibuch gab es tatsächlich nur auf Antrag, es wurden in aller Regel Mitgliedskarten ausgegeben.

Fricke erklärte im Fragebogen für das Entnazifizierungsverfahren,[551] durchgängig mit kurzen Unterbrechungen von 1939 bis zu seiner Gefangenschaft in der Wehrmacht und 1941 und 1943/44 in „Rußland" eingesetzt gewesen zu sein. Es ist äußerst unwahrscheinlich, dass er in einem Vernichtungskrieg nichts von den Verbrechen an „potentiellen

549 Ebd., Bl. 59–62, Anklageschrift gegen Albert Rapp, 10.8.1963.

550 Ebd., NW 1.005 G 40, Nr. 722, Entnazifizierungsakte Erich Fricke; Pauli: Zentralstellen, S. 86.

551 Ebd., NW 1.005 G 40, Nr. 722, Entnazifizierungsakte Erich Fricke.

Gegnern" mitbekommen haben könnte. Er dürfte insofern über Vorkenntnisse für das Verfahren verfügt haben.

Von den vielen von ihm befragten Zeugen kam die übergroße Mehrheit entweder unmittelbar aus den Vernichtungskommandos oder hatte in der Einsatzgruppenhierarchie mittlere oder höhere Befehlsfunktionen gehabt.[552] Unter den Überschriften „Die Behandlung der Zigeuner" und „Erschießung von 50 Zigeunern in Klinzy" wandten sich zwei Abschnitte der Anklage der Verfolgungsgeschichte dieser Minderheit zu.[553] Dort sind staatsanwaltliche Unkenntnis und Vor- und Fehlurteile dokumentiert. Einweisungen in „Schutz- und Vorbeugungshaft" seien durch die Gestapo erfolgt und erklärten sich aus „nomadenhafter Lebensweise" und Kontaktvermeidung gegenüber der staatlichen Erfassung. Es habe eine „Kriegswirtschaft" gegeben, da habe man „Zigeuner" aus verständlichen Gründen in einen „festen Arbeitsplatz" einweisen müssen. Eine „ gemeinsam von der Kanzlei des Führers und dem RSHA gebildete Kommission" habe sorgfältig die Brauchbarkeit für diesen Zweck geprüft.[554]

Mehr als die Hälfte der tatbeteiligten Zeugen war entweder bereits in anderen Verfahren abgeurteilt worden oder gegen sie wurde ermittelt.[555] Sie waren vor allem bestrebt, sich nicht selbst zu belasten. Zeugen aus der lokalen Bevölkerung der Tatorte gab es nicht. Immerhin war aber 1964/65 im anschließenden Hauptverfahren der auf Fricke folgende Untersuchungsrichter Isphording bereit, über die Grenzziehung des Kalten Kriegs hinweg die Kooperation mit dem Generalstaatsanwalt der DDR zu suchen, um die Biografien der Angeklagten aufklären zu können. Dort wurde ein von Isphording benannter Zeuge vernommen, und das Gericht erhielt Personalunterlagen aus Beständen des Reichsführers SS und des NS-Innenministeriums.[556] Das war im politischen Klima der Bundesrepublik nicht selbstverständlich, denn die Justizminister

552 LAV NRW, Abt. Rheinland, Ger. Rep. 299, Nr. 774, Bl. 3–6, Anklageschrift gegen Albert Rapp, 10. 8. 1963, Zeugenliste von 46 früheren Angehörigen des Sonderkommandos 7a.

553 Ebd., Bl. 26 f., 52 f., Anklageschrift gegen Albert Rapp, 10. 8. 1963.

554 Ebd., Bl. 27, Anklageschrift gegen Albert Rapp, 10. 8. 1963.

555 Ebd., Bl. 3–6, Anklageschrift gegen Albert Rapp, 10. 8. 1963, Zeugenliste von bereits verurteilten und von noch erst beschuldigten Angehörigen des Sonderkommandos 7a.

556 Ebd., Nr. 777, Bl. 126 f., Korrespondenz LG Essen mit dem Generalstaatsanwalt der DDR, November 1964; ebd., Nr. 776, Bl. 69–80, Korrespondenz LG Essen mit dem Generalstaatsanwalt der DDR, März 1965, und Anlagen.

Dr. jur. Wolfgang Stammberger und Dr. jur. Ewald Bucher hatten den Strafverfolgungs- und Ermittlungsbehörden „Ostkontakte“ verboten[557] und der ehemalige Generalbundesanwalt und CDU-Rechtsexperte Dr. jur. Max Güde fand auch drei Jahre später noch eine Dienstreise von Staatsanwälten der Ludwigsburger Zentralstelle nach Moskau „instinktlos“ und diffamierte die Teilnehmer als „unsere Idioten“.[558]

Die Taten, um die es Isphording ging, hatten sich in Russland im Raum Klinzy nahe den Grenzen zum heutigen Weißrussland und zur heutigen Ukraine ereignet. In der Stadt Klinzy hatte das Sonderkommando nach vorausgegangenen Massenmorden in Ruhestellung gehen sollen, was aber vom neuen Kommandoführer Rapp ignoriert wurde, der sofort nach seinem Eintreffen Massenerschießungen auf den Dienstplan setzte. Das betraf vor allem die jüdische Bevölkerung und die kleinere Roma-Minderheit. Zum Fazit der Mordaktionen, wie es durch die Berichte der sowjetischen Außerordentlichen Staatlichen Kommission zur Untersuchung der deutsch-faschistischen Gräueltaten im Zentralen Staatsarchiv der Russischen Föderation bestätigt wird, gehörte, dass „das Sonderkommando 7a […] sämtliche ‚Zigeuner‘ den Juden nicht nur gleich[stellte], sondern beide Gruppen auch in gemeinsamen Vernichtungsaktionen [ermordete]“.[559] Aber auf diese zwei Gruppen beschränkte das Sonderkommando sich nicht. Zu den „potentiellen Gegnern“ gehörten auch für Rapp und dessen Einheit Kommunisten und/oder Widerstandskämpfer bzw. als solche Verdächtigte, wie sie immer wieder festgenommen und ohne nähere Ermittlungen kurzerhand erschossen wurden, und die 50 Insassen einer „Anstalt für Geisteskranke“, die ebenfalls erschossen und deren Leichen in einen Wasserlauf geworfen wurden, der sie wegschwemmte.[560]

Rapps „Mörderbrigade“, wie die Einheit von Tatzeugen aus der Wehrmacht bezeichnet wurde, mordete, nachdem die Opfer einschließlich ihrer Kleidung vollständig ausgeraubt worden waren, in großer Zahl Frauen, Männer, Kinder bis zu den Säuglingen in kleinen und großen Gruppen durch Genickschuss an vorbereiteten Leichengruben, in die die Opfer nach dem Schuss hineingetreten wurden.[561] Es „waren

557 Kröger: Ahndung, S. 327.

558 Greve: „Im Namen des Volkes“.

559 Holler: XXX, S. 61.

560 LAV NRW, Abt. Rheinland, Ger. Rep. 299, Nr. 774, Bl. 37–56, Anklageschrift gegen Albert Rapp, 10.8.1963, Die Straftaten des Angeschuldigten.

561 Ebd., Nr. 773, Bl. 16g, Vernehmung Wilhelm Stedry, 9.7.1963.

nicht alle Opfer sofort tot. Viele sind von den nächstfolgenden Opfern umgestoßen worden. Sie sind dann in der Grube erstickt. […] Jeweils einer der ‚SD-Schlächter' stieg auf den Leichen und den Sterbenden hin und her und schoß auf die Opfer."[562]

Die Kleidungsstücke wurden an die lokale Bevölkerung verkauft. Das Kommando hatte durch die Plünderungen und die nachfolgenden Einnahmen den Zugriff auf erhebliche Werte. Tagegelder, die den Sold verdoppelten, traten hinzu: „In Klincy fiel dann plötzlich sehr viel Geld an. […] In einem kleinen Kästchen lagen einige Uhren, ein Klumpen Metall, den wir als Goldklumpen ansahen und auch wohl einige Goldplomben."[563] „Die Kommandoangehörigen hatten alle viel Geld. […] [D]ie Juden [müssen] förmlich ausgeplündert worden sein. Denn es war säckeweise russisches Geld im Umlauf."[564] „Beim Sk 7a wurde" in der dienstfreien Zeit „sehr hoch gespielt".

Die Tatbeteiligten aus dem und um das Sonderkommando waren zu je einem Drittel Kriminalpolizisten, Gestapobeamte und SS-Reservisten gewesen, später verstärkt um Waffen-SS und Angehörige der Geheimen Feldpolizei (GFP) der Wehrmacht, und zwar der Gruppe 729, und unterstützt durch einen „russischen Ordnungsdienst" (OD) von Kollaborateuren.[565] Die GFP-Gruppe 729 war berüchtigt aufgrund ihrer Exzesstaten. Einige ihrer Feldpolizeisekretäre erklärten sich für unumschränkt zu Tötungen befugt. Das bedeutete, dass bei Verdächtigten sämtliche Verfahrensvorschriften bedeutungslos wurden und Männer, Frauen und Kinder nach der Festnahme umgehend umgebracht wurden. Die GFP-Gruppe 729 unterstand dem SS-Sturmbannführer Dr. jur. Bernhard Niggemeyer, von dem noch die Rede sein wird.[566] Im Raum Klinzy war die Gruppe 729 im Städtchen Unetscha stationiert und damit beschäftigt, in den Dörfern und größeren Ortschaften vor allem Familien von „Juden und Zigeunern" aufzuspüren, sie festzunehmen, sie zu kennzeichnen, in einer Art provisorischem Gefängnis festzuhalten und dann in Kooperation mit dem SD-Sonderkommando 7a und

562 Ebd., Nr. 770, Bl. 60, Vernehmung Erwin Beck, 28.8.1962.

563 Ebd., Nr. 771, Bl. 47, Vernehmung Heinrich Krückemeier, 10.10.1961.

564 Dieses und das nachfolgende Zitat: ebd., Nr. 773, Bl. 16g, Vernehmung Wilhelm Stedry, 9.7.1963.

565 LAV NRW, Abt. Rheinland, Ger. Rep. 299, Nr. 771, Bl. 41b, Vernehmung Karl Kreis, 2.8.1963; ebd., Bl. 58, Vernehmung Lothar Leuker, 17.2.1962; ebd., Bl. 190, Vernehmung Karl Reffert, 12.12.1961.

566 Schenk: Personelle und organisatorische Verknüpfungen, S. 116.

unterstützt durch „Soldaten irgendwelcher Wehrmachtseinheiten“[567] an vorbereiteten Gruben zu erschießen.

Was die Täter angeht, sind deren Taten Beispiele für den gleitenden Übergang von einer Büroarbeit im Kontext des Vernichtungsprogramms zur eigenhändigen Umsetzung des Programms an Tatorten im Feld und für die anschließende Rückkehr der Direkttäter an den Schreibtisch, das eine wie das andere – hier das Ausschreiben einer Anordnung zur Deportation, dort die Leitung einer Gruppenerschießung – integrierte Akte innerhalb des einen Gesamtzusammenhangs von Verfolgung und Vernichtung. Die Schreibtischakteure „bewährten sich“, wie es hieß, im „Osteinsatz“, sie brutalisierten sich und entwickelten Motivation für ihre Entscheidungen am Schreibtisch.[568]

Rapps Vater war kaufmännischer Angestellter.[569] Sein Sohn erhielt eine überdurchschnittliche Ausbildung und wurde seit seiner Kindheit parallel im völkischen Milieu umfassend politisiert. Er machte das Abitur und studierte Jura. Ein Kommilitone und SA-Kamerad am Studienort Tübingen war der spätere SS-Standartenführer und Kommandeur des Sonderkommandos 1b der Einsatzgruppe A Erich Ehrlinger. 1931 trat Rapp in die NSDAP ein, im Jahr darauf in die SA. Nach dem Assessorexamen bewarb er sich 1936 beim SD und wurde als Abteilungsleiter und Stabsführer eingestellt. Er wechselte von der SA in die SS, in die er als Untersturmführer übernommen wurde. 1939 heiratete er eine Lehrerin, Tochter eines Arztes. Die Familie repräsentierte mit ihren drei Söhnen beispielhaft sozial die bürgerliche Mitte und politisch die äußerste Rechte.

Rapp erlebte eine rasche Karriere. Nach Kriegsbeginn stand er unter Wilhelm Koppe an der Spitze des SD-Leitabschnitts Posen und organisierte die Deportation von nach seinen Worten etwa 80.000 Juden aus dem Warthegau in die Lager und Ghettos des Generalgouvernements. Seine Position in der Hierarchie illustriert der Vorsitz in einer hochrangigen Besprechung im November 1939 zur „Evakuierung“ und Ausplünderung der jüdischen und der polnischen Bevölkerung, bei der die Reichsstatthalterei, die Industrie- und Handelskammer, das

567 LAV NRW, Abt. Rheinland, Ger. Rep. 299, Nr. 771, Bl. 63a–63g, Vernehmung Franz Josef Lochschmidt, 8.8.1963.

568 Vergl. Wagner: Hitlers Kriminalisten, S. 340, zu Paul Werner, dem Stellvertreter Arthur Nebes.

569 Zur Biografie von Rapp siehe LAV NRW, Abt. Rheinland, Ger. Rep. 299, Nr. 774, Bl. 14–18, Anklageschrift, 10.8.1963.

Oberfinanzpräsidium, das Bodenamt und die Deutsche Umsiedlungs-Treuhand des Warthegaus vertreten waren.[570]

Anfang 1942 verließ er das Büro, um die Massenerschießungen des Sonderkommandos 7a in Russland und Weißrussland zu organisieren, an denen er sich auch selbst beteiligte. Von den Erschießungsgruben im Osten kehrte er ins Reich und dort an leitende Schreibtische des SD und im RSHA zurück.

1945 tauchte Rapp unter. Er arbeitete für einen Zeitschriftenvertrieb. Mit *Der Innenarchitekt* war er bald selbst Zeitschriftengründer und -verleger. Er wurde Pressereferent des Bundes Deutscher Innenarchitekten und saß dort im Vorstand. Dem Staatsanwalt stellte er sich, ohne dass dafür irgendeine Art von Beleg existiert hätte, als „Schriftsteller" vor. Es war eine reine Hochstapelei. Falschname und falsche Biografie waren weitere Komponenten einer Verkleidung als aufgeklärter liberaler oder konservativer Intellektueller mit Kontakten in das künstlerisch-innovative Milieu der Weimarer Republik. Der filigrane bürgerliche Ästhet erschien als das Gegenbild zum hirn- und gefühllosen „KZ-Schergen" und brachte Verbundenheit mit den Juristenkollegen in den Roben zum Ausdruck. Vertreten wurde Rapp durch den Essener Rechtsanwalt Dr. Kurt Tiegelkamp. Dieser war seit 1933 in der SA gewesen, seit dem Ende der Beitrittssperre 1937 in der NSDAP und, nach kurzem Wehrmachtseinsatz in Frankreich, von 1941 bis 1945 zur Sicherheitspolizei und zum SD im Leitabschnitt Düsseldorf gekommen und dort unabkömmlich gewesen.[571]

Kriminalkommissar Matschke, Sohn eines gräflichen Gutsverwalters, hatte nach dem Abitur Jura studiert, aber abgebrochen und war zur Polizei gegangen. Er war Alter Parteigenosse und von 1934 bis 1943 bei der Gestapo, kam nach Saarbrücken und leitete dort eine der Abteilungen.[572] Er wechselte 1941 vom Schreibtisch in den „Osteinsatz" und kam zum Sonderkommando 7a. Wieder im Büro, wurde er zum Kriminalrat befördert und leitete das Kölner Judenreferat, wo er auf den Oberregierungsrat und SS-Sturmbannführer Richard Foltis aus dem Sonderkommando 7a traf, in der Endphase stellvertretender Leiter der Kölner Gestapo, verantwortlich für eine Vielzahl von Gestapo-Morden.[573]

570 Friedrich: Verfolgung und Ermordung, S. 151 f.

571 LAV NRW, Abt. Rheinland, NW 1.005-G 40, Nr. 659, Entnazifizierungsakte Kurt Tiegelkamp.

572 Zur NS-Biografie von Matschke siehe insbesondere LAV NRW, Abt. Rheinland, Ger. Rep. 299, Nr. 771, Bl. 82 ff., Vernehmung Kurt Matschke, 9. 10. 1961.

573 Rusinek: Massenmord und Spurenbeseitigung, S. 414.

1947 verurteilte das Spruchgericht Hamburg-Bergedorf Matschke zu zwei Jahren Haft, 1954 das Landgericht Köln wegen Freiheitsberaubung im Amt mit Todesfolge zu zwei Jahren auf Bewährung. Dabei ging es um seine Beteiligung an der Deportation von Kölner Juden. Im Urteil war in die Darstellung seines Lebenslaufs auch seine Tätigkeit in der Einsatzgruppe B aufgenommen. Ermittlungen löste das in Köln nicht aus.[574] Die Rückkehr zur Polizei war Matschke verschlossen. Er arbeitete als Handelsvertreter und Bezirksleiter einer Bausparkasse.

Vor dem Essener Landgericht stellte er sich komplett unwissend. Er wisse von Liquidierungen durch das Sonderkommando nichts und habe auch selbst nie an so etwas teilgenommen. Er frage sich, wo die in den Ereignismeldungen genannten Mordopfer „hergekommen sein sollen". Er habe in Klinzy außer drei in der Ortskommandantur Beschäftigten „keine Juden gesehen".[575] Mit einer abgründigen Bemerkung warf er noch ein, „ich möchte sagen, so kann sich nur der kleine Fritz die Judenvernichtung vorstellen".[576] Rassistische Beweggründe bestritt er. Er behauptete, „Zigeuner" hätten als mutmaßliche „Kundschafter" aus militärischen Gründen erschossen werden müssen. In die Schilderung einer Erschießung, die er dann doch einräumte, fügte er ein skurriles Bild aus einem Romantikrepertoire ein, wohl um Vorurteile gegen die Minderheit in Abrede zu stellen. Eines der Opfer sei eine Frau gewesen, die ihm „wegen ihrer rassigen Schönheit und ihrer Kleidung in Erinnerung geblieben" sei. „Sie trug so feuerrote Farben wie man sie etwa auf Puszta-Bildern findet."[577] Auch sie sei allerdings der Spionage verdächtig gewesen und erschossen worden. Wie es regelmäßig in solchen Prozessen geschah, bestand auch er darauf, dass nicht „eine Gruppe von Menschen nur wegen ihrer Rasse erschossen" worden sei. Um von diesem Tatbestandsmerkmal wegzukommen, erklärte er, er habe die Opfer „nicht als Zigeuner, sondern als partisanenverdächtige Personen" gesehen.[578] Das bezog sich auf einen Vorgang im April 1942, als in Klinzy mehrere Roma-Familien „vom Kleinkind bis zum Greis" mit Pferden und Wagen eintrafen. Matschke führte die Erschießung der

574 Rüter: Ost- und westdeutsche Strafverfahren, S. 46.

575 LAV NRW, Abt. Rheinland, Ger. Rep. 299, Nr. 784, Bl. 67–68, Vernehmung Kurt Matschke, 30. 8. 1962.

576 Ebd., Nr. 771, Bl. 87, 91, Vernehmung Kurt Matschke, 9. 10. 1961.

577 Ebd., Bl. 112d, Vernehmung Kurt Matschke, 6. 8. 1964.

578 Ebd., Nr. 784, Bl. 58, Vernehmung Kurt Matschke, 23. 7. 1962.

etwa 50 Personen auf Anweisung von Rapp am Stadtrand durch. Pferde und Wagen gingen an die Kollaborateure vom „Ordnungsdienst“.[579]

Weiter wurde Matschke ein Verbrechen vorgeworfen, das sich im Frühsommer 1942 ereignet hatte.[580] Demnach war eine Großfamilie von mindestens zehn bis 15 Roma mit Männern, Frauen und Kindern, die jüngsten neun bis elf Jahre alt, bei einem „Nachkommando“ auf der Straße aufgefallen und festgenommen worden. „Matschke ordnete bedenkenlos, ohne zu zögern“, die Erschießung der gesamten Gruppe an. Zu seiner Entlastung griff er vor Gericht auch hier zu dem als nicht rassistisch geltenden Klischee: „Zigeuner“ seien für ihn „in jedem Fall Partisanenkundschafter“ gewesen, sein Verhalten militärisch motiviert und damit in Ordnung gewesen. Das Gericht nahm ihm das nicht ab. Es ging zwar davon aus, dass für Matschke alle Angehörigen der Minderheit unerwünschte „Untermenschen“ gewesen seien, dass er bereit gewesen sei, aus Rassenhass zu handeln, unterschied anschließend aber: Zwar sei „die Erschießung von bereits gefangenen Partisanen oder von anderen ähnlichen [...] Tätergruppen [...] objektiv rechtswidrig“ gewesen. Jedoch lägen „in solchen Fällen“ die Merkmale des Mordes nicht vor. Es habe sich dann nämlich nicht um Hassverbrechen gehandelt, sondern schlimmstenfalls um militärisch motivierten Totschlag und der sei bekanntlich verjährt.[581]

Die Erschießung fand an einer Erschießungsgrube am Südrand von Klinzy an einem Waldrand in der Nähe des Sportstadions statt. Die Gruppe wurde dort hingetrieben, und die Roma wurden „nacheinander am Grubenrand durch Genickschuss [...] erschossen. Die späteren Opfer konnten sehen, was mit ihren Leidensgefährten vor ihnen geschah.“ Pferde und Wagen erhielt wiederum der kollaborierende „Ordnungsdienst“. Dieses Verbrechen ging in das Urteil gegen Matschke ein.

Der Lehrersohn Spengler hatte zunächst eine Weile Medizin studiert und war dann zur Polizei gegangen. In Berlin leitete das Mitglied von NSDAP, SA und SS vor und nach seinem „Osteinsatz“ das Dezernat für Raub und Einbruch. 1945 tauchte er zunächst unter und dann wieder auf, um seine Entnazifizierung zu betreiben, die er 1948 bestmöglich mit der Kategorie V „entlastet“, abschloss,[582] was ihm 1951 die Rückkehr zur

579 Ebd., Nr. 774, Bl. 53, Anklageschrift, 10.8.1963.

580 Ebd., Nr. 795, Bl. 267 ff., Urteil 10.2.1966.

581 Ebd., Bl. 265 f., Urteil 10.2.1966.

582 LAV NRW, Abt. Rheinland, NW 1.097-Polizei, Nr. 2.281, Entnazifizierungsakte Eduard Spengler.

Kripo ermöglichte. Er leitete die Kripo in Unna. Sein antisemitisches Bild der jüdischen Minderheit und sein Bild des sowjetischen Widerstands als einer „Seuche" waren intakt geblieben. Dass ihm das schaden könne, befürchtete er nicht. In der Vernehmungssituation bekundete er offen, eines der Mordopfer einer „Judenaktion" gleich aufgrund der „unverkennbar jüdischen Gesichtszüge" als Jude identifiziert zu haben. Eine „Bandenjägereinheit" habe er für ein von Partisanen „verseuchtes" Gebiet aufgestellt.[583] 1961 wurde er krankheitsbedingt dienstunfähig geschrieben. Spengler war seit vielen Jahren alkoholkrank.

Auch Tormann war ein Lehrersohn, der zur Polizei ging. Auch er steht für den rotierenden Einsatz der Beamten zwischen Mord- und Verwaltungsaufträgen. Seit 1939 bei der Kölner Gestapo, kam er 1941/42 zum „Sondereinsatz an der Ostfront". An den Klinzy-Aufenthalt schloss sich das Kommando des berüchtigten „Sondertrupps Smolensk" an, der für Exekutionen aufgestellt worden war. Tormann wirkte mit an der Räumung des Ghettos von Smolensk im Juli 1942.[584] 2.000 Bewohner wurden gruppenweise in Gaswagen verladen, zu einer bereits ausgehobenen Grube am Stadtrand gefahren und dort vergast oder erschossen. Während des anschließenden Sommerurlaubs von Tormann vertrat Matschke ihn als Kommandeur des Sondertrupps. Tormann kam zur Gestapo Litzmannstadt und leitete anschließend von Mitte 1943 bis Mitte 1944 die Gestapo Innsbruck. Dort dürfte ihm mindestens aus dienstlichen Gründen der Erste Staatsanwalt am Sondergericht, Eduard Dreher, begegnet sein.

Nach 1945 wollte Tormann zurück zur Polizei. Das schien ihm über den Artikel 131 mithilfe von zahlreichen Persilscheinen, einem Angebot, über sich eine „Auskunft des Juden Alfred Aaron" vorlegen zu können, und mit Beistand von ehemaligen Kollegen möglich zu sein. Er legte ein Leumundsschreiben von Dr. jur. Josef Ochs vor, Referatsleiter im BKA und vordem als SS-Obersturmführer im RKPA für die Einweisung von „Zigeunern" und „Zigeunermischlingen" in die Vorbeugehaft zuständig. Auf ihn wird noch näher einzugehen sein.

Als Leumundszeugen benannte Tormann ferner die Kriminaldirektoren Friedrich D'heil und Dr. jur. Walter Zirpins, dieser einer seiner

583 Ebd., Ger. Rep. 299, Nr. 772, Bl. 105, 120, 180, Vernehmungen Eduard Spengler, 13.11.1961, 31.12.1961.

584 Zu Tormann und dem Sondertrupp Smolensk: Curilla: Ordnungspolizei, S. 471 ff.; Angrick: „Aktion 1005", S. 152.

Lehrer an der Charlottenburger Führerschule des SD.[585] Die beiden übten in den besetzten Gebieten im Osten hohe Leitungsfunktionen aus. In ihren Entnazifizierungsverfahren wurden sie in Kategorie V eingestuft und waren damit entlastet.[586] Sie stiegen nach ihrer erneuten Übernahme in den Polizeidienst zu Leitern der Landeskriminalämter auf, D'heil in NRW bereits 1948 und Zirpins als „131er" 1951 in Niedersachsen. D'heil war 1939 in Polen Offizier im Einsatzkommando 2 der Einsatzgruppe III gewesen und hatte anschließend bis zum Herbst 1940 die Kriminalpolizeistelle in Litzmannstadt (Łódź) geleitet. Sein Nachfolger war 1940/41 Zirpins gewesen. Von dem SS-Sturmbannführer Zirpins lässt sich zu Robert Ritter eine Brücke schlagen, denn Zirpins schätzte die Nachforschungen, die das von Ritter geleitete Kriminalbiologische Institut der Sipo betrieb, und dessen Beiträge zur „vorbeugenden Verbrechensbekämpfung" sehr. Er arbeitete damit in seinen Lehrveranstaltungen und rühmte das KBI in seinen Schriften.[587] Durch „wissenschaftlich gesicherte Erkenntnis" erweise sich, ob „man es bei dem einzelnen Täter mit dem Sproß einer Sippe zu tun hat, in der antisoziale oder asoziale Verhaltensweisen erblich verankert sind". Es könnten dann vorbeugend die „weiteren Maßnahmen zum Schutz der Volksgemeinschaft" ergriffen werden.[588]

Zum Zeitpunkt der Übernahme der LKA-Leitung in Niedersachsen stand Zirpins auf der polnischen Kriegsverbrecherliste. Nach Meinung seiner Biografen Karola Hagemann und Sven Kohrs kam er mit Unterstützung des Ministerpräsidenten Hinrich Kopf (SPD) in sein niedersächsisches Amt.[589] Kopf war im besetzten Polen als „Treuhänder konfiszierter polnischer und jüdischer Güter und als Enteignungskommissar" eingesetzt gewesen,[590] als Zirpins in Łódź Juden und Polen enteignet hatte.[591] Gegen D'heil und Zirpins waren Vorermittlungen

585 Zirpins war eine Art Kronzeuge des Ministerialbeamten Fritz Tobias vom niedersächsischen Landesamt für Verfassungsschutz, der 1959/60 die These aufbrachte, der Kommunist Marinus van der Lubbe sei Alleintäter beim Reichstagsbrand 1933 gewesen. Zu Zirpins: Hagemann/Kohrs: Zirpins, abrufbar unter: https://www.lka.polizei-nds.de/forschung/walter-zirpins-ohne-reue-der-schwarze-fleck-des-lka-115721.html [letzter Zugriff: 20.6.2022].

586 Zu D'heil: Hölzl: Gutachten, S. 38; zu Zirpins: Hagemann/Kohrs: Zirpins, S. 248.

587 Ebd., S. 124f.

588 Ebd., zit. nach Zirpins: Weg, S. 432.

589 Ebd., S. 155ff.

590 Ebd., S. 108.

591 Ebd., S. 102ff., 155.

aufgenommen worden, die jeweils mit einer Einstellung endeten. In Litzmannstadt hatten D'heil und Zirpins die Herrschaft über das von der NS-Verwaltung errichtete Ghetto ausgeübt. Zirpins hatte dazu einen Aufsatz verfasst, der die Vernichtung der jüdischen Minderheit mit Vorstellungen begründete, wie sie nahezu deckungsgleich auch gegen die Angehörigen der Roma-Minderheit vorgetragen wurden und wie sie für Tormann in der Ukraine im Hinblick auf beide Minderheiten die Massenerschießungen begründet hatten. Nach Zirpins zeigte sich in den von der jüdischen Bevölkerung in Litzmannstadt bewohnten Straßen „der gänzliche Mangel an Willen zum Aufbau der Stadt beizutragen". „Nur durch die Gettobildung" sei es „gelungen, das Judentum zu einer der Allgemeinheit dienenden Arbeit heranzuziehen".[592] Das Ghetto sei vor allem als eine Maßnahme des öffentlichen Gesundheitsschutzes gedacht gewesen. Die Stadt habe vor epidemischen Erkrankungen wie Cholera, Typhus und Ruhr geschützt werden sollen, wie sie der Mangel an Hygiene bei Juden hervorrufen würde. Mit akademisch-kulturwissenschaftlicher Attitüde erklärte er, es habe „eines umfangreichen Studiums der jüdischen Mentalität und Gepflogenheiten [...] bedurft, um die Wege zur präventiven und repressiven Bekämpfung durch die Kriminalpolizei herauszufinden".[593]

Wenn Tormann D'heil und Zirpins als Gewährsleute für untadeliges Polizeiverhalten bei seinem Rückkehrversuch nannte, war das der typische Rückgriff auf den Zusammenhalt der Alten Kameraden im Nach-NS-Kriponetzwerk, der sich aus der Tatsache gemeinsamer Belastungen speiste. Erfolgreich war er nicht, denn Tormann war in diesen Kreisen ein kleines Licht geblieben. Er konnte dort nicht viel einbringen.

Um seine Möglichkeiten zu verbessern, hatte er sich ähnlich wie Rapp inzwischen eine bildungsbürgerliche Profession zugelegt, er firmierte nun als „Journalist". Beide setzten nach den Verbrechen nun auf die Mimikry einer Zugehörigkeit zur bürgerlichen Intelligenz, was bei Tormann wenig überzeugend mit einer freischaffenden Tätigkeit für die *Niederbergische Heimat*, die Heimatbeilage der *Velberter Zeitung*, abgedeckt war.

592 Zirpins: Getto in Litzmannstadt, S. 111 f.

593 Zit. nach Wildt: Generation, S. 212. Im Herbst 1941, als das zu lesen war, erhöhte sich die Sterbequote in dem bereits überfüllten, von TBC und anderen Verelendungskrankheiten heimgesuchten Quartier durch die Aufnahme von fast 20.000 Juden aus dem Reich und aus Luxemburg und mehr als 5.000 Roma aus dem Burgenland, die aus ihrem Lager Flecktyphus mitbrachten.

Rapp wurde 1965 wegen gemeinschaftlichen Mordes an mindestens 1.180 Menschen zu lebenslangem Zuchthaus verurteilt.[594] Er habe „in eigener Machtvollkommenheit aus niedrigen Beweggründen [...] jede Gelegenheit zur Tötung von Juden, Zigeunern und Kranken wahrgenommen".

Matschke, Spengler und Tormann sah das Gericht 1966 als Gehilfen. Matschke erhielt fünf, Spengler vier und Tormann drei Jahre.[595]

Der Vorsitzende des Essener Schwurgerichts, der Landgerichtsdirektor Hans Hückel, hatte die daraufhin aufkommende Kritik an einem Missverhältnis zwischen Verbrechen und Strafe bei Matschke, Spengler und Tormann mit einem im westdeutschen Alltagsdiskurs häufig auftretenden Einwand abzuwehren versucht. Er hatte die Betrachter dazu aufgefordert, sich zu fragen, ob sie in dieser Situation nicht ebenso gehandelt hätten, und geäußert, dass es sich bei den Angeklagten nicht um Verbrecher handle, sondern um Opfer, um Menschen, die als Mitläufer und Opportunisten „Hitler" zum Opfer gefallen seien. Schlimm war aus seiner national gestimmten Sicht, dass der „Hitlerbefehl" „den deutschen Namen in aller Welt" nachhaltig beschmutzt habe.[596]

Zu einem Haftantritt kam es bei Matschke und bei Spengler nicht. Dem Ersten wurden Krankheit und Haftunfähigkeit attestiert, der Zweite verstarb. Für Rapp gab es spätestens 1972 Entlassungsinitiativen beim nordrhein-westfälischen Ministerpräsidenten Heinz Kühn (SPD). Ein sozialdemokratischer vormaliger Minister für politische Befreiung aus Rapps Herkunftsort Schorndorf meldete sich und bat um eine Begnadigung.[597] Dem folgten Unterschriftenlisten für Rapp: von „Schulkameraden und Bekannten", darunter viele Akademiker, aber auch Kaufleute, ein Pfarrer und SPD-Stadträte und eine Liste von Lehrern, diese „über alle parteipolitischen Überzeugungen hinweg".

Der Leiter der Dortmunder Zentralstelle für die Bearbeitung der nationalsozialistischen Massenverbrechen dagegen lehnte einen Gnadenerweis entschieden ab: Die bei der Strafverbüßung „im Vordergrund stehenden Strafzwecke der Vergeltung und der Sühne für begangenes schweres Unrecht erfordern in der Regel den vollständigen Verzug". Rapp selbst möge einmal in Rechnung stellen, dass er einschließlich der 18 Jahre unter falschem Namen den weitaus überwiegenden Teil

594 LAV NRW, Abt. Rheinland, Ger. Rep. 299, Nr. 779, Bl. 106–357, Urteil 29.3.1965.

595 Ebd., Nr. 797, Bl. 59–62, StA Büse an Justizminister NRW, 10.2.1966.

596 Siehe das Medienecho: ebd., unpag., Meldungen der regionalen Presse, 11.2.1966.

597 Diese und die folgenden Angaben LAV NRW, Abt. Rheinland, Ger. Rep. 299, Nr. 783, Bl. 1–8, 27, 30–37, 56–59, 62, 84–86.

seines Lebens in Freiheit verbracht habe. Er solle sich fragen, „ob er diesem Vorteil, denkt er an seine Opfer und deren Anzahl [...], nicht moralisch verpflichtet bleibt“.

Einer Entscheidung war Ministerpräsident Kühn enthoben, nachdem Rapp 1975 in der Haft nach längerer Krankheit verstorben war.

5.4 Referenzverfahren des Sammelverfahrens zum „Zigeunerkomplex“

Im Folgenden werden vier Verfahrensverläufe geschildert, die in ihrem Inhalt wesentliche Überschneidungen mit dem zeitlich später einsetzenden Sammelverfahren aufweisen und auf die die Ermittler im Sammelverfahren zurückgriffen.

Der britische Ärzte-Prozess (1946)

Der erste bekannte Prozess in Deutschland, bei dem Straftaten an der Roma-Minderheit verhandelt wurden, war 1946 eines der zahlreichen nach dem Prozessort in Hamburg als „Curiohaus-Prozesse“ bezeichneten Verfahren vor dem Special High Court. Das war ein britisches Gericht mit britischem Personal, das im „Ärzte-Prozess“ von Menschheitsverbrechen ausging, konkret, so die Anklage, von der „Ausrottung fremder Rassen“.[598]

Die Angeklagten kamen entgegen der Prozessbezeichnung aus zwei unterschiedlichen Berufsgruppen, die die „Bekämpfung der Zigeunerplage“ durch erzwungene Sterilisationen zusammengeführt hatte. Sie bildeten nach dem KRG 10 aufgrund enger Kooperation ein Handlungsganzes, weshalb sie gemeinsam vor diesem Gericht standen.

Angeklagt waren die Ärzte Prof. Dr. Hans Hinselmann, Jahrgang 1884, von 1933 bis 1946 Chefarzt der Frauenklinik Altona und Hauptangeklagter, und dessen Kollegen Dr. Günther, Dr. Helmut Wirths, Jahrgang 1912, Dr. Goldbeck und Dr. Alfred Bessin, weshalb auch von einem „Hamburger Ärzteprozess“ gesprochen wird. Mit ihnen angeklagt waren die beiden Kriminalpolizisten Kurt Krause, Jahrgang 1888, und

598 Die folgenden Angaben bei Raim: Justiz, S. 527; Klee: Personenlexikon, S. 257; Krull: Geschichte der Gesundheitsbehörde, S. 55–57, siehe „Die Geschichte der Gesundheitsbehörde der Freien und Hansestadt Hamburg im 20. Jahrhundert“, abrufbar unter: https://edoc.ub.uni-muenchen.de/15806/1/Krull_Stephan.pdf [letzter Zugriff: 20.6.2022].

Wilhelm Everding, Jahrgang 1890. Es ging um die Sterilisierung von mindestens acht „Zigeunermischlingen“ im Allgemeinen Krankenhaus Altona im Winter 1944/45 unter Umgehung des für Sterilisationen obligatorischen Erbgesundheitsgerichts und nach Androhung von Auschwitzdeportationen durch die zwei Kripobeamten. Hinselmann führte aufgrund der NS-Sterilisationsgesetzgebung seit 1934 Sterilisationen durch. 34 Prozent der von ihm operierten Frauen wurden zwangssterilisiert, darunter auch „Zigeunerinnen“. Mit Kriegsbeginn nahm die Zahl der Sterilisationen in Altona erheblich zu.[599] Keine Bedeutung hatten für das Gericht im Verfahren erstens die Deportationsdrohungen und zweitens die 1943/44 vorgenommenen, von dem Hamburger Krankenhaus initiierten gynäkologischen Versuche an mutmaßlich etwa 75 Jüdinnen zwischen 25 und 35 Jahren in Auschwitz. Helmut Wirths, dessen Bruder Eduard der leitende Arzt in Auschwitz war, hatte Versuche für die Hamburger Kollegen veranlasst und Proben dorthin versandt.

Die Sterilisationen wurden von den Ärzten nicht bestritten. Ein Arzt wurde freigesprochen, die anderen erhielten im Dezember 1946 Gefängnisstrafen zwischen einem und drei Jahren. Hinselmann wurde zusätzlich zu seinen drei Jahren zu einer Geldstrafe von 100.000 Reichsmark (RM) verurteilt. Zwei Angeklagte erhielten ihre Haftstrafe auf Bewährung. Einer der beiden war Helmut Wirths. Eine Revision wurde von dem Court of Review in Herford 1947 abgelehnt.

Für Hinselmann entwickelte sich eine milieugebundene Solidaritätsbewegung, die sich keine zwei Jahre, nachdem der NS-Staat zusammengebrochen und dessen Verbrechen zu jedermanns Kenntnis gelangt waren, gegen die Verurteilung wandte. Das darf über eine Sympathiebekundung gegenüber dem Täter hinaus als ein Einverständnis mit seiner Handlungsweise und den sie begründenden Auffassungen gewertet werden.

Hinselmann hatte einen Lehrauftrag an der Hamburger Universität aufgeben müssen, und nun ging an der medizinischen Fakultät eine Petition seiner Hörerinnen und Hörer rund, die nach der Erkenntnis des britischen Geheimdienstes „fast“ alle Studierenden unterschrieben. Als eine Studentin gegen die Solidarisierungsaktion protestierte, wurde sie heftig beschimpft und verdächtigt, eine „Zigeunerin“ zu sein. Die Studierenden an der Seite Hinselmanns standen nicht allein, „die Fachöffentlichkeit“ (Hendrik van den Bussche) insgesamt reagierte mit

599 Diese und die nachfolgenden Angaben: Hübner: Kolposkopie, S. 34 f.

„großer Kritik“ an der Gerichtsentscheidung.[600] In seiner Berufsgruppe und im rechtsbürgerlich-akademischen Milieu war Hinselmann unangefochten. Das kann nicht erstaunen, denn ähnlich den Juristen waren Ärzte in breiter Front frühe und treue Anhänger der NSDAP und häufig der SS gewesen und durch die NS-Jahre geblieben. In Hamburg berief die Militärregierung zwar den Kinderarzt und Universitätsprofessor Rudolf Degkwitz, einen NS-abtrünnigen, christlich-liberalen Gegner der Nazis in die führende Rolle bei der Säuberung des Medizinwesens, aber er scheiterte. In der Hamburger Ärzteschaft galt er seinen Gegnern als der „meistgehasste Mann“ der Stadt. 1949 resignierte er und emigrierte in die USA.[601] Degkwitz hatte einer Front der alten medizinischen Hochschullehrerschaft gegenübergestanden, die „fast vollständig wieder in Amt und Würden“ an die Fakultät zurückgekehrt war und Berufungen von Professoren wie Werner Catel, dem Obergutachter bei den Kindermorden, plante. Catel war ein beinharter Rassenhygieniker, dem die Eintragung „Jude“ oder „Zigeuner“ in der Rubrik „Diagnose“ auf dem Meldebogen genügt hatte, um ein Kind zu töten.[602] Mit derartigen Berufungen wäre die „rassenhygienische Potenz [...] des Lehrkörpers in der Nazi-Zeit“ nicht nur wiederhergestellt, sondern „bei weitem übertroffen“ worden (Hendrik van den Bussche).[603] Degkwitz hatte schon 1945 versucht, eine Anklage gegen Catel in Gang zu bringen. Das scheiterte, und es scheiterte 1960 ein weiteres Mal, trotz einer Unterstützung durch Gustav Heinemann, inzwischen Bundestagsabgeordneter und Mitglied des Bundesvorstands der SPD, und trotz eines durch öffentlichen Druck durchgesetzten vorzeitigen Wechsel Catels in den Ruhestand.[604] Catel stand auf der Liste der Beschuldigten im Sammelverfahren zum „Zigeunerkomplex“, aus dem er 1963 wegen Verjährung entlassen wurde.[605] Catel war zuvor nicht, wie von vielen im lokalen akademischen Milieu erhofft, auf einen Lehrstuhl in Hamburg gegangen, sondern war Professor für Kinderheilkunde an der Universität Kiel geworden, aber

600 Pfäfflin / Rüh / Göpfert u. a.: Krankenversorgung, S. 285; van den Bussche: „Zusammenbruch“ und Nachkriegszeit, S. 435.

601 Van den Bussche: „Zusammenbruch“ und Nachkriegszeit, S. 419–429.

602 Wienau: Freigabe der Vernichtung, S. 374.

603 Van den Bussche: Epilog, S. 450.

604 Renner, Hermann: Aus Menschlichkeit töten?, in: Der Spiegel, 18 (1964), H. 8.

605 LAV NRW, Abt. Rheinland, Ger. Rep. 231, Nr. 1.542, Bl. 1.249, Vermerk StA Wolfgang Kleinert, 27.5.1963.

im Jahr nach Degkwitz' Auswanderung befürwortete die Universität die Neuerteilung der *venia legendi* für Hinselmann.

Für die Erpressung der Sterilisationsopfer aus der Minderheit durch die Androhung einer Auschwitzdeportation waren die Kripobeamten Krause und Everding zuständig gewesen. Sie erhielten wie Hinselmann jeweils drei Jahre, wurden aber vorzeitig entlassen. Der Senat stellte die Gehaltszahlungen für die Verurteilten ein, Dienststrafverfahren und Entlassungen wurden eingeleitet.

Krause und Everding hatten die Transportlisten für die Auschwitzdeportationen aus Hamburg zusammengestellt.[606] Krause war seit 1913 bei der Polizei und seit 1919 bei der Kripo. 1937 wurde er in die NSDAP aufgenommen und leitete seit März 1940 die „Zigeunerdienststelle" der Hamburger Kripo. Er war mindestens an Deportationen von Roma 1940 nach Polen und 1943 und 1944 nach Auschwitz beteiligt. Nach einem mehrmonatigen *automatic arrest* wurde er 1946 zum Oberinspektor befördert und wieder eingestellt, erneut als Sachbearbeiter in der nach wie vor existierenden „Zigeunerdienststelle". Der sozialdemokratische Hamburger Polizeichef Hans Bruns hatte ihn empfohlen. Krause habe seine dienstlichen Aufgaben „stets zur Zufriedenheit ausgeführt" und sei als „Zigeuner-Krause" „bis zur Evakuierung der Zigeuner" bei der Minderheit „sehr beliebt" gewesen.[607] Bruns gleichfalls sozialdemokratischer Nachfolger Carl Breuer, ehemaliger KZ-Häftling, entließ Krause jedoch und leitete ein Disziplinarverfahren gegen ihn ein.

Krause und Everding wollten nicht gewusst haben, dass die Deportierten ihre Ermordung zu erwarten hatten. Das britische Gericht nahm ihnen das nicht ab. Es sah sie durch die Aussagen von Verfolgten widerlegt. Krause hatte sich ihnen gegenüber gebrüstet, Familienangehörige nach Auschwitz geschickt zu haben, und dabei drohend auf die Gaskammern hingewiesen. „Wenn ihr das nicht unterschreibt? Auschwitz ist eure Heimat!", sagte Krause laut dem Zeugen Ferdinand Bernhardt gegenüber dessen Familie[608] und „Rein geht ihr, aber auf dem Puckel kommt ihr in die Gaskammern" gegenüber Gerhardt Bernhardt. Krause habe erklärt, „Ich kann die Leute hierlassen, kann sie aber auch hinschicken, das liegt ganz an meinem Bericht. Aber ich schicke sie

606 Die folgenden Angaben zu Krause und Everding: Staatsarchiv Hamburg, StAsch LG Hamburg, 19.075/64, 53 36/45, zit. nach Repplinger: Kriminalinspektor Kurt Krause, insbesondere: S. 150 f., 1059, 1061, 1063, 1066 ff.; auch NSG-Datenbank des IfZ-Archivs, Reportdatum: 17. 3. 2021, S. 503 f.

607 Repplinger: Kriminalinspektor Kurt Krause, S. 1063.

608 Ebd., S. 1067.

hin.“ Die Richter betrachteten Krauses Einlassungen auch deshalb als reine Schutzbehauptungen, weil er Transportführer bei mindestens zwei Auschwitzdeportationen gewesen war, eine davon ein „Kinder-Transport“. Zellestine Widera und andere Roma bezeugten Faustschläge, Fußtritte und andere Übergriffe von Krause. Wie Krause kannte auch Everding Auschwitz als Transportbegleiter.

Zwei Tage nach dem britischen Urteil wurde nach einer Anzeige des Hamburger *Komitees ehemaliger politischer Gefangener*, einer Vorgängerorganisation der *VVN*, gegen die beiden Kripobeamten zu dieser „Zigeunersache“ ein deutsches Ermittlungsverfahren eröffnet.[609] Die Anzeige beinhaltete die Sterilisationen und die Auschwitzdeportationen. Die Beschuldigten stellten sich erneut auf den Standpunkt, ihnen sei verborgen geblieben, dass Auschwitz ein Vernichtungslager war, was die westdeutschen Ermittler ihnen glaubten. Nach nicht ganz zwei Jahren wurde das Verfahren 1948 durch den Oberstaatsanwalt eingestellt. Begründet wurde die Entscheidung erstens damit, dass gegen niemand zweimal in derselben Sache verhandelt werden dürfe („ne bis in idem“), zweitens mit Beweismangel, soweit Zeugen nicht selbst Erlebtes, sondern Gehörtes bezeugt hätten, und drittens, weil eine zu erkennende Strafe gegen die von dem britischen Gericht bereits erkannte nicht ins Gewicht fallen würde.[610] Die Ermittlungsakten wurden später vernichtet. Vorzeitig haftentlassen wurde Krause 1949 als „entlastet“ (Kategorie V) bestmöglich entnazifiziert.[611] Das war auch eine Stellungnahme gegen die britische Militärregierung und deren Justiz. Der deutsche Entnazifizierungsausschuss kritisierte in seiner Begründung das Urteil des High Court als widersprüchlich. Er übernahm Krauses Selbstbeschreibung, sich immer „korrekt und anständig benommen“ zu haben. 1951 ging er wegen Dienstunfähigkeit in den vorzeitigen Ruhestand. Der Amtsarzt attestierte ihm „erhebliche seelische Depressionen“ als Reaktion auf die 1946 „erfolgte glaubhaft ungerechte Bestrafung [engl. Militärgericht]“.

Hinselmann wurde 1949 ebenfalls vorzeitig entlassen. Er arbeitete weiter als Frauenarzt in Hamburg. 1949 hatte die Hamburger Gesundheitsbehörde den Entzug der Approbation erwogen, aber dann darauf

609 NSG-Datenbank des IfZ-Archivs, Reportdatum: 17. 3. 2021, S. 503 f., Verfahren 14 Js 573/47 am LG Hamburg.

610 Ebd., S. 503.

611 Diese und die nachfolgenden Angaben: Repplinger: Kriminalinspektor Kurt Krause, S. 1069 f.

verzichtet. 1956, als er in den Ruhestand ging, ernannte ihn die Deutsche Gesellschaft für Gynäkologie und Geburtshilfe zu ihrem Ehrenmitglied und die Hamburger Gesundheitsbehörde sprach ihm ihren „Dank für die in Treue geleistete Arbeit“ aus.

In den Akten des Sammelverfahrens zum „Zigeunerkomplex“ gibt es einzelne Verweise auf den „Hamburger Ärzte-Prozess“, für den allein Hinselmann als Beteiligter genannt wird.[612] Wenngleich der Hamburger Verfahrensinhalt sich im Sammelverfahren wiederholte, wurde diese Gemeinsamkeit von den Ermittlern nicht ausdrücklich zur Sprache gebracht. In einer Auflistung aus dem Juni 1960 von Ärzten, von denen man wisse, dass sie Sterilisationen durchgeführt hätten, fehlen die Hamburger,[613] so wie auch die Hamburger Kripobeamten nirgendwo benannt werden. Eine in den Akten des Sammelverfahrens auftauchende Vernehmung Hinselmanns in Kiel 1956 belegt aber das Interesse der Frankfurter bzw. Kölner Ermittler auch an dem, was in Hamburg verhandelt worden war. Der „Hamburger Ärzte-Prozess“ war mit diesen spärlichen Verweisen das einzige alliierte Verfahren, auf das die Ermittler im Sammelverfahren sich bezogen.

Der „Berleburger Zigeunerprozess“ in Siegen (1948–1950)

In der Britischen Zone ereignete sich vor dem Landgericht Siegen 1948/49 (Revision 1950) ein nach dem Verhandlungsgegenstand und dem Umfang der Strafermittlungen ungewöhnliches Verfahren. Es thematisierte die Verschleppung einer großen Zahl von Sinti-Nachfahren nach Auschwitz-Birkenau.[614] Ausgangsort war die Wittgensteiner Kreisstadt Berleburg gewesen.

Um die Mitte des 18. Jahrhunderts hatten sich katholische Sinti-Familien in den zwei evangelischen Wittgensteiner Grafschaften niedergelassen. Deren Nachkommen hatten sich seit inzwischen vielen Generationen sozial und kulturell in die Wittgensteiner Mehrheitsbevölkerung eingegliedert und waren dort spätestens mit Beginn des

612 LAV NRW, Abt. Rheinland, Ger. Rep. 231, Nr. 1.537, Bl. 525, Vernehmung Hans Hinselmann durch OStAsch am LG Kiel, 31.5.1956.

613 Ebd., Nr. 1.536, Bl. 417–419, Verfügung OStA am LG Frankfurt a.M., 23.6.1960.

614 Die folgenden Angaben nach Opfermann: Genozid und Justiz; LAV NRW, Abt. Westfalen, Q 226, Nr. 31–39; JuNSV, Bd. IV, Lfd. Nr. 124, S. 157–191, Verfahren 3 Ks 1/49 am LG Siegen, Urteil 4.3.1949, Verfahren StS 256–257/49 am OGHBZ, Urteil 21.3.1950; ebd., Nr. 127, S. 309–328, Verfahren 3 Ks 1/49 am LG Siegen, Urteil 9.3.1949.

20. Jahrhunderts nahezu ausschließlich als Arbeiter und in einigen Fällen auch als kleine Landwirte zu Hause. Von einem Teil der Mehrheitsbevölkerung wurden sie als „Zigeuner“ abgelehnt und als Mitbürger nicht akzeptiert. Insoweit sie als „Zigeuner“ tituliert wurden, kam diese Zuschreibung mit Nachdruck aus dieser Richtung. Die meisten von ihnen lebten zu Beginn der NS-Herrschaft gemeinsam mit Arbeiterfamilien sonstiger Herkunft und oft familiär durch Heiraten mit ihnen verbunden in Berleburg, der Kreis- und vormaligen fürstlichen Residenzstadt, in einem von Außenstehenden abschätzig als „Zigeunerberg“ bezeichneten vorstädtischen Quartier. Von den Berleburger bessergestellten „Städtern“ unterschieden sie sich nicht nur durch die lange zurückliegende, aber in der völkischen Perspektive aktuell gebliebene Herkunft aus der Sinti-Minderheit. Die in diesem Segment der Kleinstadtgesellschaft hochgehaltene Vorstellung einer auf dem „Zigeunerberg“ versammelten „Andersartigkeit“ speiste sich nicht allein aus dieser „ethnischen“ Quelle, sondern zweitens aus der sozialen Lage, drittens aus der abweichenden Konfession und schließlich aus einer abweichenden politischen Präferenz. Der „Berg“ war der einzige Ort in einer weiten Region südlich des Sauerlands mit einer Mehrheit von Katholiken und mit einer starken kommunistischen Ortsgruppe. Das konfessionelle Bekenntnis störte auf dem „Berg“ das politische Bekenntnis nicht. Das war nicht so ungewöhnlich. Traditionell waren Sinti vor allem katholisch, und wenn sie ein politisches Interesse entwickelten und sich organisierten wie in Berleburg, dann traten sie seit den 1920er-Jahren der KPD bei.[615] In einem ausgeprägten Gegensatz stand der „Zigeunerberg“ mit seinen Besonderheiten zu einer großen Mehrheit der Wittgensteiner, die im April 1932 zu mehr als zwei Dritteln NSDAP gewählt hatten und zu einem noch weit höheren Anteil sonntags die protestantisch-reformierten Kirchen aufsuchten.

Für den Ende 1932 berufenen Bürgermeister von Berleburg Dr. jur. Theodor Günther aus Thüringen, einen Parteigänger der NSDAP, wenn er ihr formal auch erst nach Ende der Eintrittssperre 1937 beitrat, war der „Berg“ ein Schandfleck. „Allgemeines Humanitätsgefühl, Mangel an Rassebewußtsein […] und der naive Glaube an die Gleichheit alles dessen, was Menschenantlitz trägt“,[616] hätten mit der Zulassung einer „Zigeuner-Kolonie“ erschreckende Folgen gehabt. „Das große Ziel des

615 Opfermann: Widerspruch und Widerstand.

616 Diese und die nachfolgenden Zitierungen: Günther: Seßhafte Zigeuner, S. 193, 195–197.

Nationalsozialismus“ müsse nun sein, durch „Abgrenzung, Erfassung und Beendigung“ in Berleburg „den totalen Sieg des deutschen Blutes [zu] erreichen“. Günther entfaltete eine Dauerkampagne zur rassischen und politischen Säuberung der Stadt wie zugleich auch zur Stärkung seiner Amtsautorität. Sein Plan war, die als „Zigeuner“ oder „Mischlinge“ Betrachteten so „abzukapseln, daß durch Inzucht Erbschäden entstehen“, die die „Beendigung“ der Existenz des „rassisch minderwertigen und geistig sowie charakterlich verluderten Zigeunervolks“[617] mindestens durch eine umfassende Sterilisierung ermöglichen würden.

Mit vielen anderen Bewohnern Wittgensteins waren auf dem Weg der Arbeitsmigration, seit solche Möglichkeiten sich in dieser Region großer Armut boten, Sinti-Nachfahren an industrielle Standorte im Sieger- und Sauerland gewechselt. Zwar hatte es nach 1933 am Landgericht Siegen politisch motivierte Hochverratsverfahren gegen lokale Industriearbeiter mit Sinti-Herkunft, die Mitglieder der KPD waren, gegeben, aber es war weder dort noch in den Sauerländer Zuzugsorten Hallenberg oder Garbeck zu rassenpolitisch motivierten Verfolgungen und 1943 zu Deportationen nach Auschwitz gekommen. Günther stellte schon in den 1930er-Jahren den „Berg“ mit rigiden Einschränkungen unter SA-Kontrolle, beantragte laufend Sterilisationen und suchte früh den Kontakt zur Rassenhygienischen Forschungsstelle in Berlin, die rassenbiologische Verzeichnisse der Berleburger Sinti-Nachfahren nach „Blutsanteilen“ anlegte und regelmäßig auf den aktuellen Stand brachte. Nach dem Himmler'schen Auschwitz-Erlass lag im März 1943 die jüngste Liste auf dem Tisch einer regionalen Selektionskonferenz und wurde zur Entscheidungsgrundlage für die Deportation von 134 Angehörigen der Minderheit – mehrheitlich Kinder – am 9. März nach Auschwitz-Birkenau. Nur Einzelne überlebten. Dabei hatte der Erlass Ausnahmegruppen benannt, für die die Wittgensteiner Minderheit als Beispiel hätte gelten können. Auch in Wittgenstein aber wurde ignoriert, dass dazu „sozial angepaßt lebende zigeunerische Personen, die bereits vor der allgemeinen Zigeunererfassung in fester Arbeit standen und feste Wohnung hatten“,[618] gehörten. Das traf mit einer Ausnahme auf alle Familien zu. In diesem Fall hätte das Arbeitsamt auch aus wehrwirtschaftlichen Gründen der Deportation widersprechen können. Statt nach Möglichkeiten einer Verhinderung der Deportation zu schauen, wurde, wie das Gericht später vergleichend feststellte,

617 Günther: Zigeunerverhältnisse, S. 268.

618 Zit. nach Zimmermann: Rassenutopie, S. 485.

„in Berleburg eine auffallend grosse Zahl von Personen zum Abtransport bestimmt“. Der leitende Bürobeamte, Stadtinspektor Hermann Fischer, führend als Organisator der angeblichen „Umsiedlung“, habe immer wieder betont, „der Berg muß noch bereinigt werden“,[619] und die Deportation als „eine günstige Gelegenheit“ betrachtet, „[jetzt] alle Schmarotzer loszuwerden“.[620]

Dem Abtransport folgte erst eine spontane Plünderung der Häuser durch „Städter“,[621] dann die förmliche Enteignung des „reichsfeindlichen Vermögens“ und die Verteilung der Häuser, des Landbesitzes und des sonstigen Eigentums zur Nutzung und zum Kauf durch die Ortsbevölkerung. Es entstand in Berleburg die Erwartung einer Deportation auch der auf dem „Berg“ bis dahin Verschonten, von der sich mancher in aller Offenheit weitere Vorteile erhoffte: „Die [Wäsche] kannste mir vermachen, ihr kommt sowieso noch weg.“[622]

Der Eintritt in das diese Vorgänge beleuchtende und Täter zur Rechenschaft ziehende Verfahren vor dem Landgericht Siegen hatte sich erst spät und mit Schwierigkeiten ergeben. Bereits um die Jahreswende 1945/46 hatten Angehörige von Verschleppten auf eigene Faust erste Ermittlungen gegen mutmaßlich Verantwortliche aufgenommen. Im Januar 1946 hatten die Vorsitzende Emilie Schade der *VVN* und Anton Rebstock, Mitglied des Wittgensteiner KZ-Ausschusses, beide vom „Berg“ und aus von der Deportation betroffenen Familien, Strafanzeige auf Grundlage des KRG 10 gegen 11 Personen erstattet.[623] Als ein Hauptverantwortlicher galt den Anzeigenden Stadtinspektor Fischer. Er war bereits 1945 von der Stadtverwaltung wieder eingestellt worden und hatte dies mit Unterstützung des sozialdemokratischen Regierungspräsidenten Fritz Fries erreicht.[624] Nach Protesten von Angehörigen Verschleppter und der *VVN* musste Fischer auf Anweisung der britischen Militärbehörden seinen Platz allerdings wieder räumen.[625] Die mit fachlicher Hilfe aufgesetzte Anzeige müsste ihren Adressaten, die

619 LAV NRW, Abt. Westfalen, Q 226, Nr. 31, Staatsanwaltschaft Siegen, Zeugenvernehmung, 9. 2. 1948.

620 Jegers: Bd. 2, Interviews, S. 153.

621 Dazu umfassend Opfermann: Zigeunerverfolgung, Enteignung, Umverteilung.

622 Jegers: Bd. 2, Interviews, S. 153.

623 LAV NRW, Abt. Westfalen, Q 226, Nr. 38, Staatsanwaltschaft Siegen, Anzeige, 22. 1. 1946; ebd., Nr. 31, Aussage Emilie Schade, 16. 12. 1947.

624 Ebd., Stellungnahmen Regierungspräsident Arnsberg, 10. 1., 7. 3. 1946.

625 LAV NRW, Abt. Rheinland, NW 1.127, Nr. 115, Entnazifizierungsakte Hermann Fischer, Fischer an Entnazifizierungsausschuss Kreis Wittgenstein, 2. 7. 1946.

Staatsanwaltschaft am Landgericht Siegen, anschließend erreicht haben. Ermittlungen wurden jedoch entweder nicht aufgenommen oder bald und ohne Rückmeldung eingestellt. Die Sache schlief ein.

Im Juni 1946 forderte die Militärregierung die lokale und regionale Verwaltung auf, über sämtliche Vorgänge von Verfolgung und Ermordung von Menschen im Nationalsozialismus zu berichten. Die Stadt Berleburg listete unter anderem 125 „abgeschobene Zigeunermischlinge" auf, „die nicht wieder zurückgekehrt" seien.[626] Befragte machten dazu ausführliche Angaben, nannten Namen mutmaßlicher Täter. Ein Überlebender und eine Angehörige benannten 51 Personen, die sich für die „totale Vernichtung" eingesetzt hätten.[627] Vorermittlungen ergaben sich daraus nicht. Man ließ die Sache liegen.

Erst anderthalb Jahre später, im Dezember 1947, eröffnete die Staatsanwaltschaft Siegen Ermittlungen „gegen den Hermann Fischer und andere" durch Amtsgerichtsrat Harro-Hasso von Durant, Jahrgang 1906, der nach eigener Angabe zwar Mitglied im Nationalsozialistischen Kraftfahrkorps (NSKK), nicht aber in der Partei gewesen war.[628]

Mehr als 50 Zeugen wurden befragt. Sie standen für eine Vielfalt von Haltungen und Erfahrungen im NS-Staat. Sie reichten vom Kern des NS-Milieus, wie ihn Alte Kämpfer repräsentierten, bis hin zu Verfolgten aus der Minderheit und jüdischen Stimmen. Gegen inzwischen 28 Personen wurde ermittelt. Bei 21 Beschuldigten kam es aus unterschiedlichen Gründen nicht zu einer Anklage.

Vorsitzender Richter war der Landgerichtsrat Kurt Zelle, Jahrgang 1891, der 1934 mit „Grundlinien einer kommenden Reichsjustizordnung" hervorgetreten war, mit der gegen die Weimarer „schwächliche, sentimentale Rücksichtnahme" vorgegangen werden sollte. Ziel der Rechtsprechung habe der „Erfolg für die Nation" zu sein.[629] Nach 1945 baute Zelle im britischen Auftrag als Landgerichtsdirektor die regionale Justiz wieder auf und leitete mehrere regionale NSG-Verfahren. 1949

626 Archiv der VVN NRW (Wuppertal), Bestand Siegen, o. Sign., undat. [Anfang Juli 1946]; vgl. auch verschiedene „Nachweisungen" von NS-Opfern: Stadtarchiv Bad Berleburg (StABb), Nr. 151, undat. [Anfang Juli 1946].

627 LAV NRW, Abt. Westfalen, Q 226, Nr. 31, Aussagen Anton Rebstock und Emilie Schade, 5.7.1946, Aussage Anton Rebstock, 22.7.1946.

628 LAV NRW, Abt. Rheinland, NW 1.118, Nr. 507, Entnazifizierungsakte Harro-Hasso von Durant.

629 Diese und die nachfolgenden Angaben: Siegerländer National-Zeitung, 7., 11., 14.12.1934; Siegener Zeitung, 14.12.1934, 6.7.1938. Zelle war vor 1933 Mitglied der liberalen Deutschen Demokratischen Partei gewesen: LAV NRW, Abt. Rheinland, NW 1.112, Nr. 864, Entnazifizierungsakte Kurt Zelle.

wurde er Senatspräsident am Oberlandesgericht Hamm. Der laut Entnazifizierungsausschuss angeblich „bekannte Antifaschist“ behauptete, nie in der NSDAP gewesen zu sein. In der Siegerländer Parteizeitung hatte man 1934 das Gegenteil lesen können.

Der Staatsanwalt ging dem Verdacht nach, dass die 28 Beschuldigten sich nach dem KRG 10 eines „Verbrechens gegen die Menschlichkeit“ schuldig gemacht haben könnten, indem sie „als Täter bezw. Gehilfen bei der Verfolgung, Freiheitsberaubung, Zwangsverschleppung und schließlich Ausrottung von 125 Zigeunern und Zigeunermischlingen aus rassischen Gründen mitgewirkt“, dem zugestimmt oder mit Planung oder Ausführung zu tun gehabt hätten.[630] Unter den Beschuldigten waren sieben Kriminalbeamte und zahlreiche regionale Verwaltungsvertreter. Bis auf wenige Ausnahmen kamen sie aus der Region. Zu den Ausnahmen gehörten Dr. Dr. Robert Ritter, Leiter der RHF in Berlin-Dahlem, dessen enger Mitarbeiter Dr. Adolf Würth, Dr. med. Friedrich Jeß, Leiter des Rassenpolitischen Amts des Gaus Westfalen-Süd und Sturmbannführer der SA, Kriminaldirektor Hans Klamp, Leiter der Dortmunder Kripo, und weitere Dortmunder Kripobeamte.

Der Ermittler kam zu dem Schluss, dass Ritter und Würth nicht „mehr als ein wissenschaftliches Interesse“ an den Berleburger „Zigeunern“ gehabt hätten,[631] und stellte das Verfahren gegen sie ein. Die Diagnose entsprach der Selbstdarstellung der beiden. Auch bei Jeß machte der Staatsanwalt sich dessen Schutzbehauptungen zu eigen und beendete die Ermittlungen. Unter den Beschuldigten aus der Region befand sich der 1939 zur Wehrmacht eingezogene Bürgermeister Günther. Das von ihm seit Etablierung der NS-Herrschaft entfachte jahrelange behördliche Kesseltreiben gegen die Bewohner des „Bergs“, zu dem auch eine größere Zahl von Sterilisationsanträgen gehört hatte, und seine früh einsetzende Zusammenarbeit mit der RHF ergaben keinen Anfangsverdacht. Das Ermittlungsverfahren auch gegen ihn, der inzwischen als Syndikus beim Bayer-Konzern in Leverkusen tätig war, wurde wie gegen weitere 17 Beschuldigte eingestellt. Den Schutzbehauptungen widersprachen die Hauptbelastungszeugen Schade und Rebstock aus der Minderheit, aber sie hatten dabei einen schweren Stand, denn nach Meinung des Ermittlers war Angaben von „Zigeunern“ „wegen allzu großer Fantasie“ und weil „sehr temperamentvoll“

630 LAV NRW, Abt. Westfalen, Q 226, Nr. 31, Staatsanwaltschaft Siegen, Anklageschrift, 1. 11. 1948.

631 Ebd., Nr. 32, Staatsanwaltschaft Siegen, Urteil 4. 3. 1949.

„kein besonderer Beweiswert zuzurechnen“ und ihnen „mit äußerster Vorsicht“ zu begegnen.[632]

Es verblieben sieben Angeklagte. Das waren neben dem Stadtinspektor Fischer, Jahrgang 1897, dem Kreisleiter der NSDAP Norbert Roters, Jahrgang 1911, dem kommissarischen Bürgermeister und Handwerksmeister Karl Schneider, Jahrgang 1898, und dem Landrat Otto Marloh, Jahrgang 1893, vier aus Berleburg, darunter mit Marloh ein Zugereister, mit den Kripobeamten Josef Iking, Jahrgang 1888, Fritz Volkhardt, Jahrgang 1883, und Hans Klamp, Jahrgang 1897, drei aus Dortmund. Alle behaupteten, sie seien von einer friedlichen und harmlosen „Umsiedlung“ ausgegangen. Niemand habe auch nur ahnen können, was den Deportierten in Auschwitz bevorstand. Das nahm ihnen das Gericht angesichts der Zeugenaussagen nicht ab. „Ein Abtransport der Zigeuner ohne Geld und ohne Habe zur Siedlung in Ungarn wurde schon von vielen einfachen Volksgenossen als ein Märchen angesehen“, bemerkte dazu der Staatsanwalt.

Es hatte ein klares Wissen über die Bedeutung von Auschwitz in der kleinen Stadt im westdeutschen Hinterland gegeben. Zwei verschonten Frauen erklärte „abends bei einem Glase Wein“ ein mitleidiger städtischer Angestellter den Deportationsort und die Kriterien der Selektion. Die Alten und die Kinder würden „im Leben nicht wiederkommen“. Möglicherweise einige von den jungen Leuten. Die würden als Arbeitskraft „vielleicht das Lager überstehen“.[633] Sterbemeldungen für ganze Familien trafen ein. Ein Kripobeamter erzählte über Auschwitz. Beim Zahnarztbesuch war zu hören, „man hatte vor, euch alle auszurotten, aber das ist uns leider nicht gelungen“.[634] Ein SS-Angehöriger berichtete von Treblinka, die Zuhörer schlussfolgerten: „also, wir wussten, die kommen nicht wieder. Die sind weg.“[635]

Das Urteil im Hauptverfahren stützte sich auf das KRG 10 und zugleich auf das StGB und den § 49 (Milderungsgründe). Es ließ §§ 239 (Freiheitsberaubung) und 341 (Freiheitsberaubung im Amt) des StGB unberücksichtigt. Das Gericht schöpfte mit diesem selektiven Umgang mit dem StGB seine Möglichkeiten nicht aus, wie das Revisionsgericht später monierte.

632 Ebd., Nr. 31, Staatsanwaltschaft Siegen, handschriftliche Kommentare des Untersuchungsrichters bei den protokollierten Aussagen von Emilie Schade, 16. 12. 1947.

633 Ebd., Nr. 36, Staatsanwaltschaft Siegen, Vernehmungen, 12., 19., 22. 12. 1947.

634 Ebd., Vernehmung Zahnarzt Dr. Otto Nölke, 12. 12. 1947.

635 Jegers: Auswirkungen rassischer Diskriminierung, S. 164.

Von den sieben Angeklagten wurde Kriminalrat Klamp freigesprochen. Die sechs Verbliebenen wurden mit einer Ausnahme am unteren Rand des Strafrahmens zu im Ganzen zehn Jahren Haft verurteilt. Strafaufschub, Strafaussetzung und vorzeitige Straffreiheit minderten die Sühne – Hafturlaub (Weihnachten bei der Familie und anderes) unberücksichtigt gelassen – auf insgesamt zwei Jahre und acht Monate.[636] Der Höchstbestrafte war der vormalige Landrat und Alte Kämpfer Otto Marloh, auf den vier der zehn Jahre entfielen. Er war in der Weimarer Republik aufgrund einer Massenerschießung republikanischer Matrosen 1919 sowie durch den anschließenden Prozess mit Freispruch reichsweit bekannt geworden. Marloh hatte nach einem vorgetäuschten Löhnungsappell an der Zahlstelle von etwa 250 dort eingetroffenen Soldaten „jeden zehnten“ zur Erschießung bestimmt. Vorrangig hatte er die ihm besonders intelligent Erscheinenden selektiert. 29 wurden erschossen, einer überlebte. Erfolgreich hatte er sich vor Gericht auf den Schießbefehl des SPD-Ministers Gustav Noske berufen.[637] Noch kurz vor dem Ende des Zweiten Weltkriegs befahl er die Erschießung eines alliierten Piloten. Marloh trat seine Strafe nicht an. Er erhielt aus gesundheitlichen Gründen Haftverschonung.[638]

Der Oberste Gerichtshof für die Britische Zone (OGH-BZ) in Köln bestätigte 1950 das Urteil.

In einem der Begnadigungsbeschlüsse unterstellte das Siegener Gericht seine Entscheidung vergangenheitspolitischen Zielsetzungen. Es sei ihm darum gegangen mitbeizutragen, einen „Schlußstein [!] hinter Jahre der Sittenverwilderung“ zu setzen und „mit außergewöhnlichen Maßnahmen“ eine „Befriedung und Versöhnung“ in der

636 Opfermann: Genozid und Justiz, S. 322 f.; ders.: Zigeuner-Habit, S. 206.

637 Im Überblick siehe Sauer: Zur politischen Haltung; VVN-BdA, Regionales Personenlexikon zum Nationalsozialismus in den Altkreisen Siegen und Wittgenstein, abrufbar unter: http://akteure-und-taeter-im-ns-in-siegen-und-wittgenstein.de/verzeichnis/gesamtverzeichnis-l-z/#marloh [letzter Zugriff: 20. 6. 2022].

638 Der Name Marloh blieb in der Bundesrepublik verbunden mit den völkischen und NS-Kontexten, für die Otto Marloh stand. Klaus Christoph Marloh, einer der sechs Söhne und ehemaliger SS- und Marineoffizier, begründete Organisationen, die auch für Holocaust-Leugner offen waren, und bewegte sich durchweg politisch im Milieu der Freien Kameradschaften und der NPD, wo er regelmäßig als Redner auftrat. Er trage, erklärte er, das Bild Hitlers „fest im Herzen“. Die Internierungshaft seines Vaters nach dem Untergang des NS-Systems sei eine „KZ-Haft“ gewesen, siehe auch Bachhausen: Vergangenheiten; Hans-Jürgen Marloh war Mitgründer des „Hilfskomitees Freiheit für [Herbert] Kappler“, eines wegen Massenerschießungen lebenslänglich in Rom einsitzenden NS-Kriegsverbrechers. Das Hilfskomitee war ein Zusammenschluss innerhalb der HIAG.

Gesellschaft zu bewirken. Das bedeutete, mit der Anhängerschaft der durch die Massenverbrechen tief diskreditierten völkischen Auffassungen zu einem Höchstmaß an entlastender Gemeinsamkeit zu kommen.[639] Das Gericht offenbarte in aller Klarheit, mit seinem Urteil Politik machen zu wollen.

Vielen in der regionalen Bevölkerung, darunter Kirchengemeinden und Gesangvereine, gefiel dieser auf „Kompromiss" angelegte Verfahrensausgang nicht, man solidarisierte sich mit den Verurteilten und forderte einen „Schlussstrich" durch Freispruch und / oder durch umgehende Haftentlassungen.

Strafrechtlich, rechtspolitisch und vergangenheitspolitisch blieb der „Berleburger Zigeunerprozess" ungeachtet der Milde, die am Ende stand, insofern eine bemerkenswerte Episode, als er einer der ganz wenigen Fälle war, in denen ein westdeutsches Gericht Vertreter der lokalen und regionalen Verwaltung wegen ihrer Beteiligung an den Gruppendeportationen an die nazistischen Mordstätten anklagte.[640]

Die Ermittlungen gegen Robert Ritter (1948–1950)

Auf die Initiative mehrerer Angehöriger von Verfolgtenfamilien hin hatte das bayerische Staatskommissariat für politisch, rassisch und religiös Verfolgte den vormaligen RHF-Leiter Robert Ritter im Oktober 1948 angezeigt und damit Vorermittlungen gegen ihn ausgelöst.[641] Vorausgegangen war, dass die Brüder Oskar und Vinzenz aus der Sinti-Familie Rose, die zahlreiche Angehörige in Auschwitz verloren hatte, mit einem Privatdetektiv Ritters Aufenthaltsort in Frankfurt am Main

639 LAV NRW, Abt. Westfalen, Q 226, Nr. 33, Beschluss des Schwurgerichts, 11. 7. 1950. Im Original „Befriedigung und Versöhnung", ein offensichtlicher Verschreiber.

640 Rüter: Ost- und westdeutsche Strafverfahren, S. 48 f. Rüter zählt zwei Verfahren, eins vor den Landgerichten Hechingen bzw. Tübingen und eins vor dem Landgericht Münster, ohne das in Siegen zu nennen. Das Verfahren in Münster richtete sich gegen den NS-Bürgermeister von Oelde im Münsterland. Er hatte die Gestapo gebeten, Oelde „judenrein" zu machen und daraufhin den Auftrag erhalten, die Juden aus Oelde zur Deportation nach Riga zur Gestapo Münster zu bringen. Siehe ebd., S. 227, und Rüter: Täter vor Gericht, S. 56 ff.

641 LAV NRW, Abt. Rheinland, Ger. Rep. 231, Nr. 1.535, Bl. 21, 23, Verfahren 55/3 Js 5.582/48 der OStAsch am LG Frankfurt a. M., Einstellungsentscheidung 28. 8. 1950; ebd., Nr. 1.538, Bl. 665–667, Korrespondenz zwischen Oskar und Vinzenz Rose und dem OStA am LG Frankfurt a. M., dessen Geschäftsstelle und dem Bayerischen Staatsministerium des Innern, Oktober und November 1948 und Januar 1949; ebd., Nr. 1.538, Bl. 669 f., Vernehmung Franz Bamberger, 10. 6. 1960.

herausgefunden hatten.[642] Sie traten anschließend zusammen mit den Sinti Willi Bamberger aus Ebersberg, den Brüdern Franz und Oswald Bamberger aus Schwetzingen, Robert Adler aus Bayreuth und anderen als Belastungszeugen auf.

Robert Ritter, Jahrgang 1901, kam aus der deutschnationalen Familie eines Marineoffiziers und wurde mit 15 Jahren Schüler der preußischen Hauptkadettenanstalt in Berlin.[643] Noch vor seinem Abitur war er dem „Grenzschutz Ost“, einem nationalistischen Freikorps in Oberschlesien, beigetreten und hatte sich in den 1920er-Jahren paramilitärischen Jugendbünden im Rheinland angeschlossen, die gegen die französische Besatzung auftraten. Ritters Jugendbiografie weist eine ausgeprägte generationelle Schnittmenge mit den frühen Werdegängen der späteren RSHA-Führungskräfte auf.[644]

Nach seinem Studium hatte er in unterschiedlichen Erwerbsstellen als Oberarzt, Eheberater und Rechercheur für die Kripo erbbiologische und rassenhygienische Positionen vertreten. Er promovierte 1927 und 1930 zum Dr. phil. und Dr. med. und habilitierte sich 1936 mit einer Schrift über Genealogien „alter Gaunergeschlechter“. Damit hatte er das Reichsgesundheitsamt auf sich aufmerksam gemacht, das ihm 1936 die Führung der gerade eingerichteten RHF anvertraute, die er bis zum Ende des NS-Regimes innehatte.[645] Seit 1930 verheiratet und Vater von zwei Töchtern, lernte er 1934 an seinem Arbeitsplatz in der Tübinger Universitätsklinik die junge Krankenschwester Eva Justin kennen, die bald seine außerfamiliäre ständige Begleiterin war.

Zum Zeitpunkt der Anzeige war Ritter Leiter der Ärztlichen Jugendhilfestelle im Frankfurter Stadtgesundheitsamt. Er war damit der westdeutsche Nachfolger des Kinder- und Nervenarztes Dr. Walter Fürstenheim geworden, der aufgrund seiner jüdischen Herkunft 1933 sein Amt verloren hatte und 1938 nach Großbritannien hatte flüchten müssen.

Das Staatskommissariat warf Ritter vor, bei seinen Rasseuntersuchungen Körperverletzungen begangen und Zwangsmittel eingesetzt

642 Geigges / Wette: Zigeuner heute, S. 365; zu dem Ermittlungsverfahren gegen Ritter siehe auch die ausführliche Zusammenfassung: NSG-Datenbank des IfZ-Archivs, Reportdatum: 17.3.2021, S. 456–460, Vorverfahren 55/3 Js 5582/48 am LG Frankfurt a. M.

643 Diese und die nachfolgenden Angaben: Schmidt-Degenhard: Vermessen und Vernichten, S. 23 ff.

644 Vgl. Wildt: Generation, S. 54.

645 Siehe Hohmann: Robert Ritter, S. 133 ff.; Schmidt-Degenhard: Vermessen und Vernichten, S. 231; Willnecker: Ungesühnte Verbrechen, S. 11 f.

zu haben. Ritter verantworte zudem zahlreiche Zwangssterilisierungen und habe an der Deportation „vieler Tausender von Zigeunern in KZ-Lager […] mitgewirkt und teilweise deren Tod verschuldet".[646]

Ritter behauptete in seiner Verteidigung, eine „wertfreie" und „unpolitische" Wissenschaftlichkeit zu vertreten, er habe an „rein wissenschaftlichen Aufgaben" gearbeitet.[647] Das habe man „in Zigeunerkreisen" nie begriffen. Mit zeitgemäßer Menschenrechtsrhetorik erklärte er „jeglichen radikalen Rassendoktrinen der Nazizeit abhold gewesen" zu sein. Er habe Gewaltmaßnahmen abgelehnt und sich die Aufgabe gestellt, die „schwere Problematik des Zigeunergeschlechts" „auf wissenschaftlicher Basis in einer den Idealen der Humanität gerecht werdenden Weise" zu lösen. Welches Gewicht das von ihm zusammengetragene „Material" bei der „schließlich erfolgten Anordnung" gespielt habe, habe er nicht gewusst. Als Nachweis „für seine diesbezügliche Einstellung" führte er die Aussagen in 39 von ihm vorgelegten Persilscheinen an.

1937 hatte Ritter in einem Brief an einen Oberbeamten im württembergischen Innenministerium anders gesprochen. Es gehe bei der „Zigeunerfrage" „nicht nur um eine polizeiliche, sondern auch [um eine] rassenhygienische Frage". Diese Überzeugung habe er zur Grundlage der Arbeit in seinem Institut gemacht, und davon habe auch eine spätere gesetzliche Regelung auszugehen. Dabei war ihm wohl als Schwierigkeit der Durchsetzung seiner fachlichen Absichten durch den Kopf gegangen, dass es den von ihm verfolgten rassenhygienischen Mitteln und Zwecken noch an Akzeptanz fehlte. Seine Überlegungen und die Praxis seiner Forschungsstelle würden, hatte er seinem Adressaten mitgeteilt, noch nicht durchdringen. Er sei sich unsicher, ob das, was er plane, überhaupt gelingen könne. Er bat den Empfänger, diskret zu sein und das Mitgeteilte „nicht zu den Akten zu nehmen".[648]

Ritter ging es um die Rassifizierung der von vielen Polizeibeamten und Juristen gewünschten „vorbeugenden Verbrechensbekämpfung", der eine hinreichende rassenideologische Durchdringung seines Erachtens jedoch noch fehlte. Mit der „rassenhygienischen Frage", deren Thematik sein Institut im Namen führte, sprach er die Essenz seines Konzepts an. „Vermischungen" zwischen unerwünschten „deutschen"

646 LAV NRW, Abt. Rheinland, Ger. Rep. 231, Nr. 1.535, Bl. 24, zit. nach dem Einstellungsbeschluss der OStAsch am LG Frankfurt a.M., 28.8.1950.

647 Diese und die nachfolgenden Zitierungen und sonstigen Angaben ebd., Bl. 29.

648 BArch Berlin-Lichterfelde, ZSlg. 142/Anh., Nr. 28, Schreiben Robert Ritter/Rassenhygienische Forschungsstelle an Stahlecker/Württembergisches Innenministerium, 4.5.1937.

und „fremdvölkischen“ Bevölkerungsgruppen am gesellschaftlichen Rand seien als strafwürdig zu betrachten und von der Kripo als Rassedelikte und Verstöße gegen das Gebot des „Blutschutzes“ zu verfolgen. Die volksschädlichen Verletzer der ethnisch-rassischen Demarkationslinien waren nach Ritter zu ermitteln, zu enttarnen und mithilfe des Strafrechts auszuschalten. An der Stelle sah er ein Defizit. Er arbeitete daran, es zu schließen.

Seine weitgehenden Überlegungen zur „Bekämpfung der Zigeunerplage“ führte er in zahlreichen Fachzeitschriften aus. In seinem Aufsatz „Die Asozialen, ihre Vorfahren und ihre Nachkommen“ erklärte er 1941, es sei der „deutsche Volkskörper“ durch „unverbesserliche Versager und Schädlinge bedroht, die von der Arbeit und dem Besitz anderer, also auf schmarotzende Weise“, leben würden.[649] Rassen- und Sozialhygiene hätten diesen Volkskörper zu schützen. Dem könne erstens das Sterilisationsgesetz vom 14. Juli 1933 dienen, wenn es künftig nur weiter ausgelegt werden würde, und zweitens die „vorbeugende Verbrechensbekämpfung“ der Sicherheitspolizei, also von Kripo und Gestapo.[650]

Ritter stand nicht allein. Er verwies auf Autoren, die seine Auffassungen unterstützten. Darunter war der Siegener Fürsorgeinspektor Wilhelm Langenbach, der sich 1939 in *Volk und Rasse* zu „asozialen Großfamilien“ geäußert hatte, die sich „nur mit Schwachsinnigen, krankhaft Entarteten, Zigeunerbastarden und Verbrechern“ „vermischen“ würden. Der Verfasser gab zu bedenken, „daß, selbst wenn die weitere Fruchtbarkeit solcher asozialen Schädlinge eingedämmt würde, sie selbst nach wie vor am Leben bleiben und noch auf Jahrzehnte hinaus der Gesamtheit zur Last fallen“ würden.[651] Das war die unverhohlene Aufforderung zur physischen Vernichtung. Ritter kannte sie und verwies auf sie. Zu Ritters Referenzen gehörte ferner der Arzt und Gauamtsleiter beim württembergischen Rassenpolitischen Amt der NSDAP Karl Ludwig Lechler, der im *Deutschen Ärzteblatt* 1940 verkündet hatte, dass die „Ausrottung des Untermenschentums durch zielbewusste Maßnahmen“ eine „Großtat“ werden würde. „Auf die Dauer gesehen“ helfe nämlich „gegen das Untermenschentum nur die Ausmerze“.[652]

649 Ritter: Die Asozialen, S. 138.

650 Ebd., S. 154.

651 Langenbach: Gefahr der Asozialen, S. 19; zu Langenbach siehe auch Opfermann: Registration of Gypsies. Langenbach leitete in den 1950er-Jahren das Amt für Wiedergutmachung seiner Heimatstadt Siegen.

652 Lechler: Erkennung und Ausmerze.

Auch Ritter sprach sich dafür aus, „Zigeuner und Zigeuner-Bastarde" „zum Verschwinden [zu] bringen", da es sich bei ihnen um eine „asoziale und kriminelle Bevölkerungsgruppe", um eine Abart von „Lumpenproletariat" handle und das „Einsickern von Zigeunerblut in den deutschen Volkskörper" zu beenden sei. Seine Frage war nur, „auf welche Weise [...] am besten?" Es genüge jedenfalls nicht, „das Leben und die Fortpflanzung der Gemeinschaftsfremden und der Verbrecherstämmlinge zu überwachen". Sterilisierung betrachtete er nur als eine der möglichen Methoden. Die „weitere Ausbreitung des Verbrechens und der Verbrecher" sei durch „vorbeugende Verbrechensbekämpfung" frühzeitig zu verhindern. Das solle durch die „Verhängung von Vorbeugehaft", in „einer geschlossenen Bewahrung", durch „Einlagerung" „in Arbeitslagern oder überwachten abgeschlossenen Siedlungen" geschehen[653], wie es seit einigen Jahren in den KZs vollzogen wurde. Wenn Ritter die Objekte seiner „Sichtungen" 1942 in einem Vortrag vor Ärzten als „ungeartete primitive Geschöpfe" und entwicklungsunfähige „Angehörige einer primitiven Kümmerform" qualifizierte,[654] ging er noch einen Schritt weiter und wies ihnen einen Status in naher Nachbarschaft von „unheilbar Erbkranken" zu, wie sie der Aktion T4 zum Opfer fielen.

Ritter und seine Bezugsautoren konnten sich einer starken Unterstützung von Befürwortern einer radikalen Rassenpolitik sicher sein. In der Zeitschrift *Ziel und Weg* des Nationalsozialistischen Deutschen Ärztebunds wandte der Hauptstellenleiter im Rassenpolitischen Gauamt München-Oberbayern Dr. Karl Hannemann 1939 gegen Kritiker ein, „Ratten, Wanzen und Flöhe sind auch Naturerscheinungen, ebenso wie die Juden und Zigeuner. [...] Wir müssen [...] alle diese Schädlinge ausmerzen." Deren Lebensbedingungen seien durch vernichtende Haftformen und durch Sterilisierung „so grundlegend [zu] ändern, daß alle diese Feinde unseres Volkes langsam aber sicher zur Ausmerze gelangen".[655] Und ebenfalls 1939 konnte das medizinische Personal im Deutschen Ärzteblatt lesen, „die Zigeuner werden von ihren Erbanlagen gezwungen, gemeinschaftsschädlich zu handeln". Es seien daher „unter allen Umständen Menschen dieser Artung daran zu hindern, ihr minderwertiges Erbgut an nachfolgende Geschlechter

653 Siehe Ritter: Zigeuner und Landfahrer, S. 87; ders.: Die Zigeunerfrage, S. 16, 19; ders.: Primitivität und Kriminalität, S. 208; ders.: Aufgaben der Kriminalbiologie; ders.: Bestandsaufnahme, S. 487.

654 Ritter: Erbärztliche Verbrechensverhütung, in: Deutsche Medizinische Wochenschrift 68 (1942), H. 21, S. 534–539, hier: S. 538.

655 Hannemann: Willensfreiheit oder Erbschicksal, S. 471.

weiterzugeben. Ziel ist also: rücksichtslose Ausmerzung dieser charakterlich defekten Bevölkerungselemente."[656]

Ob es um „asoziale" und „fahrende" „Schädlinge" oder um „lebensunwertes Leben" ging, eine Abgrenzung der nicht näher konkretisierten „Ausmerze" gegenüber physischer Liquidierung formulierten die zitierten Autoren einschließlich Ritter selbst an keiner Stelle. Das wurde für diesen erst wichtig, als nach 1945 gegen ihn ermittelt wurde.

So wie seine Aussagen zur unzureichenden Reichweite der Sterilisationspraxis und seine Zustimmung zu den Konzentrationslagern als Orten des „Verschwindens" verschwieg Ritter im Verfahren auch, dass er genau wusste, wie radikalisierte „Ausmerze" praktisch umgesetzt wurde. Am 12. Januar 1942 hatte er mit Fachkollegen ein Berliner Arbeitshaus für „Asoziale" besucht. Es war eine Musterbegutachtung von Insassen gewesen, nach der im fachlichen Gespräch diskutiert und entschieden worden war, inwieweit mit den bei der „Euthanasie" erprobten Methoden „Asoziale" vernichtet werden könnten.[657] Die Gruppe bestand aus Prof. Dr. agrar. Hans Hefelmann, Prof. Dr. med. Hans Heinze, beide Mitglieder des Reichsausschusses zur wissenschaftlichen Erfassung von Erb- und anlagebedingten Leiden, Dr. med. Herbert Linden, Ministerialdirigent im Reichsinnenministerium und Mitglied des Reichsausschusses zum Schutze des deutschen Blutes, der die Nürnberger Gesetze umsetzte. Alle drei waren sie Protagonisten sowohl der Krankenmorde an Kindern[658] als auch der Erwachsenen-Morde („T4"). Ein weiterer Teilnehmer der fachlichen Zusammenkunft war der „Asozialenforscher" Prof. Dr. med. Heinrich Wilhelm Kranz. Hefelmann und Heinze standen später im Sammelverfahren zum „Zigeunerkomplex" auf der Liste der Beschuldigten.

Am Jahresende traten der Auschwitz-Erlass vom 16. Dezember und an ihn anschließend der Schnellbrief vom 29. Januar 1943 in Kraft, der die Umsetzung regelte. Dessen Terminologie folgte exakt der der RHF und belegt die enge Absprache zwischen RSHA und RHF.[659] In beiden Vorschriften ging es inhaltlich um das, was Ritter seit spätestens 1936 in öffentlichen Äußerungen als sein *ceterum censeo* vorgetragen

656 Deutsches Ärzteblatt, Nr. 69, 1939, zit. nach Pross / Aly: Wert des Menschen, S. 194.

657 Aly: Medizin gegen Unbrauchbare, S. 45.

658 Zu Hefelmann siehe die Selbstaussage in seiner Vernehmung: LAV NRW, Abt. Rheinland, Ger. Rep. 231, Nr. 1.547, Bl. 373, Vernehmung Hans Hefelmann, 3. 10. 1960.

659 Zimmermann: Rassenutopie, S. 300 f.

hatte: auf die einer „Sichtung“ folgende „Einlagerung“. Die hatte nun in einem geeigneten Konzentrationslager stattzufinden, und das sollte Auschwitz-Birkenau sein. So würde sich ein „Verschwinden“ ergeben. Für die davon Verschonten sei die Zwangssterilisation vorzusehen.

1948 behauptete Ritter „nachdrücklichst“,[660] von den „Maßnahmen des Schnellbriefes [...] bis Ende des Krieges nichts erfahren“ zu haben. „Untersuchungsmaterial“, das auf „von ihm getätigten erbbiologisch-kriminellen Untersuchungen beruhte“, sei zwar an den RKPA-Chef Arthur Nebe gegangen. Aber „ob und inwieweit dieses Material bei der [...] Anordnung gegen die Zigeuner Verwendung gefunden habe, wisse er nicht“. Das waren Lügen. Schon kurz nach Beginn der Auschwitzdeportationen zeigte Ritter in einem Antrag auf Sachmittel an die Deutsche Forschungsgemeinschaft, dass er ausgezeichnet informiert war. Er legte offen, wie die Handlungen von RHF und Kripo ineinandergriffen: „Nach Beendigung der Sichtung“ seien bereits „über 9.000 Zigeunermischlinge durch die Polizei in einem besonderen Zigeunerlager [...] konzentriert“ worden.[661] Ritters Antrag hatte seinen Weg über den Präsidenten des Reichsgesundheitsamts, Dr. med. Hans Reiter genommen, einen der Beschuldigten im späteren Sammelverfahren.

Die Ermittlungen gegen Ritter ergaben, dass er wusste, „daß vielfach Zigeuner ins KZ gebracht wurden“ und dass er selbst sie „auch in einigen Fällen im KZ untersucht“ hatte.[662] Die Ermittler fragten nach vorbereitenden Zusammenkünften für den Schnellbrief vom 29. Januar und dessen Umsetzung, denn es war sehr unwahrscheinlich, dass es die nicht gegeben hatte und Ritter als Dienststellenleiter zu einer Teilnahme nicht verpflichtet gewesen war. Beratungen zwischen den beteiligten Instanzen waren „üblicher Behördenbetrieb“, wie Ritters Chef Hans Reiter in seiner Vernehmung zum Thema anmerkte,[663] und die musste es auch zu diesem Schnellbrief gegeben haben. Ritter gab an, weder von einer „Planungsmaßnahme“ wie dem Schnellbrief gewusst noch

660 Diese und die nachfolgenden Angaben: LAV NRW, Abt. Rheinland, Ger. Rep. 231, Nr. 1.535, Bl. 21–37, hier: Bl. 29 f., 33, StAw Frankfurt a. M., Einstellungsbeschluss 28. 8. 1950.

661 BArch Berlin-Lichterfelde, R 73/14.005, RHF (über den Präsidenten des Reichsgesundheitsamts) an die Deutsche Forschungsgemeinschaft, Gesuch um Bewilligung einer Sachbeihilfe, 23. 3. 1943, zit. nach Sandner: Frankfurt. Auschwitz, S. 295.

662 Diese und die nachfolgenden Angaben, soweit nicht anders angegeben: LAV NRW, Abt. Rheinland, Ger. Rep. 231, Nr. 1.535, Bl. 21–37, hier: Bl. 34, StAw Frankfurt a. M., Einstellungsbeschluss, 28. 8. 1950.

663 Ebd., Nr. 1.537, Bl. 513, Vernehmung Rudolf Horn, 4. 8. 1960.

„beratend oder gar veranlassend“ daran mitgewirkt zu haben. Auch das konnten nur Lügen sein. Tatsächlich hatte es mindestens am 15. Januar 1943 eine Beratung zur Vorbereitung des Schnellbriefs gegeben.[664] Dieses Treffen unterschlugen sowohl in dem Ritter-Verfahren als auch in dem nachfolgenden Sammelverfahren alle, die daran teilgenommen hatten oder davon wissen konnten. Dazu hatten sie allen Grund, denn dabei war entschieden worden, dass die große Mehrheit der Roma im KZ Auschwitz zu inhaftieren und alle „Zurückbleibenden“ zu sterilisieren seien. Eine Ausnahme von diesen beiden Möglichkeiten sollte es nur bei den „Mischlingen“ geben: Solche mit „vorwiegend nichtzigeunerischem Blutanteil“, die mit „Nichtzigeunern“ verheiratet waren und Kinder mit „gutem Erbbild“ hatten, sollten „eingedeutscht“ werden können. Das war eine sehr kleine Minderheit. Ihr wurden mit ausländischen „Zigeunern“, Kriegsversehrten, ausgezeichneten Wehrmachtsangehörigen, unentbehrlichen Rüstungsspezialisten oder Polizeispitzeln einige weitere Kleingruppen hinzugefügt.[665] Der Schnellbrief orientierte sich an den Kriterien Ritters, und die „gutachtlichen Äußerungen“ der RHF „bildeten eine entscheidende Grundlage für den Transport [...] nach Auschwitz“ (Michael Zimmermann).[666] Zwei Großelternteile mit jeweils einem Viertel rechnerischer „zigeunerischer Abstammung“ genügten, um auf die Liste der zu Vernichtenden kommen zu können. Das ging über die Kriterien bei der Erfassung der jüdischen Minderheit hinaus. Die Schnellbrief-Konferenz hatte die Grenze zwischen Vernichtungsdeportation und Sterilisierung einerseits und den Ausnahmefällen andererseits zu ziehen. Tatsächlich wurden anschließend in der Praxis der Deportation diese Grenzen oft ignoriert.

Neben Ritter hatte dessen rechte Hand Eva Justin an dem Vorbereitungstreffen teilgenommen, ferner wichtige RKPA-Beamte, der Sicherheitsdienst der SS (SD), vertreten durch SS-Standartenführer Dr. med. Hans Ehlich, und als Vertreter des Rasse- und Siedlungshauptamts der SS der SS-Obersturmführer Georg Harders.[667] Ehlich, Leiter des

664 Dazu ausführlich: Fings: „Wannsee-Konferenz“, S. 303–333.

665 Zimmermann: Rassenutopie, S. 302 f.

666 Ebd., S. 304.

667 Hohmann: Robert Ritter, S. 75; Zimmermann: Rassenutopie, S. 302 f.; Fings / Sparing: Rassismus – Lager – Völkermord, S. 284, 322 f., 453. Die Autoren unterscheiden sich in der Interpretation der Konferenz und ihres Kontextes. Zimmermann ging davon aus, dass der Plan Himmlers einer Art von Naturschutz für „reinrassige“ Sinti die Deportationsplanung für „Mischlinge“ in Gang gesetzt habe, Fings / Sparing sehen die Deportationen der Roma als nächsten Schritt nach den nahezu abgeschlossenen

Amts III B des SD für „Volkstumspolitik“, war auch an der Planung der Massenmorde an der jüdischen Minderheit in den besetzten Gebieten und an der „Regelung der Judenfrage“ im Deutschen Reich durch „Umsiedlung“ beteiligt gewesen. In Ehlichs Amt war 1941 ein erster „Generalplan Ost“ entstanden, der Zwangsarbeit und Vernichtung für Millionen von Menschen der „Ostvölker“ vorsah. Harders war am 27. Oktober 1942 Teilnehmer der dritten „Besprechung über die Endlösung der Judenfrage“ gewesen. Dort waren von den einschlägigen Experten offene Fragen des Vernichtungsplans an der jüdischen Minderheit geklärt worden. Auch Erhard Wetzel vom Reichsministerium für die besetzten Ostgebiete hatte am 15. Januar 1943 mit am Tisch gesessen. Anfang Februar war er im Ostministerium in einer anderen bevölkerungspolitischen Besprechung mit dabei. Dort trat er für die „Verschrottung“ „rassisch unerwünschten Teile der Bevölkerung“ in den besetzten Ostgebieten ein. Dabei ging es ihm nicht nur um die Roma-Minderheit und um die jüdische Minderheit, sondern um alle Bevölkerungsgruppen „ohne jeden wirtschaftlichen und kulturellen Wert“.[668] Das schloss weitere osteuropäische Bevölkerungsgruppen mit ein. Ethnorassistische und sozialrassistische Motivlagen standen in diesen Besprechungen nebeneinander und überschnitten sich.

Am 15. Januar ging es im Detail um unterschiedliche Grade der Mischlingszuordnung bei „Zigeunern“, um „Abschiebung“ und um „gnadenweise Belassung im Reichsgebiet“ nach einer Sterilisierung sowie um „die Möglichkeit der zwangsweisen Sterilisierung“.[669] Der Modus sollte präzisiert werden, nach dem die große Mehrheit der Angehörigen der Roma-Minderheit in nächster Zeit sterben und der Restbestand in einem längeren Prozess aussterben sollte. Es sollte festgelegt werden, wie dieses „Verschwinden“ in Abgrenzung zu anderen Bevölkerungsgruppen umzusetzen war.[670] Es ist unbekannt, was sich dabei als

Deportationen der jüdischen Minderheit. Damit wird von ihnen eine Linie gezogen von der Übereinkunft zwischen der Spitze des Justizministeriums (Otto Thierack) und der SS bzw. der Kripo (Heinrich Himmler) vom 18. September 1942 zur „Auslieferung asozialer Elemente aus dem Strafvollzug an den Reichsführer SS zur Vernichtung durch Arbeit“. Gemeint waren, wie es hieß, „Sicherungsverwahrte, Juden, Zigeuner, Russen und Ukrainer“ sowie „Polen [mit] über drei Jahre[n] Strafe“ (zum „Himmler-Thierack-Abkommen“ siehe Zimmermann: Rassenutopie, S. 300).

668 Bericht Wetzel über die Besprechung im „Ostministerium“ am 4.2.1942, siehe Wildt: Begriff der Arbeit, S. 22; dazu auch Kraus / Kulka: Massenmord und Profit, S. 53.

669 So laut Besprechungsniederschrift, siehe Heim / Wilke: Deutsches Reich, S. 504 ff.

670 Zu Ehlich und Harders siehe ebd., S. 306.

Besprechungsgrundlage auf dem Tisch befand, aber dass mindestens ein Entwurf des künftigen Schnellbriefs, wenn nicht zugleich auch der verschwundene Himmler-Erlass vom 16. Dezember 1942 dazugehörten, ist mit großer Sicherheit anzunehmen. Auf jeden Fall machte laut Protokoll[671] Kriminaldirektor Heinz Böhlhoff „die Anwesenden mit den Grundgedanken der beabsichtigten künftigen Behandlung der Zigeunermischlinge, Rom-Zigeuner und balkanischen Zigeuner vertraut“. Sie alle waren von wenigen Ausnahmen abgesehen in ganzen Familien in ein Konzentrationslager einzuweisen, und dass dieses Lager Auschwitz-Birkenau sein würde, stand zu diesem Zeitpunkt außer Frage.

Wenn sich die Teilnehmer über Ausnahmen von der Deportation für „stammechte Zigeuner“ unterhielten,[672] so ließ sich das nicht ohne die Einzelheiten des Einbezugs in die Deportation erörtern. Nach Ritters und Justins Kriterien würden davon „weit mehr als 90 % aller als ‚Zigeuner‘ geltenden Personen“ betroffen sein.[673] Durch die Zuschreibung von „Asozialität“ ließ sich die kleine Minderheit der Ausnahmefälle weiter verkleinern, wofür sich die unteren Kripostellen oft entschieden. Den Verbliebenen drohte die Sterilisation, die bei mangelnder Zustimmung mit KZ-Drohungen zu erpressen versucht wurde.

Ritter erklärte in seinem Verfahren, dass er für die Zwangssterilisierungen und die KZ-Einweisungen „in keiner Weise verantwortlich“ sei.[674] Es sei vielmehr so gewesen, dass ihm die Herausnahme von „Vollzigeunern“ – ein anderer Begriff für die „stammechten“ Angehörigen der Minderheit – aus der Umsetzung des Auschwitz-Erlasses gelungen und damit ihm zu verdanken sei, was ihm der Staatsanwalt auch abnahm.

Zahlreiche Roma-Zeugen traten gegen Ritter auf. Ihre Aussagen wehrte der Beschuldigte damit ab, dass „namentlich die asozialen Elemente der Zigeuner zu jeder Unwahrheit der Darstellung bereit und in der Lage seien, wenn es sich darum handle, Rache zu üben“. Wiewohl er dabei jedenfalls einen realen Anlass für die unterstellten Rachegedanken zu erkennen gab, erklärte er zugleich doch alle Aussagen aus der Minderheit insgesamt für wertlos, da die Sprecher „auf Grund ihrer niedrigen Bildungsstufe – meist Analphabeten“ – außerstande seien, „zwischen wirklich Erlebtem und Phantasie zu unterscheiden“. Zwar

671 Hohmann: Robert Ritter, S. 75 f.

672 Zimmermann: XXX, S. 302 f.; siehe Sandner: Frankfurt. Auschwitz, S. 295.

673 Ritter: Bestandsaufnahme, S. 481.

674 LAV NRW, Abt. Rheinland, Ger. Rep. 231, Nr. 1.535, Bl. 29 f., StA Frankfurt a. M., Einstellungsbeschluss, 28. 8. 1950.

gestand er „Ohrfeigen“ als körperliche Übergriffe „in ganz wenigen Fällen“ ein, die seien aber schon notwendig gewesen: „zur Abwehr von Unbotmäßigkeiten und beleidigendem Auftreten“. Alle anderen Vorwürfe seien „Phantasieprodukte“.

Ritters Taktik war es, als ein gutbürgerlicher Biedermann und Bildungsmensch höheren Niveaus ins Bild zu treten. Auf diesem Weg ließ sich ein sozialer Gleichklang mit dem ermittelnden Staatsanwalt herstellen und eine gemeinsame Grenze zur Verfolgtenseite ziehen. Ritter vertraute seiner statusgegebenen Überzeugungskraft und deren Wertschätzung durch die staatliche Justiz. Den Schutzbehauptungen des Beschuldigten schloss der leitende Oberstaatsanwalt Dr. Hans-Krafft Kosterlitz sich dann tatsächlich auch umfassend an.

Von Zeugen berichtete Fußtritte konnte es nach Kosterlitz’ Überzeugung nicht gegeben haben, da dergleichen erstens „eine typische Kampfart der Zigeuner“ sei und zweitens Ritter „ein gebildeter Mensch“. Daher sei es auch unwahrscheinlich, dass er einer Frau aus der Minderheit erklärt habe, er werde sie noch „ficken“. Die Ohrfeigen seien nur „geringfügige Misshandlungen“ gewesen und daher unbeachtlich. Auf das Abschneiden der Haare, eine schwere Entwürdigung im Selbstverständnis der Betroffenen, ging Kosterlitz nicht ein.

Dass der Oberstaatsanwalt ohne große Nachfragen Ritters Selbstdarstellungen akzeptierte, ist auf den ersten Blick erstaunlich, denn er war ein NS-Verfolgter. Er war aufgrund seiner jüdischen Herkunft 1933 aus dem Staatsdienst entlassen worden, hatte dann ein paar Jahre für den jüdischen Zentralausschuss für Hilfe und Arbeit arbeiten können und war schließlich genötigt gewesen, sich von 1940 bis 1945 als Aushilfspacker bei der Reichsbahn zu verdingen. Seine Mutter starb im KZ. Nach einem kurzen Rollenwechsel in eine Leitungsfunktion in der SBZ wechselte er zur hessischen Justiz.[675]

Beeindruckt von der Wissenschaftsaura des Robert Ritter sah er als die staatsanwaltliche „Hauptfrage“, „ob und inwieweit überhaupt den Darstellungen der Zeugen zu glauben“ sei.[676] Die Antwort lautete unter Berufung auf die „Beurteilung des Problems durch die Wissenschaft“ für ihn, dass „zahlreiche Wissenschaftler“ schon „lange vor 1933“ herausgefunden hätten, „dass Zigeuneraussagen grundsätzlich für die

675 Falk: Entnazifizierung, S. 296.

676 Die vorausgehenden und die nächsten Zitierungen, soweit nicht anders angegeben: LAV NRW, Abt. Rheinland, Ger. Rep. 231, Nr. 1.535, Bl. 33, 36, zit. nach dem Einstellungsbeschluss der OStAsch am LG Frankfurt a. M., 28. 8. 1950.

richterliche Überzeugungsbildung ausscheiden müssen“. In Übereinstimmung mit Ritter und nach Art der staatsanwaltlichen Ermittlungen in dem Berleburger Prozess trat im Kollektivurteil die elitäre bürgerliche Selbsteinschätzung quasi „natürlicher“ Überlegenheit auch dieses Juristen hervor. Es war jenes Machtgefälle wiederhergestellt, dem diese Zeugen regelmäßig begegneten.

Kosterlitz dürfte eine in seinen Kreisen allgemein anzutreffende Überzeugung zum Thema „Lumpenproletariat“ ausgesprochen haben. Beim Blick in die Chronik der NSG-Verfahren zur Minderheit der Roma stößt man bereits 1947 auf einen medizinischen Gutachter Dr. med. Joachim Hempel in einem Verfahren am Landgericht Verden, der sich, wie er ausführte, mit der Psyche „primitiver Menschen“ beschäftigt hatte. Dazu zählte für ihn aufgrund ihres „besonders geringen Bildungsgrades“ auch die Sinti-Familie, deren Zwangssterilisation in Verden verhandelt wurde. Der „primitive Mensch“ lasse sich allzu rasch durch situative Eindrücke beeinflussen, meinte er, weshalb die Glaubwürdigkeit der Aussagen solcher Zeugen „mit allergrößter Vorsicht“ zu sehen sei. Das Gericht folgte dem und ignorierte völlig unbeeindruckt von irgendwelchen Feststellungen zu Verfolgung und Vernichtung die Angaben der Geschädigten zur Erpressung der Sterilisationen.[677]

In München, wusste Kosterlitz noch beizutragen, seien die Ermittler ebenfalls auf wenig brauchbare Aussagen von „Zigeunern“ gestoßen.[678] Dazu führte er ein Spruchkammer- und ein Berufungsverfahren gegen die Münchner Kriminalbeamten Rudolf Uschold, August Wutz und Josef Zeiser an. Die letzten beiden hatten in der Münchner Dienststelle für Zigeunerfragen gearbeitet, aus der die Reichszentrale zur Bekämpfung des Zigeunerunwesens hervorgegangen war, die dann ihren Platz im RSHA in Berlin erhielt. Wutz leitete die Zentrale in München zeitweise. Zusammen organisierten die beiden in der Münchner Dienststelle den Auschwitz-Transport im März 1943 und begleiteten ihn. Nach dem Zusammenbruch des NS-Regimes wurden sie in die Münchner Kripo wiedereingestellt, und zwar erneut in die konstant fortgeführte Dienststelle für Zigeunerfragen. Wutz leitete sie wieder.

Ende 1947 waren die beiden von der Spruchkammer als „Hauptschuldige“ wegen Beihilfe zum Mord zu zehn Jahren Zwangsarbeit verurteilt

677 Raim: Justiz, S. 1049–1053.

678 Die nachfolgenden Angaben siehe LAV NRW, Abt. Rheinland, Ger. Rep. 231, Nr. 1.535, Bl. 33 ff., zit. nach dem Einstellungsbeschluss der OStAsch am LG Frankfurt a. M., 28. 8. 1950; Nerdinger: Verfolgung, S. 250–259; Schröder: Dienststelle für Zigeunerfragen, S. 148; Frobenius: Wiederbesetzung, S. 168 ff.

worden. Dazu wurden zahlreiche Zeugen aus der Minderheit gehört. Das Urteil wurde im März 1949 revidiert. Beide wurden als „Mitläufer" eingestuft, und es wurde „von Sühnemaßnahmen [...] abgesehen". Das war ein Freispruch. Der Vorsitzende Richter der Berufungskammer hatte in offener Parteilichkeit alle Zeugen aus der Minderheit für befangen und unglaubwürdig erklärt, die Angaben der Transportbegleiter aber für glaubwürdig. Hier lag Kosterlitz' Bezugspunkt. In München seien Beschuldigte zunächst Opfer von Falschangaben geworden, „ebenso wie der Beschuldigte Dr. Ritter" es jetzt sei.[679]

Während Wutz nach der erfolgreichen Berufung ungeschmälert seine Pension entgegennahm, kehrte Zeiser in die Dienststelle zurück. Sie wurde 1953 in „Landfahrerzentrale" umbenannt, und dort wurde seither eine vom Landtag mit großer Mehrheit verabschiedete „Landfahrerordnung" umgesetzt. Es handelte sich um einen Ersatz für das Ende 1947 von der US-Militärregierung als nazistisch verbotene bayerische „Zigeuner- und Arbeitsscheuengesetz" von 1926, das das Parlament in weiten Teilen reaktivierte.[680] Die auffälligste Veränderung im Vergleich mit der Vorgängerregelung war die Ersetzung von „Zigeuner" durch „Landfahrer" (Gilad Margalit).[681] Inzwischen arbeitete auch Rudolf Uschold, der dritte dieser Kosterlitz-Entlastungszeugen aus München, ehemals SS-Mitglied mit einem Arbeitsplatz im RSHA, in der Landfahrerzentrale.[682] 1951 sprach Uschold in einer Polizeizeitschrift „das Zigeunerproblem" an. Sein Ausgangspunkt sei die „allgemein bekannte Tatsache", dass „zigeunerische Personen weitgehend kriminell und asozial sind".[683] Eine Kritik an derartigen Behauptungen ist weder aus dem

679 LAV NRW, Abt. Rheinland, Ger. Rep. 231, Nr. 1.535, Bl. 35 f., OStA am LG Frankfurt a. M., Einstellungsentscheidung, 28. 8. 1950.

680 Peter Widmann spricht zutreffend von einem „Ersatz" für das Vorgängergesetz von 1926. Hinzuzufügen wäre, dass die „Landfahrerordnung" die sonderrechtliche und schon damals verfassungswidrige Exklusion in keiner Weise kaschierte und insofern „bruchlos" (Widmann) die Fortdauer der rassenpolitischen Perspektive und deren institutionelle Verankerung dokumentiert: Widmann: Auszug, S. 514; ausführlich: Widmann: An den Rändern.

681 Margalit betont, dass das Gesetz nach Auffassung seiner Kritiker, denen er sich anschließt, das Gleichheitsgebot der Weimarer Verfassung verletzt habe. Aus rassistischen Motiven habe es eine Bevölkerungsgruppe exkludiert. Politiker wie Wilhelm Hoegner hätten das geleugnet, indem sie fälschlich „Rassismus" zum Alleinstellungsmerkmal der Nazis gemacht hätten: Margalit: Die Nachkriegsdeutschen, S. 102 ff.

682 Winter: Kontinuitäten, S. 145; Eiber: Es wird schlimm, S. 132.

683 Uschold: Zigeunerproblem, S. 62. Uschold forderte verschärfte Kontrollen und die Errichtung einer gemeinsamen „Landfahrerzentrale" aller Länder der Bundesrepublik.

Gericht noch aus der Dienststelle in München noch aus dem Gericht in Frankfurt am Main überliefert. Als „rassistisch“ wurden sie von den Sprechern dieses gehobenen Diskursniveaus nicht identifiziert und nicht nur nicht vermieden, selbstbewusst wurden sie als Tatsachenfeststellungen vorgetragen. Im späteren Sammelverfahren zum „Zigeunerkomplex“ sollten Uschold und Wutz problemlos als gerichtliche Sachverständige auftreten können.

„Mit den radikalen Rasseideologien des Nazismus“ hatte Ritter in den Augen des Staatsanwalts Kosterlitz „in Widerspruch gestanden“. „Brutale Maßnahmen gegen die Zigeuner“ habe er abgelehnt. Seine „wissenschaftlichen Gedankengänge“ könnten „in keiner Weise als ausgesprochen nazistisch“ gewertet werden. Die Schriften, in denen er rassenanthropologische Untersuchungen, Rassenhygiene und gruppenbezogene Sterilisationen „als verbrechensverhütende Maßnahme gegenüber Asozialen und asozialen Mischlingen“ propagiert hatte, belegten „in keiner Weise typisch nazistisches Gedankengut“. Auch das Gesetz zur Verhütung erbkranken Nachwuchses sei „kein typisch nazistisches Gesetz“ gewesen. Es handle sich gleichbleibend „um vertretbare Gedankengänge [...], die nach keiner Richtung hin zu beanstanden sind“.[684]

Wie alle Aussagen Ritters galt auch dessen Selbstentlastung zu den Sterilisierungen und zur Auschwitzdeportation als „nicht unglaubhaft“. Beweise für strafbares Verhalten lägen nicht vor.

Falsche eidesstattliche Versicherungen, Einstellungsbetrug durch Verschweigen der früheren politischen Präferenzen, Nötigung zu genalogischen Auskünften, zu anthropometrischen Untersuchungen, zu Blutgruppenbestimmungen, die Abfassung der „Gutachtlichen Äußerungen“, Sterilisationsanweisungen waren verjährt. Die Ohrfeigen gegen Angehörige der Minderheit („geringfügige Misshandlungen“), die Ritter eingestanden hatte, fielen, soweit nicht ebenfalls bereits verjährt, unter das Straffreiheitsgesetz vom 31. Dezember 1949.

Mit der grundsätzlichen Entwertung aller Aussagen aus der Minderheit vor irgendeiner sachlichen Prüfung ihres Inhalts wurde der Grundsatz einer Unparteilichkeit der Justiz aufs Gröbste verletzt. Die Zeugen- und die Beschuldigtenrolle wurden verkehrt. Im Ergebnis der Ermittlungen kam es unter diesen Voraussetzungen zu keiner Anklage, das Vorverfahren wurde von Oberstaatsanwalt Kosterlitz in

684 LAV NRW, Abt. Rheinland, Ger. Rep. 231, Nr. 1.535, Bl. 32f., Einstellungsbeschluss der OStAsch am LG Frankfurt a.M., 28.8.1950.

allen Punkten eingestellt.[685] Ein hinreichender Tatverdacht habe sich gegen den Chef der RHF nicht ergeben. Ritter hatte sein taktisches Konzept mit vollem Erfolg umsetzen können.

Ritter blieb bis zu seinem Tod 1951 unangefochten der Leiter der Ärztlichen Jugendhilfestelle und als Obermedizinalrat Frankfurter Stadtarzt. Der Großteil der Verfahrensakten wurde, obschon es sich bei Ritter – belegt gerade durch das Ermittlungsverfahren gegen ihn – um eine Hauptfigur der NS-Verfolgungspraxis handelte, zwischen 1963 und 1968 von der Frankfurter Justiz vernichtet.[686]

Für das Sammelverfahren zum „Zigeunerkomplex" stellte der Frankfurter Verfahrensgang eine wichtige Vorlage dar. Mindestens der Einstellungsbeschluss ging mit seinem sachlichen und rechtlichen Inhalt als Vorarbeit in das Sammelverfahren zum „Zigeunerkomplex" ein. Auf ihn wurde immer wieder zurückgegriffen. Eine kritische Distanz zum staatsanwaltlichen und richterlichen Umgang mit Ritter artikulierte sich an keiner Stelle.

Die Ermittlungen gegen Leo Karsten (1957–1960)

Franz Leo Karsten hatte seit 1939 die Dienststelle für Zigeunerfragen in der Kripoleitstelle Berlin geleitet und die Deportation Berliner Sinti, Lalleri und anderer Roma ab Anfang März 1943 nach Auschwitz-Birkenau organisiert. Dem war wie üblich die Erfassung der Opfer nach den Vorgaben im Schnellbrief vom 29. Januar 1943 vorausgegangen. Karsten „fasste auf Grund der bei ihm befindlichen Kartei und der Personenakten", wie einer seiner früheren Mitarbeiter 1965 erläuterte, „den in Frage kommenden Kreis listenmäßig zusammen und meldete ihn dem RKPA. Nach gewisser Zeit erfolgte dann vom RKPA die Anweisung, welche Zigeuner festzunehmen und zu deportieren seien."[687]

1957 hatte es erste Ermittlungen der Staatsanwaltschaft Frankenthal gegen den seit 1955 in die Kriminalpolizei Zurückgekehrten wegen Mordes, Beihilfe zum Mord und Freiheitsberaubung im Amt mit Todesfolge gegeben. Was aus diesen Ermittlungen wurde, ist nicht überliefert, außer dass sie wegen mangelnden Schuldnachweises hätten eingestellt

685 Ebd., Bl. 38 f., Einstellungsbeschluss der OStAsch am LG Frankfurt a. M., 28. 8. 1950.

686 Sandner: Frankfurt. Auschwitz, S. 297.

687 Pientka: Zwangslager, S. 162; Pientka zitiert die Aussage nach der archivalischen Quelle: LA Berlin, B Rep. 057-01, Nr. 448, Bl. 114–122, hier: Bl. 117, Aussage Oskar Bülow, 19. 11. 1965.

werden müssen, wie drei Jahre später die Frankenthaler Staatsanwaltschaft erklärte.[688]

Durch Hinweise aus der Minderheit war 1958 Alfred Dietrich, sozialdemokratischer Vorsitzender des hessischen *Verbands für Freiheit und Menschenwürde e. V.* (VFM) und Redakteur der Zeitschrift *Die Mahnung*, „Zentralorgan demokratischer Widerstandskämpfer und Verfolgten-Organisationen“ des *Bundes der Verfolgten des Naziregimes (BVN)*, auf Karstens NS-Vergangenheit aufmerksam geworden und hatte in der Zeitschrift auf ihn hingewiesen, was eine Anzeige von Karsten gegen ihn wegen falscher Anschuldigung nach sich zog.[689]

Der antikommunistische *BVN*, Nebenorganisation der CDU, von ihr, US-Geheimdiensten und aus staatlichen Mitteln finanziert,[690] war ähnlich wie die ebenfalls antikommunistische *Arbeitsgemeinschaft verfolgter Sozialdemokraten* (AvS) aus der Vorstellung entstanden, die in der *VVN* zusammengeschlossenen Verfolgten unterschiedlicher Orientierung parteipolitisch so aufzuteilen, dass in der *VVN* möglichst nur noch Kommunisten verbleiben würden. *BVN* und *AvS* erließen Mitgliedschaftsverbote gegen die *VVN*, aber auch gegeneinander. Nur noch Kommunisten in der *VVN*, die die mitgliederstärkste Organisation war, das hätte deren Arbeit sehr beeinträchtigt, und ein Organisationsverbot wesentlich erleichtert. Die parteipolitische Aufspaltung der Verfolgtenzusammenschlüsse schwächte sie, war aber nur begrenzt erfolgreich. Was den *BVN* angeht, so litt dessen Ausstrahlung aufgrund von Skandalen erheblich.[691] Der *VFM* hingegen war in den 1950er- / 60er-

688 LAV NRW, Abt. Rheinland, Ger. Rep. 231, Nr. 1.538, Anlage zu Bl. 670 = Bl. 266–305, hier: Bl. 267, Einstellungsverfügung zum Verfahren 9 Js 153/58 der StAsch am LG Frankenthal, 30.7.1960.

689 LAV NRW, Abt. Rheinland, Ger. Rep. 231, Nr. 1.535, Bl. 16, OStA am LG Frankfurt a.M. an Geschäftsstelle wegen Anzeige Leo Karstens „gegen den verantwortlichen Redakteur“ von *Die Mahnung* Alfred Dietrich, 20.1.1959. Für Angaben zur Zeitschrift *Die Mahnung* bedanke ich mich bei Daniela Gress (Heidelberg).

690 Stengel: NS-Verfolgte, S. 117.

691 Dazu trug bei, dass sich herausstellte, dass der Gründer des *BVN*, ein Peter Lütsches, 1934 NSDAP-Hospitant im Rat seiner Heimatstadt Süchteln, unter der NS-Herrschaft nicht, wie er behauptete, aus politischen, rassischen oder religiösen Gründen, sondern wegen Wirtschaftsvergehen in die Niederlande geflohen war. Mit der NS-Besetzung wurde er dort festgenommen und im KZ Sachsenhausen inhaftiert. Den *BVN* hatte er, wie sich erwies, aus „handfesten, eigenen wirtschaftlichen Interessen“ gegründet und als Vorsitzender betrieben. 1953 musste er deswegen zurücktreten: Spernol: Kreuzfeuer, S. 220ff., 240. Die Entlassungskampagne gegen Marcel Frenkel, den Verantwortlichen des Landes NRW für Entschädigung, ging wesentlich auf Lütsches zurück.

Jahren eine anerkannte Frankfurter Verfolgtenorganisation von Bedeutung. 1963 organisierte er eine Fotoausstellung in der Paulskirche zum Warschauer Ghetto, die mit 60.000 Besuchern ein Zeichen für einen vergangenheitspolitischen Aufbruch setzte.

Mit Assistenz des *VFM* gründete sich 1960 ein *Zentralkomitee der Zigeuner*, dem auch Dietrich angehörte.[692] Wie Karstens Anzeige gegen diesen 1958 gerichtlich aufgenommen wurde, ist nicht bekannt, aber es folgte noch im selben Jahr eine Strafanzeige des *VFM* beim Landgericht Frankenthal gegen Karsten wegen Mordes oder Totschlags oder Beihilfe dazu, wegen Verbrechen der Freiheitsberaubung im Amt mit Todesfolge, wegen Vergehen der Amtsunterschlagung begangen durch persönliche Bereicherung an Wertsachen von Inhaftierten und wegen Vergehen der Körperverletzung im Amt.[693]

In den nun nicht mehr zu verhindernden Ermittlungen leugnete Karsten gegenüber der Staatsanwaltschaft vollständig, in irgendeiner Weise mit der Erfassung und Deportation von Angehörigen der Minderheit etwas zu tun gehabt zu haben. Der Schnellbrief vom Januar 1943, behauptete er, sei ihm erst 1956 näher bekannt geworden. Es sei ihm „nie der Gedanke gekommen, daß die gegen die Zigeuner getroffenen Maßnahmen wegen der Rassenzugehörigkeit der Zigeuner erfolgten". Über die Einrichtung der Konzentrationslager sei ihm 1943 nichts bekannt gewesen. Von Konzentrationslagern oder gar von Auschwitz als Transportziel für die Festgenommenen habe er nichts gewusst.[694] Er gehe davon aus, bei der Strafanzeige einem Racheakt „der Zigeuner" zum Opfer gefallen zu sein. Er solle mundtot gemacht werden, weil er betrügerisch erwirkte Entschädigungen verhindert habe.

Der Staatsanwalt hörte 14 Belastungszeugen aus der Minderheit. Sie berichteten detailliert und konkret über Listen mit Namen in Auschwitz Verstorbener, über den Ablauf von Festnahmen und die anschließenden KZ-Deportationen mit Anwesenheit von Karsten am Abfahrtsort. Zu sämtlichen Zeugen aus der Minderheit äußerte die Staatsanwaltschaft

692 LAV NRW, Abt. Rheinland, Ger. Rep. 231, 1.536, Bl. 277–279, Zentralkomitee der Zigeuner e. V. an GStA Fritz Bauer, unterzeichnet von Dietrich, 29. 3. 1960, Zeitungsausschnitte: Zentralkomitee der Zigeuner, Abendpost, 15. 3. 1960, und Volkmar Hoffmann: Sie wollen keine Bürger zweiter Klasse sein, Frankfurter Rundschau, März 1960.

693 Ebd., Nr. 1.538, Anlage zu Bl. 670 = Bl. 266–305, hier: Bl. 266 f., Einstellungsverfügung zum Verfahren 9 Js 153/58 am LG Frankenthal, 30. 7. 1960.

694 Ebd., Bl. 267, 304, Einstellungsverfügung zum Verfahren 9 Js 686/57 am LG Frankenthal, 30. 7. 1960.

„begründete Zweifel" an deren Glaubwürdigkeit und an der Verifizierbarkeit ihrer Aussagen, die ihr ausnahmslos als wertlos galten. In vielen Fällen ging die Staatsanwaltschaft so weit, mit Diffamierungen und mit so sachfremden wie beleglosen Unterstellungen den Leumund von Zeugen in Zweifel zu ziehen, um ihre Glaubwürdigkeit grundsätzlich verneinen zu können. Sie verwies dabei auf als nachvollziehbar begründet zu betrachtende KZ-Haft als „Asoziale" und als „Sicherungsverwahrte". Sie sprach von „betrügerischen Stoffhändlern.[695]

Dieser Vorwurf war von besonderer Qualität, denn er gehörte zur traditionellen Schnittmenge des antiziganistischen und antisemitischen Repertoires. Die Staatsanwaltschaft bespielte mit ihren Zuschreibungen die Klaviatur der in den NS-Jahren eingeübten Typologie des ethnisch markierten „Gewohnheitsverbrechers" und des „betrügerischen Händlers", dem die sozial- und ethnorassistische Perspektive den „ehrbaren deutschen Kaufmann" gegenüberstellte.

Im Juli 1960 endete das Vorverfahren mit der Einstellung der Ermittlungen. Es sei nicht belegbar, dass Karsten „um die Vernichtung der Zigeuner *bei deren Festnahme* wußte und zur Erreichung dieses Ziels beitragen wollte oder daß er die geplante Vernichtung auch nur in Kauf nahm" (Hervorh. i. O.).[696] Daher scheide eine Anklage wegen Freiheitsberaubung im Amt mit Todesfolge wie auch die Beihilfe zum Mord aus subjektiven Gründen und Beweismangel aus. „Für ein Verbrechen des Mordes oder Totschlages [...] haben sich ohnehin keine Anhaltspunkte ergeben."[697] Karsten hatte ja nicht eigenhändig die Opfer ums Leben gebracht, sondern hatte seine Aufgaben am Schreibtisch bzw. auf dem Abfahrtsbahnhof erledigt. Daraus konnte sich ein von der westdeutschen Handhabung des StGB geforderter „konkreter Einzeltatnachweis" nicht ergeben. Im Dezember 1960 lag allerdings mit einer Anzeige aus München gegen Karsten schon die nächste Ermittlungsaufforderung vor,[698] diesmal gerichtet an die Frankfurter Staatsanwaltschaft, an die das Landgericht München den Fall abgab, der nun in das Sammelverfahren einging. Mindestens die Einstellungsverfügung des Frankenthaler Verfahrens wurde dort ausgewertet und in die Verfahrensakten übernommen.

695 Zur Kombination der Verweise auf das Bundeskriminalblatt und die Behauptung „betrügerischer Stoffhändler": ebd., Bl. 282, 285, 286.

696 Ebd., hier insbes. Bl. 267, 297, Einstellungsverfügung zum Verfahren 9 Js 686/57 am LG Frankenthal, 30.7.1960.

697 Ebd., Bl. 292.

698 Ebd., Nr. 1.540, Bl. 875 f., Anzeige Hermann-Peter Böhmer bei OStA Heinz Wolf, 22.12.1960.

Die öffentliche Diskussion um Hans Maly und das Disziplinarverfahren gegen ihn (ab 1956)

Neben den hier als Referenzverfahren angesprochenen gerichtlichen Ermittlungen ging ein weiterer Vorgang mit rechtlichem Gewicht in das Sammelverfahren zum „Zigeunerkomplex" ein. Er zeigte einerseits an, dass es seit dem Ende des NS-Regimes in Nordrhein-Westfalen – aber nicht nur dort – ein starkes administratives Bestreben gegeben hatte, frühere Kriminalbeamte in Leitungsfunktionen wiedereinstellen zu können, aber auch, dass die staatliche Einstellungspraxis heftiger Kritik ausgesetzt war.

Kripobeamte der NS-Jahre seien, meint Stefan Noethen, so begehrt gewesen, dass sie sich ungeachtet einer Belastung ihre Dienststelle hätten aussuchen können.[699] Um deren Rückkehr gegenüber der Bevölkerung rechtfertigen zu können, bedurfte es eines Entlastungsnarrativs. Es bestand in der Unterscheidung zwischen einer belasteten Gestapo und einer unbelasteten „sauberen Kriminalpolizei", die selbst der NS-Repression ausgesetzt gewesen sei. Diese Vorstellung verbreitete und popularisierte 1949/50 eine über 30 Folgen laufende Serie der Zeitschrift *Der Spiegel*.[700] Die Autorenschaft lag bei dem Juristen und Kriminalbeamten Dr. Bernhard Wehner,[701] Jahrgang 1909, einem früheren SS-Hauptsturmführer, der die Abteilung Kapitalverbrechen und Experten für Vernehmungstechniken im RKPA geleitet hatte[702] und der in dieser Eigenschaft auf Initiative von Paul Werner 1941 eine Kripokommission in Kreta zur Ermittlung und standrechtlichen Aburteilung von Widerstandskämpfern geführt hatte.[703] 1984 wurde er von der Deutschen Kriminologischen Gesellschaft mit der Beccaria-Medaille – „dem Nobel-Preis der Kriminologie"[704] – ausgezeichnet.[705] Wehner kam aus

699 Noethen: Alte Kameraden, S. 246.

700 Bernd Wehner: Das Spiel ist aus – Arthur Nebe. Glanz und Elend der deutschen Kriminalpolizei, Der Spiegel, 2 (1949) und 3 (1950), H. 40 bis H. 16 (29. 9. 1949–20. 4. 1950); zu dieser Artikelserie und ihrem Autor siehe Wagner: Volksgemeinschaft, S. 340 f.

701 Nach Peter Merseburger, dem Biografen des *Spiegel*-Herausgebers Rudolf Augstein, hatte jedoch dieser nicht nur die Idee von Wehner aufgegriffen, sondern auch den Text im Wesentlichen verfasst; Merseburger: Rudolf Augstein, S. 123.

702 Wagner: Resozialisierung, S. 185.

703 Der Einsatz erhielt den zynischen Titel „Sonderunternehmen Völkerbund", siehe „Abschlussbericht zum Unternehmen Völkerbund", 3. 10. 1941, in: Seckendorf (Hg.): Okkupationspolitik des deutschen Faschismus, S. 171 f.

704 Ein Attribut, das in der Literatur auf mehrere Preise in diesem Fachgebiete angewendet wird.

705 Wehner: Rede des Preisträgers.

Essen und leitete als „131er“ von 1954 bis 1970 die Kriminalpolizei der Landeshauptstadt Düsseldorf. Neben dem Schweigen des *Spiegel* über den „Pannen“-Bauer Eduard Dreher verweist auch die Artikelserie auf die vergangenheitspolitische Gestalterrolle des führenden westdeutschen Wochenmagazins und darauf, dass vormalige Polizeioffiziere der NS-Kripo über gute Kontakte in westdeutsche Führungsgruppen hinein verfügten. So hatten sich nach Wehners Ausflug in die Spitze des Journalismus für seine Wiedereinstellung und für seinen beruflichen Wiederaufstieg auf dem alten Tätigkeitsfeld ein SPD-Bundestagsabgeordneter und der SPD-dominierte Dortmunder Polizeiausschuss stark gemacht.[706]

Das Selbstbewusstsein Wehners und anderer hoher Kripobeamter erwuchs nach Meinung von Patrick Wagner aus einem „Gefühl der Sicherheit, das Mitte der fünfziger Jahre unter den für die kriminalistische Deportationspolitik vor 1945 Verantwortlichen geherrscht haben muß“.[707] Es speiste sich nicht zuletzt aus den vergangenheitspolitischen und juristischen Entscheidungen dieser Jahre, aber zum Ende des Jahrzehnts gerieten diese Kripokarrieren in die öffentliche Diskussion. 1961 griff der Leiter der Zentralen Stelle Ludwigsburg, Erwin Schüle, auf einer Tagung der bundesdeutschen Generalstaatsanwälte verklausuliert das Thema auf. Das tat er an den Beispielen Hessen und NRW. Eine ganze Dienststelle eines Kommandeurs der Sicherheitspolizei und des SD (KdS) – er meinte die im deutsch-besetzten polnischen Lublin – habe sich inzwischen andernorts in Westdeutschland mit wechselseitig ausgestellten Unbedenklichkeitserklärungen neu konstituiert. Damit meinte er das hessische LKA in Wiesbaden. „In einem anderen Land“ – es ging ihm um NRW – seien 131 Polizeibeamte der Teilnahme an NS-Verbrechen verdächtig, sieben Oberbeamte und 21 Mittelbeamte entweder in Haft oder suspendiert.[708]

In NRW war es in diesem Zusammenhang seit 1955 zu einem langanhaltenden politisch-rechtlichen Konflikt gekommen. Bereits 1955 hatte die regionale DGB-Gewerkschaft Öffentliche Dienste, Transport und Verkehr (ÖTV) in einer breit gestreuten medialen Stellungnahme über eine „offensichtliche Bevorzugung der 131-er“ geklagt.[709]

706 Noethen: Alte Kameraden, S. 382.

707 Ebd., S. 168.

708 Schüle: Referat, S. 50 f.

709 LAV NRW, Abt. Rheinland, NW 334, Nr. 23, Bl. 64 f., Beschluss der Bezirksfachabteilung ÖTV, 22. 9. 1955; der Beschluss ging an 123 westdeutsche Tageszeitungen.

Der sozialdemokratische Bundestagsabgeordnete Willi Könen aus Düsseldorf präzisierte einen Teil der Wiedereingestellten als eine Häufung von Kripo-Beamten höherer Ränge an Rhein und Ruhr mit NSDAP- und SS-Vergangenheit. Er machte seine Beobachtung öffentlich. Auf dem Parteitag der SPD in München im Juli 1956 hatte der Landesverband Berlin einen Antrag zur Änderung des „131er-Gesetzes" vorgelegt. Könen begründete seine Zustimmung zu dem Berliner Antrag, indem er am Beispiel der Kripo NRW die Folgen der Bundestagsentscheidung schilderte.[710] Er erhob dabei – seine Kritik appellativ zusammenfassend – die Forderung, sich dem „Saustall" Kripo zuzuwenden und ihn „auszuräumen". Aus „Bluthunden" würden keine „Lämmer".[711] Was aus dem Parteitagsantrag wurde, ist nicht bekannt, aber nordrhein-westfälische Gliederungen der ÖTV griffen das Thema auf und unterstützten Könen. Ein Beitrag in der Polizeizeitschrift der ÖTV stellte fest, es sei noch keinem nach 1945 in der nordrhein-westfälischen Großstadtkripo eingestellten Neuling gelungen, in die gehobene Beamtenlaufbahn zu kommen.[712] Es habe eine „Invasion der ehemaligen leitenden Beamten" gegeben. Die einstellenden Instanzen seien sich „stillschweigend einig, die aufstrebenden jungen demokratischen Kräfte niederzuhalten", nämlich zum Vorteil „früherer Verbindungen". Die ÖTV identifizierte fast 60 leitende Kripobeamte mit SS-Vergangenheit und sprach von „Kameradschaftstreffen" ehemaliger hoher SS- und SD-Führer, wenn das Führungskorps der nordrhein-westfälischen Kripo zusammenkomme.[713]

Es ging Könen zunächst um 24, dann um 27 leitende Kriminalbeamte, darunter die Leiter der Kripo in der Bundeshauptstadt Bonn, in der Landeshauptstadt Düsseldorf, in Köln als der größten Stadt des Landes und in zahlreichen weiteren großen Städten wie Dortmund, Essen, Krefeld, Mönchengladbach, Recklinghausen oder Siegburg.

Der von Könen diagnostizierte Zustand ging nicht auf Zufälle zurück. Er erklärte sich zum einen aus einer Wiedereinstellungspolitik

710 Noethen: Alte Kameraden, S. 491 ff.

711 LAV NRW, Abt. Rheinland, NW 334, Nr. 22, Meldung der Deutschen Presseagentur (DPA), 24.7.1956; siehe auch Deutscher Bundestag. Drucksache 3.309, Genehmigung zum Strafverfahren gegen den Abgeordneten Könen (Düsseldorf), 4.2.1957.

712 Laufbahnverordnung, unpag. Da jüngere zugunsten älterer Stellenaspiranten zurückstehen mussten, ist anzunehmen, dass auch Stellenkonkurrenz eine Bedeutung hatte. Die der ÖTV gegnerische konservative Gewerkschaft der Polizei (GdP) unterstellte vor allem dieses Motiv bei den Kritikern.

713 Wagner: Resozialisierung, S. 197.

für deutsche Kripobeamte vonseiten der britischen Militärregierung, die dabei über NS-Belastungen großzügig hinwegsah, der damit konformen Perspektive der Entnazifizierungsausschüsse und aus der Selbstorganisation von Angehörigen dieser Berufsgruppe in einem in NRW ganz besonders gut entwickelten Netzwerk.

In der Düsseldorfer Gaststätte „Zum Burggrafen-Ratsstübchen“ in der Nähe des Innenministeriums kamen jeden zweiten Freitag im Monat „zahlreiche hochrangige Beamte der Kriminalpolizei und des Verfassungsschutzes“,[714] die Mitglieder des „Stammtischs der Alten Charlottenburger“, zusammen.[715] Sie alle waren Absolventen oder Lehrer des preußischen Polizei-Instituts – seit 1937 „Führerschule der Sicherheitspolizei“ – in Berlin-Charlottenburg gewesen, die ein großer Teil der Kader der NS-Polizei besucht hatte.[716] In den 1930er-Jahren hatten diese Polizeioffiziere dort einen wesentlichen Teil ihrer Ausbildung absolviert. Man traf sich in Düsseldorf in einem festen Rhythmus und verfügte über ein kontinuierlich erscheinendes Gruppenzirkular. Bei einem vielleicht niedrigen formalen Niveau entwickelte man eine hohe Effizienz. Die vormaligen Rangverhältnisse waren dort mental lebendig geblieben. Biografien, Milieus, Tätigkeiten in den verschiedenen Zweigen der Polizei, in NS-Verbänden und Gliederungen und die Straftaten der Beteiligten ergaben viel Gemeinsamkeit. Zahlreiche Kommandeure, Dozenten und Absolventen der Berliner Ausbildungsstätte hatten im „Osteinsatz“ den Einsatzgruppen angehört.[717] Politisch-ideologisch lag man eng beieinander, und Dissidenten gab es hier ebenso wenig, wie es sie vor 1945 in den Kripoleitungen gegeben hatte.

Gegen die überwiegende Mehrheit des Stammtischs wurde wegen NS-Verbrechen ermittelt. Noch 1971 galt das für 84 von 92 „Charlottenburgern“.[718] Es konnten in diesem Kreis offene Einschätzungen der Juristen und Zeugen vorgenommen, Aussagen vereinheitlicht und taktische und strategische Konzepte gegen Ermittler, Ermittlungsergebnisse und andere Widrigkeiten entwickelt und abgesprochen werden. Das heißt, es konnte all das geschehen, was durch eine

714 Schröder: SS-Netzwerk, S. 406.

715 Linck: Stammtisch-Geschichte.

716 Zur Führerschule Charlottenburg der Sicherheitspolizei siehe auch Harten: Weltanschauliche Schulung, S. 116–122, 578.

717 Ebd., passim, insbes. S. 143.

718 Linck: Stammtisch-Geschichte, S. 117.

Untersuchungshaft, zu der es bei NS-Anschuldigungen in der Regel nicht kam, zum Vorteil der Ermittlungen hätte verhindert oder wenigstens begrenzt werden können. Man war im nordrhein-westfälischen Innenministerium, im LKA, in den großen Kripostellen leitend vertreten und daher bestens informiert und optimal vernetzt. Im BKA, das 1951 aus dem Kriminalpolizeiamt der Britischen Zone hervorgegangen war, gab es „eine systematische Vergabe der Führungspositionen an ‚Alte Charlottenburger'". Nur zwei der leitenden Beamten waren 1959 ohne NS-Karrieren und Beteiligung an NS-Verbrechen.[719] Im Ergebnis dieses Auswahlprozesses stellten vormalige SS-Angehörige den Stamm auch des BKA.

Mit dem „Stammtisch" – innerhalb der Kripo auch als „Charlottenburger Krake" bezeichnet – entstand nach Meinung von Stephan Linck „in Nordrhein-Westfalen das wohl dichteste Netz" von im NS-Berlin ausgebildeten polizeifachlichen Enthusiasten der „vorbeugenden Verbrechensbekämpfung" und von nachdrücklichen Befürwortern ihrer ihrer Rückkehr in die Polizeipraxis.[720] Dafür sprachen nach Meinung des Leiters des LKA Niedersachsen Dr. Walter Zirpins, vormaliger Dozent und Stabsleiter der Führerschule in Berlin-Charlottenburg, gerade auch die schlechten Erfahrungen seit der Schließung eines Teils der Haftorte der NS-Jahre: Die hohe Kriminalität nach dem Zusammenbruch des NS-Staats sei auf die „Freilassung des größten Teils der strafgefangenen und sicherungsverwahrten Berufsverbrecher, Asozialen und kriminellen Landfahrer" zurückzuführen. So sein Rückblick 1955, der noch 1986 ohne ein Zeichen der Distanzierung in das Lehrwerk *Deutsche Polizeigeschichte. Eine allgemeine Einführung in die Grundlagen* übernommen wurde.[721]

Der informelle Zusammenschluss dieser Kripobeamten im Düsseldorfer „Stammtisch" zur besseren Abwehr einer Strafverfolgung wegen Beteiligung an NS-Verbrechen war keine Besonderheit, denn in der gesamten Polizei gab es ein Bedürfnis danach. In Köln trafen sich die Ehemaligen des Polizeibataillons 64 der Ordnungspolizei, das an Massenerschießungen von Juden, Serben und Roma in Jugoslawien beteiligt gewesen war, alle zwei Monate zu einem Kameradschaftsabend in der Gaststätte „Zum Schwarzen Anker". Der Informationsaustausch

719 Schenk: Auf dem rechten Auge, S. 282 f.

720 Linck: Stammtisch-Geschichte, S. 114.

721 Ebd., S. 118, 121.

sowie die Abstimmung der Aussagen von tatbeteiligten Zeugen „funktionierten gut“.[722]

Der Leiter der Kripo in der „ranghöchsten“ Stadt der Region, der Bundeshauptstadt, war seit 1953 Dr. jur. Hans Maly.[723] Auf die öffentliche Diskussion um die nordrhein-westfälische Kripo reagierten er, Dr. jur. Oskar Wenzky,[724] seit 1952 Leiter der Kölner Kripo, und dessen Stellvertreter Wilhelm Hucko[725] mit einem Strafantrag wegen Beleidigung gegen Könen und gegen den Verfasser des Artikels in der ÖTV-Zeitschrift. Dazu ist zu bemerken, dass zu diesem Zeitpunkt alle zehn Leitungsstellen der Kölner Kripo mit ehemaligen SS-Angehörigen besetzt waren[726] und zudem eine Kölner Kriminalobermeisterin eine Vergangenheit als Aufseherin in den KZs Auschwitz, Ravensbrück und Bergen-Belsen hatte.[727]

Maly wurde zu einem Vorreiter der Abwehr einer Diskussion über die NS-Belastung der Kriminalpolizei. Einige Monate später stellte er zusammen mit den Kripoleitern in Düsseldorf, Krefeld und Mönchengladbach einen weiteren Strafantrag gegen Könen und auch gegen den unbekannten ÖTV-Aufsatzautor wegen Beleidigung und Verstoß gegen das Pressegesetz. Ein dadurch ins Haus stehendes Medienecho und die behördlich-justizielle Überprüfung ihrer NS-Vergangenheit scheuten die Kläger nicht nur nicht, sie provozierten beides geradezu. Offenkundig sahen sie die öffentliche Meinung, wenn nicht auch die Landesregierung auf ihrer Seite. Das Ermittlungsverfahren gegen Könen aber wurde eingestellt, nachdem der Bundestag mehrheitlich beschlossen hatte, dessen Immunität unangetastet zu lassen.

Das vorläufige Ende der Affäre[728] war ein gemeinsamer Untersuchungsbericht einer Kommission des sozialdemokratischen Innenministers Hubert Biernat und der Bezirksabteilung Polizei der ÖTV. Dieser

722 Klemp: „Nicht ermittelt“, S. 166 f.

723 Zur beruflichen Vita von Maly im Überblick: Schloßmacher: Farbe gewechselt, S. 405.

724 Zu Wenzky siehe Noethen: Alte Kameraden, S. 329 f.

725 Nationalrat der Nationalen Front: Braunbuch, S. 93.

726 Zwei Sturmbannführer, sieben Hauptsturmführer, ein Sturmbannführer / Leiter der Gestapoleitstelle Berlin, siehe LAV NRW, Abt. Rheinland, NW 334, Nr. 23, Bl. 37–43, DGB NRW an Innenminister NRW, undat. [Ende 1959].

727 Zwei Sturmbannführer, sieben Hauptsturmführer, ein Sturmbannführer / Leiter der Gestapoleitstelle Berlin, siehe LAV NRW, Abt. Rheinland, NW 334, Nr. 23, Bl. 37–43, DGB NRW an Innenminister NRW, undat. [Ende 1959].

728 Ausführlich bei Noethen: Alte Kameraden, S. 492 ff.

Bericht konnte nichts Belastendes, sondern unter Verwendung der freundlich ausgefallenen Entnazifizierungsergebnisse nur Entlastendes zur Kripo feststellen.[729] Dem folgte Ende Oktober 1957 eine schriftliche Ehrenerklärung des Ministers für die Angegriffenen und für ihre Personalakte, aber auch für die Öffentlichkeit: „Ihre dienstliche und persönliche Integrität (kann) [...] nicht in Zweifel gezogen werden."[730] Gestrichen hatte man aus dem Entwurf einer Presseerklärung die ursprünglich anschließende Feststellung: „Es besteht nicht in einem Fall Grund zu der Annahme, daß die angegriffenen Kriminalbeamten nicht auf dem Boden der freiheitlich-demokratischen Grundordnung stehen."[731] Die „Ehrenerklärung" ist nur deutbar als opportunistische Anpassung an für die Belasteten als vorteilhaft vermutete Meinungsverhältnisse in der Bevölkerung. In dieser Sichtweise musste schon aus Wahlerfolgsgründen dieser Referenz ein höherer Rang zukommen als den vergangenheitspolitischen Einwänden von Könen und der Gewerkschaft. Maly und dessen Kollegen war erst einmal ein Erfolg gelungen. Der Versuch des NRW-Innenministers, den Konflikt ruhigzustellen, gelang jedoch nicht, die ÖTV blieb bei ihrer Kritik. 1958 wandte sich die Polizei-Fachgruppe der Gewerkschaft in ihrem Mitgliederblatt gegen die „Verharmlosungs-These" von einer nur formalen Angleichung der polizeilichen und der SS-Dienstgrade, die ohne Zutun der Beamten vorgenommen worden und mit einer realen Mitgliedschaft in der SS gar nicht einhergegangen sei. So war es immer wieder von Polizeibeamten behauptet worden. Das war von Grund auf unzutreffend, wie Hans Buchheim in einem Gutachten für das IfZ 1960 feststellte.[732] Es war nicht mehr als ein taktisches Konstrukt gegen den gewichtigen Vorwurf, Mitglied in einer nach Nürnberger Urteil „verbrecherischen Organisation" gewesen zu sein. Vor einem Dienstgrad lag der Eintritt in die SS und davor wie beim Eintritt in die NSDAP stets eine Bewerbung um die Mitgliedschaft. Man wollte nicht jeden, man sah sich als Elite. Die Bewerbung zog eine umfassende körperliche und weltanschauliche Prüfung nach sich. War sie erfolgreich, hatte der Interessent erst einmal

729 LAV NRW, Abt. Rheinland, Ger. Rep. 231, Nr. 1546, Bl. 289, Horst Walther: Nun doch Verfahren gegen Bonns Kripochef, Kölner Stadt-Anzeiger, 17. 4. 1960.

730 Ebd., NW 334, Nr. 23, Bl. 80 f., Ehrenerklärung zu den Personalakten, undat.

731 Ebd., Entwurf Presseerklärung mit Hinzufügungen und Streichungen, undat.

732 Ebd., Nr. 26, Hans Buchheim, Die Aufnahme von Polizeiangehörigen in die SS und die Angleichung ihrer SS-Dienstgrade an ihre Beamtenränge (Dienstgradangleichung) in der Zeit des Dritten Reiches. Manuskript – nur für den Dienstgebrauch, 6. 9. 1960.

einen Anwärterstatus und damit eine Bewährungszeit. „Automatische Aufnahmen in die SS, womöglich ohne Kenntnis der Betroffenen, gab es [...] nicht“, wie Werner Best, der es wissen musste, feststellte. Freiwilligkeit hieß das Prinzip, die SS verstand sich als Orden. Das sprach andererseits auch wieder nicht jeden an. Eine Reihe leitender RSHA-Polizeioffiziere bewarb sich erst gar nicht.[733]

Als es in der gewerkschaftlichen Presse ein weiteres Mal um den personellen Zustand der Kriminalpolizei und um die Einstellungspolitik ging, stand auch Maly wieder im Mittelpunkt[734] und mit dem Gewerkschaftssekretär der ÖTV (Fachschaft Polizei) und späteren Remscheider Stadtverordneten der SPD Fritz Ruhrmann ein tatkräftiger, nicht einzuschüchternder Opponent.[735]

Mindestens die Fachgruppe Polizei der ÖTV[736] und die Gewerkschaft Nahrung, Genuss und Gaststätten[737] nahmen zunächst eine eher vorsichtige Haltung ein. Der Vorsitzende der Bezirksfachabteilung Polizei der ÖTV beschränkte sich auf die Forderung, man möge leitende Stellen nicht weiter mit früheren SS-, SD- und Gestapo-Angehörigen besetzen und die im für den politischen „Staatsschutz“ zuständigen 14. Kommissariat bereits anzutreffenden Ex-SSler ablösen. Die gewerkschaftliche Kritik ging vielen Kripoleuten aber noch viel zu weit, so auch dem Polizei-Hauptpersonalrat beim nordrhein-westfälischen Innenminister, der mit der Entnazifizierung einen endgültigen „Schlußstrich unter die Vergangenheit“ gezogen sah, was jede Diskussion überflüssig mache. Dem pflichtete die mit der ÖTV konkurrierende Gewerkschaft der Polizei (GdP) bei. Sie sprach von einer „Verleumdungskampagne“ gegen die Kripo[738] und versuchte, den Konflikt mit antikommunistischer Polemik zu polarisieren, indem sie Ruhrmann angriff. Sie verbreitete, er sei ein

733 Diese Angabe und das vorausgegangene Zitat: Herbert: Best, S. 207.

734 Noethen: Alte Kameraden, S. 493.

735 Der Herner Fritz Ruhrmann (1907–1984) war von 1929 bis an sein Lebensende Mitglied der SPD und in zahlreichen Funktionen sowie als Stadtrat tätig. Er war aktiv in der Bewegung gegen die Remilitarisierung, rief 1955 zum großen dagegen gerichteten Jugendkongress in Herne mit auf, engagierte sich in der Ostermarsch-Bewegung. 2018 wurde nach dem späteren Bundesverdienstkreuzträger eine Remscheider Straße benannt, siehe tk: „Namensgeber Fritz Ruhrmann erfährt eine späte Ehre“, Remscheider General-Anzeiger, 21.6.2018.

736 Ruhrmann: SS-Sturmbannführer als Leiter der Kriminalpolizei in Dortmund; ders.: Gewerkschaftliche Stellungnahme.

737 Einigkeit. Zentralorgan der Gewerkschaft Nahrung-Genuss-Gaststätten 10 (1959), S. 355.

738 Noethen: Alte Kameraden, S. 493f.

Held der *Anderen Zeitung*, eines Mediums, das von zwei wegen Linksabweichung aus der SPD ausgeschlossenen Journalisten geführt wurde. *Die Andere Zeitung* produziere „vor Schadenfreude und Gehässigkeiten triefende Kommentare", sie sei das „noch legal erscheinende Sprachrohr Ulbrichts in der Bundesrepublik".[739] Aber inzwischen hatte der Skandal die großen Medien und das Ausland erreicht. Zahlreiche Berichte waren seit 1957 in westdeutschen Zeitungen erschienen.[740] Die *Welt der Arbeit*, Wochenzeitung des DGB, hatte im Oktober 1957 den Aufmacher: „Trotz beschwichtigender Erklärung aus Düsseldorf: SS-Führer bleiben an der Spitze der Kripo".[741] Den Artikel hatte der später sehr bekannte Publizist Bernt Engelmann geschrieben. Der UKW West des gerade gegründeten WDR, die *Stuttgarter Zeitung*, Radio Luxemburg, Radio Moskau und *Neues Deutschland* hatten berichtet. Das schürte die Befürchtung eines „erheblichen außenpolitischen Schadens" für das „Ansehen der Bundesrepublik Deutschland". In Regierungskreisen hielt man mit dem Fortschreiten der Enthüllungen und der Unvermeidlichkeit von Strafverfahren eine „Lawine an Prozessen" für möglich und sah vor allem eine schädliche Resonanz im Ausland, „zumal auch einige bundesdeutsche Richter Schwierigkeiten bekommen dürften", wie der Bonner *General-Anzeiger* 1959 meinte. Er prognostizierte 25 SS-Prozesse für das kommende Jahr.[742] Ein Kommentator des WDR dagegen stellte sich auf die Seite der Kripobeamten. Er sah zwar auch unangenehme Folgen, zumal das Ausland „begierig" das Thema aufgreife. Die Vorwürfe seien jedoch im Grunde ungerechtfertigt. Es handle sich dabei einfach um Denunziantentum bei einem kaum aufregenden Tatbestand, da „nach allgemeiner Auffassung" die „Angleichung" der Dienstränge der SS-Kripobeamten „keine Belastung" ergebe.[743]

Der nordrhein-westfälische DGB meldete sich 1960 mit einem Einspruch gegen „für die demokratische Entwicklung in der Bundesrepublik gefährliche Tendenzen" beim Innenminister des Bundeslandes.[744] Die Verfolgtenverbände reagierten, und die wenige Jahre zuvor verbotene

739 LAV NRW, Abt. Rheinland, NW 334, Nr. 23, Bl. 49, so Werner Kuhlmann, Vorsitzender der GdP und SPD-Mitglied, undat.

740 In den Archivalien und in der Literatur begegnen die *Aachener Nachrichten*, der *Kölner Stadt-Anzeiger*, die *NRZ*, die *Rheinische Post*, die *WAZ*, das *Westdeutsche Tageblatt*, die *Westfälische Rundschau*, die *Welt der Arbeit* des DGB, *Die Freiheit*.

741 Siehe Welt der Arbeit, 9.10.1957.

742 LAV NRW, Abt. Rheinland, NW 334, Nr. 23, Bl. 86, General-Anzeiger, 16.12.1959.

743 Ebd., Bl. 147–149, Rechtsanwalt Dr. Wolfram Köhler, Düsseldorf, 25.11.1959.

744 Ebd., Nr. 24, DGB NRW an Innenminister NRW, 22.3.1960.

KPD verteilte Flugblätter.[745] Der Wirtschaftsverband der Eisen, Blech und Metall verarbeitenden Industrie teilte der Landesregierung mit, er habe von „einer Anzahl unserer Ausfuhrfirmen erfahren [...], daß die Presseberichte insbesondere in Großbritannien und den USA bei vielen Auslandskunden schädlich gewirkt haben“. Es habe Abbestellungen und Auftragsverluste an die ausländische Konkurrenz gegeben.[746] Ende 1959 erschien im britischen *Daily Express* ein ausführlicher Beitrag seines Frankfurter Korrespondenten zu Ex-SS-Offizieren, die nun westdeutsche Polizeioffiziere waren.[747] In London demonstrierten im Januar 1960 vormalige Angehörige des Service Movement for Peace vor der bundesdeutschen Botschaft, und der *New Statesman* berichtete. Das tat auch die Moskauer *Iswestija*, und das Presse- und Informationsamt der Bundesregierung vermerkte einen Radiobericht aus der DDR mit unter anderem einer Angabe zu Malys unbekannter Tätigkeit bei der Saarbrücker Polizei,[748] die kurz nach dem Anschluss des Saargebiets 1935 in Amtshilfe mehrere Kripokollegen aus dem Rheinland für ihre Gestapostelle erhalten hatte.[749] Maly sei – ob zur Kripo oder zur Gestapo versetzt, blieb offen – nach Saarbrücken gekommen, um „mit den Gegnern der Nazis aufzuräumen“. Eine erhebliche Verstärkung der Kritik an der westdeutschen Vergangenheitspolitik mussten die Schändung der Kölner Synagoge durch Hakenkreuze und eine „Juden raus“-Parole sowie die Beschmierung des Kölner Ehrenmals für die Opfer des NS-Terrors in der Nacht vom 24. auf den 25. Dezember 1959 erwarten lassen.[750] Dem folgte, wie im Zusammenhang der politischen Reaktionen auf die Strecker-Koppel-Ausstellung zu NS-belasteten Juristen bereits dargestellt, eine Springflut Hunderter antisemitischer Vorgänge in der Bundesrepublik und in Westberlin. Der nordrhein-westfälische Innenminister Josef Hermann Dufhues (CDU) forderte

745 Ebd., VVN an Zentrale Stelle, 7.12.1959; ebd., Zeitschrift „Freiheit und Recht“ des Bundes der Verfolgten des Naziregimes, H. 11, 1959, S. 5; ebd., Flugblatt der KPD NRW, undat.

746 Ebd., Wirtschaftsverband der Eisen, Blech und Metall verarbeitenden Industrie, 24.2.1960.

747 Ebd., Colin Lawson: I find Hitler's men, Daily Express, 31.12.1959.

748 Ebd., Ger. Rep. 231, Nr. 1547, Bl. 253, Protokoll des Presse- und Informationsamts der Bundesregierung vom 16.10.1959 eines Berichts des Deutschen Freiheitssenders 904 vom 15.10.1959.

749 Bekannt sind bislang zwei Abordnungsfälle: LAV NRW, Abt. Rheinland, NW 1.000 EÜ-6.809, Entnazifizierungsakte Friedrich Duchstein; ebd., NW 1.004 G 41.A1-472, Entnazifizierungsakte Anton Kersting.

750 Bundesregierung (Hg.): Die antisemitischen und nazistischen Vorfälle.

in einer Fernsehansprache Strafverschärfungen für die „Hakenkreuz-Maler", die dem Ansehen im Ausland schaden würden.[751] Es gebe „keinen Antisemitismus, hier in NRW ebenso wenig wie in der übrigen Bundesrepublik". Es seien „Hintermänner und moralische Urheber" am Werk gewesen, unter denen die Adressaten sich Kommunisten vorzustellen hatten. Dafür fehlte jeder Beleg. In dieser Lage rang Dufhues sich im April 1960 dazu durch, von Amts wegen zu Maly ein öffentliches Zeichen zu setzen. Er enthob ihn des Dienstes und kürzte dessen Bezüge um 30 Prozent. Das von Maly angerufene Verwaltungsgericht bestätigte diese Entscheidung.[752] Malys Verteidiger war der Kölner Rechtsanwalt Dr. Ernst Etzbach, ein vormaliges Mitglied der NSDAP, auf den noch einzugehen sein wird.

Maly wurde von seinem Dienstherrn vorgeworfen, falsche berufsbiografische Angaben gemacht und einen Teil seiner Tätigkeit im RKPA verschwiegen zu haben. Im Mittelpunkt aber stand bald etwas anderes: Malys Handlungsweise im Fall der als „Zigeunermischling" kategorisierten Lieselotte Wolf, gegen die er trotz fortgeschrittener Schwangerschaft „Vorbeugungshaft" in Auschwitz-Birkenau angeordnet hatte, sowie seine Methode, mit KZ-Drohungen Sterilisationen von Mitgliedern der Familie Wolf durchzusetzen. Die Zuschreibung „Asozialität", erklärten die Ermittler, sei von Maly allein auf eine sexuelle Beziehung von Lieselotte Wolf mit ihrem „deutschblütigen" Partner gegründet worden. Die Deportation sei im Januar 1943 trotz der Bereitschaft von Wolf zur Abtreibung und zur Sterilisierung und trotz des Votums des Gefängnisarztes, die Gefangene sei nicht „haftlagerfähig", veranlasst worden. Das Gericht sprach von der „Ermordung von Lieselotte Wolf". „Daß sie in dem Todeslager Auschwitz [...] in der Tat ermordet wurde, unterliegt keinem vernünftigen Zweifel." Maly habe eine „grausame, unmenschliche Handlung begangen, die den Stempel des Unrechts auf der Stirn trug". Malys bzw. Etzbachs Erklärung, seine Unterschriften unter Schriftstücken seien Fälschungen „der Sowjetzone", wies das Disziplinargericht zurück. Es hielt auch fest, dass Maly „kein Wort des Bedauerns" zu Lieselotte Wolf gefunden habe, vielmehr „die Wendung" gebraucht habe, „die Wolf sei unter Beachtung der damaligen gesetzlichen Regelung behandelt worden".

751 Glienke: Ausstellung, S. 144.; nachfolgende Zitierungen: Kiani: Zum politischen Umgang, S. 118 ff.

752 Diese und die folgenden Angaben: LAV NRW, Abt. Rheinland, Ger. Rep. 231, Nr. 1.540, Bl. 879 (= 16 unpag. Bl.), „begrifflich nur vorläufige Entscheidung", 20. 9. 1960.

Passagen, die derart kritisch an Beschuldigte adressiert waren, sind in den hier ausgewerteten Akten ausgesprochen selten.

Es blieb bei Malys Dienstenthebung und bei der Kürzung der Bezüge, aber Dufhues eröffnete zusätzlich auch ein förmliches Disziplinarverfahren gegen ihn. Dabei sollte es darum gehen, eine zu erwartende Verjährung zu verhindern und eine ordentliche Strafverfolgung zu ermöglichen.

Es kam für Maly einiges zusammen: Bereits seit August 1958 und damit vor der Dufhues-Entscheidung hatte die Staatsanwaltschaft Köln, und zwar die Abteilung für politische Sachen, nach einer anonymen Strafanzeige begonnen, wegen Freiheitsberaubung mit Todesfolge gegen ihn zu ermitteln.[753] In Bonn hatte die Staatsanwaltschaft 1960 ein Vorverfahren gegen Maly eröffnet. Es wurde nach Köln übernommen.[754] In der Jahresmitte 1960 wurden dann sowohl das Disziplinar- als auch das Kölner staatsanwaltliche Ermittlungsverfahren mit dem Frankfurter Sammelverfahren zusammengelegt.[755]

Ein Versuch der Kölner Staatsanwaltschaft, die Ermittlungen an das LKA abzugeben, wo eine Sonderkommission zur Ermittlung von NS-Gewaltverbrechen existierte, scheiterte. Das LKA lehnte Strafermittlungen ab und nannte als Begründung, es stehe zur Aufklärung von Malys Rolle im Fall von Lieselotte Wolf, um den allein es dabei ging, kein geeigneter Kriminaloberbeamter zur Verfügung.[756] Der LKA-Leiter, Kriminaldirektor Dr. jur. Oskar Wenzky, ein alter guter Bekannter von Maly, gab die Akten unbearbeitet nach Köln zurück. Die Frage nach Lieselotte Wolf hätte die Anschlussfrage in der Sonderkommission auslösen müssen, ob es sich dabei um einen Einzelfall gehandelt habe. Es gab zahlreiche Akten zur „vorbeugenden Verbrechensbekämpfung“, wie sie in der Kommunikation zwischen lokaler Kripo und RSHA entstanden waren, mindestens im Rheinland. Eingesehen wurden sie nicht. Gezeigt hätte sich, dass Maly im Juli 1943 eine weitere Auschwitzdeportation

753 Ebd., Nr. 1.546, Bl. 248, Verfügung der StAsch Köln und Bericht an den Innenminister, 1. 12. 1958.

754 Ebd., Nr. 1.539, Bl. 781, Vermerk OStA am LG Köln, 25. 2. 1960. Das Verfahren der StAsch am LG Bonn hatte das Zeichen 8 Js 21/60, lief also seit 1960.

755 Ebd., Nr. 1.537, Bl. 523, Vermerk „Die dortige Ermittlungssache gegen Dr. Hans Maly wegen Freiheitsberaubung mit Todesfolge pp. – 24 Js 7.019/58 – wird nach hier [Frankfurt a. M.] übernommen und mit dem hiesigen Verfahren 4 Js 220/59 verbunden“, 9. 8. 1960.

756 Ebd., Nr. 1.539, Bl. 781–783, Vermerk StA H. Neukirchen am LG Köln, 25. 2. 1960.

trotz Lager- und Haftunfähigkeit angeordnet hatte.[757] Es war um die vorbestrafte 57-jährige Duisburgerin Henriette Widder gegangen, die Maly als unverbesserlich eingeordnet und für die er gemeinsam mit dem zuständigen Duisburger Kripobeamten Wilhelm Helten die Deportation nach Auschwitz vorgesehen hatte. Der Polizeiarzt lehnte ab: Widder sei lager- und haftunfähig. Entgegen den Vorschriften setzte Maly sich darüber hinweg. Im Mai 1944 starb die Deportierte in Auschwitz. Malys Motive bewegten sich zwischen ethnisch-kulturellen und sozialrassistischen Begründungen. Sein „Vorbeugungs"-Konzept gegen die angeblichen Risiken von „rassischer" Andersartigkeit und „asozialer" Schädlichkeit von „Volksgenossen" bestand in je gleicher Weise aus Abschreckung und Vernichtung.

Sowohl in der Öffentlichkeit als auch intern im Behördenapparat war Maly in der zweiten Hälfte der 1950er-Jahre zum Thema geworden, aber es war auch nicht zu übersehen, dass er öffentliche und behördliche Unterstützung genoss. Es zeigten sich Korpsgeist, geteilte Grundüberzeugungen und gemeinsame Vergangenheiten innerhalb des dicht geflochtenen nordrhein-westfälischen Kriponetzwerks.

Es liegt nahe, die nun einsetzenden, sich dann aber über Jahre hinziehenden Ermittlungen gegen Maly ins Verhältnis zu setzen zu einem Ausschlussverfahren kürzerer Dauer in der Mitte der 1950er-Jahre. In diesem Verfahren hatte Maly die Rolle eines Hauptbelastungszeugen. Der Vergleich vermittelt ein anschauliches Bild von der inneren Verfassung der westdeutschen Polizei.[758]

Offen für „131er" auf der einen Seite wurde die Kollegenschaft andererseits im Interesse der staatlichen Sicherheit gründlich auf Affinitäten und Beziehungen zur politischen Linken und zur DDR durchgemustert. In Bonn wurde der junge Polizeiwachtmeister Christian Leinen 1954 zum Ermittlungsfall für das 14. Kommissariat (Politische Polizei) der Kripo und, wie anzunehmen ist, auch für den wenige Jahre zuvor begründeten geheimdienstlichen Verfassungsschutz. „Der scharfe Antikommunismus der Bonner Republik" bildete den Schwerpunkt dieses Bundesamts, wie es im historischen Rückblick heißt.[759] Es war diese Thematik, die die Sicherheitsinstanzen mobilisierte. Da stand mancher

757 Auf diesen Fall wies schon Patrick Wagner 1996 hin, siehe Wagner: Volksgemeinschaft, S. 359f., 497; LAV NRW, Abt. Rheinland, BR 1.111, Nr. 228, Bl. 388.

758 LAV NRW, Abt. Rheinland, NW 296, Nr. 86, unpag.; vgl. auch Noethen, Alte Kameraden, S. 360–365.

759 Bundesamt für Verfassungsschutz: 70 Jahre, S. 34.

Verfassungsschützer beruflich in einer Tradition. Auf die flapsige Bemerkung des Bundesinnenministers, des Juristen Hermann Höcherl, nach einer Kritik, es könnten diese Beamten „nicht den ganzen Tag mit dem Grundgesetz unterm Arm herumlaufen“, kam von der Wochenzeitschrift *Die Zeit* die Replik, „wohl aber mit der SS-Blutgruppentätowierung unterm Arm“.[760]

Seit 1941 war Leinen mit einer Frau verheiratet, die aus einem NS-verfolgten Elternhaus kam. Bis 1933 war sie in Berlin-Charlottenburg Mitglied des ursprünglich sozialdemokratischen, später KPD-nahen Arbeiter-Turn- und Sportvereins Fichte gewesen und sein Schwiegervater Mitglied der KPD. So hatte es Leinen bei seiner Einstellung 1945 mitgeteilt. Auf die Frage der Polizeibehörde nach „anti-faschistischer illegaler Arbeit von 1933–1945“ hatte er zu seiner Frau „Hilfskurier“ angegeben und für den Schwiegervater „Funktionär“ und eine Inhaftierung „wegen Vorbereitung zum Hochverrat im Zuchthaus und im KZ“. Bezogen auf sich hatte er alle Nachfragen verneint.[761]

Aus diesen Daten erwuchs für den Regierungspräsidenten im Juni 1954 eine erhöhte Staatsgefährdung: Er verwies auf aus seiner Sicht nützliche justizielle und polizeiliche Erfahrungen im Umgang mit Staatsfeinden aus der Nazi-Zeit und warnte, „dass sich diese Familie eine gewisse Routine in der Tätigkeit von Untergrundbewegungen erworben“ habe.[762]

Nach 1945 hatten Leinens Schwiegereltern sich für die DDR entschieden. Den Kontakt zu ihrer Tochter in der Bundeshauptstadt hielten sie jedoch aufrecht. Mutter wie Tochter waren Mitglied des Demokratischen Frauenbunds Deutschlands (DFD). Der stand der KPD nah und

760 Zit. nach „Bonn/Verfassungsschutz. Gutes Gewissen“, in: Der Spiegel, 17 (1963), H. 38; *Die Zeit* bezog sich auf den keineswegs unbekannten Sachverhalt, dass zum Personal des Nachrichten- und Sicherheitsdienstes Männer gehörten, die an Menschheitsverbrechen beteiligt gewesen waren. Vormalige NS-Kader waren bis hin zum Präsidenten Hubert Schrübbers (1955–1972), Jahrgang 1901 oder 1907, trotz erheblicher Belastung in Leitungsfunktionen eingerückt: Stolleis: Geschichte des öffentlichen Rechts, S. 74. Viele von ihnen wurden in der Ära Schrübbers eingestellt. Dieser hatte vor 1945 in der Generalstaatsanwaltschaft Hamm zahlreiche hohe Strafanträge vor allem in Hochverratsprozessen gegen KPD-Mitglieder, aber auch gegen Juden gestellt, siehe „Nichts Unsittliches“, „Der Wille muss gebrochen werden“, beides in: Der Spiegel, 26 (1972), H. 5. Die „historisierende ‚Selbstreinigung‘“ des Bundesverfassungsschutzes setzt Stolleis in seiner 2017 erschienenen Rechtsgeschichte zeitlich mit „sie beginnt nun“ an.

761 LAV NRW, Abt. Rheinland, NW 296, Nr. 86, unpag., Regierungspräsident an Innenminister NRW, 5. 6. 1954.

762 Diese und die folgenden Angaben: ebd.

wurde daher 1957 verboten. Christian Leinen war in keine der unter Kommunismusverdacht stehenden Organisationen eingetreten. Er hatte betont, dass er niemand dort unterstütze, wofür sich auch für die die Familie observierenden verdeckten Ermittler keine „Anhaltspunkte" ergaben. Der gewichtigste Vorwurf neben den Organisationszugehörigkeiten der angeheirateten Verwandtschaft war, dass das Paar einmal gemeinsam an einer Bonner DFD-Veranstaltung teilgenommen hatte. Man stellte ferner fest, dass Leinens Schwiegermutter ihre Tochter in Bonn besucht hatte und wusste, dass sie dort zugunsten von Kommunismus und DDR „nicht tätig" gewesen war.

Gewichtiger als diese für die Ermittler unergiebige Bilanz war die Beurteilung durch Dr. Hans Maly, den Bonner Kripochef. Entgegen der gewöhnlichen Praxis wollte Maly nicht, dass sie schriftlich festgehalten wurde, wiewohl sie dann aber doch insoweit bekannt wurde, als Maly habe herausfinden können, dass der junge Mann „mit dem Kommunismus sympathisiere". Diese Behauptung Malys 1955 genügte auch ohne konkreten Tatnachweis als Beleg für eine Unterstützung der noch legalen Arbeit der erst im Jahr darauf verbotenen KPD. Maly hatte sich bei seinem Einspruch gerade so verhalten wie vor 1945, wenn es ihm um „Asoziale" ging.

Leinen unterlag mit der Klage gegen seine Entlassung. Das Oberverwaltungsgericht entschied, er habe die Mitarbeit seiner früheren Frau im DFD „geduldet", und er habe nie ein antikommunistisches Bekenntnis abgelegt. Da sei er also ganz zu Recht aus dem Polizeidienst entfernt worden.[763] Am Ende des Verfahrens standen für den Polizeibeamten ein Berufsverbot und die Scheidung von seiner Frau, das heißt, die Zerstörung eines Lebensentwurfs und von dessen existenziellen Grundlagen.

Sein Fall gibt einen Einblick in die Milieuatmosphäre innerhalb der nordrhein-westfälischen Polizei. Er stand nicht allein. Wie Leinen war es in Wuppertal schon 1951 dem parteilosen Schutzpolizeibeamten Hans Franzmann, Kreisvorsitzender der damals konservativen Gewerkschaft der Polizei ergangen, der als „SED-Spitzel" verdächtigt und als „Gefahr für die öffentliche Sicherheit" sowie „für den Polizeidienst ungeeignet" ebenfalls durch eine Gerichtsentscheidung aus dem Dienst genommen wurde. Auch ihm wurden sein kommunistischer Schwiegervater und die sonstige linke angeheiratete Verwandtschaft sowie ein Gesprächskontakt

763 Zu den Gerichtsentscheidungen ebd., Urteil Verwaltungsstreitsache wegen Entlassung aus dem Beamtenverhältnis, 2.12.1955; ebd., Vermerk, 10.10.1958.

unbekannten Inhalts mit einer Funktionärin der KPD auf einem Streifgang vorgeworfen. Der Richter, der mit Erfolg so argumentierte, war ehemaliges NSDAP-Mitglied.[764]

Polizei und Justiz erwarteten offenbar von einem Polizeibeamten nicht einfach nur, ein passiver Antikommunist zu sein, sondern Praxisnachweise, zumindest aber ein klares öffentliches Bekenntnis. Für Beamte wie Maly stellte das kein Problem dar. Er demonstrierte nur eine Einstellung, die er schon immer in seinem Beruf vertreten hatte. Über das Bekenntnis hinaus konnten NS-Belastete darüber hinaus oft auch auf eine Umsetzungspraxis verweisen.

764 Franzmann: „Zwischen den Stühlen“, S. 40–47.

6

Das Sammelverfahren zum „Zigeunerkomplex“ (1958–1970)

— ※ —

Gegenstand des folgenden und umfangreichsten Kapitels dieser Studie ist das Sammelverfahren zum „Zigeunerkomplex“. Im Mittelpunkt standen dabei mit der RHF und der Kripo die Hauptinstanzen, die die Verfolgung der Roma-Minderheit in Mitteleuropa in die Praxis umsetzten. Die Frankfurter Oberstaatsanwaltschaft formulierte den hohen Anspruch des Verfahrens, der nach der Abgabe an die Oberstaatsanwaltschaft des Kölner Landgerichts seine Geltung behielt:

> Das in Frankfurt angelegte Sammelverfahren hat die gesamten nationalsozialistischen Maßnahmen und Gewalttaten gegen die Zigeuner in Deutschland zum Gegenstand, d. h. die polizeiliche Erfassung aller Zigeuner und sogenannter ‚zigeunerstämmiger‘ Personen, ihre rassische Begutachtung durch besondere Gutachter und ihre daran anschließende Zwangssterilisation oder ihre Einweisung in ein KZ, die häufig (oder in der Regel) den Tod der betreffenden Personen zur Folge hatte.[765]

Die Staatsanwaltschaften gingen davon aus, dass das institutionelle Personal intensiv über Organisationsgrenzen hinweg kooperiert und dieselben fachlichen Ideen vertreten hatte. Es handelte demnach arbeitsteilig an der „Reinigung des Volkskörpers“ und an der präventiven

765 So im Rekurs auf die Frankfurter Oberstaatsanwaltschaft 1961 die Kölner Oberstaatsanwaltschaft: LAV NRW, Abt. Rheinland, Ger. Rep. 231, Nr. 1.547, Bl. 506–508, hier: Bl. 506, Verfügung, StA Wolfgang Kleinert, 15. 9. 1961.

Beseitigung der „Volksschädlinge“, sodass sich eine Vielzahl unmittelbar daran Beteiligter ergeben musste.

Für die in Frankfurt am Main lebende Ex-RHF-Rassenanthropologin und Hauptbeschuldigte Justin wurde das Landgericht Frankfurt zuständig, für den in Rodenkirchen, einem Kölner Nobelviertel, lebenden Ex-RKPA-Beamten und Hauptbeschuldigten Maly das Landgericht Köln.

Das gesamte Aktenmaterial ging nach der Verlegung der Ermittlungen geschlossen von Frankfurt nach Köln. Nach seiner Archivierung im Landesarchiv NRW in Duisburg ergibt es einen Bestand von 14 Ordnern mit einer Laufzeit von 1958 bis 1985.[766] Zahlreiche Originaldokumente, „darunter etwa 20.000 kriminalpolizeiliche Personalakten von Zigeunern“, die von staatlichen Stellen aus der gesamten Bundesrepublik angefordert wurden, wurden von den Ermittlern bis Ende 1960 beigezogen.[767] Neben dem genannten Duisburger Aktenbestand bilden weitere Duisburger Bestände sowie Archivalien aus anderen staatlichen Archiven die Basis der folgenden Darstellung.

Anders als beim Auschwitz-Prozess blieb die Wahrnehmung des Verfahrens, das immerhin als umfangreiches gebündeltes Sammelverfahren intendiert war, in der Literatur minimal. In seiner Schrift zu den Protagonisten der „Zigeunerforschung“ in der Nazi-Zeit und in Westdeutschland stellte Joachim S. Hohmann ein längeres Kapitel unter die Überschrift „Schuld ohne Reue – Der ‚Fall Maly‘“.[768] Leider entwertet die interessanten Angaben, dass sie nicht belegt sind, da Hohmann auf Quellennachweise verzichtete. In seiner lokalgeschichtlichen Studie zur NS-Verfolgung der Roma-Minderheit in Frankfurt ging Peter Sandner ausführlich auf den Verfahrensabschnitt zu Justin ein, berührte aber kaum die Zeit danach.[769] Daneben ist nur ein kursorischer Überblick in einer ebenfalls lokalgeschichtlichen Darstellung – der NS-Verfolgung der Minderheit in Köln – von Karola Fings und Frank Sparing nennenswert, die ausführlich über den Fall hinausgehende Kontexte mit einbezogen.[770]

766 Ebd., Abt. Rheinland, Ger. Rep. 231, Nr. 1.535 bis 1.548.

767 Ebd., Nr. 1.540, Bl. 851, OStA Heinz Wolf, Einstellungsbeschluss zu Eva Justin, 12.12.1960.

768 Hohmann: Robert Ritter, S. 380–416.

769 Sandner: Frankfurt. Auschwitz.

770 Fings/Sparing: Rassismus – Lager – Völkermord, S. 360f.

6.1 Personen

Initiatoren

Gegen Ende der 1950er-Jahre hatte es erste Initiativen gegeben, den Tatkomplex in einem „Sammelverfahren“ anzugehen. Weder diese noch irgendwelche anderen der im Kontext der Verfolgung der Roma-Minderheit angesiedelten westdeutschen Strafermittlungen wurden von Amts wegen eingeleitet, obwohl mögliche Straftaten und mögliche Täter ständig etwa in Entschädigungsprozessen zur Sprache kamen und hier ein Anlass dazu hätte liegen können, Sachverhalten auf den Grund zu gehen. Diese Abstinenz war keine Besonderheit. Zu Verfahren wegen NS-Verbrechen kam es in aller Regel erst durch Anzeigen von Verfolgten oder von deren Unterstützern.[771]

Es war der Sinto Heinz Lehmann-Lamary, auf den im August oder September 1958 durch eine Anfrage beim Magistrat der Stadt Frankfurt der Einstieg in ein Verfahren gegen Angehörige der RHF und des RKPA zurückging.[772] Dabei wurde er von dem Sprachwissenschaftler Siegmund A. Wolf unterstützt. Wolf zeigte Eva Justin im Dezember 1958 mit ausführlicher Begründung an.

Ein erster Tatvorwurf lautete, sie habe gemeinsam mit Robert Ritter Angehörige der Minderheit zur Duldung anthropologischer Untersuchungen einschließlich einer Blutgruppenbestimmung genötigt. Die Nötigung habe im Androhen einer Gestapomeldung oder einer KZ-Einweisung gelegen. Ein zweiter Anzeigenanlass war die Drohung von Justin und Ritter „mit dem Abtransport in das Zigeunervernichtungslager Auschwitz“, um so schriftliche Einwilligungen zur Sterilisation zu erzwingen. Ein dritter Punkt war die Meldung von Genealogien, Personalien und Wohnsitzen von vielen Tausend Angehörigen der Minderheit durch die beiden „Rassenhygieniker und Kriminalbiologen“ an das RSHA „mit dem Ziel und Zweck der physischen Ausrottung“. Wolf ging davon aus, dass die RHF-Nachforschungen „nahezu ausschließlich der durch das Reichssicherheitshauptamt betriebenen Ausrottung der Zigeunerrasse gedient“ hatten. Dabei bezog Wolf sich

771 Streim: Arbeit der Zentralen Stelle, S. 49.

772 Alle Angaben im folgenden Abschnitt nach: LAV NRW, Abt. Rheinland, Ger. Rep. 231, Nr. 1535, Bl. 6ff., Anzeige von Siegmund A. Wolf gegen Eva Justin, 13.12.1958, darin die Zitierung der Anfrage von Lehmann-Lamary. Wolf schrieb von einer Mitteilung eines Stadtrats an Lehmann-Lamary, die er mit offenkundig falscher Jahresangabe auf den 28.10.1957 datierte.

auch auf von Justin publizierte Aussagen. Als Zeugen benannte er die durch die Verfolgung der Minderheit hoch belasteten Kripochefs Leo Karsten und Josef Eichberger. Ein vierter Vorwurf lautete, Justin habe „aus nationalsozialistischen Weltanschauungsgründen“ die Sterilisierung selbst „erbgesunder, sozial angepasster, nichtvorbestrafter und sesshafter Zigeuner“ propagiert und vorbereitet. Wolf zitierte Justin mit der 1944 erhobenen Forderung, „alle deutscherzogenen Zigeuner und Zigeunermischlinge I. Grades – gleichgültig ob sozial angepasst oder asozial und kriminell – sollten daher [angesichts ihrer ‚primitiven Zigeunerart‘] in der Regel unfruchtbar gemacht werden“.

Wolf betonte, dass er nicht behaupte, dass Angehörige der RHF „Zigeuner“ persönlich umgebracht hätten. Er verwies auf den „offensichtlichen“ Kontext ihrer Tätigkeit, die eine „vorbereitende Grundmaßnahme“ für die spätere Vernichtung dargestellt habe.[773]

Wolf führte weder das ihm mutmaßlich unbekannte Konzept einer „Vernichtung durch Arbeit“ noch die für die meisten Häftlinge zu einem raschen Tod führenden Lebensbedingungen in Auschwitz-Birkenau an. Das Mittel der Vernichtung war nach seiner Auffassung hauptsächlich die lückenlose Sterilisierung. Für ihn hatte damit die nazistische „Zigeuner“-Politik einen genozidalen Charakter, wie er von den zeitgenössischen Juristen und von der westdeutschen Politik durchgängig bestritten wurde. Wolf setzte im weiteren Verlauf mehrfach sowohl durch Anzeigen als auch durch Zeugenbeiträge wesentliche Impulse für den Fortgang des Verfahrens.

Im Januar 1959 ging eine Meldung des Rechtsanwalts Dr. Paul Haag bei der Frankfurter Oberstaatsanwaltschaft ein. Haag vertrat die Nebenklägerin Marta Adler. Seine Mandantin war keine Unbekannte, nachdem sie 1957 mit Unterstützung des bekannten Autors, Regisseurs und Filmproduzenten Robert A. Stemmle[774] ihre Autobiografie veröffentlicht hatte. Fünf Jahre vor dem Erscheinen des Buchs war mit „Toxi“ ein Film

773 LAV NRW, Abt. Rheinland, Ger. Rep. 231, Nr. 1.536, Bl. 248, Vernehmung Siegmund A. Wolf, 3. 12. 1959.

774 Stemmle, Jahrgang 1903, hatte in der Weimarer Republik vor allem als Autor mit bekannten linken Schriftstellern zusammengearbeitet, aber nach 1933 unter anderem Propagandafilme für das Regime produziert. Nach 1945 kehrte er zu seinen Weimarer Anfängen zurück. Er schrieb das Drehbuch für den 1948 in die Kinos gekommenen DEFA-Filmerfolg „Affäre Blum“. Darin gelingt es in den 1920er-Jahren einem Freikorpsmitglied, das einen Raubmord beging, in Kooperation mit reaktionären Juristen und einem Regierungspräsidenten, die Tat einem Juden anzulasten. Filmen aufklärend-politischen Inhalts folgten unzählige Unterhaltungsbeiträge für Film und Fernsehen.

von Stemmle in die Kinos gekommen, der sich als antirassistisches Statement sehen lässt. Er thematisierte zum ersten Mal in Westdeutschland die Exklusion von Besatzungskindern mit Eltern unterschiedlicher Hautfarbe, aber auch die Möglichkeit, sie gesellschaftlich zu integrieren. Der Film wie auch die Liedbeiträge der farbigen Sängerin Marie Nejar (Künstlername Leila Negri) wurden große Erfolge. Zu erkennen ist einmal mehr, dass es in der westdeutschen Gesellschaft keineswegs nur alte Nazis gab, sondern auch eine Offenheit für nichtrassistische Botschaften aus der Gegenperspektive.

In „Mein Schicksal waren die Zigeuner. Ein Lebensbericht" schilderte Marta Adler ausführlich ihre Verfolgung und die der Minderheit, der sie eng verbunden war.[775] Adler kam aus einer kommunistischen Familie und hatte einen Sinto geheiratet. Das Kapitel zum Erscheinen der Roten Armee in Berlin-Karlshorst überschrieb sie mit „Befreiung", ein in Westdeutschland ausgesprochen minderheitlicher Sprachgebrauch, der die Perspektive der Verfolgten vertrat. Im Ermittlungsverfahren gab sie an, ihre „Gutmachungsansprüche" seien ihr in Ostberlin anerkannt worden, in Westberlin nicht.[776] Das alles war für die Frankfurter Staatsanwaltschaft keine Empfehlung. Gemeinsam mit Siegmund A. Wolf, Franz Bamberger und Oskar Rose erstattete Adler Anzeige gegen Justin. Rose hatte die Aufenthaltsorte auch anderer NS-Täter herausgefunden, gegen die die Anzeige sich ebenfalls richtete.[777]

Als Initiativkräfte des Sammelverfahrens sind auch die seit den 1950er-Jahren auftretenden, zum Teil anonymen Autoren von Zuschriften an das Gericht und die Anzeigenerstatter gegen Kripobeamte wie Hans Maly, Leo Karsten oder Johannes („Hans") Otto zu sehen. Zu der Überzeugung der Initianten gehörte die juristische Einordnung von Verfolgung und Vernichtung als „Verbrechen gegen die Menschlichkeit".[778] Ihren Initiativen sind weitere, erstmals mit den beginnenden 1960er-Jahren ins Bild tretende Anzeigen minderheitlicher Zusammenschlüsse von Sinti und anderen Roma hinzuzufügen wie des schon angesprochenen *Zentralkomitees der Zigeuner e. V.* in Frankfurt, zu dessen Gründern der Textilkaufmann Walter Strauß und Wilhelm und Johannes Weiß

775 Adler: Mein Schicksal.

776 LAV NRW, Abt. Rheinland, Ger. Rep. 231, Nr. 1.536, Bl. 302, Vernehmung Marta Adler, 3.5.1960.

777 Gress: Visualisierte Emanzipation, S. 347.

778 LAV NRW, Abt. Rheinland, Ger. Rep. 231, Nr. 1.538, Bl. 670, Vernehmung Franz Bamberger, 10.6.1960.

mit osteuropäischer Roma-Herkunft gehörten,[779] oder des *Verbands und [der] Interessengemeinschaft rassisch Verfolgter nicht-jüdischen Glaubens deutscher Staatsangehörigkeit e. V.*, den der Kinobesitzer und Sinto Oskar Rose zusammen mit sieben anderen Sinti Weihnachten 1958 gegründet hatte und den er als Vorsitzender vertrat.[780]

Für Rose waren RHF und RKPA ganz im Sinne ihrer späteren Charakterisierung als „wissenschaftlich-polizeilicher Komplex“ die Betreiber der Deportation „in das KZ, namentlich nach Auschwitz“.[781]

Angehörige der Minderheit hatten begonnen, sich über Familien hinaus auch zu politischen Zwecken zu organisieren. Einen hohen Stellenwert hatten dabei die Aufklärung und die Sühne der an ihnen begangenen Verbrechen. Es waren vor allem die offenen Fragen einer strafrechtlichen und entschädigungsrechtlichen Bearbeitung der Verfolgungsjahre, die zur Entstehung einer Bürgerrechtsbewegung geführt hatten. Im Unterschied zu manchen anderen NSG-Verfahren hatten die *VVN*, der *BVN* und die *AvS* bei der Initiierung des Sammelverfahrens keine Bedeutung und in dessen Verlauf nur eine unbedeutende Nebenrolle.

Juristen

In der Eingangsphase des Verfahrens hatte zunächst der Frankfurter Staatsanwalt Dr. Bernd Rüdiger Uhse die Ermittlungen geführt. Zu ihm als Leiter erster Voruntersuchungen ist wenig zu sagen, außer vielleicht, dass er einige Jahre später in Zusammenarbeit mit Generalstaatsanwalt Bauer die staatsanwaltliche Rolle im Darmstädter Einsatzgruppen-Prozess (1965–1968) gegen Angehörige des Sonderkommandos 4a der Einsatzgruppe C hatte. Dabei ging es um Massentötungen durch SS und Wehrmacht.

Umso auffallender ist die Berufsbiografie seines Nachfolgers Dr. Fritz Thiede, Jahrgang 1912, der im Unterschied zu Uhse als „Sondersachbearbeiter“ des „Zigeunerkomplexes“ in nun dazu passend als

779 Ebd., Nr. 1.536, Bl. 277, Zentralkomitee der Zigeuner e.V. an GStA Fritz Bauer, 29.3.1960; siehe auch Zentralkomitee der Zigeuner, Abendpost, 15.3.1960, und Volkmar Hoffmann: Sie wollen keine Bürger zweiter Klasse sein, Frankfurter Rundschau, März 1960; Danckwortt: Sinti und Roma, S. 103.

780 Gress: Visualisierte Emanzipation, S. 347.

781 LAV NRW, Abt. Rheinland, Ger. Rep. 231, Nr. 1.538, Bl. 664, Vernehmung Oskar Rose, 13.6.1960.

„Sonderverfahren" firmierenden Ermittlungen eingesetzt war.[782] Der Gerichtsreferendar Thiede war nach der vierjährigen Beitrittssperre 1937 in die NSDAP aufgenommen worden,[783] wurde in seiner Entnazifizierung als „Mitläufer" kategorisiert[784] und war schon bald wieder im Staatsdienst tätig. Über die Frankfurter Stadtgesellschaft hinaus hatte er sich durch eine Prozessserie, die „Frankfurter Homosexuellen-Prozesse", bekannt gemacht. Sie hatte Anfang 1950 eingesetzt und bis ins Folgejahr angedauert. Thiede hatte die Rolle des Ermittlers und Anklägers gehabt. Er war auch der Initiator dieser Verfahren gewesen, sie waren also anders als die meisten NSG-Verfahren von staatlicher Seite ausgelöst worden. Eng und in der Sache gleichgerichtet hatte er mit dem Oberstaatsanwalt Hans-Krafft Kosterlitz und mit einem Richter kooperiert, der als Staatsanwalt in den NS-Jahren für „Unzuchtsachen" zuständig und für besondere Härte bekannt gewesen war.[785]

Thiede und der Richter zogen im Inland wie im Ausland mit ihrem Vorgehen und ihren Entscheidungen viel Widerspruch und Empörung auf sich. Ausgangspunkt von Anklagen und Urteilen war der Paragraf 175 StGB in der von den beiden deutschen Nachfolgestaaten 1949 übernommenen verschärften Fassung von 1935 gewesen, mit dem die beiden Staaten jedoch gegensätzlich umgingen. Anders als im Osten, wo die NS-Fassung bald zurückgezogen und das Strafrecht in mehreren Schritten bis zur Löschung des § 175 liberalisiert wurde, blieb es im Westen bei dem NS-Paragrafen.[786] Dafür steht auch Thiede. Er hatte in

782 So der Erste StA Hanns Großmann 1961 über Sachbearbeiter StA Fritz Thiede und dessen Ermittlungsaufgabe, siehe ebd., Nr. 1.546, Bl. 478, Vermerk StA Hanns Großmann, 31. 1. 1961.

783 BArch Berlin-Lichterfelde, R 9.361-IX, Kartei, Nr. 44.420.728, Fritz Thiede.

784 Hessisches Hauptstaatsarchiv Wiesbaden, 505, Nr. 1.794, Spruchkammer I Kassel-Stadt, Spruchkammerurteil Fritz Thiede, 4. 9. 1946.

785 Zu den folgenden Angaben, soweit nicht anders angegeben: Schiefelbein: Wiederbeginn; Kraushaar: Unzucht, S. 60–69; Aufarbeitung, S. 193; Homosexuelle. Eine Million Delikte, Der Spiegel, 3 (1950), H. 48.

786 Im Überblick: Heß: Von Todsündern zu Trendsettern, S. 708. „In der geistigen Tradition der Arbeiterparteien der Weimarer Republik, besonders der KPD" liberalisierte die DDR Schritt für Schritt seit den frühen 1950er-Jahren ihre Politik. Zunächst galt wieder die liberale Weimarer Fassung des § 175, der dann nicht weiter angewendet wurde und 1968 ganz gestrichen wurde. 1988 erfolgte die Gleichstellung von Homo- und Heterosexualität. In Westdeutschland loste der Weimarer Paragraph den der NS-Jahre 1969 ab, erst 1994 aber verschwand dieser §175 ganz. Seit 1990 galt im nun begründeten Gesamtstaat ein territorial „gespaltenes Recht": Lesben- und Schwulenverband, Paragraf 175: Verbot von Homosexualität in Deutschland, abrufbar unter: https://www.lsvd.de/de/ct/1022-Paragraph-175-StGB-Verbot-von-

240 Verfahren gegen 280 Personen ermittelt, von denen etwa 100 verhaftet, erkennungsdienstlich behandelt und fotografiert, 75 bis Ende 1950 angeklagt und die meisten verurteilt wurden. Nachdem diese Verfahren sich nach Reaktionen im In- und Ausland zu einem großen Skandal entwickelt hatten, gingen gegen Thiedes Widerstand 60 Verfahren an ein anderes Gericht und weitere 60 wurden eingestellt.[787] Die Welle von Zugriffen und Anklagen erinnerte an die Nazi-Zeit, zumal Thiede sich nicht scheute, beschuldigte Homosexuelle mit ihrer Gestapoakte zu konfrontieren, wie der Zeitzeuge Wolfgang Lauinger Jahrzehnte später berichtete, der nicht nur aufgrund seiner Homosexualität, sondern auch als „Swingkid“ und „Halbjude“ verfolgt worden war.[788] Für die Betroffenen waren die Anklagen „ein Schock“, „der von Furcht, Entsetzen und Panik begleitet war“.[789] Mindestens sechs Angeklagte begingen Selbstmord, einer flüchtete in die Schweiz, ein anderer nach Südamerika. Viele verloren ihre berufliche Existenz,[790] Promotionen wurden aberkannt und Führerscheine eingezogen, weil die „charakterliche Eignung“ fehle.

Thiedes Vorgesetzter, Oberstaatsanwalt Kosterlitz, bekannte sich freimütig zu seiner rechtspositivistischen Herangehensweise: „Was soll ich denn machen? Die Gesetze sind noch nicht verändert.“[791] Was Gesetz gewesen und geblieben war, das konnte für ihn kein Unrecht sein.

In der Schlussphase der Prozessserie, in einem separaten Verfahren um die Bestrafung des Kronzeugen der Anklage, eines jugendlichen Strichers, wurde in offener Sitzung ein umfangreiches Gutachten zu diesem Angeklagten verlesen. Verfasst hatte es der Leiter der Jugendsichtungsstelle beim Stadtgesundheitsamt, Dr. Dr. Robert Ritter, dem gerade ein paar Monate zuvor der Frankfurter Staatsanwalt Hans-Krafft Kosterlitz seine wissenschaftliche Reputation im Themenfeld

Homosexualitaet-in-Deutschland#entkriminalisierung [letzter Zugriff: 20.6.2022]. In den Niederlanden als westlichem Nachbarn endete die Geltung des nazifizierten § 175 mit der Befreiung. Ein Jahr nach der DDR wurden auch dort die Kriminalisierung und die Pönalisierung einvernehmlicher Homosexualität aufgehoben,

787 70 Jahre später wurde der Skandal verfilmt: „Das Ende des Schweigens“, BRD 2020, Regie: Van-Tien Hoang, Drehbuch: Holger Heckmann / Van-Tien Hoang.

788 Paragraf 175. Bundesdeutscher Staatsanwalt überführte Schwulen mit Gestapo-Akte, in: queer.de, 19.2.2017, abrufbar unter: https://www.queer.de/detail.php?article_id=28253 [letzter Zugriff: 20.6.2022].

789 Schiefelbein: Wiederbeginn, S. 64.

790 Kraushaar: Unzucht, S. 62; zu dieser Verfolgungswelle bei zeitgleichen Aktivitäten zu NS-Amnestierungen: Pretzel: Aufbruch und Resignation, S. 312.

791 Homosexuelle. Eine Million Delikte, Der Spiegel, 3 (1950), H. 48.

„Asozialität" und „Zigeunertum" bestätigt hatte. Eine Kopie des Gutachtens steckte dessen Co-Autorin Dr. Eva Justin der *Frankfurter Neuen Presse* (FNP) zu, die Auszüge daraus publizierte.[792] Der Begutachtete hatte trotz Kooperation mit der Staatsanwaltschaft zweieinhalb Jahre Jugendhaft abzusitzen.

Thiede hatte also eine konkrete Vorstellung von Ritter und Justin, als er zehn Jahre später als leitender Staatsanwalt eingesetzt war. Er hatte sich mit den beiden beruflich bekanntmachen und feststellen können, dass man jeweils ermittelnd in aus gemeinsamer Sicht benachbarten Bereichen der „Asozialität" arbeitete oder gearbeitet hatte. Die drei dürften sich in ihren Überzeugungen, wenn es um den „Bodensatz der Gesellschaft" ging, nicht fremd gewesen sein. Und allein werden sie ebenfalls nicht gestanden haben. Es hatte sich zum Thema eine stabile Tradition in bürgerlichen Kreisen und darüber hinaus herausgebildet. Homosexuelle, männliche Prostituierte und „Zigeuner" wurden nicht erst seit 1933 nach gesundem Volksempfinden als „Asoziale" nebeneinandergestellt. Sowohl der Paragraf 175 als auch die Vorschriften gegen die Roma-Minderheit wurden im letzten Drittel des 19. Jahrhunderts nach der Reichsgründung beschlossen. Sie waren nicht zuletzt Ausdruck der Vision einer geeinten „sauberen" und „gesunden deutschen Volksgemeinschaft". Fritz Thiede oder Eduard Dreher, der sich ja ebenfalls positioniert hatte, und Fritz Bauer repräsentierten innerhalb des westdeutschen Rechtssystems nicht miteinander zu vereinbarende Haltungen und Überzeugungen.

Direkter Vorgesetzter von Thiede bei dessen Einstieg in das Sammelverfahren war Oberstaatsanwalt Heinrich („Heinz") Anton Wolf, Jahrgang 1908. Er hatte eine umfangreiche nazistische Vergangenheit.[793] 1933 war er in die NSDAP und in die SA aufgenommen worden. Er war Mitglied des NS-Rechtswahrerbunds gewesen, für den er ab 1936 Gaupressesprecher war. Ab August 1940 arbeitete Wolf als Staatsanwalt beim Sondergericht Danzig, das von 1940 bis 1945 mindestens 176 Todesurteile fällte, und als Sachbearbeiter für politische Sachen beim Generalstaatsanwalt Dr. Kurt Bode des Reichsgaus Danzig-Westpreußen, den er zeitweise vertrat. Bode wirkte mit an circa 350 Todesurteilen. Im März 1945 ordnete er auch aus ihn selbst betreffenden Gründen die Vernichtung der Akten der Sondergerichte und des Strafsenats an.

792 Schiefelbein: Wiederbeginn, S. 67 f.

793 Die nachfolgenden Angaben siehe Kartmann / Hedwig: NS-Vergangenheit; zu Kurt Bode: Schenk: Post von Danzig, S. 205, 209, 216 ff.

Für den Mai 1944 ist seine Teilnahme an der Arbeitstagung für Vorsitzende der Hochverratssenate auf der Reichsburg Cochem belegt. Aus gesundheitlichen Gründen im August 1944 als Staatsanwalt nach Traunstein versetzt, war er dort erneut unter anderem für politische Strafsachen zuständig. Gegen etwa 30 Angeklagte hatte Wolf bis 1945 die Todesstrafe gefordert. Er war auch Gaurichter der NSDAP gewesen. Aus der Entnazifizierung ging er als „entlastet" hervor. Er hatte behauptet, nach Danzig sei er „strafversetzt" worden. Er sei als Freund jüdischer Familien verfolgt worden. Dagegen stand in seiner Personalakte, er sei ein „unbedingt zuverlässiger Nationalsozialist". Nach seiner eigenen Entlastung stellte er seinem früheren Chef Kurt Bode einen Persilschein aus, der diesem die Rückkehr in den Staatsdienst erleichterte. 1947 war er im Nürnberger Krupp-Prozess der Assistent des Krupp-Verteidigers Otto Kranzbühler gewesen.

Im November 1959 konnte Wolf den medizinischen Leiter der T4-Morde, den SS-Arzt Prof. Dr. Werner Heyde, kennenlernen. Heyde war zwölf Jahre zuvor – gewarnt von dem Todesurteil gegen seinen Stellvertreter und Nachfolger Prof. Dr. Paul Nitsche im „Ärzte-Prozess" vor dem Landgericht Dresden[794] – aus der Haft in Flensburg geflüchtet und untergetaucht. Der Fluchthilfe verdächtig war der Chef des LKA Schleswig-Holstein gewesen, ein vormaliger SS-Sturmbannführer und RSHA-Kriminalrat.[795] Als 1959 Heyde die Entdeckung drohte, meldete er sich in Frankfurt bei der Oberstaatsanwaltschaft. Generalstaatsanwalt Bauer ordnete Ermittlungen gegen ihn, dem 100.000 Morde vorgeworfen wurden, und gegen zwei weitere „Euthanasie"-Ärzte an. Das Verfahren wurde aufgrund Suizids von Heyde und wegen Verhandlungsunfähigkeit seiner Kollegen vor einer Hauptverhandlung eingestellt.

Wolf hatte in diesen Jahren als Oberstaatsanwalt mit dem ersten Auschwitz-Prozess, dem Verfahren zu den Krankenmorden und dem Sammelverfahren zum „Zigeunerkomplex" die Verantwortung für drei NSG-Verfahren hervorgehobener Bedeutung, von denen die ersten beiden viel publizistisches Interesse auf sich zogen. Das machte ihn zu einem Experten. Er war der CDU beigetreten, ab 1962 Landtagsabgeordneter und ab 1964 Landrat und Vorsitzender des hessischen Landesverbands des Deutschen Richterbunds.

794 Böhm / Scharnetzky: „Wir fordern schwerste Bestrafung".

795 Diese und die nachfolgenden Angaben: Godau-Schüttke: Die Heyde / Sawade-Affäre, S. 384 f.

Thiede wurde mit der Verlegung des Verfahrens an das Landgericht Köln als leitender Ermittler durch Staatsanwalt Wolfgang Kleinert, Jahrgang 1909, abgelöst. Auch Kleinert war Mitglied der NSDAP gewesen, 1933 noch vor der gegen „Märzgefallene" eingeführten Sperre aufgenommen worden sowie in die SA eingetreten. Seit 1939 hatte er eine Planstelle als Staatsanwalt am Landgericht Köln und war 1940 und 1941, bis er zur Wehrmacht einberufen wurde, beim Sondergericht Köln eingesetzt. Nach dem Ende des NS-Staats war er von 1945 bis 1950 als Bauhilfsarbeiter, dann als freiberuflicher Übersetzer und Wirtschaftsjurist tätig. Aus dem Entnazifizierungsverfahren ging er als Mitläufer hervor. Er habe den „üblichen Weg vieler junger Juristen in jener Zeit beschritten", und es sei „seine politische Betätigung nicht aus dem allgemeinen Rahmen" gefallen (1947), aber der Ausschuss hatte doch „einer Wiederbeschäftigung an der Staatsanwaltschaft Köln widerraten".[796] 1953 bestanden solche Bedenken nicht mehr. Kleinert kam nach den Stationen Aachen und Bonn als Staatsanwalt wieder zurück ans Landgericht Köln.[797]

Das Sondergericht Köln hatte eine Vielzahl von Prozessen geführt. Eine dreistellige Zahl endete mit Todesurteilen. Von den Kleinert-Verfahren ist bislang erst eins bekannt. Es endete mit einem Todesurteil. Kleinert führte die Ermittlungen und war beisitzender Richter.[798] Ein 23-jähriger Hilfsarbeiter hatte gemeinsam mit seiner etwas jüngeren Frau einen Raubüberfall beabsichtigt. Ausgeführt hatte er ihn allein und war deswegen und wegen versuchten Mordes zum Tode verurteilt worden. Es war ein Straßenraub gewesen, und beim Zugriff auf die Geldbörse hatte der Täter das Raubopfer gewürgt. Hinzutretende hatten ihn vertreiben können. Nach dem Bild, das Kleinert von den beiden Angeklagten zeichnete, handelte es sich bei dem Arbeiter um einen arbeitsscheuen Bummelanten und bei der zu vier Jahren Zuchthaus verurteilten Frau um eine Herumtreiberin im Grenzbereich zur Prostitution. Sie hätten beide ein „asoziales Leben" geführt. Die Tat sei nicht als „eine durch äussere Umstände veranlasste einmalige Verfehlung" zu werten, sondern die erwartbare Eskalation einer schon lange vorhandenen „Asozialität". Das war die axiomatische

796 LAV NRW, Abt. Rheinland, NW 1.049, Nr. 64.947, Entnazifizierungsakte Wolfgang Kleinert, 10.2.1948.

797 Alle Angaben, soweit nicht anders angegeben, nach: ebd., BR PE 15.983, Personalakte Wolfgang Kleinert.

798 Ich bedanke mich bei Thomas Roth (NS-Dokumentationszentrum der Stadt Köln) für den Hinweis. Die Sondergerichtsakten waren zum Zeitpunkt dieser Arbeit nur eng begrenzt verfügbar, weil sie digitalisiert wurden.

Umsetzung der Lehre von der „vorbeugenden Verbrechensbekämpfung“. Staatsanwaltschaft und Richter platzierten die beiden Verurteilten in jenen sozialen Raum, in den nach „gesundem Volksempfinden“ auch „Zigeuner“ gehörten. Eine Milderung der Strafe nach den Vorschriften des Versuchs kam für sie nicht infrage. An der Hinrichtung am 29. April 1941 durch das Fallbeil nahm Kleinert teil.[799]

Mit der Bestellung von Thiede und Kleinert ist ein auffälliger Unterschied zum ersten Auschwitz-Prozess festzuhalten. Während Generalstaatsanwalt Bauer bei diesem Verfahren den Anspruch hatte, eine Gruppe von engagierten Staatsanwälten zusammenzustellen, die möglichst nicht durch NS-Zugehörigkeiten und -Affinitäten kompromittiert waren und die eng mit dem Internationalen Auschwitzkomitee und dessen Sekretär, dem ehemaligen Auschwitz-Häftling Hermann Langbein, zusammenarbeiten sollten, sahen die Führungen der Landgerichte in Frankfurt und Köln beim Thema „Zigeunerverfolgung“ und der möglichen Fortdauer von NS-Einstellungen der staatsanwaltlichen Ermittler nach 1945 kein Problem. Eine Kooperation mit Zusammenschlüssen Verfolgter gab es hier nicht.

Kleinert wurde nach Abschluss der Vorermittlungen im Hauptverfahren durch den Untersuchungsrichter Landgerichtsrat Dr. Heinz Recken, Jahrgang 1920, Vertreter einer etwas jüngeren Generation von Juristen, abgelöst. Recken mischte sich aktiv in die gesellschaftspolitischen Debatten seiner Zeit ein. Er war 1977 einer der Gründer der sozialdemokratisch orientierten Bürgerrechtsgruppe Gustav-Heinemann-Initiative. Sie wandte sich gegen den 1972 erfolgten, als „Radikalenerlass“ bezeichneten Beschluss der Regierungen des Bundes und der Länder, der politisches Wohlverhalten an staatlichen Arbeitsstellen einforderte, sodass im Alltagsdiskurs von Berufsverboten die Rede war.[800] Zusammen mit anderen Juristen legte Recken als Beitrag zum Thema einen Gesetzentwurf gegen die im NS-Staat eingeführte rückhaltlose Treuepflicht für Staatsbeamte („Gewährbieteformel“) und gegen deren Gesinnungsüberprüfung vor. Recken trat für „eine radikale politische Umkehr und

799 Alle Angaben zum Verfahren: LAV NRW, Abt. Rheinland, NW 174, Nr. 214, 1/2 und 2/2.

800 Der Erlass hatte innenpolitische Auswirkungen der „neuen Ostpolitik“ und der „Bewegung der 68er“ zu bekämpfen und wurde nahezu ausschließlich gegen Linke, vor allem aber gegen Mitglieder der DKP, praktiziert. Siehe das Beispiel Bayern, abrufbar unter: https://www.historisches-lexikon-bayerns.de/Lexikon/Radikalenerlass [letzter Zugriff: 20.6.2022].

Selbstbesinnung" ein.[801] Er war viele Jahre Richter am BGH, wenngleich dort nicht zuständig für politisch und gesellschaftlich Relevantes, sondern für Werkverträge und Bauprozesse. Es ist sicher nicht verfehlt, ihn, was das Verständnis von Justiz und NS-System angeht, in der Nähe des Generalstaatsanwalts Bauer zu sehen. Zum Zeitpunkt der Übernahme der Untersuchungen im Sammelverfahren zum „Zigeunerkomplex" blieb an diesem Ort allerdings nicht mehr viel zu tun. Recken befand sich in einer Situation, die andere vor ihm unrevidierbar ausgestaltet hatten.

Ein prinzipieller und handlungsbereiter Widersacher von Thiede findet sich im Frankfurter Juristenmilieu mit dem linksbürgerlichen Rechtsanwalt Dr. Paul Haag. Er hatte unter Nazi-Gegnern einen guten Ruf. 1940 hatte er ein Ehepaar verteidigt, das ein Attentat auf Hitler vorbereitet hatte. Er hatte das Todesurteil abwenden und ein „lebenslänglich" erreichen können.[802] Haag war Mitglied des Initiativ-Ausschusses für die Amnestie und der Verteidiger in politischen Strafsachen. Der „Amnestieausschuss" trat für die Amnestierung von „im Bereich des Staatsschutzes" Verurteilten ein. Gemeint waren Opfer der Kommunistenverfolgung nach dem KPD-Verbot. Der Ausschuss war eine Initiative des Linkskatholiken Dr. Walther Ammann und des Rechtsanwalts Dr. Diether Posser, Sozius von Gustav Heinemann, mit dem zusammen Posser die Gesamtdeutsche Volkspartei gegründet hatte und die beide später zur SPD übertraten.

Haag trat öffentlich gegen die Notstandsgesetze auf[803] und warf der Regierung eine „restaurativ-reaktionäre Politik" vor.[804] Damit ging einher, dass er sich als Strafverteidiger drei Gruppen von NS-Verfolgten zuwandte, die nach wie vor als Feinde der Volksgemeinschaft abgestempelt waren und strafverfolgt wurden: Opfer der Kommunistenverfolgung,[805] des Paragrafen 175[806] und der „Zigeuner"-Verfolgung.

801 „Die Gesinnung geht den Staat nichts an", Der Spiegel 33 (1979), H. 11.

802 Mausbach-Bromberger: Arbeiterwiderstand, S. 169: „Das Vorhaben wurde verraten und die beantragte Todesstrafe gegen Hildegard und Max Krauth wurde nur durch das mutige Auftreten ihres Verteidigers, des Frankfurter Rechtsanwalts Paul Haag, in lebenslänglich Zuchthaus umgewandelt."

803 Amnestie-Ausschuß tagt, S. 272.

804 Hans Fr. Geliert, in: Marxistische Blätter 4 (1966), H. 4, S. 29.

805 Brünneck: Politische Justiz, dort zum „Amnestieausschuss": S. 314; Posser: Anwalt im Kalten Krieg, S. 183.

806 Homosexuelle. Eine Million Delikte, Der Spiegel, 3 (1950), H. 48.

In dem hier interessierenden Zusammenhang erscheint Haag als Rechtsvertreter und Berater sowohl von durch Thiede angeklagter Homosexueller als auch von Zeugen aus der Roma-Minderheit sowie der der Minderheit eng verbundenen Nebenklägerin Marta Adler im Sammelverfahren zum „Zigeunerkomplex“. Haag, den die Wochenzeitung *Die Zeit* als einen der „angesehensten Strafverteidiger in Frankfurt“ bezeichnete,[807] illustriert, dass sich das Juristentum nicht auf bürgerlich-konservative und völkische Kontinuitäten reduzieren lässt.

Neben Haag sind zwei Kölner Rechtsanwälte aus den Verfahrensakten bekannt, die Wahlverteidiger Dr. Ernst Etzbach und Anton Fünfzig. Der erste vertrat die Beschuldigten Hans Otto und Hans Maly, der zweite Maly, nachdem Etzbach aus unbekannten Gründen das Mandat zurückgegeben hatte.[808]

Etzbach, Jahrgang 1902, war während des Studiums in einer schlagenden Verbindung gewesen und 1933 „aus ideellen Gründen“, wie er erklärte, in die NSDAP und in den Nationalsozialistischen Rechtswahrerbund eingetreten. Daneben war er in einem Golf- und einem Segelklub, Mitgliedschaften, die wohl als Ausdruck einer gewissen Groß-/Besitzbürgerlichkeit zu werten sind.[809] In diesen Kontext ordnet sich ein, dass er 1943 in Amsterdam die Machinefabriek Wiener & Co. erwarb, die drei Jahre zuvor durch die deutsche Besatzung in den Besitz einer „Treuhandgesellschaft“ gelangt war. Da die Firma „mit indirekter Rüstungsfertigung“ beschäftigt war, florierte sie. Nach dem deutschen Rückzug aus den Niederlanden wurde Etzbach wegen Kollaboration festgenommen. Im Oktober 1946 wieder entlassen, kehrte er nach Köln zurück. In seiner Entnazifizierung gab Etzbach auch einen Kirchenaustritt an. Das könnte auf eine nicht mitgeteilte SS-Mitgliedschaft hinweisen, die in die Eckdaten seiner Vita gut passen würde, sie ist aber nicht belegt. Nah liegt auch die Annahme, dass Maly und Etzbach schon in den Niederlanden Kontakt miteinander

807 Horst Bilger: Karger Lohn für edlen Dienst, Die Zeit, 10.3.1972; siehe auch die Erstunterzeichner des Appells „Keine Ermächtigung für Konzernherren, Geheimdienste, ‚Werkschutz‘ und Generäle. Rettet das demokratische Grundgesetz. Gewerkschafter, SPD-Funktionäre, ehemalige Sozialdemokraten und parteilose Persönlichkeiten mahnen: Verhindert die Notstandsgesetze!“, o.O. [Neumünster] o.J. [1968?].

808 LAV NRW, Abt. Rheinland, Ger. Rep. 231, Nr. 1,543, Mandatsniederlegung Ernst Etzbach, Köln, 25.9.1964, Nachfolger: Anton Fünfzig, Köln, seit dem 17.11.1964.

809 Diese und die nachfolgenden Angaben ebd., NW 1.049, Nr. 24.201, Entnazifizierungsakte Ernst Christian Etzbach; BArch Berlin-Lichterfelde, R 9.361-IX, Kartei, Nr. 8.150.008 Ernst Etzbach.

hatten. Einen Beleg dafür gibt es bislang ebenfalls nicht. Der Verwaltungsausschuss der Rechtsanwälte in Köln teilte dem Entnazifizierungsausschuss mit, in antifaschistischen Kollegenkreisen sei man Etzbach während der Jahre 1933 bis 1945 „mit Zurückhaltung“ gegenübergetreten. Seine Entnazifizierung absolvierte er als „entlastet“, Kategorie V.

Der wie Etzbach aus einer waffentragenden Korporation kommende Kollege Fünfzig, Jahrgang 1907, ging 1933 von der DNVP zur NSDAP und war Mitglied auch im NS-Rechtswahrerbund. Er war ebenfalls aus der Kirche ausgetreten. In die NSDAP sei er, sagte er, nie richtig eingetreten. Er habe „nie ein Parteibuch“ bekommen. Seine Parteikarte verschwieg er. Der Entnazifizierungsausschuss hatte in Fünfzig noch 1946 einen „Bannerträger nationalsozialistischer Ideen“ gesehen, im Jahr darauf wurde er in die Kategorie V der Unbelasteten aufgenommen. Er selbst erklärte wiederholt, laufend „alle vom Terror Verfolgten wie Juden, Ausländer, Zigeuner und Kommunisten“ verteidigt zu haben. Das habe ihm ständige Verfolgung und Überwachung eingebracht.[810] Belege dafür legte er nicht vor. Mindestens für die Vertretung von angeklagten Sinti ist es aber belegt.[811]

Beschuldigte

Die Ermittler führten zahlreiche Vernehmungen durch und machten sich an das Studium einer großen Zahl kriminalpolizeilicher, archivalischer und normativer Belege. Mit ihren Helfern – Polizeibeamte, Referendare und andere – wurden viele Tausend „Zigeuner-Akten (d. h. Akten über ‚Fahrendes Volk‘)“ an den Orten ihrer Archivierung, in diesen Jahren also vor allem in den Kripodienststellen, gesichtet. Immer wieder ergaben sich daraus neue Namen von Akteuren aus NS-Institutionen.

Ermittelt wurde gegen Angehörige der RHF, anderer Stellen im Reichsgesundheitsamt, des RKPA und dessen Kriminalbiologischem Institut sowie des Reichsinnenministeriums. Das waren im März 1960

810 LAV NRW, Abt. Rheinland, NW 1.049, Nr. 903, Entnazifizierungsakte Anton Fünfzig.

811 So nach Auskunft von Karola Fings, der bei der Arbeit an *Rassismus – Lager – Völkermord* solche Mandate von Fünfzig begegneten. Ohne Nennung des Namens des Anwalts hier: Fings / Sparing: Rassismus – Lager – Völkermord, S. 246.

neun Personen,[812] im Mai schon 35.[813] Einen Monat später war die Liste auf 66 Personen angewachsen, bei denen davon ausgegangen wurde, dass sie „am Zustandekommen und an der Durchführung“ des Schnellbriefs vom 29. Januar 1943 mitgewirkt haben könnten.[814]

Sie kamen ganz überwiegend aus dem Organisationsraum des Reichsgesundheitsministeriums und dort vor allem aus der RHF sowie aus dem RKPA. Sie repräsentierten den wissenschaftlich-polizeilichen Komplex der Verfolgung. Die Zahl 66 vom Juni 1960 war eine Einstiegsgröße. Die Ermittler sahen sich noch in einem „Anfangsstadium“. Es sei mit weiteren Namen zu rechnen. Vor allem bei den Personengruppen der Ärzte und der im Reichsinnenministerium Tätigen würden noch einige dazu kommen.

Um als Beispiel nur einen in der Einstiegsphase noch nicht benannten Fall anzuführen, in dem ein Anfangsverdacht aufkommen musste: Im September 1943 ordnete der beschuldigte Kripobeamte Hans Otto an, der „Zigeunermischling“ Georg Spindler sei unbedingt zu sterilisieren. Das geschah nicht, sodass Ottos ebenfalls beschuldigter Kollege Albert Wiszinsky ihn daran erinnerte. Es fehlte offenbar eine noch ausstehende und entscheidende Zustimmung. Die kam im Januar 1944 von Wilhelm Franke, Mitglied eines der beiden zu beteiligenden Reichsausschüsse und im Reichsinnenministerium zuständig für „Bevölkerungspolitik, Zigeunerfragen und Irrenwesen“. Erst jetzt konnte sterilisiert werden, was im darauffolgenden Monat geschah.[815] Aktivitäten von Franke werden viele Male in den Akten genannt. In der Aufzählung der Tatverdächtigen fehlt er. Die Liste war also trotz ihres Umfangs das Ergebnis einer Auswahl. Vergleicht man mit der Auflistung vom Abschluss des Verfahrens, dann traten noch weitere Beschuldigte hinzu. Die Gesamtzahl liegt dann über 70.[816] Es handelt sich um einen Ausschnitt aus der Gruppe der als Akteure Beteiligten.[817]

812 Ebd., Ger. Rep. 231, Nr. 1.545, Bl. 55f., OStA Heinz Wolf an den hessischen Innenminister, 9.3.1960.

813 Ebd., Nr. 1.536, Bl. 338–342 und handschriftliche Liste, Verfügung OStA am LG Frankfurt a.M., undat. [Mai 1960].

814 Ebd., Bl. 417–419, Verfügung OStA am LG Frankfurt a.M., 23.6.1960.

815 Ebd., Nr. 1.536, Bl. 402–411, hier: Bl. 407, Auswertung Karlsruher Akten, undat. [Mai (?) 1960]. Der Aktenauszug enthält nur die Angabe „Reichsausschuß“. Zu Franke: Klee: Personenlexikon, S. 161; Süß: Der „Volkskörper“ im Krieg, S. 465.

816 Ebd., Nr. 1.542, Bl. 1.288f., Vermerk, 20.4.1963, Einstellung des Verfahrens.

817 Ebd., Nr. 1.542, Bl. 1.194–1.196, 1.247–1.1258, Leitender OStA am LG Köln, 20.4.1963; ebd., Nr. 1.547, Bl. 578f., Vermerk StA Wolfgang Kleinert, 27.5.1963.

Dieser Ausschnitt kann und muss hier nicht komplett in Einzelvorstellungen abgearbeitet werden. Er wurde auf insgesamt 16 Personen reduziert, die im Zentrum des Geschehens mitgewirkt hatten. Die meisten dieser 16 waren Polizeioffiziere und bei der Kripo, einige kamen als Verfasser „gutachtlicher Äußerungen" und anderer rassenhygienischer und bevölkerungsbiologischer Beiträge aus der RHF. Damit ist die quantitative Relation zwischen den beiden Hauptberufsgruppen der Verfolgung wiedergegeben. Sie alle hatten hohe fachliche und Entscheidungskompetenzen. Das Maß an NS-Belastung fällt sicher unterschiedlich aus, lag aber ganz überwiegend für die beiden westdeutschen Staatsanwaltschaften auf einem Niveau, das einen Anfangsverdacht begründete und Ermittlungen auslöste. Zu sagen ist aber zugleich, dass aus dieser Gruppe der 16 von einem westdeutschen Gericht niemand je sanktioniert wurde. Auch insofern also sind sie repräsentativ.

Exemplarisch stehen sie für das Netzwerk, das an der „endgültigen Lösung der Zigeunerfrage" arbeitete, und sie vertreten zugleich jene große Gruppe von Handlungsträgern, die nach 1945 ihre Berufskarrieren in leitenden Funktionen erfolgreich fortsetzen konnten. Das hatte viel mit ihrem Alter zu tun: Sie waren 1945 noch ein gutes Stück von der Pensionsgrenze entfernt. Ihre fachlichen Kompetenzen waren begehrt. Ihre politische und weltanschauliche Verlässlichkeit im Staatsdienst stand außer Frage.

Räumlich verteilen sich die Angesprochenen auf das Gebiet der Bundesrepublik, aber es bildete sich aufgrund der guten Überlieferungslage mit dem Rhein-Ruhr-Gebiet ein Schwerpunkt aus.

Heinrich Böhlhoff

Heinrich („Heinz") Böhlhoff, Jahrgang 1896, war von 1941 bis 1945 im RKPA tätig, zuletzt als Kriminaldirektor und in der SS als Sturmbannführer. Er war Leiter des Referats A 2 mit den beiden Sachgebieten „Vorbeugungsmaßnahmen gegen Berufsverbrecher, Gewohnheitsverbrecher und Gemeingefährliche" und „Vorbeugungsmaßnahmen gegen Asoziale, Prostituierte und Zigeuner".[818] Ihm unterstand zudem die Reichszentrale zur Bekämpfung des Zigeunerunwesens. Die sei, behauptete er 1960, „nichts anderes als ein Archiv" gewesen. Von dem, was er inzwischen über den Umgang mit Häftlingen in Konzentrationslagern erfahren

818 Hohmann: Robert Ritter, S. 387.

habe, sei ihm damals „nichts bekannt“ gewesen.[819] Dabei war er ein Teilnehmer der Vorbereitungskonferenz am 15. Januar 1943 zu den Auschwitzdeportationen gewesen[820] und hatte sich 1943 mindestens zweimal im „Zigeunerlager Auschwitz“ aufgehalten.[821]

Nach dem Ende des NS-Staats kam er spätestens 1950 zur Kripo Dortmund, die er bis zu seiner Pensionierung leitete.[822] 1959 entstand bei der Staatsanwaltschaft Bochum der Verdacht, dass er wie sein Kripokollege Hans Otto an der Auswahl von Häftlingen für medizinische Versuche in Buchenwald teilgenommen habe.[823]

Sophie Ehrhardt

Dr. Sophie Ehrhardt, Jahrgang 1902, beschäftigte sich seit 1930 im Anthropologischen Institut der Universität München mit rassekundlichen Fragen. 1930 promovierte sie mit einem zoologischen Thema bei dem Anthropologen Theodor Mollison, Mitherausgeber des *Archivs für Rassen- und Gesellschaftsbiologie*, Vorsitzender der Münchner Gesellschaft für Rassenhygiene und NS-Anhänger, der 1935 Josef Mengele mit einer „rassenmorphologischen Untersuchung“ zum Doktor der Philosophie promoviert hatte. Nach ihrer Promotion war Ehrhardt bei Mollison Assistentin.[824] 1934 schrieb sie in der *Zeitschrift für ärztliche Fortbildung*, „das deutsche Volk“ habe das Recht, „bewußt Rassenpolitik sowie Auslese“ zu betreiben. Auszusondern seien „geistig Minderwertige“, „Rheinlandbastarde“ und ganz besonders „die Juden“.[825] 1935 war sie von Prof. Dr. Hans Friedrich Günther („Rassen-Günther“) an die Anstalt für Rassenkunde, Völkerbiologie und Ländliche Soziologie der Berliner Universität geworben worden, für die sie unter anderem

819 LAV NRW, Abt. Rheinland, Ger. Rep. 231, Nr. 1.539, Bl. 807 f., Vernehmung Heinz Böhlhoff, 1. 2. 1960.

820 Zimmermann: Rassenutopie, S. 302 f., 482 f.; Fings / Sparing: Rassismus – Lager – Völkermord, S. 284, 322 f., 453.

821 LAV NRW, Abt. Rheinland, Ger. Rep. 231, Nr. 1.537, Bl. 573, Vernehmung Wilhelm Supp, 2. 9. 1960.

822 Noethen: Alte Kameraden, S. 327.

823 LAV NRW, Abt. Rheinland, Ger. Rep. 231, Nr. 1.538, Bl. 631, OStA Bochum an OStA Frankfurt a. M., 12. 9. 1960, zum Verfahren 16 Js 130/59 der StAsch am LG Bochum.

824 Berenbaum / Peck: Holocaust and History, S. 121; Fings / Sparing: Rassismus – Lager – Völkermord, S. 417; zu Mollison: Klee: Personenlexikon, S. 414 f.

825 Ehrhardt: Bild, S. 261, 264 f.

Schädelmessungen in Ostpreußen und eine Forschungsreise zu „Untersuchungen von Zigeunern und Zigeunermischlingen" vornahm.[826]

1938 wechselte sie zur RHF. Mit Ritter und anderen Mitarbeitern der RHF hielt sie sich 1939 zu rassenbiologischen Untersuchungen von Hunderten von „Zigeunern" und Juden wochenlang in den Konzentrationslagern Dachau und Sachsenhausen auf.[827] Eins ihrer Themen in der RHF war „Juden und ihre durch Mischehen hervorgerufenen Erbeinflüsse",[828] eine Parallele zu Ritters Interesse an „Zigeunermischlingen". Ab 1942 bis in die 1970er-Jahre war Ehrhardt an der Universität Tübingen am Rassebiologischen Institut tätig, das um 1949/50 in Anthropologisches Institut umbenannt wurde und das sie nach dem Ende des NS-Staats zeitweise leitete, seit 1957 als außerplanmäßige Professorin. In den 1960er-Jahren betrieb sie gemeinsam mit dem Erbhygieniker Dr. med. Hermann Arnold ein Arbeitsvorhaben „Populationsgenetische Untersuchungen an Zigeunern" auf einer Materialbasis, die von „kriminalbiologischer Seite freundlicherweise zur Verfügung gestellt" worden war. Es handelte sich um anthropologische Daten der RHF. Das Projekt der beiden wurde von der Deutschen Forschungsgemeinschaft seit 1966 gefördert, wenn auch wegen formaler Mängel 1970 eingestellt.[829]

Aus dem Sammelverfahren zum „Zigeunerkomplex" wurde Ehrhardt 1963 mangels Beweises entlassen.[830] Ein weiteres Ermittlungsverfahren gegen sie und den RHF-Kollegen Adolf Würth wurde 1961 in Köln eröffnet und 1963 eingestellt.[831] 1981 wurden die beiden vom *Verband Deutscher Sinti e. V.*, einem Vorläufer des im Jahr darauf gegründeten *Zentralrats Deutscher Sinti und Roma*, wegen Verdachts der Beihilfe zum Mord in Stuttgart ein weiteres Mal angezeigt. Den Anfangsverdacht hielt die dortige Staatsanwaltschaft für unbegründet, da es eine Verfolgung aus rassistischen Motiven erst seit 1943 gegeben habe.[832] Sie stellte daher die Vorermittlungen 1982 ein, musste sie aber nach einer Beschwerde der Selbstorganisation in einem weiteren Verfahren,

826 Harten / Neirich / Schwerendt: Rassenhygiene, S. 141.

827 Willems: In Search, S. 255.

828 Harten / Neirich / Schwerendt: Rassenhygiene, S. 141.

829 Winter: Kontinuitäten, S. 144 f.; Lang: Einblick, S. 89.

830 LAV NRW, Abt. Rheinland, Ger. Rep. 231, Nr. 1.542, Bl. 1.251, Vermerk StA Wolfgang Kleinert, 27. 5. 1963.

831 Ebd., Nr. 1.548, Bl. 82, Leiter der Zentralen Stelle in NRW bei der StAsch am LG Köln, Verfügung, 6. 10. 1981 mit prozessualem Rückblick.

832 Vorverfahren 19 Js 921/81 der StAsch am LG Stuttgart gegen Sophie Ehrhardt und Adolf Würth, siehe Hohmann: Robert Ritter, S. 383.

das abermals zugleich gegen Adolf Würth gerichtet war, im Jahr darauf wieder aufnehmen. 1985 erfolgte erneut eine Einstellung.[833] Die Staatsanwaltschaft bezog sich dabei auf sechs weitere Vorverfahren, die ebenfalls nicht zur Eröffnung eines Hauptverfahrens geführt hätten. In keinem Fall hätten sie „konkrete Anhaltpunkte oder gar Beweise“ dafür erbracht, dass „gezielte Rasseforschungen“ die Grundlage für eine – den Begriff setzte sie in Anführungszeichen – „Zigeunervernichtung“ gewesen seien. Den beiden Beschuldigten attestierte sie, „übereinstimmend“ angegeben zu haben, dass an eine Vernichtung der „Zigeuner“ an dem Arbeitsplatz der beiden Beschuldigten, der RHF, „niemand“ auch nur „gedacht“ habe.[834]

Josef Eichberger

Josef Eichberger,[835] Jahrgang 1896, Polizist in München seit 1919, bei der Kripo seit 1930, arbeitete seit 1937 in der Münchner Dienststelle für Zigeunerfragen, die 1938 teilweise als Reichszentrale zur Bekämpfung des Zigeunerunwesens in die Reichshauptstadt verlegt und organisatorisch in das RKPA eingefügt wurde. Eichberger ging mit dorthin. 1939 beantragte er den Eintritt in die SS, der er zum Jahresbeginn 1940 beitreten konnte und in der er 1945 den Rang eines SS-Hauptsturmführers hatte. Der NSDAP trat er erst 1940 bei. Seit 1939 war er in der Berliner Kripozentrale tätig und wurde 1940 von dort zur Organisation der Deportation von Familien der Minderheit in den Osten an die Sammelstelle in Hohenasperg ausgesandt, wo aus Berlin auch der RHF-Mitarbeiter Adolf Würth eintraf. Karola Fings hebt hervor, dass die Berliner Beamten deshalb auf diese Dienstreise geschickt wurden, weil sie nach Rang und Berufspraxis als fähig betrachtet wurden, „potentiellen Widerstand unter den Betroffenen“ zu unterdrücken und „Entscheidungen für oder gegen eine Deportation aus eigenem Ermessen treffen“ zu können.[836]

833 Ebenfalls Vorverfahren 19 Js 928/81: LAV NRW, Abt. Rheinland, Ger. Rep. 231, Nr. 1.544, Bl. 1.785–1.797, Einstellungsbeschluss, 21. 11. 1985.

834 Ebd., Bl. 1.789.

835 Soweit nicht anders angegeben im folgenden Abschnitt: BArch Berlin-Lichterfelde, R 9.361-IX, Kartei, Nr. 7.490.989, Josef Eichberger; Frese / Schröder: „Dienststelle für Zigeunerfragen“, S. 105; Schröder: Dienststelle für Zigeunerfragen, S. 145 ff.; Nerdinger: Verfolgung, S. 260.

836 Fings: Gutachtliche Äußerungen, S. 434 f.

Eichberger war ein Teilnehmer der Vorbereitungskonferenz am 15. Januar 1943 für die ab Februar 1943 stattfindenden Auschwitz-deportationen.[837] Er wirkte „maßgeblich am Transport von Zigeunern in Konzentrationslager" mit.[838]

Nach zwei Jahren Internierung und einer Einstufung als „Mitläufer" im Entnazifizierungsverfahren kehrte er 1949 in Leitungsaufgaben bei der Kripo zurück, wechselte aber bald aus dem Präsidium der Landpolizei in das bayerische Landeskriminalamt. Dort war er von 1950 bis 1955 in der in „Landfahrerzentrale" umbenannten Dienststelle für Zigeunerfragen erneut mit der Überwachung der Minderheit beschäftigt, zwischenzeitlich leitete er die Landfahrerzentrale,[839] die spätestens 1953 bundesweite Bedeutung hatte. Nachdem sie bereits über die seit den 1930er-Jahren angelegten Münchner „Zigeunerpersonenakten" verfügte, kam dort nun Aktenmaterial aus allen Bundesländern zusammen. Eine „Merkmalskartei" der „landfahrerischen Straftäter" wurde angelegt. Geordnet war sie nach den eintätowierten KZ-Nummern der Überlebenden. Rund dreißigtausend Angehörige der Minderheit wurden in München verzeichnet.[840] De facto wurde damit innerhalb des Dienststellennetzes der westdeutschen Kripo die Reichszentrale zur Bekämpfung des Zigeunerunwesens fortgeführt, nachdem „alle Maßnahmen und Verfolgungen [...] den Lebenswillen" der „kriminellen Zigeuner" nicht „zu brechen vermocht" hätten,[841] wie der Münchner Kripobeamte Georg Geyer 1957 in einer Polizeifachschrift erklärte. Es sei nämlich zu einer „wahren Invasion" in Bayern gekommen und daher „lag nichts näher, als eine neue Zentralstelle für Landfahrer einzurichten".[842] „In ihrer Gesamtheit" würden diese „Landfahrer" sich nun als „‚rassenpolitisch Verfolgte'" ausgeben. Betrügerisch rechneten sie auf „öffentliche Unterstützung".[843] Dem sei entgegenzuarbeiten. Ganz auf dieser Linie

837 Zimmermann: Rassenutopie, S. 302 f., 482 f.; Fings / Sparing: Rassismus – Lager – Völkermord, S. 284, 322 f., 453.

838 Margalit: Zigeunerpolitik, S. 569.

839 Schröder: Dienststelle für Zigeunerfragen, S. 149.

840 Fings / Sparing: Vertuscht, verleugnet, versteckt, S. 187.

841 Georg Geyer: Das Landfahrerwesen, polizeilich gesehen, in: Die Neue Polizei 2 (1957), H. 1, S. 6–8, H. 2, S. 22–23, zit. nach Greußing: Verbrechen, S. 194 f.

842 Geyer: „Das Landfahrerproblem ...", Protokoll der 5. Arbeitstagung im Bundeskriminalamt vom 23. 4.–28. 4. 1956, S. 71, zit. nach Rose: Aufarbeitung, S. 129. Dort auch Angaben zur Verwendung von RHF-„Gutachten" durch Eller und Geyer: ebd., S. 130.

843 Geyer: Das Landfahrerwesen, polizeilich gesehen, in: Die Neue Polizei 2 (1957), H. 1, S. 6–8, H. 2, S. 22–23, zit. nach Greußing: Verbrechen, S. 194 f.

waren in der Landfahrerzentrale neben Eichberger oder Geyer mit mindestens Hanns Eller, Wilhelm Supp und Rudolf Uschold weitere Kollegen aus der Münchner NS-Kripo fachlich verantwortlich.[844] Eichberger war bis zu seiner Pensionierung 1959 im bayerischen LKA beschäftigt.[845]

Das 1963 am Landgericht München gegen ihn eröffnete Ermittlungsverfahren wegen Beihilfe zur Unfruchtbarmachung und Einweisung von „Zigeunern“ in Konzentrationslager wurde bereits zwei Monate später eingestellt, obschon die Strafverfolgungsverjährung durch richterliche Handlung unterbrochen war.[846] In der Kommunikation zwischen der Münchner und der Kölner Staatsanwaltschaft ging es bei den Verfahren gegen Eichberger wie auch gegen Supp um die Bedeutung des Schnellbriefs vom 29. Januar 1943. Staatsanwalt Kleinert scheute dabei die schriftliche Stellungnahme: „Weiteres hierzu kann m. E. nur mündlich besprochen werden.“ Leider ergibt sich aus den Unterlagen keine Erklärung für die Schwierigkeit einer schriftlichen Reaktion.[847] Die Annahme lässt sich nicht abweisen, dass es um Gesprächsinhalte ging, die der behördlichen und der weiteren Öffentlichkeit verborgen bleiben sollten.

Eva Justin

Dr. Eva Justin, Jahrgang 1909, hatte nach einem späten Abitur 1934 in Tübingen an einem Krankenschwester-Lehrgang teilgenommen, bei dem sie Robert Ritter kennenlernte, für den sie wenig später als Schwesternpraktikantin arbeitete. 1936 ging sie mit ihm zum Aufbau der RHF nach Berlin. Dort war sie die mit ihm am engsten kooperierende „wissenschaftliche Mitarbeiterin“ und entwickelte sich zur informellen Stellvertreterin. Bis 1945 arbeitete sie in der RHF vor allem als Rechercheurin und Autorin sogenannter Gutachten. Sie hatte an der Vorbereitungsberatung zum Auschwitz-Schnellbrief am 15. Januar 1943 teilgenommen. Im Sammelverfahren zum „Zigeunerkomplex“ leugnete sie ihre und Ritters Teilnahme.[848]

844 Fings / Sparing: Rassismus – Lager – Völkermord, S. 355; End: Ermittlungsansätze, S. 4.

845 LAV NRW, Abt. Rheinland, Ger. Rep. 231, Nr. 1.537, Bl. 564–570, Vernehmung Josef Eichberger, 1. 9. 1960.

846 Seybold: „Wir brauchen nicht aufzuschreiben“, S. 207, Vorverfahren 116 Js 9,10/63 der StAsch am LG München, Einstellung am 11. 12. 1963; LAV NRW, Abt. Rheinland, Ger. Rep. 231, Nr. 1.542, Bl. 1.313, StAsch am LG Köln an StAsch am LG München, 26. 9. 1963.

847 Ebd.

848 Ebd., Nr. 1.538, Bl. 700e, Vernehmung Eva Justin, 21. 10. 1960.

In einem alle akademischen Regularien unbeachtet lassenden Verfahren war sie nach baldigem Abbruch eines kurzzeitigen nebenher betriebenen Psychologie-Studiums und ohne irgendeine Form von universitärem Abschluss 1943 von dem bekannten Rassenforscher, Eugeniker und NSDAP-Mitglied Eugen Fischer als „Anthropologin" mit dem Dissertationsthema „Lebensschicksale artfremd erzogener Zigeunerkinder und ihrer Nachkommen" promoviert worden. Fischer vertrat den Standpunkt, dass die einzige Partei, die sich „auf den rein rassenmäßig völkischen Standpunkt gestellt" habe, die NSDAP sei.[849] Justins Beitrag entsprach seinen Kriterien.

Eingesetzt hatten sich für sie auch der Leiter des Reichsgesundheitsamts Hans Reiter und der stellvertretende Leiter des RKPA Paul Werner.[850] Sie standen später beide auf der Beschuldigtenliste des Sammelverfahrens zum „Zigeunerkomplex", wurden aber aus den Vorermittlungen folgenlos entlassen, Reiter wegen Verjährung.[851] Nach dem Ende der NS-Herrschaft wurde Justin 1948 von der Stadt Frankfurt am Main ohne Ausbildung, Abschluss und Arbeitspraxis als „Kinderpsychologin" in der „Jugendsichtungsstelle" eingestellt. Ihr Chef war wieder Robert Ritter, der sie sich als Mitarbeiterin gewünscht hatte.

Ihre Entnazifizierung hatte sie problemlos 1946/47 in Reutlingen durchlaufen. Dort waren der deutsche Ausschuss und die französische Militärregierung zu dem Ergebnis „Verbleiben im Amt" und „ohne Maßnahmen" gekommen. Dazu hatte beigetragen, dass Justin aus ihrem Lebenslauf alle Verweise auf ihre Tätigkeit als Rassenhygienikerin und ihren Arbeitsplatz in der RHF getilgt und sich zur „Psychologin u. Krankenschwester" beim „Reichsgesundheitsamt" gemacht hatte.[852] Die von ihr betriebene Gutachtertätigkeit als „Kinderpsychologin" in Frankfurter städtischen Diensten an „schwererziehbaren Kindern und Jugendlichen" und sogenannten „Sonderfällen", darunter auch Angehörige der Roma-Minderheit, endete durch eine Intervention des Rechtsanwalts Dr. Paul Haag, der ihre Qualifikation bestritten hatte.[853]

849 Fischer: Begriff, S. 13.

850 Gilsenbach: Lolitschei.

851 LAV NRW, Abt. Rheinland, Ger. Rep. 231, Nr. 1.542, Bl. 1.249, 1.257 f., Vermerk StA Wolfgang Kleinert, 27.5.1963.

852 Dazu ausführlich auf der Basis der archivalischen Quellen: Willnecker: Ungesühnte Verbrechen, S. 21–25.

853 Ebd., S. 31.

Das Sammelverfahren schwächte ihre Position in Frankfurt nicht. Das tat von 1963 bis 1966 eine anhaltende lokale Diskussion ihrer Rolle in der Stadtverwaltung,[854] die am Ende ein weiteres Mal zu Ermittlungen der Frankfurter Staatsanwaltschaft gegen sie führte. Sie wurden 1966 eingestellt.

Leo Karsten

Franz Leo Karsten,[855] Jahrgang 1898, war Kriminalpolizist in Würzburg gewesen. 1939 war er zum Leiter der Dienststelle für Zigeunerfragen in der Kripoleitstelle der Reichshauptstadt aufgestiegen.[856] Er war nun Kriminalobersekretär und Obersturmführer der SS. Der NSDAP mochte er erst im Herbst 1941 beitreten. Im Jahr darauf wurde er aufgenommen.[857] Karsten sei – so Patricia Pientka, die die Geschichte des Lagers Berlin-Marzahn gründlich erforschte – die „erste Instanz“ bei der Selektionsentscheidung zur Deportation nach Birkenau gewesen. Das ist angesichts seiner Rolle innerhalb der Berliner Kripo eine zwingende Schlussfolgerung. Es ist davon auszugehen, dass die von Karsten vorgelegten Deportationslisten anschließend umgesetzt worden sind.[858] Nach der Kapitulation lebte er zunächst in der SBZ bzw. in der DDR, aus der er 1953 in den Westen ging. Dort bewarb er sich bei der Kripo und wurde 1955 in Ludwigshafen in der Pfalz eingestellt. 1957 wurde er zum Kriminalobersekretär befördert. Bis zu seiner regulären Pensionierung im Jahre 1959 war er in Ludwigshafen tätig. Aus dem Dienst ging er als Kriminalobermeister. In der Begründung seiner Beförderung 1957 hieß es, „daß der Beamte in Deutschland als Experte in Zigeunerangelegenheiten gilt und von sehr vielen Dienststellen anderer Länder der Bunderepublik zu Wiedergutmachungsanträgen von Zigeunern als Sachverständiger gehört wird“. Es hätten „durch seine anerkannten Zeugnisse [...] schon viele Betrugsversuche verhindert werden“ können. Die Rollen waren in „Wiedergutmachungsverfahren“ von „Zigeunern“ für den Verfasser der Lobrede auf Karsten klar

854 Sandner: Frankfurt. Auschwitz, S. 313–321; Willnecker: Ungesühnte Verbrechen.

855 Siehe auch den Abschnitt „Die Ermittlungen gegen Leo Karsten“ im Kapitel „Referenzverfahren des Sammelverfahrens zum ‚Zigeunerkomplex‘“.

856 Hohmann: Robert Ritter, S. 71.

857 BArch Berlin-Lichterfelde, R 9.361-IX, Kartei, Nr. 19.371.248, Leo Karsten.

858 Pientka: Zwangslager, S. 161 f.; NS-Verfolgung der Sinti und Roma. „Wir haben da ein großes Defizit“, Interview mit Patricia Pientka, taz, 21. 2. 2014.

verteilt: hier potenzielle Straftäter als Antragsteller, die auf Betrug aus waren, dort der Ordnungshüter und altgediente „Zigeunerexperte" von der Kripo, der das vereiteln konnte, wollte und sollte. Karstens „erstaunliches Gedächtnis" und dessen Berliner Erfahrungen wurden gelobt. Er werde „heute noch als alleiniger Experte in Zigeunerfragen" geschätzt, was nicht zuletzt auf die Aufdeckung „unberechtigter und wahrheitswidriger Anträge von Zigeunern auf Wiedergutmachung" durch ihn zurückgehe.[859] Nach Recherchen von Katrin Seybold und Siegmund A. Wolf war es der Pfälzer Hauptsachverständige der im Sammelverfahren Beschuldigten, Hermann Arnold, gewesen, der ihm dieses Tätigkeitsfeld eröffnet hatte.[860] Auch auf Karstens Aussagen war es zurückzuführen, dass das „Zigeunerlager" in Berlin-Marzahn lange nicht als Zwangslager anerkannt wurde, was entschädigungsrechtlich erhebliche Konsequenzen hatte.[861] Tatsächlich hielt sich dort niemand freiwillig auf. Das bewachte Lager, bei Regen eine Schlammfläche, lag neben stinkenden Rieselfeldern. Die zumeist aus Berliner Wohnungen kommenden Insassen waren gezwungen, unter erbärmlichsten Bedingungen in aufgebockten Wagen, unter denen ein Teil von ihnen schlief, andere auf freiem Feld und in vom Reichsarbeitsdienst (RAD) ausrangierten Baracken zu leben. Karsten hatte erklärt, die Bewohner hätten sich dort freizügig bewegen können. Dazu Patricia Pientka: „Wörtlich sagt[e] er etwa: ‚Die Zigeuner konnten dort ihrer Art folgen.'"[862]

Dreijährige staatsanwaltliche Ermittlungen seit 1957 überstand er trotz zahlreicher Belastungszeugen, da die Staatsanwaltschaft auf seiner Seite stand.[863] Ein 1960 in München anhängiges erneutes Ermittlungsverfahren wurde von dort nach Frankfurt in das Sammelverfahren überführt. Aus dem Sammelverfahren wurde Karsten 1963 „mangels Beweises" entlassen.[864]

859 Hilss: Sinti und Roma, S. 90–94; Rose: Aufarbeitung, S. 125–142, hier: S. 129, als Quelle ist dort angegeben: Staatsarchiv Potsdam, Sign. P.B. Ref., 30. Tit. 198 A, Bl. 21Bs; LAV NRW, Abt. Rheinland, Ger. Rep. 231, Nr. 1.535, Bl. 103, Polizeipräsidium Ludwigshafen an LKA Hannover, 13. 3. 1959.

860 Seybold: „Wir brauchen nicht aufzuschreiben", S. 213.

861 Pientka: Zwangslager, S. 194.

862 NS-Verfolgung der Sinti und Roma. „Wir haben da ein großes Defizit", Interview mit Patricia Pientka, taz, 21. 2. 2014; Pientka: Zwangslager.

863 LAV NRW, Abt. Rheinland, Ger. Rep. 231, Nr. 1.538, Anlage zu Bl. 670 = Bl. 266–305, hier: Bl. 267, Einstellungsverfügung zum Verfahren 9 Js 153/58 der StAsch am LG Frankenthal, 30. 7. 1960.

864 LAV NRW, Abt. Rheinland, Ger. Rep. 231, Nr. 1.542, Bl. 1.253, Vermerk StA Wolfgang Kleinert, 27. 5. 1963.

Karl-Heinz Langenau

Karl-Heinz Langenau, Jahrgang 1911, hatte die Führerschule der Sicherheitspolizei in Berlin-Charlottenburg besucht, war seit 1936 bei der Kripoleitstelle Berlin und kam 1942 als Kriminalkommissar zum RKPA. Der NSDAP trat er 1941 bei.[865] Im RKPA war unter Eduard Richrath und zusammen mit Albert Wiszinsky sein Sachgebiet A 2a „Vorbeugungsmaßnahmen gegen Berufsverbrecher, Gewohnheitsverbrecher und Gemeingefährliche“. Er blieb dort bis kurz vor Ende des NS-Systems, um noch wenige Monate in einem Sipo-Bataillon eingesetzt zu werden. Nach zwei Jahren Internierung, einer vorläufigen Einstufung in die Entnazifizierungskategorie III, damit als belastet beurteilt, und nach vorübergehenden anderen Tätigkeiten kehrte er 1952 als Dienststellenleiter in Gladbeck zur Kripo zurück, um vier Jahre später Leiter der gemeinsamen Außenstellen Bottrop und Gladbeck zu werden.[866] In seiner Entnazifizierung[867] vor dem deutschen Ausschuss sagte er, 1942 in die NSDAP aufgenommen worden zu sein, was ihm durch den Ausschuss auf 1941 korrigiert und um eine 1933 erfolgte Mitgliedschaft in der SA ergänzt wurde, die er unterschlagen hatte. In der Allgemeinen SS gewesen zu sein, bestritt er, aber einen in diese Richtung weisenden Kirchenaustritt und das SS-typische Bekenntnis „gottgläubig“ räumte er ein. Die zu vermutende SS-Mitgliedschaft wurde dann offenbar, er war Hauptsturmführer, also Offizier, gewesen. Auch dem Reichskolonialbund, einem kolonialrevisionistischen NS-Verband, war er beigetreten. Langenau konnte einige Leumundszeugnisse vorlegen, so von den Kollegen Böhlhoff und Otto, bei welcher Gelegenheit sich die beiden als entschiedene NS-Gegner beschrieben. Es gelang ihm aber im Unterschied zu vielen seiner Kollegen nicht, in die Kategorie der Entlasteten zu kommen. Aufgrund seiner SA-Lüge wurde er als „Mitläufer“ gewertet.

1967 fiel Langenau im Zusammenhang mit den Maly-Ermittlungen dem NRW-Innenminister auf. Er hielt ihn der Einweisung von „Zigeunern“ in KZ, „wo diese bekanntlich in den meisten Fällen starben“, für verdächtig und Langenaus Schutzbehauptungen für wenig glaubhaft.

865 BArch Berlin-Lichterfelde, R 9.361-IX, Kartei, Nr. 24.791.404, Karl-Heinz Langenau.

866 LAV NRW, Abt. Rheinland, Ger. Rep. 231, Nr. 1.537, Bl. 456–458, Vernehmung Karl-Heinz Langenau, 12.7.1960; ebd., Nr. 1.544, Bl. 1.616, 1.620, 1.663, Korrespondenz Innenminister NRW mit OStAsch am LG Köln, 28.8.1967, 13.10.1967, 12.2.1969.

867 Diese und die nachfolgenden Angaben ebd., NW 1.072 LB, Nr. 1.570, Entnazifizierungsakte Karl-Heinz Langenau.

Das Kölner Gericht sollte den Innenminister auf dem Laufenden halten. Ob das geschah, ist nicht bekannt.[868]

Hans Maly

Dr. jur. Hans Maly, Jahrgang 1907, war nach der vierjährigen Eintrittssperre 1937 in die NSDAP aufgenommen worden und im Jahr darauf eindeutig vor dem sogenannten Eingliederungserlass vom 23. Juni 1938, mit dem Polizeibeamte häufig ihren bereitwilligen Beitritt zur SS als zwangsläufig verschleierten, der Allgemeinen SS beigetreten, wo er wenige Monate später zum Obersturmführer avancierte und nach eigenen Angaben im Entnazifizierungsverfahren bereits 1939 den Rang des Sturmbannführers hatte.[869] Passend zu seiner SS-Mitgliedschaft war er mit seiner Frau aus der Kirche ausgetreten.[870] Von 1935 bis 1936 war er fast zwei Jahre und ein weiteres Mal von 1939 bis 1940 von seiner Dienststelle in Köln nach Saarbrücken abgeordnet gewesen. Für die Zeit vom 13. März 1937 bis Ende Januar 1939 vermerkte das Berlin Document Center (BDC) eine nicht näher erläuterte Tätigkeit im „Hauptamt Sipo in Berlin (Gestapa SD)", also in der Berliner Gestapozentrale.[871] Das gab er an keiner Stelle an, und diese Information taucht trotz der dazu bereits getroffenen Feststellung des NRW-Innenministeriums an keiner Stelle in den Ermittlungsakten des Sammelverfahrens auf. Sie kann der ermittelnden Staatsanwaltschaft in Köln nicht unbekannt gewesen sein, es sei denn, sie hätte die in Düsseldorf vorfindlichen Daten bewusst nicht zur Kenntnis nehmen wollen. Es ist daher davon auszugehen, dass die Gestapa-Tätigkeit allseits ausdrücklich verschwiegen wurde. Maly nannte folgende Version seines Werdegangs, und die Ermittler übernahmen sie ohne Nachfrage: Er habe vom März 1937 bis Ende 1938 als Personalreferent im Hauptamt Sicherheitspolizei im Reichs- und

868 Ebd., Ger. Rep. 231, Nr. 1.544, Bl. 1.616, 1.620, Innenminister NRW an Leitenden OStA am LG Köln, 28.8.1967 und 13.10.1967.

869 Diese und die nachfolgenden Angaben ebd., NW 1.049, Nr. 72.383, Entnazifizierungsakte Hans Maly.

870 Diese und die nachfolgende Angabe ebd., NW 334, Nr. 23, siehe dort die Angaben des BDC.

871 Ebd., Bl. 139, so das BDC nach Angabe von Reinhold Liebetanz, Innenministerium NRW; siehe auch BArch Berlin-Lichterfelde, R 9.361/III, Kartei, Nr. 541.944, SS-Führungspersonalakten, Beförderung zum SS-Obersturmführer am 20.10.1938 mit Hinweis auf das Gestapa als derzeitige Dienststelle; ebd., R 9.361/III, Nr. 126.645, Heiratsgesuche, Sippenamt an Rasse- und Siedlungshauptamt, 3.11.1938 zu Hans Maly: „SS-Einheit: SD-Gestapa".

preußischen Innenministerium in Berlin die kriminalpolizeilichen Laufbahnrichtlinien bearbeitet.[872] Das war vielleicht nicht ganz falsch, aber mindestens fehlte Wesentliches, die Präzisierung seines Einsatzorts ließ er wohlüberlegt fort. Zeitweise war er auch in der Schulungsabteilung des RSHA beschäftigt gewesen.[873]

1942 wurde er zum Kriminalrat im RSHA und 1944 zum Kriminaldirektor ernannt.[874] Maly war nach einer Tätigkeit bei der Kölner Kripo von der Leitstelle Wien, wo er der Adjutant des Leiters und Organisationssachbearbeiter gewesen war, nach Berlin ins RKPA gekommen. Nach der Besetzung der Niederlande 1940 wurde er in das dem RSHA unterstellte Einsatzkommando der Sipo in Den Haag in die Abteilung I, „Fahndungsliste West“, versetzt. Dort unterstanden ihm 20 bis 25 Kriminalbeamte und mehrere SD-Angehörige. Nach einer Neuorganisation des Einsatzkommandos erhielt er die Leitung der Abteilung V, das war die Kripo, beim Befehlshaber der Sipo und des SD (BdS) in den Niederlanden, die er bis Ende 1942 innehatte. Sein Vertreter war Dr. Oskar Wenzky. In Berlin hatte er 1943 im RKPA in der Kripoabteilung V, Referat A 2, zeitweise die Kollegen Richrath und Böhlhoff unterstützt und vertreten. Er hatte für einen längeren Zeitraum das Sachgebiet „Asoziale, Prostituierte und Zigeuner“ des erkrankten Kriminalrats Hans Otto, dann des Kriminaloberrats Heinrich Böhlhoff geleitet. Maly ordnete zahlreiche „Vorbeugungsmaßnahmen“ an, was regelmäßig auf Deportation in ein Konzentrationslager hinauslief.

Seine Kollegen Böhlhoff, Otto und Supp hielten sich 1943 mehrmals in Auschwitz auf. Von einer Kommunikation mit Maly über die Dienstbesprechung vom 15. Januar 1943 und über die Dienstreisen der engen Kollegen ist auszugehen und auch davon, dass er aus erster Quelle wissen musste, wie diese Vorgänge miteinander in Verbindung standen und was eine Haft in Birkenau bedeutete.

Von Ende 1943 bis zum Zusammenbruch des NS-Systems war Maly beim Reichskommissar für die Preisbildung in Berlin und in der Endphase Kripoleiter und Gerichtsoffizier beim BdS in Dänemark.

872 LAV NRW, Abt. Rheinland, Ger. Rep. 231, Nr. 1.541, Bl. 1.131–1.155, hier: Bl. 1.131 f., Vernehmung Hans Maly, 7. 11. 1962; ebd., Nr. 1.543, Bl. 1.359–1.391, hier: Bl. 1.363 f., Anklageschrift, 20. 2. 1964.

873 Harten: Weltanschauliche Schulung, S. 46.

874 LAV NRW, Abt. Rheinland, Ger. Rep. 231, Nr. 1.539, Bl. 735, Anlagen, Chef der Sicherheitspolizei an Reichsführer-SS, SS-Personalamt, 18. 4. 1942; ebd., Bl. 752, Zentrale Stelle der Landesjustizverwaltungen an GStA in Köln, 15. 9. 1959; Hohmann: Robert Ritter, S. 385 ff.

Mit der Kapitulation und dem Ende der deutschen Besetzung wurde er aus dem Polizeidienst entlassen und fast zwei Jahre in Dänemark und in der Britischen Zone interniert. Wieder auf freiem Fuß wurde er im März 1947 vorläufig in die Kategorie III eingeordnet. Das war die in den westdeutschen Massenverfahren ungünstigste Einstufung. Die Akte seiner anschließenden Entnazifizierung ist das Dokument einer großen Unehrlichkeit.[875] Er machte zahlreiche Falschangaben und verschwieg Wesentliches. So legte er zwei Fragebögen[876] vor und behauptete in beiden, seit August 1938 zwar als Parteianwärter geführt, aber nie Parteimitglied geworden zu sein. Zur Anwartschaft sei es auf Anraten von außen gekommen und weil er „hinsichtlich der proklamierten friedlichen sozialen Zielsetzung der Politik gutgläubig gewesen" sei. Ohne diesen guten Glauben hätte er eine künftige Mitgliedschaft „ohne Rücksicht auf die Folgen" abgelehnt. Maly leugnete seine SS-Mitgliedschaft und den damit einhergehenden Kirchenaustritt. Die Zugehörigkeit zur Partei und zur Allgemeinen SS wurde ihm später durch Angaben des BDC nachgewiesen. Wie die ÖTV herausfand, war er vom Reichsführer SS Himmler mit dem SS-Julleuchter, einem Symbol für „heidnisches Germanentum", ausgezeichnet worden.[877] Die Entnazifizierungsausschüsse hatten Maly zunächst seine Schwindeleien abgenommen. Dann bagatellisierten sie ihre neuen Erkenntnisse. Er sei ja doch nur durch Rangangleichung „zwangsläufig" in die SS geraten. Widerstand dagegen hätte „vermutlich mindestens KZ" bedeutet, was völlig beleglos und aus der Luft gegriffen war.

Seine Tätigkeit im RKPA verschwieg Maly in dem einen Fragebogen vollständig, in dem anderen reduzierte er sie auf eine Zeit als „Sachbearbeiter für Korruption". Mit der Behauptung zweimal strafversetzt und einem Parteigerichtsverfahren ausgesetzt worden zu sein, bemühte er sich um eine Einordnung als NS-Geschädigter und NS-Gegner. Er sei dienstenthoben, mit einem Disziplinarverfahren verfolgt und am Ende nach Den Haag strafversetzt worden. Das sei geschehen, strickte er an der Legende von der mörderischen SS und der anständig gebliebenen Kripo, weil er dem Plan einer Verschmelzung der Polizei mit

875 LAV NRW, Abt. Rheinland, NW 1.049, Nr. 72.383, Entnazifizierungsakte Hans Maly.

876 Diese und die nachfolgenden Angaben, wenn nicht anders angegeben ebd., Fragebogen vom 28. 10. 1947 und vom 21. 11. 1947.

877 Vgl. Maly erklärt sich zu seiner Vergangenheit, NRZ, 17. 10. 1959; Kriminaloberrat Maly stellt Strafantrag, General-Anzeiger [Bonn], 20. 10. 1959, zit. nach Eichmüller: SS in der Bundesrepublik, S. 226.

der SS Widerstand entgegengesetzt habe. In den Niederlanden habe er dafür gesorgt, dass seine Dienststelle „nie an Aktionen gegen Juden, Arbeitsunwillige oder Geiseln beteiligt“ gewesen sei, da er sie – so in rhetorischer Übernahme der IMT-Menschenrechtsterminologie – als „völkerrechtswidrig und unmenschlich“ angesehen habe. Die Abteilung V war auch für „Zigeuner“ zuständig, und in späteren Vernehmungen behauptete Maly, sie vor einer Deportation bewahrt zu haben. In der Entnazifizierungsakte von 1947 kommen die Minderheit und die angebliche Rettungstat an keiner Stelle vor. Ein zweites Parteigerichtsverfahren habe seinem Kampf gegen Schiebertum und Korruption von Parteigenossen gegolten. Er habe deshalb zu einem Sondereinsatzkommando im Osten strafversetzt werden sollen, was Krankheit verhindert habe. Malys Entlastungsrhetorik bietet einen ausführlichen Durchgang durch den Kanon des Blendwerks und der verbalen Kniffe, wie sie für die Entnazifizierungsverfahren typisch waren.

Maly konnte einige Persilscheine vorlegen, nicht zuletzt auch solche von vormaligen Kripokollegen, so von Hans Otto. 1947 verbesserte er seine Einstufung erst auf „Mitläufer“ (Kategorie IV), anschließend auf „unbelastet“ (Kategorie V). Er habe, lobte der Ausschuss, einen „äusserst günstigen Eindruck“ gemacht, nämlich durch einen „selten beobachteten Mut und eine antifaschistische Haltung“ bei der Rettung von „wohl 100 Personen“ in den Niederlanden vor der Deportation in Konzentrationslager. Diese von Maly unüberprüft übernommene Behauptung blieb unbelegt wie alle weiteren Angaben zu seiner Tätigkeit in den Niederlanden auch, was den Ausschuss nicht störte.[878]

1948 kehrte Maly mit seinem alten Dienstgrad als Kriminalpolizeirat zurück zur Kripo in Köln. In seinem Bewerbungsschreiben verschwieg er beim Lebenslauf seine Tätigkeit im RKPA.[879] Sein Vorgesetzter war ein sozialdemokratischer Polizeichef, er selbst der direkte Vorgesetzte eines Kripoinspektors, der an Massenverbrechen an der jüdischen Minderheit beteiligt gewesen war.[880] Von damit einhergehenden Konflikten zwischen den Kollegen ist an keiner Stelle die Rede. Von Köln kam

878 Die Überlieferung zur Abt. V/Kripo des BdS Niederlande in niederländischen Archiven ist nach Hölzl minimal und unergiebig, sodass darauf verzichtet wurde, dort zu recherchieren, siehe Hölzl: Gutachten, S. 73f., abrufbar unter: https://lka.polizei.nrw/sites/default/files/2019-12/191211_Gutachten%20lang.pdf [letzter Zugriff: 20. 6. 2022], S. 63f.

879 LAV NRW, Abt. Rheinland, NW 1.049, Nr. 72.383, Entnazifizierungsakte Hans Maly, Bewerbungslebenslauf an Polizeipräsidium Köln, 28. 10. 1947.

880 Noethen: Alte Kameraden, S. 327.

Maly dann nach Bonn. Die dortige Kripo führte er seit der Verstaatlichung der nordrhein-westfälischen Polizei am 1. Oktober 1953 als Kriminaloberrat.[881] Zugleich war er stellvertretender Polizeipräsident der Bundeshauptstadt.

1966 war Maly auch in den „Streckenbach-Prozess" involviert. Bruno Streckenbach war ab 1933 Gestapochef in Hamburg gewesen, dann Führer der Einsatzgruppe 1 in Polen, Befehlshaber der Sipo und des SD im Bezirk Krakau und General der Waffen-SS. 1952 in der Sowjetunion zu 25 Jahren Haft verurteilt, wurde er 1955 nach Westdeutschland entlassen. Er war einer der aufgrund hoher Haftstrafen als Kriegsverbrecher festgehaltenen und nun entlassenen 9.626 „Spätheimkehrer", die von einem Teil der westdeutschen Bevölkerung und von den staatlichen Instanzen euphorisch empfangen wurden („Heimkehr der Zehntausend").[882] Die 1961 aufgenommenen Ermittlungen führten zu einer Anklage gegen Streckenbach wegen Mordes an mindestens einer Million Menschen. Zu einem Urteil kam es nach Vorlage eines ärztlichen Attests wegen Verhandlungsunfähigkeit aufgrund von Kreislaufschwäche nicht. 1974 wurde das Verfahren eingestellt. Maly stand 1966 im Verfahren gegen Streckenbach und andere auf der Liste der Beschuldigten und unter Verdacht auf „Mord (Mitwirkung an der Abgabe ‚asozialer' Justizhäftlinge an die Polizei zur ‚Vernichtung durch Arbeit')".[883]

Friedrich Mittelsteiner

Friedrich („Fritz") Mittelsteiner, Jahrgang 1895, war von der Kripo Mönchengladbach kommend, wo er als Teil der Überwachung des „berufs- und gewerbsmäßigen Verbrechertums" auch die „Überwachung der Zigeuner" unter sich hatte, Ende 1941 zum Kriminalrat befördert und bis 1943 zum Erkennungsdienst in Danzig abgeordnet worden. Im Anschluss war er bis zum Ende des NS-Staats in der Kripoleitstelle Düsseldorf eingesetzt.[884] Mittelsteiner war 1940 der

881 Schloßmacher: Farbe gewechselt, S. 405.

882 Schießl: „Das Tor zur Freiheit", S. 240 f.; zu Streckenbach siehe auch Klee: Personenlexikon, S. 607 f.

883 LAV NRW, Abt. Rheinland, Ger. Rep. 231, Nr. 1.543, Bl. 1.583, GStA am Kammergericht (West-)Berlin an StA LG Köln, 26. 8. 1966.

884 Alle Angaben in diesem Abschnitt ebd., Nr. 1.536, Bl. 225, Vernehmung Fritz Mittelsteiner, 9. 6. 1959; ebd., NW 1.037 B I-1.1.493, Entnazifizierungsakte Friedrich Mittelsteiner; Angaben der Personalakte nach Entnazifizierungsakte; Noethen: Alte Kameraden, S. 191.

NSDAP beigetreten. Die Angabe „freigläubig“ seit 1942 im Entnazifizierungsfragebogen verweist auf einen SS-typischen Kirchenaustritt. Die Personalakte hielt fest, dass er „sich des besonderen Schutzes des Führers sicher sein“ konnte. Die RHF und deren Leiter waren Mittelsteiner zum mindesten aus seiner beruflichen Teilnahme an „Unterredungen“ Ritters mit Angehörigen der Minderheit bekannt.[885]

1945 gehörte er nach der KRD Nr. 24 zu den zu Entlassenden und wurde zum Oberassistenten herabgestuft. Schon im Jahr darauf wurde er mit dem alten Rang wiedereingestellt und 1948 zum Oberrat befördert. Entnazifiziert wurde er mit der bestmöglichen Kategorie V und galt dabei als „strong patriot and nothing else“. Vorher hatte es noch geheißen, er habe „kein menschliches Mitgefühl“ und ein „Gemüt wie ein Kalb“.[886]

Dieses frühe und schon bald offiziell revidierte Negativurteil ging auf Recherchen des NS-verfolgten Außenseiters der Düsseldorfer Kripo Peter Schulte zurück.[887] Schulte war als Kriposekretär von der Gestapo verhaftet, 1935 wegen Vorbereitung zum Hochverrat zu vier Jahren Zuchthaus verurteilt und aus dem Polizeidienst entlassen worden. Er habe, so lautete der Vorwurf, durch den Kauf von illegalen Schriften die verbotene KPD finanziell und moralisch unterstützt.

1945 war Schulte, nachdem die Behörde seine Bewerbung erst übergangen hatte, als Leiter der Dienststelle K 3, die NS-Strafsachen bearbeitete, wiedereingestellt worden. In dieser Funktion zeigte Schulte in einer Art interner Ermittlungen Mittelsteiner Ende 1945 bei der Düsseldorfer Staatsanwaltschaft und beim britischen Armee-Nachrichtendienst an. Mittelsteiner habe die Aufklärung von Morden durch Düsseldorfer Kripobeamte an einer zweistelligen Zahl von „Ostarbeitern“, von „Plünderern“ und von mehreren Angehörigen des Widerstands in der Endphase hintertrieben, Beweismittel beseitigt und Verdächtige gedeckt. Mittelsteiner kommentierte Schultes Nachforschungen als „Zeit- und Papierverschwendung“, und Schulte handelte sich eine Anzeige wegen

885 LAV NRW, Abt. Rheinland, Ger. Rep. 231, Nr. 1.536, Bl. 225, Vernehmung Fritz Mittelsteiner, 9. 6. 1959.

886 Ebd., NW 1.037 B I-1.1.493, Entnazifizierungsakte Friedrich Mittelsteiner.

887 Ausführlich dazu: Noethen: Alte Kameraden, S. 191, 210, 256 f. Weitere Angaben zu diesem Konflikt und zu der Tätigkeit von Schulte in der Entnazifizierungsakte von Mittelsteiner sowie in: ebd., Ger. Rep. 268, Nr. 15. Dort geht es um die Untersuchung eines möglichen Endphaseverbrechens (Erschießung von „Plünderern“) eines Düsseldorfer Kripobeamten, die von der Kölner Zentralstelle zur Aufklärung von NS-Verbrechen übernommen wurde und bei der Schulte einige Kollegen auf seiner Seite hatte (Verfahren 8 Js 15/48).

falscher Anschuldigung ein.[888] Das Urteil des NS-Gerichts von 1935 hatte späte Auswirkungen für Schulte: Mit „he must be a communist" setzte die Militärregierung den Störer, wie es damals das NS-Gericht getan hatte, unter Kommunismus-Verdacht und drohte mit Gefängnis. Dienststelle und Militärregierung soldarisierten sich mit Mittelsteiner. Nachdem Schulte seine Tatvorwürfe weiter konkretisiert hatte und dabei auch von einigen Kripo-Kollegen unterstützt worden war, wurde er 1947 von einer Strafkammer des Landgerichts wegen leichtfertiger falscher Anschuldigung in Tateinheit mit übler Nachrede zu vier Monaten Gefängnis verurteilt. Mittelsteiner wurde berechtigt, auf Schultes Kosten in den Düsseldorfer Tageszeitungen Gegendarstellungen zu publizieren. Seine Schutzbehauptungen hatte das Gericht in allen Punkten eins zu eins übernommen, und Schulte wurde gerichtlich als „Denunziant" bezeichnet. Mildernd wurde Schulte mit dem unausgesprochenen Vorwurf der Voreingenommenheit zugutegehalten, dass die erlittene NS-Verfolgung „ein schlechter Boden für [die] Objektivität" seiner Angaben gewesen sei. Im Jahr darauf wurden die Vorermittlungen gegen Mittelsteiner und andere Angehörige der Düsseldorfer Kripo vom Generalstaatsanwalt eingestellt.

Noch im selben Jahr kamen Gerüchte über Unterschlagungen, Bestechungen und Hehlerei bei der Düsseldorfer Polizei auf. Eine disziplinarische Untersuchung wurde angesetzt, die der schon genannte Kriminaldirektor Friedrich D'heil leitete. Es zeigte sich, dass die Delikte von einigen Beamten im großen Stil begangen worden waren, es war um fünfstellige DM-Beträge und um ganze Wagenladungen gegangen. Zu den 1950 Verhafteten gehörte auch Mittelsteiner, inzwischen Leiter der Düsseldorfer Kripo. 1951 wurde er zu einer Haftstrafe von einem Jahr und sechs Monaten Gefängnis und einer Geldstrafe verurteilt.[889]

Mittelsteiner stand wegen seiner Rolle als „Zigeunerexperte" der Mönchengladbacher Kripo auf der Beschuldigtenliste des Sammelverfahrens zum „Zigeunerkomplex". 1963 wurde er „mangels Beweises" daraus entlassen.[890]

888 Siehe ebd.: Dort auch Auszüge aus den vorausgegangenen Verfahren, 8 AR 64/46, 8 Js 193/46, 8 Js 15/48, StAsch am LG Düsseldorf.

889 Ebd., S. 356f.; das Verfahren wurde unter dem Stichwort „Düsseldorfer Polizeiskandal" weithin beachtet, siehe auch „Polizei. Krumme Dinger gedreht", Der Spiegel, 3 (1950), H. 36; Polizei. Hier bestimme ich, Der Spiegel, 3 (1950), H. 43.

890 LAV NRW, Abt. Rheinland, Ger. Rep. 231, Nr. 1.542, Bl. 1.254, Vermerk StA Wolfgang Kleinert, 27.5.1963.

Martin Nauck

Martin Nauck,[891] Jahrgang 1896, war in einer preußisch-protestantischen Pfarrerfamilie in Berlin aufgewachsen, hatte nach dem Abitur einige Semester Jura studiert und war nach der Teilnahme am Weltkrieg 1920 zur Berliner Kriminalpolizei gegangen. Dort leitete er bald die Abteilung für Verstöße gegen das Abtreibungsverbot, dann die Disziplinarabteilung.

1933 trat er in die NSDAP ein. 1937 wurde er trotz unzureichender Körpergröße und anhaltender Kirchenzugehörigkeit in die SS aufgenommen, und seit 1938 war er Sturmbannführer. Er wurde als ein „fleißiger, diensteifriger Beamter von strenger Pflichtauffassung" beurteilt.

Seit 1936 verwaltete er die Kriminaldirektion Berlin, von 1940 bis 1942 war er stellvertretender Leiter der Leitstelle Berlin. Vorgesehen als Polizeioffizier im rückwärtigen Raum „im Mittelabschnitt der Ostfront" entging er diesem Einsatz durch eine Krankmeldung. In der Familie hieß es später, er habe „Stadtkommandant von Smolensk" werden sollen. Stattdessen wurde er als stellvertretender Leitstellenleiter nach Düsseldorf versetzt und war mit dieser Funktion auch für München vorgesehen. Ende 1943 kam Nauck ins RSHA. Im RKPA war er unter Heinrich Böhlhoff im Referat A 2 (Vorbeugung) im Sachgebiet b „Asoziale, Prostituierte und Zigeuner" mit oder nach Hans Otto zuständig für die Prüfung und Bestätigung von Anträgen auf Sterilisierungen und auf Vorbeugehaft dieser Fallgruppen. Er habe unter anderem an „Fragen, die sich mit der Zigeunerbehandlung befassten", gearbeitet, wie er in Köln in den Ermittlungen der Zentralstelle für NS-Massenverbrechen, die zum Sammelverfahren überleiteten, erklärte.[892] 1940 wurde er zum Regierungs- und Kriminalrat ernannt.

Martin Nauck behauptete eine NS-Verfolgung aus religiösen Gründen.[893] Der Wechsel aus der regionalen Kripo in das RKPA sei eine „Kaltstellung" gewesen. Sein Bruder Gerhard, dieser ebenfalls auf der

891 Im Überblick: Grausam: Martin Nauck, S. 278–288; die nachfolgenden Angaben: LAV NRW, Abt. Rheinland, Ger. Rep. 231, Nr. 1.538, Bl. 615–621, Vernehmung Martin Nauck, 5.10.1960; BArch Berlin-Lichterfelde, R 9.361/III, Kartei, Nr. 545.105, SS-Führerpersonalakten, Martin Nauck; ebd., Do 1/12.747, Waldheim-Verfahren, Vollzugsakten, Teilakte Martin Nauck; ebd., Do 1/1.909, 32.0, Prozessakte Martin Nauck.

892 LAV NRW, Abt. Rheinland, Ger. Rep. 118, Nr. 528, Bl. 8–16, Vernehmung Martin Nauck, 5.2.1962.

893 Diese und die nachfolgenden Angaben: ebd., Ger. Rep. 231, Nr. 1.538, Bl. 615–621, Vernehmung Martin Nauck, 5.10.1960; ebd., Nr. 1.537, Bl. 2f., Vernehmung Gerhard Nauck, 1.8.1960.

Beschuldigtenliste des Sammelverfahrens,[894] dazu: Martin habe darunter „sehr gelitten". Aber – so Martin Nauck in der Vernehmung an das im Westen dominierende Feindbild anschließend – nach seiner Verfolgung im NS-Staat habe ihm das Schlimmste erst noch bevorgestanden. Er sei von „den Russen" zunächst in verschiedenen „Sammellagern" gefangen gehalten worden und anschließend – damit griff er auf die Vorstellung von der im Gegensatz zur Gestapo vermeintlich sauberen Kripo zurück – „wegen meiner Tätigkeit und Zugehörigkeit zur Kriminalpolizei" verurteilt worden, was für sich genommen in Westdeutschland als Verfolgung durch „die Russen" gewertet wurde.

Nauck war zunächst von den sowjetischen Militärbehörden festgenommen und in dem Internierungslager inhaftiert gewesen, das diese auf dem Gelände des KZ Buchenwald eingerichtet hatten. 1950 wurde er den DDR-Behörden übergeben und in Waldheim vor Gericht gestellt. Verurteilt wurde er unter anderem „aufgrund eigener insoweit glaubhafter Angaben des Angeklagten" nicht wegen Aktivitäten in seinem tatsächlichen Sachgebiet A 2 b „Asoziale, Prostituierte, Zigeuner", sondern wegen einer von ihm vorgeschützten Einweisung von „Berufsverbrechern" in KZs in dem dafür zuständigen Sachgebiet A 2 a. Zwar ging das Gericht fälschlich von der Richtigkeit von Naucks Angabe aus, aber diese Wendung verfing dennoch nicht. Er erhielt 20 Jahre. Die Falschangabe beim Sachgebiet ersparte ihm immerhin Tatvorwürfe wegen „Zigeunerverfolgung".

Wie bei den Waldheimer Hafturteilen insgesamt war auch dieses Urteil nicht das letzte Wort. In der Hoffnung auf gute Ergebnisse im Verlauf der „weiteren Umerziehung" wurde Nauck 1955 in der DDR amnestiert, woraufhin er sogleich in den Westen verschwand. Er ging mit seiner Frau, einer Lehrerin, nach Tübingen, wo sein Sohn Dozent der Theologie war. Dort verbrachte er als Pensionär bis zu seinem Tod noch weitgehend ungestörte 30 Jahre. Unterbrochen wurden sie in den 1960er-Jahren durch die Ermittlungen im großen RSHA-Verfahren. Auch dort gehörte er zu den Beschuldigten.[895] Aufgrund der Kalten Amnestie von 1968 brach dieses Großverfahren, wie oben dargestellt, zusammen, die Ermittlungen wurden juristisch gegenstandslos, und Nauck blieb unbehelligt.

894 Diese und die nachfolgenden Angaben ebd., Nr. 1.537, Bl. 496–498, hier: Bl. 498, Vernehmung Gerhard Nauck, 1.8.1960; ebd., Nr. 1.535, Bl. 69, Vernehmung Gerhard Nauck, 9.4.1959.

895 Grausam: Martin Nauck, S. 287 f.

Auf der Zeugen- bzw. Beschuldigtenliste des Sammelverfahrens stand neben Martin Nauck auch dessen Bruder Gerhard.[896] Beide wurden 1963 aus dem Verfahren entlassen, Gerhard Nauck mangels Beweises, Martin Nauck wegen Verjährung.[897]

Josef Ochs

Dr. jur. Josef („Seppl“) Ochs,[898] Jahrgang 1905, Mitglied der SA seit 1933, nach dem Ende der allgemeinen Eintrittssperre 1937 auch der NSDAP und im Jahr darauf der SS, war von der Kripo in Frankfurt am Main kommend in der Kripoleitstelle Düsseldorf tätig. Nach einer Selbstaussage in einer Vernehmung 1948 wurde der Absolvent der Charlottenburger Führerschule der Sicherheitspolizei von Oktober bis Dezember 1939 im besetzten Polen eingesetzt. Wie er sagte „zwecks Einrichtung einer Kripo-Dienststelle“ in Toruń (Thorn).[899] Dieter Schenk schließt daraus sowie aus Angaben der Zentralen Stelle Ludwigsburg zu den Gewaltverbrechen im Reichsgau Danzig-Westpreußen, Ochs sei vom RSHA als Mitglied einer der für Polen aufgestellten Einsatzgruppen mit Vernichtungsauftrag dorthin versetzt worden. Ende 1939 wechselte er in das RKPA. Dort war er als Kriminalkommissar und SS-Obersturmführer unter Eduard Richrath in den „Arbeitsgebieten Vorbeugende Verbrechensbekämpfung und Zigeunerangelegenheiten sowie bei der Planung des sicherheitspolizeilichen kolonialen Einsatzes“ tätig.[900] Daraus ergab sich für ihn im Mai 1940 die Rolle des vom RKPA für das Rheinland

896 Diese und die nachfolgenden Angaben ebd., Nr. 1.537, Bl. 496–498, hier: Bl. 498, Vernehmung Gerhard Nauck, 1. 8. 1960; ebd., Nr. 1.535, Bl. 69, Vernehmung Gerhard Nauck, 9. 4. 1959.

897 LAV NRW, Abt. Rheinland, Ger. Rep. 231, Nr. 1.542, Bl. 1.249 und 1.254, Vermerk StA Wolfgang Kleinert, 27. 5. 1963.

898 Die nachfolgenden Angaben zu Josef Ochs nach Schenk: Auf dem rechten Auge, 205, 207 f., 212 f.; Stephan: Der Begriff Sonderbehandlung, S. 313 ff.; Schatzschneider, S. 266 f.

899 Nach Schenk seien nach Auflösung der Gruppen aus ihnen die Angehörigen der lokalen Polizeidienststellen gekommen. Siehe Schenk: Auf dem rechten Auge, S. 207, 340.

900 So SS-Sturmbannführer und Kriminaldirektor Dr. Friedrich Riese am 15. 9. 1940 in einer Dienstlichen Beurteilung, siehe Schenk: Auf dem rechten Auge, 206, 340. Spätere Frankfurter Ermittlungen gegen Ochs während des Verfahrens gegen Rapp u. a. gingen ins Leere, weil Angaben wie diese von der Generalstaatsanwaltschaft ignoriert wurden. Belege für eine Tätigkeit im RKPA gebe es nicht. Überhaupt liege „nichts Belastendes“ vor (21. 1. 1965), siehe Stephan: Der Begriff Sonderbehandlung, S. 318.

abgeordneten leitenden „Sonderbeauftragten für die Umsiedlung der Zigeuner in das Generalgouvernement". Nachgewiesen ist sein Einsatz in dieser Funktion an der zentralen rheinischen Sammelstelle in Köln und an den dezentralen Sammelstellen für Düsseldorf und Duisburg.[901] Zu den erhaltenen Belegen dieser Tätigkeit gehören das von Ochs unterschriebene Verzeichnis des beschlagnahmten Wohnungsinventars der Familie des Kölner Sintos Anton Reinhardt[902] oder Ochs' Anweisung an die Kripo in Köln zu einem von der RHF als „Zigeunermischling" Eingestuften: „Er ist dementsprechend zu behandeln".

Daneben findet sich seine Unterschrift unter einem Schreiben der Reichszentrale zur Bekämpfung des Zigeunerunwesens an die Kripo Magdeburg zur Frage der „arischen" Herkunft einer Magdeburger Sinti-Familie. Die hatte die RHF verneint. Dem schloss Ochs sich an. Auf der Basis seines Urteils wurde die Familie am 1. März 1943 nach Auschwitz deportiert.[903]

Erheblichen Konfliktgehalt hatte nach 1945 ein Vorwurf des Düsseldorfer Kriminalsekretärs Hermann Fütterer, bei dem es um einen Vorgang im Jahre 1942 ging. Der Polizeikollege warf Ochs vor, er habe damals gegen ihn ein SS-Gerichtsverfahren angestrengt. Fütterer, Parteigenosse wie Ochs, hatte sich nach einer Abordnung zum „Osteinsatz" in Dnjepropetrowsk krankgemeldet, als er erkannte, dass er an Massenerschießungen teilnehmen sollte, was er nicht tun wollte, und war zurück nach Düsseldorf geschickt worden. Ochs habe ihn daraufhin, so Fütterer, der „Feigheit vor dem Feinde" bezichtigt und, wenngleich vergeblich, seine Bestrafung verlangt. Es war nicht möglich, den Sachverhalt zweifelsfrei aufzuklären, da mehrere Düsseldorfer Polizeibeamte Ochs, der alles bestritt, unterstützten.[904] Ochs hatte bei dieser Gelegenheit zugestanden, dass ihm schon damals „die willkürlichen und damit widerrechtlichen Grausamkeiten" der Einsatzgruppen bekannt waren.

901 Stadtarchiv Duisburg, Best. 506, Nr. 1.249, Aussage Bernhard Rosenberg in dessen Haftentschädigungssache, 22. 2. 1950; Fings / Sparing: Rassismus – Lager – Völkermord, S. 211.

902 LAV NRW, Abt. Rheinland, BR 2.034, Nr. 95 a, Inventar Familie Reinhardt, Kämmergasse 25, o. D., mit Übernahmebestätigung für Holz und Briketts durch Käuferin und Bestätigung vom 11. 6. 1940.

903 Stephan: Der Begriff Sonderbehandlung, S. 315.

904 LA NRW, Abt. Rheinland, NW 1.037-A/REG, Nr. 10.429, Entnazifizierungsakte Josef Ochs, Erklärung von Richard Müller, 20. 9. 1946; ebd., BR 2.396, Nr. 811, Schreiben Kriminalobersekretär Hermann Fütterer zu Josef Ochs, 7. 2. 1949; ebd., Schreiben und Eidestattliche Erklärung Josef Ochs, 9. 2. 1949.

Im Juni 1943 war Ochs vom RKPA zur Kripoleitstelle Düsseldorf zurückversetzt worden, wo er bis zum Ende der NS-Herrschaft verblieb. In der Endphase 1945 war er beteiligt an der Erschießung von elf niederländischen und sowjetischen Zwangsarbeitskräften im Kalkumer Wald bei Düsseldorf, die 1947 ein Verfahren vor einem britischen Militärgericht zur Folge hatte. Es endete mit einem Freispruch mangels Beweises für Ochs und wegen einer Art Befehlsnotstand für den zweiten leitenden Kriminalkommissar.[905] Die anderen beteiligten Beamten waren im Ergebnis der Ermittlungen ohne Anklage geblieben.

Die Befragungen der Beschuldigten hatte Friedrich Mittelsteiner durchgeführt. Ochs war vor Gericht der Meinung, alles habe seine juristische Richtigkeit gehabt, die Getöteten seien unter den Bedingungen des Belagerungszustands ganz zu Recht erschossen worden. Er und der mit ihm angeklagte Polizeioffizier sprachen von „Plünderern". Konkrete Tatvorwürfe fehlten. Die beiden erklärten, es sei unbedingt „Standrecht" anzuwenden gewesen. Ochs behauptete, nicht geschossen zu haben, sein Kollege, die Pistole sei unbeabsichtigt losgegangen.

1945 aus dem Dienst entfernt, wurde Ochs in Hemer und Neuengamme interniert und 1948 entlassen. Aus seinem Entnazifizierungsverfahren, das leider nur fragmentarisch und ohne Feststellung der Entnazifizierungskategorie dokumentiert ist,[906] dürfte er als „entlastet" hervorgegangen sein. Er hatte starke Helfer, darunter den Düsseldorfer Nach-NS-Oberbürgermeister Karl Arnold (CDU), ab 1947 Ministerpräsident von NRW. Die entlastende Kategorie V beantragte für Ochs in einem Revisionsverfahren 1949 der Chef der Düsseldorfer Polizei. Das wurde von dem vom nordrhein-westfälischen Justizminister bestellten Sonderbeauftragten für die Entnazifizierung in diesem Bundesland Robert Saalwächter[907] ausdrücklich befürwortet, der jedes Eingehen auf die von Fütterer vorgetragenen Beschuldigungen ablehnte.[908] Eine sachfremde, aber plausible Erklärung dafür lässt sich in der Person Saalwächters

905 Siehe Münster-Schröer: Frühjahr 1945; Kleine-Vennekate: 1945.

906 LA NRW, Abt. Rheinland, NW 1.037-A/REG, Nr. 10.429, Entnazifizierungsakte Josef Ochs; die Hauptakten mit dem Fragebogen fallen leider in den verschwundenen Fehlbestand des Landessarchivs NRW.

907 Nicht zu verwechseln mit Ernst Saalwächter (KPD und Mitglied im Landesvorstand der VVN), wie es Peter Hüttenberger in seiner Schrift *Nordrhein-Westfalen und die Entstehung seiner parlamentarischen Demokratie* (1973) passierte.

908 LA NRW, Abt. Rheinland, NW 1.037-A/REG, Nr. 10.429, Entnazifizierungsakte Josef Ochs, Schreiben Robert Saalwächter an Entnazifizierungs-Hauptausschuss, 29.7.1949.

vermuten. Der Sonderbeauftragte war ein vor 1945 wegen Bestechung vorbestrafter, angesichts fortgesetzter Bestechung in Entnazifizierungsverfahren hochgradig korrupter Beamter und zusätzlich bekannt als „exaltierter Lebemann“ *(Der Spiegel)* mit einem moralisch anstößigen und erheblich ins Geld gehenden Freizeitverhalten. Er musste im Jahr darauf den Landesdienst verlassen.[909] Ochs wurde 1950 wieder in die Polizei aufgenommen und dann im Düsseldorfer Kriminalamt der Britischen Zone tätig, das zur Ausgangsinstitution des 1951 gegründeten BKA wurde.

Mit der Gründung des BKA 1951 kam er in dessen 9. Abteilung. Das war die „Sicherungsgruppe Bonn“ (SG), deren Aufgabe der Schutz des Bundespräsidenten und der Bundesregierung war. Ochs leitete dort eine der zwei Unterabteilungen, den Ermittlungsdienst. Für Dieter Schenk lag die besondere Qualität dieser Polizeieinheit in ihrem Antikommunismus. Er qualifiziert sie als „Avantgarde des Kalten Krieges“, die alles bekämpft habe, was irgendwie links von einer Mitte-Politik gelegen habe. Ab 1954 war Ochs als „Zigeunerexperte“ im BKA tätig. In der Diskussion um die Übernahme der bayerischen Landfahrerordnung auf die Bundesebene, mit der eine sonderrechtliche und daher verfassungswidrige Personenkontrolle der in „Landfahrer“ umbenannten „Zigeuner“ reinstitutionalisiert werden sollte, war er 1954 mit der Feststellung hervorgetreten, „dass der übliche Meldedienst bei diesem notorischen Verbrechertyp versagt“.[910] Seinen Rassismus und seine Präferenz für die vorbeugende Verbrechensbekämpfung hatte Ochs beibehalten. 1964 wurde ein weiteres Mal gegen ihn ermittelt.[911] Die Generalstaatsanwaltschaft Frankfurt am Main versuchte dabei herauszufinden, ob er dem RSHA angehört habe. Das gelang merkwürdigerweise nicht. Das Ergebnis lautete folglich, dass das „mit größter Wahrscheinlichkeit“ nicht der Fall gewesen sei. Das BKA und das Bundesministerium des Innern (BMI) schlossen sich dieser Aussage an, und im Januar 1965 wurden die Ermittlungen eingestellt. Im selben Jahr ging Ochs als Oberregierungskriminalrat in Pension.

Ochs stand wegen eines Falls Stanislaus Winter auf der Beschuldigtenliste des Sammelverfahrens zum „Zigeunerkomplex“. 1963 wurde er wegen Verjährung daraus entlassen.[912]

909 Ebd., Schreiben Sonderbeauftragter für Entnazifizierung an den Entazifizierungs-Hauptausschuss für den Stadtkreis Düsseldorf, 29. 7. 1949; Entnazifizierung. Mehr ist besser, Der Spiegel, 3 (1950), H. 45; Krüger: Entnazifiziert!, S. 56.

910 Schenk: Personelle und organisatorische Verknüpfungen, S. 118.

911 Stephan: Der Begriff Sonderbehandlung, S. 318.

912 LAV NRW, Abt. Rheinland, Ger. Rep. 231, Nr. 1.542, Bl. 1.249, Vermerk StA Wolfgang Kleinert, 27. 5. 1963.

Johannes Otto

Johannes („Hans“) Otto, Jahrgang 1905, wurde 1941 von der Kripo Frankfurt am Main als Kriminalrat zum RKPA abgeordnet.[913] Dort führte er im Referat A 2 von 1941 bis 1945 das Sachgebiet „Asoziale, Prostituierte und Zigeuner“. Er war Katholik, von 1929 bis 1933 Mitglied des Zentrums und auch im katholischen Windhorst-Bund gewesen. Mit dem Ende der Eintrittssperre war er in die NSDAP aufgenommen worden. Ein Beitritt zur SS kam für ihn nicht infrage, da er mit gerade einmal 1,61 m nicht die geforderte Mindestgröße hatte. 1944 war er beteiligt an Selektionen von Häftlingen für Medizinversuche im KZ Buchenwald.[914]

1946 konkurrierten mehrere Kripostellen darum, ihn einstellen zu können. Trotz der Kontrollratsdirektive Nr. 24 vom Januar 1946, die die Entfernung von Nazis aus verantwortlichen Stellungen vorgesehen hatte, gab es gegen seine Wiedereinstellung nicht nur keinen Widerspruch, sie löste vielmehr die Hoffnung auf mehr Mitarbeiter wie ihn aus:[915] Er habe „versprochen, sich zu bemühen, noch weitere tüchtige Kriminalbeamte aus seinem früheren Wirkungskreis, vor allem auch politisch unbelastete Herren für eine Bewerbung nach Recklinghausen zu interessieren“. Seit Juli 1946 arbeitete Otto als Lehrer für Kriminalistik an der Polizeischule des Regierungsbezirks Münster in Recklinghausen. Im Unterschied zu Maly bekannte er im Entnazifizierungsverfahren seine RKPA-Vergangenheit. Es endete für Otto, der sich als „innerlich [...] entschiedener Gegner“ des NS-Systems ausgegeben hatte, mit der Einstufung in die Kategorie V der Unbelasteten und einem klaren Urteil: „Empfohlen! Politisch keine Bedenken. Nominell Parteimitglied. Kein Aktivist.“ Seit 1953 war Otto als Kriminaloberrat Leiter der Kripo Recklinghausen.[916]

1960 vernommen, sagte er über die Vorbereitungen für den Schnellbrief vom 29. Januar 1943, es bestehe „zwar die Wahrscheinlichkeit, daß solche Besprechungen stattgefunden haben, aber näheres weiß ich darüber nicht“. Auch er war 1943 im „Zigeunerlager Auschwitz“ gewesen.[917] In diesem Jahr hatte er sich nach eigenem Eingeständnis

913 Noethen: Alte Kameraden, S. 248–250; Wagner: Hitlers Kriminalisten, S. 340; Klee: Personenlexikon, S. 447.

914 Ebd.

915 Diese und die nachfolgenden Angaben LAV NRW, Abt. Rheinland, NW 1.039-O, Nr. 734, Entnazifizierungsakte Hans Otto.

916 Noethen: Alte Kameraden, S. 396 f.

917 LAV NRW, Abt. Rheinland, Ger. Rep. 231, Nr. 1.537, Bl. 573, Vernehmung Wilhelm Supp, 2. 9. 1960.

auch im KZ Buchenwald aufgehalten. Zu welchem Zweck, behauptete er, wisse er nicht mehr,[918] und auch „von dem wirklichen Hergang" in den Konzentrationslagern habe er nichts gewusst.[919]

Seit 1959 wurde von der Staatsanwaltschaft Bochum wegen Ottos Beteiligung an den Selektionen in Buchenwald und wegen Beihilfe zum Mord ermittelt. Das Bochumer Gericht wollte die Übernahme der Ermittlungen durch die Frankfurter Staatsanwaltschaft erreichen, was nicht gelang.[920]

Der nordrhein-westfälische Innenminister suspendierte Otto und eröffnete ein Disziplinarverfahren gegen ihn wegen sowohl strafbarer Handlungen als auch wegen eines schweren Dienstvergehens. Es hatte sich der Verdacht ergeben, dass er die Einweisung von Angehörigen der Minderheit „aus rassischen Gründen" in ein Konzentrationslager – gemeint war Auschwitz – bewirkt, die Entlassung Eingewiesener „aus rassischen Gründen" verweigert, „in großem Umfang" Sterilisationen angeordnet und in mehreren Fällen die Einwilligung in die Sterilisation durch Drohung mit dem KZ durchgesetzt habe.[921] Damit bezog sich Minister Dufhues auf elf konkret abzuarbeitende Fälle und mehr als 20 Personen. Darunter waren mehrere Kinder.

Die Ermittlungen gegen Otto wurden mit Rücksicht auf das Frankfurter Sammelverfahren zunächst ausgesetzt und am 5. Januar 1961 wie die Frankfurter Ermittlungen nach seinem Suizid eingestellt.

Eduard Richrath

Kriminalrat Eduard Richrath, Jahrgang 1906, war seit 1936 Mitglied des Reichskolonialbunds und trat erst 1940 in die NSDAP ein. Bereits 1937 war die ganze Familie aus der Kirche ausgetreten und Richrath seither Mitglied der Förderorganisation der SS. 1939 wurde er in die Allgemeine SS aufgenommen und war 1943 Sturmbannführer.[922] 1937 kam er mit der Gründung des RKPA nach Berlin und blieb dort bis 1945. Seit 1943 führte er unter Böhlhoff als dessen Stellvertreter das

918 Ebd., Nr. 1.539, Bl. 799, Vernehmung Hans Otto, 1. 2. 1960.

919 Ebd., Bl. 804, Vernehmung Hans Otto, 1. 2. 1960.

920 Ebd., Nr. 1.538, Bl. 631, OStA Bochum an OStA Frankfurt a. M., 12. 9. 1960, Verfahren 16 Js 130/59, StAsch am LG Bochum.

921 Ebd., Nr. 1.537, Bl. 478 f., Innenminister NRW an Hans Otto, 14. 7. 1960.

922 BArch Berlin-Lichterfelde, R 9.361/III, Kartei, Nr. 550.208, SS-Führerpersonalakten, Eduard Richrath.

Sachgebiet A 2 a, „Vorbeugungsmaßnahmen gegen Berufsverbrecher, Gewohnheitsverbrecher und Gemeingefährliche“.

Nach 1945 wurde Richrath Stellvertreter des Leiters der Kriminalpolizei Nord, des vormaligen SS-Sturmbannführers Karl Schulz, der 1941 Adjutant von Arthur Nebe in dessen Einsatzgruppe B in Weißrussland gewesen war.[923] Dort hatte die Einsatzgruppe von Juni bis September 1941 zahlreiche Massenverbrechen an Juden, Roma und Widerstandskämpfern begangen.

Richrath profitierte davon, dass die kurzzeitige und halbherzige Entnazifizierung der Polizei in der Britischen Zone schon bald „im Bereich der Kriminalpolizei vollständig rückgängig gemacht“ wurde,[924] was für Schleswig-Holstein bedeutete, dass schon 1946 sämtliche Ermittlungsleiter der Kripo aus dem RKPA kamen und ehemalige SS-Offiziere waren.[925] Daran änderte sich auch nichts, nachdem nach der Verabschiedung eines neuen Landespolizeigesetzes 1949 die Polizeigruppen neu organisiert und die Leitungsfunktionen neu verteilt wurden.

Seit 1953 war Richrath Leiter der Bezirks-Kriminalstelle Kiel, Kriminalrat und Regierungsrat.[926] Sein Konzept war weiterhin das der „vorbeugenden Verbrechensbekämpfung“, wie auch das BKA als Nachfolgeinstitution des RKPA sie in Auswertung der NS-Erfahrungen seiner Tätigkeit zugrunde legte.[927] Richrath „pflegte […] die alten Freundschaften aus dem RKPA“ und half dem BKA seit Mitte der 1950er-Jahre als sachkundiger Berater. Er verfügte über überdurchschnittliche Kenntnisse der NS-rechtlichen Vorschriften und mit ihnen über die zur „Zigeunerbekämpfung“, denn er hatte die 1941 erschienene Verordnungs- und Erlasssammlung des RSHA zur „vorbeugenden Verbrechensbekämpfung“ erarbeitet.[928] Sie und damit auch Richraths Wissen galten als ein großer Vorzug der westdeutschen Kripo. Angesichts seiner RKPA-Vorgeschichte wagte das BKA allerdings nicht, ihn in der

923 Linck: Ordnung, S. 341.

924 Ebd., S. 286.

925 Linck: Stammtisch-Geschichte, S. 113.

926 LAV NRW, Abt. Rheinland, Ger. Rep. 231, Nr. 1.542, Bl. 1.329 f., Vernehmung Eduard Richrath, 6. 11. 1963; Linck: Ordnung, S. 340.

927 Ebd., S. 323.

928 Sammlung der auf dem Gebiete der vorbeugenden Verbrechensbekämpfung ergangenen Erlasse und sonstigen Bestimmungen. Bearbeitet von SS-Hauptsturmführer Kriminalrat Richrath im Reichssicherheitshauptamt. Herausgegeben vom Reichssicherheitshauptamt – Amt V, o. O. [Berlin] o. J. [1941].

Öffentlichkeit bekannt zu machen.[929] 1963 wurde Richrath wegen Verjährung aus den Vorermittlungen zum Sammelverfahren entlassen.[930]

Einstige Kollegen aus den NS-Jahren konnten sich in Einstellungsfragen vertrauensvoll an ihn wenden. Er half, wenn er nur konnte.[931]

Karl Wilhelm Supp

Karl Wilhelm Supp,[932] Jahrgang 1906, war seit 1933 Mitglied der NSDAP und der Allgemeinen SS und Obersturmführer (1944), was den Kirchenaustritt miteinschloss. Er sei, wie er sagte, „auch bei der Niederwerfung der Röhm-Revolte eingesetzt" gewesen. Vom Februar 1941 bis zum November 1943 war er Kriminalkommissar im RKPA, Mitarbeiter von Böhlhoff und Leiter der Reichszentrale zur Bekämpfung des Zigeunerunwesens. Er war einer der Teilnehmer der Auschwitz-Vorbesprechung am 15. Januar 1943 gewesen und hatte sich nach eigener Angabe im selben Jahr mit Böhlhoff und Otto dienstlich zweimal im „Zigeunerlager Auschwitz" aufgehalten.[933]

Nach 1945 wurde er im Entnazifizierungsverfahren als „Mitläufer" eingestuft und konnte erneut in den Staatsdienst eintreten. Er arbeitete im Präsidium der Bayerischen Landpolizei, wechselte als Kriminalamtmann in das bayerische LKA, wo ihm im weiteren Verlauf als Leiter der Fahndungsabteilung auch die bayerische Landfahrerzentrale unterstand.[934]

Als Supps NS-Vergangenheit bei einem Besuch in München für den Ermittler Thiede offenbar wurde und er sein Ermittlungsinteresse zu Supp bekundete, wehrte der Präsident des LKA Hans Schneider ab. Er ließ „sofort" alle in München lagernden Zigeunerpersonenakten wegschließen und entschied, „dass keine Akten herausgegeben" werden durften. Es sei „untunlich", Unterlagen zu Kollegen eines

929 Linck: Ordnung, S. 32, 285, 323; Wagner: Langer Abschied, S. 106.

930 LAV NRW, Abt. Rheinland, Ger. Rep. 231, Nr. 1.542, Bl. 1.249, Vermerk StA Wolfgang Kleinert, 27.5.1963.

931 Am konkreten Beispiel siehe Linck: Ordnung, S. 340 f.

932 Die nachfolgenden Angaben siehe LAV NRW, Abt. Rheinland, Ger. Rep. 231, Nr. 1.537, Bl. 579, Vernehmung Wilhelm Supp, 2.9.1960; ebd., Nr. 1.536, Bl. 318, Vermerk Thiede, 23.5.1960; BArch Berlin-Lichterfelde, R 9.361/III, Kartei, Nr. 204.623, SS-Führerpersonalakten, Karl Wilhelm Supp; ebd., Kartei, Nr. 559.160.

933 LAV NRW, Abt. Rheinland, Ger. Rep. 231, Nr. 1.537, Bl. 573, Vernehmung Wilhelm Supp, 2.9.1960.

934 Ebd., Nr. 1.541, Bl. 1.029, Vermerk Kleinert, undat. [Juni 1962]; siehe auch Schröder: Dienststelle für Zigeunerfragen, S. 148.

Abteilungsleiters durchsehen zu lassen, der dort als zu beschuldigend erscheine, begründete er seine Entscheidung. Beamte hätten sich auch geweigert, gegen Vorgesetzte zu ermitteln.[935]

Das Landgericht München eröffnete 1963 nach der Herausnahme Supps aus dem Kölner Sammelverfahren ein Ermittlungsverfahren gegen ihn. Bei Supp war die Strafverfolgungsverjährung durch richterliche Handlung unterbrochen. Das Verfahren wurde wenige Monate später aber eingestellt.[936]

Paul Werner

Dr. jur. Paul Werner, Jahrgang 1900, war als Student einer Verbindung beigetreten und seither nach eigenen Worten „rechts, völkisch eingestellt“.[937] 1933 war er in die NSDAP und die SA gegangen, dort Truppführer, 1937 in die SS gewechselt, nun Sturmbannführer. Seit 1933 leitete er das badische Landeskriminalamt,[938] die spätere Kripoleitstelle Karlsruhe, und ging zum Aufbau des RKPA 1937 nach Berlin. Er wurde Stellvertreter von Arthur Nebe, dem Leiter der Amtsgruppe V des RSHA, also des RKPA. Werner war ein entschiedener Anhänger der Erbbiologie, der erbbiologischen Erklärung von Kriminalität und ihrer Anwendung auf die Verbrechensbekämpfung. Damit trat er auch publizistisch hervor. Er war maßgeblich an der Formulierung des grundlegenden Erlasses zur „vorbeugenden Verbrechensbekämpfung durch die Polizei“ vom 14. Dezember 1937 beteiligt, der die fortlaufende Überwachung und gegebenenfalls die Vorbeugehaft für Risikoträger vorsah, zu denen kollektiv die Roma-Minderheit gerechnet wurde.

Werner befürwortete Jugendkonzentrationslager („Jugendschutzlager“, „Erziehung straff, soldatisch und auch hart“), wie sie in Moringen und bezeichnet nach der Region Uckermark bei dem Frauen-KZ Ravensbrück unter Assistenz von Ritter etabliert wurden. Ritter lobte ihn 1941 nachdrücklich für seine gegen die „Ausbreitung des Schmarotzertums“ gerichteten Maßnahmen als einen Pionier der vorbeugenden Verbrechensbekämpfung. Mit ihm habe die Sicherheitspolizei – Kripo

935 Ebd., Nr. 1.536, Bl. 317–319, 327, Vermerk Thiede, 23.5.1960.

936 Vorverfahren 116 Js 9,10/63 der StAsch am LG München, Einstellung am 11.12.1963; ebd., Nr. 1.542, Bl. 1.313, StAsch am LG Köln an StAsch am LG München, 26.9.1963.

937 Wildt: Generation, S. 315.

938 Diese und die nachfolgenden Angaben, soweit nicht anders angegeben: Wildt: Generation, S. 314 ff.

und Gestapo – erste Schritte getan, „geborene Asoziale" „in Vorbeugungshaft zu nehmen und sie in Arbeitslagern unterzubringen".[939] Wie Ritter propagierte er die „Unfruchtbarkeitmachung im Rahmen der Bekämpfung der Jugendkriminalität".[940]

Ab Frühjahr 1942 unternahm Werner Kontrollreisen im NS-besetzten Europa und war vom September 1942 bis März 1943 Inspekteur der Sipo und des SD in Stettin, um anschließend ins RKPA zurückzukehren. Seine zeitweise Absenz dort erklärt Patrick Wagner damit, dass „sich Werner wie viele andere höhere Beamte der Berliner Zentralstelle der Sicherheitspolizei im brutalisierten Einsatz vor Ort bewähren" sollte.[941]

Nach Aussage von Dr. Hans Hefelmann, Mitglied des Reichsausschusses zur wissenschaftlichen Erforschung von erb- und anlagebedingten schweren Leiden, der Kranken- und Kindermorde organisiert hatte und einer der späteren Zeugen im Sammelverfahren zum „Zigeunerkomplex" war, war Werner Verbindungsmann bei der Beschaffung großer Mengen von Tötungsmitteln für die „Euthanasie"-Morde (Aktion T4) gewesen.[942] Werner vertrat den Standpunkt, die Frage einer Schuld, in welcher Hinsicht auch immer, spiele „überhaupt keine Rolle, wenn der Nutzen der [Volks-]Gemeinschaft Abwehr erheischt".[943] Noch Mitte Februar 1945 war es Werner wichtig, der Rekrutierung von „Zigeunermischlingen" für allerletzte Kampfreserven zu widersprechen. Sie dürften „zum Volkssturm nicht herangezogen" werden.[944] Seine letzten NS-Titel waren Ministerialrat und SS-Oberführer (1944).[945]

Werner wurde zwar zunächst drei Jahre lang von den Militärbehörden interniert, aber vom westdeutschen Entnazifizierungsausschuss anschließend als „Mitläufer" eingestuft, sodass er in den öffentlichen Dienst zurückkehren konnte. Sein Wiedereintritt in den Staatsdienst geschah in Baden. Dort war er ab 1951 Regierungsrat, aber schon 1954 Regierungsdirektor im Innenministerium. Gerne wäre er gemeinsam mit früheren Kollegen in das 1951 begründete Bundeskriminalamt eingetreten. Sein Ziel war, die Leitung zu übernehmen. Anfang 1955 schlug ihn der baden-württembergische Innenminister Fritz Ulrich (SPD) dafür

939 Ritter: Die Asozialen, S. 154.

940 Stange / Wirth: Paul Werner, S. 631.

941 Wagner: Hitlers Kriminalisten, S. 340.

942 Klee: Personenlexikon, S. 670.

943 Wagner: Resozialisierung, S. 192.

944 Zimmermann: Rassenutopie, S. 364.

945 Ebd., S. 266.

vor. Politische Bedenken sah er nicht. „Sein Verhalten in den Jahren 1933–1945 war durchaus einwandfrei.“[946] Es hatte jedoch eine gewichtige, wenngleich mit Werner grundsätzlich solidarische Gegenstimme gegeben, nach der dieser zwar „begeisterter und überzeugter Nationalsozialist“ gewesen und „für den Polizeidienst untragbar“ sei, aber „zweifellos als anständiger Charakter mißbraucht“ worden, also NS-Opfer sei.[947] Der Wechsel ins BKA scheiterte bei Werner und Kollegen nicht an Enthüllungen über ihre Nazi-Vergangenheit, sondern am jüngeren Alter einer Gruppe von Konkurrenten.[948]

In einer Eingabe beim Bundesinnenministerium hatte Werner sich und seinen Kollegen einen Persilschein ausgestellt und von einer „unbelasteten Kriminalpolizei“ gesprochen, die im NS-System „nie voll anerkannt“ gewesen und „bis zuletzt mit Misstrauen verfolgt“ worden sei. Wagner wertet diese frühe Aussage als Werners „Startschuss zur Entsorgung“ der NS-Kripogeschichte.[949]

Im Sammelverfahren erklärte er, bis zum Kriegsende sei ihm „nichts davon bekannt“ gewesen, „daß KZ-Häftlinge vorsätzlich getötet wurden“, wenngleich es schon auffällig „hohe Todesquoten“ gegeben habe. Die habe man sich mit Epidemien und „körperlicher Überbeanspruchung bei der Arbeit“ erklärt. Er und seine Mitarbeiter hätten jedenfalls bei einer KZ-Einweisung nicht damit gerechnet, „der Häftling werde umgebracht“.[950]

1959, 1960 und 1963 waren von der Stuttgarter Staatsanwaltschaft Ermittlungsverfahren gegen Werner eingeleitet worden, 1960 ein weiteres von der Bremer Staatsanwaltschaft.[951] Darunter war ein Verfahren, das Werners Aktivitäten bei den Krankenmorden thematisierte.

946 Stange / Wirth: Paul Werner, S. 638 f.

947 Die Kritik kam von Dr. jur. Max Hagemann, dem ersten Präsidenten des BKA, der ein Befürworter der Nürnberger Rassegesetze gewesen war und in der Zeitschrift *Kriminalistik* für einen „mitleidlos und bis zur Vernichtung geführten Kampf“ gegen in seiner rassistischen Sicht genetisch bedingt unsozialisierbare Straftäter eingetreten war; Schenk: Auf dem rechten Auge, S. 52. Zu Hagemann siehe Wagner: Resozialisierung, S. 189.

948 Wagner: Hitlers Kriminalisten, S. 156 ff.

949 Wagner: Volksgemeinschaft, S. 10.

950 LAV NRW, Abt. Rheinland, Ger. Rep. 231, Nr. 1.542, Bl. 1.345 f., Vernehmung Paul Werner, 26. 11. 1963.

951 Ebd., Bl. 1.258, Vermerk StA Wolfgang Kleinert, 20. 4. 1963: Verfahren 16 Js 1.285/59, Js 10 22/59 und 13 Js 328/69 StAsch am LG Stuttgart, Verfahren 6 Js 3/60 der StAsch am LG Bremen.

Alle Verfahren wurden eingestellt.[952] Werner stand auch auf der Liste der Beschuldigten im Sammelverfahren zum „Zigeunerkomplex“, das ihn 1963 an das Landgericht Stuttgart weiterreichte.[953] Dort räumte er auch seine Kenntnis der Massenverbrechen ein: „Selbstverständlich habe ich von den Einsatzkommandos im Osten gewusst und z. B. von Auschwitz.“[954]

Nach Einschätzung von Michael Wildt war Werner ungeachtet eines „weichen“ Auftretens „an entscheidender Stelle für die konzeptionelle und praktische Radikalisierung kriminalpolizeilicher Tätigkeit im Dritten Reich verantwortlich“.[955]

Werner und Robert Ritter waren miteinander befreundet. Die beiden und ihre Familien kannten sich seit der ersten Hälfte der 1930er-Jahre.[956]

Albert Wiszinsky

Albert Wiszinsky, Jahrgang 1913, Parteigenosse seit 1933, 1938 aus der Kirche ausgetreten und seither auch Mitglied der Allgemeinen SS, 1940 Untersturmführer, kam 1938 als Kriminalkommissar nach Düsseldorf und leitete dort den Erkennungsdienst. Er war strebsam, wünschte sich eine berufliche und räumliche Veränderung und bewarb sich 1940 beim Kolonialpolitischen Amt der NSDAP um eine Einstellung in die Sicherheitspolizei und den SD in der Vorstellung künftiger Kolonialgebiete, wie sie ja mit dem Krieg im Osten erwartet wurden.[957] Daraus wurde nichts, aber es gelang ihm, ins RKPA zu wechseln. Von 1941 bis 1944 arbeitete er dort im Referat A 2 b in der Unterabteilung „Vorbeugende Verbrechensbekämpfung gegen Asoziale, Prostituierte und Zigeuner“. Am 15. Januar 1943 war er einer der Teilnehmer der Vorbereitungsberatung des Deportationsschnellbriefs. Aus Aktenvermerken geht hervor, dass er beim RKPA 1943

952 Wagner: Hitlers Kriminalisten, S. 266 f.; Klee: Personenlexikon, S. 670.

953 LAV NRW, Abt. Rheinland, Ger. Rep. 231, Nr. 1.542, Bl. 1.257 f., Vermerk StA Wolfgang Kleinert, 27. 5. 1963.

954 Ebd.

955 Wildt: Generation, S. 315 f.

956 Werner „[verkehrte] auch familiär mit Dr. Ritter“, wie er erklärte: LAV NRW, Abt. Rheinland, Ger. Rep. 231, Nr. 1.535, Bl. 197, Vernehmung Paul Werner, 19. 5. 1959.

957 BArch Berlin-Lichterfelde, R 58, Nr. 11.960, Bewerbung Albert Wiszinsky um eine Einstellung bei Sipo und SD, 1940; ebd., R 9.361/III, Kartei, Nr. 227.676, SS-Führerpersonalakten, Albert Wiszinsky; ebd., Nr. 564.165.

auch Sterilisationsvorgänge bearbeitete.[958] 1944/45 leitete er die Kripo Darmstadt und wurde angesichts seiner SS-Zugehörigkeit nach der Kapitulation für zweieinhalb Jahre interniert.

Ab 1950 war er zunächst als Obersekretär bei der Kripo Saarbrücken, dann 1953 Kriminalrat, 1956 Regierungs- und Kriminalrat, seit 1954 stellvertretender Leiter der dortigen Kripo und drei Jahre später des saarländischen LKA.

Er stand auf der Beschuldigtenliste des Sammelverfahrens zum „Zigeunerkomplex“. Es hatte bei ihm 20 Fälle eines Verdachts auf Beteiligung an Auschwitzdeportationen von Roma gegeben. Alle Ermittlungen wurden wegen Verjährung 1963 eingestellt.[959]

Adolf Würth

Dr. Adolf Würth, Jahrgang 1905, studierte Medizin, Biologie, Anthropologie und Ethnologie. Mit diesem Studienprofil wurde er 1931 von dem Anthropologen, Erbbiologen und Rassenhygieniker Professor Eugen Fischer als Doktorand angenommen. Seit 1936 arbeitete er für die RHF. Würth war ein Untersuchungspraktiker, und wie bei Eva Justin gibt es auch von ihm kaum Belege einer theoretisch orientierten Arbeit. Das Wenige aber ist klar und bestimmt. 1938 schrieb er in einem Fachbeitrag: „Die Zigeunerfrage ist uns heute in erster Linie eine Rassenfrage. So wie der nationalsozialistische Staat die Judenfrage gelöst hat, so wird er auch die Zigeunerfrage grundsätzlich regeln müssen. Der Anfang ist ja schon gemacht.“[960] Die „rassenbiologische Zigeunerforschung“, also das, was er betrieb, sei „die unbedingte Voraussetzung für eine endgültige Lösung der Zigeunerfrage“. Es sei das Ziel zu verfolgen, „das Blut des deutschen Volkes vor dem Eindringen fremdrassigen Erbgutes zu schützen und zu verhindern, daß die weitverbreitete Mischlingspopulation sich immer stärker vermehrt“. Es gehe darum – so 1939 Würth gleichlautend mit seinem Chef Ritter –, diese „Mischlingspopulation [...] zu verkleinern, ja ganz zum Verschwinden zu bringen“.[961]

958 LAV NRW, Abt. Rheinland, Ger. Rep. 231, Nr. 1.536, Bl. 369–388, hier: Bl. 372, Auswertung Münchner Akten, undat. [Mai (?) 1960].

959 LAV NRW, Abt. Rheinland, Ger. Rep. 231, Nr. 1.542, Bl. 1.250, Vermerk StA Wolfgang Kleinert, 27.5.1963.

960 Würth: Bemerkungen, S. 98.

961 Würth: Zigeuner- und Zigeunermischlingsfrage, S. 36.

Nach 1945 gelangte Würth erneut in den öffentlichen Dienst. Er war verbeamtet beim Statistischen Landesamt Baden-Württemberg tätig. 1961 leitete die Kölner Staatsanwaltschaft ein Ermittlungsverfahren gegen ihn ein, das 1963 eingestellt wurde. Von der Beschuldigtenliste des Sammelverfahrens wurde er ebenfalls 1963 genommen. Es sei ihm nichts nachzuweisen.[962] Ein zweites Vorverfahren von 1981 wurde 1982 eingestellt und ein 1983 eröffnetes drittes Verfahren zwei Jahre später.

Im Gesamtbild der 66 namentlich bekannten Beschuldigten erweist sich, dass – soweit Daten vorliegen – keiner von ihnen einen sozialen Abstieg nach dem „Zusammenbruch“ erlebte. Niemand sank sozial in gesellschaftliche Randzonen ab, vielmehr verblieb man auf dem alten hohen Niveau oder konnte es wie der Ministerialbeamte Paul Werner, der „Euthanasie“-Gutachter Dr. med. Werner Catel oder Dr. phil. Sophie Ehrhardt weiter ausbauen.

Bei einigen Beschuldigten hatte es nach 1945 eine kurze Zeit eine Beunruhigung durch alliierte Maßnahmen gegeben, aber das war bald ausgestanden und blieb eine Episode vor der sich zügig vollziehenden Reintegration in die gehobenen bürgerlichen Leitschichten der Bundesrepublik. Ein wahrnehmbares „Abschwören“ und eine Verantwortungsübernahme wenn schon nicht für eine Tatbeteiligung, so doch zumindest bezogen auf die rassistischen Überzeugungen, die in die Verbrechen, an denen man zweifellos beteiligt gewesen war, geführt und die zu ihnen motiviert hatten, war keine Bedingung des biografischen Erfolgs.

Gerichtliche Sachverständige und weitere fachliche Stimmen

Siegmund A. Wolf konnte, wie seine Schreiben an das Gericht und seine Kontakte zu Angehörigen der Minderheit erkennen lassen, ein besonderes Wissen zur minderheitlichen Zeitgeschichte einbringen. 1960 publizierte er sein *Großes Wörterbuch* des Romanes. Es hatte in der Einleitung einen historischen Abschnitt, der auf die NS-Verbrechen einging. Dort sprach er auf der Grundlage von Quellentexten auch Robert Ritter und Eva Justin an, die bewusst der systematischen

962 LAV NRW, Abt. Rheinland, Ger. Rep. 231, Nr. 1.542, Bl. 1.256, Vermerk StA Wolfgang Kleinert, 27. 5. 1963.

Verschleppung, Sterilisierung und Ermordung der Roma-Minderheit zugearbeitet hätten.[963]

Ihm selbst erschien sein Geschichtswissen als nicht hinreichend für das Sammelverfahren. Er schlug als Sachverständigen den Historiker Dr. Hans Buchheim vom Institut für Zeitgeschichte in München vor.

Buchheim, Jahrgang 1922, arbeitete seit der Gründung 1951 am IfZ und war gutachterlich in Entschädigungsprozessen sowie im ersten Auschwitz-Prozess tätig. 1958 hatte er ein zehnseitiges Gutachten zur „Zigeunerdeportation im Mai 1940“ veröffentlicht, das die ethnorassistische Motivation dieser Deportation herausarbeitete und damit im Gegensatz zur justiziellen und entschädigungsbehördlichen Bewertung dieser Verfolgungsmaßnahme stand.[964] Im Sammelverfahren konnte Buchheim nur allgemein zur „Verfolgung der Zigeuner aus rassischen Gründen“ und zu der Rolle von RHF und RKPA Stellung nehmen. In seiner Perspektive waren die Verfolgung und Vernichtung der Roma-Minderheit und der jüdischen Minderheit gleichrangig.[965] Es sei, so Buchheim, die planmäßige Vernichtung der Juden nicht „einzigartig“ gewesen: „Denn das Programm der Ausmerzung war mindestens auch auf die Zigeuner und die Polen ausgedehnt und konnte beliebig erweitert werden.“

In einer Auflistung von NS-Rechtstexten zur Entrechtung der Minderheit führte Buchheim auch den 1936 erschienenen Kommentar zu den Nürnberger Gesetzen auf, der „Zigeuner“ wie Juden als rassisch unerwünscht aus der „deutschen Volksgemeinschaft“ ausgeschlossen hatte. Buchheims Leseempfehlung war provokant. Einer der beiden Verfasser war der spätere Chef des Bundeskanzleramts Dr. Hans Maria Globke. Dieser Hauptautor stand durch seine NS-Vergangenheit und durch seine anschließende Position auf der höchsten politischen Ebene der Bundesrepublik im Mittelpunkt der zeitgenössischen öffentlichen Aufmerksamkeit. Er galt als Konrad Adenauers „Schatten“ und als „der engste Vertraute und Berater“ des Bundeskanzlers, wie der Politikwissenschaftler Theodor Eschenburg in der *Zeit* schrieb.[966] Globke vertrat zur „Judenfrage“ in dem von ihm verantworteten Kommentarteil mit „Voll-,“ „Halb-“ und „Vierteljuden“ eine pseudowissenschaftliche

963 Wolf: Wörterbuch, S. 22–27.

964 Buchheim: Zigeunerdeportation.

965 So laut Wolf nach einem ihm vorliegenden Vortragsmanuskript von Buchheim: Wolf: Wörterbuch, S. 24.

966 Eschenburg, Theodor: Hans Globke. Adenauers Schatten, Die Zeit, 2. 3. 1973.

Mischungssystematik,[967] die sich wenig später ähnlich zur „Zigeunerfrage“ bei der RHF wiederfand, wenn sie unter dem Einfluss der RHF dort auch noch radikaler ausgestaltet wurde. Das 1938 in Kraft tretende Gesetz zur Einführung der Zwangsvornamen „Sara“ und „Israel“ bei Jüdinnen und Juden hatte Globke gefertigt und die im selben Jahr für jüdische Pässe vorgeschriebene „J“-Stempelung mitkonzipiert.

Gegen ihn hatte Fritz Bauer 1960 ein Vorverfahren initiiert, nachdem ihm Hinweise dafür vorlagen, dass Globke die Rettung von 20.000 Juden von Saloniki nach Palästina verhindert habe, die stattdessen in Vernichtungslager im Osten deportiert worden waren. Das Verfahren musste nach einem Eingriff Adenauers von Frankfurt in die Bundeshauptstadt abgegeben werden, wo es im Jahr darauf mangels hinreichenden Tatverdachts eingestellt wurde.[968]

Buchheim versprach 1960 auch, einen Kontakt zum Deutschen Zentralarchiv in Potsdam, also zu einer staatlichen Einrichtung der verfemten DDR, herzustellen. Dorthin werde einer seiner Kollegen vom Institut für Zeitgeschichte reisen, der auch nach Quellen zur „Zigeuner“-Verfolgung aus dem RSHA schauen und mit Informationen zurückkommen könne, „wenn die Staatsanwaltschaft Wert darauf legt“.[969] Das war ein gewagter Vorschlag, denn für die Bundesregierung musste es ein Tabubruch sein, wenn eine bundesdeutsche Stelle in Kontakt mit staatlichen Stellen der DDR treten würde, zumal um „an diese Dinge“ heranzukommen, von denen man am liebsten gar nichts wissen wollte.[970] Ob der Frankfurter Staatsanwaltschaft daran gelegen war und ob Buchheims Anregung realisiert wurde, ist unbekannt, ein Niederschlag davon findet sich in den Frankfurt-Kölner Prozessakten des Sammelverfahrens nicht.[971] Während der gesamten Prozessdauer wurden DDR-Instanzen nicht konsultiert, obschon das mindestens

967 Bevers: Der Mann hinter Adenauer, S. 32.

968 Foljanty / Johst: Fritz Bauer, S. 830; Bevers: Mann hinter Adenauer, S. 170 f. Globke trat 1963 nach einem in der DDR in Abwesenheit geführten Prozess gegen ihn (JuNSV, Bd. III, Lfd. Nr. 1.068, S. 71–194, Verfahren 1 Zst [I] 1/63 am Obersten Gericht der DDR„ Urteil 23. 7. 1963), in dem er zu lebenslänglich verurteilt worden war, zurück und ging in Pension. Globkes Wunsch, nun in die Schweiz an den Genfer See überzusiedeln, erfüllte sich nicht, weil ihm das Kantonsparlament eine Aufenthaltsgenehmigung verweigerte.

969 LAV NRW, Abt. Rheinland, Ger. Rep. 231, Nr. 1.536, Bl. 317–319, hier: Bl. 318, Vermerk StA Fritz Thiede, 23. 5. 1960.

970 Streim: Arbeit der Zentralen Stelle, S. 53.

971 LAV NRW, Abt. Rheinland, Ger. Rep. 231, Nr. 1.536, Bl. 317–319, hier: Bl. 317, Vermerk StA Fritz Thiede, 23. 5. 1960.

bei solchen Beschuldigten nahegelegen hätte, zu denen in der DDR Ermittlungen bereits vorausgegangen waren.

Buchheim nannte der Staatsanwaltschaft Literatur, auf deren Basis sie die Verbrechen hätte einordnen und einen Zugang zur Verfolgtenperspektive entwickeln können. Dazu musste er über die Grenzen der Bundesrepublik schauen. Er fand eine britische, eine französische und eine US-amerikanische Schrift der Jahre 1949, 1950 und 1951 aus der Feder von Autoren jüdischer Herkunft.[972] Gemeinsam war ihnen, dass sie die Verfolgung der Roma-Minderheit und der jüdischen Minderheit in eine Kategorie einordneten. In den Ermittlungsakten ist ein Bezug auf diese drei Beiträge nirgendwo anzutreffen.

Aber es gab im nichtdeutschsprachigen Ausland einiges darüber hinaus. Die Ermittler hätten es sich beschaffen können, wenn sie nur gewollt hätten. In Frankreich war schon im September 1945 in der Zeitschrift *Regards* des Parti Communiste Français (PCF) unter dem Titel „Guerre des ‹ Seigneurs › aux enfants de la route“ ein Bericht von Imre Gyomai erschienen, der von einer halben Million Roma-Opfer aufgrund einer rassistischen Herrenmenschenperspektive ausging. Die Zahlenangabe war eine Vermutung. Wenn sie auch bei aller späteren Wiederholung bis heute unbelegt bleiben musste, so brachte sie doch erstmals öffentlich mit größter Berechtigung den genozidalen Charakter der Verfolgung zur Sprache.[973] In der Zeitschrift der *Gypsy Lore Society* (GLS) erschienen im Jahr darauf drei weitere Beiträge. Der in Frankreich lebende Roma-Schriftsteller Matéo Maximoff griff dabei die Opferzahl von Gyomai auf, der französische Widerstandskämpfer Fréderic Max und der lettische Rom Vanya Kochanowski meldeten sich zu Wort. Maximoff fragte nach den justiziellen Konsequenzen: Würde es je ein alliiertes Tribunal geben, das „the punishment of these monsters, these assassins of 500.000 Tziganes“ verlangen würde?[974] Weitere Beiträge in der Zeitschrift der GLS und an anderen Orten folgten.[975] In Polen publizierte Jerzy Ficowski 1953 eine erste Monografie zum Thema.[976]

972 Ebd., Nr. 1.536, Bl. 272–273, Mitteilung Hans Buchheim, 29.3.1960: Yates: Hitler and the Gypsies; Friedman: Nazi extermination; Billig: L'Allemagne et le génocide.

973 Gyomai: Guerre des ‹ Seigneurs ›. Abrufbar unter: https://gallica.bnf.fr/ark:/12148/bpt6k76391262 [letzter Zugriff: 20. 6. 2022].

974 Maximoff: Germany and the Gypsies, S. 107; vgl. auch mit Wippermann: „Auserwählte Opfer“, S. 54 f., der auf weitere Literatur hinweist.

975 Molitor: The Fate of a German Gypsy; Ficowski: The Polish Gypsies, S. 95; Pankok: The Gypsies in Germany Today.

976 Ficowski: Cyganie polscy.

Die Zahl der Publikationen und ihr Umfang erhöhten sich seit den 1960er-Jahren erheblich. 1963 hatte die russisch-französisch-israelische Historikerin Miriam Novitch in Karlovy Vary (ÇSSR) auf einer internationalen Konferenz zur Geschichte des europäischen Widerstands einen Beitrag zum Genozid an der Minderheit vorgestellt. Er erschien 1965 in einem italienischen Fachperiodikum.[977] Die ehemalige Widerstandskämpferin mit Forscherkontakten in die DDR vertrat den Standpunkt, dass es eine nach Motiven und Methoden gleichartige genozidale Verfolgung und Vernichtung von Juden und „Zigeunern" gegeben habe. Im selben Jahr legte Jerzy Ficowski eine zweite Monografie vor.[978] Dem folgte 1968 ein Beitrag von Novitch im Auftrag des französischen Comité pour l'érection du Monument en mémoire des Tziganes assassinés à Auschwitz,[979] der auch ins Englische und Italienische übersetzt wurde. Es gab also im nichtdeutschsprachigen Ausland einiges an Dokumentation und Forschung.

In den drei Nachfolgestaaten des NS-Reichs hielt man sich lange bedeckt. Erst 1957, dann aber bis in die 1960er-Jahre, erschien in mehreren Auflagen in der DDR die vom Komitee der Antifaschistischen Widerstandskämpfer herausgegebene Publikation *SS im Einsatz* mit vielen Hinweisen auf Morde an Roma und mit dem Versuch ihrer Einordnung in die NS-Politik.[980]

1965 publizierte Siegfried Wölffling in Halle einen Aufsatz zum Thema,[981] dem 1968 in Leipzig ein Buch von ihm und Heinz Mode zur Geschichte der Minderheit zwar aus kulturalistisch-ethnologischem Blick, aber unter Einbezug der Zeitgeschichte folgte.[982] Dabei stützten sie sich auf „Zigeuner-Personalakten" der NS-Kripo, die sie in Magdeburg vorgefunden hatten. Sie betonten, dass die genealogischen Recherchen der RHF von wesentlicher Bedeutung für die Auschwitzdeportationen gewesen seien.[983] In der „Hitlerzeit" sei der Versuch unternommen worden, „die Angehörigen dieses Volkes, wo immer man ihnen begegnen

977 Novitch: Il genocidio degli Zingari. Dort: „motivi e metodi impiegati dai nazisti per perpetrare il genocidio del popolo zigano risultano identici a quelli impiegati per lo sterminio degli ebrei".

978 Ficowski: Cyganie na polskich drogach.

979 Novitch: Le génocide; französische Ausgabe 1968, die italienische bereits 1965.

980 Komitee der Antifaschistischen Widerstandskämpfer in der DDR (Hg.): SS im Einsatz.

981 Wölffling: Zur Verfolgung und Vernichtung.

982 Mode / Wölffling: Zigeuner.

983 Ebd., S. 172 f.

mochte, auszurotten“. Hunderttausende seien vernichtet worden, in Deutschland nahezu alle. Ihre Schlussfolgerung: „Dieses Volk musste das gleiche Schicksal ertragen wie die Juden.“[984] Bereits 1945 erschien in Österreich im Selbstverlag eine Erinnerungsschrift eines KZ-Häftlings, die auch auf die Situation von Mithäftlingen aus der Roma-Minderheit einging, dabei allerdings einiges an Klischeevorstellungen über „Zigeuner“ zu Papier brachte.[985] 1966 erschien dann die Pionierarbeit von Selma Steinmetz zu „Österreichs Zigeunern im NS-Staat“.[986]

Die Literatur des Auslands blieb trotz vereinzelter Übersetzungen in Westdeutschland sehr lange ohne eine erkennbare mediale und akademische Rezeption. Hier bewegten sich gelegentliche Kurzbeiträge in den eingeübten Bahnen des Antiziganismus („Blutrache“, „Champagner-Feste“, „Promiskuität“, „zahlen keine Steuern“ usw.). Das ging bis zu der Forderung, „Zigeunern“ eine „Wiedergutmachung“ und überhaupt eine Gleichstellung mit der jüdischen Minderheit auf jeden Fall zu verweigern.[987]

Was an ernsthafter Literatur vorlag, war das Buchheim-Gutachten von 1958 zum Teilaspekt der Deportation von 1940. Im Jahr darauf erfuhr es einen elfseitigen Widerspruch durch den Gerichtsreferendar Hans-Joachim Döring in den *Vierteljahrsheften für Zeitgeschichte* des IfZ,[988] der gerade an seiner Dissertation zur Geschichte der Minderheit in den NS-Jahren arbeitete, die 1964 erschien. Er war 1960 als Helfer in das Sammelverfahren einbezogen worden.[989] Das IfZ entschied sich dazu, die Standpunkte der beiden paritätisch nebeneinanderzustellen, und hielt sich damit bedeckt. Buchheim und Döring standen in der Fokussierung auf die NS-Verfolgung thematisch von den 1940er- bis ans Ende der 1970er-Jahre mit ihrem Thema allein, Döring laut seiner Literaturliste mit einem Quellenberg von rassistischer „Zigeuner“-Literatur vom Kaiserreich bis in die 1950er-Jahre und Buchheim mit einem analytisch-aufklärerischen Ansatz als Gegenposition. Nichts von dem, was inzwischen im Ausland erschienen war, nutzte Döring. Das

984 Ebd., S. 10.

985 Gostner: 1000 Tage im KZ. Der Tiroler Gostner war als überzeugter Katholik Anhänger der austrofaschistischen Regierungen Dollfuß und Schuschnigg.

986 Steinmetz: Österreichs Zigeuner.

987 Siehe die ausführliche Literaturangabe in Wippermann: „Auserwählte Opfer?“, S. 55.

988 Döring: Motive.

989 LAV NRW, Abt. Rheinland, Ger. Rep. 231, Nr. 1.545, Bl. 104, Verfügung Thiede, 23.5.1960.

passte ins westdeutsche Bild der Ignoranz gegenüber dem Thema. Aber es ist noch eine soziologisch-kulturalistische Arbeit zu nennen, die 1963 erschien. Lukrezia Jochimsen beschäftigte sich mit westdeutschen Roma als einer „Außenseitergruppe" und ging dabei auf die traumatisierende Wirkung der NS-Verfolgung für die biografischen Verläufe ein. Sie verwies auf die Notwendigkeit staatlich-sozialpolitischer Maßnahmen.[990]

Aufklärendes zur Geschichte der Minderheit erschien nach Buchheims Aufsatz in Westdeutschland erst wieder 1979.[991] Die Übersetzung ins Deutsche der 1972 in London erschienenen wegweisenden Grundlagenarbeit *The Destiny of Europe's Gypsies* von Donald Kenrick und Grattan Puxon konnte in der BRD erst neun Jahre später vorgelegt werden. Herausgeber waren der *Verband Deutscher Sinti* und die *Gesellschaft für bedrohte Völker*.[992]

Ein Nutzen für die justizielle Praxis dürfte in den Augen vieler staatlicher Juristen angesichts der vom StGB-Regime gesetzten Vorgaben aber in einer Kenntnis zeithistorischer Literatur auch nicht gelegen haben. Über das StGB hinausreichende Einordnungen in weiter gefasste, gar in völkerrechtliche Kontexte mussten ihre Sache nicht sein.

Döring hatte die Verfolgung von Roma in den Nazijahren nicht bestritten, sie sei aber ganz überwiegend „kriminalpräventiv" motiviert gewesen. 1962 sagte er als Sachverständiger auch in dem Ermittlungsverfahren gegen den früheren Leiter des „Zigeunerdezernats" der Bremer Kripo Wilhelm Mündtrath aus. Behandlung und Verpflegung der „Zigeuner" im „Familienlager" in Auschwitz-Birkenau seien besser gewesen als die der anderen Häftlinge.[993] Mit der täuschenden Bemerkung, es seien dort keine „aus Deutschland stammenden Zigeuner" nach ihrer Ankunft vergast worden, ging er über die Tatsache hinweg, dass auch diese Form der Vernichtung Roma getroffen hatte. In Birkenau wurde im März 1943 ein Transport von etwa 1.700 ostpreußischen Sinti aus Bialystok nach Fleckfieberverdacht gleich in die Gaskammern geführt,[994] im Mai 1943 1.035 erkrankte Roma aus Österreich. Zwei weitere derartige Massentötungen gab es am 2. August bei der Auflösung des Lagers

990 Jochimsen: Zigeuner heute.

991 Geigges / Wette: Zigeuner heute; Zülch: In Auschwitz vergast, bis heute verfolgt.

992 Kenrick / Puxon: Sinti und Roma.

993 Diese und die nachfolgende Angabe: Hesse / Schreiber: Schlachthof, S. 121.

994 Diese und die nachfolgende Angabe: Zimmermann: Rassenutopie, S. 343; Vossen zitiert Adelsberger, Lucie: Auschwitz. Ein Tatsachenbericht, Westberlin 1956, die von 2.500 Opfern des zweiten Transports spricht: Vossen: Zigeuner, S. 83.

und am 10. Oktober 1944 nach der Überstellung von 2.000 Häftlinge aus anderen Lagern, unter denen zahlreiche Roma waren. Es waren viele Tausend auf diese Weise umgebracht worden, allein bei der Auflösung des „Zigeunerfamilienlagers“ wurden mehr als 4.200 Menschen ermordet.[995]

Dörings Dissertation *Die Zigeuner im nationalsozialistischen Staat* erschien 1964 im Kriminalistik-Verlag, der mit *Kriminalistik* eine „Zeitschrift für die gesamte kriminalistische Wissenschaft und Praxis“ publizierte. Sie hatte staatlichen Charakter. Sie wurde von den Leitern der westdeutschen LKÄ, des BKA und der Polizei-Führungsakademie in Hiltrup, der späteren Deutschen Hochschule der Polizei, herausgegeben. Schriftleiter war seit 1967 der schon erwähnte vormalige SS-Hauptsturmführer und Kripohistoriker Dr. Bernhard Wehner.

Trotz des Einbezugs seiner Arbeit in das Sammelverfahren, in dessen Mittelpunkt Rassenforscher und Polizeibeamte standen, beschäftigte Döring die Frage nach den Beiträgen aus diesem staatlichen Raum nicht. Er bewegte sich vollständig im Rahmen der Narrative von der sauberen Kripo und der Wissenschaftlichkeit der kriminalbiologischen Institute und folgte der NS-Vorgabe, die Angehörigen der Minderheit insgesamt als „kriminell“ zu kategorisieren.[996] „Ihr kriminelles Verhalten und ihre Lebensweise“ würden grundsätzlich eine Belastung für den Staat darstellen. Die noch höhere Kriminalität der „Mischlinge“ gegenüber den „rassereinen Zigeunern“ sei durch die Dahlemer Forschungsstelle „wissenschaftlich bestätigt“ worden und der Kripo bekannt gewesen. Rassistische Verfolgung habe es vor der Festschreibung am 17. Oktober 1939 nicht gegeben, nur Kriminalprävention, eine genozidale Verfolgung erst mit dem 25. April 1943 und der formaljuristischen Aufkündigung der Schutzangehörigkeit der Roma durch den NS-Staat, also zwei Monate nach Beginn der Auschwitzdeportationen. Die RHF sei nur bestrebt gewesen aufzuklären, was „Zigeuner“ „mit ihrer arteigenen Schlauheit [...] zu verschleiern“ versucht hätten. Ihr Anliegen sei gewesen, wissenschaftlich „Zahl und Art“ dieser Menschen festzustellen. So wie Ritter sich selbst darstellte, sah auch Döring ihn, nämlich als Wissenschaftler und Widerstandskämpfer, der Sterilisierung und Vernichtung entgegengearbeitet hätte.[997]

995 Kubica/Setkiewicz: Last Stage, S. 15.

996 Döring: Zigeuner, S. 63, 67f.

997 Ebd., S. 82.

Es gab in Westdeutschland kaum Kritik an Dörings Schrift. Zu nennen wäre aber eine niederländische Kritikerin, die Juristin Laura („Lau") Mazirel, die einige Jahre später auf ihn einging. Sie lehnte Dörings Dissertation grundsätzlich ab: Der Autor habe die „Tendenz zu ‚beweisen', daß die Zigeuner nicht wie die Juden aus Rassenwahn verfolgt wurden, sondern weil sie wirklich eine rassisch untaugliche Menschengruppe" seien.[998] Mazirel kam aus dem sozialistischen Widerstand gegen die NS-Besatzung und war eine Verbündete der Roma-Minderheit.

Wie umfangreich Döring von der Staatsanwaltschaft im Sammelverfahren in die Vorermittlungen einbezogen war, inwieweit er Einblick in die Unterlagen nehmen und im Detail Einfluss ausüben konnte, ist nicht bekannt. Als offizieller Verfahrensgutachter trat er nicht in Erscheinung. Nicht zu übersehen sind aber die Affinitäten zwischen seiner Perspektive und den staatsanwaltlichen Schlussfolgerungen am Ende des Verfahrens.[999]

Den Rücken stärkte im Sammelverfahren den Beschuldigten neben Döring als Sachverständiger der promovierte Mediziner Hermann Arnold, Jahrgang 1912.[1000] 1959 hatte er dem Gericht Döring empfohlen.[1001] Arnold stellte die Standpunkte von Wolf und Buchheim aus einer erbhygienischen und biologisch-anthropologischen Sicht infrage. Vor allen anderen Beschuldigten rückte er Justin und Ritter in ein günstiges Licht. Die Vorwürfe von Siegmund A. Wolf fand er „haltlos". Es habe ein „freundschaftliches Zusammenleben" zwischen dem „Ritterschen Arbeitskreis" und den „Zigeunern" gegeben. Dem entgegengesetzte Aussagen aus der Minderheit seien „Vermutungen, die gefühlsmäßig bestimmt und fixiert" seien. Die Sprecher aus der Minderheit diffamierte er, indem er ihnen materielle Motive unterstellte: „Die Frage der Geldentschädigungen" habe für die „Zigeuner" bei ihren Klagen eine

998 Mazirel: Verfolgung, S. 135, zit. nach Winter: Kontinuitäten, S. 144. Mazirel gehörte zu den Organisatoren des Anschlags auf das Amsterdamer Einwohnermeldeamt am 27. März 1943, bei dem 800.000 Einwohnerkarten zerstört wurden. Dabei ging es auch um die Sabotage der Erfassung, Festnahme und Deportation von politisch Verfolgten, Juden und Roma. Aufgrund von Mazirels Engagement für Roma hat die Lau Mazirel Stichting ihren Namen erhalten, die sich seit 1981 für die rechtliche und soziale Gleichstellung der Roma in den Niederlanden einsetzt.

999 Vgl. LAV NRW, Abt. Rheinland, Ger. Rep. 231, Nr. 1.542, Bl. 1.191–1.287, Beschlussvorlage StA Wolfgang Kleinert, 20. 4. 1963.

1000 Zu Arnold siehe Kelch: Dr. Hermann Arnold; Opfermann: Ameisen und Grillen.

1001 LAV NRW, Abt. Rheinland, Ger. Rep. 231, Nr. 1.536, Bl. 232–234, hier: Bl. 234, Mitteilung Hermann Arnold, 30. 7. 1959.

große Rolle gespielt.[1002] Bereits mit Aufnahme der Ermittlungen gegen Justin hatte er 1958 gegenüber Josef Eichberger erklärt, es handle sich dabei um eine hinterhältige Intrige und um einen „Riesenunsinn". Den Genozid bezeichnete er als „dumme Sache", über die inzwischen „Gras gewachsen" sei, und sprach von der Zeit, die „versöhne".[1003]

Wer den Landauer Amtsarzt als Sachverständigen benannt und vorgeschlagen hatte, geht aus den Akten nicht hervor. Das Gericht und mutmaßlich Thiede entschieden sich jedenfalls für ihn.

Arnold und der Leiter der RHF kannten sich nach Ansicht von Justin seit der Vorkriegszeit.[1004] Bis zum Ende des NS-Systems war Arnold unauffällig. Von Ritter und der RHF hatte er gelernt, denn in seiner nebenberuflich betriebenen „Zigeuner"- und „Asozialen"-Forschung und in seinen nach dem Tod Ritters einsetzenden Veröffentlichungen griff er dessen erbbiologisch-rassenhygienischen und rassenanthropologischen Ansatz auf und führte die Ritter'schen Nachforschungen ausdrücklich fort. Er verstand sich als ein professioneller Tsiganologe. Arnold mochte – sich dabei auf Ritter stützend – nicht entscheiden, ob „Zigeuner" nun als „urtümliche Sammler und primitive Handwerker [...], die wirtschaftlich noch auf einer Kindheitsstufe der Menschheit stehen", zu betrachten seien oder vielleicht „als eine mutativ entwicklungsunfähige Spielart der Gattung Mensch".[1005] Das sei eine „unerhebliche Alternativfrage". Jedenfalls aber sah er die Objekte seines Interesses so oder so ganz im Jargon der NS-Jahre als „Primitive",[1006] deren „Denkvermögen" kaum genauer einzuschätzen sei, da „der Zigeuner [...] mit Gerissenheit, Verschlagenheit, Vigilanz und Präsenz (blendet) und [...] damit eventuell über erhebliche Intelligenzschwäche[n] hinweg(täuscht)". Er sei jedoch, so Arnold in Annäherung an Tierbeschreibungen, „instinktsicher". Im Vergleich mit dem Durchschnitt der mitteleuropäischen Bevölkerung sei dieses „Volk" von Natur aus und unaufhebbar mangelhaft.

1002 Ebd., Bl. 237, Vernehmung Hermann Arnold, 31.7.1959.

1003 „Gegen Fräulein Dr. Justin scheint man zu intrigieren. Ich bin der Meinung, daß das ein Riesenunsinn ist, denn man kann nicht aus den Verhältnissen von 1958 heraus Dinge erörtern, die im Jahre 1940 geschehen sind. Schließlich ist die Zeit auch ein versöhnender Faktor und wenn über eine dumme Sache endlich Gras gewachsen ist, sollte man nicht einem Esel erlauben, es wieder wegzufressen." Zit. nach Seybold: „Wir brauchen nicht aufzuschreiben", S. 11.

1004 Hohmann: Robert Ritter, S. 355.

1005 Arnold: Zigeuner, S. 270.

1006 Dieses und die nachfolgenden Zitierungen ebd., S. 256f.

Wie Ritter, Justin und die RHF insgesamt interessierten auch ihn ganz besonders die „Mischlinge“, für die er gern das Wort „Bastarde“ verwendete. Die „Zigeuner“ seien „wie die Ritter‘sche Statistik zeigt, in hohem Grade bastardisiert“. Identifizierbar seien sie an ihrem Sozialverhalten, das sich vererbe. „Zigeuner“ seien „Wildbeuter“, ihren Lebensunterhalt sicherten sie durch „Wahrnehmen von Gelegenheiten zum ‚Finden‘“. Arnold übernahm, wie er bekundete, dieses Kriterium aus „der Praxis der Polizei“. „Zigeunermischlinge“ landeten bei ihm in derselben Schublade, in die er die „Menschen der untersten Sozialschicht“ steckte, die einen wie die anderen von ihm als „primitive Menschen“ verachtet, deren Defizite bei „Mischungen“ zum Schaden der Gesamtgesellschaft kumulativ wirksam würden.[1007] An diesem Punkt kamen typischerweise die ethnorassistische und die sozialrassistische Perspektive zusammen. Was unverstellt auch bei Arnold in Übereinstimmung mit Ritter oder Justin zum Vorschein kommt, ist der dünkelhafte Überlegenheitsgestus eines Angehörigen des gehobenen Mittemilieus.

Auf Arnold und auf dessen Umfeld soll an dieser Stelle deshalb näher eingegangen werden, weil sich über ihn ein bis in die staatliche Verwaltung auf hohen Ebenen verzweigtes Beziehungsgefüge aufzeigen lässt. Wie bei dem Kripo-Netzwerk innerhalb der Polizeiorganisation gab es Anschlussverbindungen in den akademischen Raum und beste Zugänge in eine gleichgestimmte Politik. Inhaber hoher Titel und Ränge in diesem elitären Milieu deckten die weltanschaulichen Positionierungen der im Verfahren Beschuldigten als unbedenklich ab, bezeugten so, dass diese sich im Einklang mit dem dominanten Wertekanon befänden und schützten damit ohne große Auftritte schon durch ihre Anwesenheit im Hintergrund die Beschuldigten.

Während des Fortgangs des Sammelverfahrens erklärte Arnold offen in dem Fachperiodikum *Homo. Zeitschrift für die vergleichende Forschung am Menschen* seine inhaltliche Übereinstimmung mit dem Selbstverständnis der Mitarbeiter der RHF und anderer NS-Rassenforscher. „Zigeuner“ würden eine Teilgruppe der „Gemeinschaftsfremden (Asozialen)“ in der „untersten sozialen Schicht“ bilden, die insgesamt „nur lockere Bindungen zur stabilen Ordnung der bürgerlichen Welt“ aufweise. Besonders in Südwestdeutschland hätten sich seit Langem „Züchtungskreise“ gebildet, die „noch [...] weitgehend erhalten“

1007 Arnold: Wer ist Zigeuner?, S. 116 f., S. 134.

geblieben seien,[1008] wie er unter leicht verdecktem Rekurs auf die NS-Verfolgung mitteilte.

Der Publikationsort dieser prinzipiellen Feststellung war das Nachfolgeorgan der *Zeitschrift für Rassenkunde*, die einen neuen, unverdächtigen Titel erhalten, aber das alte Konzept beibehalten hatte. Hinter der alten wie neuen Zeitschrift stand mit Egon von Eickstedt ein bekannter NS-Rassenanthropologe, der seit 1933 Abstammungsgutachten zu „Volljuden“ und „jüdischen Mischlingen“ verfasst hatte.[1009] Das war das, was bezogen auf die Angehörigen der Roma-Minderheit in der RHF stattgefunden hatte. Von Eickstedt bekleidete seit 1946 in Mainz einen Lehrstuhl für Ethnologie, nachdem er mit seinen beruflichen Wünschen in Leipzig gescheitert war.

Wie die RHF-Mitarbeiterin und Mitherausgeberin der beiden Eickstedt-Zeitschriften Dr. Ilse Schwidetzky, die universitären NS-Rassenforscher Eugen Fischer, Hans F. Günther oder Heinrich Schade war Arnold Mitglied der 1953 gegründeten Deutschen Akademie für Bevölkerungswissenschaft, die unter anderem aus Mitteln des Bundesministeriums des Inneren, des vom Ministerium für gesamtdeutsche Fragen gegründeten Vereins zur Förderung der Wiedervereinigung Deutschlands und der Ford Foundation finanziert wurde.[1010] Bei der Deutschen Akademie handelte es sich um so etwas wie eine universitäre Filiale der im Jahr zuvor entstandenen Deutschen Gesellschaft für Bevölkerungswissenschaft. Dort hatte Arnold mit Beteiligung des Bundesinnenministeriums 1962 eine „Dokumentationsstelle für nichtsesshafte Personen“ – was nach seiner Definition „Zigeuner“ einschloss – eingliedern können, die er leitete.[1011] Vor der Gesellschaft referierte Arnold über die Minderheit, so im Oktober 1961 – also in der Zeit seiner Sachverständigenrolle im Sammelverfahren – über „Asoziale“ und „Zigeuner“ und deren „Bastardisierung“.[1012]

Die Akademie war die verspätete Nachfolgerin eines „Reichsinstituts für Bevölkerungswissenschaft und Bevölkerungspolitik“, dessen Gründung der Bevölkerungsexperte Dr. oec. publ. Friedrich Burgdörfer jahrelang unermüdlich betrieben, aber aufgrund der Kriegsniederlage nie realisiert hatte. In diesem Institut hätte Burgdörfer gerne auch den

1008 Arnold: Bevölkerungsbiologische Beobachtungen, S. 64.

1009 Preuß: Anthropologe und Forschungsreisender, S. 161 ff.

1010 Pinwinkler: Bevölkerungsgeschichte, S. 284.

1011 Fings / Sparing: Vertuscht, verleugnet, versteckt, S. 184.

1012 Ebd., S. 289.

„Volks- und Sippenkundler" Dr. Hermann Mitgau gesehen, um den er 1942 in Konkurrenz mit dem Reichsgesundheitsamt warb. Dessen Leiter Prof. Dr. Hans Reiter, Beschuldigter im Sammelverfahren, versuchte 1942, den Genealogen für die RHF zu gewinnen.[1013] Mitgau war Mitglied der NSDAP, SA und SS gewesen und in der Bundesrepublik dann Inhaber eines Lehrstuhls für Geschichtsdidaktik. Der seit 1948 pensionierte Burgdörfer, unter anderem vormaliges Mitglied der NSDAP, Mitglied im Beirat der Forschungsabteilung Judenfrage des Reichsinstituts für Geschichte des neuen Deutschlands, Referent für die SS und für das Rassenpolitische Amt der NSDAP, wurde zum „Ehrenmitglied" der Deutschen Gesellschaft für Bevölkerungswissenschaft ernannt, die er auf Kongressen vertrat. Für die Bundesrepublik saß er in verschiedenen nationalen und internationalen Organisationen.[1014]

In der Gesellschaft für Bevölkerungswissenschaft hatten sich Vertreter unterschiedlicher Berufsgruppen – Ärzte, Statistiker, Soziologen, Ethnologen, Genealogen, Historiker und hohe Beamte – zusammengefunden, die eine gemeinsame NS-Vergangenheit und ein anhaltendes gemeinsames Interesse für Rassenhygiene, Bevölkerungsbiologie und Demografie verband und die zum Teil schon in der Weimarer Republik auf diesen Feldern tätig gewesen waren.[1015] Die Gesellschaft und ihre Mitgliedschaft stehen für rassenhygienische und rassenanthropologische Kontinuität auf den höheren Ebenen des fachlichen Netzwerks bis weit in die Bundesrepublik hinein. Es erweist sich abermals, dass es sich bei den NS-Jahren nicht um eine abgeschlossene Zeitspanne ohne ideologische Verbindungen zurück und nach vorn handelte, sondern um einen Teilabschnitt in einem zeitlichen und weltanschaulichen bürgerlichen Kontinuum. Dass langlebige Netzwerke im westdeutschen Wissenschaftswesen ganz wie in der Polizei erkennbar werden, ist Ausdruck eines Strukturproblems. Ob im Gründerkreis eines Reichsinstituts für Bevölkerungswissenschaft und Bevölkerungspolitik, ob in der RHF oder in der Kripo, man sah sich in einem völkischen Rassekontext dabei, eine „gesunde Volksgemeinschaft" ins Werk zu setzen. Die fachliche Autorität der Akteure war mit dem Ende des NS-Staats nicht untergegangen, sie blieb hoch anerkannt. Jeder Vorwurf eines strukturell oder auch nur individuell vorhandenen Rassismus wurde von diesen

1013 Schnitzler: Soziologie, S. 230.

1014 Lilla: Personenartikel Friedrich Burgdörfer.

1015 Pinwinkler: Bevölkerungsgeschichte, S. 283.

Inhabern der Deutungshoheit zurückgewiesen, wie der Tsiganologe Arnold es auch in seiner Sachverständigenrolle tat.

Verfolgung und Vernichtung konnten ihn nicht beeindrucken. Arnold setzte die Rassenforschung fort, wenn er sie sprachlich auch als eine Art von Sozialforschung ausgab. Wie eh und je basierte sie auf Biologie und Genetik. Arnold galt mit dieser Positionierung bis in die 1980er-Jahre hinein, als sich die Selbstorganisationen der Minderheit kritisch zu ihm und seinen Äußerungen zu Wort meldeten, als der große „Zigeunerexperte". Dazu trug bei, dass er durch den bis heute unaufgeklärt gebliebenen Kontakt vor 1945 zu seinen fachlichen Vorgängern aus der RHF nach 1945 den persönlichen Zugriff auf deren Arbeitsmaterialien erlangt hatte. Er nutzte sie nun privat. Arnold entwickelte sich spätestens seit 1960 für „rund zwei Jahrzehnte" mit „Ausführungen[, die] auf dem [...] zentralen Paradigma des Rassismus beruhen", zu einem Berater für die Bundesregierung.[1016] Standen einschlägige Fragen an, konnte die Ministerialbürokratie des Bundesministeriums des Innern (BMI) und des Bundesministeriums für Jugend, Familie und Gesundheit (BMJFG) auf seine „Expertise" und damit auf seinen Zugang zu RHF-Beständen zurückgreifen. In gleicher Weise befand er sich in enger Tuchfühlung mit dem westdeutschen Zusammenschluss der öffentlichen und privaten Wohlfahrt im Deutschen Verein für öffentliche und private Fürsorge (DVöpF).

Anfang der 1950er-Jahre war Arnold mit Eva Justin auf „Zigeuner"-Exkursionen unterwegs und schrieb mit ihr zusammen an „Untersuchungen zum Vagantenproblem", die 1958 vom Bundesinnenministerium publiziert wurden. Offen teilte Arnold mit, dazu „Sippentafeln" der RHF und Kripoakten genutzt zu haben.[1017] „In besonderer Schuld" sah er sich dabei „bei Fräulein Dr. Eva Justin".[1018]

Zeuginnen und Zeugen

Etwa 70 Personen wurden vernommen. Die große Mehrheit von ihnen war innerhalb der Organisation von Verfolgung und Vernichtung tätig

1016 Winter: Von Ritter zu Arnold, S. 96, zit. nach Kelch: Dr. Hermann Arnold. Kelch konnte die unveröffentlichte Magisterarbeit von Winter einsehen. Er stimmte dieser Feststellung nach eigener und in seiner Studie sehr ausführlich entfalteter Recherche zu Arnolds Beratertätigkeit „vorbehaltlos" zu, siehe Kelch: Dr. Hermann Arnold, S. 477.

1017 Hermann: Vaganten, S. 118.

1018 Winter: Kontinuitäten, S. 146.

gewesen und befand sich in der Doppelrolle des Tatbeteiligten und des Zeugen. Diese Gruppe von sich und andere Tatbeteiligte Entlastenden zeigte ein hohes Maß an Übereinstimmung. Man war durch ein gleichgerichtetes Handeln in den NS-Jahren miteinander verbunden gewesen und hatte den damit gegebenen Zusammenhalt danach nicht aufgegeben. Insbesondere die Kripo-Zeugen standen als eine Art Bruderschaft aufs Engste miteinander in Kontakt und konnten ihre dichte Kohärenz nutzen, um den Verdacht strafbarer Handlungsweisen gemeinschaftlich abzuwehren. Ihnen musste niemand sagen, dass Beschuldigte in ihren Aussagen nicht zur Wahrheit verpflichtetet waren. Die Ermittler mussten davon ausgehen, dass sie abgestimmt und mit dem Ziel, sich und anderen keine Probleme zu machen, nichts Gefährdendes vortragen würden. Viele verneinten, irgendetwas mitteilen zu können. Typisch waren Sequenzen von Erinnerungslücken.

Auf die Inhalte ihrer Aussagen wird noch konkreter einzugehen sein, es sei aber bereits hier angemerkt, dass ihr Rechtfertigungscharakter zu keinem Zeitpunkt einer grundsätzlichen Kritik durch die Verfahrensjuristen ausgesetzt war.

Die Staatsanwälte befragten nur eine kleine Zahl von Belastungszeugen. Etwa ein Dutzend Zeugen kam aus der Minderheit und einzelne weitere Zeugen unterstützten sie. Die Roma hatten in die Organisation ihrer Verfolgung, in das Ineinandergreifen der beteiligten Stellen und in die personellen Zuständigkeiten kaum Einblick gewinnen können. Soweit sie einen unmittelbaren Kontakt mit Angehörigen der RHF oder mit Kriminalbeamten gehabt hatten, kannten sie oft deren Namen nicht. Der situative Kontakt mit den NS-Instanzen war, wie schon das Ritter-Verfahren sichtbar gemacht hatte, nicht selten übergriffig gewesen und dadurch in Erinnerung geblieben, konnte aber häufig nur aus zweiter Hand berichtet werden, da die meisten Verfolgten nicht überlebt hatten. Solche Aussagen zählten nicht. So bezeugte Marta Adler in ihrer Vernehmung unter anderem das geschwollene Gesicht einer Hochschwangeren. Die Schläge habe ihr Justin beigebracht, habe sie erfahren.[1019] Thiede ging darauf gar nicht ein, und der spätere Einstellungsbeschluss des Verfahrens sprach weder diesen noch ähnliche Vorfälle überhaupt an.[1020]

1019 LAV NRW, Abt. Rheinland, Ger. Rep. 231, Nr. 1.536, Bl. 303, Vernehmung Marta Adler, 3.5.1960.

1020 Ebd., Nr. 1.540, Nr. 851–861, Einstellungsbeschluss OStA Heinz Wolf, 12.12.1960.

Den Ermittlern waren wie schon im Verfahren gegen Ritter oder gegen die in Siegen angeklagten Kripobeamten und Verwaltungsvertreter die Angaben von Zeugen aus der Minderheit nicht viel wert. So wenn etwa die Aussage des 1960 in Landau befragten Musikers Georg Winterstein anschließend vom Vernehmungsbeamten durch den Kommentar entwertet wurde, der Vernommene sei „geistig sehr schwerfällig“. Er habe einen geistigen Defekt. So sehe das auch der Leiter der Kripo Landau. Der habe Erfahrung in solchen Fällen, er sei „bereits in früheren Jahren“ zum Thema tätig gewesen.[1021] Das Winterstein zugefügte Verbrechen wurde passend damit gerechtfertigt, der Geschädigte sei wegen seines Geisteszustandes und nicht aus Gründen der Rasse sterilisiert worden, womit auch die Sterilisierung für angemessen und rechtskonform erklärt wurde.

Die Belastungszeugen waren in einer schwachen, ihr Gegenüber war in einer starken Verfahrensposition, vorausgesetzt, dort plauderte niemand. Dass das nicht geschah, war dadurch gewährleistet, dass die Beschuldigten gemeinsam derselben Strafandrohung ausgesetzt waren. Da in der Regel nicht inhaftiert, standen ihnen alle Möglichkeiten der Verdunkelung offen, was in den Verfahren kaum einmal zum Thema wurde.

Die Sichtweise in der Minderheit und die ihrer Unterstützer waren mit der der staatsanwaltlichen Ermittler nicht in Deckung zu bringen. Die Frage des Genozids, die für die Betroffenen von zentraler Bedeutung war, interessierte die Ermittler nicht, und das musste sie auch nicht. Aufgrund des Rückwirkungsverbots war es Gerichten nicht gestattet, den StGB-Tatbestand „Völkermord“ auf NS-Gewaltverbrechen anzuwenden. Genau das war es, was die Verfolgten unmöglich akzeptieren konnten. Sie hatten die Zerschlagung ihrer Familien- und Gruppenstrukturen durch Serien von Morden erlebt, sie hatten einen Genozid erfahren. Zutreffend verallgemeinerten sie ihre Beobachtungen zu und ihre Erfahrungen mit den Vertretern des NS-Systems in ihren Verfolgungsgeschichten: „dabei wurde festgestellt, dass seine Frau eine sogenannte Arierin war. Er wurde sofort notiert […], denn alle Zigeuner, die eine Arierin zur Frau hatten, wurden auf Veranlassung Dr. Ritters […] zwangsweise sterilisiert“ (Franz Bamberger).[1022]

„Die von mir in meiner Strafanzeige angeführten Beschuldigten gehörten seinerzeit einer Clique an, die sich die Endliquidierung von

1021 Ebd., Nr. 1.538, Bl. 677, Vernehmung Georg Winterstein, 28.10.1960.

1022 Ebd., Bl. 669, Anzeige, Franz Bamberger, Neckarsteinach, 10.6.1960.

Zigeunern und Zigeunermischlingen zur Aufgabe machte. [...] Die von mir angegebenen Beschuldigten waren die Organisatoren" (Oskar Rose).[1023]

Wenn die Verfolgten die Begriffe „Umsiedlung" oder „Evakuierung" verwendeten, dann meinten sie damit Lügen der Täter. Ihr eigenes Wort war das des „Transports" in ein Lager oder in eine völlig fremde Welt unter extrem gefährdenden Bedingungen, wie ihre Erfahrung der Familiendeportation 1940 sie belegte, als vom Mai bis zum November 1940 etwa 2.800 Angehörige der Minderheit[1024] aus dem westlichen Grenzraum des Reichs nach Polen ins Generalgouvernement verschleppt worden waren. Ein „freundschaftliches Zusammenleben" zwischen dem „Ritterschen Arbeitskreis" und den „Zigeunern", einen „gern gesehenen" Ritter,[1025] wie von Beschuldigten behauptet, gab es in den Darstellungen der Verfolgten nicht, wohl aber eine „aufs Tiefste gehaßte" „loli lupni" („rote Hure") – dies war neben „loli tschai" („rotes Mädchen") ein Spitzname für die rothaarige Eva Justin, deren Name wie ein „rotes Tuch und noch viel mehr" gewirkt habe.[1026]

Zwischen den Angehörigen der Minderheit einerseits und der Justiz sowie den Beschuldigten und ihren Helfern andererseits war eine Grenze gezogen. Sinti und andere Roma gehörten – nicht immer, aber doch häufig – den unteren Sozialschichten an. Der Besuch der defizitären Volks- und Hilfsschulen brachte deren Schülern nur schwache Ergebnisse, erst recht, wenn er nur temporär stattfand. Familienökonomie in ambulant ausgeübten Erwerbsweisen, wie sie aufgrund ihrer besonderen Sichtbarkeit für ein Wesensmerkmal von „Zigeunern" gehalten wurde, obwohl sie seit Jahrhunderten quer durch alle „ethnisch" markierten Bevölkerungsgruppen praktiziert wurden, erschien bürgerlichen Betrachtern in diesem Fall als Noterwerbstätigkeit, wenn nicht als ein fortwährender Betrugsversuch. Die ganze Lebenslage repräsentierte eine untergewichtige soziale Position. Zugehörigkeit

1023 Ebd., Bl. 664, Vernehmung Oskar Rose, Mannheim, 13. 6. 1960.

1024 Nach Angaben des Chefs der Sipo und des SD, siehe „Übersicht über die durchgeführten Evakuierungen" des Chefs der Sipo und des SD, Staatsarchiv Nürnberg, Nürnberger Prozessakten NO-5.150, zit. nach LAV NRW, Abt. Rheinland, Ger. Rep. 231, Nr. 1.542, Bl. 1.191–1.287, hier: Bl. 1.206, Beschlussvorlage StA Wolfgang Kleinert, 20. 4. 1963.

1025 Siehe etwa ebd., Nr. 1.536, Bl. 225 f., hier: Bl. 225, Vernehmung Fritz Mittelsteiner, 9. 6. 1959.

1026 Ebd., Bl. 300–303, hier: Bl. 303, Vernehmung Marta Adler, 3. 5. 1960; ebd., Nr. 1.535, Bl. 168–170, Vernehmung Georg Althaus, 14. 4. 1959.

zum „Pöbel" wurde von vielen Betrachtern aus höheren sozialen Rängen verachtet und galt zudem als selbst verschuldet. Gerade unter den der nazistischen Exklusionspolitik besonders verdächtigen „Mischlingen" aber hatte es viele gegeben, die inzwischen den sozialen Ausgangsort verlassen und die ersten oder weitere Stufen eines sozialen Aufstiegs bewältigt hatten. Sie waren gezielt zurückbefördert worden, indem sie zum NS-Arbeitseinsatz auf niedrigsten Befähigungsstufen gezwungen worden waren, die Kinder in „Zigeunerklassen" gesteckt und ab 1941 gänzlich vom Schulbesuch ausgeschlossen worden waren. Wer seit Mitte der 1930er-Jahre in die „Zigeunerlager" in Düsseldorf, Frankfurt am Main, Gelsenkirchen, Hamm, Köln, Magdeburg, Berlin-Marzahn oder in andere Randzonen abgedrängt worden war, dem waren die in der ersten Hälfte des Jahrzehnts oder auch früher schon gelungenen Aufwärts- und Eingliederungsschritte in der zweiten Hälfte wieder zunichte gemacht worden. NS-Verfolgung hatte „Zigeuner" den abwertenden propagandistischen Darstellungen real angeglichen. Nach dem Ende des NS-Systems konnten sie an ihren früheren Aufstieg nicht nur nicht wieder anknüpfen, die große Mehrheit der Überlebenden befand sich an einem vollständigen Nullpunkt. Enteignet bis auf das, was sie auf dem Körper trugen, ausgebürgert und hochtraumatisiert suchten sie nach ihrer Befreiung aus den Lagern im Land nach den ihnen verbliebenen Familienangehörigen. Sie waren darauf verwiesen, sich in mühsamsten Anstrengungen eine neue Basis für ihre materielle und soziale Existenz zu erarbeiten. Das konnte oft nicht gelingen. Mechthild Brand hat das am Beispiel der Rückkehrer in die alten Hammer Notunterkünfte zutreffend beschrieben: Sie bewegten sich zwischen Depression und Aggression. Brand fügte hinzu. „Sie hielten nun bewusst Abstand […] von der Mehrheitsgesellschaft insgesamt."[1027] In ihrer Beschreibung der Elemente des Antisemitismus kamen Max Horkheimer und Theodor W. Adorno im Sommer 1943 zu dem Schluss, „dass einer Jude heißt, wirkt als Aufforderung, ihn zuzurichten, bis er dem Bilde gleicht".[1028] Dieses Zitat drängt sich hier auf, denn genau das war mit den als „Zigeuner" Bezeichneten gemacht worden, und es blieb weit über 1945 hinaus dabei. Die den Angehörigen der Minderheit zugefügte und als „Asozialität" dargestellte soziale Randstellung haftete, als sei nichts geschehen, beharrlich weiter an ihnen. Ihre Marginalisierung

1027 Brand: Nachbarn, S. 123.

1028 Horkheimer / Adorno: Dialektik der Aufklärung, S. 195 (im Beitrag „Elemente des Antisemitismus. Grenzen der Aufklärung").

bestimmte ihre Zeugenrolle und ihre Überzeugungskraft gegenüber der Justiz wesentlich mit und schwächte sie massiv.

Den Verfolgten standen die Beschuldigten und Entlastungszeugen als soziale Gegenpartei gegenüber. Diese Gruppe, die 1945 zum größeren Teil in ihrem besten Alter gewesen war, verblieb – im einen oder anderen Fall vielleicht mit einer Unterbrechung durch eine Internierung oder eine zeitweise Existenz unter falscher Identität – auf dem bis dahin erreichten sozialen Niveau oder stieg weiter auf. Ihre Angehörigen verwandelten sich mehr oder weniger in Anhänger der bürgerlichen Demokratie und kehrten als solche zurück in gut bezahlte Berufstätigkeiten oder in eine überdurchschnittlich gut ausgestattete Altersruhe, das eine wie das andere verbunden mit einem hohen Maß an gesellschaftlicher Anerkennung. Es kam in aller Regel aufgrund der NS-Belastung nicht zu sozialen oder materiellen Einbußen.

Die soziale Differenz kam auch ins Spiel, indem die geläufigen „Zigeuner"-Zuschreibungen ohne Nachfrage in die Prozessmaterialien eingingen. Zu Leo Karstens Verfahrenstaktik gehörte es, den Schlüsselzeugen Walter Strauß, einen Textilkaufmann bürgerlichen Zuschnitts, unglaubwürdig zu machen, indem er ihn aus der bürgerlichen Mitte der „rechtschaffenen deutschen Kaufleute" aussonderte, als notorischen Lügner und Betrüger aus einer Familie geborener Straftäter hinstellte und damit den vorgeblich sozialtypischen kriminellen und asozialen Elementen der Unterschichten zuordnete. Der Kripo des Wohnorts von Strauß, die gerichtliche Nachfragen zu beantworten hatte, teilte er vertraulich mit, es handle sich bei diesem um einen hochkriminellen „Róm-Zigeuner". Die Kriminalität dieses „Stamms" bestand nach den Bekundungen der RHF im Großbetrug. Daran knüpfte Karsten nun an. „Illegal" seien die Eltern von Strauß nach Deutschland eingewandert. „Widerrechtlich" hätten sie sich deutsche Namen gegeben, weshalb die damalige Berliner Dienststelle für Zigeunerfragen Strauß für staatenlos erklärt habe. Dass Strauß „aus rassischen Gründen" inhaftiert gewesen sei, sei unzutreffend. Wegen seiner Straftaten sei er „einem Verwahrungslager zugeführt" worden. Nach alldem werde er inzwischen von der Kripo zurecht erneut als unverbesserlicher Betrüger geführt.[1029] Strauß habe eine „Scheinadresse". Das waren Ton und Inhalt der NS-Kripo-Schriftstücke, und die Angaben von Karsten zu Strauß' Eltern dürften der Diktion nach auf die denunziatorische

1029 LAV NRW, Abt. Rheinland, Ger. Rep. 231, Nr. 1.535, Leo Karsten, Kripo Ludwigshafen, an Kripo Hannover, 12.3.1959.

Datensammlung der RHF zurückgegangen sein.[1030] Diese Methode der Diffamierung, die die Angaben des Zeugen komplett entwertete, blieb hier wie in anderen Fällen ohne jede Kritik der Ermittler, obwohl sie jedem vormals aktiven Staatsanwalt mit Bestimmtheit mindestens aus den in diesen Jahren allgegenwärtigen antisemitischen Kontexten vertraut war.

Auf Ablehnung durch die Ermittler stieß auch der mit der Minderheit solidarische Anzeigenerstatter Siegmund A. Wolf, dessen Aussagestrategie auf dem Konzept der *crimes against humanity* basierte und mit der StGB-Linie der Ermittler nicht vereinbar war. Wolf sah nicht im Einzeldelikt den sanktionswürdigen Straftatbestand, sondern in der aktiven Teilnahme an den „an den Zigeunern verübten Unmenschlichkeiten“ insgesamt, die „auf einer Kollektiveinstufung [...] als erbbiologisch bedingter unterwertiger und schädlicher Rasse“ gründen würden. „Die Rassen- und Erbgesundheitsgesetzgebung und -politik des Naziregimes“ seien „etwas in zivilisierten Staaten Einzigdastehendes gewesen“, erklärte er. Dieser Satz wies das Gericht auf die Europäische Konvention zum Schutz der Menschenrechte hin. „Die intellektuelle Urheberschaft, praktische Vorbereitung und Ausführung der Zigeuner-Massenmorde“ bildeten für Wolf ein unbedingt zusammengehöriges Ganzes.[1031] Nach ihm konnte es nicht um die Frage gehen, ob „Dr. Ritter oder Dr. Justin persönlich einen Zigeuner in die Gaskammern von Auschwitz-Birkenau gestoßen“ hätten. Wolfs Argumentation brachte damit auch ein grundsätzlich anderes Verständnis von „Rassismus“ zum Ausdruck, als es mit der Reduzierung auf eine vorurteilsbedingte individuelle Hasshaltung, auf „Hassverbrechen“, geschah, die das StGB und die herrschende Meinung der Juristen als bindende Voraussetzung für eine Verurteilung verlangten.[1032] Er sah neben „Hasstätern“ die sachlich agierenden völkischen Konzeptionalisten und Organisatoren an den Schreibtischen.

1960 wurde Wolf durch einen Berliner Amtsgerichtsrat vernommen, der ihn und seine Aussagen als bedeutungslos abfertigte. Wolfs Einschätzung der Rolle der RHF im Gesamtzusammenhang der

1030 Ebd., Bl. 101–103, Kripo Ludwigshafen an Kripo Hannover, 12.3.1959, an LKA Hannover, 13.3.1959; ebd., Bl. 178, Vermerk Kriminalmeister Schubert, Polizeidirektion Hannover, 17.4.1959.

1031 Ebd., Nr. 1.536, Bl. 246–248, hier: Bl. 247f., Vernehmung Siegmund A. Wolf, 3.12.1959.

1032 Ebd., Bl. 254–260, hier: Bl. 254, Schreiben Siegmund A. Wolf an StAsch am LG Frankfurt a.M., 6.12.1959.

Vernichtungspolitik verdrehte er zu einer privaten Hasshaltung des Belastungszeugen gegen die Tatbeteiligten: „Der Zeuge Wolf war offenbar bemüht, seine Aussagen gegen die Beschuldigten zu färben, da er offenbar gefühlsmässig gegen die Dienststelle des Dr. Ritter eingestellt ist."[1033] Thiede war Mithörer gewesen und bestätigte diese Einschätzung von Wolfs Aussagen zur, wie Thiede ehrerbietig schrieb, „Dienststelle von Prof. Dr. Ritter".[1034] Beweiskraft hätten Wolfs Aussagen nicht, so sein Urteil. Das entsprach der Umgangsweise von Thiede auch mit dem Belastungszeugen Georg Winterstein oder mit Anna Tobler von der RHF, auf deren Aussagen noch näher einzugehen sein wird. Thiede kannte Wolfs Grundposition zu gut, um sie annehmen zu können. Wolfs Beiträge gingen für ihn in die falsche Richtung und hatten irrelevant zu bleiben.

Die Gruppe der Beschuldigten einerseits und die der Kläger und Belastungszeugen andererseits lassen sich soziografisch klar unterscheiden. Bei den Beschuldigten handelte es sich um Angehörige der Mittelschichten – Kleinbürger, beruflich kompetente Emporkömmlinge, gut verdienende Bildungsbürger in mittleren oder höheren beruflichen Positionen und einzelne Aufsteiger in die oberen NS-Leitungs- und Planungsgruppen. Es ist dieses gesellschaftliche Segment, dem „Schreibtischtäter" zuzuordnen sind. Im Sammelverfahren tritt ausschließlich dieser Tätertyp auf.

Die Individualvorgabe des StGB bot der Mehrheit der Tatbeteiligten mit diesen Selbstdarstellungen und mit den damit konformen Beschreibungen durch die Entlastungszeugen den passenden Ansatz.[1035] Durch äußere Umstände in das Geschehen unwillentlich einbezogenen Schreibtischinhabern mussten vorurteilsbedingte oder gar hasserfüllte Handlungsweisen fremd und die Anwendung körperlicher Gewalt unmöglich sein. Dem stand auf zwei Kleingruppen verteilt eine „Konstruktion des Abscheu erregenden Einzeltäters"[1036] gegenüber: Die unglücklich „Verstrickten" und „Missbrauchten" an den Schreibtischen kontrastierten mit erstens im Höchstfall einem Dutzend verbrecherischer und/oder verrückter Monster an der Spitze und zweitens mit

1033 Ebd., Bl. 347, Vernehmung Siegmund A. Wolf, 31. 5. 1960.

1034 LAV NRW, Abt. Rheinland, Ger. Rep. 231, Bl. 349, Vermerk StA Fritz Thiede, 2. 6. 1960.

1035 Hermann Arnold: „Ich konnte nicht den Eindruck gewinnen, daß Ritter ein Rassenfanatiker war." LAV NRW, Abt. Rheinland, Ger. Rep. 231, Nr. 1.536, Bl. 232–234, hier: Bl. 232, Mitteilung Hermann Arnold, 30. 7. 1959.

1036 Miquel: Mit den Mördern zusammenleben, S. 105, 107.

dem Gesindel der proletenhaften Henkersknechte aus den als primitiv geltenden Unterschichten.[1037]

Es konnte unter diesen Voraussetzungen genügen, dass ein bürgerlicher Angeklagter zu seiner Motivation schwieg, um bei einer Gesamtwürdigung seines Handelns und seiner Persönlichkeit gut wegzukommen. Das verlangte danach, ohne Schuldbewusstsein aufzutreten, und tatsächlich lässt sich nicht ein Beschuldigter im Sammelverfahren nennen, der sich dazu bekannt hätte, ethisch fragwürdig oder gar falsch gehandelt zu haben.

Während die Beamten und die Angehörigen der Roma-Minderheit sich insbesondere in konfrontativen Situationen begegnet waren, kannten Justiz, Polizei und Rassenforschung sich aus der beruflichen Kooperation und aus der privaten Gemeinsamkeit und waren sich in ihrem abschätzigen Blick auf „die einfachen Leute“ oft einig. Während die einen für die Ermittler einen Glaubwürdigkeitsmalus hatten und aufgrund der ihnen zugeschriebenen „Asozialität“ und mehrheitlichen Neigung zur Kriminalität als zu Recht unter Polizeibeobachtung und „Vorbeugung“ gestellt galten, hatten die anderen einen Glaubwürdigkeitsbonus und durften als Opfer der Verhältnisse gelten.

Unterstützer der Belastungszeugen aus den Mittelschichten waren in dieser bürgerlichen Perspektive in schlechte Gesellschaft geratene Abtrünnige und Nestbeschmutzer, nicht ernst zu nehmende, wenn nicht gefährliche Freunde der „Asozialen“, so wie es im Antisemitismus neben Juden die „Judenfreunde“ gab, beide in gleicher Weise als „gemeinschaftsschädlich“ geltend.

Für die Verfolgten in der Zeugenrolle war der gerichtsübliche Umgang mit sozialer Zugehörigkeit und sozialer Fremdartigkeit fatal. Die Unterscheidungen, die in dieser Weise getroffen wurden, blieben jedoch nicht ohne Kritik. Wiederholt machten Zeugen aus der Minderheit oder deren Fürsprecher den so gegebenen Schutz für Tatbeteiligte zum Thema. Man zeige mit Maly „den würdigen Vertreter des 3. Reiches“ und damit zugleich den Bonner „Polizeipräsidenten“ als einen Haupttäter an. Wenngleich auch „kleine SS-Männer“ zwar „befehlsgemäß rücksichtslos“ getötet hätten, so aber doch, weil sie von den höhergestellten Vorgesetzten „hierzu abgestellt“ gewesen und weil ihnen von diesen „tagtäglich neue Transporte zur Vernichtung zugeführt worden“

1037 Wiedemann: „Anständige“ Täter, S. 593–619, hier: S. 608 ff. Wiedemann wendet sich unter der Überschrift „Täterfiguren“ diesem Aspekt ausführlicher zu und verweist dabei auf die Autoren Frei und Herbert: Frei: Vergangenheitspolitik, S. 247; Herbert: Best, S. 456.

seien.[1038] Diese Zeugen verallgemeinerten an konkreten Beispielen das Schonverhalten gerichtlicher Instanzen in NSG-Verfahren und warnten vor einer Übertragung dieser Herangehensweise auf das laufende Sammelverfahren. Bisher habe man in den NS-Verfahren „nur von SS-Scharführern usw. gesprochen und die wirklich Schuldigen wie Maly, Gisevius[1039] und Gewehr[1040] sitzen in Amt und Würde". Diese seien die eigentlichen „Schurken", aber leider sei zu befürchten, dass sie am Ende straflos „in den Orient" entkommen würden.[1041]

Das Letzte bezog sich auf den spektakulären Fall des „Henkers von Buchenwald" Dr. med. Han(n)s Eisele, der von US-Richtern wegen zahlreicher Morde an „Zigeunern",[1042] Juden, „Russen" und Kommunisten zum Tode verurteilt, dann begnadigt und 1952 entlassen worden war. Als Mitte 1958 das Landgericht Bayreuth gegen einen „KZ-Schergen" verhandelte, fürchtete der als tatbeteiligt einzuschätzende Eisele auch seine Festnahme und verschwand nach Ägypten. Es waren diese Vorgänge gewesen, die 1958 den anonymen Anzeigenerstatter auf den Bonner Kripochef hinweisen ließen.[1043] Er ging dabei von einem Schutzkartell der beiden Doktoren Maly und Eisele und „weitere[r] Mörder" aus. Er konnte nicht wissen, dass der „in den Orient Entkommene" tatsächlich zu den Beschuldigten auch des Sammelverfahrens gehörte.

1038 LAV NRW, Abt. Rheinland, Ger. Rep. 231, Nr. 1.539, Bl. 790, anonymes Schreiben „Josua", Freiburg i. B., an Oberbundesanwalt Max Güde, 7. 4. 1960.

1039 Hans Bernd Gisevius, Aufnahme in die NSDAP 1933 und seit 1933 bei der preußischen Politischen Polizei, arbeitete mit am Ausbau der Geheimen Staatspolizei, war später im Auftrag des Amts Ausland / Abwehr der Wehrmacht in der Schweiz eingesetzt. Dort unterhielt er Kontakte zu westlich-alliierten Nachrichtendiensten.

1040 Hans-Georg Gewehr war 1933 Sturmführer der SA. Insoweit der Reichstagsbrand auf NS-Täter zurückgeführt wurde und wird, gilt Gewehr als Leiter der Brandstiftergruppe. Hans Bernd Gisevius lehnte als Zeuge in Nürnberg (1946) und in einer Buchveröffentlichung (1946, 1947/48, 1961, 1987) die These vom „kommunistischen" Alleintäter Marinus van der Lubbe ab und ging von Nazitätern aus, was ein Strafverfahren gegen Gewehr auslöste (1960), das eingestellt wurde (1962). Gewehr klagte zivilrechtlich gegen Gisevius. Das Verfahren endete mit einem Vergleich.

1041 LAV NRW, Abt. Rheinland, Ger. Rep. 231, Nr. 1.540, Bl. 944, anonymes Schreiben „Perkeo", Freiburg i. B., 7. 5. 1961.

1042 Gedenkstätte Konzentrationslager Buchenwald / Harry Stein: Konzentrationslager Buchenwald, S. 76.

1043 Diese und die nachfolgenden Angaben: LAV NRW, Abt. Rheinland, Ger. Rep. 231, Nr. 1.539, Bl. 702, anonyme Anzeige gegen Maly, 1. 8. 1958.

6.2 Ablauf

Erste Verfahrensschritte

Anfang September 1958 wandte sich ein Frankfurter Obermagistratsrat an die Oberstaatsanwaltschaft des Landgerichts wegen Erkenntnissen zu Dr. Eva Justin. Es lagen „Beschwerden“ nicht näher bestimmter Herkunft gegen sie vor. Sie betrafen ihre „Tätigkeit in den Jahren 1933–1945, insbesondere auch im Zusammenhang mit der Zigeunerfrage“.

Es antwortete der Erste Staatsanwalt Dr. Hanns Großmann. Er war bis dahin Spezialist für politische Verfahrensinhalte und dürfte vorwiegend in Verfahren gegen die politische Linke eingesetzt gewesen sein. Nun war ihm mit der Vorbereitung des Auschwitz-Prozesses die Verantwortlichkeit für NSG-Ermittlungen übertragen,[1044] die er selbst lieber nach Stuttgart oder Ludwigsburg abgegeben hätte.[1045] Großmann dürfte in der ihm nun zugewiesenen Materie noch ohne Erfahrung gewesen sein.

Er eröffnete ein Vorverfahren zu Justin. Er ließ sich die Akten des Ritter-Verfahrens geben und setzte sich mit dem Vertreter des Magistrats zusammen.[1046] Der Leiter der Frankfurter Oberstaatsanwaltschaft Heinz Wolf stellte das neue Verfahren neben den Auschwitz-Prozess. Die Ermittlungen zu beiden und zu zwei weiteren NSG-Verfahren sollten von kompetenten Staatsanwälten geführt und von Verfolgtenorganisationen unterstützt werden.[1047]

Im September oder Oktober 1958 hatte der Frankfurter Sinto Heinz Lehmann-Lamary die Stadtverwaltung zu Justin und Ritter angeschrieben und die beiden der Beteiligung an der Verfolgung und Vernichtung der Minderheit beschuldigt. Das Frankfurter Personalamt wiegelte zunächst ab. Es stützte sich dabei auf staatsanwaltliche Aussagen zu Ritter von 1950. Die beiden seien nicht „bei dem berüchtigten Reichssicherheitshauptamt“, sondern in dem Personalamt des als unbelastet geltenden Reichsgesundheitsamts tätig gewesen. Der „Wissenschaftler“ und dessen „Assistentin“ seien „alles andere als Verfechter der

1044 Renz: Ankläger.

1045 Gross / Renz: Auschwitz-Prozess, S. 538.

1046 LAV NRW, Abt. Rheinland, Ger. Rep. 231, Nr. 1.535, Bl. 1, Aktenvermerk StA Hanns Großmann, 4. 9. 1958.

1047 Ebd., Nr. 1.546, Bl. 290, Verbrechen von Auschwitz sollen gesühnt werden. In einem KZ-Verfahren gibt es 950 Beschuldigte. Die Frankfurter Staatsanwaltschaft wurde verstärkt, Kölner Stadt-Anzeiger, 21. 5. 1960.

NS-Rasseideologie" gewesen, wie aus Zeugenerklärungen hervorgehe. Gemeint waren damit die 39 Persilscheine, die Ritter sich hatte schreiben lassen. Zu Justin verwies man auf deren Entnazifizierung. Sie sei als Nichtbetroffene kategorisiert worden.[1048] Um diese Auskünfte bewerten zu lassen, reichte Lehmann-Lamary sie an den Berliner Mentor der Minderheit Siegmund A. Wolf weiter. Wolf war bis 1933 Leiter des Stadtarchivs Magdeburg gewesen. Dort werden ihm die noch vorhandenen zahlreichen „Zigeunerpersonenakten" der NS-Kripo begegnet sein. Als Sprachwissenschaftler war er ein Spezialist für das Jiddische und für das Romanes mit guten Kontakten zu Sprechern aus der Minderheit. In seiner ausführlichen Anzeige im Dezember 1958[1049] verweigerte er jegliche völkisch-antiziganistischen Ausdeutungen, wie Ritter und Justin sie als „wissenschaftlich" und als gesicherte Erkenntnis hochgehalten hatten und wie sie als Alltagsüberzeugung in der Gesellschaft umliefen, vollständig die Anerkennung. Die beiden waren für ihn „sogenannte" Rassenhygieniker und Kriminalbiologen, die in einer „sogenannten" wissenschaftlichen Forschungsstelle tätig gewesen seien. Das war ein Standpunkt, der zu diesem Zeitpunkt selten vertreten wurde und gerade auch unter den Adressaten der Anzeige nicht üblich gewesen sein dürfte. „Nahezu ausschließlich" habe diese „Forschungsstelle", schrieb Wolf, „der durch das Reichssicherheitshauptamt betriebenen Ausrottung der Zigeunerrasse gedient".

Die Praxis der Ausforschungen sei ohne Rechtsgrundlage erfolgt und erfülle aufgrund der Drohungen mit Gestapo und KZ den Straftatbestand der Nötigung. Ziel und Zweck der genealogischen Forschungen der RHF sei die physische Vernichtung gewesen. Die von Ritter und Justin propagierten Sterilisierungen „auch erbgesunder, sozial angepasster, nichtvorbestrafter und sesshafter Zigeuner" seien ebenfalls als Verbrechen in diesen Kontext einzuordnen.

Detailliert hatte sich der Anzeigenerstatter durch die bis dahin von ihm ermittelte Chronologie der Verfolgung gearbeitet. Er verwies auf abgestimmte Aktivitäten zwischen RHF, RSHA, RKPA, weiteren Instanzen und rechtliche Maßnahmen. Dass bislang keine Strafanzeigen gegen Justin und Ritter vorgelegen hätten, gehe darauf zurück, dass

1048 LAV NRW, Abt. Rheinland, Ger. Rep. 231, Nr. 1.535, Bl. 6–10, Stadtrat Menzer an Heinz Lehmann-Lamary, 28. 10. 1958, zit. nach der Anzeige von Siegmund A. Wolf, 13. 12. 1958.

1049 Ebd., Siegmund A. Wolf, Westberlin, an Polizeipräsident in Westberlin, von dort an LG Frankfurt a. M., 13. 12. 1958.

kaum jemand von deren „Unterschlupf" in Frankfurt gewusst habe und das Verfahren gegen Ritter „diskret behandelt" worden sei.

Wolf belegte seine Vorwürfe mit Auszügen aus den Schriften von Ritter und Justin und benannte Zeugen. Sie kamen vor allem aus der Minderheit, aber es waren darunter auch der Historiker Dr. Hans Buchheim vom Institut für Zeitgeschichte, der NS-Gegner und CDU-Bundestagsabgeordnete Prof. Franz Böhm und der NS-verfolgte evangelische Pfarrer Georg Althaus, Gründer eines „Pfarramts für den Dienst an Israel und den Zigeunern", sowie mit den Kripobeamten Josef Eichberger und Leo Karsten auch Zeugen aus dem Polizeiapparat.

Wolfs Anzeige folgte im Januar 1959 eine zweite durch den Rechtsanwalt Dr. Paul Haag als rechtlicher Beistand und im Namen von Marta Adler.[1050]

Mit einem ersten Fazit wurde Anfang März 1959 die Prüfung eines Anfangsverdachts abgeschlossen. Da er sich bestätigt hatte, wurde ein Vorverfahren eröffnet. Staatsanwalt Bernd Rüdiger Uhse beschuldigte Eva Justin des Verdachts der folgenden strafbaren Handlungen:[1051]

1. falsche eidesstattliche Versicherungen im Entnazifizierungsverfahren von Ritter,
2. Anstellungsbetrug durch Verschweigen ihrer früheren politischen Einstellung,
3. Nötigung zu anthropologischen Untersuchungen, Blutgruppenbestimmungen und Fotoaufnahmen,
4. Erpressung der Zustimmung zur Sterilisierung,
5. „Propagierung der Sterilisation von Zigeunern",
6. „Ermittlung von 20.000 Zigeunern und Meldung ihrer Personalien an das Reichssicherheitshauptamt mit dem Ziel der physischen Vernichtung". Damit waren in dieser Frühphase des Verfahrens Freiheitsentziehung und Mord sowie die Beihilfe dazu gemeint.

Zugleich stellte Uhse fest, dass mit Ausnahme der letzten Beschuldigung alles bereits verjährt sei, sodass im Fortgang des Verfahrens sich die

1050 Ebd., Bl. 13 f., Paul Haag an OStA am LG Frankfurt a. M., 17. 1. 1959.

1051 Ebd., Bl. 40–48, hier: 40–41, Vermerk StA Bernd Rüdiger Uhse, 9. 3. 1959, vom gelöschten Verfahren 4 AR 231/58 zum Vorverfahren 4 Js 220/59 der StAsch am LG Frankfurt a. M.

Ermittlungen auf diesen einen Vorwurf beschränken mussten.[1052] Mit seiner Angabe zur Gesamtzahl der Opfer der RHF-Nachforschungen dürfte Uhse eine Angabe des Anzeigenerstatters Wolf aufgegriffen haben, die wiederum auf Ritter zurückgehen könnte. Mit „rund 20.000" bezifferte Ritter in einem Zwischenergebnis Ende 1940 die Zahl der in die Kategorien „Zigeuner" und „Zigeunermischlinge" Eingestuften sowie den kleinen Anteil der erfassten „Nichtzigeuner".[1053] Das RKPA gab im November 1942 etwas andere Zahlen an. Sie kamen definitiv von der RHF. Das RKPA notierte „gemeldete 28.607 Personen" und 18.922, die einer „rassischen Begutachtung" unterzogen worden seien.[1054]

Verfahrensausweitung

Bereits aus seiner Analyse des Ritter-Verfahrens war Oberstaatsanwalt Wolf spätestens Anfang März 1960 zu der Überzeugung gekommen, das bis dahin auf eine Einzeltäterin festgelegte und individualisierte Verfahren müsse erweitert werden. Er war der Meinung, dass die Einstellung des Ritter-Verfahrens mangels Beweises nur notgedrungen erfolgt sei, weil „die wirklichen Zusammenhänge [...] s. Zt. noch nicht aufzuklären" gewesen seien. Inzwischen dränge die Zeit, da die Strafverfolgung gegen bis zum 30. Juni 1960 nicht mit Namen bezeichnete Beschuldigte verjähren würde. Das Verfahren werde „insbesondere auf Grund von Unterlagen und Erkenntnissen des Instituts für Zeitgeschichte auf die anderen früheren Mitarbeiter Dr. Ritters sowie auf Beamte des Reichskriminalpolizeiamtes und nachgeordneter Polizeidienststellen ausgedehnt werden müssen". Dazu hatte er umgehend Vorschläge gemacht und neben Eva Justin vier weitere RHF-Angehörige, den Präsidenten des Reichsgesundheitsamts und drei der Beteiligung „an dem Ausrottungs-Programm gegen Zigeuner" verdächtige Kripo-Beamte benannt.[1055] Der Druck auf die Täterseite erhöhte sich durch weitere

1052 Ebd., Bl. 153, StA Bernd Rüdiger Uhse an Polizeipräsidium München, 9.3.1959.

1053 Ritter: Bestandsaufnahme, S. 481.

1054 Arnold: Zigeuner, S. 268, zitiert hier aus einem „wissenschaftl. Nachlaß, verwahrt in der Dokumentationsstelle für die Probleme der nichtseßhaften Familie der Deutschen Akademie für Bevölkerungswissenschaft", ein Zählergebnis der RHF, das in einem Bericht des RKPA vom November 1942 enthalten sei.

1055 LAV NRW, Abt. Rheinland, Ger. Rep. 231, Nr. 1.545, Bl. 55f., OStA Heinz Wolf an den hessischen Innenminister, 9.3.1960; der Leiter des Reichsgesundheitsamts war Prof. Dr. Hans Reiter, die RHF-Mitarbeiterinnen waren Prof. Dr. Sophie Ehrhardt, Gudrun Nell, Dr. Cäcilie Schulte und Dr. Adolf Würth, die Kripobeamten Paul Werner, Josef Eichberger und Leo Karsten.

Anzeigen in der ersten Jahreshälfte 1960. Anfang Mai ging vom *Verband und [der] Interessengemeinschaft rassisch Verfolgter nicht-jüdischen Glaubens*, den Oskar Rose vertrat, eine Anzeige gegen Eichberger, Justin, Karsten, Ritter, Würth und sechs weitere Personen an die Zentrale Stelle in Ludwigsburg,[1056] die sie nach Frankfurt weitergab. Im Juni folgte eine Anzeige von Franz Bamberger gegen Eichberger, Justin, Karsten, Ritter und einen Dr. Willi Stein vom Reichsgesundheitsamt. Diese Anzeigen wurden in das nun angelaufene Verfahren mit einbezogen.[1057]

Die Grundüberlegung war die eines Sachzusammenhangs, in dem die Benannten als Akteure der Verbrechen gestanden hatten. So begründete auch der Oberstaatsanwalt in Bochum einige Monate später seine Forderung an die Frankfurter Oberstaatsanwaltschaft zur Übernahme der Ermittlungsverfahren gegen Hans Otto und Heinrich Böhlhoff: Eine Bearbeitung durch ein bündelndes Verfahren sei „deshalb geboten, weil nur die Zusammenfassung aller strafrechtlich erheblichen Vorgänge eine sachgemässe und zuverlässige Beurteilung [...] ermöglicht. Dagegen dürfte einer Abtrennung der dortigen Verfahren gegen Otto und Böhlhoff" und deren Übernahme nach Bochum „der zweifellos bestehende Sachzusammenhang mit den gegen die übrigen Beschuldigten dortseits erhobenen Vorwürfen zwingend entgegenstehen".[1058] Das war ein Plädoyer für ein „Sammelverfahren".

Wolf hatte die rasche Bestellung „eines geeigneten, jüngeren Sondersachbearbeiters", wie er gegenüber dem Generalstaatsanwalt betont hatte, gefordert, den er in Gestalt von Fritz Thiede erhielt.

Wolf hatte in Entschädigungsakten, in den BDC-Angaben und in den Angaben in- und ausländischer Zeugen zahlreiche Beteiligte auffinden können.

In der Systematik von Verfolgung und Vernichtung musste der Ausgangspunkt von Strafermittlungen liegen. Es ging darum, Sachzusammenhänge aufzuklären und die handelnden Personen ausfindig zu machen. In Wolfs Perspektive dürften sich Erfahrungen auch aus dem Auschwitz-Prozess und seines Vorgesetzten, des Generalstaatsanwalts Bauer, nutzen lassen. Dazu passte die Personalentscheidung, Thiede zum leitenden Ermittler zu machen, jedoch nicht. Es war davon

1056 Ebd., Nr. 1.538, Bl. 658, Verband und Interessengemeinschaft an Zentrale Stelle Ludwigsburg, 2.5.1960.

1057 Ebd., Bl. 658f., Verband und Interessengemeinschaft an Zentrale Stelle Ludwigsburg, 2. und 3.5.1960; ebd., Bl. 669f., Franz Bamberger, Neckarsteinach, 10.6.1960.

1058 Ebd., Bl. 631, OStA Hüntemann, LG Bochum, an OStA am LG Frankfurt a.M., 12.9.1960.

auszugehen, dass es sich weltanschaulich und fachlich bei Thiede nicht um einen Unterstützer eines Verfahrenskonzepts wie das von Bauer dem Auschwitz-Prozess unterlegte handelte, sondern um einen Opponenten, der das Bauer-Konzept auch in einer reduzierten Variante verwerfen würde. Es war nicht zu erwarten, dass Thiede das Verfahren ähnlich dem Auschwitz-Prozess und parallel dazu entwickeln würde. Die Einstiegsentscheidung für ihn als leitendem Ermittler machte das Verfahren zu einem Gegenentwurf, auch wenn die Ermittlungen erst einmal erheblich ausgeweitet wurden.

Die Liste der Frankfurter Oberstaatsanwaltschaft vom Juni 1960 mit 66 Tatverdächtigen[1059] benannte neben RHF- und RKPA-Angehörigen Kriminalbeamte aus Berlin, München, Mannheim, Augsburg, Karlsruhe und Konstanz, zahlreiche Sterilisationsärzte und einen Vertreter des Reichsinnenministeriums. Die Frage der Ermittler nach Verantwortlichkeiten bezog nun stärker die dezentrale kriminalpolizeiliche Ebene und das ärztliche Berufsfeld mit ein. Im Monat darauf waren davon allerdings mit ihren Namen nur noch 14 Beschuldigte des „Kriminal-Biologischen Instituts bzw. des Reichsgesundheitsamts", 17 des RKPA und vier des Reichsausschusses zur wissenschaftlichen Erfassung von erb- und anlagebedingten Leiden und des Reichsinnenministeriums in den Akten verblieben. Pauschal waren ihnen „Polizeibeamte unterer Dienststellen" sowie „verschiedene [Sterilisations-]Ärzte" hinzugefügt worden.[1060]

Wenn Thiedes Vorgänger Uhse von Ermittlungen zur physischen Vernichtung von 20.000 „Zigeunern" gesprochen und eine Mordanklage formuliert hatte, ging es dem Nachfolger nunmehr nur um Körperverletzung im Amt, gemeint waren Zwangssterilisierungen, und um Freiheitsberaubung im Amt mit Todesfolge, nämlich durch die Einweisung von Verfolgten in Konzentrationslager.[1061] Wie diese Abkehr vom ursprünglichen Ermittlungsziel von Thiede begründet wurde, ist aus den vorliegenden Unterlagen nicht zu erkennen. Sie beinhaltete zunächst, dass nach Thiedes Meinung am Schreibtisch kein Mord begangen worden sein konnte, jedenfalls nicht unterhalb der wenigen hochrangigen „Haupttäter", sondern schlimmstenfalls so etwas wie eine

1059 Ebd., Nr. 1.536, Bl. 417–419, Vermerk, StA Fritz Thiede, 23.6.1960.

1060 Ebd., Nr. 1.545, Bl. 190–197, Verfügung StA Fritz Thiede, 7.7.1960.

1061 Ebd., Nr. 1.536, Bl. 287, Vermerk StA Fritz Thiede, 2.5.1960; ebd., Bl. 299, Vernehmung Johannes Reinhardt, 3.5.1960; Ebd., Bl. 333, StA Fritz Thiede an Polizeipräsident in Berlin, 23.5.1960; ebd., Bl. 417, Vermerk, StA Fritz Thiede, 23.6.1960.

Körperverletzung mit Todesfolge, das Tötungsdelikt mit dem geringsten Gewicht. Darin war eingeschlossen, dass als Tatbestandsmerkmale die besonders verwerflichen Tätermerkmale, die 1941 eingeführten „niedrigen Beweggründe“ und auch der Vorsatz fortfielen, die nach dem Paragrafen 211 des StGB den Mord qualifizierten. Zwar hatte der Bundestag alle Tötungsdelikte unterhalb von Mord zum 8. Mai 1960 bereits verjähren lassen, aber im Einzelfall einer Hemmung der Verjährung waren immer noch Strafverfolgung und Strafe möglich.[1062] Der Strafansatz bei schwerer Freiheitsberaubung oder Körperverletzung jeweils mit Todesfolge lag mit drei bis 15 Jahren deutlich unter dem bei Mord.[1063]

Eine Negierung des Rassismusvorwurfs sollte bei Vertretern einer „Rassenhygienischen und bevölkerungsbiologischen Forschungsstelle“ schon durch ihren eindeutigen, die Arbeitsaufgabe beschreibenden Titel, der etwa auf sämtlichen Gutachten und sonstigen Papieren der RHF und auch an vielen anderen Orten auftauchte,[1064] ein unmögliches Unterfangen gewesen sein. Das sollte gegenüber jedem prüfenden Blick so gewesen sein, erst recht gegenüber einer Staatsanwaltschaft, es sei denn, sie stellte sich blind. So war es im Ritter-Verfahren gewesen. Der Einstellungsbeschluss, der jede rassistische Motivation von Ritter verneint hatte, war damit so umgegangen, dass er die Bezeichnung der Rassenhygienischen Forschungsstelle völlig vermieden und zur Aufgabe der RHF geschwiegen hatte. Obwohl dort permanent von dieser Einrichtung die Rede gewesen war, war sie auf 17 Seiten doch nur zweimal benannt worden, als ein ominöses „Institut beim Reichsgesundheitsamt“ bzw. verharmlosend als „bevölkerungskundliche Forschungsstelle“ mit der nachgeschobenen, wenngleich wahrheitswidrigen Bekräftigung, „so lautete das Institut in Berlin-Dahlem“. Es habe, hatte es mit Unterstreichung geheißen, in einem Gegensatz zu den – eindeutig mit ihrem offiziellen Namen benannten – „rassepolitischen Ämtern“ der

1062 Wengst: Ahndung, S. 20.

1063 Diese unterhalb der Schwelle zum Mord und der Beihilfe zum Mord liegenden Delikte wurden bei NS-Tötungsdelikten häufig verhandelt, vgl. etwa Raim: Justiz, S. 744, 748, 1011, 1015, 1016, 1096, 1118, 1126. Die Autorin bezog bei ihren Beispielfällen die 1950er-Jahre mit ein.

1064 Siehe etwa LAV NRW, Abt. Rheinland, Ger. Rep. 231, Nr. 1.537, Bl. 489, „Fotokopien aus Zigeunerakte Lübeck“, Rassenhygienische Forschungsstelle an Staatliche Kriminalpolizei Lübeck, 11. 12. 1939; ebd., Rassenhygienische Forschungsstelle an Reichskriminalpolizeiamt Berlin, 24. 2. 1939.

SS gestanden.[1065] Daneben hatte es das von Dr. Ferdinand Edler von Neureiter begründete und von Ritter übernommene Kriminalbiologische Institut im Reichsgesundheitsamt und schließlich das ebenfalls von Ritter geleitete Kriminalbiologische Institut der Sicherheitspolizei gegeben – Instanzen, die sich nicht auf „Zigeunerforschung" spezialisiert hatten, sondern über ein Ethnizitätskonzept hinausgingen. Damit waren die Voraussetzungen für ein Verwirrspiel gegeben, das den Rassismus gegen eine nach NS-Kriterien ethnisch-kulturell „andersartige" Gruppe der Bevölkerung verschleierte. Staatsanwalt Thiede verwendete in Nachfolge seines Vorgängers Uhse in der Namensfrage von Anbeginn konsequent die falsche Bezeichnung „Kriminalbiologisches Institut" für die RHF[1066] und versah das gerne mit dem Zusatz „im Reichsgesundheitsamt". Da es in den 1950er-/60er-Jahren gegen die Kriminalbiologie so wenig Einwände wie gegen eine vorbeugende Verbrechensbekämpfung gab, rahmte dieser Titel eine geradezu ethische Zielsetzung, die die kriminalbiologische „Forschung" zu vertreten schien. Sowohl die Ermittler als auch die meisten Beschuldigten praktizierten diese Sprachregelung.

Daneben gab es die Komplettamnesie bei der Namenserinnerung: „Es ist mir heute nicht mehr in Erinnerung, wie diese Stelle des Reichsgesundheitsamts hieß und was ihre Aufgabe war." (Paul Werner)[1067] Hier wie dort ging es um einen möglichst schadlosen Umgang mit dem Risikothema „Rassismus". Ein Vorwurf in dieser Richtung durfte nicht aufkommen. Aber die schützende Rhetorik durchzuhalten, gelang nicht immer. In seiner Alltagsvariante konnte Rassismus unwillentlich selbst aus staatsanwaltlichen Darlegungen herausschauen, so etwa wenn die Eltern von Lieselotte Wolf ganz nach dem Reichsbürgergesetz von 1935 unterschieden wurden: der Vater ein „Zigeuner", die Mutter eine „Deutsche".[1068]

An der Spitze des Reichsgesundheitsamts stand als Chef von Ritter und Justin Prof. Dr. med. Hans Reiter. In seiner Vernehmung 1959 bestritt er, über irgendwelche Einzelheiten „der in den verschiedenen Abteilungen durchgeführten Arbeiten" unterrichtet gewesen zu sein, wohl aber sei ihm doch bekannt gewesen, dass seine „kriminalbiologische

1065 Ebd., Nr. 1.535, Bl. 21–37, hier: Bl. 22, 33, Einstellungsverfügung, 28.8.1950.

1066 Ebd., Bl. 45, Vermerk, StA Bernd Rüdiger Uhse, vom gelöschten Verfahren 4 AR 231/58 zum Vorverfahren 4 Js 220/59 der StAsch am LG Frankfurt a. M., 9.3.1959.

1067 Ebd., Bl. 197, Vernehmung Paul Werner, 19.5.1959.

1068 Ebd., Nr. 1.539, Bl. 761–764, hier: Bl. 762, StA Neukirchen, Aktenauszug, 15.11.1959.

Abteilung“ „erbärztliche Forschung als wissenschaftliche Unterlage zur Klärung der Asozialen- und Psychopathenfragen“ betrieben habe, um „durch exakte wissenschaftliche Forschungsmethoden die Verbindung soziologischer Erscheinungen zum Biologischen“ nachzuweisen.[1069] Es habe sich um eine „praktisch wertvolle biologische Bestandsaufnahme dieser Bevölkerungsgruppen“[1070] gehandelt, wie sowohl aus einer gewissen administrativen Ferne der Leiter der Verwaltungsabteilung und Justiziar des Reichsgesundheitsamts Oberregierungsrat Albert Stümer a. D. als auch aus der nächsten Nähe Eva Justin es sagten. Auch für Stümer interessierte sich das Sammelverfahren zum „Zigeunerkomplex“. 1963 wurde er „mangels Beweises“ von der Beschuldigtenliste genommen.[1071]

Anpassungen an veränderte Gewohnheiten im Sprachgebrauch machten unverdächtig, legitimierten und wurden von dem Verfahrenssachverständigen und Entlastungszeugen Hermann Arnold, dem Berater zweier Bundesministerien, bekräftigt, der ebenfalls um eine sozialwissenschaftlich klingende Redeweise bemüht war.

Den rassistischen Charakter des Instituts betonend sprachen die Verfolgten und ihre Unterstützer dagegen von einem „rassisch-biologischen Amt“ (Oskar Rose) oder noch kürzer von einem „Rasseinstitut“ (Rechtsanwalt Dr. Paul Haag, Rechtsbeistand der Nebenklägerin Marta Adler).[1072]

Staatsanwalt Thiede praktizierte seine Sprachregelung konsequent bis zum Einstellungsbeschluss zu Eva Justin. Mit der anschließenden Übernahme des Sammelverfahrens nach Köln beendete sein Nachfolger Kleinert diese Praxis und nannte die RHF bei ihrem Namen.[1073]

Eine große Zahl von lokalen Kripoakten belegte die Umsetzung des Auschwitz-Erlasses mit konkreten KZ-Einweisungen und mit Zwangssterilisierungen, die mit einer KZ-Drohung durchgesetzt worden waren. Rassenforscher und Kripobeamte hatten über enorme Entscheidungsspielräume verfügt, die mithilfe von Täuschung und Nötigung hatten erweitert werden können. Sie belegten auch, dass die Selektionshoheit

1069 Ebd., Nr. 1.536, Bl. 220 f., Vernehmung Hans Reiter, 12. 6. 1959.

1070 Ebd., Nr. 1.535, Bl. 135, Vernehmung Albert Stümer, 13. 4. 1959.

1071 Ebd., Nr. 1.542, Bl. 1.255, Vermerk StA Wolfgang Kleinert, 27. 5. 1963.

1072 Ebd., Nr. 1.538, Bl. 664, Vernehmung Oskar Rose, 13. 6. 1960; ebd., Nr. 1.535, Bl. 14, Rechtsanwalt Paul Haag, Meldung als Rechtsbeistand der Nebenklägerin Marta Adler, 17. 1. 1959.

1073 Siehe die umfassende Darstellung des Verfahrensstands durch StA Wolfgang Kleinert: ebd., Nr. 1.542, Bl. 1.191–1.287, Vermerk, 20. 4. 1963.

in hohem Maße aufseiten des Polizeiapparats gelegen und im konkreten Einzelfall auch im Widerspruch zu den „gutachtlichen Äußerungen" der RHF hatte ausgeübt werden können.

So war Karl Reinhardt 1941 von Ritter als „Zigeunermischling (+)" eingestuft worden. Dieses Urteil hatte Justin 1943 auf „Nicht-Zigeuner" korrigiert. Damit entfiel die Möglichkeit zur Sterilisierung der Kinder von Karl Reinhardt, die das RKPA anstrebte. Der Kripobeamte Wiszinsky erhielt das Justin-„Gutachten", leitete es an die Kripo Karlsruhe weiter und wies sie an, die Bekanntgabe des Urteils so lange zurückzustellen, bis der Vater in die Sterilisierung seiner Kinder eingewilligt habe. So geschah es. Es konnte erst einmal sterilisiert werden.[1074]

1944 wurde die noch nicht volljährige Veronika Reinhardt nach Birkenau deportiert, obgleich der gesetzliche Vertreter, ihr Vater, die Zustimmung zur Sterilisierung gegeben hatte, um sie vor der KZ-Einweisung zu retten.[1075]

Die 14-jährige Hilda Johanna Wagner war von der Karlsruher Kripo als „asozial" kategorisiert worden, weil sie von den Eltern weggelaufen war. Vom RKPA war daraufhin Vorbeugehaft angeordnet und von Hans Otto bestätigt worden, woraufhin das Mädchen „nach Auschwitz verschubt (wurde), wo sie am 28. 5. 1944 verstorben ist". Bitten des Vaters um Haftentlassung hatte Albert Wiszinsky zurückgewiesen.[1076]

Immer wieder wurden Bitten von Eltern oder Verwandten um die Entlassung von Kindern aus Auschwitz von der Kripo abgelehnt.[1077] So bat 1943 der Großvater Christian Lind um die Entlassung seiner drei Enkelkinder, die mit der inzwischen verstorbenen Mutter Augustine nach Auschwitz gekommen waren. Otto lehnte ab. Die Enkelin Adelgunde lebe ohnehin inzwischen nicht mehr und die anderen beiden könnten nicht entlassen werden.[1078] 1944 wiederholte der Vorgang sich. Nun lebte nur noch ein Enkel. Dass Otto auch anders hätte entscheiden können, geht etwa aus der von ihm verfügten Entlassung von Veronika Eckstein hervor, die er trotz Widerspruchs von Kollegen durchsetzte.[1079] Andererseits setzte er die Deportation der Familie Karl Reinhardt

1074 Ebd., Nr. 1.536, Bl. 402–411, hier: Bl. 407, Auswertung Karlsruher Akten, undat. [Mai (?) 1960].

1075 Ebd., Bl. 411, Auswertung Karlsruher Akten, undat. [Mai (?) 1960].

1076 Ebd., Bl. 405, Auswertung Karlsruher Akten, undat. [Mai (?) 1960].

1077 Ebd., Bl. 404, 406, Auswertung Karlsruher Akten, undat. [Mai (?) 1960].

1078 Ebd.

1079 Ebd., Bl. 410, Auswertung Karlsruher Akten, undat. [Mai (?) 1960].

oder von Eduard Bernhard nach Auschwitz trotz dort bestehender Aufnahmesperre durch.[1080]

Aber es gab auch Fälle, in denen die Kripo den RHF-Urteilen eine so hohe Bedeutung zumaß, dass eigene Anordnungen und Verfolgungshandlungen revidiert wurden. Die „gutachtlichen Äußerungen" des Instituts konnten selbst dann noch eingreifen, wenn jemand bereits in Auschwitz inhaftiert war. Ernestine Reinhardt wurde durch ein neues Gutachten 1944 zur „Nichtzigeunerin" und entlassen.[1081]

Eduard Reinhardt, 1942 von der RHF als „ZM (-)" bewertet, war zwei Jahre später von Anna Tobler ohne Sterilisierung zum „sozial angepaßten Nicht-Zigeuner" erhoben worden, weil oder woraufhin er sich 1944 freiwillig zur Waffen-SS gemeldet hatte bzw. meldete.[1082]

Der „Frontkämpfer" Richard Eckstein wurde 1942 wegen „Belästigung von deutschen Mädels" zum „Asozialen" deklariert und kam nach Auschwitz. Entlassungsgesuche lehnte Wiszinsky ab.[1083]

Kinder unter zwölf Jahren, die noch nicht sterilisiert werden durften, wurden stattdessen nach Auschwitz deportiert, auch wenn sie getrennt von ihrer Herkunftsfamilie in sozial angepassten Verhältnissen lebten. So machte es die Kripoleitstelle München mit der etwa fünfjährigen Maria Kiefer.[1084]

Es gab Ärzte, die sich unter Hinweis auf die Vorschriften weigerten zu sterilisieren.[1085] Dann sterilisierte ohne großen inneren Konflikt eben ein Kollege oder eine Kollegin.

Zu sehen ist, dass die beiden institutionellen Handlungsträger des „wissenschaftlich-polizeilichen Komplexes" über so viel Entscheidungskompetenz verfügten, dass sie den Daumen zu Leben oder Tod heben oder senken konnten.

1080 Ebd., Bl. 369–388, hier: Bl. 369, Auswertung der Münchner Zigeunerakten, undat. [Mai (?) 1960]; ebd., Bl. 402–411, hier: Bl. 404, Auswertung Karlsruher Akten, undat. [Mai (?) 1960].

1081 Ebd., Bl. 402–411, hier: Bl. 378, Auswertung Münchner Akten, undat. [Mai (?) 1960].

1082 Ebd., Bl. 383, Auswertung Münchner Akten, undat. [Mai (?) 1960]; ebd., Nr. 1.545, unpag. Einlage im Ordner, „Anna Tobler", S. 4.

1083 Ebd., Nr. 1.536, Bl. 374, Auswertung Münchner Akten, undat. [Mai (?) 1960].

1084 Ebd., Bl. 452, Bayerisches Landeskriminalamt an LG Frankfurt a. M., StA Fritz Thiede, 21. 6. 1960.

1085 Ebd., Bl. 402–411, hier: Bl. 408 f., Auswertung Karlsruher Akten, undat. [Mai (?) 1960].

Diskursanalytisch interessant ist, dass sich mit Thiede die Tonlage in den Ermittlungspapieren veränderte. Ritter war nun nicht mehr wie noch bei dem Ermittler Uhse entscheidend für „Maßnahmen“ innerhalb einer „wissenschaftlichen Lenkung eines Zigeunervernichtungs-Programms“ gewesen. Thiede beförderte ihn zum „Professor“, der mit „Zigeunerforschungen“ in einem „kriminalbiologischen Institut beim Reichsgesundheitsamt“ beschäftigt gewesen sei, um „Unterlagen für ein noch zu schaffendes Zigeunergesetz beizubringen“. Die vorgebliche Hinwendung von Beschuldigten zu diesem Gesetzesvorhaben, das nie realisiert wurde, nahm Thiede als Entlastungsargument, als Widerlegung erstens einer rassistischen Motivation, zweitens des Vorwurfs eines individuellen Unrechtsbewusstseins und drittens der Existenz überhaupt eines ausgearbeiteten rechtswidrigen Auslöschungsplans gegen die Minderheit.

Zu Auschwitz und den Massenverbrechen fiel bei Thiede kein Wort. Das wiederum passte zur Neubestimmung des Tatvorwurfs. Die Weitergabe von Informationen der RHF an das RKPA habe „lediglich vorbeugende Maßnahmen gegen die Zigeuner herbeiführen“ können, und für „kriminalpolizeiliche Vorbeugungsmaßnahmen“ hatte Staatsanwalt Thiede Verständnis. Darüber Hinausgehendes sei erst spät erkennbar gewesen. Dazu war als vage zeitliche Einordnung „später – insbesondere ab 1943“ hinzugefügt. Ab dann erst sei eine Kooperation zwischen dem Institut und dem RKPA auch durch Zeugenaussagen und Aussagen von Ritter belegbar. Mit dieser Periodisierung bewegte sich Thiede ganz innerhalb der Sphäre der herrschenden Rechtsprechung. Erst im Dezember 1963 konzedierte der BGH, dass ab 1935 – mit den Nürnberger Gesetzen, in die „Zigeuner“ einbezogen waren –, mindestens aber seit 1938 mit Himmlers Erlass einer Zigeunerbekämpfung „aus dem Wesen dieser Rasse“ neben kriminalpräventiven Motiven auch „rassenpolitische Beweggründe mitursächlich“ für die Verfolgung der Roma-Minderheit gewesen seien.[1086] Bei der Verfolgung der jüdischen Minderheit hatte es eine zeitliche Einschränkung nie gegeben und als Motiv der Verfolgung war „Antisemitismus“ von vornherein anerkannt.

Thiede begann, sich ein Gesamtbild von der Personalsituation der in der RHF und im RKPA „mit Zigeunerfragen“ Befassten zu machen.

Eine Auflistung von Beschuldigten von Anfang Mai 1960, die über Justin hinaus weitere neun Angehörige der RHF und 15 Kripobeamte

1086 Zu dem BGH-Urteil vom 18.12.1963: Feyen: „Wie die Juden?“, S. 340.

nannte,[1087] konnte nach mehreren Vernehmungen und Gesprächen mit Staatsanwaltschaften anderer Gerichte noch im Laufe des Monats fortgeschrieben werden und nannte nun unter jetzt 18 Kriminalbeamten ein erstes Mal auch den im Rheinland schon länger wohlbekannten „Dr. Maly […], z. Zt. Leiter der Kriminalpolizei in Bonn".[1088]

Bereits Anfang August 1958 war Maly anonym wegen Mordes bei der Staatsanwaltschaft beim Landgericht München angezeigt worden.[1089] Die Anzeige konkretisierte den Tatvorwurf als Mord an der im fünften Schwangerschaftsmonat deportierten Luise Lieselotte Wolf, die zu einer Familie von „Zigeunermischlingen" gehört habe. Sie zeigte, dass der Anzeigende die Karlsruher Entschädigungsakte zu dem Fall kannte. Das Amtsgericht München hatte den Fall zunächst bearbeitet,[1090] der dann an die Zentrale Stelle der Landesjustizverwaltungen in Ludwigsburg ging und von dort an das Oberlandesgericht in Köln, nachdem es zunächst nicht gelungen war, das Verfahren an das Landgericht Frankfurt am Main abzugeben.[1091] Das Kölner Landgericht eröffnete ein Ermittlungsverfahren, mit dem bis zum November 1959 Malys von ihm verdunkelte Berufsbiografie in den NS-Jahren und die Grundzüge des Falls Wolf aufgehellt werden konnten.[1092] Von Maly kam eine harsche Reaktion auf die Anzeige. Sie sei „völlig haltlos". „Mit Zigeunern oder Konzentrationslagern" habe er nie etwas zu tun gehabt. 1943 habe er nicht einmal von der Existenz eines Konzentrationslagers Auschwitz gewusst.[1093]

Maly rückte nun in Frankfurt in den Vordergrund, denn der Zeuge Siegmund A. Wolf benannte ihn wenig später in einer Vernehmung ebenfalls,[1094] und im Juni informierte der nordrhein-westfälische Innenminister den Frankfurter Oberstaatsanwalt, dass er ein förmliches

1087 Ebd., Bl. 288–291, Vermerk StA Fritz Thiede, 2. 5. 1960.

1088 Ebd., Bl. 336, StA Fritz Thiede an Polizeipräsident in Berlin, 23. 5. 1960.

1089 Ebd., Nr. 1.539, Bl. 702, anonyme Anzeige gegen Maly wegen des Falls Lieselotte Wolf, Verweis auf Entschädigungsakte, 1. 8. 1958.

1090 Ebd., Bl. 719 ff., Verfahren 1 o Js 2.668/58 der StAsch am LG München, StAsch am LG München an StAsch am LG Köln, 8. 10. 1958.

1091 Ebd., Bl. 759, OStA am LG Köln an OStA LG Frankfurt a. M., 15. 10. 1959.

1092 Ebd., Bl. 702 ff., 751 f., 761 ff., Anonyme Anzeigen aus München, 1. 8. 1958, Zentrale Stelle mit Angaben zu Maly an GStA am LG Köln, 15. 9. 1959, Aktenauszug Maly-Vita [Personalakte?], 15. 11. 1959.

1093 Ebd., Bl. 720, Vermerk, StA Neukirchen, 21. 10. 1958.

1094 Ebd., Nr. 1.536, Bl. 345–347, hier: Bl. 345, Vernehmung Siegmund Wolf durch Amtsgericht Tiergarten, 31. 5. 1960.

Disziplinarverfahren gegen Maly eingeleitet habe.[1095] Es hatte eine Weile gebraucht, aber im April 1960 war es bei Beibehaltung der Zugehörigkeit zum öffentlichen Dienst zu einer Suspendierung mit Kürzung der Bezüge durch den Innenminister gekommen.[1096] Die Oberstaatsanwaltschaft in Frankfurt und das Innenministerium in Düsseldorf verständigten sich zu den nordrhein-westfälischen Beschuldigten Maly, Otto und Böhlhoff und unterstützten sich wechselseitig mit Vernehmungsprotokollen und Fallakten. Frankfurter Angaben flossen in das Disziplinarverfahren gegen Maly ein, dessen Dienstenthebung durch den Innenminister einige Monate später aufgrund von dessen Rolle im Fall der Lieselotte Wolf und aufgrund von falschen und unterschlagenen berufsbiografischen Angaben von der Disziplinarkammer des Düsseldorfer Verwaltungsgerichts bestätigt wurde.[1097]

Es schloss sich eine Reihe von Zeugenvernehmungen an. Sie galten hauptsächlich Kriminalbeamten. Von diesen standen inzwischen 19 auf der Liste, fünf zu Vernehmende kamen aus der RHF und einer war der Ex-Präsident des Reichsgesundheitsamts, das heißt, Zeugen aus der Minderheit fehlten zunächst. Drei davon wurden von dem Rechtsanwalt Paul Haag nachgemeldet.[1098] Das waren Johannes Reinhardt aus Kirchheim (Teck) sowie Julian Adler und Fryderyk Weese aus Zielona Góra in Polen, diese beiden jenseits der Systemgrenze und damit schwer zugänglich.

Reinhardt erklärte, von Ritter und Justin unter Drohungen rassenforscherisch erfasst und später sterilisiert worden zu sein. Adler und Weese waren ebenfalls Sterilisationsgeschädigte, Adler zugleich ein ehemaliger Auschwitzhäftling. Bei beiden ergab sich das Problem grenzüberschreitender Kommunikation und Kooperation, das nicht lösbar war, sodass sie nicht vernommen wurden.

Als Belastungszeuge trat der „Zigeunerpastor" Georg Althaus auf, der allerdings nichts konkret Belastendes beitragen konnte, weil er über die Kenntnis von Schriften hinaus nichts wusste. Klar war für ihn allerdings als Schlussfolgerung, dass „dem Eingeweihten nicht zweifelhaft" gewesen sein konnte, dass Justins und Ritters Tätigkeit

1095 Ebd., Bl. 441, Innenminister NRW an OStA am LG Frankfurt a.M., 28.6.1960.

1096 LAV NRW, Abt. Rheinland, NW 334, Nr. 24, DGB NRW an Innenminister NRW, 22.3.1960.

1097 Ebd., Ger. Rep 231, Nr. 1.540, Bl. 879 (= 16 Blätter in einer Hülle), Antragsverfahren ... [schwer leserlich], 20.9.1960.

1098 Ebd., Nr. 1.535, Bl. 55–57, Rechtsanwalt Paul Haag an OStA am LG Frankfurt a.M., 16.3.1959.

und Bestrebungen „ihre direkte Ausmündung in der Sterilisation und Ausrottung“ gefunden hatten.[1099]

Der Globke-Kommentar und ein von Buchheim angegebener Aufsatz über den „Ausschluss der Zigeuner vom Reichsbürgerrecht“ des Reichsinnenministers Wilhelm Frick von 1935 hätten hinreichen sollen, um die rassistisch begründete Entrechtung der deutschen Roma-Minderheit mindestens seit diesem Jahr zu belegen. Im Einvernehmen mit der herrschenden Meinung in der westdeutschen Rechtsprechung ging Staatsanwalt Thiede darüber hinweg.

Als Ausweis der wissenschaftlichen Betätigung der Rassenhygienischen Forschungsstelle galten ihm deren „Gutachten“. Entgegen ihrem hohen Anspruch hatten die „gutachtlichen Äußerungen“ der RHF den simpelsten Inhalt. Sie beschränkten sich auf die Angabe der notwendigsten persönlichen Grunddaten und einer in Kurzform vorgenommenen Qualifizierung der Probanden als „Zigeuner“ oder als „Zigeunermischling“ mit Minus- oder Pluszeichen für den Mischungsgrad. So galt es für „Sinte“, während bei der zweiten großen Teilgruppe, den osteuropäischen „Róm“, nicht nach Mischungsanteilen unterschieden, wohl aber auf eine „rassisch“ bedingte Gemeinsamkeit mit Juden hingewiesen wurde. Differenzierungen nach verschiedenen Graden der „Asozialität“ und der Kriminalität unterblieben bei dieser Teilgruppe. „Róm“ wurden kollektiv in die höchste Belastungsstufe eingeordnet.

Die Gutachter schrieben die Begutachteten regelmäßig ins KZ oder in die Sterilisierung. Das war eine unbestreitbare Tatsache. Sie wurde in den Vernehmungen von RHF-Angehörigen, Kripobeamten und sonstigen staatlichen Funktionsträgern geleugnet. „Lediglich wissenschaftliche Gutachten“ hätten Ritter und die RHF geschrieben und suggerierten, die seien ohne große praktische Bedeutung gewesen.[1100] Um die Kritik an dieser Darstellung unglaubwürdig und gegenstandslos zu machen, wurden Ritter und Justin von den Entlastungszeugen als Muster bürgerlicher Ehrbarkeit hingestellt. Ritter sei ein „ausgesprochener Typ eines Gelehrten“ mit „humaner Grundnote“ gewesen, von lauterstem Charakter und absolut menschlicher Zuverlässigkeit, der die „‚Zigeunerfrage‘ auf eine vernünftige und humane Art“ habe lösen wollen und dem von NS-Seite „Humanitätsduselei“ vorgeworfen

1099 Ebd., Bl. 168–170, Vernehmung Georg Althaus, 14.4.1959.

1100 Diese und die nachfolgenden Zitate: ebd., Bl. 118, 123, 126, 151, 188, 193, 195, 199; ebd., Nr. 1.536, Bl. 225, Erklärungen von Beschuldigten zu Ritter und Justin in Vernehmungen und aus anderen Anlässen.

worden sei. Justin sei ein „sehr gebildetes charakterlich einwandfreies Fräulein“ gewesen, das „von diesen andersartigen Menschen“ „mit großer Liebe“ gesprochen habe. Sie sei „wegen ihrer Zigeunerliebe“ geradezu belächelt worden. Sie habe sich „stets korrekt und human“ verhalten. Beider „Wesensart [...] und namentlich auch deren Grundeinstellung“ seien dem, was ihnen vorgeworfen werde, „völlig zuwider“ gewesen. Beide hätten sich „unter enormen Schwierigkeiten“ für das Leben der „Zigeuner“ eingesetzt. „Zigeunerforschung“ sei damals eine Sache von Menschen „lautersten Charakters“ gewesen.

Einer der Zeugen zugunsten von Justin war Paul Werner.[1101] Er war bei seiner Befürwortung einer „vorbeugenden Verbrechensbekämpfung“ geblieben und bei der Grundüberzeugung, die „Zigeunerfrage“ drehe sich um ein genetisch zu erklärendes „Asozialenproblem“. „Rassische Vermischung von Zigeunern mit Nichtzigeunern“, führte er in seiner Vernehmung aus, bewirke „in aller Regel“ erst ein „Abgleiten in echtes Asozialentum“ und dann in die Kriminalität. Das habe weder bei ihm noch bei Justin noch allgemein bei der Kriminalpolizei und dem Reichsgesundheitsamt irgendetwas mit „rassischer Verfolgung oder gar Ausrottung“ zu tun gehabt.[1102] „Himmler oder sonstwer“ hätten hinter dem „Abschieben und dergl. mehr“ gesteckt. Bei diesen dann mochte er Rassismus als privat-persönliche Haltung nicht ausschließen.

Inzwischen hatte es von außerhalb der Justiz weitere Initiativen gegeben, die NS-Vernichtungspolitik gegen die Minderheit zum Thema zu machen und deren Akteure strafrechtlich zur Verantwortung zu ziehen. Nach der bereits angesprochenen anonymen Anzeige von 1958 an die Staatsanwaltschaft in München zu Hans Maly[1103] erhielt die Frankfurter Staatsanwaltschaft im Dezember 1959 eine anonyme Mitteilung, die mit Hans Maly und Paul Werner leitende Beamte des RKPA als Täter nannte. Zu Maly hieß es, er sei als Beamter des RKPA über Leichen gegangen und habe „die Einweisungen von Personen in die KZ-Lager angeordnet“ Maly wie Werner seien mit dem SS-Arzt Dr. Werner Heyde bekannt gewesen.[1104] Anfang April 1960 ging ein ausführliches

1101 Zu Werner siehe Seybold: Paul Werner, S. 75 f.; Stang/Wirth: Paul Werner, S. 626 ff.

1102 LAV NRW, Abt. Rheinland, Ger. Rep. 231, Nr. 1.535, Bl. 196–200, Vernehmung Paul Werner, 19.5.1959.

1103 Ebd., Nr. 1.539, Bl. 702, anonymes Schreiben „im Namen der Gerechtigkeit“, Karlsruhe, 1.8.1958.

1104 Ebd., Bl. 777 f., anonymes Schreiben „Gr. Specht“, Mannheim, an StAsch am LG Frankfurt a. M., 27.12.1959.

anonymes Schreiben eines „Josua“ an den Oberbundesanwalt Dr. Max Güde. Der Verfasser benannte Maly als „Referenten für die Lösung der Zigeunerfrage“, machte ihn mit präzisen Angaben für den Tod der Tochter Lieselotte der Karlsruher Familie Wolf verantwortlich und zeigte ihn an.[1105] Wenig später erreichte den Frankfurter Oberstaatsanwalt Wolf ein weiterer Brief, jetzt von dem namentlich ausgewiesenen Wiesbadener Rudi Barthel. Der Verfasser übte Kritik an der Tätigkeit alter Nazis in leitenden staatlichen Funktionen, die er an Maly konkretisierte und brachte für westdeutsche Verhältnisse besonders unangenehme Aspekte zur Sprache. Er sprach von einer Unverträglichkeit mit „unserer Demokratie“. Er fragte nach den „Hintermännern“ „solcher Kerle wie Dr. Maly“, verortete sie aber offenbar nicht in Übernahme der bekannten „Drahtzieher-These“ im Osten, sondern in Westdeutschland. Er erinnerte an den zu diesem Zeitpunkt wegen NS-Belastung viel diskutierten Bundesminister Dr. agr. Theodor Oberländer, der wenig später zurücktreten musste. Der Autor war der Meinung, „daß ausgerechnet diese Leute aus dem Osten recht haben“. Fälle wie der des Hans Maly würden „an sich berechtigte Angriffe gegen das Ostzonen Regime [!]“ ins Leere laufen lassen. Es fehle im Westen die „reine Weste“.[1106] Im Jahr darauf ging eine weitere anonyme Anzeige gegen Maly ein. Wieder ging es um den Fall Wolf,[1107] und das Ganze wiederholte sich erneut anonym 1968. Anlass war nun ein Bericht des *Spiegel* über den in Vorbereitung stehenden, später aufgrund der Dreher-„Panne“ geplatzten RSHA-Prozess gegen eine große Zahl von SS-Führern, die des Mordes und der Beihilfe angeklagt werden sollten. Vom Anzeigenden wurde dabei ein Terminus verwendet, der in den staatsanwaltlichen Äußerungen an keiner Stelle auftritt. Er bezeichnete Maly als „Schreibtischtäter“ und ordnete ihn den „Hauptschuldigen“ zu.[1108]

Auch von der Seite übergeordneter justizieller Instanzen wurde 1960 Einfluss auf den Ablauf des Verfahrens genommen. Oberstaatsanwalt Heinz Wolf wandte sich auf dem Weg über Generalstaatsanwalt Bauer an den hessischen Innenminister, um einen ausschließlich für das laufende Verfahren zuständigen Ermittler zu bekommen. Dabei fand er klare Worte zu dem 1950 so gut davongekommenen Robert Ritter und

1105 Ebd., Bl. 790, anonymes Schreiben „Josua“, Freiburg i. B., an Oberbundesanwalt Max Güde, 7. 4. 1960.

1106 Ebd., Bl. 793, Rudi Barthel, Wiesbaden, 18. 4. 1960.

1107 Ebd., Nr. 1.540, Bl. 944, anonymes Schreiben „Perkeo“, Freiburg i. B., 7. 5. 1961.

1108 Ebd., Nr. 1.544, Bl. 1.656, anonymes Schreiben „Josua“, Freiburg i. B., 20. 9. 1968.

zu Eva Justin als „eine der engsten Mitarbeiterinnen“ Ritters und zu deren Tätigkeit. Er charakterisierte Täter und Tat als verbrecherisch. Ritter habe „eine maßgebliche Rolle“ bei den „Maßnahmen zur Ausrottung von Zigeunern gespielt“, und Justin wie Ritter seien „bei der wissenschaftlichen Lenkung des Zigeunervernichtungsprogramms“ führend gewesen.[1109]

Anfang April 1960 trat Sonderstaatsanwalt Dr. Thiede an die Stelle von Staatsanwalt Uhse. Mit diesem Schritt wurde das Verfahren in seiner formalen Bedeutung hochgesetzt, und, indem seine Prämissen von einem Anfangsverdacht auf Massenmord zu einem auf individuelle Körperverletzung mit Todesfolge herabgestuft wurden, der Verfahrensgegenstand in seinem strafrechtlichen Gewicht zugleich wesentlich reduziert.

Vernehmung der Beschuldigten: Entlastungsstrategien und Aussagenprofile

Ein erstes auffälliges Merkmal der Vernehmungen der Beschuldigten und der Entlastungszeugen ist ihr angeblich schlechtes Erinnerungsvermögen, insoweit es um die Tatvorwürfe ging, während befreiende Sachverhalte ausführlich geschildert wurden. Fritz Mittelsteiner betonte, dass bereits 20 Jahre vergangen seien und er „nicht in der Lage sei, genaue Einzelheiten anzugeben“. Wohl aber erinnere er sich, „daß Dr. Ritter bei den Zigeunern ein gern gesehener Mann war“ und nie habe er bei diesen „irgendwelches Misstrauen“ gegenüber Ritter und dessen Forschungen bemerkt.[1110]

Der Kripobeamte Hans Otto wies entschieden zurück, dass er „jemals einen Zigeuner ins KZ. gebracht“ oder „irgendetwas mit Sterilisation zu tun gehabt“ habe.[1111] Daraufhin wurden ihm 22 Einzelfälle angezeigt, in denen seine Unterschrift aufgetaucht war. Nun versagte seine Erinnerung: „Das weiß ich heute nicht mehr.“, „Ich kann mich daran nicht erinnern.“ Und in der Summe: „Wenn mir vorgehalten wird, daß dieser Einwand deshalb unglaubwürdig ist, weil es sich nicht um einen Einzelfall […] handelt, sondern um eine Vielzahl von Fällen, so erkläre ich hierdurch, daß ich […] diese Gedächtnislücke habe.“ Er habe „nicht damit gerechnet“, dass die von ihm nach Auschwitz Deportierten „dort zu Tode kommen könnten“. Gestorben werde ansonsten doch überall,

1109 Ebd., Nr. 1.545, Bl. 55, Heinz Wolf an Hessischen Minister der Justiz, 9.3.1960.

1110 Ebd., Nr. 1.536, Bl. 225, Vernehmung Fritz Mittelsteiner, 9.6.1959.

1111 Ebd., Nr. 1.537, Bl. 459–468, Vernehmung Hans Otto, 12.7.1960.

auch in der Haft. Dem Ermittler hielt er entgegen, ihm – der sich in Buchenwald und in Auschwitz aufgehalten hatte – sei ja nicht bekannt gewesen, „wie es im einzelnen in den damaligen Konzentrationslagern zuging“.[1112]

Wilhelm Supps Name war besonders häufig unter der Anordnung von Deportationen durch das RKPA zu finden. Eingangs seiner Vernehmung berief er sich wie andere auch als Erstes auf bürgerliche Anstandsverhältnisse („Ich führe mit meiner Frau ein glückliches Familienleben“), um anzuschließen, „irgendwelche Entscheidungen sachlicher Art wie z. B. Einweisung in Kazett oder Anordnung zur Sterilisation“ habe er niemals verfügt. Wie der Schnellbrief zu der „Aktion Anfang 1943“ zustande gekommen sei, wisse er nicht. Seine Teilnahme an der Vorbesprechung am 15. Januar 1943 leugnete er: „Ich selbst habe an irgendwelchen Vorbesprechungen nicht teilgenommen. [...] Für mich kam der Schnellbrief vollkommen überraschend. Mit Sterilisationssachen hatte ich überhaupt nichts zu tun.“ Als ihm anschließend zehn von ihm entschiedene Fälle von Sterilisationen und KZ-Einweisungen benannt wurden, behauptete er, diese seien ihm „gänzlich entfallen“, konnte sich „nicht erinnern“, hatte nur „büromäßig“ gehandelt. Zu einem der Opfer meinte er, der Betreffende sei ja nicht als „Zigeuner“, sondern als „Krimineller oder Asozialer“ inhaftiert gewesen und zudem gar nicht in Auschwitz, sondern in Dachau.[1113]

Paul Werner, vormals stellvertretender Leiter des RKPA, erklärte: Er könne keine Angaben über mit „Zigeunersachen“ befasste RKPA-Beamte machen.

> Ob Dr. Ritter oder einer seiner Mitarbeiter, so z. B. Frau Dr. Justin, bei dem sogenannten ‚Auschwitz-Erlass‘ beratend mitgewirkt haben, kann ich nicht angeben. [...] An Einzelheiten [von Sterilisierungen] kann ich mich nicht erinnern. [...] Sollten mir derartige Vorgänge vorgelegt worden sein, so kann ich mich heute nicht mehr daran erinnern. [...] Ich bleibe bei meinen bisherigen Angaben, infolge des langen Zeitablaufes kann ich mich nicht mehr daran erinnern. [...] [H]eute weiss ich darüber aber nicht mehr Bescheid.[1114]

1112 Ebd., Anlage Disziplinarverfahren und Vernehmung Hans Otto, 1. 2. 1960.

1113 LAV NRW, Abt. Rheinland, Ger. Rep. 231, Nr. 1.537, Bl. 571–580, Vernehmung Wilhelm Supp, 2. 9. 1960.

1114 Ebd., Nr. 1.538, Bl. 688–696, Vernehmung Paul Werner, 25. 10. 1960.

Negativaussagen zu Kolleginnen und Kollegen vermied er vollständig und setzte an deren Stelle entlastende Persönlichkeitsbeschreibungen. So zeichnete er den Hauptbelasteten Maly als einen „fröhlichen Rheinländer“, der den Eindruck vermittelt habe, ein „anständiger Kerl“ zu sein. Daher halte er es für sehr unwahrscheinlich, dass dieser „aus eigenem Antrieb die Verfügungen gegen Lieselotte Wolf getroffen“ habe.[1115]

Albert Wiszinsky war in vielen Fällen mit Anordnungen von Sterilisierungen und Einweisungen nach Birkenau hervorgetreten, aber: „Mit Zigeunersachen hatte ich nie etwas zu tun gehabt.“ Nach der Vorlage von Anordnungen mit seiner Unterschrift: „Ich kann mich im einzelnen an diese Schreiben nicht erinnern [Fälle Oskar Birkenfelder, Wilhelm Spindler] [...] Ich kann mich daran nicht erinnern [Fall Martin Rotter] [...] Ich kann mich an dieses Schreiben im einzelnen nicht erinnern [Fall Johann Schönberger] [...] Auch an diesen Vorfall kann ich mich nicht erinnern [Fall Josef Reinhard] [...] Ich kann mich daran nicht mehr erinnern [Fall Laura Spindler] [...] Auch an diesen Fall kann ich mich nicht erinnern [Fall Georg Spindler] [...] Ich kann mich an dieses Schreiben nicht mehr erinnern [Fall Karl Reinhard]“ usw., insgesamt 27 Fälle. Der Schnellbrief vom 29. Januar 1943 sei ihm unbekannt gewesen, und er habe nicht gewusst, dass die Insassen „durch die in den KZ-Lagern herrschenden Zustände evtl. zu Tode kommen könnten“. „Gesprächsweise“ habe er jedoch erfahren, „dass die KZ-Häftlinge, die in Rüstungsbetrieben als Arbeiter eingestellt sind, bessere Rationen erhielten als die normale Zivilbevölkerung ausserhalb des Lagers“.[1116]

Nahezu vollständig bedeckt hielt sich Josef Eichberger, der im RSHA die „Zigeunertransporte“ organisiert hatte. Auf Unterstützungserklärungen für Justin oder andere verzichtete er.[1117] Als ihm neun konkrete Fälle seiner Mitwirkung vorgeworfen wurden,[1118] zweifelte er die Echtheit der Abschrift an, erklärte, auf Anordnung gehandelt zu haben, erinnerte sich nicht und gab seine Unterschrift nur dann zu, wenn der Inhalt des Vorgangs nicht schaden konnte wie etwa bei der Entgegennahme von Todesmeldungen.

Ähnlich verhielt Maly sich, der wie alle Beschuldigten bestritt, emotional und aus „Rassenhass“ gehandelt zu haben. Er wurde aber in der

1115 Ebd., Nr. 1.547, Bl. 623, Vernehmung Paul Werner, 26.11.1963.

1116 Ebd., Nr. 1.537, Bl. 549–557, Vernehmung Albert Wiszinsky, 25.8.1960.

1117 Ebd., Nr. 1.535, Bl. 158, Vernehmung Josef Eichberger, 7.4.1959; ebd., Nr. 1.536, Bl. 214, Vernehmung Josef Eichberger, 26.6.1959.

1118 Ebd., Nr. 1.538, Bl. 564–570, Vernehmung Josef Eichberger, 1.9.1960.

Selbstdarstellung seiner Persönlichkeit ausführlicher: „Abschließend möchte ich sagen, daß es mir meiner Natur und Einstellung nach damals völlig ferngelegen hat, ein mir völlig unbekanntes Mädchen etwa aus Rassenhaß oder anderen unsachlichen Motiven ins KZ zu schicken.“ Der Name Auschwitz sei für ihn ohne besondere Bedeutung gewesen und hätte nicht er so entschieden, dann eben ein anderer. Schlusssatz jedoch auch hier: Er könne sich an den Fall Lieselotte Wolf nicht erinnern. Maly ging davon aus, mit seiner Strategie der „sachlichen Motive“ in Kombination mit Nichtwissen auf der sicheren Seite zu sein.[1119]

Wie andere Beschuldigte täuschte auch er den aktiven Widerständler und risikobereiten Unterstützer der Verfolgten vor. Er habe sich „radikalen Vorgesetzten“ widersetzt. Er sei „sozusagen auf Strafkommando“ in den Niederlanden gewesen und habe dort in einem Dauerkonflikt mit dem BdS und anderen Vorgesetzten gestanden. Er habe „als Einsatzkommandoführer“ in den Kaukasus versetzt werden sollen. Da jedoch habe Arthur Nebe sich eingeschaltet und das zum Glück verhindert.[1120] Womit er durchscheinen ließ, dass er von den Massenverbrechen wusste, mit denen er die eigenen Verbrechen auf diesem Weg relativierte. Die durch nichts belegte Versetzungsabsicht machte er zu einer Bestrafung „wegen mangelhafter nationalsozialistischer Haltung“, zu einer „Frontbewährung“.[1121]

In seinem Entnazifizierungsverfahren hatte er die Verschonung noch mit einem langwierigen Magen-Darm-Leiden erklärt.[1122] Damals fehlte auch noch, was er nun vortrug: eine Weigerung, führende niederländische Kripo-Angehörige „auf die Geisel-Liste“ zu setzen,[1123] und sein weiteres Verhalten in den Niederlanden, wo er „unter eigener Gefahr und unter Abgabe unzutreffender Dienstberichte die Deportation von holl. Zigeunern nach dem Osten entgegen bestehenden Anweisungen nicht durchgeführt habe“. Dafür benannte er als Zeugen den Direktor des nordrhein-westfälischen LKA, Dr. jur. Oskar Wenzky, der ein alter und Kollege Malys war.[1124] Anders als dieser

1119 Ebd., Nr. 1.542, Bl. 1.325 f., Vernehmung Hans Maly, 23. 10. 1963.

1120 Ebd., Nr. 1.541, Bl. 1.135, Vernehmung Hans Maly, 7. 11. 1962.

1121 Ebd., Nr. 1.539, Bl. 815, Vernehmung Maly, 1. 2. 1960.

1122 Ebd., NW 1.049, Nr. 72.383, Entnazifizierungsakte Hans Maly.

1123 Ebd., Ger. Rep. 231, Nr. 1.539, Bl. 767, Vernehmung Hans Maly, 17. 11. 1959.

1124 Zu der angeblichen Hilfeleistung gegenüber niederländischen Roma und Wenzky als Zeugen siehe ebd., Nr. 1.547, Bl. 553, Vernehmung Maly, 7. 11. 1962; ebd., Nr. 1.542, Bl. 1.325, Vernehmung Hans Maly, 23. 10. 1963.

gehörte Wenzky, soweit erkennbar, nicht zu den Beschuldigten des Sammelverfahrens, was angesichts der beruflichen Gemeinsamkeiten der beiden unerklärlich ist.

Wenzky und Maly kannten sich spätestens seit den 1930er-Jahren, als sie nach ihrem Studium gemeinsam bei der Kölner Kripo ihren Beruf aufnahmen, um dann zusammen ihren Lehrgang für den leitenden Dienst an der Führerschule der Sicherheitspolizei in Berlin-Charlottenburg abzuleisten. In den Niederlanden war Maly als Leiter der deutschen Kriminalpolizei Wenzkys Vorgesetzter und dieser sein Vertreter gewesen. Gemeinsam leiteten sie das Referat V A,[1125] das aufgrund seiner Aufsichtsfunktion über die niederländische Kriminalpolizei besondere Bedeutung hatte. Wenzky führte zwei weitere Referate der deutschen Kripo in den Niederlanden. Als Maly im Januar 1943 wieder nach Berlin ging, rückte Wenzky zum Leiter der Kripoabteilung beim BdS in den Niederlanden auf, der er bis zur deutschen Kapitulation blieb. BdS war ab März 1943 der aus dem Osten ins Büro zurückgekehrte SS-Brigadeführer und Generalmajor der Polizei Erich Naumann, unter dessen Leitung als Nachfolger Arthur Nebes die Kommandos der Einsatzgruppe B in der okkupierten Sowjetunion Zehntausende Juden, „Zigeuner", „Russen" und „Kommunisten" umgebracht hatten. Im Herbst 1943 vertrat Maly unter Naumann in Den Haag einige Wochen den wegen Krankheit ausgefallenen Wenzky.

Beide waren sie in den Niederlanden auch für die „Zigeunerbekämpfung" zuständig. Wenzky fielen die Deportationsvorbereitungen nach dem Schnellbrief vom Januar 1943 zu, dem eine gleichlautende Anordnung gegen die niederländische Roma-Minderheit gefolgt war. Zunächst wurden alle *woonwagenbewoners* von der deutschen Kripo als „zigeunerische Personen" nach den Ausführungsbestimmungen des Auschwitzerlasses angesehen. Tatsächlich handelte es sich bei der großen Mehrheit nicht um Roma.[1126] Für Wenzky ergab sich ein Auswahlproblem. Er wies die niederländische Rijksrecherche-centrale an, *woonwagenbewoners* nach „rassischer" Zugehörigkeit zu erfassen. Viele von ihnen wurden 1943 auf Sammelplätzen festgesetzt, aber ohne eine Zuordnung nach den „Rasse"-Kriterien, wie sie seit den 1930er-Jahren in Deutschland bei der Einweisung auf „Zigeunerlagerplätze" vorgenommen wurde und von Wenzky beabsichtigt war, und zudem

1125 Hölzl: Gutachten, S. 63.

1126 Sijes: Vervolging, S. 107.

„kaum bewacht“.[1127] Anders als im Reich war mangels einer auf den Auschwitz-Erlass passenden „Sichtung“ durch eine Institution wie die RHF schon deshalb eine umgehende Deportation nicht möglich. Da für den niederländischen Widerstand der Zusammenhang zwischen der Einführung von Ausweisen und der Anlage von Dateien für Personengruppen mit deren Verfolgung eindeutig gegeben war, waren entsprechende Register ein Anschlagsziel, so am 27. März 1943 auf das Bevolkingsregister von Amsterdam. Das war der Monat, in dem in Deutschland die Massentransporte von Roma nach Auschwitz ihren Höhepunkt hatten.[1128]

Als in den Niederlanden im Mai 1944 deportiert werden sollte und die Daten der „mit an Sicherheit grenzender Wahrscheinlichkeit als Zigeuner“ Einzustufenden abgefragt werden sollten, kamen von der Rijksrecherche-centrale wieder keine Angaben, nun aus einem anderen Grund. Der Leiter der zuständigen Abteilung Rijksidentifikcatiedienst, der Polizeikommissar H. J. Regenboog, erklärte am Vortag der Deportation, die für den 16. Mai 1944 angesetzt war, man sei umzugsbedingt nicht in der Lage, aus der bei ihm existierenden Kartothek „Zigeuner“ und ihre Lagerorte zu ermitteln. Die Annahme ist begründet, dass der angeführte Umzug ein Vorwand war, sich der Beihilfe zur Festnahme und Deportation zu verweigern. Regenboog hatte bereits im Herbst 1941 gegen zentrale Lagerplätze eingewandt, dass sie auf eine Internierung hinausliefen, die er ablehne. Die Überzeugung „vandaag gaan de Joden; morgen wij“ („Heute gehen die Juden, morgen wir“), wie sie in der Roma-Minderheit zu hören war, dürfte keine exklusive Befürchtung gewesen sein und den Erwartungen von Regenboog nach einigen Jahren Besatzung entsprochen haben.[1129] Die zahlreichen niederländischen Verwandten und Bekannten der deutschen Roma-Familien wussten selbstverständlich von den Deportationen aus dem Reich vom Mai 1940 und seit März 1943. Ihrer Internierung und der damit einhergehenden Erfassung versuchten viele durch Untertauchen zu entgehen, sodass die Festsetzung anders als in Deutschland zu einem guten Teil nicht gelang.

Von der Hälfte der 30 Sammelplätze meldete die lokale Polizei am 16. Mai, „keine Zigeuner angetroffen“ zu haben. Das spricht für

1127 Zimmermann: Rassenutopie, S. 237.

1128 Fein: Steine reden, S. 310. Das Buch nahm das Ereignis auf, da ein Österreicher unter den sechs Attentätern war.

1129 De Jong: Koninkrijk, S. 109, 111; Hölzl: Gutachten, S. 73 f.

Solidarität mit den Verfolgten. In Amsterdam warnten Polizeibeamte Betroffene.

Von einer kleinen Gruppe der zum Transport Bestimmten gibt es eine eindrucksvolle Rettungsgeschichte. Der siebenjährige Sinto Zoni Weisz, der bei einer Tante versteckt war und der mit ihr und weiteren sieben Kindern nachträglich dem Zug nach Auschwitz zugeführt werden sollte, in dem seine Eltern und Geschwister sich bereits befanden, konnte zusammen mit Verwandten durch die Hilfe eines die Gruppe bewachenden Polizeibeamten vom Bahnhof weg fliehen („Wenn ich meine Mütze absetze, müsst ihr um euer Leben rennen. [...] Steigt nicht in diesen Zug!").[1130] Weisz sagte, später habe er erfahren, dass dieser Polizeibeamte sich dem niederländischen Widerstand angeschlossen hatte. Zoni Weisz war der Einzige aus der Familie, der überlebte. Es drängt sich an dieser Stelle ein Vergleich mit den Verhaltensweisen des Personals in den deutschen Erfassungs- und Polizeibehörden auf.[1131]

Von den 578 Festgenommenen wurden 245 aus dem Durchgangslager für Juden in Westerbork nach Auschwitz transportiert. Nur 30 oder 31 von ihnen überlebten.

Die Schutzbehauptung Malys, die Deportation der niederländischen „Zigeuner" verhindert zu haben, war aus der Luft gegriffen. Es gab dafür auch nicht den Hauch eines Belegs, und es konnte ihn nicht geben, denn die Deportation wurde erst 1944 spruchreif, als Maly nicht mehr in den Niederlanden war, und sie wurde dann auch umgesetzt. Das gelang nur begrenzt, und das lag am niederländischen Widerstand und nicht an deutschen Kripobeamten.

Angaben von Maly oder auch von Wenzky dazu hätten sich von der Staatsanwaltschaft auf kurzem Weg leicht überprüfen lassen, denn es gab in Amsterdam seit 1945 das Rijksinstituut voor Oorlogsdocumentatie und dort den im Rahmen der „Kriegsdokumentation" zur Verfolgung der Minderheit forschenden Historiker Dr. Benjamin Aäron Sijes. Mindestens bei Wenzky und Maly wären Nachfragen beim Rijksinstituut zu deren Tätigkeit während der Besetzung sinnvoll gewesen. Im Vergleich mit den DDR-Behörden hätte das unkompliziert geschehen können, es gab aber keine Kontakte von westdeutscher Seite. 1967 war Sijes es, der sich im Namen des Reichsinstituts aus Anlass einer „Untersuchung über

1130 Weisz: Der vergessene Holocaust, S. 56f.

1131 Ausführlich – auch zu den divergierenden Versuchen der Bestimmung einer „Zigeuner"eigenschaft in den Niederlanden – siehe Zimmermann: Rassenutopie, S. 314ff.

die Verfolgung der Zigeuner“ auf Empfehlung der Zentralen Stelle in Ludwigsburg an die Kölner Staatsanwaltschaft und an Kleinert wandte. Auf Sijes' Bitte um Mithilfe bei seinem Forschungsvorhaben reagierte Kleinert erst ein Vierteljahr später nach einer Intervention aus Ludwigsburg. Er sei unzuständig, teilte er Sijes mit, er habe den „Antrag“ an den Vorsitzenden der Strafkammer weitergeleitet.[1132]

Nach dem Zusammenbruch des NS-Staats wurden Wenzky und Maly interniert – der erste in den Niederlanden, der zweite in Dänemark und in der Britischen Zone. Sie kehrten danach zusammen über die Kripo Köln wieder in ihren alten Beruf zurück. Den Weg dorthin erleichterte Wenzky unter anderem eine Leumundserklärung von Maly im Entnazifizierungsverfahren, das Wenzky als „unbelastet“ abschloss. Maly hatte ihm attestiert, dass er „nicht als Nationalsozialist zu betrachten“ und „sein Verhalten in den Niederlanden einwandfrei“ gewesen sei. Ein zweites Leumundszeugnis kam von einem niederländischen Kripokollegen, der unter anderem in einem Kommando gearbeitet hatte, das untergetauchte Juden aufgespürt hatte. In der Berufung wurde Wenzky 1948 als „entlastet“ bestmöglich entnazifiziert. Zu diesem Zeitpunkt wurde er noch im „Central Registry of War Criminal and Security Suspects“ aufgeführt.[1133] Maly verließ später Köln, um die Kripo in der Bundeshauptstadt zu leiten, Wenzky ging in die Landeshauptstadt, um das LKA zu führen.

Wechselseitige Unterstützungserklärungen waren die gewöhnliche Praxis. Das störte die Prüfer in den Entnazifzierungsverfahren in aller Regel nicht und machte derartige Bekundungen für sie nicht zu Gefälligkeitsattestaten. Sie wurden in aller Regel ohne kritische Nachfragen entgegengenommen. Ihr Inhalt ging dann als „Beleg“ in das Entnazifizierungsurteil ein. So stellte Maly seinem Kollegen Dr. jur. Bernhard Niggemeyer ein umfangreiches Zeugnis zur Verfügung, das dazu beitrug, dass auch dieser als „unbelastet (Kategorie V)“ im Verfahren bestens abschnitt.[1134] Das angebliche Nicht-Parteimitglied SS-Sturmbannführer Niggemeyer („Ein Parteibuch habe ich nie besessen“.[1135]) war eine der leitenden Figuren der Geheimen Feldpolizei, der „Gestapo

1132 LAV NRW, Ger. Rep. 231, Nr. 1.544, Bl. 1.632 f., 1.640, Korrespondenz Benjamin Aäron Sijes vom Rijksinstituut voor Oorlogsdocumentatie / Kleinert, 12.12.1967–5.4.1968.

1133 Hölzl: Gutachten, S. 76.

1134 LAV NRW, Abt. Rheinland, NW 1.099, Nr. 3.621, unpag., Entnazifizierungsakte Bernhard Niggemeyer.

1135 Ebd., unpag., Bernhard Niggemeyer an Entnazifizierungshauptausschuss Stadtkreis Köln, 28.7.1949. Die Parteikarte verschwieg er.

der Wehrmacht", und ein Mitverantwortlicher für zahlreiche Massenverbrechen seiner Einheiten in der besetzten Sowjetunion gewesen.[1136] Er blieb nach 1945 ein Befürworter sowohl der „vorbeugenden Verbrechensbekämpfung" als auch einer rassistischen Einordnung von Minderheiten. 1951 war er wieder im Staatsdienst, jetzt in Köln, baute bald das BKA mit auf, leitete dort das Kriminalistische Institut und schloss sein Berufsleben 1968 als Regierungskriminaldirektor ab. Kurz zuvor hatte er mit zwei Kollegen in der Schriftenreihe des BKA noch ein in mehreren Auflagen erscheinendes Hand- und Ausbildungsbuch *Kriminologie – Leitfaden für Kriminalbeamte* publiziert.[1137] Er warnte dort vor Homosexuellen, Gammlern und mit einer Mischung von ethno- und sozialrassistischen Klischees vor „Zigeunern". „Eine ausgeprägte Arbeitsscheu" und das Fehlen fester Wohnsitze charakterisiere sie.[1138] Sie würden „in Sippen und Horden (leben) und haben einen ‚Häuptling', dem sie unbedingten Gehorsam schulden".

Niggemeyer war der Kopf einer Seilschaft der Ehemaligen der Geheimen Feldpolizei im BKA,[1139] Maly und Wenzky waren Mitglieder des „Stammtischs der Alten Charlottenburger". Auch Niggemeyer hatte die Charlottenburger Ausbildungseinrichtung absolviert. Das Verhältnis Niggemeyer-Maly-Wenzky bildet die Vernetzung unter den Kripo-Kameraden wie unter einem Brennglas ab und wirft ein Licht auf deren Möglichkeiten, nach dem Zusammenbruch des NS-Reichs mit den nun aufkommenden strafrechtlichen Vorwürfen umzugehen und in abgestimmten Auftritten die Verfahren zu manipulieren, wie es vorher schon in den Entnazifizierungsverfahren geschehen war. Beschuldigte wie Maly gingen davon aus, dass man sich innerhalb seiner Generation in diesem Berufsfeld aufeinander verlassen könne. So war denn auch Wenzky nicht der einzige Kripokollege, den Maly hoffte, in Anspruch nehmen zu können. Als hilfreiche Kollegen sah er in den Vernehmungen auch Böhlhoff, Otto und Richrath.[1140]

1136 Schenk verweist auf Quellenmaterial („Arbeitsberichte"), das für den Rückzug im September 1944 die Exekution von 675 Personen durch die GFP unter dem Befehl Niggemeyers und die Überstellung von 1.047 Personen an Einsatzgruppen, also zur Exekution, belegt, siehe Schenk: Personelle und organisatorische Verknüpfungen, S. 111–124, hier: S. 116.

1137 Reinke: Aufstieg und Fall, S. 225.

1138 Nach Baumann / Reinke / Wagner: Schatten der Vergangenheit, S. 226, 266.

1139 Schenk: Auf dem rechten Auge, S. 116.

1140 LAV NRW, Ger. Rep. 231, Nr. 1.539, Bl. 769, Vernehmung Hans Maly, 17. 11. 1959.

Malys Aussageverhalten unterschied sich insofern von dem der Kollegen, als er über die üblicherweise vorgetragene Geschichte hinausging, keine Kontakte mit fragwürdigen Vorgängen und Personen gehabt oder sie vergessen zu haben. Er räumte ein Wissen durch Hörensagen ein. Dabei zeigte er einen unverstellten Zynismus. „Von den Vorgängen im Konzentrationslager Auschwitz“ habe er zwar „keine Kenntnis“ gehabt, wohl aber erfahren, dass es „ordnungsgemäß zugehe, teilweise die Häftlinge sogar als kriegswichtige Arbeitskräfte besser verpflegt worden“ seien.[1141] Er habe Kollegen befragt und erfahren, „daß die Lebensbedingungen in den Konzentrationslagern [...] betreffend Ernährung besser seien als für die Zivilbevölkerung“.[1142] Eine Schwangerschaft habe einer KZ-Haft nicht widersprechen müssen: „In den Konzentrationslagern gab es Lazarette und auch Entbindungsmöglichkeiten.“ „Gewissenhaft“ habe er sich bemüht, etwas über die Todesraten in den Konzentrationslagern zu erfahren, aber nicht den Eindruck gewinnen können, „daß sie höher lagen als im normalen menschlichen Lebensbereich.“[1143] Gerne hätte er einmal „ein Konzentrationslager von innen“ gesehen, „um zu wissen, was mit den Leuten geschah, die wir darin einwiesen“. Das sei ihm zu seinem Bedauern nicht gelungen.[1144] Mit dieser Art von KZ-Beschreibung war verbunden, dass er anzweifelte, „daß Luise Wolff [!] überhaupt eines gewaltsamen Todes gestorben“ sei.[1145]

Ihm vorgehaltene und von ihm unterschriebene Anordnungen wies er nicht einfach als unbekannt zurück, sondern behauptete, das könnten keine Originale sein. Schon in seiner ersten Vernehmung im November 1959 hatte er mit einem antikommunistischen Zungenschlag eine „Fälschung der entscheidenden Urkunden“ ins Spiel zu bringen versucht, zumal „der Zeitpunkt des Auftauchens mit den Aktionen anderer Stellen zusammenfällt“, aber auch weil die „Gedankengänge“ nichts mit ihm zu tun hätten, sie seien ihm fremd.[1146] Mit dem Zeitpunkt von „Aktionen anderer Stellen“ dürfte Maly Reaktionen aus dem Ausland und insbesondere aus der DDR auf zwei allseits beachtete Vorgänge gemeint haben: Im September 1959 war der erheblich belastete Dr. Hans Globke

1141 Ebd., Bl. 765 ff., Vernehmung Hans Maly, 17. 11. 1959.

1142 Ebd., Bl. 812, Vernehmung Hans Maly, 1. 2. 1960.

1143 Ebd.

1144 Ebd., Bl. 811 f., Vernehmung Hans Maly, 1. 2. 1960.

1145 Ebd., Bl. 812, Vernehmung Hans Maly, 1. 2. 1960.

1146 Ebd., Bl. 769, Vernehmung Hans Maly, 17. 11. 1959.

auf die Bitte von Konrad Adenauer mit dem „Großen Verdienstkreuz mit Stern und Schulterband“, der höchsten westdeutschen Auszeichnung, bedacht worden, was viel Kritik hervorgerufen hatte.[1147] Ein paar Monate zuvor, im Juli, war der Chef des LKA von Rheinland-Pfalz, der gelernte Jurist und Alte Charlottenburger[1148] Georg Heuser unter dem Verdacht festgenommen worden, für Massenerschießungen an Zehntausenden verantwortlich zu sein.[1149] Auch darauf folgten unangenehme Kommentare.

Die ÖTV hatte den Fall Heuser genutzt, um ein weiteres Mal auf den hohen Anteil früherer SS- und Polizeioffiziere in den nordrhein-westfälischen Kripoleitungen aufmerksam zu machen.[1150] Es ging also auch um Maly, und die Diskussionen um den Bonner Kripochef ebbten nicht ab. Mehr Publizität als ohnehin schon musste nicht sein. Das Gericht stieg auf die antikommunistischen Ablenkungsversuche weder hier noch an irgendeiner anderen Stelle des Verfahrens ein.

Von der Behauptung, die vorgelegten ihn belastenden Dokumente seien DDR-Fälschungen, rückte Maly ein Stück ab, indem er auf das Thema „Befehlsnotstand“ wechselte. Nichtunterzeichnung einer Anordnung hätte seine Sicherheit, womöglich sein Leben gefährdet, behauptete er. Sein Vorgesetzter habe ihm ohnehin in ständigen Auseinandersetzungen zu große Weichheit und Nachgiebigkeit vorgeworfen.[1151] „Befehlsnotstand“, also die Unwahrheit, es sei die Verweigerung von Mordaufträgen auf eine Art Selbstmord hinausgelaufen, gehörte zum Standardrepertoire von NSG-Beschuldigten.

Im Unterschied zu seinen Kollegen in ihren Vernehmungen bestand Maly nicht nur darauf, unschuldig zu sein, er fand jede Regung eines Bedauerns unangebracht und vertrat den Standpunkt, dass er heute in dieselbe Situation gestellt, „wiederum so handeln würde wie damals“.[1152]

So weit wie Maly wagten die Vernommenen sich in der Regel nicht vor. Man beschränkte sich eher darauf zu behaupten, man habe von den verbrecherischen Anordnungen und Handlungen nichts gewusst, habe im Befehlsnotstand nur seine Amtspflichten erfüllt und mit Hitler

1147 Schwarz/Morsey: Adenauer, S. 432.

1148 Linck: Stammtisch-Geschichte, S. 116f.

1149 Ohne Schelle im Wald, Der Spiegel, 13 (1959), Nr. 33.

1150 Wagner: Resozialisierung, S. 197.

1151 LAV NRW, Abt. Rheinland, Ger. Rep. 231, Nr. 1.539, Bl. 812, Vernehmung Hans Maly, 1.2.1960.

1152 Ebd., Nr. 1.541, Bl. 1.154, Vernehmung Hans Maly, 7.11.1962.

und Himmler als den eigentlich Verantwortlichen nichts zu tun gehabt. Angesichts der StGB-Rechtsprechung genügte den Beschuldigten, in möglichst geschlossener Front ein Nicht-Wissen zu behaupten und wenn das schwierig wurde, ein „Handeln auf Befehl“ vorzuschützen.

Es war der ehemalige SS-Obergruppenführer Dr. Werner Best, der nach dem Scheitern der von ihm befürworteten unbegrenzten Straffreiheit für NS-Täter seit den 1950er-Jahren „wie eine Spinne im Netz“ – so 1957 ein Westberliner Staatsanwalt[1153] – mit viel Erfolg Taktik und Strategie in einer Vielzahl von Verfahren gegen vormalige RSHA-Angehörige koordinierte.[1154] Die „strategische Führung“ in diesen Dingen hatte ihm der Sohn des Polizeigenerals Wilhelm Koppe, der Rechtsanwalt Manfred Lohmann, als Sprecher einer Gruppe von NSG-Anwälten angeboten, und Best hatte diese Aufgabe gerne angenommen.[1155] Dabei ging es ihm, wie das Westberliner Kammergericht 1969 feststellte, „allein“ darum, die Täter „nach Möglichkeit der Bestrafung zu entziehen“.[1156]

Zwei Beispiele aus dem Sammelverfahren zu dieser Entlastungs- und Straffreiheitsstrategie seien vorgestellt, bei denen es um die Schutzbehauptung geht, nicht gewusst zu haben, was sich an die Schreibtischentscheidung einer Einweisung nach Auschwitz anschloss:

Der Kriposekretär August Wutz, seit 1938 Leiter der Dienststelle für Zigeunerfragen in München und später auf der Liste der Beschuldigten im Sammelverfahren, verließ am 13. März 1943 seinen Schreibtisch und leitete das Schupo-Kommando zur Absicherung einer Deportation von München nach Auschwitz. Es ging um vier Güterwaggons mit mehr als 130 Männern, Frauen und Kindern aus München und Umgebung angehängt an einen „Judentransport“, der dort am 16. März in Auschwitz eintraf.[1157] Der „Judentransport“ mit sechs Waggons mit jüdischen Münchnern war wiederum einem Wehrmachtstransport angehängt worden. Bei der Verhaftung wie auf dem Weg kam es zu Misshandlungen durch Polizeibeamte.[1158]

Wie die Ankunft in Auschwitz ablief, dafür gibt es Zeugenberichte von Überlebenden: „Wir kamen nachts in Auschwitz an. Man sah

1153 Götz Aly: Der dritte Mann, Der Spiegel, 50 (1996), H. 23; ohne Bezug zu Westberlin so schon in: Alte Kameraden, Der Spiegel, 36 (1982), H. 26.

1154 Herbert: Best, S. 526.

1155 Herbert: Best, S. 522, 533; Miquel: Ahnden, S. 212 f.

1156 Alte Kameraden, Der Spiegel, 36 (1982), H. 26.

1157 Eiber: Es wird schlimm, S. 78–84; Fings: Restlose Abschaffung, S. 110.

1158 Frese / Schröder: „Dienststelle für Zigeunerfragen“, S. 108 f.

Wachposten, alles war mit grellem Licht beleuchtet, wir wurden in 5er-Reihen aufgestellt. Der Schwager des Vaters wurde mit dem Gewehrkolben zusammengeschlagen, weil er aus der Reihe getreten war."[1159]

Die Fahrt ereignete sich in überfüllten nach den Exkrementen der Deportierten stinkenden Güterwaggons, mit Sterbenden und Verstorbenen zwischen den Lebenden, mit Kindern unterschiedlicher Altersstufen. Es gab nicht auch nur annähernd hinreichend Lebensmittel und Wasser. Alle Umstände widerlegten in voller Klarheit, dass eine solche Deportation irgendetwas mit „Umsiedlung" zu tun haben konnte. Für jeden Betrachter und zweifelsohne auch für die begleitenden Kripobeamten musste bei einer Fahrt nach Auschwitz, auch ohne einen Einblick in die Verhältnisse im Birkenauer Lagerabschnitt B II e, außer Frage stehen, dass das Leben jedes einzelnen Deportationsopfers von nun an permanent aufs Äußerste bedroht sein würde. So geht es auch aus einer späteren Bemerkung des Kriminalkommissars und Transportbegleiters Zeiser hervor. Als im Dezember 1945 ein Sinto, der festgestellt hatte, dass die Deportationsverantwortlichen immer noch bei der Münchner Kripo tätig waren, seiner Empörung Ausdruck gab, äußerte Zeiser sein Erstaunen, „dass der Zigeunermischling noch am Leben sei".[1160]

Wutz hütete sich, seine Dienstreise gegenüber den Ermittlern im Sammelverfahren mitzuteilen. Er wurde 1963 „mangels Beweises" aus dem Verfahren entlassen.[1161] 1947 war ihm der Transport im Spruchkammerverfahren vorgehalten und er zu zehn Jahren Arbeitslager verurteilt worden. Mehrere Münchner Sinti hatten seine Beteiligung an ihrer Deportation bezeugt. 1949 wurde das Urteil in der Revision aufgehoben. Der Vorsitzende Richter hielt die Belastungszeugen aus der Minderheit im Gegensatz zu den polizeilichen Zugbegleitern und sonstigen Polizeibeamten für unglaubwürdig.[1162]

Diese Dienstreisen nach Auschwitz waren keine Besonderheit, denn ständig wurden Gruppen- und Einzeltransporte dorthin von einem Polizeikommando oder einzelnen Beamten begleitet, im Fall der „Zigeuner" kamen die Transportbegleiter möglichst aus dem lokalen „Zigeunerreferat". In den Vernehmungen tauchten diese Reisen nur selten einmal auf.

1159 Eiber: Es wird schlimm, S. 79 f.

1160 Schröder: Neue Polizei, S. 181.

1161 LAV NRW, Abt. Rheinland, Ger. Rep. 231, Nr. 1.542, Bl. 1.256, Vermerk StA Wolfgang Kleinert, 27. 5. 1963.

1162 Schröder: Neue Polizei, S. 180.

Die einen sagten von sich aus nichts und die anderen fragten danach nicht.[1163]

Ein weiterer Leiter eines Auschwitz-Transports auf Staatsanwalt Kleinerts Liste war Wilhelm Mündtrath. Der Leiter des Zigeunerdezernats in der Kripoleitstelle Bremen hatte am 9. März 1943 den Transport von 158 Bremer Opfern „aller Altersklassen, sogar hochschwangere Frauen“, die von der Kripo als „nicht lagerfähig“ hätten beurteilt werden müssen, durch ein etwa zwanzigköpfiges Kommando nach Auschwitz angeführt. Bei der Ankunft in Auschwitz begrüßte er einige höhere SS-Führer an der Rampe nach dem Eindruck von Transportopfern wie alte Bekannte. Es war einer von drei Transporten aus Bremen, die anderen beiden leiteten ein Bremer Kriminalsekretär und ein Kriminalangestellter. Ein 1961 nach der Anzeige eines Auschwitz überlebenden Sinto gegen Mündtrath eingeleitetes Bremer Ermittlungsverfahren endete 1962 mit der Einstellung.[1164] Kleinert entließ ihn aus seinem Verfahren 1963 wegen Verjährung.

Belegt ist am Beispiel der seit Juli 1942 stattfindenden Deportationen von Juden aus dem niederländischen Westerbork nach Auschwitz, dass deutsche Polizeibeamte „sehr genau wussten, was in Auschwitz vor sich ging“.[1165] Mit diesem Wissen ließen die Transportbegleiter mitunter die Züge auf der Strecke halten „und die Polizisten forderten die Häftlinge auf, ihnen ihre Uhren, Füllhalter usw. abzugeben. Wenn sie zu wenig bekamen, schlugen sie auf die armen Menschen ein.“ So konnten sie der Lagerverwaltung und dem SS-Personal in Auschwitz zuvorkommen.

In dem niederländischen Verfahren zu aus der Fünten hatte das Gericht den Standpunkt vertreten, dass jemand, der auch nur vom „Anzeigen und Abholen“ zu Deportierender gewusst hatte, ungeachtet von Detailkenntnissen zweifelsohne begriffen haben musste, dass schwerste Menschenrechtsverletzungen gegen Angehörige der entrechteten Minderheiten zu erwarten waren und dass er sich nicht dahinter verstecken konnte, nichts gewusst und nichts gewollt zu haben.[1166] Das

1163 Als weiteres Beispiel sei der Hamburger „Zigeunerdezernent“ Kurt Krause hinzugefügt, der zwei Transporte nach Auschwitz führte, siehe Apel: In den Tod geschickt, S. 181.

1164 Diese und die vorausgegangenen Angaben: LAV NRW, Abt. Rheinland, Ger. Rep. 231, Nr. 1.541, Bl. 1.055–1.061, Auszüge aus den Ermittlungsakten im Verfahren 10a Js 61/61 der StAsch Bremen; Hesse / Schreiber: Schlachthof, S. 97 f., 121.

1165 So eine Zeitzeugin, niederländische Witwe eines deutschen Polizeibeamten, nach Klemp: „Nicht ermittelt“, S. 222.

1166 De Mildt / Meihuizen: Unser Land, S. 308.

war eine grundsätzlich andere Herangehensweise als die im Sammelverfahren zum „Zigeunerkomplex“. Handlungen der Täter galten dort in Übereinstimmung mit der westdeutschen herrschenden Rechtspraxis erst als erwiesen, wenn nach Zeit, Ort und Person der konkrete Einzeltatnachweis erbracht war. Das niedere Motiv „Rassismus“ ergab sich für Thiede oder Kleinert nicht aus der Positionierung eines Sprechers zur Rasse- und Raumpolitik oder in der Anwendung rassistischer Exklusionskategorien bei der Zusammenstellung zu Deportierender in einer Liste, sondern als Handlungsmotiv bei der Anwendung körperlicher Gewalt in der emotionalen Gestalt von Hass.

Die Zeugin Justin konnte uneingeschränkt in den Vernehmungen ihre rassistischen Positionen vertreten, denen sie ein wissenschaftliches Aussehen gab und die sie in einem moderaten Ton vortrug. Offenbar sahen sie und ebenso andere Verfahrenszeugen sich im Einklang mit zeitgenössischen Vorstellungen gerade auch in der Justiz, nach denen unaufgeregt dargebotene kollektive Abwertungen der Minderheit nicht als rassistisch zu bewerten seien.

Für „Mischlinge“ seien, erklärte Justin, „Kriminalität“, „Asozialität und schwere Affekthandlungen“ typisch. Sie seien also „gefährlich“. Deshalb seien – so in aller Offenheit gegenüber dem Staatsanwalt – „Mischlinge“ an der Fortpflanzung zu hindern und in „Bewahrungslagern“ festzuhalten, nach der Sterilisation dann in „Familienlagern“, ein Euphemismus, den das Todeslager in Auschwitz-Birkenau ja tatsächlich als seinen Namen führte.[1167] Justins Verwendung dieses Begriffs ließ sich als Ausdruck einer Unbefangenheit und Unkenntnis verstehen.

Bei den „sozial angepasst Lebenden“ könne auf ein Lager verzichtet werden, nicht jedoch auf das Sterilisieren, da die Kinder wieder „asozial“ werden würden. Ihr Forschungsinstitut habe festgestellt, selbst nominell „reinrassige“ Kinder in Pflege „in geordneten deutschen Verhältnissen“ würden sich dennoch leider zu „Versagern“ entwickeln. Auf jeden Fall seien auch „reinrassige Zigeuner“ „asozial“ und kriminell, wenn auch zu deren Vorteil zu sagen sei, dass sie meist nur zu „kleinen Diebstählen und Betrügereien“ tendierten. Eigentumsübergriffe aber würden insgesamt ganz ihrem „Wesen“ entsprechen. Sie beschrieb die Objekte ihrer „Forschung“ als eine andersartige Primatenvariante, die anthropologisch auf einem primitiven evolutionären Niveau, dem der Wildbeuter, stehen geblieben sei. Sie unterschied innerhalb dieser als

1167 Diese und die nachfolgenden Zitierungen: LAV NRW, Abt. Rheinland, Ger. Rep. 231, Nr. 1.538, Bl. 697–700n, hier: Bl. 700e–f, Vernehmung Eva Justin, 21. 10. 1960.

altsteinzeitlich charakterisierten „Rasse“ nach Graden des angeblichen Entwicklungsrückstands und daraus hervorgehenden Kriminalitätsformen zwischen „Sinte und Lalleri-“ sowie „Róm-Zigeunern“. Wie es in der RHF üblich gewesen war, ordnete sie die ersten als „äußerst primitive Zigeunerstämme“ ein und die zweiten als „intelligenter und in ihrer Kriminalität entsprechend schwerer und häufiger“. „Róm-Zigeuner“ seien für „große und raffiniert begangene Betrügereien“ verantwortlich gewesen. Sie hätten „während des Krieges Schwarzmarktgeschäfte“ betrieben, und sie hätten „sich falsche Papiere besorgt“. All das sei – aus kriminalpräventiven Gründen – aufzudecken gewesen, und es sei das Nächstliegende gewesen, bei falschen Papieren die Kompetenz des „Kriminalbiologischen Instituts“, gemeint war die Rassenhygienische Forschungsstelle, zu nutzen.

Das Thema ihrer schriftlichen „Forschungsarbeit“, ihrer Dissertation,[1168] war die, wie sie meinte, sehr kleine „Sondergruppe der Nachkommen deutscherzogener Zigeuner und Zigeunermischlinge mit seßhaften deutschblütigen Partnern“, aber auch diese bezog sie in „die Zigeuner- und Zigeunermischlingsfrage“ als „Teil des Asozialenproblems“ mit ein und hatte auch gegen „diese wenigen, von uns erzogenen und sozial angepaßten Zigeuner und Zigeunermischlinge“, denen sie „ein Verbleiben in ihren bisherigen Wohn- und Arbeitsverhältnissen zubilligen“ wolle, vom rassenhygienischen Standpunkt eine Unfruchtbarmachung“ empfohlen. Die große Mehrheit in Lager zu deportieren, die Minderheit der Verschonten zu sterilisieren: Das lief auf die vollständige Vernichtung der Minderheit hinaus. Das war es, was Justin gefordert, gefördert und betrieben hatte.

Ihre Dissertation hatte sie in den Tagen um die Konferenz zum Auschwitz-Erlass am 15. Januar 1943 abgeschlossen, am 12. März vorgelegt und am 24. März die mündliche Prüfung durch die professoralen Rassenbiologen und Rassenhygieniker Wolfgang Abel, Eugen Fischer und Richard Thurnwald absolviert. In genau diesen Wochen wurden viele Tausende in das „Zigeunerfamilienlager“ in Birkenau deportiert. Insbesondere Justin an ihrem Berliner Arbeitsplatz, aber auch ihren Prüfern dürfte dieser Vorgang so wenig entgangen sein wie das Verschwinden der Juden, und sie dürften ihn verstanden haben.

Im Verfahren machte Justin es wie Ritter. Nicht die Vernichtung habe sie angestrebt, sondern die Verhinderung einer geplanten „totalen Ausrottung“. Ein rassistisches Motiv sei ihr fremd gewesen. So wie sie die

1168 Zitate nach Justin: Lebensschicksale, S. 117, 120 f.

Originalbezeichnung der Dahlemer Forschungsstelle sorgfältig vermied, fehlten bei ihr alle Hinweise auf „Rassenhygiene“, „Rassenanthropologie“, „Bevölkerungsbiologie“, „Deutschtum“ oder „Fremdrassen“. Auch „die gutachtlichen Äußerungen beruhten“, wie sie behauptete, „nicht auf rassischem, sondern auf kriminalbiologischem Gesichtspunkt“.

Den Schnellbrief räumte sie ein, gekannt zu haben, die Vorbereitungszusammenkunft dazu verschwieg sie nicht einfach, sie ging einen Schritt weiter und dementierte ausdrücklich sowohl ihre als auch Ritters Teilnahme: „An der Vorbereitung des Schnellbriefes vom 29. Januar 1943 habe ich beratend nicht teilgenommen. Ich glaube auch nicht, daß Dr. Ritter an einer Beratung vor Erlaß des Schnellbriefes teilgenommen hat.“ Ähnlich forsch wie Maly unterlegte sie ihre angebliche Unkenntnis der Lage der Auschwitz-Häftlinge mit der Bemerkung, sie habe die Absicht gehabt, „selbst einmal nach Auschwitz zu fahren“ und sich dort zu erkundigen, zumal sie erfahren habe, dass gerade die Kinder dort besser versorgt würden „als bei uns in Deutschland“. Sie sei aber bei ihrem Reiseplan zu ihrem Bedauern vertröstet und hingehalten worden. Dass sie sich mindestens aber in Ravensbrück aufgehalten hatte, verschwieg sie. So geht es aus einem erhaltenen Auszug aus einer der später vernichteten Karlsruher Kripoakten hervor. Demnach erstellte sie im KZ Ravensbrück am 30. Januar 1942 ein „Gutachten“ über die Ehefrau von Robert Adler.[1169]

Eine persönliche Generalentlastung unternahm Justin gegenüber dem Staatsanwalt mit der Behauptung einer weltanschaulich-moralischen Wandlung. Sie erklärte, bisherige religionsferne Auffassungen abgelegt zu haben und nun eine überzeugte Katholikin zu sein. Das Postulat einer angeblich grundsätzlichen Unvereinbarkeit von christlicher Gläubigkeit mit völkisch-rassistischen NS-Ideologemen und die reuige Rückkehr in den Schoß der Kirche als Nachweis der Läuterung war typisch für Entnazifizierungs- und für strafrechtliche Verfahren. Reihenweise waren die „Gottgläubigen“ wiedereingetreten. Mancher von ihnen nutzte die Möglichkeit, sich durch Christlichkeit über den Status des Verfolgten hinaus zum Widerständler zu stilisieren.

Der beschuldigte Pfarrerssohn Gerhard Nauck beschrieb sich im Sammelverfahren mit der Vorgabe eines stillen christlichen Widerspruchs als „verfolgt“. Er sei im RKPA aufgrund seiner Kirchentreue durch eine „Beförderungssperre“ auf ein „totes Gleis“ abgeschoben

1169 LAV NRW, Abt. Rheinland, Ger. Rep. 231, Nr. 1.536, Bl. 402–411, hier: Bl. 405, Auswertung Karlsruher Akten, undat. [Mai (?) 1960].

worden. In einem Persilschein für einen Kollegen, der offensichtlich auch dem Testierenden einen Vorteil erbringen sollte, ging er noch einen Schritt weiter und machte sich zum Widerstandskämpfer: Er sei wegen seines „inneren und äußeren Widerstandes gegen den Nationalsozialismus“ 1943 auf einen Verwaltungsposten abgeschoben worden.[1170] Gerhard Nauck war in den 1920er-Jahren Leiter der deutschen Zentralpolizeistelle zur Bekämpfung unzüchtiger Bilder und Schriften („Schmutz und Schund“) in Berlin gewesen, um 1937 ins Referat B 3 „Trieb- und Sittlichkeitsverbrechen“ des RKPA zu wechseln, wo er spätestens seit 1940 als Kriminaldirektor die zur Bekämpfung dieser Kategorie von Normbrüchen begründeten fünf Reichszentralen leitete.[1171] Protestantisch-konservative bürgerliche Wertvorstellungen verbanden ihn, wie er bekundete, bei der Berufsausübung mit seinem Bruder Martin. 1943 avancierte Gerhard Nauck zum Verwaltungsleiter von Ritters Kriminalbiologischem Institut der Sipo im RKPA, das einen Teil des Personals im Jugend-KZ Moringen stellte, wo die Institutsverwaltung dann später auch ihren Dienstsitz hatte.

Martin Nauck konnte sich in seiner Vernehmung an Details seiner RKPA-Tätigkeit aufgrund der „erlittenen schweren Unbilden“ nicht erinnern. Daraufhin wurden ihm 15 Sterilisierungsverfügungen gegen „Zigeuner“, darunter eine sechsköpfige Familie, mit detaillierten Angaben und mit seiner Unterschrift vorgelegt.[1172] Nun sagte er, das könne es alles gar nicht gegeben haben. Sein Gewissen würde ihm solche Handlungen aufgrund seines christlichen Glaubens verboten haben. Es sei so gewesen, dass dieser Glaube ihm vor allem berufliche Nachteile eingebracht habe.

Der Zeuge Otto konnte sich, wie er sagte, „darauf besinnen“, „daß es einen Erlaß vom 29. 1. 1943 gegeben“ habe.[1173] Aber über die zwei Stichworte „Zigeuner“ und „asozial“ hinaus wollte ihm sonst nichts einfallen. Einige Zeuginnen und Zeugen bestritten, jemals irgendetwas

1170 LAV NRW, Abt. Rheinland, Ger. Rep. 231, Nr. 1.542, Bl. 125, Schreiben Ernst Unger, der Naucks Erklärung zugunsten von Unger ausführlich wiedergibt, an Bayerische Landpolizei, 15. 4. 1959.

1171 Grau: Lexikon, S. 24.

1172 Ebd., Nr. 1.538, Bl. 615–621, hier: Bl. 619 f., Vernehmung Martin Nauck, 5. 10. 1960; siehe auch die Auszüge aus den „Zigeunerpersonenakten“ ebd., Nr. 1.536, Bl. 369–388, hier: Bl. 371, 379 f., 382, 384, 388, Auswertung Münchner Akten, undat. [Mai (?) 1960], und ebd., Bl. 402–411, hier: Bl. 407, Auswertung Karlsruher Akten, undat. [Mai (?) 1960].

1173 Ebd., Nr. 1.539, Bl. 803, Vernehmung Hans Otto, 1. 2. 1960.

von dessen Inhalt erfahren zu haben, und der Kriminalkommissarin Charlotte Meyer, damals wie Gerhard Nauck im Kriminalbiologischen Institut des RKPA tätig, war ein „Erlaß, nach welchem Zigeuner in das KZ eingeliefert, oder daß diejenigen Zigeuner, die nicht ins KZ eingeliefert wurden, sterilisiert werden sollten", angeblich völlig unbekannt.[1174]

So auch die umgeschulte Gewerbelehrerin Ruth Helmke von der RHF. Sie habe, sagte sie, „während des Krieges überhaupt nichts gehört und infolgedessen auch nichts gewußt. [...] Im wesentlichen habe ich davon erst durch dieses Verfahren gehört bezw. aus der Zeitungslektüre." Vor allem bestritt sie ein Wissen über „Maßnahmen" des RKPA „gegen Zigeuner", wiewohl sie Anfragen von dort über deren Abstammung einräumte. Niemand im „Kriminalbiologischen Institut", wie sie die RHF nannte, habe gewusst, dass die „Gutachten" „evtl." zur Basis einer KZ-Einweisung oder einer Sterilisation benutzt werden würden. Sie gab zu, für die Forschungsstelle auch in einem KZ recherchiert zu haben. Mit einer weiteren Mitarbeiterin, der Volks- und Rassenkundlerin Dr. Ruth Kellermann, sei sie „in dem KZ Ravensbrück gewesen", weil „eine dort einsitzende Zigeunerin über ihren Stammbaum an[zu]hören" gewesen sei.[1175]

Keiner der Beschuldigten räumte ein, sich bei seinen Handlungen eines Unrechts bewusst gewesen zu sein. Alle hatten sie ein gutes Gewissen gehabt. Einsicht, Scham- und Reuebekundungen fehlen in den Vernehmungsprotokollen vollständig. Das war durch die Rechtsprechung nach dem StGB vorgegeben. Auch mit der kaum widerlegbaren Behauptung eines mangelnden Unrechtsbewusstseins bei der Festlegung des „Mischungsgrads" oder bei der „präventiven" Lagereinweisung konnte nach dem westdeutschen Strafrecht eine Verurteilung verhindert werden.

Gelegentlich hielten Einzelne sich nicht daran, zu schweigen, zu glätten und umzudeuten. So sagte die Zeugin und Beschuldigte Anna Tobler, ebenfalls eine Mitarbeiterin der RHF, ihre Forschungsstelle habe „mit der Kriminalpolizei ‚Hand-in-Hand' gearbeitet. So wurden z. B. auch von der Kriminalpolizei auf unsere Veranlassung Befragungen der Zigeuner durchgeführt."[1176] Der Schnellbrief zur Einweisung nach

1174 Ebd., Nr. 1.537, Bl. 584, Vernehmung Charlotte Meyer, 16.9.1960.

1175 Ebd., Nr. 1.536, Bl. 429f., 439f., Vernehmung Ruth Helmke, 5.7.1960; zum Zeitpunkt des KZ-Besuchs hatte Ruth Kellermann noch ihren Mädchennamen Hesse.

1176 Dieses und die nachfolgenden Zitate ebd., Nr. 1.538, Bl. 592–596, Vernehmung Anna Tobler, 23.9.1960.

Auschwitz sei allgemein bekannt und Gesprächsthema gewesen. „Es war im Institut auch bekannt, daß in den Zigeunerlagern in Auschwitz und in Bialistock [!] grauenhafte Zustände herrschten, die dazu führten, daß die Zigeuner infolge Unterernährung und wegen der schlechten hygienischen Verhältnisse massenweise starben.“ Sie selbst sei im Auftrag von Ritter 1943 in Białystok gewesen, „damit ich ihm über die dortigen Zustände berichten sollte“. Die Jahresangabe stimmte nicht, und nicht sie allein war dort gewesen. Bereits 1942 und deutlich vor dem vom BGH als Verfolgungsbeginn bestimmten Auschwitz-Erlass hatte eine ganze Kommission der RHF das Gefängnis in Białystok aufgesucht, in dem ostpreußische Sinti-Familien inhaftiert worden waren. Die Besuchergruppe konnte in Berlin berichten, dass die Haftbedingungen entsetzlich waren. Vor allem Kinder und Alte fielen schnell der Kälte, dem Typhus und der Hungerseuche Noma zum Opfer. Noma hieß, dass der Körper bei lebendigem Leib verfaulte.[1177] Kälte, Typhus und Noma waren etwas später besonders häufige Todesursachen auch im „Zigeunerfamilienlager“ in Birkenau. Der Bericht dürfte auch Sophie Ehrhardt angesprochen haben, die von 1938 bis 1942 die ostpreußischen Sinti für die RHF erfasst, begutachtet und das Ergebnis im Jahr des Aufenthalts der Kommission in *Volk und Rasse* publiziert hatte.[1178] Der RHF-Besuch änderte an den Haftbedingungen nichts. Wer neben Tobler der Beobachterkommission angehört hatte, ist nicht bekannt, doch allerspätestens jetzt musste jeder, der damals in der RHF arbeitete, sich klar darüber gewesen sein, worauf die „Gutachten“ dieser „Forschungsstelle“ hinauslaufen konnten und mutmaßlich sollten, ob in Białystok oder in Auschwitz. Die Annahme wäre weltfremd gewesen, dass die Besucher nicht ausnahmslos die von Tobler geschilderten Beobachtungen gemacht hätten und dass die Gruppe sie nicht diskutiert hätte.

Auch die rassistische Motivation der Sterilisierungen sprach Tobler in aller Offenheit an. Sie nannte ihre Arbeitsstelle mit „Rassenhygienische Forschungsstelle“ bei ihrem korrekten Namen und erklärte unzweideutig, Justin habe den Standpunkt vertreten, dass „Zigeunermischlinge“ zu sterilisieren seien, „weil sie sonst eine Gefahr für das Deutschtum darstellen würden“.[1179] Damit sollte das rassistische Motiv

1177 Zu Białystok siehe Zimmermann: Rassenutopie, S. 228 f.

1178 Fings / Sparing: Vertuscht, verleugnet, versteckt, S. 183, 195; Ehrhardt: Zigeuner und Zigeunermischlinge, S. 52–57.

1179 LAV NRW, Abt. Rheinland, Ger. Rep. 231, Nr. 1.538, Bl. 592–596, Vernehmung Anna Tobler, 23. 9. 1960.

für den Staatsanwalt zutage getreten sein, aber „Zigeunertum“ und „Deutschtum“ waren auch in seiner Vorstellungswelt etwas Grundverschiedenes, das nicht zusammenpassen konnte. Ein Beleg für „Rassenhass“ bei Justin schaute nach der herrschenden und auch nach seiner Rechtsauffassung nicht aus den Feststellungen der Zeugin heraus.

Einige von Toblers Aussagen konnten das Konzept des Nichtwissens gefährden, das es dem Ermittler ermöglichte, die Beschuldigten außerhalb eines Verdachts zu stellen. Die Aussagen mussten daher grundlegend entwertet werden. Dass das die Absicht von Staatsanwalt Thiede war, geht aus seiner Art des Umgangs mit der Zeugin hervor. Er fertigte sie aufs Gröbste ab. Tobler, immerhin Fürsorgerin mit Abitur, habe auf ihn, schrieb er in die Akten, „einen geistig primitiven Eindruck“ gemacht. Es sei durchaus möglich, „dass aus subjektiven Gründen ihre strafrechtliche Verantwortlichkeit nicht gegeben ist“, sprich, dass Tobler wie auch immer unzurechnungsfähig sei.[1180] Das war eine bösartige Diffamierung und hieß, dass ihre Aussagen als irrelevant ignoriert werden konnten. So geschah es nicht nur gegenüber dieser Verletzerin des Schweigegebots, so wurde es – wie gezeigt – ebenfalls diffamierend gegenüber Georg Winterstein und Siegmund A. Wolf oder gegenüber Walter Strauß von Leo Karsten in seinem Ermittlungsverfahren praktiziert.

Die Entwertung von Toblers Aussagen geschah, obwohl zwei ihrer ehemaligen Kolleginnen, die seit 1937 in der RHF tätige Fürsorgerin Gudrun Nell und die Fürsorgerin Dr. phil. Brigitte Richter, dort seit 1939, ihre Angaben im Wesentlichen bestätigten. 1959 hatte Nell zwar ausgesagt, dass die Vernichtung der Minderheit in der RHF „allgemein unbekannt“ gewesen sei, aber zugleich eingeräumt, dass Ritter „als Mittel für eine rassische Aussonderung der Zigeuner [...] die Sterilisation anerkannt“ habe, was zweifelsohne auf eine Vernichtungsabsicht hinauslief, und ergänzt, dass „gesprächsweise bekannt wurde, daß es im Burgenlande zu einer physischen Vernichtung von Zigeunern gekommen“ sei.[1181] Das korrespondierte mit dem, was Richter mitteilte, dass nämlich „eine größere Anzahl von Zigeunern aus dem Burgenlande zwangsweise in ein Lager gebracht wurden [!], welches sich jedenfalls in Österreich befunden“ habe. Während des Krieges, so Richter, sei dann „gerüchteweise bekannt“ geworden, „daß Teile der Zigeuner liquidiert worden“ seien.[1182] Darauf kam sie in einer späteren Vernehmung zurück:

1180 Ebd., Bl. 597, Vermerk, StA, Fritz Thiede, 7. 10. 1960.

1181 Ebd., Nr. 1.535, Bl. 204, Vernehmung Gudrun Nell, 20. 5. 1959.

1182 Ebd., Bl. 206, Vernehmung Brigitte Richter, 20. 5. 1959.

„Gerüchteweise“ sei bekannt geworden, „daß burgenländische Zigeuner ins KZ gekommen seien. [...] Später (waren) auch bei uns in Deutschland Zigeuner ins KZ gekommen [...], und zwar sollen das jeweils immer größere Transporte gewesen sein. [...] [E]s wurde erzählt, daß unser Chef, Prof. [!] Dr. Ritter, sich zu tief mit dem Reichssicherheitshauptamt eingelassen hatte.“[1183] Die geografische Präzisierung „Auschwitz“ fehlt, von „Österreich“ ist die Rede.[1184] Gemeint sein konnte aber auch das österreichische Lager Lackenbach oder die Deportation von 5007 Roma aus dem Burgenland und der Steiermark in das Ghetto von Łódź im November 1941, von wo aus die das Ghetto Überlebenden an den Vernichtungsort Kulmhof kamen, um dort getötet zu werden. Falls es sich nur um in der RHF umlaufende Gerüchte und nicht um ein verdecktes Wissen handelte, dann hatten sie doch einen sehr realen Bezug. Sie verwiesen auf einen Genozid. In diese Richtung sprach auch die RHF-Zeugin Dr. Cäcilie Schulte. Sie erinnerte sich, erfahren zu haben, „dass von irgendeiner damals massgebenden Stelle [...] eine radikale ‚Lösung der Zigeunerfrage‘ geplant“ gewesen sei. Es habe sich dabei um ein „Vernichtungsprogramm“ gehandelt. Ritter entlastend fügte sie hinzu, dieser habe es „durchkreuzt“.[1185]

Neben den „Vorbeugungslagern“ Auschwitz, Białystok, Buchenwald und Ravensbrück, die Beschuldigte im Sammelverfahren nachweislich dienstlich kennengelernt hatten, hatten Ritter und Justin sich zu „Sichtungen“ im Jugend-KZ für Jungen in Moringen und in dem für Mädchen im KZ Uckermark bei Ravensbrück aufgehalten.[1186] Zu diesen beiden Lagern hatte Ritter ein besonders enges Verhältnis. Er hatte ein spezielles brutalisiertes Haftsystem für sie entwickelt, nach dem sich entschied, ob die Insassen von dort in die Wehrmacht, in eine Anstalt oder in ein KZ eingewiesen wurden.[1187] Sein Freund Paul Werner war ein Propagandist dieser Lager gewesen.[1188] Sowohl in Moringen als auch in

1183 Ebd., Nr. 1.537, Bl. 487, Vernehmung Brigitte Richter, 21. 7. 1960.

1184 Der Ort Auschwitz lag bis zur Wiederherstellung einer polnischen Staatlichkeit im Jahre 1918 in Österreich-Ungarn.

1185 LAV NRW, Abt. Rheinland, Ger. Rep. 231, Nr. 1.535, Bl. 188, Vernehmung Cäcilie Schulte, 23. 4. 1959.

1186 Fings / Sparing: Zigeunerkinder und -jugendliche; Schmidt-Degenhard: Vermessen und Vernichten, S. 164, 232.

1187 LAV NRW, Abt. Rheinland, Ger. Rep. 231, Nr. 1.535, Bl. 152, Vernehmung Charlotte Meyer, 16. 4. 1959.

1188 Siehe etwa Paul Werner: Maßnahmen; ders.: Die polizeilichen Jugendschutzlager; ders.: Die Einweisung in die polizeilichen Jugendschutzlager.

Uckermark war sterilisiert worden. Zu den Häftlingen dort hatten „eine Reihe von Zigeunern und Zigeunermischlingen, einige Judenmischlinge und […] zwei Negerbastarde" gehört.[1189] 1943 kamen die „Zigeunermischlinge" in Moringen nach Auschwitz.[1190] In der Endphase verlagerte Ritter, wie sein Verwaltungsleiter Gerhard Nauck in der Vernehmung mitteilte, das Kriminalbiologische Institut der Sipo im RKPA von Berlin in das KZ Moringen.[1191] An den behördlichen Arbeitsplätzen wird es selbstverständlich eine Kommunikation über die Beobachtungen und Erfahrungen in den KZs gegeben haben. Von Nichtwissen und gutem Glauben bei den Unterschriften unter „gutachtlichen Äußerungen" und Einweisungsanordnungen auszugehen, war zutiefst lebensfremd.

Die „Zigeunerpersonenakten" als Ermittlungsgrundlagen

Eine lange Liste Tatverdächtiger war abzuarbeiten. Die Ermittler untersuchten dazu eine große Zahl von „Zigeunerpersonenakten", wie sie mit dem Ausbau der „Zigeunerbekämpfung" seit den 1930er-Jahren systematisch in den Kripodienststellen entstanden waren. Sie hatten grundlegende Bedeutung im Sammelverfahren, denn diese als biografische Dokumentation angeblicher „Asozialität" und „Kriminalität" von Einzelnen wie von Familien angelegten Akten beschrieben Verfolgungsabläufe, nannten Orte und Zeiten von Handlungen der Kripobeamten und anderer Instanzen. Sie enthielten Namen von Tatbeteiligten, von möglichen Tatzeugen, Unterschriften von Verantwortlichen und dokumentierten mit einliegenden „gutachtlichen Äußerungen" der RHF auch deren Handlungsweise und die Kooperation mit der Kripo und anderen. Sie bewahrten eine Menge potentielles Belastungsmaterial und wurden daher in manchen Polizeibehörden in der Zusammenbruchsphase des NS-Regimes[1192] oder auch in der Unsicherheit der anschließenden „Stunde Null" vernichtet, wie die Ermittler im Sammelverfahren

1189 Martin Guse/Andreas Kohrs: Die „Bewahrung" Jugendlicher im NS-Staat. Ausgrenzung und Internierung am Beispiel der Jugendkonzentrationslager Moringen und Uckermark, maschinenschriftl., Frankfurt a.M. 1985, Bl. 173–177, 185, zit. nach Zimmermann: Rassenutopie, S. 155.

1190 Ebd., S. 154f.

1191 LAV NRW, Abt. Rheinland, Ger. Rep. 231, Nr. 1.537, Bl. 496–498, hier: Bl. 497, Vernehmung Gerhard Nauck, 1.8.1960; ebd., Nr. 1.538, Bl. 615–621, hier: Bl. 616, Vernehmung Martin Nauck, 5.10.1960.

1192 Fings/Sparing nennen dazu Bremen, Düsseldorf und Hannover: Fings/Sparing: Vertuscht, verleugnet, versteckt, S. 190f.

feststellen mussten. So teilte die Würzburger Kripo telegrafisch mit: „bezüglich der erwaehnten zigeunerakten wird darauf hingewiesen, dasz [!] sich bei hiesiger dienststelle keine zigeunerakten mehr befinden, sie kamen in den wirren nach kriegsende abhanden.“[1193] Ähnlich eine Reaktion aus Nürnberg: Die meisten „Zigeunerpersonenakten“ seien „nach 1945“ vernichtet worden. Man habe lediglich „vier alte Zigeunerakten gefunden.“[1194]

Da aber der vergangenheitspolitische Wind sich drehte, wie die Gründung der Landfahrerzentrale in München und das Wiedereinrücken NS-Belasteter in den Kripodienst anzeigten, ging mancher Betrachter davon aus, dass die alten Schriftstücke wie auch deren Verfasser zukünftig neue Wertschätzung erfahren würden, bewahrte und nutzte sie weiterhin. Allein in der Münchner Zentrale waren Anfang der 1960er-Jahre etwa 30.000 „Landfahrer“ in zehn- bis elftausend Akten erfasst.[1195] Mit dem Sammelverfahren aber kamen neue Befürchtungen auf. Eine mit umfangreichen Ermittlungen betraute Staatsanwaltschaft hatte flächendeckend wegen der „Zigeunerakten“ nachgefragt und wollte Einblick in die Akten nehmen. Das konnte für NS-Belastete, die sich bereits in einem sicheren Hafen sahen, erneut unangenehm werden.

Auch aus München war eine größere Zahl von Akten an die Staatsanwaltschaft gegangen. Gewarnt, begann man dort nun, das noch Vorhandene zu vernichten, ein Vorgang, der 1974 abgeschlossen wurde. In Karlsruhe, Standort der Kriminalhauptstelle für Nord-Baden, lag im Mai 1960 noch ein Restbestand von immerhin etwa 5.000 „alten Zigeunerakten“.[1196] Etwa 1951 hatte bereits eine „allgemeine Bereinigungsaktion“ stattgefunden und irgendwann folgten dem die noch vorhandenen Personenakten der „Verstorbenen“ – gemeint waren die nicht überlebenden NS-Opfer aus der Minderheit. 87 Akten aus dem Restbestand gingen an die Kölner Staatsanwaltschaft. Nach deren Rückkehr nach Karlsruhe, vermutlich 1970, wurde auch in Karlsruhe das Verbliebene „ausgesondert“. Nicht an das Generallandesarchiv wurde

1193 Ebd., Nr. 1.537, Bl. 532, Telegramm Kripo Würzburg an StAsch am LG Frankfurt a. M., 11. 8. 1960.

1194 Ebd., Bl. 536–539, hier: Bl. 536, Vermerk StA Fritz Thiede, 23. 8. 1960.

1195 Diese und die nachfolgenden Angaben: Fings / Sparing: Vertuscht, verleugnet, versteckt, S. 188.

1196 Diese und die nachfolgenden Angaben: LAV NRW, Abt. Rheinland, Ger. Rep. 231, Nr. 1.536, Bl. 326, Vermerk StA Fritz Thiede, 23. 5. 1960; ebd., Bl. 348, Vermerk StA Fritz Thiede, 2. 6. 1960.

es abgegeben, es ist verschollen, und es ist davon auszugehen, dass es vernichtet wurde. Heute gibt es keine NS-„Zigeunerpersonenakten" der Karlsruher Kripo mehr.

In NRW blieben solche Personenakten mitunter erhalten, aber es war nur ein Bruchteil des ursprünglichen Bestands. Als es der Kölner Staatsanwaltschaft 1962 um Aktenmaterial aus Oberhausen ging, weshalb sie das LKA in Düsseldorf anschrieb, erfuhr sie, die dortige Personen-Aktenverwaltung habe versichert, dass die Akten vorhanden gewesen seien, jedoch könne niemand etwas über den Verbleib sagen. Vor Ort vermute man, „daß die Akten nach normalem Fristablauf und wenn sie kriminalpolizeilich bedeutungslos waren, vernichtet wurden".[1197] Die geringen lokalen Restbestände im bevölkerungsreichsten Bundesland wurden später vom Landesarchiv übernommen.[1198]

Nur wenige Akten kamen aus Schleswig-Holstein. Die „Unterlagen über Zigeuner" seien unvollständig, teilte der vormalige Leiter der Kripo Lübeck 1960 der Staatsanwaltschaft mit. Es fehlten z. B. die Listen der Deportationsopfer von 1943. „Bei meinem Ausscheiden im Mai 45 waren sie noch vorhanden."[1199] Dafür, dass es immerhin einen Teil des Aktenbestands in den 1960er-Jahre noch gab, liefert das Sammelverfahren mit den Belegen seiner Anforderung und seiner Rücksendung den Nachweis.[1200] Heute sind auch diese Akten nicht im Landesarchiv, wo sie sein sollten, sondern verschollen.

Mit anderen Worten, zu den Resultaten der Ermittlungen im Sammelverfahren gehört die umfangreiche Beseitigung von strafrechtlich bedeutsamen Beweismitteln, und zwar durch Handlungsträger, die sie für die Justiz bereitzuhalten gehabt hätten. Die Bedeutung der Aktenvernichtung reicht aber weit über diese strafrechtliche Seite hinaus. Indem die „Zigeunerpersonenakten" über die Stationen der Verfolgung berichteten und Aussagen über die reichsdeutsche Staatsbürgerschaft, die oft nur schwierig nachzuweisen war, enthielten, waren sie wichtig für die Erfolgschancen in den Entschädigungsverfahren. Die Belegpflicht lag bei den Verfolgten, und über die Belege verfügte in diesem

1197 Ebd., Nr. 1.540, Bl. 993, LKA NRW an StAnw am LG Köln, 10. 1. 1962.

1198 Der größte erhaltene Bestand ist der des Amtsbereichs der Kripoleitstelle Köln (Regierungsbezirke Aachen, Koblenz, Köln und Trier) mit 810 Akten, heute im Landesarchiv NRW, Abt. Rheinland der Bestand BR 2.034.

1199 Ebd., Nr. 1.537, Bl. 490 f., hier: Bl. 491, Vernehmung Otto Schleuß, 27. 7. 1960.

1200 Siehe etwa für Karlsruhe: ebd., Nr. 1.536, Bl. 330 f., Landespolizeidirektion Nordbaden Kriminalhauptstelle, Versandmitteilung, 20. 5. 1960; ebd., Versandmitteilung, 27. 5. 1960, Bl. 352–358.

Fall ihr kriminalpolizeilicher Widersacher. Das begünstigte schlechte Ergebnisse für die Verfolgten.

Schließlich musste die Aktenvernichtung die Möglichkeiten der historiografischen Überlieferung beeinträchtigen, da damit in großer Zahl Täterquellen aus der Tatzeit, aber auch Selbstaussagen der Verfolgten verschwanden. Auch hier dürfte sicher ein Motiv der Aktenbeseitigung gelegen haben.

Neben der Vernichtung von Dokumenten stand deren Diebstahl. Eine Menge Archivmaterial der RHF hatten vormalige Handlungsträger sich angeeignet. Wer wo darüber verfügte, war unbekannt. Justiz und Entschädigungsbehörden hatten keinen Zugriff auf diese Akten. Mindestens einer der zeitweisen Lagerorte aber war kein Geheimnis, denn er war Staatsanwalt Thiede, der im justiziellen Interesse danach geforscht hatte, spätestens 1960 mitgeteilt worden.[1201] Thiedes Informant, der Leiter der Behörde, die nach dem kriegsbedingten Auszug der RHF aus Berlin deren Unterlagen aufgenommen hatte, ging davon aus, dass auf dem Dachboden „die wichtigsten Dokumente der Dienststelle“, nämlich der RHF, lagerten. Einen weiteren Hinweis konnte Thiede einem Schreiben entnehmen, das er von Siegmund A. Wolf erhalten hatte. Wolf teilte mit, dass der Sachverständige Hermann Arnold im Besitz von zahlreichen Mikrofilmen sei, die er von Eva Justin erhalten habe. Sie seien „Behördeneigentum“.[1202] Aktuelle Aufbewahrungsorte waren zum Teil aber auch ohne Nachfragen auf dem kurzen Weg des Blicks in Schriften von Beteiligten zu erfahren. So war Schriften von Hermann Arnold zu entnehmen, dass er Zugang zum „wissenschaftlichen Nachlass“ von Ritter hatte und zum Teil darüber verfügte.[1203] Das war, um den Umfang der RHF / RKPA-Aktivitäten präzisieren zu können, ein wichtiger Hinweis. Von sich aus rückten die Inhaber diese Unterlagen aber nicht heraus. Es hatte für sie Vorrang, weiterhin die Verbrechen an der Minderheit vertuschen und die Täter decken zu können. Auch Ermittler oder die Entschädigungsbehörden, die es anging, unternahmen nichts. Das zähe Hin und Her einer Übergabe beendeten Anfang der 1980er Jahre Mitglieder des Verbands

1201 Ebd., Nr. 1.538, Bl. 624, Vermerk StA Fritz Thiede, Rücksprache mit dem Leiter der Landesheilanstalt Mariaberg habe ergeben, dass auf dem Dachboden lagernde Akten „von Dr. Ritter und Frau Dr. Justin […] mitgenommen“ worden seien, 7. 10. 1960.

1202 Ebd., Nr. 1.536, hier: Bl. 254–260, Bl. 258, Schreiben Siegmund A. Wolf an StAnwsch am LG Frankfurt a. M., 6. 12. 1959.

1203 Siehe etwa Arnold: Wer ist Zigeuner?, S. 116; ders.: Zigeuner, S. 268.

Deutscher Sinti mit öffentlichen Aktionen – einem Hungerstreik in Dachau und der Besetzung des Universitätsarchivs in Tübingen –, sodass die Akten im September 1981 dem Bundesarchiv übergeben werden konnten.[1204]

Zu Taten, Tatopfern und Opferbiografien

Unter den beschriebenen Voraussetzungen entwickelte sich lediglich ein begrenzter Teil der staatsanwaltlichen Verdachtsfälle zu verfahrensrelevanten Tatvorwürfen gegen einzelne Beschuldigte.[1205] Nur vereinzelt fanden Akten eine darüber hinausgehende ausführlichere Beachtung und wurden am Ende hinreichend verdachtsbildend, um für den nächsten prozessualen Schritt in Richtung eines Hauptverfahrens verwendet werden zu können. Insgesamt waren es schließlich zehn Fälle, bei denen sich Verfügungen Malys nachweisen ließen.[1206] Sie sollen, so ausführlich es unter den angesichts verschwundener Archivalien eingeschränkten Bedingungen möglich ist, vorgestellt werden. Mehr als kurze Auszüge aus den konsultierten Kripo-Akten, die in die Verfahrensakten eingingen, und nur dürftige Angaben aus anderen Quellen standen in der Hälfte der Fälle nicht zur Verfügung.

In den Opferbiografien konkretisieren sich die Brutalität und das Verbrecherische der Handlungen der Täter. Deren Einbettung in ein bürgerliches Milieu begünstigte es, sie mit ihren Taten in ein mildes Licht zu stellen. Der Einblick in die Opferbiografien kann das erschweren, er versachlicht die Haltung gegenüber den Tätern. Die biografischen Verläufe der Verfolgten wie der Täter nebeneinander zu sehen, kann eine Vorstellung davon entstehen lassen, welche Art von Leben die einen und welches die anderen jeweils führten und welche Lebensperspektiven nach dem von den einen als „Zusammenbruch", von den anderen als „Befreiung" empfundenen Ende der volksgemeinschaftlichen Ordnung sich anschlossen.

1204 Im Überblick Kelch: Dr. Hermann Arnold, S. 473 ff.

1205 Siehe etwa LAV NRW, Abt. Rheinland, Ger. Rep. 231, Nr. 1.537, Bl. 564–570, Vernehmung Josef Eichberger, 1. 9. 1960; ebd., Bl. 459–462, hier: Bl. 461 f., Vernehmung Hans Otto, 12. 7. 1960; ebd., Bl. 571–580, hier: Bl. 575 ff., Vernehmung Wilhelm Supp, 2. 9. 1960; ebd., Bl. 549–557, hier: Bl. 550 ff., Vernehmung Albert Wiszinsky, 25. 8. 1960.

1206 Ebd., Nr. 1.543, Bl. 1.359–1.391, hier: Bl. 1.368–1.373, Anklageschrift gegen Hans Maly, 20. 2. 1964.

Karl Richard Heilig

Zu Karl Richard Heilig liegen biografische Daten nur minimal vor. Er wurde am 22. Dezember 1913 in Oppeln geboren.[1207] Maly und/oder Supp ordneten seine Festnahme an, nach der er nach Auschwitz-Birkenau deportiert wurde. Auch Eichberger war involviert, denn Staatsanwalt Kleinert übersandte die später verschwundene „Zigeunerpersonenakte“ als „Vorgang“ gegen Eichberger 1963 nach München.

Karl Richard Heilig war einer der von der Großdeportation aus München am 8. März 1943 Betroffenen. Über seine Häftlingsnummer 3.560 hinaus ist dem „Hauptbuch“ der Lagerverwaltung nichts zu entnehmen. Er überlebte das Lager.

Elvira Krause

Die evangelische Hausgehilfin Elvira Krause,[1208] geboren am 8. Januar 1914 in Adlig Hammerstein, Kreis Schlochau (Ostpreußen), wurde von der RHF den ostpreußischen Sinti zugerechnet, von denen ein Großteil 1942 nach Białystok deportiert wurde. Sie lebte 1939 in Heidelberg in der Zwingerstraße zur Miete. Ihre Eltern wohnten in Schmalkalden. Der Vater war Schausteller gewesen und, da 1939 festgesetzt, nun nicht weiter reisend als Kammerjäger tätig. Die Mutter war Hausfrau. Die beiden hatten mit Elvira fünf Kinder, von denen eine der vier Töchter 1934 verstorben war.

Seit etwa 1936 hatte Elvira Krause eine enge Beziehung zu dem „deutschblütigen“ Schmalkaldener Schlosser Walter Lier, Sohn eines eingesessenen Maurerpoliers. Sie hatte ein 1937 geborenes Kind mit ihm. Die Ehe war den beiden verboten. Das Kind lebte bei den Großeltern in

1207 Alle Angaben in diesem Abschnitt: LAV NRW, Abt. Rheinland, Ger. Rep. 231, Nr. 1.536, Bl. 359–362, hier: Bl. 360, [Abschrift der] Liste über die bei der Aktion am 8.3.1943 in München festgenommenen zigeunerischen Personen, 5.4.1943; ebd., Bl. 369–389, hier: Bl. 386, Auswertung Münchner Akten, undat. [Mai (?) 1960]; ebd., Nr. 1.542, Bl. 1.309, StA Wolfgang Kleinert an StAsch am LG München, 5.9.1963; Gedenkbuch, Bd. 2, S. 938f.

1208 Alle Angaben in diesem Abschnitt, soweit nicht anders angegeben: GLA Karlsruhe, 446 Heidelberg-1, Nr. 1.888; ebd., 480, Nr. 14.414, Entschädigungsakte; Schmalkalder Adreßbuch, Schmalkalden o.J. [1936]; LAV NRW, Abt. Rheinland, Ger. Rep. 231, Nr. 1.536, Bl. 402–411, hier: Bl. 404, Auswertung Karlsruher Akten, undat. [Mai (?) 1960]; ebd., Bl. 476, StA Fritz Thiede an Innenminister NRW, 15.7.1960; ebd., Nr. 1.543, Bl. 1.359–1.391, hier: Bl. 1.368f., Anklageschrift gegen Hans Maly, 20.2.1964.

Schmalkalden. Dorthin wollte Elvira Krause zurück. Das war ein großes Problem, denn sie hatte sich zum Stichtag des Festschreibungserlasses vom 17. Oktober 1939 in Heidelberg befunden. Verließ sie den Ort, drohte ihr KZ-Haft.

In Heidelberg war sie entsprechend dem Erlass des RSHA vom 17. Oktober 1939 als „zigeunerische Person" erfasst. Die RHF präzisierte 1942 das Urteil als „ZM (+)", also als „Zigeunermischling mit vorwiegend zigeunerischem Bluteinschlag".

Bis zu ihrem 22. Lebensjahr war sie als „Künstlerin", das heißt als Artistin, tätig gewesen, danach meist als Hausangestellte, aber sie hatte auch mehrfach in Heidelberger Fabriken gearbeitet. Das lokale Staatliche Gesundheitsamt, Abteilung für Erb- und Rassenpflege, stellte im April 1941 dem Jugendamt die vorgegebenen Fragen, mit deren Beantwortung es nachweisen sollte, ob jemand „in jeder Hinsicht als vollwertiges Glied der Volksgemeinschaft zu betrachten sei oder ob er / sie in irgendeiner Beziehung durch Abartigkeit oder gemeinschaftswidriges Verhalten aufgefallen" sei. Elvira Krause wurde nur positiv beschrieben. Sie sei fleißig und ehrlich. Sie habe „sich bis jetzt selbständig durchs Leben gebracht. Sie bekam überall recht gute Zeugnisse ausgestellt." Ihre Heidelberger Vermieterin wusste ebenfalls nichts Nachteiliges zu sagen, beurteilte sie als „offen und ehrlich", „auch in sittlicher Hinsicht" habe sie sich „ganz gut geführt". Zu zwei der drei Schwestern von Elvira Krause lagen Angaben zum Schulbesuch vor: Die beiden waren aus der 8. Klasse, der Abgangsklasse der Volksschule, entlassen worden. Als Schlusssatz formulierte das Jugendamt ausdrücklich: „Die Genannte macht einen geistig durchaus normalen Eindruck."

Ungeachtet solcher Beurteilungen verhängte die Kripo Karlsruhe im November 1942 wegen Missachtung des Erlasses vom 14. Dezember 1937 die Vorbeugungshaft. Elvira Krause war bis dahin mit Normverstößen polizeilich oder gar gerichtlich nie aufgefallen. Inhaftiert wurde sie, weil sie Heidelberg mehrfach verlassen hatte, was als „asoziales Verhalten" gewertet wurde. Das hatte sie getan, um unterzutauchen, war aber in Konstanz von der Gestapo festgenommen worden. Sie bestritt, „Zigeunerin" zu sein und auf das Verbot des Aufenthaltswechsels hingewiesen worden zu sein – was die Heidelberger Kripo bestätigte.[1209]

Die Festnahme wurde von Maly unterstützt, und es wurde von ihm im Januar 1943 zugleich die Einweisung in das „Konzentrationslager

1209 Diese und die nachfolgenden Angaben: ebd., Bl. 218, StA Fritz Thiede an NRW-Innenminister, 15. 7. 1960.

Auschwitz (Frauenabteilung)“ angeordnet. Dort traf Elvira Krause am 13. Februar 1943 ein. Entlassungsanträge ihrer Eltern wurden abgelehnt. Als ihr Todesdatum ist der 19. März 1943, als Todesursache und -ort sind „an akutem Magendarmkatarrh im Häftlingskrankenhaus im KL Auschwitz“ angegeben.

Christine Lehmann

Christine Lehmann, geboren am 18. Dezember 1920 in Duisburg, war eine von drei Töchtern und drei Söhnen des katholischen Instrumentenhändlers und -reparateurs, Musikers, Schaustellers und Korbmachers August Lehmann und seiner katholischen Ehefrau Margarete, geborene Kreutz.[1210] Der Vater war im Ersten Weltkrieg zum Landsturm eingezogen worden. Der Großvater väterlicherseits war als Artist noch ein Angehöriger des ambulanten Unterhaltsgewerbes gewesen, während die Großmutter mütterlicherseits aus einer hessischen Uhrmacherfamilie kam. Die Familie war, wie sie sagte, seit etwa 1912 in Duisburg zu Hause, was die Kripo bestätigte, wenn sie in der Mitte der 1930er-Jahre davon sprach, dass sie „seit 20 Jahren in Duisburg sesshaft“ sei. Mehrere Adressbücher weisen seit dem Beginn der 1920er-Jahre einen Schirmmacher August Lehmann auf, bei dem es sich wahrscheinlich um den Familienvater handelt. Für den langen Aufenthalt in der Stadt spricht, dass vier der sechs Kinder dort und eins im benachbarten Moers geboren wurden. Die Familie lebte im Arbeiterstadtteil Kaßlerfeld. 1939 wurde sie festgesetzt. Die Behörden verlängerten der völlig unbescholtenen Margarete Lehmann aufgrund „ihrer rassemäßigen Zugehörigkeit zu einer Personengruppe, die nach jahrhundertelangen Erfahrungen durch ihr asoziales Verhalten eine Gefährdung für die Allgemeinheit bildet“,[1211] den Wandergewerbeschein nicht mehr.

Christine Lehmann arbeitete zunächst als Haushälterin. Seit 1938 war sie mit dem „deutschblütigen“ Duisburger Maschinenschlosser Karl Hessel zusammen. Hessel hatte sich als Kraftfahrer selbständig gemacht und unterhielt einen Transportdienst („Blaue Eilboten“). Die beiden

1210 Alle Angaben in diesem Abschnitt, soweit nicht anders angegeben: LAV NRW, Abt. Rheinland, BR 1.111, Nr. 43 und 44; ebd., Ger. Rep. 231, Nr. 1.542, Bl. 1.191–1.287, hier: 1.269f., Vermerk StA Wolfgang Kleinert, 20.4.1963; ebd., Nr. 1.543, Bl. 1.359–1.391, hier: Bl. 1.371f., Anklageschrift gegen Hans Maly, 20.2.1964; StADu, Best. 504, Nr. 1.007; ebd., 506, Nr. 782, Nr. 783, Nr. 4.539, Nr. 4.540; von Lüpke-Schwarz: „Zigeunerfrei!“; Brochhagen: „Fachwissen und Diensteifer“.

1211 LAV NRW, Abt. Rheinland, BR 1.111, Nr. 43, Bl. 11, Kripo Duisburg, 27.10.1939.

hatten einen Sohn Egon Karl. Die Ehe, die sie eingehen wollten, wurde ihnen verboten. Die RHF hatte bei Christine Lehmann „etwa gleiche zigeunerische und nichtzigeunerische Blutsanteile“ diagnostiziert. Das lokale Gesundheitsamt war zu dem Schluss gekommen, es sei „neben den westisch-ostischen Rassemerkmalen der zigeunerische Einschlag“ bei der Braut sehr deutlich. Das sehe man ihr zwar „an Einzelmerkmalen“ nicht an, aber „am Gesamteindruck“, so wie der Bräutigam „fast wie ein Zigeuner wirkt“. Das resultierte aus der Betrachtung von Fotos.

Christine Lehmanns Bruder Franz, ein vom Vater früh ausgebildeter Musiker, nach der Volksschule 1936 wie sein Bruder Johann aber bei der Beton- und Monierbau AG Essen tätig, wechselte 1940 zum Postamt Duisburg. Wenig später wurde die Familie Opfer der „Mai-Deportation“ 1940 von grenznah im deutschen Nordwesten, im Rheinland und im Südwesten lebenden Angehörigen der Minderheit ins Generalgouvernement. Auch ein Enkelkind war von der Deportation betroffen, nicht jedoch Christine. Das erklärte sich mit dem eheähnlichen Verhältnis mit einem Kind, in dem sie lebte. Die Festnahmen in Duisburg leiteten nach Angaben des Sinto Bernhard Rosenberg der Sonderbeauftragte des RKPA für die Deportation Dr. Josef Ochs, der Duisburger Kriminalobersekretär Karl Knoche und der Leiter der Duisburger Dienststelle für Zigeunerfragen, der Kriminalobersekretär Wilhelm Helten.[1212] Dieser war der aktivste Mitarbeiter in der Dienststelle K I (B), die alle Maßnahmen der „vorbeugenden Verbrechensbekämpfung“ in Duisburg verantwortete.[1213] Er war Jahrgang 1891 und Parteigenosse seit 1933. Ein 1947 von der Staatsanwaltschaft Duisburg aufgenommenes Ermittlungsverfahren gegen ihn wurde eingestellt, und 1960 wurden die Akten vernichtet.[1214]

Im besetzten Polen durchliefen die Lehmanns, wie Margarete Lehmann nach der Befreiung mitteilte, die Lager in Siedlce, bei Lublin, in Bełżec, in Kielce, wo August Lehmann starb, und in Stararowice, wo der Sohn Johann in den Eisen- und Stahlwerken – nun Stahlwerke

1212 Zu Helten: LAV NRW, Abt. Rheinland, NW 1.004-G41.A1, Nr. 903, Entnazifizierungsakte Wilhelm Helten; StADu, Best. 103A, Nr. 14.906, Personalakte Wilhelm Helten. Helten versuchte in der Entnazifizierung ein falsches Datum seines NSDAP-Eintritts vorzutäuschen, vgl. BArch Berlin-Lichterfelde, R 9.361-VIII Kartei, Nr. 10.020.053, Wilhelm Helten; ebd., R 9.361 IX Kartei, Nr. 1.4711.188, Wilhelm Helten.

1213 StADu, Best. 506, Nr. 1.249, Aussage Bernhard Rosenberg in dessen Haftentschädigungssache, 22.2.1950; Wagner: Volksgemeinschaft, S. 344.

1214 Wagner: Volksgemeinschaft, S. 495.

Braunschweig GmbH – als Platzarbeiter gearbeitet hatte. Stararowice konnten sie 1944 beim Näherkommen der Roten Armee und der davon ausgelösten Flucht der Wachmannschaft verlassen. Es gelang ihnen, mit anderen geflüchteten Sinti-Familien nach Duisburg zurückzukehren. Eine Deportation nach Auschwitz kam nun nicht mehr für die Kripo infrage, denn wenige Tage vor der Ankunft der Sinti-Gruppe in Duisburg war das „Zigeunerfamilienlager“ in Auschwitz in der Nacht vom 2. auf den 3. August mit einer Vergasung und Verbrennung der verbliebenen Häftlinge aufgelöst worden. Hinzu kam, dass keine Zwangsarbeiter aus dem Osten mehr beschafft werden konnten und nun die verbliebene Bevölkerung nach noch verwertbarer Arbeitskraft abgesucht wurde. Die Lehmanns wurden in Absprache der Kripo mit dem Arbeitsamt auf der Stufe der „Ostarbeiter“ in das Mannesmann-Röhrenwerk in Großenbaum eingewiesen und waren auf dem Betriebsgelände in einem Lager für diese Zwangsarbeitskräfte untergebracht.

Die Stadtfürsorgerin hatte Christine Lehmann und Karl Hessel auch nach der Deportation der Familie Lehmann nicht aus den Augen gelassen und denunzierte die zwei bei der Kripo. Christine Lehmann sei entgegen den Auflagen „täglich im Betrieb [von Karl Hessel]“ zu finden und ordne die geschäftlichen Sachen. Sie übernachtete bei seinen Eltern und er gelegentlich auch bei den ihren. Im Januar 1942 wurden Christine Lehmann und Karl Hessel vom Duisburger Zigeunerdezernat vorgeladen. Sie hatten eine Erklärung zu unterschreiben, dass „das eheähnliche Verhältnis nicht mehr geduldet“ und dessen Fortsetzung bestraft werde, bei Christine mit dem KZ. Der letzte Satz lautete bei ihr: „Ich habe den Sinn dieser Verhandlung verstanden und werde mich entsprechend zu verhalten wissen.“ Zu diesem Teil der Erklärung hatte sie jedoch andere Vorstellungen, wie sich zeigen sollte, als ihre Verfolger sie ihr aufzuzwingen versuchten.

1942 war Christine mit einem zweiten Kind schwanger, was sie verheimlichte. Sie brachte ihren zweiten Sohn Robert Georg bei der Schwester Karl Hessels in Luxemburg zur Welt und konnte ihn zu seiner Sicherheit dort belassen, was jedoch der Duisburger Kripo nicht verborgen blieb. Kriminalobersekretär Wilhelm Helten meldete der vorgesetzten Dienststelle, dass das eheähnliche Verhältnis andauere. Spätestens im Januar 1943 tauchte Christine Lehmann unter. Helten ging davon aus, sie habe Duisburg verlassen und damit war für ihn „die Unterbringung in ein[em] Konzentrationslager gegeben“. Er verlangte von der vorgesetzten Stelle, der Kripo Essen, Vorbeugehaft anzuordnen. Dabei zitierte er den ministeriellen Erlass vom 14. Dezember 1937:

„Nur so ist es möglich [...], die Reinerhaltung des deutschen Blutes zu gewährleisten." Im Deutschen Fahndungsbuch wurde die bis zu ihrem Verstoß gegen die nazistischen Rassevorschriften polizeilich nie Aufgefallene unter den „Mitteilungen über Berufs- und Gewohnheitsverbrecher" zur Festnahme ausgeschrieben. Im Juni wurde sie von der Kripo Duisburg entdeckt und „als Gemeinschaftsfremde in die polizeiliche Vorbeugungshaft genommen".

Christine Lehmann wurde am 29. Juli 1943 in einem Sammeltransport „auf Veranlassung des Reichskriminalpolizeiamts Berlin in das KZ. Auschwitz übergeführt". Das hatte Hans Maly so genehmigt. Dass zu diesem Zeitpunkt „aus sanitären Gründen" eine Aufnahmesperre für das „Zigeunerfamilienlager" bestand, umging er, indem er Christine Lehmann als „Asoziale" in das Frauenlager einwies. Eine zweite Schwierigkeit, vor der er stand, waren die trotz der zum Heiratsverbot von Christine Lehmann abgegebenen Erbgut-Diagnose fehlenden „gutachtlichen Äußerungen" zu den Lehmanns nach dem RHF-Kategoriensystem. Das holte die RHF nun auf die Schnelle nach. Unter Verzicht auf den Anschein einer wissenschaftlichen Begründung mit individuellen Abstufungen machte sie aus ihren Untersuchungsobjekten kurzerhand „Zigeunermischlinge". Karl Hessel, der von der Entwicklung Mitbetroffene, wurde wegen der Fortführung seiner Beziehung verwarnt, verlor seine Einstufung als „unabkömmlich" und wurde zum Heeresdienst beim Wehrbereichskommando verpflichtet.

Die „Begutachtung" durch die RHF wurde von der Kripo an das Jugendamt weitergereicht, das für die Söhne von Christine Lehmann und Karl Hessel verantwortlich sei. Am 16. November 1943 forderte die Kripo Essen die Duisburger Kollegen auf, den Fünf- und den Zweijährigen „festzunehmen" und für deren „Einweisung [...] in das Zigeunerlager des KL. Auschwitz" zu sorgen. Die Kripo stieß zwar auf den Widerspruch der Großeltern, der Luxemburger Pflegefamilie und auch einer Polizeifürsorgerin, die sich für nicht zuständig erklärte, was die Kripo und insbesondere Helten aber nicht von der Realisierung ihres Vorsatzes abhalten konnte. Helten und eine Helferin brachten den Fünf- und den Zweijährigen am 7. März 1944 im Einzeltransport nach Auschwitz. Egon Karl erhielt dort die Häftlingsnummer 9.319, Robert Georg 9.320. Bei diesem ist ein Sterbedatum im „Hauptbuch" des Lagers eingetragen: der 27. Juni 1944.[1215]

1215 Gedenkbuch, Bd. 2, S. 1.280f.

Am 28. März 1944 war die Mutter „an Darmkatarrh bei Körperschwäche" angeblich im Häftlingskrankenhaus verstorben. Sie war inzwischen unter der Häftlingsnummer 8.981 in das „Zigeunerfamilienlager" verlegt worden.[1216] Eine zynische „Familienzusammenführung" hatte stattgefunden. Nachdem die Schwiegermutter von Christine Lehmanns Tod erfahren hatte, wandte sie sich an die Lagerverwaltung und bat vergeblich um die Freigabe und Rückkehr der Kinder.

Nach dem Ende des NS-Staats und dem Verlassen des Lagers bewohnten die Überlebenden bis mindestens tief in die 1960er-Jahre hinein Bunker, Baracken und andere Notquartiere an der Peripherie Duisburgs. Einer Entschädigung für Freiheitsentziehung durch die Deportation 1940 nach Polen widersprach bei Familie Lehmann und auch bei anderen Sinti-Familien 1950 die Entschädigungsbehörde und mit ihr der als Sachverständiger gehörte Duisburger Kriposekretär Friedrich Duchstein.[1217] Er kannte die Situation der Deportierten, weil er zu deren Kontrolle nach Polen abgeordnet gewesen war. Nun trug er die ihn persönlich entlastende Legende vor, „alle Zigeuner und Zigeunerfamilien" hätten „völlige Bewegungsfreiheit" gehabt. Sie hätten nicht anders als vor ihrer „Umsiedlung" „ihrem Gewerbe" nachgehen können.[1218] In einem anderen Verfahren zitierte das Entschädigungsamt ihn auch mit den Worten „Fälle, in denen Zigeuner unter haftähnlichen Bedingungen in Polen leben mußten, sind mir nicht bekannt geworden. Ich bin bereit, diese Aussage gegf. unter Eid zu wiederholen."[1219]

Helten musste davon ausgehen, belastet zu werden. Der Fall der Kinder Egon Karl und Robert Georg Lehmann hatte Wellen geschlagen, und er war genötigt, in seinem Entnazifizierungsverfahren darauf einzugehen. Er machte dort Nichtwollen und Nichtwissen geltend. Er argumentierte mit seiner Bürgerlichkeit: Er sei „Familienvater" und damit unmenschlicher Handlungen unfähig.[1220] Er leugnete, „bei Ablieferung der Kinder" das Lager Auschwitz gesehen zu haben. „Nur durch Lesen

1216 Ebd., Bd. 1, S. 604 f.

1217 LAV NRW, Abt. Rheinland, NW 1.000 EÜ-6.809, Entnazifizierungsakte Friedrich Duchstein.

1218 StADu, Best. 506, Nr. 782, Entschädigungsantrag Anton Lehmann, Aussage Friedrich Duchstein, 7. 3. 1950.

1219 Ebd., Nr. 974, Entschädigungsantrag Hugo Mettbach, Aussage Friedrich Duchstein, 7. 3. 1950. Das setzte sich in diesem Verfahren nicht durch, das Innenministerium befürwortete eine Entschädigung.

1220 LAV NRW, Abt. Rheinland, NW 1.004 G41.A1, Nr. 903, Entnazifizierungsakte Wilhelm Helten.

der Zeitungen“ nach 1945 wisse er überhaupt etwas über Auschwitz. Er schloss die Entnazifizierung als geringfügig belasteter „Mitläufer“ ab. Auch sein Vorgesetzter, der Leiter der Kripo Duisburg, Kriminaldirektor Albert Roemer, Jahrgang 1889, Parteigenosse seit 1933, hatte sich in seinem Verfahren dazu zu erklären. Er lastete alle Verantwortlichkeit der Kripo Essen an und verwies auf den ihm untergebenen Kriminalrat und SS-Hauptsturmführer Alois Hülsdünker, Jahrgang 1891, nach eigenen Angaben Parteigenosse seit 1937, als dem lokalen Helfer bei der Deportation der beiden Kinder. Hülsdünker war zum Zeitpunkt der Verschleppung gerade einige Wochen von einem im Mai 1942 begonnenen längeren „Osteinsatz“ zurückgekehrt. Er war zu nicht näher beschriebenen Aktivitäten für den Kommandeur der Sicherheitspolizei und des SD im ukrainischen Schitomir gewesen. Dafür hatte er 1942 das Kriegsverdienstkreuz ohne und 1943 das Kriegsverdienstkreuz mit Schwertern erhalten, nichtmilitärische Auszeichnungen, die regelmäßig an Beteiligte der Massenverbrechen vergeben wurden. Fragen dazu ergaben sich für den Entnazifizierungsausschuss nicht. Als entlastet beurteilt kehrte Hülsdünker in den Polizeidienst zurück. 1958 wurde er festgenommen und zwei Jahre später wegen Beihilfe zur Erschießung von mindestens 300 jüdischen zivilen Sowjetbürgern – Frauen, Männer, Kinder des Lagers Berditschew (Ukraine) – und von 22 sowjetischen schwer kriegsbeschädigten Kriegsgefangenen zu drei Jahren und sechs Monaten Zuchthaus verurteilt.[1221]

Der Kriminaldirektor Roemer wurde in seinem Entnazifizierungsverfahren durch den Duisburger Oberstaatsanwalt Kurt Tamme in Schutz genommen: „Mit der Ausschaltung der Zigeunerkinder aus der Volksgemeinschaft“, wie Tamme sich ausdrückte, habe Roemer, wie er meinte, nichts zu tun gehabt. Er fügte hinzu: „Ich weiss, dass Herr Römer den Juden freundlich gesonnen war. Er hat mir gegenüber wiederholt betont, dass die Juden auch Menschen seien.“ Roemer war 1947 als „nicht ganz unbelastet, besonders in der Affäre der Zigeunerkinder“ mit der Kategorie III, der in den Massenverfahren höchsten Belastungsstufe, belegt worden.[1222] Im Jahr darauf wurde er aufgrund auch der Angaben des Oberstaatsanwalts mit der Einordnung in die

1221 JuNSV, Bd. XVI, Lfd. Nr. 490, S. 339–378, Verfahren 3 PKs 1/57 am LG Westberlin, Urteil 9. 3. 1960, Verfahren 5 StR 101/61 am BGH, Urteil 18. 7. 1961.

1222 Ebd., NW 1.004, G41.A1, Nr. 1.145, Entnazifizierungsakte Albert Roemer, Polizeiausschuss, 29. 11. 1947, Case Summary, 29. 11. 1947: III, Kürzung der Pension auf 75 %.

Kategorie V entlastet.[1223] Er erhielt nun wieder die zunächst um ein Viertel gekürzte volle Pension. Tamme war seit 1931 durchgehend in Duisburg Staatsanwalt gewesen. Er und Roemer hatten dort mindestens beruflich seit vielen Jahren miteinander im Kontakt und im Gespräch gestanden. Da Tamme, wie er angab, nicht in der NSDAP gewesen war, war er nun Mitglied im Duisburger Prüfungsausschuss zur Säuberung der Justiz von vormaligen NS-Justizbeamten.[1224]

Duchstein und Hans Maly werden sich aus ihrer gemeinsamen Tätigkeit in den 1930er-Jahren bei der Polizei des Saargebiets in Saarbrücken gekannt haben. Duchstein und ein weiterer Duisburger Kripobeamter waren dort bei der Gestapo eingesetzt gewesen,[1225] Maly hatte eine von ihm nicht näher erläuterte Tätigkeit ausgeübt. Duchstein, Helten und Knoche waren eng zusammenarbeitende Kollegen wie auf der Leitungsebene auch Roemer und Hülsdünker. Familie Lehmann hatte gegen deren Handlungen und Behauptungen weder vor noch nach 1945 Durchsetzungsmöglichkeiten.

Friederike Reinhardt

Friederike („Friedl“) Reinhardt wurde am 4. September 1920 in Freiburg im Breisgau geboren.[1226] Von der RHF als „ZM (+)“ begutachtet, wurde sie im Februar 1942 im Krankenhaus Waldshut sterilisiert. Die Kripo verdächtigte sie, eine „heimliche Dirne“ zu sein. Den ihr 1942 auferlegten, nicht zu verlassenden Wohnort Urberg im Kreis Säckingen verließ sie im Mai 1943. Sie wurde am 25. Mai in Stuttgart festgenommen. Die Kripo Karlsruhe verfügte gegen sie die polizeiliche Vorbeugungshaft. Die Festgenommene sei „sittlich hemmungslos“ und habe mehrere Männer, darunter Soldaten der Wehrmacht, mit einer Geschlechtskrankheit angesteckt. „Zum Schutze der Allgemeinheit und im Interesse der Staatsautorität“ sei es erforderlich, sie in polizeiliche Vorbeugungshaft zu nehmen.

1223 Ebd., NW 1.031, Nr. 9.042, Entnazifizierungsakte Albert Roemer, Berufungskammer, 23.6.1948.

1224 Ebd., NW 1.004-G40.1, Nr. 497, Entnazifizierungsakte Kurt Tamme.

1225 Ebd., NW 1.000 EÜ-6.809, Entnazifizierungsakte Friedrich Duchstein; ebd., NW 1.004 G 41.A1, Nr. 472, Entnazifizierungsakte Anton Kersting.

1226 Alle Angaben in diesem Abschnitt, soweit nicht anders angegeben: ebd., Ger. Rep. 231, Nr. 1.542, Bl. 1.191–1.287, hier: 1.269, Vermerk StA Wolfgang Kleinert, 20.4.1963; ebd., Nr. 1.543, Bl. 1.359–1.391, hier: Bl. 1.370f., Anklageschrift gegen Hans Maly, 20.2.1964; Gedenkbuch, Bd. 1, S. 604f.

Maly genehmigte die Haft und verfügte die Einweisung von Friederike Reinhardt „in das Konzentrationslager Auschwitz (Frauenabteilung)". Dort wurde ihr Eingang am 30. Juli 1943 vermerkt. Gesuche um Entlassung lehnte Malys Kollege Albert Wiszinsky ab. Friederike Reinhardt hatte in Birkenau die Häftlings-Nr. Z 8.974. Am 21. November 1943 verstarb sie, angeblich an „Kachexie bei Darmkatarrh".

Josef Reinhardt

Josef Reinhardt wurde am 6. September 1903 in Enzberg im nördlichen Schwarzwald geboren.[1227] Er beabsichtigte, die „deutschblütige" Ida Renz zu heiraten, mit der er bereits zwei Kinder hatte. Die Familie lebte in München. Auf gleich drei Schreibtischen des RKPA lag dieser Fall. Nachdem das Reichsministerium des Inneren die Aufhebung des Heiratsverbots von einer Sterilisierung abhängig gemacht hatte, schrieb Böhlhoff die Kripo München an, um die „Sterilisation zu überprüfen". Maly hatte über eine „Einbürgerung in [eine] reinrassige Zigeunerfamilie" zu entscheiden, die er ablehnte. Wiszinsky gab Order, das Gesundheitsamt solle die Sterilisierung mitteilen. Ende August heirateten die beiden, der Eingriff war durchgeführt worden.

Eva Rotter

Eva Rotter wurde als Eva Reinhardt am 14. Dezember 1901 in Welden, Kreis Augsburg, geboren.[1228] Ihre Eltern waren der Pferdewärter Wilhelm Reinhardt und die Hausfrau Louise Reinhardt, geborene Schmid. Die Tochter besuchte sieben Jahre die Volksschule und war später als ambulante Händlerin tätig. 1933 wurde ihr der Gewerbeschein entzogen, woraufhin sie bei den Münchner städtischen Bädern arbeitete. Eva Rotter hatte zwei Kinder aus erster Ehe, Georg und Rita, und den Sohn Helmuth aus ihrer zweiten Ehe.

1227 Ebd., Ger. Rep. 231, Nr. 1.543, Bl. 1.359–1.391, hier: Bl. 1.373, Anklageschrift gegen Hans Maly, 20.2.1964; ebd., Nr. 1.536, Bl. 369–388, hier: Bl. 381, 386, Auswertung Münchner Akten, undat. [Mai (?) 1960].

1228 Alle Angaben in diesem Abschnitt, soweit nicht anders angegeben: ebd., Nr. 1.543, Bl. 1.359–1.391, hier: Bl. 1.369, Anklageschrift gegen Hans Maly, 20.2.1964; ebd., Nr. 1.536, Bl. 369–388, hier: Bl. 381, 385, Auswertung Münchner Akten, undat. [Mai (?) 1960]; ebd., Bl. 466, Vernehmung Hans Otto, 12.7.1960; BayHStA, LEA 60.198, Entschädigungsakte Eva Rotter.

Die Kripo stellte fest, dass sie „nie nach Zigeunerart umherzog“, und beantragte 1942, sie aus den Zigeunerbestimmungen herauszunehmen.[1229] Dem widersprach Anna Tobler von der RHF. Sie forderte die Sterilisierung von Georg, von Rita und von deren Mutter. Eva Rotter habe einen „Zigeunereinschlag“ von beiden Eltern, sie müsse als „ZM (-)“ eingestuft werden. Die Tochter Rita zeige ein „vollständig asoziales Verhalten“, sei „frech, widersetzlich und verlogen“ und eine Diebin. Das gehe auf den „deutschblütigen Vater aus einer minderwertigen Sippe“ zurück. Eva und ihr Ehemann, der vormalige „deutschblütige“ Ziegeleiarbeiter und spätere Händler Martin Rotter, schalteten einen Rechtsanwalt ein, um die Sterilisierung zu verhindern. Mit einer Verfügung forderte Maly am 5. Februar 1943 in Absprache mit der RHF unter Hinweis auf den Schnellbrief vom 29. Januar 1943 die Münchner Kripo auf, die für die Sterilisierung von Eva Rotter und ihrer aus erster Ehe stammenden zwei Kinder „erforderlichen Maßnahmen“ durchzuführen. Nachdem die „asoziale“ Tochter bereits 1942 sterilisiert worden war, sollte 1943 die Sterilisierung der Mutter folgen, die vom Reichsausschuss zur wissenschaftlichen Erfassung von erb- und anlagebedingten schweren Leiden unterstützt wurde. Angesichts der Alternative einer KZ-Haft willigte Eva Rotter darin ein und wurde am 16. November 1943 in der Universitätsfrauenklinik in München sterilisiert. Nach der Operation verblieben erhebliche Schmerzen. Für ein Jahr konnte sie nur mit Krücken gehen. Der Schmerzbefund wurde noch 1957 von der Münchner I. Frauenklinik in einem Gutachten bestätigt.

Ihr Sohn Georg wurde „mit Rücksicht auf die gegenwärtigen Verhältnisse“ 1944 von der in der RHF zuständigen Anna Tobler vorläufig und „bis nach Beendigung des Krieges“ als „Nicht-Zigeuner“ eingestuft. Dem dürfte seine Sterilisierung vorausgegangen sein, denn die hatte Tobler dafür zur Bedingung gemacht.[1230]

Nach dem Ende des NS-Regimes entstand für Eva Rotter eine schwierige Situation. Der ambulante, zu Fuß auszuübende Handel schied als Erwerbsweise aus. Ihr Ehemann handelte, ging dann als Hilfsarbeiter in eine Betonfabrik, erkrankte und war arbeitslos.

Eva Rotter blieb fortdauernd unter polizeilicher Beobachtung. Das Münchner Zentralamt für Kriminal-Identifizierung machte sich 1949

1229 Nach der 1949 vorliegenden NS-„Zigeuner-Personalakte“: ebd., unpag., Zentralamt für Kriminal-Identifizierung und Polizeistatistik an Bayerisches Hilfswerk, 18.2.1949.

1230 Ebd., Nr. 1.545, unpag. Einlage im Ordner „Anna Tobler“, S. 3f.

ein Bild und stellte fest, dass die zu Überprüfende „nach erholtem [!] Strafregisterauszug" nicht nur unbestraft war, sondern auch, dass die Wohnung „gut bürgerlich eingerichtet und sehr sauber gehalten" war.[1231] Eva Rotter firmierte für die bayerischen Behörden weiterhin „als Zigeuner-Mischling-I".[1232] bzw. als „Zigeunermischling mit vorwiegend deutschem Blutsanteil". So führte sie das Bayerische Hilfswerk, Abteilung Fürsorge, und so hatte sie nach Meinung des Kripo-Zentralamts „laut Gutachten der ehemaligen rassenhygienischen Forschungsstelle Berlin" unverrückbar „zu gelten".

Nachdem Eva Rotters Sterilisierung nicht ohne erhebliche Nachwirkungen geblieben war, gestand ihr das Städtische Gesundheitsamt 1948 eine Erwerbsminderung von mindestens 50 Prozent zu, und das Bayerische Landesamt für Wiedergutmachung gewährte eine monatliche Rente von 80 DM. Die wurde noch im selben Jahr auf 60 DM und ab 1950 auf 40 DM gekürzt. Um diese Beträge in ein Verhältnis zu Löhnen und Reproduktionskosten zu setzen: 1950 verdiente ein Bauhilfsarbeiter monatlich etwa 125 DM, 1955 etwa 180 DM.

Auf der Grundlage des Bundesgesetzes zur Entschädigung für Opfer der nationalsozialistischen Verfolgung (BEG) wurde die Erwerbsminderung 1956 neu fest- und auf 15 Prozent heruntergesetzt. Die „laufende Geldrente" wurde jetzt gestrichen und eine Kapitalentschädigung ausgeschlossen. Die Leistungen wurden auf eine „Heilbehandlung" und auf die Gewährung eines Stützmieders reduziert. Die Freigabe des Betrags durch das Landesentschädigungsamt nahm mehr als zwei Monate in Anspruch.

Im Jahr darauf kam ein Gutachten der I. Frauenklinik in München zu dem neuen Ergebnis, die Gesamtminderung der Erwerbsunfähigkeit belaufe sich auf 50 Prozent, und es seien zusätzlich „zweifellos ein seelisches Trauma, eine Minderung der Persönlichkeitsgefühle und eine eventuelle gesellschaftliche Diskriminierung von bleibender Dauer" zu sehen, die schwerer wögen als eine organische Schädigung. Aber der Appell zu einer Anerkennung dieser „Fakten, [...] die unseres Erachtens einer grosszügigen Entschädigung bedürfen", blieb ohne einen Widerhall.[1233]

1231 Ebd., Zentralamt für Kriminal-Identifizierung und Polizeistatistik an Bayrisches Hilfswerk, 18.2.1949.

1232 BayHStA, LEA 60.198, unpag., Bayrisches Hilfswerk an Ministerium des Inneren, Staatskommissariat für religiös, rassisch und politisch Verfolgte, 2.4.1948.

1233 Ebd., Gutachten Prof. Dr. Werner Bickenbach und Privatdozent Dr. M. Burger, I. Frauenklinik und Hebammenschule der Universität München an LG München, 5. Entschädigungskammer, 20.2.1957.

1963 unternahm Eva Rotter einen neuen Anlauf zur Entschädigung ihrer Verfolgung. Dazu wurde als Beleg ihrer Angaben ihre „Zigeunerpersonenakte“ bei der Kripo München benötigt. In München existierte der NS-Aktenbestand noch und wurde zu erkennungsdienstlichen Zwecken immer noch eingesetzt. Allerdings waren sie inzwischen an den Ort des Sammelverfahrens gegangen, sodass ein Zugriff in München nicht möglich war. Es brauchte nahezu zwei Jahre, um die in München nirgendwo vorhandenen, schon verschollen geglaubten Akten in Köln aufzufinden.

1987 versuchte Eva Rotter es ein weiteres Mal. Sie beantragte eine einmalige Abfindung. Ihre Kripoakte ließ sich diesmal nicht mehr in das Verfahren einbringen. Sie war inzwischen vernichtet. Das Ergebnis des Verfahrens ist nicht bekannt.

Rosina Schlegel

Rosina Schlegel wurde am 30. Dezember 1899 als Rosina Lehmann geboren.[1234] Sie sollte sterilisiert werden und war nicht einverstanden, was Maly nicht akzeptierte. Er wandte sich an den Ehemann, der offenbar bei der Wehrmacht und „deutschblütig“ war. Beim nächsten Urlaub solle er stellvertretend seine Zustimmung aussprechen, teilte Maly ihm mit. Damit setzte er sich darüber hinweg, dass der Fronturlaub dazu genutzt werden sollte, einen solchen Ehepartner zu informieren, damit die „betroffenen Teile“ gemeinsam in eine Sterilisierung einwilligen würden.[1235] Der Sohn Alfred der beiden, Jahrgang 1927, sollte ebenfalls sterilisiert werden. Auch damit war die Mutter nicht einverstanden. Zum weiteren Verlauf des Verfahrens ist eine Aussage nicht möglich, da die Kripoakten vernichtet und die Entschädigungsakten verschollen sind.

Rosa Brigitte Schönberger

Rosa Brigitte Schönberger, geboren am 5. Juli 1934 in München als Tochter des „deutschblütigen“ späteren Wehrmachtssoldaten Johann Schönberger und der Sofie Schönberger aus der Sinti-Familie Höllenreiner, war von der RHF zum „Zigeunermischling mit vorwiegend deutschem

1234 LAV NRW, Abt. Rheinland, Ger. Rep. 231, Nr. 1.543, Bl. 1.359–1.391, hier: Bl. 1.373, Anklageschrift gegen Hans Maly, 20. 2. 1964; ebd., Nr. 1.536, Bl. 402–411, hier: Bl. 402, 408, 410, Auswertung Karlsruher Akten, undat. [Mai (?) 1960].

1235 Siehe mit konkreten Beispielen Fings / Sparing: Rassismus – Lager – Völkermord, S. 323.

Blutsanteil“ erklärt worden.[1236] Maly verfügte im September 1943 im Namen der Reichszentrale zur Bekämpfung des Zigeunerunwesens und adressiert an die Kripoleitstelle in München, für das Kind sei nach dieser Bewertung die Sterilisierung vorzusehen, sobald es die gesetzte Altersgrenze von zwölf Jahren erreicht haben würde. Es sei aber „schon jetzt vom gesetzlichen Vertreter [...] die Einverständniserklärung [...] zu erwirken“. Ihr Bruder Helmut und ihre Mutter wurden sterilisiert, diese auf Anordnung Wiszinskys. Helmut war 1943, sobald er zwölf geworden war, und erneut im Jahr darauf zwei Eingriffen aufgrund des Verdachts, der erste sei nicht gelungen, ausgesetzt. Die Tochter entging der Sterilisierung durch die Befreiung.

Paul Welp

Paul Welp wurde am 24. Februar 1917 in Berlin-Charlottenburg als Sohn des Scherenschleifers Anton Welp aus Oldenburg in Schleswig-Holstein geboren, wo er aufwuchs.[1237] Seine Mutter war zur „Halbzigeunerin“ erklärt worden. Er hatte 13 Geschwister. Er begann eine Metzgerlehre, die er nicht abschloss, stattdessen trat er in die beruflichen Fußstapfen des Vaters. Einige Zeit arbeitete er als Hilfsarbeiter, ging dann zum Reichsarbeitsdienst und war seit 1938 Soldat. Er erreichte den Rang des „Obergefreiten“, wurde mehrfach verwundet und ausgezeichnet. Nach einer Kopfverletzung war er längere Zeit halbseitig gelähmt und etwa ein Jahr im Lazarett. Da dienstunfähig und / oder als „ZM (-)“ eingeordnet, wurde er im März 1943 aus der Wehrmacht entlassen.

Paul Welp beabsichtigte, das erlernte ambulante Gewerbe zu praktizieren. Dabei unterstützte ihn der Landrat im Benehmen mit anderen Dienststellen gegenüber der Kriminalpolizeistelle Kiel. Der Landrat verwies auf die „besondere soldatische Bewährung des Welp während seiner 4-jährigen Dienst- und Kriegszeit“. Die Kripo Kiel reichte die

1236 Alle Angaben in diesem Abschnitt, soweit nicht anders angegeben: LAV NRW, Abt. Rheinland, Ger. Rep. 231, Nr. 1.543, Bl. 1.359–1.391, hier: Bl. 1.373, Anklageschrift gegen Hans Maly, 20. 2. 1964; ebd., Nr. 1.536, Bl. 402–411, hier: Bl. 402, 408, 410, Auswertung Karlsruher Akten, undat. [Mai (?) 1960].

1237 Landesarchiv Schleswig-Holstein, Abt. 352 Kiel, Nr. 11.755; ebd., Nr. 12.363; ebd., Abt. 761, Nr. 12.893; ebd., Nr. 27.376; LAV NRW, Abt. Rheinland, Ger. Rep. 231, Nr. 1.537, Bl. 489, Anlage „Fotokopien aus Zigeunerakten Lübeck“, undat.; ebd., Bl. 518, Vermerk StA Fritz Thiede, undat. [Anfang August 1960]; ebd., Nr. 1.542, Bl. 1.191–1.287, hier: 1.268, Vermerk StA Wolfgang Kleinert, 20. 4. 1963; ebd., Nr. 1.543, Bl. 1.359–1.391, hier: Bl. 1.369 f., Anklageschrift gegen Hans Maly, 20. 2. 1964.

Sache zur Entscheidung an das RKPA weiter. Dort entschied Maly im Juni 1943, die Erteilung des Wandergewerbescheins sei zu versagen und forderte Paul Welp gleichzeitig eine Zustimmung zu seiner Sterilisierung ab. Würde er sie ablehnen, werde er ins KZ eingewiesen werden. Würde der Landrat sich gegen Malys Vorgehen wenden, werde umgehend die Dienstaufsicht eingeschaltet.

Im Dezember ordnete dann Otto die Sterilisierung an. Es sei davon auszugehen, dass Welp „unerwünschten außerehelichen Mischlingsnachwuchs“ zu zeugen beabsichtige. Otto verlangte, ihm eine Einwilligung in eine Sterilisierung zuzusenden. Die sei von Welp mit dem Hinweis auf eine sonst drohende Einweisung in den Lagerabschnitt B II e in Birkenau, das „Zigeunerlager“, zu bekommen.

Paul Welp wurde im Januar 1944 im Kreiskrankenhaus Oldenburg (Holstein) sterilisiert. Sein Bruder Friedrich starb 1941 im KZ Flossenbürg. Sein Bruder Hans war ausweislich der Akte im Mai 1942 von der Gestapo Oldenburg festgenommen worden. Im April 1943 befanden Paul wie auch sein Bruder Theodor sich „im Arbeitseinsatz“ in einem KZ. Es folgte für ihn eine Haft in Auschwitz, die im März 1944 mit dem Tod endete.

Ausgangspunkt der staatlichen Aufmerksamkeit für die Brüder war die Denunziation durch den Leiter der Gestapoaußenstelle Oldenburg, des SS-Obersturmführers Friedrich Wilhelm Theilengerdes, gewesen. Ein Ermittlungsverfahren der Staatsanwaltschaft Lübeck gegen den aufgrund seiner Brutalität berüchtigten SSler mit einer Vielzahl von Vorwürfen, darunter auch die Ermittlung der Welp-Brüder und deren Anzeige bei den Oberbehörden, wurde 1950 eingestellt, weil ein britisches Militärgericht Theilengerdes bereits wegen des Mords an einem sowjetischen Zwangsarbeiter durch Kopfschuss bei einer „Vernehmung“ zum Tode verurteilt und hatte hinrichten lassen.[1238]

Paul Welp stellte für sich und für die Erbengemeinschaft von den 1940er- bis zu den 1980er-Jahren wegen unterschiedlicher Schäden mehrere Entschädigungsanträge. Sie waren nur begrenzt erfolgreich, der großen Erbengemeinschaft wurde eine Entschädigung von insgesamt 1.650 DM für den Verlust der beiden Brüder zugesprochen.

Die Entschädigungsbehörde griff in ihrer Argumentation eine Vorstrafe von Paul Welp auf, die als „zigeunertypisch“ interpretiert werden konnte und vielleicht auch sollte. Dabei ging es um eine nicht

1238 Alle Angaben in diesem Abschnitt, soweit nicht anders angegeben: Raim: Justiz, S. 514, 639; NSG-Datenbank des IfZ-Archivs, Reportdatum: 17.3.2021, S. 19–21.

genehmigte Schlachtung im August 1946, ein zeittypisches Massendelikt in der „schlechten Zeit“ auf dem Land.

Luise Lieselotte Wolf

Der gelernte Krankenpfleger und Sanitäter[1239] beim Sicherheits- und Hilfsdienst Wilhelm Wolf, Vater der am 7. November 1921 geborenen Hausgehilfin Luise Lieselotte Wolf, lebte mit seiner „deutschblütigen“ Frau Luise Anna, geborene Martin, und fünf Kindern in Karlsruhe, ohne dass irgendwelche „Zigeuner“-Zuschreibungen auf ihn oder die Familie bezogen gewesen wären.[1240] Er hatte sich, wie an vielen Details erkennbar, ent- oder umethnisiert und definierte sich nicht weiter als ein Angehöriger der Minderheit. Im Ersten Weltkrieg war Wilhelm Wolf Soldat gewesen und mehrfach ausgezeichnet worden. Von seinen Kindern fiel 1940 ein Sohn in Frankreich. Die vier verbliebenen Kinder, neben Lieselotte die Schwester Hilda und die Brüder Waldemar Herbert und Edgar Berthold, hatten den Arbeitsdienst abgeleistet und befanden sich „in ordentlichen Berufen“. Die Söhne waren Mitglieder der Hitler-Jugend.

Im Juli 1938 meldete sich das Staatliche Gesundheitsamt ein erstes Mal mit dem Verdacht, Wilhelm Wolf sei womöglich ein „Zigeunersprößling“. Dahinter dürften genealogische Recherchen der RHF gestanden haben. Sie legte im August 1941 fest, der Vater sei „Zigeuner“, die Kinder seien „Zigeunermischlinge“. Ob es sich um eine „sozial angepaßte Zigeunermischlings-Familie“ handle, sei noch nicht ausgemacht. Dazu „möchten wir erst nach persönlicher Untersuchung Stellung nehmen“. Eva Justin war sich 1941 „gar nicht im Klaren über Wolf“. Nur eine Großmutter sei „nicht echt“, was immer das heißen mochte, Wilhelm Wolf aber mache „den ausgesprochenen Eindruck eines Mischlings“. Sie vertrat die harte Linie. Zwar würden die Kinder nicht unter die Kripobestimmungen fallen, „ihre Nachkommenschaft

1239 Das manifestierte sich insbesondere in seiner Berufstätigkeit. Für traditionalistische Angehörige der Sinti-Community ist dieses Berufsfeld bis heute tabisiert. Wilhelm Wolfs Beruf zeigt an, wieweit er sich von seinem „ethnischen“ Ausgangspunkt entfernt hatte.

1240 Alle Angaben in diesem Abschnitt, soweit nichts anderes angegeben: LAV NRW, Abt. Rheinland, Ger. Rep. 231, Nr. 1.539, Bl. 703 f., Städtische Kriminalpolizei Karlsruhe, Ermittlungsbericht, 16. 8. 1958; ebd., Bl. 762–764, StA Neukirchen, Aktenauszug, 15. 11. 1959; ebd., Nr. 1.542, Bl. 1.290 f., Leitender OStA Murrelmann an Untersuchungsrichter des LG Köln, 29. 5. 1963; ebd., Nr. 1.543, Bl. 1.359–1.391, hier: Bl. 1.373 ff., Anklageschrift gegen Hans Maly, 20. 2. 1964.

sollte man aber doch verhindern“. So auch das RKPA, sprich Maly, laut dem Wilhelm Wolf und dessen Kinder aufgrund „des schlechten Erbgutes“ und weil zu befürchten sei, „daß sie einen für das deutsche Volk unerwünschten Mischlingsnachwuchs in die Welt setzen“, auf jeden Fall zu sterilisieren waren.[1241]

Für Lieselotte und ihre Geschwister war ein „Zigeuner“-Vater im Februar 1942 etwas Neues. Sie beantragten für sich eine „völlige Umschreibung auf Deutsch“, und die Karlsruher Kripo unterstützte sie dabei: „haben ihren Geburtsort nie verlassen, [...] sich in keiner Weise als Zigeunermischlinge gefühlt, [...] alle berufstätig [...], haben weder Umgang mit Zigeunern noch sonst mit diesen etwas zu tun [...], haben sich in das Gemeinschaftsleben des Staates eingefügt“. Die Kripo verwies darauf, dass der Sohn Anton 1940 als aktiver Feldwebel gefallen sei, und hatte noch im Oktober 1942 „keine Bedenken gegen [die] Herausnahme aus den Kripobestimmungen“. Die Kinder als „Zigeuner“ einzustufen wäre eine besondere Härte.[1242]

Maly reagierte mit der Feststellung, der Vater sei „sesshafter Zigeuner“, jedoch „kein reinrassiger Sinte-Zigeuner (also nicht Reservat), kann daher frei bleiben. Aber Sterilisation ist durchzusetzen, notfalls mit Drohung KZ.“ Nach einem Einspruch des Karlsruher Kreisleiters der NSDAP („gutes Wort eingelegt“) wurde auf die Sterilisierung verzichtet. Die Kripoleitstelle Karlsruhe schlug die Herausnahme aus den Bestimmungen vor.

Im Januar 1943 aber wurde gemeldet, die Tochter sei im fünften Monat aus einem Verhältnis mit dem „deutschblütigen“ Maler und Schützen der Wehrmacht Richard Meisinger schwanger. Lieselotte Wolf ließ sich nun mit der Zusage einer Ehegenehmigung zu einer Einwilligung in einen Schwangerschaftsabbruch und in eine „freiwillige Sterilisierung“ zwingen, als im Winter 1942 die Nachricht der Leitstelle Karlsruhe im RKPA eintraf, dass Meisinger von einem Weihnachtsbesuch bei der Familie Wolf noch nicht zur Truppe zurückgekehrt sei. Das war Fahnenflucht, man nahm ihn fest und keinen Monat später wurde er in Wuppertal-Elberfeld zum Tode verurteilt und am 15. April 1943 in Köln erschossen.

Mit der Meldung der Fahnenflucht war Maly am 27. Januar 1943 aktiv geworden. Er erklärte der Karlsruher Kripo, die von sich aus nicht zu diesem Schritt bereit war, gegen Lieselotte Wolf sei „unbeschadet

1241 LAV NRW, Abt. Rheinland, Ger. Rep 231, Nr. 1.539, Bl. 796–798, NRW-Innenminister an Hans Maly, Dienstenthebung, 14. 4. 1960; ebd., Nr. 1.540, Bl. 879 (= 16 Blätter in einer Hülle), Antragsverfahren ... [schwer leserlich], 20. 9. 1960.

1242 Ebd., Nr. 1.539, Bl. 763, Aktenauszug, 15. 11. 1959; ebd., Nr. 1.542, Bl. 1.191–1.287, hier: 1.264 f., Vermerk StA Wolfgang Kleinert, 20. 4. 1963.

der bestehenden Schwangerschaft die polizeiliche Vorbeugungshaft anzuordnen". Die daraufhin am 3. Februar 1943 vorgenommene Festnahme von Lieselotte Wolf als „asoziale, nicht besserungsfähige Person" bestätigte Maly am 20. Februar. Er entschied, Lieselotte Wolf sei „mit dem nächsten Sammeltransport in das Konzentrationslager Auschwitz (Frauenabteilung) zu überführen". Als „asozial" eingestuft, kam sie nicht in das „Zigeunerfamilienlager". Die Auschwitzdeportation ordnete Maly trotz eines Attests des Karlsruher Amts- und Gefängnisarztes an. Der Arzt hatte bescheinigt, dass Lieselotte Wolf inzwischen im siebten oder achten Monat schwanger und nicht lagerhaftfähig war. Maly setzte sich darüber hinweg, dass selbst nach NS-Kriterien „von der Anordnung polizeilicher Vorbeugungshaft gegen Schwangere und Transportunfähige [...] abzusehen" war.[1243] Im März 1943 traf Lieselotte Wolf in Auschwitz ein. Sie erhielt die Häftlingsnummer 39.506 und verstarb am 7. Mai 1943, angeblich im Häftlingskrankenhaus. Der Vater hatte einen Entlassungsantrag gestellt, den das RKPA abgelehnt hatte.

Für Lieselottes Familie wurde festgelegt, dass sie nicht nach Auschwitz zu deportieren sei, vorausgesetzt, sie lasse sich sterilisieren. Der Einsicht, „daß die Unfruchtbarmachung unbedingt erforderlich sei", werde sie sich, erklärte Maly, nach der Verhaftung und Lagereinweisung der Tochter „bei geeigneter Darlegung [...] nicht verschließen". Falls wider Erwarten doch, sei die polizeiliche Vorbeugungshaft, also Auschwitz, anzudrohen. Nach dem Tod der Tochter blieb die Familie unbehelligt. Ob und inwieweit es zu Sterilisierungen kam, ist nicht bekannt.

Die Eltern stellten 1957 einen Entschädigungsantrag für Lieselotte, und es gibt in diesem Fall eine klare Aussage zum Ergebnis. Da sie haftunfähig in Auschwitz eingeliefert worden war, war die Haftzeit durch den raschen Tod noch kürzer als aufgrund der Haftbedingungen ohnehin schon in der übergroßen Mehrzahl der Auschwitz-Fälle. Das beschränkte die als „Wiedergutmachung" firmierende Zahlung durch das entsprechende Amt in Karlsruhe. Sie belief sich für drei Monate und zwei Tage Freiheitsentzug auf 450 DM.[1244]

1958 wurde die Familie von der Kripo Karlsruhe vorgeladen und vernommen. Die Polizei suchte nach dem Verfasser des anonymen

1243 Anordnung des RSHA vom 23.12.1942, nach. ebd., Bl. 1.227. Die Anordnung ersetzte eine vorher schon bestehende Regelung.

1244 GLA Karlsruhe, 480, Nr. 15.257, Landesamt für die Wiedergutmachung Karlsruhe an den Öffentlichen Anwalt für die Wiedergutmachung beim Amtsgericht Karlsruhe, 22.10.1957.

Schreibens,[1245] in dem anhand der Entschädigungsakte Maly angezeigt worden war. Sie fahndete vergeblich. Bei dieser Gelegenheit kam auch zur Sprache, dass ein Sohn der Familie inzwischen als Polizeibeamter bei der Schutzpolizei Karlsruhe tätig war. Anders als in vielen anderen Fällen war es der Familie Wolf offenbar gelungen, nach den Jahren der Verfolgung dort wieder anzuknüpfen, wo sie sich sozial befunden hatte, bevor ihr das „Zigeuner“-Etikett angeheftet worden war.

Als eine Schlussfolgerung aus den geschilderten Biografien ist festzuhalten, dass sie sich in ihrer Mehrheit bis zum Zugriff der NS-Stellen weitab der Klischeebildungen über „Zigeuner“ bewegten. Es gab in unterschiedlichen Graden seit den 1920er- / 30er-Jahren oder auch schon vorher eine Annäherung an und einen Übergang in die Bevölkerungsmehrheit. Es wird in den Familien von Elvira Krause, Christine Lehmann, Eva Rotter und Lieselotte Wolf mutmaßlich mehr oder weniger „ethnische“ Herkunftsrelikte gegeben haben, aber wesentliche soziale Differenzmerkmale zu dem umgebenden proletarischen oder kleinbürgerlichen Milieu sind nicht erkennbar. Ebenso wenig ist zu erkennen, welche Bedeutung im Selbstverständnis dieser Frauen solche Restbestände noch hatten, von denen Lieselotte Wolf überhaupt erst im Verfolgungsprozess erfuhr.

Die NS-Institutionen rekurrierten auf eine umfassende biologische Bestimmung der Persönlichkeitsmerkmale aus der „Abstammung“ der Betroffenen. Irgendwelche Ansatzpunkte, um wie auch immer das Konstrukt „Asozialität“ als angebliche Eigenschaft von „Mischlingen“ mit einem Realitätsbezug als Verfolgungsmotiv einsetzen zu können, ergeben sich in Betrachtung der Biografien jedoch nicht. Das Gegenteil ist der Fall. Die Biografien veranschaulichen Eingliederungsvorgänge in die Strukturen des sozialen Umfelds wie bei anderen Bevölkerungsgruppen mit anderem „ethnischen“ Hintergrund auch. Für einen tief verwurzelten andersartigen kulturellen „Eigensinn“, wie ihn zeitweise Tsiganologen der Minderheit als ein unterscheidendes Gruppenmerkmal unterstellten, finden sich keine Anhaltspunkte. Sichtbar wird der Prozesscharakter des Sozialen, und zwar in Gestalt eines Angleichungsprozesses, der die Frage der Abstammung obsolet machte.

1245 LAV NRW, Abt. Rheinland, Ger. Rep. 231, Nr. 1.539, Bl. 702, anonyme Zuschrift „im Namen der Gerechtigkeit“ aus Karlsruhe, Anzeige gg. Maly wg. Fall Lieselotte Wolf, Verweis auf Entschädigungsakte, 1. 8. 1958.

Die NS-Verfolgung stellte die sich auflösenden Grenzziehungen wieder her. Sie brach eine angleichende sozial erfolgreiche Entwicklung auf die zerstörerischste Weise ab und führte die exkludierte Bevölkerungsgruppe insgesamt in einen umfassenden Zusammenbruch, aus dem ihre Angehörigen sich nach ihrer Befreiung, falls überhaupt, nur mit großen Schwierigkeiten herausarbeiten konnten.

Sie waren nach 1945 in sehr vielen Fällen nicht dorthin zurückversetzt, wo sie sich zu Beginn der 1930er-Jahre befunden hatten, sondern landeten hochtraumatisiert mit den Resten ihrer zerstörten Familien an den Rändern der Städte, wo sich alle Formen der Benachteiligung dauerhaft verfestigten. Sehr lange geschah nahezu nichts zur strukturellen Herbeiführung gleicher Entwicklungschancen mit den Familien der „nivellierten Mittelstandsgesellschaft", die sich im Zuge der Aufbaukonjunktur um sie herum heranbildete. Wie schon vor und nach 1933 grenzten die kommunale Politik und die Verwaltungen nach 1945 Roma und jenische „Landfahrer" konstant als fernzuhaltende „Plage" aus. Die Quartiere dieser „asozialen Randgruppen" waren nach Überzeugung der lokalen Behörden durch eingeplante Defizite so zu organisieren, dass die Bewohnerschaft möglichst rasch wieder verschwand.[1246] Milde Gaben, wie sie Verfolgte unter dem Titel einer „Wiedergutmachung" mitunter erlangten, änderten daran nichts.

Verfahrensabschluss zu Eva Justin

Das Verfahren gegen Eva Justin endete bereits zwei Jahre nach der Anzeige von Siegmund A. Wolf. Am 12. Dezember 1960 wurden die Ermittlungen zu Freiheitsberaubung im Amt mit Todesfolge und schwerer Körperverletzung im Amt mangels Beweises aufgrund des Straffreiheitsgesetzes von 1949 wegen eines unvermeidbaren Verbotsirrtums und aufgrund von Verjährung durch Oberstaatsanwalt Heinz Wolf eingestellt. Es hätten sich „keine Anhaltspunkte" für eine mögliche Strafverfolgung ergeben, zu einem Hauptverfahren mit Anklageerhebung kam es also nicht.[1247]

Die Verjährung bezog sich auf die etwaige Abgabe falscher eidesstattlicher Versicherungen, die Vorwürfe des Einstellungsbetrugs und

1246 Das ist exemplarisch für Freiburg und Straubing mit einem Ausblick auf ganz Südwestdeutschland überzeugend beschrieben in Widmann: An den Rändern, S. 35–64.

1247 LAV NRW, Abt. Rheinland, Ger. Rep 231, Nr. 1.540, Bl. 851–857, OStA Heinz Wolf, Einstellungsbeschluss, 12.12.1960.

der Nötigung zu anthropologischen Untersuchungen, Blutgruppenbestimmungen und Fotoaufnahmen. Bei dem „Verbotsirrtum" ging es um einen konkreten Sterilisationsfall. Gemeint war, dass Justin nicht habe glauben können, dass eine so hohe staatliche Instanz wie ein Ministerium sie zu einer rechtswidrigen Handlung auffordern würde.[1248]

Der Einstellungsbeschluss ist von Wolf unterschrieben, inhaltlich trägt er die Handschrift von Thiede. Grundlinie war die Verweigerung des Sonderermittlers gegenüber dem Rassismus- und Mordvorwurf der Anzeigenerstatter, gegenüber der Einordnung von Justins Aktivitäten als Teil eines größeren Zusammenhangs und das Beharren auf strikter Einzeltäterschaft.

Das war eine prinzipielle Abkehr von den Ausgangspunkten, die Wolf im März 1960 beim Eintritt in das Ermittlungsverfahren zu Justin formuliert hatte. Damals hatte er von einem „Ausrottungs-Programm gegen die Zigeuner" und einem „Zigeunervernichtungsprogramm" gesprochen, an dem RHF, RKPA und untere Kripostellen beteiligt gewesen seien.[1249] Einen Vorwurf dieser Größenordnung hatte der „geeignete, jüngere Sondersachbearbeiter", um den Wolf damals gebeten hatte, erfolgreich so weit heruntergermittelt, dass die Beschuldigte aus dem Verfahren entlassen werden konnte.

Entsprechend der Thiede-Praxis wurde an keiner Stelle des Beschlusses die Rassenhygienische und bevölkerungsbiologische Forschungsstelle bei ihrem offiziellen Namen genannt. Es war in ständiger Wiederholung in Anpassung an die Bezeichnungspraxis der Beschuldigten ausschließlich von einem „Kriminalbiologischen Institut des Reichsgesundheitsamtes" die Rede. Zwar räumte der Beschluss „rassenbiologische Untersuchungen" und „Gutachten" von Justin ein, begrenzte sie aber auf die Zeit bis zu den Ausführungsvorschriften (Schnellbrief) für den Auschwitz-Erlass im Januar 1943. Bis dahin sei es nur um „Forschungsarbeiten" für ein ordentliches späteres „Zigeunergesetz" gegangen, anschließend habe es die gutachtlichen Stellungnahmen dann gar nicht mehr gegeben.

Aussagen von Justin wie die, dass alle Angehörigen der Minderheit, ob „deutscherzogen" oder nicht, ob „Mischling" oder nicht, „ob sozial angepaßt oder asozial und kriminell", „in der Regel" unfruchtbar zu machen seien, und zwar „ausschließlich unter rassenhygienischen

1248 Ebd., Nr. 1.536, Bl. 851–861, Einstellungsbeschluss der OStAsch am LG Frankfurt a. M., 12. 12. 1960.

1249 Ebd., Nr. 1.545, Bl. 55, Heinz Wolf an Hessischen Minister der Justiz, 9. 3. 1960.

Gesichtspunkten“, ignorierte der Ermittler.[1250] „Rassismus“ scheide als subjektive Überzeugung und Haltung von Justin deshalb aus, erklärten Wolf bzw. Thiede, weil aus dieser nur immer Ritter gesprochen habe: „Als junge und unerfahrene Frau“ sei sie „gänzlich dem Einfluß ihres Lehrers Dr. Ritter erlegen“. Justin habe sich trotz dieses Einflusses ohne jede weitere Überlegung naiv einfach nur der „Erfassung der im Reichsgebiet lebenden Zigeuner in genealogischer und sozialer Hinsicht“ gewidmet. Mit Einweisungen nach Auschwitz und Vernichtung habe das nichts zu tun gehabt, selbst wenn die Gutachten dafür die Voraussetzung gebildet hätten. Auf den Zwangscharakter der mit KZ-Drohung abgenötigten Sterilisierungen ging das Ermittlungsergebnis gar nicht ein. Es sei zu unterscheiden: zwischen Justins akzeptabler Zuarbeit für ein Gesetz – das „Zigeunergesetz“ – und „späteren ungesetzlichen Maßnahmen“, an denen sie nicht beteiligt gewesen sei. Rassistisches Ausnahmerecht war aber, wie spätestens seit den Nürnberger Gesetzen jedermann bekannt, keine Frage der Ebene in der Hierarchie der staatlichen Normierung. Die Inhalte aller Vorschriften, ob Verordnung, Erlass oder Gesetz, der NS-„Regelung der Zigeunerfrage aus dem Wesen dieser Rasse“ waren rassistisch, wie Ziel und Zweck offen und klar rassistisch waren. Sie alle verletzten „von den zivilisierten Völkern anerkannte allgemeine Rechtsgrundsätze“, wie die Europäische Menschenrechtskonvention es 1950 formuliert hatte.

Sich blauäugig zu stellen und davon auszugehen, für Justin sei unvorstellbar gewesen, dass ein NS-Ministerium etwas Rechtswidriges anordne, war nicht nachvollziehbar, da jedermann und selbstredend auch Justin den Charakter des politischen Systems als Unrechtssystem, das gegen Menschenrechte permanent verstieß, mühelos erkennen konnte. Die Vorstellung, die Maßnahmen des NS-Staats wären „nach Recht und Gesetz“ unangreifbar, war abwegig. Was Justin anging, war an dieser Stelle nur der eine Schluss möglich: dass ihr der Unrechtscharakter dieser Maßnahmen einfach egal war, wenn sie sie nicht ausdrücklich begrüßt und bereitwillig unterstützt hatte.

Das „Verschwinden“ (Ritter) der Minderheit war erklärter Inhalt der „Lösung der Zigeunerfrage“ und wurde auch von Justin öffentlich vertreten. Darauf ging der Beschluss nicht ein. Über die zahlreichen KZ-Einweisungen vor dem März 1943 oder über die Massendeportation im Mai 1940 ging er schweigend hinweg, obgleich diese Vorgänge in den von den Ermittlern eingesehenen 20.000 Kripoakten ständig zur

1250 Justin: Lebensschicksale, S. 121.

Sprache kamen. Der Beschluss reduzierte, wie die BGH-Juristen es vorgegeben hatten, die Verfolgung der Roma-Minderheit auf die Zeit ab dem Schnellbrief vom 29. Januar 1943. Der aber sei für Justin unvorhersehbar gewesen. Ein subjektives Wissen um die Auswirkungen der „Gutachten" sei ihr nicht nachzuweisen. Das ließ unbeachtet, dass um sie herum in großer Zahl Fachkollegen, Kripobeamte auf allen Ebenen, Sterilisationsärzte, Euthanasieärzte, Erbgesundheitsrichter in enger Kooperation genau auf diesem Feld und mit der Absicht einer Beseitigung der Minderheit tätig gewesen waren. Laufend waren Todesmeldungen, von denen ganze Familien betroffen waren, bei den Behörden eingegangen und dort naturgemäß zum Gesprächsthema geworden. Das kam im Beschluss nicht vor. Gedeckt war die geschichtsignorante staatsanwaltliche Rechtsauffassung durch das StGB und die Mehrheitsmeinung in der Rechtsprechung.

Die mediale Wahrnehmung der Verfahrenseinstellung beschränkte sich auf eine kurze Mitteilung in der Illustrierten *Quick*.[1251] Es erhoben sich Proteste gegen die Entscheidung der Staatsanwaltschaft aus der Minderheit und von Siegmund A. Wolf. Der *Verband und Interessengemeinschaft rassisch Verfolgter nicht-jüdischen Glaubens* meldete sich durch seinen Vorsitzenden Oskar Rose zu Wort.[1252]

In seiner Beschwerde griff Wolf zunächst die Basis der staatsanwaltlichen Entscheidung an. Sie bestehe einseitig aus Aussagen von Justin und von Entlastungszeugen, die als „Komplizen" anzusehen seien. Gemeinsam sei diesen Sprechern ein Mangel an Rechtsbewusstsein und klarer Urteilsfähigkeit, und bei Justin überschreite die Staatsanwaltschaft jedes Maß an gutem Glauben.

Ob Zwangssterilisation als früh erhobene „a-priori-Forderung" oder als „Hauptmethode" die Deportation in Konzentrationslager, das eine wie das andere sei auf „totalen Rassenmord" hinausgelaufen und „Zweck und Ziel ihrer [Justins] Erfassungstätigkeit und der darauf basierenden Gutachten" gewesen. „Vermeintlich vollarische Rassensuperiorität" habe die Rechtfertigung dafür und für ein etwaiges „Zigeunergesetz" geliefert, das analog zur Judengesetzgebung nur letzte verbliebene Lebensmöglichkeiten beseitigt haben würde. Mitarbeit daran müsse

1251 Sandner: Frankfurt. Auschwitz, S. 313.

1252 LAV NRW, Abt. Rheinland, Ger. Rep. 231, Nr. 1.540, Bl. 927, 928–929, 932–934, Verband und Interessengemeinschaft rassisch Verfolgter nicht-jüdischen Glaubens deutscher Staatsbürger e.V. an OStA am LG Frankfurt a.M., Beschwerde, 22.12.1960 und 24.1.1961.

also ebenfalls belasten.[1253] Es sei auch unbegreiflich, dass die Staatsanwaltschaft angesichts eines Massenverbrechens und eines „großen[en] Kreis[es] der an der Erfassung, dem Abtransport und der Ermordung von etwa 20.000 reichsdeutschen Zigeunern beteiligten Erbgesundheitsrichter, Amtsärzte, Polizeibeamten usw." immer noch nicht „wenigstens auf einen verantwortlichen Beteiligten" gestoßen sei.

Oskar Rose griff in seiner Beschwerde das Konstrukt der Beschuldigten an, nichts davon gewusst zu haben, dass mit der „Lösung der Zigeunerfrage" die Vernichtung der Minderheit gemeint gewesen sei und dass sie keine Vorstellung „von den Endfolgen ihrer Tätigkeit" gehabt hätten.[1254] Es sei nämlich „heute herrschende Auffassung", dass die vollständige Vernichtung aus rassenpolitischen Gründen wie im Falle der jüdischen Minderheit auch das Ziel bei der „Lösung der s. g. Zigeunerfrage" gewesen sei. Das nicht gewusst haben zu wollen sei eine „reine Schutzbehauptung" von Justin. Ob Ausrottung durch Sterilisationen oder andere Gewaltmaßnahmen: Es sei „völlig unmöglich", dass dieses Ziel und die Methodik Justin nicht bekannt gewesen seien.

Die von Oskar Rose vertretenen Verfolgten zeigten wenig Vertrauen in die staatliche Ermittlungstätigkeit. Rose hatte inzwischen ein privates Detektivbüro mit Recherchen beauftragt. Eine Antwort auf seine Beschwerde erhielt er erst nach mehr als ein Vierteljahr von Generalstaatsanwalt Bauer, der ihm mitteilte, dass es keine Veranlassung gebe, die Vorermittlungen in irgendeiner Form fortzuführen. Keiner der von Rose genannten Zeugen habe Justin belasten können, die Verjährung sei zu akzeptieren, eine förmliche Beschwerde stehe dem Beschwerdeführer nicht zu. Rose hatte seine Beschwerde mit einem Strafantrag gegen sämtliche Angehörigen der RHF verbunden. Damit, so Bauer, möge er sich an die Staatsanwaltschaft Köln wenden.[1255]

Im April 1963 publizierte der *Spiegel* aus Anlass eines ablehnenden Entschädigungsurteils einen mehrseitigen Bericht,[1256] den Siegmund A. Wolf initiiert hatte und zu dem er Informationen beigetragen haben dürfte. Es war ein gründlicher Durchgang durch die jüngste Zeitgeschichte der deutschen Minderheit und ein Schwerpunkt war die

1253 Ebd., Bl. 881–884, Beschwerde Siegmund A. Wolf, 26. 12. 1960.

1254 Ebd., Bl. 928 f., Beschwerde Verband und Interessengemeinschaft rassisch Verfolgter nicht-jüdischen Glaubens deutscher Staatsbürger e. V., 24. 1. 1961.

1255 Ebd., Nr. 1.546, Bl. 490, Schreiben GStA Fritz Bauer an Oskar Rose, Verband und Interessengemeinschaft rassisch Verfolgter nicht-jüdischen Glaubens deutscher Staatsbürger e. V., 18. 4. 1961.

1256 Zigeuner. So arisch, Der Spiegel, 17 (1963), H. 17.

Einstellung der Justiz zur NS-Verfolgung. Ein Verweis auf den Staatssekretär Hans Globke fehlte nicht, gegen den gerade in der DDR ein Verfahren vorbereitet wurde. Zeittypisch verbreitete die Zeitschrift mit Vokabeln wie „Landstörzer" oder „unstete Landfahrer" zugleich das altbekannte Verdachtsbild von der Minderheit, benannte aber andererseits auch mit klaren Worten und im Gegensatz zur Staatsanwaltschaft, die mehr als zwei Jahre zuvor das Verfahren gegen Justin eingestellt hatte, diese als „Rassenhygienikerin" und Propagandistin umfassender Sterilisierungen.

In Frankfurt ergab sich daraus eine intensive Diskussion um die städtische „Psychologin" und Erziehungsberaterin.[1257] Eine größere Zahl von Zuschriften erreichte in den folgenden Wochen die Stadtverwaltung. Nach städtischen Angaben unterstützten sie Justin angeblich in großer Mehrheit, aber es gab auch kritische Beiträge der *VVN* und der Deutschen Friedens-Union, Sprecher einer inzwischen marginalisierten westdeutschen Restlinken.[1258] Die Resonanz in den lokalen und regionalen Medien hatte anders als die Beschwerden von Oskar Rose und Siegmund A. Wolf zur Folge, dass die Ermittlungen von der Staatsanwaltschaft wieder aufgenommen wurden. Das Justizministerium schaltete sich nun ein und fragte nach dem Sachstand. Generalstaatsanwalt Bauer meldete jetzt Zweifel am rechtlichen Inhalt der Einstellungsverfügung an. „Die Frage der inneren Tatseite" sei anders zu beurteilen als geschehen. Damit war gemeint, dass den Rassenanthropologen und -hygienikern der RHF die Folgen der aufgezwungenen Alternative „entweder Sterilisierung oder KZ mit möglichem Tod" persönlich klar gewesen seien. Darüber ging der ermittelnde Staatsanwalt hinweg. Sein Credo war, es habe keine Hinweise auf verfolgbare strafbare Handlungen Justins gegeben.

Zum Medienecho gehörte ein Fernsehbeitrag des Hessischen Rundfunks am 16. Mai 1963 mit dem Titel „Der Fall Dr. Eva Justin".[1259] Er vertrat die „Gegenerzählung zur staatlichen Verdrängung der Verbrechen" an der Minderheit.[1260] Bei der Arbeit daran kam es zu einem

1257 Es berichteten mindestens: Frankfurter Allgemeine Zeitung, Frankfurter Neue Presse, Frankfurter Rundschau, Höchster Kreisblatt, Abendpost, Frankfurter Nachtausgabe, siehe Willnecker: Ungesühnte Verbrechen, S. 5; Die nachfolgenden Angaben, soweit nicht anders angegeben, Sandner: Frankfurt. Auschwitz, S. 313ff., und Willnecker: Ungesühnte Verbrechen, S. 59ff.

1258 Ebd., S. 67.

1259 Ausführlich zum Fernsehbeitrag: Gress: Visualisierte Emanzipation, S. 349–354.

1260 Ebenda, S. 339.

Zwischenfall, der ein Schlaglicht auf das Unterstützungsnetz für Justin wirft.[1261] Autor des Beitrags war das Ehepaar Valentin und Irmgard Senger, beide in Frankfurt gut bekannte Schriftsteller und Journalisten. Valentin Senger kam aus einem ostjüdischen kommunistischen Elternhaus und war selbst ein NS-Verfolgter, wenn auch die Familie in Frankfurt mit falschem Namen und falschen Papieren die Nazi-Jahre überlebte. Die Angst entdeckt zu werden, war ihr ständiger Begleiter. Der Sohn war vor 1933 in Jugendorganisationen der KPD gewesen, der er nach der Kapitulation beitrat und über das Verbot hinaus bis 1958 angehörte. Das Paar hatte sich im Frankfurter Widerstand kennengelernt. Der staatenlose Senger kämpfte wie auch viele deutsche Roma jahrelang um eine deutsche Staatsbürgerschaft, die ihm aus politischen Gründen über seinen Parteiaustritt oder -ausschluss hinaus verweigert wurde. Senger gab seine linke Positionierung nicht auf und stand damit weiterhin unter Verdacht.[1262]

Am Morgen des Sendetermins erschienen Kriminalbeamte des politischen Kommissariats K 14 in der Wohnung der Sengers, durchsuchten sie „wegen Verdachts des Hochverrats“ und nahmen Senger zu einem ganztägigen Verhör mit. Das war eine Einschüchterung, möglicherweise in der Annahme, die Sengers zu einem Rückzug bewegen und die Sendung verhindern zu können. Das gelang nicht, Frau Senger stellte sie vielmehr noch an diesem Tag für den Abend fertig. Kein Medium berichtete über den Kripo-Auftritt, aber am Tag der Sendung wurde Justin von der Stadt in einen vorläufigen Urlaub geschickt.[1263]

Auf Initiative der SPD-Fraktion in der Frankfurter Stadtverordnetenversammlung folgte im Auftrag des Oberbürgermeisters und Juristen Werner Bockelmann (SPD) ein Untersuchungsverfahren zu Justin. Es hatte die Frage zu klären, ob die Stadt Justin weiterhin beschäftigen könne. Dazu wurden auch zwei Angehörige der Minderheit befragt. Der Untersuchungsleiter, ein Obermagistratsrat, betonte dazu, „dass man [...] mit Behauptungen aus dem Kreise der Betroffenen (sehr vorsichtig sein)“ müsse. Er legte Rachemotive nahe und bediente sich dabei des

1261 Sandner: Frankfurt. Auschwitz, S. 315.

1262 Landesgeschichtliches Informationssystem Hessen. Hessische Biografie, Personenartikel Valentin Senger, abrufbar unter: https://www.lagis-hessen.de/de/subjects/gsrec/current/1/sn/bio?q=senger [letzter Zugriff: 20.6.2022], siehe die 1984 erschienene Autobiografie von Senger: Kurzer Frühling, die 1998 erschienene Biografie von Halberstadt: Valentin Senger, und Jürgen Göpfert: Familie Senger. „Wir waren stolz, dass wir anders waren“, Frankfurter Rundschau, 28.12.2018.

1263 Sandner: Frankfurt. Auschwitz, S. 314.

Bilds vom kriminellen und verlogenen „Zigeuner“. Die zwei zu Justin Befragten hätten „aus kriminellen Gründen hinter Schloss und Riegel“ gesessen, „als sie mit [der] Beschuldigten [...] zusammengetroffen sein wollen.“[1264] Im Ergebnis attestierte die städtische Untersuchung Justin „wissenschaftliche Erfassungsarbeiten“, hielt ihr so etwas wie Hörigkeit gegenüber Ritter zugute und unterstellte Nichtwollen und Nichtwissen der mörderischen Deportationen. Ein im Fernsehbeitrag neu aufgekommener Misshandlungsvorwurf gegen Justin zählte nicht, da die Zeugin aus der Minderheit ebenfalls als nicht hinreichend glaubwürdig gewertet wurde. Die ganzen Vorwürfe seien alle „nicht nachweisbar und nicht stichhaltig“. Das bedeutete Weiterbeschäftigung für Justin, wiewohl „mit Rücksicht insbesondere auf die jüdischen Bevölkerungskreise“ weniger öffentlich exponiert wie am alten Arbeitsplatz.[1265]

Als neuer Tätigkeitsort waren ihr in einem „Sonderauftrag“ monatelang die im „Wohnwagenlager Bonames“ lebenden Familien zugewiesen.[1266] Dort erhob sie wie zu NS-Zeiten Sozialdaten auch von Angehörigen der Roma-Minderheit. Das heißt, sie wurde auf genau die NS-verfolgte Bevölkerungsgruppe erneut angesetzt, aus der die Vorwürfe gegen die NS-Täterin erhoben worden waren. Sie wurde, lässt sich sagen, ohne große öffentliche Aufmerksamkeit rehabilitiert. Die Tätigkeit in Bonames war ihr Wunsch gewesen.

Das sollte die Kritik entkräften, führte jedoch zu neuer Kritik. Oberbürgermeister Dr. rer. pol. Willi Brundert (SPD), Nachfolger von Bockelmann, bemühte sich wiederum um Arbeitsmöglichkeiten für Justin. Das brachte Brundert viel Lob von konservativer Seite ein. Er verhelfe Justin in einem heroischen Akt zu Gerechtigkeit.[1267] Sie war es, der in diesem Konflikt von Brundert und anderen die Opferrolle zugebilligt wurde. Der OB war der Ansicht, niemand habe das Recht, Justin in Situationen zu bringen, in denen sie Angriffen ausgesetzt

1264 Siehe Keine Beweise für Misshandlungen, Verbrechen an Zigeunern. Untersuchung gegen Dr. Eva Justin vor dem Abschluss, Frankfurter Neue Presse, 3.7.1963, zit. nach Willnecker: Ungesühnte Verbrechen, S. 70.

1265 Institut für Stadtgeschichte Frankfurt a.M., MagA 2.636, Bl. 281, Schreiben an Personaldezernent Karl Blum [und OB Werner Bockelmann], 2.12.1963, zit. nach Willnecker: Ungesühnte Verbrechen, S. 73.

1266 Diese und die nachfolgenden Angaben in diesem Abschnitt siehe Sandner: Frankfurt. Auschwitz, S. 318 ff.

1267 So die Stadträtin Charlotte Schiffler (CDU) in einem Brief an Brundert: Institut für Stadtgeschichte Frankfurt a.M., MagA 2.636, Bl. 314v, Schreiben Schiffler an Brundert, 14.9.1966, zit. nach Willnecker: Ungesühnte Verbrechen, S. 87.

sei.[1268] Die richteten sich zu diesem Zeitpunkt auch gegen unberechtigte mediale Titelverleihungen an Justin als einer „ausgebildeten Psychologin“ und „Ärztin“. Rechtsanwalt Haag machte das zum Thema,[1269] wie er schon zuvor der Überhöhung zur „Psychologin“ erfolgreich widersprochen hatte.[1270] Die Diskussionen um Justin hielt Brundert für von den Medien „hochgespielt“.[1271] Justin erhielt am Ende eine mit ihrem Psychologie-Titel korrespondierende Stelle in der Universitätsnervenklinik.

Mehrheitlich reproduzierte die Presse in ihren Beiträgen die üblichen antiziganistischen Klischees bis hin zu den Feststellungen, dass „bis 1943 kein Zigeuner, der nicht kriminell war“,[1272] in ein KZ gekommen und die große Zahl der Toten auf „unhygienische Verhältnisse“ zurückzuführen sei.

Gegen die Mehrheitsmeinung positionierte sich die eher linke *Frankfurter Rundschau* mit Aussagen über den Tod von Deportierten in den Gaskammern von Auschwitz auf der Opferseite. Sie stellte die jüdische und die Roma-Minderheit nebeneinander und beschrieb die Arbeit der RHF, also auch Justins, als Vorarbeit für die Auschwitzdeportationen[1273] und die Sterilisierungen als „schleichenden physischen und psychischen Tod“.[1274]

Aufgrund einer Eingabe des Hanauer Sinto Anton Weinrich war die Frankfurter Staatsanwaltschaft seit Herbst 1964 ein weiteres Mal gezwungen, Ermittlungen gegen Justin aufzunehmen.[1275] Der Frankfurter

1268 Dr. Justin geht in Urlaub. OB Brundert vermittelt / Künftig andere Aufgaben für Ärztin, Frankfurter Rundschau, 29.9.1964, zit. nach Willnecker: Ungesühnte Verbrechen, S. 86.

1269 Institut für Stadtgeschichte Frankfurt a.M., MagA 2.636, Bl. 314g, Schreiben Haag an Brundert, 9.10.1964, zit. nach ebd.

1270 O.A.: Ist Eva Justin ohne Schuld? Strafrechtlich nichts nachgewiesen / Ermittlungsakten gingen nach Köln, Frankfurter Rundschau, 27.4.1963, zit. nach ebd., S. 31.

1271 Ebd., Bl. 314t, Schreiben Brundert an R.H., 13.11.1964, zit. nach ebd.

1272 Dieses und das nachfolgende Zitat: O.A.: Keine Beweise für Misshandlungen, Verbrechen an Zigeunern. Untersuchung gegen Dr. Eva Justin vor dem Abschluss, FNP, 3.7.1963, zit. nach ebd., S. 78.

1273 Lothar Vetter: „Die Wandlung der Frau Dr. Eva Justin. „Jugendliche Illusionen“ einer Psychologin. Tausende von Zigeunern verloren ihr Leben, Frankfurter Rundschau, 29.4.1963, zit. nach Willnecker: Ungesühnte Verbrechen, S. 76.

1274 Hans-Jürgen Hoyer: Kein Mut zur Konsequenz?, Frankfurter Rundschau, 8.5.1963, zit. nach Willnecker: Ungesühnte Verbrechen, S. 75.

1275 Diese und die weiteren Angaben, soweit nicht anders angegeben, siehe Willnecker: Ungesühnte Verbrechen, S. 91–93.

Oberstaatsanwalt Großmann setzte sich mit der Kölner Staatsanwaltschaft in Verbindung. Ergebnis war, es habe sich „nichts von Bedeutung" im laufenden Verfahren zu Justin ergeben. Nach wie vor gelte die alte Feststellung, dass die notwendigen Anhaltspunkte auf der „subjektiven Tatseite" fehlten. Justin sei der Wille nicht nachweisbar, dass ihre „Gutachten" zu KZ-Einweisungen und daraus hervorgehenden Tötungen hätten führen können. Die Freiheitsberaubung im Amt mit Todesfolge und die schwere Körperverletzung im Amt schließlich seien zweifelsohne verjährt.[1276] Da aber Verjährungshindernisse nicht ganz auszuschließen waren, kam es mit Blick auf vor 1943 verfasste Gutachten und auf Sterilisationen dennoch zu weiteren Vernehmungen. Die Angaben daraus zu einer Täterschaft von Justin reichten der Staatsanwaltschaft für eine Wiederaufnahme des Verfahrens nicht aus, das eingestellt blieb.

Verfahrensverlegungen und Verfahrensabschlüsse

Das Sammelverfahren zum „Zigeunerkomplex" wurde nach der Entscheidung zu Justin Ende 1960 zur Kölner Staatsanwaltschaft verlegt.[1277] In Nordrhein-Westfalen, wo einige der Beschuldigten wohnten, fanden bereits Ermittlungen gegen drei von ihnen (Böhlhoff, Maly, Otto) statt. Der Nachfolger des Frankfurter Staatsanwalts Fritz Thiede wurde in Köln, wo es die Ermittlungen gegen Maly gab, Wolfgang Kleinert. Auch er wurde zum „Sondersachbearbeiter" ernannt, sodass das Verfahren seinen Ausnahmestatus behielt.[1278]

Kleinert lehnte wie vor ihm Thiede die Perspektive auf genozidale Massenverbrechen, die eine große Gruppe Beteiligter gemeinschaftlich verübt hatten, strafrechtlich ab. Es blieb auch dabei, dass weder in den Vernehmungen noch in irgendwelchen anderen staatsanwaltlichen Recherchen jene Fachbesprechung vom 15. Januar 1943 von RHF, RKPA und anderen Beteiligten der Auschwitzdeportation auftauchte, in der abgeklärt worden war, in welcher Weise mit der Minderheit umzugehen sei, die nach der Auschwitzdeportation von mehr als 90 Prozent der Erfassten verbleiben werde.[1279] Thiede hatte die wörtliche Übereinstimmung der Kategorien zur Unterscheidung von „Mischlings"- und

1276 Ebd., Nr. 1.543, Bl. 1.554, Korrespondenz OStAsch am LG Köln / OStAsch am LG Frankfurt a. M., 21. 1. 1966.

1277 Ebd., Nr. 1.540, Bl. 861, OStA Heinz Wolf an OStAsch am LG Köln, 12. 12. 1960.

1278 Ebd., Nr. 1.544, Bl. 1.640.

1279 Ebd., Nr. 1.538, Bl. 700e, Vernehmung Eva Justin, 21. 10. 1960.

„Nichtmischlings"-Fallgruppen, wie sie der Schnellbrief vornahm, mit dem Kategoriensystem der RHF nicht thematisiert, und auch Kleinert ging darauf nicht ein.

Die Kölner Staatsanwaltschaft bemühte sich zunächst um eine Bestandsaufnahme der bisherigen Ermittlungen. Mindestens 25 Fälle erschienen Kleinert auf einen ersten Blick trotz inzwischen eingetretener Verjährungen noch verfolgbar.[1280] Als Defizit stellte er heraus, dass die erreichbaren Erkenntnisquellen trotz Einblicks in 20.000 „Zigeuner-Akten (d.h. Akten über ‚Fahrendes Volk' und ähnlich)" „bei weitem" nicht ausgeschöpft worden seien. Wesentliche Indizien seien unbeachtet geblieben, sodass eine echte Gesamtauswertung noch ausstehe. Für Nordrhein-Westfalen sei bislang „noch gar keine Prüfung" vorgenommen worden. Daher bestehe die Notwendigkeit einer erneuten und genaueren Überprüfung des Dokumentenmaterials. Eine „Klärung" sei herbeizuführen, inwieweit im KZ Auschwitz Angehörige der Minderheit „rechtswidrig" getötet worden seien. „Rechtswidrig" hieß in Kleinerts Verständnis, im Sinne der dominanten Lesart der StGB-Paragrafen, sodass die am Mordplatz Birkenau herrschenden, zielgerichtet hergestellten und abgesicherten Tötungsstrukturen unbeachtet bleiben konnten. Kleinert empfahl, es sollten weitere schriftliche Quellen ausgewertet werden sowie weitere Vernehmungen stattfinden und auch eine „abschließende Vernehmung der Hauptbeschuldigten".[1281] Was die belasteten nordrhein-westfälischen Beamten anging, solle die 1959 eingerichtete Sonderkommission des LKA für die Verfolgung von NS-Verbrechen eingeschaltet werden. An der Spitze des LKA stand weiterhin der schon erwähnte Kriminaldirektor Dr. Oskar Wenzky, der bis dahin verhindert hatte, dass diese Kommission sich mit dem Fall von Lieselotte Wolf aus dem Sammelverfahren und mit dem mutmaßlichen Täter Maly beschäftigte.[1282]

1963 legte Kleinert dann eine 93-seitige, seine Ermittlungen abschließende Ausarbeitung vor. Seine zentrale Frage war, ob ein Mordvorwurf, der noch nicht verjährt sei und die einzige verbliebene Interventionsmöglichkeit bieten würde, gerechtfertigt sei.[1283] Dazu war es notwendig, sich mit der Frage der „niedrigen Motive" zu beschäftigen.

1280 Ebd., Nr. 1.547, Bl. 506–510, Vermerk StA Wolfgang Kleinert, 17.9.1961.

1281 Ebd., Nr. 1.540, Bl. 974–976, Vermerk StA H. Neukirchen, 29.11.1961.

1282 Ebd., Nr. 1.539, Bl. 781–783, Vermerk OStA H. Neukirchen am LG Köln, 25.2.1960.

1283 Diese und die nachfolgenden Angaben: LAV NRW, Abt. Rheinland, Ger. Rep. 231, Nr. 1.542, Bl. 1.191–1.287, Beschlussvorlage StA Wolfgang Kleinert, 20.4.1963.

Der Text enthielt einen kurzen geschichtlichen Rückblick mit dem Tenor eines „Einwanderns“ der Minderheit nach Europa vor Jahrhunderten und einer anschließenden Fortsetzung des „Wanderns“ „zwischen Duldung und Verfolgung“, an welche er die NS-Verfolgung linear anschloss. Durch alle Zeiten betrachtete er in klassisch völkischer Sichtweise „Zigeuner“ als eine geschlossene, in ihrem angeblichen Wanderwesen ethnisch fixierte Menschengruppe abseits ethnisch andersartiger Mehrheiten.

Der Abschnitt zu NS-Vorschriften zur „Zigeunerfrage“ fiel dann umfangreich aus. Er schloss auch die Familiendeportationen ab Mai 1940 mit ein, die zusammen mit anderen Vorgängen Kleinert Anlass boten, sich etwas vom BGH abzusetzen. Dass es dabei kein Rassemotiv gegeben habe, sei nach dem Buchheim-Gutachten nicht mehr haltbar. Es sei aber, reduzierte er an einer entscheidenden Stelle seinen Abstand zum BGH dann wieder, diese Verfolgung „sicher [...] ohne Vernichtungstendenzen“ gewesen.[1284] Jedenfalls sei bei den Deportationen des Jahres 1940 „kein Anhalt dafür vorhanden“ gewesen, „dass die Vernichtung oder geplante Tötung dieser Menschen gewollt“ gewesen sei. Zwar habe es „auf den östlichen Kriegsschauplätzen“ „grausamste Verfolgung“ von einem „Grossteil“ der osteuropäischen Roma im „Sog der Juden- und Slawenverfolgung“ gegeben. Das habe aber die „Zigeuner“ innerhalb der Reichsgrenzen, das RKPA und die RHF nicht betroffen. Mindestens bis zum Auschwitz-Erlass vom 16. Dezember 1942 habe hinter der Verfolgung der „Zigeuner“ kein auf die gesamte Minderheit bezogener Vernichtungswille gestanden, während im Unterschied dazu gegen die jüdische Minderheit bereits auf der „sogen. Wannsee-Konferenz [20. Januar 1942], [...] die ‚Endlösung‘, d. h. die geplante Massentötung beschlossen“ worden sei. Das war insofern unzutreffend, als die Massenverbrechen im Osten gegen die jüdische, slawische und Roma-Bevölkerung sich nicht auf „Kriegsschauplätzen“ ereignet hatten, sondern im okkupierten Hinterland der Front und dort als eine rassen-, bevölkerungs- und wirtschaftspolitisch motivierte Vernichtung. Kleinert verschleierte diesen Tatbestand. Er ging über die sozial- und ethnorassistischen Mordmotive hinweg und subsumierte die Massaker unter die militärischen Vorgänge, wie es die Täter etwa in den Einsatzgruppenprozessen taten, wenn sie vorgaben, in Juden, „Zigeunern“ oder „Russen“ vor allem Partisanen gesehen zu haben, deren Bekämpfung vom Kriegsrecht gestattet und im Übrigen geboten gewesen sei. Gegen

1284 Diese und die nachfolgenden Zitate: ebd., Bl. 1.207, 1.212, 1.214, 1.226, 1.235, 1.244.

„Zigeuner" im Reich sei es zu „KZ-Einweisungen […] seitens des RKPA (und der ihm untergeordneten Stellen) nur im Rahmen der vorbeugenden Verbrechensbekämpfung wegen der ‚Asozialität' der Betroffenen" gekommen „und nicht etwa – entsprechend der ‚Endlösung' bei den Juden – zum Zwecke der Tötung des betreffenden Einzelmenschen".[1285] Einen ausgearbeiteten Vernichtungsplan gegen die Roma-Minderheit habe es nicht gegeben: Es fehlten „beweissichere Grundlagen für ein vorgeplantes Hinmorden der Zigeuner". Damit bestritt Kleinert das genozidale Motiv, er verweigerte die Gleichstellung mit der jüdischen Minderheit.

Kleinert benannte im Einzelnen die Schritte der Radikalisierung bis hin zum Auschwitz-Erlass und dem anschließenden Schnellbrief, und zwar als eine wie auch immer zu begreifende Entwicklung, die „kaum anders zu erwarten" gewesen sei.[1286]

Der nachfolgende Abschnitt zu Auschwitz war umfangreich, nur wurde hier vor allem kleingeredet.

Das „Zigeunerfamilienlager" sei zu keinem Zeitpunkt ein Vernichtungslager gewesen. Vernichtungen in kleinerer Zahl habe es nur drei Mal außer der Reihe durch Instanzen im Lager selbst gegeben. Sie belegten kein „geplantes Tötungsprogramm" aus Berlin, an dem das RKPA hätte beteiligt gewesen sein können. Es habe nicht auch nur einen Tötungsbefehl aus dem RKPA gegeben. An dieser Stelle unterschied Kleinert zwischen der Kripo, die nach dem von den Kripo-Beamten aufgebrachten und gepflegten Mythos „sauber" geblieben war, und der mörderischen Gestapo. „Viele Anhaltspunkte" sprächen dafür, „dass das RKPA die von ihm eingewiesenen Zigeuner in einem Arbeits- und Familienlager verwahrt glaubte".[1287] Damit lehnte er sich an das Wort vom „Verwahrlager" an, das Leo Karsten in die Prozessmaterialien eingebracht hatte. Selbst noch nach dem Erlass zu den Auschwitzdeportationen, so Kleinert, seien Menschen nicht „durch ihre Zigeunereigenschaft zu vorbestimmten Todeskandidaten abgestempelt" gewesen.[1288] Mit seiner Verneinung eines Tötungsprogramms lehnte Kleinert sich an den Gutachter Hans-Joachim Döring an, nach dem „Himmler im Zeitpunkt der Einweisung der Ròm-Zigeuner,

1285 Ebd., Bl. 1.226.

1286 Dieses und das folgende Zitat: LAV NRW, Abt. Rheinland, Ger. Rep. 231, Nr. 1.542, Bl. 1.191–1.287, Bl. 1.226, Beschlussvorlage StA Wolfgang Kleinert, 20.4.1963.

1287 Ebd., Bl. 1.242, Beschlussvorlage StA Wolfgang Kleinert, 20.4.1963.

1288 Ebd., Bl. 1.245, Beschlussvorlage StA Wolfgang Kleinert, 20.4.1963.

Zigeuner-Mischlinge usw. diese zwar aussterben lassen, sie aber nicht wie die Juden töten wollte“.[1289]

Nicht zu übersehen sei dennoch der Tod der „überwiegenden Zahl der eingewiesenen Zigeuner“ in Auschwitz. Das erkläre sich aber nicht aus Mordabsichten, sondern aus einer Sterblichkeit, die nun einmal „generell“ „in solchen Lagern“ hoch gewesen sei. Auf die katastrophalen Lebensbedingungen im „Zigeunerfamilienlager“ ging Kleinert nicht näher ein. Sie vor allem hatten bewirkt, dass Ende 1943 etwa 70 Prozent der seit Ende Februar massenhaft dorthin Deportierten verstorben war. Die hohe Sterblichkeit war nach Kleinert auf „enges Zusammenleben“ bei „besonders schlechter“ Hygiene zurückzuführen. Dieser Umstand habe Seuchen zur Folge gehabt.

Das bewegte sich ganz auf der Linie von Hanns Eller, Jahrgang 1898, eines Autors der Kripo-Zeitschrift *Kriminalistik*. Eller war Beamter im bayerischen LKA und gehörte dort zum Korps der altgedienten NS-Kripobeamten. Bis 1945 hatte er leitende Funktionen im Sitten- und im Fahndungskommissariat in München ausgeübt. Von der Spruchkammer als „entlastet“ eingestuft, wechselte er 1950 vom Präsidium der Landpolizei zum LKA, um dort die Abteilung Fahndung zu leiten. Damit unterstand ihm auch die „Landfahrerzentrale“, die die Tätigkeit der Reichszentrale zur Bekämpfung des Zigeunerunwesens fortsetzte.[1290] Daneben wurde er von staatlichen Stellen als „Zigeunerexperte“ für Entschädigungsverfahren angefordert. 1954 hatte er sich in der *Kriminalistik* zum Thema „Die Zigeuner – ein Problem“ geäußert. Es handle sich dabei um ein sicherheitspolizeiliches Problem. „Während des Dritten Reiches“ sei daher „eine Anzahl“ dieser Menschen „wegen ihrer teils asozialen, teils kriminellen Lebensweise als polizeiliche Vorbeugungshäftlinge“ ins KZ gekommen. Aber „inwieweit und unter welchen Umständen [...] Zigeuner ihr Leben lassen mußten“, als „erst im Jahre 1943“ „zigeunerische Personen“ familienweise „in Kz-Lager“ – Auschwitz benannte Eller nicht – eingewiesen worden seien, lasse sich „mangels konkreter Unterlagen“ nicht feststellen. Es seien viele von ihnen Seuchen zum Opfer gefallen, die jedoch „zum Teil [...] auf die persönliche und angeborene Unsauberkeit der Betroffenen selbst zurückzuführen“ gewesen seien.[1291] Das hieß mit anderen Worten „selber schuld“.

1289 Döring: Die Zigeuner, S. 161.

1290 Schröder: Neue Polizei, S. 182.

1291 Eller: Die Zigeuner, S. 126. Zu Eller siehe auch Haumann: Akte Zilli Reichmann, S. 212 ff.

Die Darstellungen von Kleinert und Eller deckten sich. So war es schon vor 1945 zu hören gewesen. Ähnlich wie Eller hatte zum Beispiel im Oktober 1941 auch ein Unteroffizier der Geheimen Feldpolizei in der vom Reichsführer SS herausgegebenen Zeitschrift *Die Deutsche Polizei* einen „Zigeunertransport" beschrieben. Demnach hätten die Kinder von Schmutz „schwarze Finger" gehabt, und Lumpen seien mit Spucke als Reinigungsmittel verwendet worden. „Die Wahrheit" sei, es handle sich um „eine asoziale Rasse", die eine „Parasitenexistenz" führe.[1292] Das erschien dort zum Zeitpunkt des Eintritts in die Massenvernichtung der Roma im besetzten Osten.

Eine zweite Erklärung der hohen Sterblichkeit war für Kleinert im Tod von Kleinkindern zu finden. Ständig seien unter den besonderen Bedingungen dieses Lagers Kinder geboren, demnach fortwährend gezeugt worden. Es sei eben der persönliche Freiraum weniger eingeschränkt gewesen als sonst in Birkenau. Mit zu betrachten sei, dass die Häftlinge „sippen- und familienweise" gelebt hätten, auch ihre „Privatkleidung" hätten tragen und über ihre Musikinstrumente verfügen dürfen.

Über die selbst gegen NS-Vorschriften verstoßende Deportation von Schwangeren, wie sie keineswegs selten und gerade bei dem Beschuldigten Maly von Bedeutung war, ging Kleinert hinweg. Das „Zigeunerfamilienlager" sei ein Ort „ohne die brutale Strenge der sonstigen Lager" gewesen, wenn auch die Häftlinge ihre Bewacher hätten grüßen und vor ihnen strammstehen müssen. Als positiv vermerkte er auch, man habe die Kinder, wenn sie auch nahezu alle gestorben seien, nicht wie anderswo den Müttern weggenommen.

Der Staatsanwalt lag mit seiner Lagerdarstellung nahe bei dem Stereotypen-, Beschönigungs- und Entlastungsrepertoire seiner Beschuldigten, des Kripo- und des RHF-Personals. Er behauptete „natürlich" zu nennende, nicht durch NS-Instanzen und -Praktiken gezielt herbeigeführte Ursachen von Verelendung, Krankheit und Tod.

Dass es die zielgerichtete Organisation der Lebensbedingungen in Birkenau war, die bei einem Großteil der Häftlinge und vor allem bei den Kindern den baldigen Tod herbeiführen mussten, war Kleinert kein Wort wert. Unter den Beschuldigten seines Verfahrens befanden sich „Euthanasie"-Täter, die bei ihren Kinder- und Krankenmorden dieselbe Methodik der planmäßigen systematischen Unterversorgung einsetzten,

1292 Die Deutsche Polizei, 1. 10. 1941, zit. nach Westermann: Hitler's Police Battalions, S. 112; Westermann zitiert einen Hamburger GFP-Unteroffizier Wilhelm Drechsler, Jahrgang 1903.

wie sie im „Zigeunerfamilienlager“ praktiziert wurde. Die Parallele sollte also für Kleinert nicht zu übersehen gewesen sein. Mit seiner grundsätzlichen Absage an eine Einordnung der Vernichtungspolitik gegen die Roma-Minderheit als genozidal blieb er auf den Bahnen des Frankfurter Vorgängergespanns Wolf/Thiede.

Einige Monate später äußerte sich Wilhelm Supp, der nach seiner Entlassung aus dem Kölner Verfahren als Beschuldigter vom Landgericht München einvernommen wurde, zu den Verhältnissen im „Zigeunerlager“ in Birkenau. Das sei kein „allgemeines KZ“ gewesen, denn dort „(waren) sie [...] mit der ganzen Sippe untergebracht, hatten ihre Musikinstrumente dabei, sie trugen dort Zivilkleider, es wurden dort Kinder geboren und sie lebten auch sonst – abgesehen von ihrem zwangsweisen Lageraufenthalt – nicht wie Gefangene“.[1293] Das überschnitt sich mit der Darstellung von Kleinert, der Täter und der Staatsanwalt setzten dieselben entlastenden Akzente.

Die Vorermittlungen im ersten Auschwitz-Prozess wurden etwa zeitgleich mit denen im Sammelverfahren zum „Zigeunerkomplex“ abgeschlossen. Im Ergebnis der Ermittlungen von Landgerichtsdirektor Heinz Düx wurde am 16. April 1963 in Frankfurt die Anklagebegründung vorgelegt. Vier Tage danach präsentierte Kleinert in Köln seine Abschlussfeststellungen. Sie waren anders als die Frankfurter Ergebnisse in hohem Maße defizitär, weil der Ermittler darauf verzichtet hatte, sich umfassend zu informieren.

Bereits 1946 war in Prag das Buch *Die Todesfabrik* der tschechisch-jüdischen Auschwitz-Überlebenden Ota Kraus und Erich Kulka, Angehörige des Lagerwiderstands, erschienen. Es ging immer wieder auch auf die Situation der Roma-Minderheit in Auschwitz ein und enthielt einen Abschnitt zum „Zigeunerlager“, der die mangelhafte Ernährung, die schlechte Hygiene, die ansteckenden Krankheiten, die „Ausrottung“, wie es präzise hieß, der Mehrzahl der Insassen, aber auch den Widerstand aus der Minderheit gegen die SS bei der Auflösung des Lagers mitteilte. Es hatte viele Auflagen, wurde jedoch erst 1957 in deutscher Übersetzung von einem DDR-Verlag publiziert, in Westdeutschland nie,[1294] hätte aber der Kölner Staatsanwaltschaft genauso zur Verfügung gestanden wie die Aussagen des Lagerführers Rudolf

1293 Stadtarchiv München, Staatsanwaltschaften I, Nr. 21.836, Vernehmung Wilhelm Supp, 29.10.1963, zit. nach Schröder: Dienststelle, S. 148.

1294 Nach Kraus/Kulka: Todesfabrik, passim, insbes. S. 169f. Erst 1991 erschien im Berliner Dietz-Verlag eine nun gesamtdeutsche Auflage.

Höß. Dessen *Autobiographische Aufzeichnungen* waren 1956 von Martin Broszat im Auftrag des Instituts für Zeitgeschichte publiziert worden.[1295] Kleinerts Frankfurter Kollegen zitierten 1963 in der Anklage zum ersten Auschwitz-Prozess Höß zum „Zigeunerlager“:

> Nun waren aber die allgemeinen Verhältnisse in Birkenau alles andere – nur nicht für ein Familienlager geeignet. Es fehlte dazu jegliche Voraussetzung, [...] vollgestopfte Wohnbaracken, die ungenügenden hygienischen Verhältnisse, die vollbelegten Krankenbaracken, [...] die Seuchenkranken, [...] die Kinderseuche Noma, [...] diese abgezehrten Kinderkörperchen mit den großen Löchern in der Backenhaut, durch die man hindurchsehen konnte, dieses langsame Verfaulen bei lebendigem Leibe.[1296]

In Frankfurt hatten die Ermittler beabsichtigt, „die Verbrechen von Auschwitz als umfassenden Tatkomplex zu behandeln“.[1297] Zum „Zigeunerlager“ wurden sechs Häftlinge aus der Minderheit vernommen.

Zu den sechs hatte Elisabeth Guttenberger, Schreiberin in Auschwitz, gehört und von ihr hätte das Kölner Gericht folgendes über das „Zigeunerfamilienlager“ erfahren können:

> Am schlimmsten war der Hunger. Die hygienischen Verhältnisse sind nicht zu beschreiben. Es gab kaum Seife und Waschmöglichkeiten. [...] Und als Typhus ausbrach, konnten die Kranken nicht behandelt werden, weil es keine Medikamente gab. [...] Zuerst starben die Kinder. Tag und Nacht weinten sie nach Brot. Sie sind alle sehr bald verhungert. [...] Die größeren Kinder ab zehn Jahre mußten für die Lagerstraße Steine schleppen – bei diesem Hunger, [...] Dazu kam dann noch die Brutalität der SS-Leute. Täglich haben sie Menschen totgeschlagen. In unserem Arbeitskommando mussten wir alles im Laufschritt machen. Ein SS-Blockführer fuhr mit dem Rad nebenher. Wenn eine Frau stürzte, weil sie schon zu schwach war, prügelte er sie mit einem Stock. Viele sind an den Folgen dieser Misshandlungen gestorben. [...]

1295 Höß: Kommandant in Auschwitz.

1296 Schwurgerichtsanklage der Staatsanwaltschaft bei dem Landgericht Frankfurt am Main in der Strafsache gegen Mulka und andere vom 16.4.1963, in Gross/Renz: Auschwitz-Prozess, S. 259 f.

1297 Pendas: Der 1. Auschwitzprozeß, S. 64.

> Ich selbst habe etwa dreißig Verwandte in Auschwitz verloren. Mein Vater ist gleich in den ersten Monaten buchstäblich verhungert. Meine älteste Schwester bekam Typhus und starb im November 1943 an den Folgen. [...] Dann starb mein Bruder, mein jüngster Bruder. Er war dreizehn Jahre alt. Er hat schwere Steine tragen müssen, bis er zum Skelett abgemagert war. Meine Mutter starb einige Monate darauf. Sie sind alle verhungert.[1298]

Dass es diese Zeugin gab, kann Kleinert kaum unbekannt gewesen sein, selbst wenn ihn der Auschwitz-Prozess nicht groß interessiert hätte, denn die Informationen wurden nahezu an ihn herangetragen. 1961 hatte der WDR aus Köln ein Feature „Auschwitz. Topographie eines Vernichtungslagers“ gesendet, was der Ermittler schon mitbekommen haben müsste. Dort hatte Elisabeth Guttenberger fast eine Viertelstunde lang ausführlich über die Lebens- und Sterbebedingungen im „Zigeunerlager“ informiert.[1299] Ein Teil dieser Schilderungen lag seit 1962 gedruckt vor.[1300]

Kleinert stand mit seinem Desinteresse an Aussagen aus der Minderheit nicht allein. Er nahm insofern ein späteres Ergebnis des ersten Auschwitz-Prozesses vorweg, als auch dort 1965 in der mündlichen wie in der schriftlichen Urteilsbegründung die Richter die Aussagen von Guttenberger als nicht hinreichend glaubwürdig werteten und als Beweismittel ablehnten.[1301] Waren nach dem Staatsanwalt in völkischer Voreingenommenheit aber Aussagen von „Zigeunern“ unverwendbar, so hätte er auch andere Häftlingszeugen hören können, denn die Verhältnisse im „Familienlager“ waren in Birkenau allgemein bekannt. So belegen es Angaben jüdischer Funktionshäftlinge, die dort Zugang hatten und in Frankfurt aussagten:[1302]

> Die Zustände im Zigeunerlager waren primitiv. Bei Regen wurde alles durchnäßt, das Lager bestand nur noch aus Morast. ... Die Zustände im Zigeunerlager waren furchtbar. Daher brach immer

1298 Bericht Elisabeth Guttenberger, in: Gedenkbuch, Bd. 2, S. 1.502 f.

1299 Zu den Aussagen von Elisabeth Guttenberger in diesem Fall und aus anderen Anlässen siehe Stengel: Die Überlebenden, S. 382.

1300 Elisabeth Guttenberger: Das Zigeunerlager, S. 159–162.

1301 Stengel: Die Überlebenden, S. 388.

1302 Beide Zitate nach ebd., S. 381.

> wieder Fleckfieber aus. Die Häftlinge starben wie die Fliegen. (Hermann Diamanski)

> Das Lager war in einem unbeschreiblichen Zustand: Lehmboden, aufgeweicht, verdreckt, keine Waschmöglichkeit, [...] keine Reinigungsmöglichkeit für die Kleider. (Hermann Langbein)

Die Voraussetzungen für eine angemessene Beschreibung der Zustände im „Familienlager" wären also gegeben gewesen, aber Kleinert entschied sich dazu, darauf nicht einzugehen. Das konnte er, denn nach den StGB-Bedingungen, unter denen er ermittelte, waren Aussagen zum Krankenstand und der Lagerhygiene ohnehin rechtlich bedeutungslos und daher überflüssig. Er entschied sich für das, was Döring vorgelegt hatte, ein zweifelhafter Nachwuchsjurist, dessen Beitrag in erster Linie eine Vor- und Anpassungsleistung an die Bedingungen seiner künftigen Staatstätigkeit war. Kleinert beschrieb die Verhältnisse im „Zigeunerlager" nicht, er verbarg sie.

Eine Blindstelle gab es bei ihm auch in der ansonsten ausführlichen NS-Chronologie. Ritter, schrieb Kleinert, sei es um „Wanderarbeitslager" für „Zigeunermischlinge" und um den „Beginn rassenhygienischer Massnahmen" gegangen. Von Sterilisationen, von den Verschleppungen 1940 und ab 1943, von Konzentrationslagern und von dem „Verschwinden" der Häftlinge war nicht die Rede.[1303] Der von ihm genannte Himmler-Erlass von 1938 zur „Regelung der Zigeunerfrage aus dem Wesen dieser Rasse" hatte aber mit den von der RHF zu verfassenden „Sachverständigengutachten" dem RKPA eine wesentliche Aufgabe für die Sterilisations- und Deportationsbeschlüsse gesetzt. Diese „Gutachten" waren es, die die Betroffenen mit dem Nimbus einer wissenschaftlichen Autorität individuell als „Zigeuner", „Zigeunermischling" oder „Nichtzigeuner" definierten. Damit war eine Entscheidung getroffen, die auf Leben oder Tod hinauslief.

Als Antwort auf seine Hauptfrage nach dem Tatbestand „Mord" ergab sich für den Staatsanwalt, „dass stichhaltige Nachweise für eine geplante Massentötung der in Konzentrationslager eingewiesenen Zigeuner nicht erbracht werden können".[1304] Belege dafür, dass die Beschuldigten, „die als Biologen, Kriminologen und Polizeibeamte

1303 LAV NRW, Abt. Rheinland, Ger. Rep. 231, Nr. 1.542, Bl. 1.191–1.287, hier: Bl. 1.202–1.204, Beschlussvorlage StA Wolfgang Kleinert, 20. 4. 1963.

1304 Ebd., Bl. 1.244, Beschlussvorlage StA Wolfgang Kleinert, 20. 4. 1963.

entweder wissenschaftliche Erfassungsarbeit leisteten [...] bzw. die an den unteren Polizeidienststellen für Zigeunerfragen ausführende Subalterne waren“, den Tod auch nur eines „Zigeuners bewusst in Kauf genommen und sodann gebilligt hätten“, seien ihm nicht begegnet. Keinem der Beschuldigten könne die Beteiligung an einer Mordtat, „sei es mit direktem oder indirektem Vorsatz“, nachgewiesen werden. Vorausgesetzt, es greife nicht im Einzelfall noch ein Verjährungshindernis bei Delikten unterhalb des Mordvorwurfs, könne also niemand für irgendetwas belangt werden.

Von einem wissentlichen und willentlichen Verhalten im Sinne des Mordvorwurfs und eines Ausrottungsprogramms sei grundsätzlich nur bei den „Hauptverantwortlichen“ auszugehen, nicht aber bei den „nachgeordneten Beamten“. Die „Hauptverantwortlichen“ beschränkte Kleinert zunächst auf Hitler, Göring, Himmler, Heydrich und Kaltenbrunner. Hinzu fügte er anschließend noch Goebbels und Thierack. Diese seien sich im September 1942 einig gewesen, dass im Fall der „asozialen Elemente“ „Vernichtung durch Arbeit“ die am besten geeignete Methode ihrer Beseitigung sei.[1305]

Die von Kleinert verwendete Vokabel für die Träger der Verantwortung, das Wort von den „Hauptverantwortlichen“, stellte rhetorisch eine Brücke zu den 13 alliierten Prozessen gegen die „Hauptkriegsverbrecher“ her. Dieser Titel war repräsentativen Spitzenvertretern aus Militär, Wirtschaft, Justiz, Medizin und SS zugekommen. Gemeint waren von den Alliierten gesellschaftliche Dominanzgruppen, die den NS-Aufstieg und das NS-System getragen hatten. Damit hatte Kleinerts Verwendung des Begriffs aber nicht nur nichts zu tun, sie war dem entgegengesetzt. Statt gegen Repräsentanten mächtiger Minderheiten richtete seine Rhetorik sich im Einklang mit dem bestimmenden Tenor der westdeutschen NSG-Justiz gegen den inzwischen verstorbenen kleinen Zirkel in der höchsten Spitze. Darunter konnte es demnach angeblich nur ohnmächtige Befehlsempfänger gegeben haben. Einen strukturellen Rassismus bei den vermeintlich sachbezogen und rational, wenngleich ohne auch nur einen Funken Moral an ihren Schreibtischen tätigen Angehörigen der Kripo und der RHF schloss er pauschal aus.[1306]

1305 Gespräch Thierack mit Goebbels, 14. 9. 1942, zit. nach Zimmermann: Entscheidung, S. 407.

1306 LAV NRW, Abt. Rheinland, Ger. Rep. 231, Nr. 1.542, Bl. 1.245, Beschlussvorlage StA Wolfgang Kleinert, 20. 4. 1963.

Kleinert sollte und dürfte in diesem Zusammenhang der Wiesbadener Juristen-Prozess von 1951 bekannt gewesen sein, der nicht ohne Bezüge zu seinem eigenen war.[1307] Die dort angeklagten hochrangigen Juristen hatten zur Spitze der NS-Justiz gehört und kannten sich bestens mit den Themen Krankenmorde und „Vernichtung durch Arbeit" aus. Einige hatten sich zu ausführlichen Besichtigungen in den KZs Mauthausen und Auschwitz aufgehalten. Das Gericht aber nahm den Angeklagten ihr „nicht gewollt und nicht gewusst" ab und kam neben Verfahrenseinstellungen wegen Krankheit zu Freisprüchen mangels Beweises.

Das damals Verhandelte wiederholte sich nach erneuten Ermittlungen in Ludwigsburg im Jahr 1968 mit neuen Beschuldigten, zwei westdeutschen Spitzenjuristen, in nächster räumlicher Nähe zu Kleinerts Sammelverfahren in der Zentralen Stelle zur Verfolgung von NS-Verbrechen im Kölner Landgericht. Während das Kleinert'sche Verfahren stattfand, wurde nebenan mit den Unterlagen aus Wiesbaden wegen Auslieferung zur „Vernichtung durch Arbeit" bzw. zur „polizeilichen Sonderbehandlung" ermittelt. Von einer wechselseitigen Wahrnehmung des prozessualen Geschehens und einer Kommunikation zwischen den in die Verfahren involvierten Juristen ist daher auszugehen, auch wenn sie in der archivalischen Überlieferung nicht erkennbar wird. In dem Übernahmeverfahren standen mit Dr. jur. Heinz Kümmerlein, nun unter anderem Aufsichtsratsvorsitzender der Hamborner Bergbau AG, und Heinrich Ebersberg, seit 1954 Ministerialrat im Bundesjustizministerium, die beide an der Konferenz zu den Krankenmorden teilgenommen hatten, zwei persönliche Referenten von Thierack unter Anklage. Die Zentrale Stelle in Ludwigsburg hatte noch festgehalten, dass von den Referenten gefertigte Vermerke „Entscheidung: Überstellung" bei Häftlingen deren Übergabe an die Reichsführung SS *„zur Vernichtung* durch Arbeit" (Hervorh. i. O.) bedeuteten und „mit der Überstellung [...] ihre systematische Tötung bezweckt wurde". Dem Kölner Landgericht konnte folglich nicht verborgen geblieben sein, dass eine „Auslieferung asozialer Elemente aus dem Strafvollzug an den Reichsführer SS" die „Vernichtung durch Arbeit" bezweckte.[1308]

Die Angeklagten behaupteten, sie hätten Tarnbegriffe wie „Sonderbehandlung", „Sonderarbeitseinsatz" oder „Vernichtung durch Arbeit"

1307 Siehe Kramer: Beitrag; JuNSV, Bd. IX, Lfd. Nr. 310, S. 267–368, Verfahren 2 Ks 2/51 am LG Wiesbaden, Urteil 24.3.1952.

1308 Siehe auch LAV NRW, Abt. Rheinland, Ger. Rep. 118, Nr. 1.489, Bl. 25–28, Goebbels-Erklärung, 14.9.1942, Besprechung mit Himmler, Streckenbach und weiteren Teilnehmern, 18.9.1942, dort auch Ausführungen zur „Sonderbehandlung".

nicht entschlüsseln können. Ebersberg sagte, wenn er die Vokabel „Sonderbehandlung“ verwendet habe, „(habe) ich mir darunter vermutlich nichts vorgestellt“.[1309] Er begreife erst jetzt in der Vernehmung die furchtbare Bedeutung dieses Ausdrucks. Im Widerspruch zu den Ludwigsburger Kollegen war die Kölner Zentrale Stelle daher der Meinung, auf auch nur eine Mitwisserschaft an Kapitalverbrechen lasse sich nicht schließen. Ein Hitler und dessen Spitzengruppe zuzurechnender „Tötungsplan“ habe „das Vorstellungsvermögen eines Uneingeweihten“, als welche die beiden Angeklagten beschrieben wurden, überfordern und ihnen „absurd“ erscheinen müssen: „Sie konnten das Unrecht auch beim Einsatz aller ihrer Erkenntniskräfte nicht erkennen.“ Die Kölner Juristen passten sich dem Aussageverhalten der Angeklagten an, statt es zu hinterfragen. Beim Thema „Sonderbehandlung“ galten „nicht gewollt und nicht gewusst“. Das Verfahren endete wie schon das von 1951 mit Freisprüchen.[1310]

Kleinert konnte sich, wenn man sich nicht informell sogar miteinander abgestimmt hatte, durch seine Kollegen in seiner Haltung bestärkt sehen. Er bewegte sich in demselben postnazistischen Meinungsstrom wie viele andere NSG-Juristen. Selbst den Leiter des RKPA Arthur Nebe konnte Kleinert vor dem Hintergrund eines solchen Rechtsdenkens zwanglos zu einer irrelevanten Figur stilisieren, die nur, wie er sagte, „unterstellt“ gewesen sei.

Die nach seiner Darstellung exklusiv verantwortlichen sieben Haupttäter des Verfahrens lebten nicht mehr. Das sprach für einen kräftigen Schlussstrich. Nach dem Tod von elf Beschuldigten und dem Ausscheiden von Justin sei das Verfahren in 23 Fällen wegen Verjährung und in 20 weiteren mangels Beweises für strafbare Handlungen oder mangels Tatverdachts einzustellen.[1311] Die ausführliche Begründung seiner Beschlussvorlage datierte der frühere Sonderrichter im April 1963 leicht vermeidbar ausgerechnet auf den 20. des Monats. Daraus ergab sich ein allen am Verfahren Beteiligten wohlbekannter zeitlicher Bezug. An diesem Tag jährte sich der Geburtstag des „Führers“. Das Datum dürfte im behördeninternen Gespräch nicht ohne Kommentar geblieben sein. Und nicht nur dort: Drei Tage später erschien jedenfalls

1309 Ebd., Bl. 163, 166, Vernehmungen Heinrich Ebersberg, Dezember 1969.

1310 Siehe auch ebd., Nr. 1.487, Bl. 15–29, Auszüge aus den Ludwigsburger Ermittlungen, Register-Nr. AR-Z 85/68, Schlussvermerk, 3.9.1968; ebd., Nr. 1.488, Bl. 283ff.

1311 Siehe: LAV NRW, Abt. Rheinland, Ger. Rep. 231, Nr. 1.542, Bl. 1.288f., Vermerk StA Wolfgang Kleinert, 27.5.1963.

im *Spiegel* die oben erwähnte von Siegmund A. Wolf initiierte Kritik an der Haltung der westdeutschen Justiz gegenüber der Minderheit mit einer Chronologie der NS-Verfolgung.[1312]

Mit dieser staatsanwaltlichen Entscheidung waren die meisten Kripobeamten, alle RHF-Mitarbeiter und alle Beteiligten aus sonstigen relevanten Institutionen außer Verdacht gestellt. In einer Grauzone verblieben vier höhere Kripobeamte.[1313] Ein strafbewehrtes Verhalten „während der Dienstzeit im Reichskriminalpolizeiamt" sei bei drei von ihnen „nicht ohne weiteres zu verneinen", wie Kleinert mit viel Zurückhaltung anmerkte. Für die Beschuldigten Eichberger, Supp und Werner bestehe aber keine Kölner Zuständigkeit. Diese drei Fälle wurden an die Landgerichte in Stuttgart und München abgegeben.[1314] Aufgrund von Einstellungen kam es im Anschluss dort ebenfalls nicht zu einem Hauptverfahren. Damit gab es am Ende nur noch den Kölner Einzeltäter Hans Maly als den nun letzten Beschuldigten aus dem Sammelverfahren.[1315] Hier ging es konkret um vier Maly-Opfer, die Auschwitz nicht überlebt hatten (Eva Rotter, Brigitte Schönberger, Paul Welp, Lieselotte Wolf), doch, wie Kleinert als Erstes hervorhob, in keinem dieser Fälle um Mord aufgrund der Auschwitz-Einweisung. Mord oder Beihilfe zum Mord wären nicht verjährt gewesen. Weder bei der Fallgruppe der „Zigeuner" noch bei der der „Asozialen" aber, so Kleinert, habe eine Entscheidung Malys für Auschwitz tatsächlich auf den Tod hinauslaufen müssen. Erstens sei eine generelle Tötungsabsicht bei ihm nicht anzunehmen, da „Asoziale" und „Zigeuner" „nicht zu vorbestimmten Todeskandidaten" gehört hätten, und zweitens gebe es auch keine Beweise für eine Tötung „z. B. durch Vergasen, Abspritzen, Mißhandlung usw." und also „kein[en] Anhalt für eine gewaltsame Tötung". Damit war im Fall Maly vor dem Eintritt in die Hauptverhandlung eine entscheidende Weichenstellung durch den Staatsanwalt vorgenommen worden. Sie zog nach sich, drei der Fälle als verjährt betrachten zu können und in dem einen Fall der Lieselotte Wolf, in dem es ein Verjährungshindernis gab,[1316] den Tatvorwurf in

1312 Zigeuner. So arisch, in: Der Spiegel, 17 (1963), H. 17.

1313 Ebd., Bl. 1.191–1.287, hier: Bl. 1.256–1.258, Beschlussvorlage StA Wolfgang Kleinert, 20. 4. 1963.

1314 Siehe ebd., Bl. 1.288 f., Vermerk StA Wolfgang Kleinert, 27. 5. 1963.

1315 Ebd., Bl.1.259–1.287, Beschlussvorlage StA Wolfgang Kleinert, 20. 4. 1963.

1316 Ein Amtsrichter in Bonn hatte Maly im September 1958 als Beschuldigten vernommen. Es war um einen Passus in einer RSHA-Anordnung vom 23. Dezember 1942 gegangen, nach der von polizeilicher Vorbeugungshaft gegen Schwangere

der Hierarchie der Tötungsdelikte auf eine Freiheitsberaubung mit Todesfolge herunterstufen zu können.[1317]

Nach dem Wegfall der Verstorbenen, der aus den Vorermittlungen Entlassenen, der drei andernorts noch zu bearbeitenden Fälle und abgesehen vom dem einzigen am Ende Angeklagten verblieb von insgesamt rund 70 Tatverdächtigen aus der Anfangsphase der Ermittlungen ein unbenannter Rest, bei dem die Verdachtsannahmen und deren Hintergründe, aber auch die Gründe für eine Entlassung aus dem Verfahren ohne einen Niederschlag in den überlieferten Verfahrensdokumenten geblieben sind. Damit endeten nach fünf Jahren die als „Sammelverfahren zum ‚Zigeunerkomplex'“ begonnenen Ermittlungen.

Wie die Beschuldigten hatte auch in diesem Verfahren der Staatsanwalt eine Trägerschaft der völkisch-rassistischen Mordpraxis durch Angehörige aller hierarchischen Ebenen verneint. Es würde noch einige Zeit dauern, bis sich das zu ändern begann. Erst im Jaworzno-Prozess (1978–1981) zu einem der Nebenlager von Auschwitz stellte ein westdeutsches Gericht zum ersten Mal fest, dass es ein „rassenpolitisches Programm“ zur „Vernichtung der Sinti und Roma“ gegeben habe, das „ebenso systematisch betrieben“ worden sei „wie die Vernichtung der jüdischen Minderheit“.[1318] Diese Feststellung hatte jedoch wie der ganze Prozess keine große Aufmerksamkeit hervorgerufen. Er war einer der „vergessenen Prozesse“, von denen „die westdeutsche Öffentlichkeit [...] kaum noch Notiz“ nahm, wie der *Spiegel* schrieb.[1319]

Verfahrensabschluss zu Hans Maly

Im Ergebnis der Vorermittlungen bereits des nordrhein-westfälischen Innenministers war Maly erstens vorgeworfen worden, gegen Lieselotte Wolf eine Vorbeugungshaft angeordnet, ihre Deportation in das Konzentrationslager Auschwitz bewirkt zu haben und das trotz Haftunfähigkeit durchgedrückt zu haben. Zweitens habe er den Vater von Lieselotte Wolf mit der Drohung der „regelmäßig in Konzentrationslagern vollzogenen ‚polizeilichen Vorbeugungshaft'“ gezwungen, die

„auch weiterhin“, also auch nach dem Auschwitz-Erlass, abzusehen war. Maly hat sich darüber bei Lieselotte Wolf freihändig hinweggesetzt. So stand es im Vernehmungsprotokoll von 1958 und darauf bezog sich Kleinert im April 1963: ebd., Bl. 1.275, Beschlussvorlage StA Wolfgang Kleinert, 20. 4. 1963.

1317 Ebd., Bl. 1.272 f. und 1.282, Beschlussvorlage StA Wolfgang Kleinert, 20. 4. 1963.

1318 Bettina Markmeyer: Kein Massenmord – aus Mangel an Beweisen, taz, 25. 1. 1991.

1319 Kriegsverbrechen. Fragen nach Gräben, Der Spiegel, 32 (1978), H. 52.

Sterilisation seiner Tochter hinzunehmen.[1320] Das hatte Maly unter dringenden Verdacht gestellt und die Dienstenthebung nach sich gezogen.

Nach dreijährigen Ermittlungen erklärte die Kölner Oberstaatsanwaltschaft im Mai 1963 Hans Maly für hinreichend verdächtig für eine Anklage. In der Nachfolge von Staatsanwalt Kleinert wurde nun Landgerichtsrat Dr. Heinz Recken zum Untersuchungsrichter bestellt. Mit ihm hätte vielleicht eine neue Perspektive auf den Fall gelingen können, denn der aufgeklärt liberale Recken war ohne NS-Lasten. Aber der Weg dorthin war verbaut. Recken wie auch der die Staatsanwaltschaft vertretende Kleinert war daran gebunden, sich innerhalb der von der Politik durch das StGB und der Justiz durch die höchstrichterliche Rechtsprechung des BGH gezogenen Grenzen zu bewegen. Kleinert hatte mit seiner Anklage Fakten geschaffen und konnte sich damit auf die herrschende Meinung beziehen.

Im Oktober 1963 wurde die gerichtliche Voruntersuchung eröffnet.[1321] Maly bestand in den zunächst wieder aufgenommenen Vernehmungen vor allem darauf, dass er nach Vorschrift und auf Befehl von oben gehandelt habe. Dass er außerstande war, das mit schriftlichen Nachweisen zu belegen, begründete er mit einer mutmaßlichen Unvollständigkeit der vorliegenden Belege und erging sich ansonsten in allgemeinen Behauptungen.

Das Ergebnis der Untersuchung legte Recken am 10. Dezember 1963 dem Oberstaatsanwalt vor. Es ging ausschließlich um den Fall Lieselotte Wolf. Es sei hinreichend erwiesen, dass Malys Anordnung, Wolf nach Auschwitz einzuweisen, selbst „mit den damals geltenden Rechtsvorschriften" nicht vereinbar und daher Unrecht gewesen sei. Recken hatte dem Vorwurf einige Entlastungsargumente beigegeben. Maly sei in mehrfacher Hinsicht unsicher gewesen: Er sei in einer Zeit der begrifflichen Ausweitung von „asozial" ein „Neuling auf dem Gebiet der vorbeugenden Verbrechensbekämpfung" gewesen. Er habe sich an die „im RKPA damals geltenden Maßstäbe" anpassen müssen. Er habe „gewiß nicht ohne höhere Anweisung" gehandelt und die Ausnahme vom Deportationsverbot für zulässig ansehen können. Unaufklärbar sei, ob Maly sich einer Diskrepanz zwischen der Erlasslage und seinem Handeln bewusst gewesen sei und ob er mit dem Tod des Opfers im KZ

1320 LAV NRW, Abt. Rheinland, Ger. Rep. 231, Nr. 1.539, Bl. 796–798, Innenministerium NRW an Hans Maly, 14.4.1960.

1321 Ebd., Nr. 1.542, Bl. 1.287, Leitender OStA, Vermerk, 20.4.1963; ebd., Bl. 1.317, Leitender OStA, Verfügung, 14.10.1963.

zu rechnen gehabt habe.[1322] Der gemeinsame Befund des dienstälteren ehemaligen Sonderrichters und des jüngeren liberal gesinnten Untersuchungsrichters ergab sich nicht aus einem Überhang nazistischer Ideologie, aus individueller Liberalität oder aus einer Mixtur von beidem, sondern aus dem rechtlichen Rahmen, in den die Überlegungen und Entscheidungen der beiden hineingestellt waren und der ihnen rechtspolitisch vorgegeben war.

Im Februar 1964 legte Kleinert eine umfangreiche Anklageschrift vor,[1323] und am 12. Mai 1964 wurde das Hauptverfahren gegen Maly vor der 1. großen Strafkammer des Landgerichts Köln eröffnet.[1324] Maly war angeklagt, in den Monaten Januar bis Mai 1943 als Beamter vorsätzlich und ohne eine ihm erteilte Berechtigung die Verhaftung von Lieselotte Wolf angeordnet zu haben. Deren Tod sei durch ihre Freiheitsentziehung oder das, was ihr während der Haft widerfahren sei, fahrlässig herbeigeführt worden. Maly wurde entsprechend Kleinerts Vorgabe der Freiheitsberaubung im Amt mit Todesfolge angeklagt. Kleinert ging in der Beschreibung der Persönlichkeit des Angeklagten kurz auch auf den Fall Paul Welp ein. Mit soldatischer Rhetorik hielt er fest, dass Malys „Fehlen jeglichen menschlichen Verständnisses einem verdienten Frontkämpfer gegenüber“ – gemeint war Welp – besonders auffallen müsse.[1325] Den von Maly angeführten Befehlsnotstand im Fall Lieselotte Wolf wies er aufgrund des offensichtlich selbst die NS-Vorgaben ignorierenden Charakters der KZ-Einweisung zurück.

Maly ließ sich wie schon in seinem Disziplinarverfahren durch den Kölner Rechtsanwalt Dr. Ernst Etzbach als seinen Wahlverteidiger vertreten. Nachdem Maly bereits damals argumentiert hatte, er sei Fälschern von Papieren und Unterschriften aus der „Sowjetzone“ zum Opfer gefallen, arbeitete Etzbach diese Verschwörungstheorie als Hauptlinie seiner Verteidigung weiter aus und hob das Verfahren damit auf die politische Ebene.[1326] Ein „fundamentaler Ausgangspunkt“ in diesem Verfahren fehle. Stattdessen stünden an seinem Beginn anonyme

1322 Ebd., Bl. 1.354 f., Landgerichtsrat Heinz Recken an OStA am LG Köln, 10. 12. 1963.

1323 Ebd., Nr. 1.543, Bl. 1.359–1.391, Leitender OStA an 1. große Strafkammer des LG Köln, 20. 2. 1964.

1324 Ebd., Bl. 1.394 f., Anklage und Eröffnung des Hauptverfahrens, 12. 5. 1964.

1325 Ebd., Bl. 1.386.

1326 Die Angaben in diesem Abschnitt: ebd., Bl. 1.400–1.413, Antrag Ernst Etzbach, 19. 5. 1964.

und verbrecherische Denunziationen. Gemeint waren die anonymen Schreiben, wie sie unzweifelhaft eine initiierende Rolle gespielt hatten. Das seien unfaire Mittel, und als deren Urheber kam nach Etzbach nur „die Ostzone" infrage, die schon zu Malys Zeiten als Bonner Kripochef gegen diesen und „Bundeskanzler Dr. Adenauer" „über Hetzsender intrigiert" habe. „Ostzonale Agenten", die vor nichts zurückschreckten, hätten „ein schmutzig und raffiniert angelegtes Machwerk" geschaffen. Sie hätten die Akten „frisiert [und] gefälscht". In erster Linie solle „Herr Dr. Adenauer" belastet werden. Ein wahrscheinlich entlastendes Fernschreiben sei „todsicher aus den Akten entfernt worden, und zwar von einem der Agenten, die sich bemüht hätten, die Akten zu fälschen und Herrn Maly zu belasten". Fälschungen von Agenten seien ihm geläufig, erklärte Etzbach, nämlich aus dem Verfahren gegen Hans Otto, den er ebenfalls vertreten habe.

Das war ein Fantasieszenario im Kontext der Auseinandersetzung mit dem Systemfeind im Osten zu dem schwergewichtigen Thema „staatliche Sicherheit", das Gefahren für allerhöchste Stellen an die Wand malte. Im Sammelverfahren zum „Zigeunerkomplex" war dieses Vorgehen etwas Neues. Es war der Versuch, das Verfahren zu politisieren und den Antikommunismus zur Entlastung des Täters einzusetzen. Keiner der Staatsanwälte Uhse, Thiede und Kleinert hatte dergleichen zu irgendeinem Zeitpunkt erwogen, aufgegriffen und in eine solche Richtung ermittelt, obwohl von unterschiedlichen Seiten immer einmal auch das Stichwort „Hans Globke" eingebracht worden war.[1327] Eine erhöhte öffentliche Aufmerksamkeit lag in der Luft, und das ließ sich als Drohung verstehen, denn das wäre etwas gewesen, was Kleinert mit seiner Sondergerichtsvergangenheit und damit das Landgericht ausgesprochen stören musste.

Etzbach ließ noch den Vorwurf folgen, dass die Anklage einseitig Entlastendes verschweige und nur Belastendes erwähne. Wo etwa bleibe Malys Einsatz für „Zigeuner" in Holland? Ein Motiv für die Maly vorgeworfene Überschreitung von Befugnissen gebe es nicht und alles in allem sei ja „vorbeugende Verbrechensbekämpfung" gar keine Strafe, sondern „eine Abwehrmaßnahme" gewesen. Als „asozial" habe nun einmal zu gelten, wer sich der jeweiligen Staatsführung nicht anpassen wolle oder könne. Die erhobenen Vorwürfe seien auch deshalb ungerechtfertigt, weil Maly in einer Art Befehlsnotstand gestanden

1327 Ebd., Nr. 1.546, Bl. 374, Vernehmung Hans Hefelmann, 3. 10. 1960; ebd., Nr. 1.536, Bl. 272–273, Mitteilung Hans Buchheim, 29. 3. 1960.

habe. Er sei höchstenfalls als Gehilfe anzusehen.[1328] Im Übrigen sei er krankgeschrieben und „überhaupt nicht in der Lage, einer längeren Verhandlung standzuhalten“.

Als Termin für die öffentliche Hauptverhandlung war der 30. Juni 1964 vorgesehen. Dazu kam es jedoch nicht, da der Angeklagte laut Amtsarzt verhandlungsunfähig war. Maly sei zur Zeit bettlägerig. So zog das Verfahren sich von Krankmeldung zu Krankmeldung hin.

Etzbach kündigte seine Mandatur, an seine Stelle trat ohne noch nennenswerte Beiträge der Kölner Rechtsanwalt Anton Fünfzig. Sechs Jahre waren vergangen, als Kleinert und mit ihm der Leitende Oberstaatsanwalt vorschlugen, es endgültig einzustellen. Generalstaatsanwalt Werner Kuhlmann und Justizminister Josef Neuberger (SPD) hatten „keine Bedenken“.[1329] Es wurde am 13. Mai 1970 vom Landgericht Köln aufgrund dauernder Verhandlungsunfähigkeit ohne Urteil beendet. Maly sei aufgrund einer krankhaften Störung der Geistestätigkeit nicht verhandlungsfähig und mit einer Besserung sei nicht zu rechnen. Die detaillierte medizinische Diagnose führte dann im Einstellungsbeschluss einen physiologischen Befund und ein Leiden auf, die in den vorausgegangenen amtsärztlichen Attesten nie zur Sprache gekommen waren. Der Angeklagte leide unter „Leberzellverfettung bei Alkoholabusus“.[1330] Dass diese Feststellung nun plötzlich auftauchte, muss erstaunen, weil Alkoholismus sich in der Regel über Jahre hinweg entwickelt und niemand, schon gar nicht dem Amtsarzt bei seinen regelmäßigen Besuchen, verborgen geblieben sein konnte. Es gab also eine Differenz zwischen dem öffentlichen Leben des führenden Polizeibeamten sowie seinem bürgerlichen Habitus und seinem privaten Leben. Wenn der „fröhliche Rheinländer“ in seiner Verteidigung neben Herumtreibern und Prostituierten „Trunkenbolde“ zu den legitimerweise als „typische Asoziale“ der „vorbeugenden Verbrechensbekämpfung“ Zuzuführende genannt hatte,[1331] setzte er einen bemerkenswerten Akzent von Verlogenheit und bürgerlicher Doppelmoral. Er bestätigte damit an dieser Stelle ein Persönlichkeitsbild, das bereits durch seine Angaben im Entnazifizierungsverfahren zutage getreten war, und das ganz ähnlich bei Robert Ritter begegnet.

1328 Ebd., Nr. 1.543, Bl. 1.402–1.412, Verteidiger Ernst Etzbach, 19.5.1964.

1329 Ebd., Nr. 1.548, Bl. 785, GStA Werner Kuhlmann an Leitenden OStA am LG Köln, 3.4.1970.

1330 Ebd., Nr. 1.544, Bl. 1.683f., LG Köln, 2. große Strafkammer, 13.5.1970.

1331 Ebd., Nr. 1.539, Bl. 809–813, hier: Bl. 812, Vernehmung Hans Maly, 1.2.1960.

Auch ein zweiter Sachverhalt war nicht zu übersehen: Wiewohl verhandlungsunfähig und laut Attest nur unter Schwierigkeiten in der Lage, seine Lebensverhältnisse zu gestalten, hatte Maly nach dem Tod seiner Ehefrau Anfang 1967[1332] bald schon wieder eine Nachfolgerin gefunden und ein weiteres Mal geheiratet. Auf Werner Best, den Rechtsberater der NS-Täter, der nie verurteilt wurde, bezog Simon Wiesenthal sein Wort von der „medizinischen Amnestie".[1333] Best war 1969 nach längeren Ermittlungen unter dem Verdacht der Haupt- bzw. Mittäterschaft an der Ermordung von etwa 10.000 Menschen kurzzeitig festgenommen worden. 1982 wurde die Eröffnung eines Hauptverfahrens gegen ihn vom Duisburger Landgericht aus medizinischen Gründen aufgrund „endgültiger Verhandlungsunfähigkeit" abgelehnt.[1334] Die Feststellung von Wiesenthal passt in gleicher Weise zu Maly.

Hans Maly verstarb anderthalb Jahre nach der Einstellung im Oktober 1971. Die Annahme ist also unzutreffend, das Verfahren habe mit dem Tod des letzten noch verbliebenen Beschuldigten und einzigen Angeklagten nicht aus rechtlichen, sondern aus „natürlichen" Ursachen seinen Abschluss gefunden, wie immer wieder kolportiert und gelegentlich auch von Staatsanwalt Kleinert fälschlich behauptet wurde.[1335] Das Sammelverfahren zum „Zigeunerkomplex" begann dramatisch, es endete auf der juristischen Bühne als eine Farce.

6.3 Zum Stellenwert des Sammelverfahrens

Wenn im ersten Auschwitz-Prozess in Frankfurt die Strafzwecke Schuldausgleich, Sühne und Vergeltung gänzlich unangemessen bearbeitet worden waren, so wurde diese Bilanz in Köln noch weit übertroffen angesichts der Tatsache, dass es im Sammelverfahren zum „Zigeunerkomplex" bei rund 70 Beschuldigten lediglich in einem Fall zu einer Anklage kam, der jedoch kein Urteil folgte, sodass das gesamte mehr

1332 Ebd., Nr. 1.548, Bl. 772, Vermerk StA Wolfgang Kleinert, 31. 1. 1969.

1333 Alte Kameraden, Der Spiegel, 36 (1982), H. 26.

1334 LAV NRW, Abt. Rheinland, RW 716, Nr. 59, Verfahren 8 Js 127/80 am LG Duisburg, Einstellungsbeschluss, 29. 4. 1982.

1335 Ebd., Ger. Rep. 231, Nr. 1.544, Bl. 1.734, Kleinert an StAsch am LG Stuttgart, 6. 1. 1972.

als elf Jahre andauernde Verfahren ganz ohne eine Ahndung der ermittelten Verbrechen endete.

Wenn Fritz Bauer über die Urteile in dem Frankfurter Großprozess enttäuscht gewesen war, konnte er doch sagen, dass dieses Verfahren ein gelungener Beitrag zur „Aufklärung der Gesellschaft“ gewesen sei, denn es gab ein hohes Maß an medialer Beachtung. Auch in diesem Punkt kann das Sammelverfahren nur als bedeutungslos bezeichnet werden. Ein mediales Echo auf die gerichtlichen Aktivitäten hatte es kaum gegeben. Aus Frankfurt hatte der ganzen westdeutschen Gesellschaft viel Wissen über die NS-Verbrechen vermittelt werden können. Aus Köln nicht, obwohl das Sammelverfahren zum „Zigeunerkomplex“ nach Inhalt, Reichweite der Strafermittlungen und Zahl der Beschuldigten das am weitesten ausgreifende westdeutsche Verfahren zum Holocaust an der Roma-Minderheit war. Es war insofern einzigartig, aber es musste sowohl in seinen strafrechtlichen Ergebnissen als auch durch die mediale Nichtwahrnehmung in jeder Hinsicht alle Beobachter und Handlungsträger in der Minderheit mit ihren Fürsprechern tief enttäuschen. Zu keinem Zeitpunkt wurde es in der Öffentlichkeit als das Verfahren wahrgenommen, als das es Ende der 1950er-Jahre initiiert worden war, als ein Pendant zum Auschwitz-Prozess. Ein in seinen Anfängen großes Vorhaben lief aus, ohne dass es jemand groß bemerkte. Sein besonderer Stellenwert liegt nicht nur in seinem hohen Anspruch, sondern auch im Ausmaß seines Scheiterns. Es war eine Erfahrung, die die Kritik derer in der Minderheit bestätigt und gestärkt haben dürfte, die nach eigenständigen Aktions- und Organisationsformen abseits der etablierten parlamentarischen Politik suchten, wie sie seit einiger Zeit eine außerparlamentarische Opposition und daran anschließend soziale Bewegungen mit viel Resonanz praktizierten.

7

Spätere Einzelverfahren

— ※ —

Dem Ende des Sammelverfahrens folgten bis in die 2000er-Jahre hinein weitere mindestens 31 Ermittlungen zu Verbrechen auch oder nur an Roma. Inzwischen arbeiteten jüngere Juristen, deren berufliche Sozialisation nicht durch die Weimarer konservative und deutschnationale Justiz und auch nicht durch die anschließenden NS-Verhältnisse geprägt sein konnte. Man sollte meinen, dass sich das in den Verfahrensergebnissen wiederfinden würde. Aber so war es nicht. Die festgestellten 31 Verfahren wurden nach den Vorermittlungen mit unterschiedlichen Begründungen fast ausnahmslos eingestellt. Nur zwei führten zu einer Hauptverhandlung. Die eine endete mit einem Freispruch, nur ein Verfahren mit einer Verurteilung. Mitzubedenken ist zum einen der der Justiz von der älteren Politiker- und Juristengeneration gesetzte Rahmen der Möglichkeiten und zum anderen die Prägung der jüngeren Juristen durch eine insgesamt konservative, wenn nicht NS-nachbarliche ältere westdeutsche Justiz. Es ist von stabilen überindividuellen und generationenübergreifenden Kontinuitäten in der Berufsgruppe der Staatsjuristen auszugehen und es mag wohl auch sein, dass sich in diesem Milieu ein höheres Maß an Anpassungs- und Unterordnungsbereitschaft gegenüber der staatlichen Obrigkeit vorfindet als in anderen Berufsgruppen.

Die Ausnahme der einen Verurteilung war der Prozess gegen den Auschwitz-Wachmann Ernst-August König. Er unterschied sich nicht nur durch das Strafmaß, sondern auch durch den Umgang von Klägern und aufmerksamen Beobachtern mit dem Prozessstoff von den anderen Verfahren. Sowohl der *Zentralrat Deutscher Sinti und Roma* als auch die *VVN* und eine interessierte regionale Öffentlichkeit begleiteten die Verhandlungen intensiv, reagierten, problematisierten und sorgten in diesem Fall für lebhafte öffentliche Aufmerksamkeit und für mediale Resonanz. Das ließe sich als Schlussfolgerung der Beteiligten auch aus dem gescheiterten Sammelverfahren verstehen. Die Ausnahme soll ausführlich dargestellt werden.

7.1 Der Prozess gegen Michael Scheftner (1981–1991)

Michael Scheftner, Jahrgang 1918, kam aus einer „volksdeutschen" Landarbeiterfamilie in der Ukraine und war zum Zeitpunkt der Besetzung durch die Wehrmacht Traktorist auf einer Kolchose. Die Besetzung ermöglichte es ihm, als Dolmetscher tätig zu werden und in dem Dorf Siwaschi in der Region Saporoschje zur Polizei zu wechseln. Ab August 1942 leitete er den örtlichen Polizeiposten.[1336]

Dort ereigneten sich die Verbrechen, die 1981 Anlass für Strafermittlungen wurden. Es ist möglich, dass es schon früher Voruntersuchungen gab, denn in einer „Auszugsweisen Dokumentation" des *Zentralrats*, die 2015 publiziert wurde, ist davon die Rede, dass es eine „Einlassung" von Scheftner bereits 1974 gab. Auf Vorvernehmungen von Zeugen, „die zehn Jahre oder älter" waren, sei das Gericht aber nicht eingegangen. 1981 jedenfalls wurden aufgrund einer diplomatischen Note des sowjetischen Außenministeriums Ermittlungen aufgenommen. Zur Anklageerhebung kam es 1985 vor dem Landgericht Kassel, die dort aber zurückgewiesen wurde. Die Sache sei verjährt. Der *Zentralrat Deutscher Sinti und Roma* protestierte beim hessischen Justizminister, und das Oberlandesgericht Frankfurt griff ein. 1991 wurde eine Hauptverhandlung bei einer anderen Kammer des Landgerichts eröffnet, für die sechs Tage angesetzt waren. Die brauchte es nicht. Nach vier Tagen war die Verhandlung abgeschlossen.

Scheftner war angeklagt gewesen, „vorsätzlich einem anderen zu dessen vorsätzlich begangener rechtswidriger Tat – nämlich der heimtückischen Tötung von Menschen – Hilfe geleistet" zu haben.

Das bezog sich auf die Erschießung sämtlicher in Siwaschi lebender Roma. Es handelte sich um Bauern- und Handwerkerfamilien, etwa 30 Personen, Frauen, Männer, Kinder. Sie waren unter Vortäuschung

1336 Dazu und zu dem Folgenden: Heuß/Roßberg: Schonung, S. 182–219; JuNSV, Bd. XLVIII, Lfd. Nr. 910, S. 243–252, Verfahren 132 Js 29.806/81 – 2 (4) Ks am LG Kassel, Urteil 26.9.1991; NSG-Datenbank des IfZ-Archivs, Reportdatum: 17.3.2021, S. 448.

einer „Umsiedlung“ nach Bessarabien aus ihren Wohnungen in und bei Siwaschi mit persönlichen Sachen und Vieh zu Fuß und per Lkw zu einer Schafweide geführt worden. Dort hatten sie von kollaborierenden ukrainischen Polizisten umstellt die Nacht in einer Erdhöhle verbringen müssen, bevor sie am Tag darauf, am 6. Mai 1942, durch einen SS-Angehörigen des Einsatzkommandos 10a der Einsatzgruppe D an einer zuvor ausgehobenen Grube erschossen wurden.

Scheftner waren sämtliche Details des Mordvorhabens bekannt gewesen. Er hatte die Absperrmaßnahmen organisiert und die Opfer angewiesen, sich in die Grube zu legen. Er hatte seine Pistole nehmen wollen, um mitzuschießen, was aber der SS-Mann nicht zugelassen hatte. So bestätigten es auch Zeugen, die aus der Sowjetunion in Begleitung eines Staatsanwalts und einer Dolmetscherin angereist waren. Um deren Angaben zu entwerten, verdächtigte der Verteidiger von Scheftner sie, KGB-Agenten zu sein.

Nach der Mordaktion, sagte Scheftner, sei er mit dem SS-Mann – der eine Woche bei ihm gewohnt hatte, den zu bestimmen den Ermittlern nicht gelang – zum „nächsten Ort“ gefahren. Scheftner behauptete nur seinen Vornamen „Karl“ zu wissen. In Pawlowka habe dann ebenfalls eine solche Erschießung stattgefunden. Etwa 15 „Zigeuner“ habe der SS-Mann in einem stillgelegten Brunnen erschossen. Das interessierte das Gericht nicht.

Der Staatsanwalt bekundete, Vorerfahrungen zu haben. Er habe schon früher Verfahren geführt, bei denen es um „Zigeuner“ gegangen sei. In der Beweisaufnahme fand er „keine Anhaltspunkte für eine Mittäterschaft Scheftners“, der die Taten „nicht als eigene gewollt habe“. Scheftner habe auch die angekündigte „Umsiedlung“ für wahr gehalten. Die Geschehnisse lägen „im Dunkeln“ und seien unaufklärbar. Das Mordmerkmal der niedrigen Beweggründe scheide bei Scheftner aus, da es keine Anhaltspunkte dafür gebe, dass er „aus Gründen der Rasse oder weil er sich nationalsozialistisches Gedankengut zu eigen gemacht“ habe, gehandelt habe.

Der Staatsanwalt beantragte Freispruch mangels Beweises. Dem schlossen sich erst die Verteidiger, dann das Gericht an.

7.2 Der Prozess gegen Ernst-August König (1984–1991)

Der nach dem Angeklagten benannte „König-Prozess“ wegen Mordes im Konzentrationslager Auschwitz-Birkenau fand einschließlich der

Vorermittlungen durch die Kölner Zentrale Stelle zur Verfolgung von NS-Verbrechen von 1984 bis 1991 statt.[1337] 1987 begann die Hauptverhandlung vor dem Landgericht Siegen, da Bad Berleburg im Kreis Siegen-Wittgenstein seit dem Ende der 1970er-Jahre der Wohnort des Angeklagten Ernst-August König, Jahrgang 1919, war. Das Verfahren ging auf eine Initiative des *Zentralrats Deutscher Sinti und Roma* 1984 und auf eine Strafanzeige durch ihn zwei Jahre später zurück. An der Spitze des *Zentralrats* stand Romani Rose, der Sohn von Oskar und der Neffe von Vinzenz Rose, die mit anderen nach 1945 die ersten Schritte zur Ahndung der Verbrechen an der Minderheit gegangen waren. König war als SS-Rottenführer Mitglied der SS-Wachmannschaft im Lagerabschnitt B II e, dem „Zigeunerlager", in Auschwitz-Birkenau gewesen. Es wurde dem *Zentralrat* zunächst schwer gemacht, sich an dem Verfahren zu beteiligen. Der Oberstaatsanwalt verweigerte ihm die Akteneinsicht, da er ein berechtigtes Interesse nicht erkennen könne. Es stehe dem *Zentralrat* auch keine Nebenklägerberechtigung zu.[1338]

König war nach Angaben der Anklage Sohn eines kinderreichen Jägers und Kleinbauern und ein Sitzenbleiber auf der Volksschule. Er habe eine Forstausbildung begonnen und abgebrochen. Mangels anderer Möglichkeiten sei er Mithelfer in der Landwirtschaft seiner Eltern geworden.[1339] Das ergab das Bild des dummen und gewalttätigen „SS-Schergen",[1340] der mit niedrigen körperlichen Arbeiten in den unteren Segmenten der Gesellschaft sein Leben bestreiten musste. Nach 1945 sei er als Hilfsarbeiter in einer Kaugummifabrik sowie bei der Deutschen BP AG und als Kinovorführer tätig gewesen, ab 1972 dann Frührentner gewesen.

Dem widersprachen alternative biografische Angaben in den Akten. Nach zwei medizinischen Gutachten aus den 1950er-Jahren und einer

1337 Zu dem Folgenden siehe Anspach: Dr. Josef Mengeles „Probetierchen", S. 132–135; Roßberg: Aufarbeitung; Roßberg war Justiziar des *Zentralrats*, den er im Verfahren vertrat; JuNSV, Bd. XXXLVIII, Lfd. Nr. 909, S. 7–242, Verfahren Ks 130 Js 2/84 am LG Siegen, Urteil 24. 1. 1991.

1338 LAV NRW, Abt. Rheinland, Ger. Rep. 118, Nr. 2.491, OStA Joachim Röseler an Zentralrat, 28. 1. 1986.

1339 Ebd., Nr. 2.530, Bl. 8.107 ff., Urteil 24. 1. 1991.

1340 Maria Anspach: Richter glaubte früheren KZ-Häftlingen: Nur SS-Schergen konnten sich nicht mehr erinnern. „König tötete aus reiner Willkür", Westfälische Rundschau. Regionalteil Siegerland-Wittgenstein, 25. 1. 1991; Nazi-Scherge vor Gericht in Siegen. Der Staatsanwalt erzählt, NRZ, 4. 1. 2019.

Erklärung des Standesamts Wesel[1341] war der Vater von König nicht „Jäger", sondern „Forstmeister" gewesen, und der Sohn hatte das Einjährige abgelegt, drei Jahre die Forstschule besucht und mit einem „Examen" abgeschlossen, um dann zwei bis drei Jahre als Forsteleve beim Prinzen von Hohenlohe zu arbeiten. Diese Angaben verblieben kommentarlos in den Akten. Es war das Asozialenporträt, für das das Gericht sich entschied und das in das Urteil einging, in die Medien gelangte und den Weg in die Literatur fand.

Seit den 1970er-Jahren lebte König in der Kleinstadt Bad Berleburg in der nächsten Nähe von Verfolgtenfamilien, deren Angehörigen er beim Einkauf und auf der Straße begegnete.[1342] Das ergab abseits der juristischen Fragen zur „Vergangenheitsbewältigung" ein Nebeneinander von Tätern und Opfern wie in einer westdeutschen Nussschale.

Gegen den Rottenführer war erstmals 1955/56 im Vorfeld des Frankfurter Auschwitz-Prozesses ermittelt worden.[1343] Schon damals hatte es detaillierte Zeugenaussagen gegeben, nach denen er beim sogenannten „Sport" im „Zigeunerlager" die Brüder Oskar und Max Schopper zu Tode gequält hatte. Königs Akten verschwanden noch während des Auschwitz-Prozesses wieder im Archiv. Die in Rede stehenden Tatvorwürfe waren abgetrennt worden. 1979 konnte er sich als Zeuge im Jaworzno-Prozess zu seinem Einsatz in Birkenau und im Auschwitz-Nebenlager Jaworzno unbehelligt äußern, wiewohl ehemalige Häftlinge ihn erneut des Mordes bezichtigten.

Durch einen Zufall erfuhr der *Zentralrat* von den weggelegten König-Akten, sammelte weitere Zeugenaussagen und erreichte damit die Eröffnung des Verfahrens.[1344]

Das Siegener Gericht ging sehr sorgfältig vor. Mehr als 200 Überlebende des „Zigeunerlagers" sowie eine weitere große Zahl von ehemaligen Häftlingen benachbarter Lagerabschnitte und von Nebenlagern wurden als Zeugen einvernommen, Sachverständige gehört und eine Ortsbesichtigung in Auschwitz vorgenommen. Die Überlebenden

1341 LAV NRW, Abt. Rheinland, Ger. Rep. 118, Nr. 2.499, Bl. 3.020 ff., Gutachten Dr. med. Thieme (Wesel), 28.11.1956; ebd., Bl. 3.020, Mitteilung Standesamt Wesel; ebd., Nr. 2.493, Bl. 1.644–1.646, nervenärztliches Gutachten Dr. med. Gerd Westermann, 28.7.1958.

1342 MA [= Maria Anspach]: Zeugin erlebte 1943 Deportation von Berleburg nach Auschwitz. Damals mit König in einem Lager. Heute mit ihm in derselben Stadt, Westfälische Rundschau, Regionalteil Siegerland-Wittgenstein, 11.1.1989.

1343 Roßberg: Aufarbeitung, S. 98 f.

1344 Winckel: Antiziganismus, S. 67.

widerlegten die hergebrachten Klischeebilder vom „Wandervolk“. Bis zu ihrer Festnahme durch die NS-Kripo hatten sie zumeist seit Langem an ihren Orten gelebt und in Fabriken, Büros, Behörden und Geschäften gearbeitet.[1345]

Im Ergebnis der Ermittlungen wurde König des Mordes an sechs Häftlingen und der Beihilfe bei zwei Massentötungen durch Gas angeklagt.[1346] Inhalt der Tatvorwürfe war unter anderem, dass König 1943 und 1944 bei Einzeltaten Häftlinge zu Tode geprügelt, getreten und auf andere Weise umgebracht habe. Er sei zudem an der „Rampe“ eingesetzt gewesen. Die Vorwürfe gingen auf Aussagen von Zeugen aus der Minderheit hervor.

Das Gericht war intensiv bemüht, diesen Zeugen ihre schwierige Rolle zu erleichtern und gab ihren Beiträgen hohe Bedeutung. Es ließ Vertrauenspersonen bei Vernehmungen am Zeugentisch zu und sperrte den Angeklagten bei von Zeugen abgelehnter Präsenz aus.

Dieser Umgang eines Gerichts mit Zeugen aus der Minderheit war alles andere als selbstverständlich, es zeigte sich ein anderer Ansatz als bis dahin praktiziert. Wenn es die Taktik der Verteidiger in NSG-Prozessen war, die Aussagen von Verfolgten unter Verweis auf deren Traumatisierung als unverwendbar zu disqualifizieren, stellte das Gericht dem nun ein psychiatrisches Gutachten entgegen. Dessen Thema war die Erinnerungsfähigkeit dieser Zeugen. Es stützte deren Position. Übernommen war es aus einem älteren Verfahren (1967–1971) gegen den stellvertretenden Leiter der Schutzpolizei im polnischen Kielce.[1347] Man blickte in Siegen über den Zaun des eigenen Verfahrens auch dann, wenn belastende Aussagen zu erwarten waren.

Nach der Überzeugung des Staatsanwalts kamen die verlässlichsten Angaben im Verfahren von den Familienangehörigen der Opfer. Aussagen von Verfolgten gingen daher auch in die Urteilsbegründung

1345 Vgl. Roßberg: Aufarbeitung, S. 100.

1346 LAV NRW, Abt. Rheinland, Ger. Rep. 118, Nr. 2.493, Bl. 1.697–1.748, Anklageschrift; Maria Anspach: Berleburger des Mordes an 6 Auschwitz-Häftlingen und der Beihilfe zur Massentötung angeklagt. Einer der letzten NS-Prozesse begann, Westfälische Rundschau. Regionalteil Siegerland-Wittgenstein, 6.5.1987.

1347 Wegen Erschießung von jüdischen und anderen Polen stand in Darmstadt der Hauptkommissar Erich Wollschläger vor Gericht (siehe JuNSV, Bd. XXXV, Lfd. Nr. 757, S. 453–869, Verfahren 2 Ks 1/67 am LG Darmstadt, Urteil 22.7.1971). Das Gutachten entstand 1969 an der Psychiatrischen Klinik der Universität Heidelberg. Verfasser war Prof. Richard Avenarius. Siehe: LAV NRW, Abt. Rheinland, Ger. Rep 158, Nr. 1.464, Bl. 130–145.

ein.[1348] So etwa zu dem Tod des Häftlings Wolfgang Seeger (67), eines früheren Zirkusartisten. Das Urteil hielt dazu die Aussage des Enkels Bernhard Seeger fest:

> Die im Block anwesenden Häftlinge seien [...] vor ihren Schlafpritschen angetreten. Sein Großvater Wolfgang Se., der an einer Erkältung gelitten habe, habe sich deswegen und wegen seines Alters nicht aufrecht halten können; er habe sich am Pfosten seiner Pritsche mit einer Hand festgehalten. Als der Angeklagte seinen Großvater [...] bemerkt habe, habe er ihn aufgefordert, aufrecht zu stehen. Wolfgang Se. habe erwidert, er könne nicht aufrecht stehen. Daraufhin habe der Angeklagte Wolfgang Se. aufgefordert, sich über den Kamin zu legen. Dann habe der Angeklagte mit einem Ochsenziemer oder mit einem Schaufelstiel auf [...] Wolfgang Se. eingeschlagen. [...] Er habe Wolfgang Se. insgesamt etwa 25 Schläge versetzt. Sein Großvater sei auf dem Kamin bewußtlos zusammengebrochen. [...] [E]inen Tag nach der Tat [...] habe ihm ein Häftlingsarzt gesagt, seinem Großvater seien ‚die Nieren abgeschlagen' worden; er sei verstorben.[1349]

Einen Häftling, der sich geweigert hatte, einen unmittelbar am Elektrozaun liegenden Gegenstand zu holen, stieß König in den Zaun und eine Frau erschoss er. König zu dem am Boden liegenden Häftling Johann Weiß: „Eure Brut muß man vernichten."[1350]

Gehört wurden auch Entlastungszeugen aus dem Kreis des SS-Personals. Bei dem Scharführer Willi Sawatzki und dem Rottenführer Karl Bainski, einem Blockführer im „Zigeunerlager", ging die Nebenklage von Falschaussagen aus. Der *Zentralrat* beantragte Ermittlungen auch gegen sie,[1351] die aber nicht aufgenommen oder eingestellt wurden.

Rechtlich sah es in diesem Verfahren nicht anders aus als in vorausgegangenen NSG-Prozessen auch. Es ging nach dem bekannten Muster im Hauptverfahren nicht um Handlungszusammenhänge, sondern um Einzeltäterschaft nach den Vorgaben des Individualstrafrechts des StGB,

1348 Verhaftung von König abgelehnt. Oberstaatsanwalt: Drei Morde und Beihilfe zum Mord an Sinti und Roma, Siegener Zeitung, 29. 11. 1990.

1349 JuNSV, XLVIII, Lfd. Nr. 909, S. 7–242, Verfahren Ks 130 Js 2/84 (Z) am LG Siegen, Urteil 24. 1. 1991, hier: S. 148 f.

1350 Ebd., S. 57.

1351 Roßberg: Verfolgung, S. 362.

also auch hier um den oft schwer zu führenden präzisen Nachweis der Tatdetails. Die Taktik der Verteidiger folgte der üblichen Linie, die Anwesenheit des Täters am Tatort zu bestreiten bzw. die Täterbeschreibungen der Zeugen als unzutreffend oder unaufklärbar anzuzweifeln, die Zeugen unglaubwürdig zu machen und das Verfahren möglichst zu verschleppen. In der überlangen Verhandlungsdauer der NSG-Prozesse, wie sie sowohl den König-Prozess als auch das Sammelverfahren kennzeichnet, sah Hermann Langbein vom *Internationalen Auschwitz Komitee* ein „Kernübel". Die Staatsanwaltschaften seien leider bestrebt, „alles und jedes jeweils in seinem ganzen Umfang beweisen zu wollen, statt sich auf einiges ausgewählt Wesentliche zu beschränken. Beweisnot wurde immer häufiger die Folge."[1352]

Soweit König sich zu Beginn selbst äußerte, erklärte er, seine Hände seien sauber, sein den Häftlingen freundlich zugewandtes Verhalten, seine Hilfeleistungen für sie hätten ihn den Kopf kosten können und die Belastungszeugen würden ausnahmslos lügen.[1353] Seine „schönste Zeit in Auschwitz" sei die im Lagerabschnitt B II e gewesen, „lauter so zivilisierte Leute", während ein ihn unterstützender SS-Kollege den Legendenbildungsversuch der Kripozeugen im Sammelverfahren wiederholte. Die Häftlinge seien bestens untergebracht und versorgt gewesen, ihre Bewacher hätten ein „viel schlechteres Essen" als sie erhalten.[1354] Das alles entsprach den von Tätern gern in Ansatz gebrachten Schilderungen, die zu ihren prozessualen Freiheiten gehörten.[1355] Anders als sonst war das angesichts einer anderen Grundhaltung dieses Gerichts und einer sehr viel höheren Zahl von Tatzeugen nicht erfolgreich. Die Verteidigung bezog sich einmal mehr auf die unzutreffende Behauptung des Juristen Döring von 1964, nach der bis mindestens Mitte 1944, also bis zur Auflösung des „Zigeunerlagers" durch die Vergasung und Verbrennung der verbliebenen Häftlinge, „ein Vernichtungswille der damaligen Machthaber" gegen „Zigeuner" und „Zigeunermischlinge"

1352 Langbein: Behandlung der NS-Verbrechen, S. 24.

1353 MA [= Maria Anspach]: Ernst August König gestern wieder sprechbereit: „Die Lügen stinken gen Himmel. Nichts von Vergasung gewußt", Westfälische Rundschau. Regionalteil Siegerland-Wittgenstein, 23. 1. 1987.

1354 Frankfurter Rundschau, 10. 9. 1987, zit. nach Stiftung Niedersächsische Gedenkstätten, Bl. 3 von 8, abrufbar unter: https://geschichte-bewusst-sein.de/wp-content/uploads/2017/02/SNG_014_RZ_Modul6-2017-02-23-1.pdf [letzter Zugriff: 20. 6. 2022].

1355 Bezogen auf das Beispiel des SS-Obersturmführers der SS-Wachmannschaft in Auschwitz-Birkenau und Ornithologen Dr. Günter Niethammer: Steinberg: Birding, S. 251.

nicht existiert habe.[1356] Es hätten „die Zigeuner in Auschwitz-Birkenau […] eine privilegierte Stellung“ gehabt. Ganz ähnlich dem König-Verteidiger hatte es im Sammelprozess auch der Staatsanwalt Kleinert dargestellt. Seit 1987 verfügte das Siegener Gericht jedoch dazu über ein aussagekräftiges Gutachten des Historikers Hellmuth Auerbach vom Institut für Zeitgeschichte.[1357] Auerbach setzte den Beginn der Verfolgung der Roma-Minderheit auf „spätestens 1935“ an. Für ihn bestand kein Zweifel, dass „die rassebiologischen Untersuchungen Ritters und seiner Mitarbeiter […] ganz der sozialdarwinistischen Theorie und der nationalsozialistischen Weltanschauung verhaftet waren“. Die von verschiedenen NS-Sprechern schon in den 1930er-Jahren verlangte eliminatorische „Radikallösung“ habe sich über die Sterilisierung und die „Euthanasie“ gesteigert bis „zur Erschießung der rassisch und politisch unerwünschten Elemente“, nämlich von „vier Hauptgruppen: kommunistische Funktionäre, sogenannte ‚Asiatisch-Minderwertige‘, Zigeuner und Juden“. Im Sommer 1941 sei die Entscheidung zur Massenvernichtung auch der „Zigeuner“ gefallen und im weiteren Verlauf Auschwitz nicht nur zum größten Zwangsarbeitslager unter allen KZs, sondern auch zum größten Vernichtungslager geworden, wie Rudolf Höß ganz richtig festgestellt habe. Auerbach kam zu dem Schluss, dass sich die Verfolgung der Roma im NS-Staat „nur in einigen Aspekten, aber nicht im Grundsätzlichen von der Verfolgung der Juden unterschied“.

Das war, wenn man das mit den Aussagen des juristischen Gutachters Döring und des Staatsanwalts Kleinert in dessen Einstellungsbeschluss vergleicht, ein bis dahin nicht zu vernehmender Klartext.

Bezogen auf den Himmler-Erlass vom 8. Dezember 1938 schloss das Gericht sich zwar dem Wort im Jaworzno-Prozess zehn Jahre zuvor an und qualifizierte die „Bekämpfung der Zigeunerfrage“ (Erlass: „Bekämpfung der Zigeunerplage“) als ein „rassenpolitisches Programm der NS-Herrschaft“, unterließ jetzt aber eine Gleichsetzung mit der Verfolgung der jüdischen Minderheit und ging über die Feststellung von Ähnlichkeiten nicht hinaus. Es scheute sich auch nicht, die Deportationen 1940 nach der NS-Sprachregelung als eine „Umsiedlung“ zu beschreiben. Mit der Aussage, die Betroffenen hätten „die Lager bald […] nach Belieben

1356 LAV NRW, Abt. Rheinland, Ger. Rep. 118, Nr. 2.495, Bl. 2.062, Rechtsanwalt Georg Bürger, Stellungnahme zur Eröffnung des Hauptverfahrens.

1357 Hellmuth Auerbach: Gutachten über die Geschichte der SS, der Konzentrationslager und der Verfolgung der Zigeuner unter der nationalsozialistischen Herrschaft, speziell in Auschwitz, 27. 5. 1987, in: ebd., Ger. Rep. 158, Nr. 1.464, Bl. 2–55, hier: Bl. 27, 29.

verlassen, ihren Wandergewerben nachgehen oder sonstige Arbeit suchen" können, wenn es daneben auch „vorgeschriebene" Arbeiten und bewachte Lager gegeben habe, verharmloste das Urteil die Aufenthaltsbedingungen im Generalgouvernement.

Den Weg von den Deportationen 1940 bis zur „endgültigen Lösung der Zigeunerfrage im nationalsozialistischen Sinne" aber beschrieb es als einen sich schrittweise vollziehenden Radikalisierungsprozess, der einem „Vernichtungsplan" und einem „Vernichtungswillen der Machthaber" gefolgt sei. Neben „den gezielten Vernichtungsaktionen" hätten dem die „mehr als miserablen Lebensbedingungen" gedient, die die Sterblichkeitsrate im Vergleich der KZs auf einen Höchststand gebracht hätten. Die sanitären Verhältnisse – im Sammelverfahren hatte hier eine von Staatsanwalt Kleinerts Verharmlosungen gelegen – seien „denkbar primitiv" und die hygienischen Verhältnisse „katastrophal" gewesen. Sie hätten die Entstehung und Ausbreitung von Seuchen gefördert. Dazu seien eine „völlig unzureichende Ernährung" und harte Arbeitsbedingungen gekommen. Das Gericht verwies auf die seit Jahrzehnten vorliegenden Aufzeichnungen des Lagerkommandanten Höß als Beleg, auf die zu beziehen Kleinert sich geweigert hatte.

Das ging bei einigen Schwächen insgesamt über das, was die Staatsanwaltschaft im Sammelverfahren als Ermittlungsergebnis vortrug, einen großen Schritt hinaus. Die bis dahin in den NSG-Verfahren vertretene Position, das „Zigeunerfamilienlager" sei kein Vernichtungslager gewesen und einen generellen Vernichtungswillen habe es nicht gegeben, vertrat im König-Prozess allein noch der Rechtsbeistand des Angeklagten.

Zu den Schwächen der Darstellung gehörte, dass das Gericht bei der Zuweisung der Verantwortlichkeit an „die Machthaber" innerhalb der gesetzten Grenzen verharrte. Es reduzierte auf die bekannte Kleinstgruppe von Psychopathen in der Spitze des NS-Staats. Zwischen diesen und dem Einzeltäter König gab es auch in dieser Sicht keine rassenpolitisch mitorganisierenden verantwortlichen Zwischenstufen. Aber selbst die Spitze konnte in der medialen Berichterstattung wieder aus dem Blick geraten und eine vollständige Individualisierung der Verbrechen mit dem Fokus auf den Letzten in der Kette stattfinden, wenn es König war, der von immerhin einem anerkannten Medium der politischen Bildung zu einem so einsamen wie sadistischen „Haupttäter" gemacht und damit aus seinem Kontext herausgelöst wurde.[1358]

1358 „Haupttäter des Genozids an den Sinti und Roma". Stiftung Niedersächsische Gedenkstätten, Bl. 1 von 8, Abruf unter: https://geschichte-bewusst-sein.de/wp-

In einem Abschnitt zur NS-Verfolgungsgeschichte der Minderheit ging das Urteil das Auerbach-Gutachten aufgreifend an einer Stelle auf Ritter und dessen Mitarbeiter ein und fand dazu klare Worte. Sie seien „ganz der sozialdarwinistischen Theorie und der nationalsozialistischen Weltanschauung verhaftet“ gewesen.[1359] Darüber ging der Vorwurf zwar nicht hinaus, aber es war schon etwas Neues, hinter das Jahr 1933 zurückzugehen und den für den NS-Staat typischen rassistischen Konstrukten eine längere Vorgeschichte einzuräumen.

Aus Mangel an Beweisen wurde König vom Vorwurf der Beteiligung an Massentötungen und an vier Tötungsdelikten im Einzelfall freigesprochen. Es blieb dennoch die Möglichkeit, ihn zu verurteilen, da ihm durch valide Zeugenaussagen die eigenhändigen Morde an Sophia Weiß, Wolfgang Seeger und Oskar Schopper nachgewiesen werden konnten.

Der Angeklagte wurde zu der für die bundesdeutschen NSG-Verfahren seltenen Höchststrafe „lebenslänglich“ verurteilt. Da Revision eingelegt wurde, war das Urteil bis zu einer Entscheidung des BGH nicht rechtskräftig. König konnte nach dem Urteil aufgrund eines ärztlichen Attests auf freiem Fuß bleiben.[1360] Zu einer BGH-Entscheidung kam es jedoch nicht. Dem förmlichen Abschluss des Verfahrens entzog König sich durch Suizid.

Wenn es fälschlich heißt, dass der König-Prozess „das einzige Verfahren vor einem deutschen Strafgericht zur Verfolgung und Vernichtung von Sinti und Roma durch das Naziregime“ gewesen sei,[1361] zeigt das an, dass die anderen Verfahren mangels öffentlicher Aufmerksamkeit aus der allgemeinen Wahrnehmung weitgehend herausfielen, und damit, wie wenig sie zur öffentlichen Aufarbeitung der Verbrechen beitrugen. Das gilt selbst lokal begrenzt für die Berichterstattung an den

content/uploads/2017/02/SNG_014_RZ_Modul6-2017-02-23-1.pdf [letzter Zugriff: 20.6.2022]; Projektgruppe STOLPERSTEINE GELSENKIRCHEN, König, Ernst-August, Januar 2019, Abruf unter: STOLPERSTEINE Gelsenkirchen – Die Dabeigewesenen – Gelsenkirchen. Ernst-August König (http://www.stolpersteine-gelsenkirchen.de/die_dabeigewesenen_gelsenkirchen_ernst_august_koenig.htm) [letzter Zugriff: 20.6.2022].

1359 Die folgenden Zitierungen: LAV NRW, Abt. Rheinland, Ger. Rep. 118, Nr. 2.530, Bl. 8.036, 8.044, 8.040, 8.057, 8.060, 8.074f., Urteil 24.1.1991; JuNSV, XLVIII, Lfd. Nr. 909, S. 7–242, Verfahren Ks 130 Js 2/84 (Z) am LG Siegen, Urteil 24.1.1991.

1360 Verhaftung von König abgelehnt. Oberstaatsanwalt: Drei Morde und Beihilfe zum Mord an Sinti und Roma, Siegener Zeitung, 29.11.1990; König bleibt auf freiem Fuß, Siegener Zeitung, 25.1.1991.

1361 Christian Hoffmann, 75 Jahre NRW-Justiz. Erinnerungen an den NS-Prozess, Siegener Zeitung, 8.12.2021.

Prozessorten. Siegen und der „König-Prozess“ waren wahrscheinlich nicht einzigartig, aber insofern schon eine Ausnahme.

7.3 Die Ermittlungen gegen Pery Broad (1959–1993)

Einer der Zeugen im König-Prozess war der SS-Rottenführer Pery Broad gewesen, Jahrgang 1921, aus einer deutsch-brasilianischen Kaufmannsfamilie. Nach dem Abitur studierte er an der Technischen Hochschule Berlin. Er trat der SS bei und war mit dem niedrigen Rang des Rottenführers seit 1942 in Auschwitz Schreiber in der als „Lager-Gestapo“ bezeichneten Politischen Abteilung, anschließend dort Angehöriger des Referats Ermittlungen und Vernehmungen und seit 1943 mit der Aufnahme der Großdeportationen nach dem „Auschwitz-Erlass“ Leiter des „Zigeuner-Referats“.[1362] Broad sprach fließend mehrere Sprachen, war ein Musikfreund, spielte gut Akkordeon und hatte eine Leidenschaft für den Jazz. Nach 1945 war er als kaufmännischer Angestellter tätig. In einem Zeitungsbericht zu seinem Zeugenauftritt im König-Prozess beschrieb ihn eine Journalistin als „weltmännisch, in eleganter Begleitung“.[1363] Er schwieg weitestgehend. Es gab im Auschwitz-Prozess Überlebende, die ihn als Helfer beschrieben, und andere, die „seine ungeheure Brutalität“ hervorhoben.[1364]

Im April 1959 war Broad im Rahmen des Ermittlungsverfahrens zum ersten Auschwitz-Prozess in Untersuchungshaft genommen worden, nachdem die Staatsanwaltschaft Stuttgart einen Haftbefehl gegen ihn erwirkt hatte. Ende 1960 wurde er wieder entlassen. 1964 folgte in Frankfurt am Main eine weitere Untersuchungshaft. 1965 wurde er durch das Landgericht Frankfurt wegen Beihilfe zum gemeinschaftlichen Mord in mindestens 22 Fällen, davon in zwei Fällen begangen an mindestens 1.000 Menschen, und Beteiligung an Selektionen zu einer Gesamtstrafe von vier Jahren Zuchthaus verurteilt. Dabei war es um Broads Beteiligung an der Massentötung jüdischer Häftlinge in Auschwitz nach ihrem Eintreffen auf der „Rampe“ und um Tötungsdelikte

1362 Zu dem Folgenden siehe Der Fall Pery Broad 1959–1993, in: Heuß/Roßberg: Schonung, S. 143–181.

1363 MA [= Maria Anspach]: Der Staatsanwalt ermittelt gegen Broad. Muß er trotzdem aussagen?, Westfälische Rundschau. Regionalteil Siegerland-Wittgenstein, 16.12.1987.

1364 Haumann: Akte Zilli Reichmann, S. 122f.

an im „Bunker" festgehaltenen und anschließend an der „Schwarzen Wand" erschossenen Häftlingen gegangen. Von allen weiteren Vorwürfen wurde er freigesprochen. Zu seinen Gunsten hatte das Gericht gewertet, dass er nach 1945 in einem „ordentlichen Beruf" gearbeitet und „sich unauffällig geführt" habe.[1365] Im Februar 1966 kam er nach Verbüßung von zwei Dritteln seiner Strafe frei.

Zwar war Broad als „Zigeunerreferent" der Politischen Abteilung in Birkenau dringend verdächtig, an der Vernichtung der Häftlinge im Lagerabschnitt B II e bei der „Liquidation" des „Zigeunerlagers" am 2. August 1944 beteiligt gewesen zu sein, aber das Gericht trennte diese Mordaktion vom Hauptverfahren ab. Auf die Aufforderung des ehemaligen Auschwitz-Häftlings Hermann Langbein und zeitweisen Generalsekretärs des *Internationalen Auschwitz Komitees* in Wien[1366] im Februar 1966, deswegen eine Nachtragsklage zu erheben, kam vom hessischen Justizminister Dr. jur. Lauritz Lauritzen (SPD) die Antwort, dazu habe der Frankfurter Oberstaatsanwalt aufgrund der „Sachlage" „keinen Anlaß gefunden". Schon in der Voruntersuchung zum Auschwitz-Prozess sei das kein Thema gewesen und daher auch nicht Gegenstand der Anklage geworden. Broad habe eine Beteiligung und überhaupt seine Anwesenheit zu diesem Zeitpunkt in Auschwitz stets bestritten und neben Zeugen, die ihn belastet hätten, hätten andere gesagt, er sei „mit Sicherheit nicht beteiligt" gewesen oder dazu geschwiegen. Dem setzte das *Internationale Auschwitz Komitee* Beweistatsachen entgegen und kam detailliert auf Zeugenaussagen zurück. Nach weiterer Korrespondenz teilte das Ministerium dem Komitee im August 1967 mit, „ein neues Verfahren [...] wegen einer Beteiligung an der Vernichtung des Zigeunerlagers" sei nicht eingeleitet worden.[1367] Das Gespräch ging im September zwischen dem *Internationalen Auschwitz Komitee* und dem nun amtierenden Justizminister Dr. jur. Johannes Strelitz (SPD) noch ein bisschen hin und her und verstummte dann.[1368]

1987 erhielt der *Zentralrat Deutscher Sinti und Roma* während der Hauptverhandlung im König-Prozess Kenntnis von dem Fall

1365 LAV NRW, Abt. Rheinland, Ger. Rep. 118, Nr. 2.500 [Verfahren gegen Ernst-August König], Urteil im Verfahren 4 Ks 2/63 am LG Frankfurt a.M. zu Pery Broad, 20.8.1965.

1366 Nicht zu verwechseln mit dem Internationalen Lagerkomitee (Comité International des Camps).

1367 Nach Heuß/Roßberg: Schonung, S. 160.

1368 Ebd., S. 160f.

Pery Broad und den Vorwürfen gegen ihn.[1369] Er erstattete gemeinsam mit Überlebenden ein weiteres Mal Strafanzeige gegen Broad. Die Anwälte des *Zentralrats* beantragten, „das über 20 Jahre nicht zur Entscheidung geführte Verfahren [...] aufzunehmen und einer Anklage zuzuführen". Dazu wurden der nach wie vor zuständigen Staatsanwaltschaft in Frankfurt am Main Zeugen benannt, weitere Zeugen folgten, ein Beweisantrag wurde gestellt und Einsichtnahme in die Verfahrensakten beantragt. Das war Anfang 1988, Anfang 1991 wurde Einsicht gewährt. Es tat sich nichts, und im August 1991 verwies der Vorsitzende des *Zentralrats*, Romani Rose, deshalb auf Gespräche, die er mit dem hessischen Justizminister Roland Koch (CDU), dem Staatssekretär und Juristen Volker Bouffier (CDU) und dem Generalstaatsanwalt Christoph Kulenkampff geführt hatte. 1990 hatte er von Kulenkampff erfahren, es sei „mit einer baldigen Anklageerhebung zu rechnen". So stand es dann in einer gemeinsamen Presseerklärung des Ministeriums und des *Zentralrats*.[1370] Rose ging zeitlich noch einmal zurück und erinnerte daran, dass das *Internationale Auschwitz Komitee* der Zentralen Stelle in Ludwigsburg schon 1958 eine Zeugenaussage zur Verfügung gestellt habe, nach der Broad nicht nur zusammen mit anderen SS-Angehörigen Folterungen und Erschießungen im sogenannten „Bunker" begangen, sondern auch „an der Liquidierung des Zigeunerlagers und der anschließenden Vergasung von einigen Tausend Zigeunern teilgenommen" habe.[1371] Als diese Information von Rose eintraf, erwog der ermittelnde Staatsanwalt gerade eine Einstellungsverfügung. Nun lud der *Zentralrat* zu einer Pressekonferenz in Frankfurt ein. Eingestellt wurde daraufhin nicht, aber wie es weitergehen könne, erfuhr der *Zentralrat* auch nicht. Er appellierte einmal mehr, nun endlich zu einer Anklage zu kommen, und recherchierte in verschiedenen jetzt auch nichtdeutschen Archiven erfolgreich nach weiterem Material, das die Alibibehauptungen von Broad erschütterte. 1993 war es dann so weit, dass laut der hessischen Staatsministerin eine abschließende Verfügung getroffen werden konnte. Nur Broad sei dazu noch einmal anzuhören, der leider erkrankt sei. Im November 1993 verstarb er, und das Verfahren wurde beendet.

1369 Die nachfolgenden Angaben einschließlich der Zitierungen ebd., S. 161f.

1370 Ebd., S. 163.

1371 Ebd.

7.4 Der Prozess gegen Hans Lipschis (2013–2014)

Hans Lipschis, Jahrgang 1919, war der Sohn eines „volksdeutschen“ Kleinbauern aus Litauen, der 1941 ins Deutsche Reich auswanderte und dort als Landarbeiter tätig wurde.[1372] Von 1941 bis 1945 war das SS-Mitglied im KZ Auschwitz in der Wachmannschaft eingesetzt. Er war SS-Rottenführer. 1956 ging er mit seiner Familie in die USA. Er arbeitete dort als Hilfsarbeiter. 1982 kam ein Verdacht gegen ihn auf. Ein Auschwitz-Häftling hatte ihn mehrerer Morde bezichtigt. Da er im Einbürgerungsverfahren seine Zugehörigkeit zur Wachmannschaft in Auschwitz verschwiegen hatte, wurde er ausgebürgert und ausgewiesen. Er übersiedelte in die Bundesrepublik. Dort hatte 1983 die Zentrale Stelle in Ludwigsburg, die über Lipschis informiert war, einen Anfangsverdacht verneint.

Im Mai 2013 wurde Lipschis im Rahmen einer Aktion verschiedener Staatsanwaltschaften und der Zentralen Stelle in Ludwigsburg, die sich gegen 30 noch lebende SS-Wachmänner von Auschwitz richtete, festgenommen. Der *Zentralrat Deutscher Sinti und Roma* schaltete sich in das nun anlaufende Verfahren bei der Staatsanwaltschaft Stuttgart als Nebenkläger für Auschwitz-Überlebende und deren Nachkommen (Zoni Weisz, Rudolf Steinbach, Romani Rose) ein. Es ging um die Aufklärung und Ahndung der Straftaten an der Minderheit als Teil der genozidalen Verbrechen, die in Auschwitz begangen worden waren.

Im Ergebnis der Strafermittlungen warf die Staatsanwaltschaft Lipschis in ihrer Anklage zwölf Handlungen vor, bei denen er „anderen zu deren vorsätzlich begangenem Mord durch heimtückische und grausame Tötung rechtswidrig Hilfe geleistet“ habe. Im Zentrum stand für die Staatsanwaltschaft die Teilnahme von Lipschis am „Bereitschaftsdienst“ der Wachmannschaft bei der Ankunft der Transporte. „Das Bereithalten in Form des Bereitschaftsdienstes, also des Dienstes auf Abruf, leistete dem Tatgeschehen Vorschub. Es erleichterte, unterstützte und sicherte die Mordaktionen in den Gaskammern erheblich in Form der Arbeitsteilung.“[1373] Lipschis sei der Beihilfe zum Mord an mindestens 10.510 Menschen anzuklagen. Grundsätzlich sei festzustellen,

1372 Dazu und zu dem Folgenden: Aktuelles Verfahren gegen Hans L. 2013/2014, in: Heuß / Roßberg: Schonung, S. 223–249; das Verfahren der StAsch am LG Stuttgart hatte das Zeichen 9 Js 94.162/12, am LG Ellwangen 1 Ks 9 Js 94.162.

1373 Zit. nach Heuß / Roßberg: Schonung, S. 231.

dass er durch jede seiner Tätigkeiten in dem Vernichtungslager das arbeitsteilige Lagergeschehen als Ganzes unterstützt habe.[1374] Es seien ihm wie allen SS-Angehörigen in Auschwitz die Abläufe, Hintergründe und Ziele sowie die Details des Mordgeschehens bekannt gewesen. Er habe sie letztlich billigend in Kauf genommen. Das genüge. Des Nachweises eines konkreten Tatbeitrags bedurfte es demnach nicht.

Auf einen Befehlsnotstand könne Lipschis sich nicht berufen. Beispiele zeigten, dass die SS-Angehörigen Befehle hätten verweigern können und eine Verweigerung nicht auf eine Gefahr für Leib und Leben hinausgelaufen sei. Auch Versetzungen aus dem Lager seien auf Antrag möglich gewesen.

In einem vollständigen Gegensatz zu dem, was etwa im Sammelverfahren zum „Zigeunerkomplex" zu hören gewesen war, beschrieb die Staatsanwaltschaft Stuttgart das Lager Auschwitz als einen Vernichtungsort,[1375] den abgesehen von in andere Lager Überstellten nur überlebt habe, wer dort durch die sowjetischen Truppen befreit worden sei. Vernichtung der deportierten Häftlinge sei der „zentrale Lagerzweck" gewesen. Neben Zeugenaussagen waren es archivalisch überlieferte Dokumente, die die Staatsanwaltschaft als Beweismittel dazu anführte.

Sie hatte auf ein Urteil von 2011 zu dem nichtdeutschen NS-Gewalttäter John Demjanjuk zurückgegriffen.[1376] Das Landgericht München II hatte Demjanjuk wegen Beihilfe zum Mord in 20.060 Fällen verurteilt, obwohl ihm kein eigenhändiger Tatbeitrag zur Tötung individueller Opfer, wie es die herrschende StGB-Rechtsprechung verlangte, hatte nachgewiesen werden können.[1377] Es hatte die seit Anbeginn der westdeutschen NSG-Rechtsprechung herrschende Forderung nach einem „konkreten Einzeltatnachweis" und die Praxis, ansonsten von Beweismangel auszugehen, zurückgewiesen. Es reichte dem Gericht, dass der Angeklagte zum Wachpersonal des Vernichtungslagers Sobibor gehört hatte, um ihn verurteilen zu können. Das Demjanjuk-Urteil in der späten Abschlussphase einer inzwischen gesamtdeutschen NSG-Rechtsprechung galt manchen Betrachtern als ein großartiger

1374 Ebd., S. 226.

1375 Dazu: ebd., S. 225 f.

1376 Zur Diskussion der Notwendigkeit einer veränderten Blickweise in der Strafrechtslehre, zur „Linie Bauers" und zu dem Demjanjuk-Prozess: Eidam: Organisationsgedanke, S. 345 ff.

1377 Siehe JuNSV, Bd. XLIX, S. 221–386, Verfahren 1 Ks 115 Js 12.496/08 am LG München II, Urteil 12. 5. 2011.

„Paradigmenwechsel“. Diese Zuschreibung war eine nicht begründbare Überhöhung, denn das Urteil wurde nie rechtskräftig, weil der Verurteilte vor einer Entscheidung der Revisionsinstanz verstorben war. Es bleibt also die Frage offen, ob es die Revision überstanden hätte und mit dieser Entscheidung ein Gericht tatsächlich den bis dahin allein zugelassenen und zudem vom BGH verengten Sonderweg des StGB-Regimes hätte verlassen können. Von einem Urteil, das etwas grundlegend Neues gebracht hätte, kann ohnehin nicht die Rede sein, da es schon vereinzelt solche Urteile gegeben hatte, die dann jeweils von der Revisionsinstanz zurückgenommen wurden. Der bekannteste Fall dieser Art ist der schon angesprochene Freispruch 1969 durch den BGH des in der Vorinstanz wegen Mordes verurteilten KZ-Arztes Dr. Franz Lucas, mit dem Fritz Bauers Rechtsauffassung explizit disqualifiziert worden war.[1378] Immerhin war durch das Demjanjuk-Urteil mehr als 50 Jahre nach dem Freispruch von Lucas in den Justiz- und den Mediendiskurs etwas Bewegung gekommen, wie sich das Fritz Bauer damals vergeblich gewünscht hatte.[1379]

Wie schon in den 1960er-Jahren die Vorstellungen des Frankfurter Gerichts hatten 2014 im Lipschis-Verfahren auch die der Stuttgarter Staatsanwaltschaft keinen Bestand. Für das Landgericht Ellwangen hatte es keinen Paradigmenwechsel gegeben. Es blieb ganz bei der inzwischen über drei Juristengenerationen andauernden Praxis. Das Ellwanger Gericht erklärte, den Ermittlungen werde kein Hauptverfahren folgen können und der Beschuldigte sei für die Zeit seiner Untersuchungshaft zu entschädigen.[1380] Das begründete es nicht nur medizinisch mit einer Verhandlungsunfähigkeit des Angeklagten, es legte auch eine detaillierte juristische Begründung unter Rückgriff auf das Grundgesetz vor.

Das Gericht konzedierte zwar, es habe „in Auschwitz [...] und anderswo [...] unfassbare Gräueltaten“ gegeben, aber an dem Grundsatz „des Nachweises der individuellen Tatschuld jedes Einzelnen an

1378 Urteil des Bundesgerichtshofs in der Strafsache gegen Mulka und andere vom 20.2.1969, in: Gross/Renz: Auschwitz-Prozess, S. 1.302, 1.306f.; siehe JuNSV, Bd. XXI, Lfd. Nr. 595, Bl. 361–887, Verfahren 4 Ks 2/63 am LG Frankfurt a.M., Urteil 19.8.1965, Verfahren 2 StR 280/67 am BGH, Urteil 20.2.1969.

1379 Vgl. Kurz: Paradigmenwechsel. Der Autor, Staatsanwalt bei der Staatsanwaltschaft Heilbronn, war zu diesem Zeitpunkt abgeordnet an die Zentrale Stelle der Landesjustizverwaltungen zur Aufklärung nationalsozialistischer Verbrechen in Ludwigsburg.

1380 Alle nachfolgenden Angaben Heuß/Roßberg: Schonung, S. 234ff.

konkretisierten Taten" gelte es festzuhalten, und „indirekte Beweismittel" wie Dokumente, Protokolle von Zeugenaussagen und „allgemeine historische Erkenntnisse" reichten da nicht. Es fehle an Beweisen zur subjektiven Tatseite. Die Umstände, die die Mordmerkmale der Heimtücke und der Grausamkeit begründeten, müssten konkret einzeln nachweisbar sein. Der von der ermittelnden und anklagenden Staatsanwaltschaft eingeschlagene Weg achte „die Individualrechtsgüter eines Angeschuldigten" nicht. Das „Wertesystem des Grundgesetzes" stehe einer solchen Herangehensweise entgegen. Es würde zudem der Angeklagte damit „zum bloßen Objekt" reduziert. Der täterfreundliche feinfühlige Vorwurf ging in die Richtung der Stuttgarter Kollegen und der Nebenkläger. Sie verlangten, hieß es, einen „Schauprozess" und gefährdeten damit rechtsstaatliche Verhältnisse. Die Rechtsprechung lehne auch den Begriff des Massenverbrechens ab. Es sei eine klare zeitliche und räumliche sowie „opferbezogene" Eingrenzung vorzunehmen. Nachdrücklich wandte das Gericht sich gegen das Demjanjuk-Urteil. Eine Tätigkeit im Wach-/Bereitschaftsdienst in Auschwitz reiche nicht für eine Verurteilung. Es sei immer ein konkreter Einzeltatnachweis erforderlich.[1381]

Der *Zentralrat* kam zu dem Schluss, das Gericht habe ein rechtspolitisches Zeichen für ein endgültiges Ende der NSG-Prozesse setzen wollen.[1382] Die Stuttgarter Vorinstanz hatte den bundesdeutschen Sonderweg verlassen wollen, aber in der Berufung wurde sie erfolgreich zurückgepfiffen. Es blieb auch 2014 bei den begrenzten Möglichkeiten, die der BGH 1969 auf Jahrzehnte hin festgezurrt hatte.

1381 Ebd., S. 242.

1382 Ebd., S. 234.

8

Bilanz

— ※ —

8.1 Strafrechtliche Ergebnisse

Der Ausgang des ursprünglich als Großprozess angelegten Sammelverfahrens zum „Zigeunerkomplex“ war für die Beschuldigten ein großer Erfolg und für die von ihnen Verfolgten und deren Unterstützer eine Niederlage. Faktisch reduzierte sich das fassbare Ergebnis des, sieht man von zeitweiser lokaler Aufmerksamkeit für Eva Justin ab, von den Medien wenig beachteten Verfahrens auf die Vernichtung tausender Kripoakten. Sie wurden für alle Zukunft der juristischen, gesellschaftlichen und politischen Abarbeitung der NS-Verbrechen entzogen.

Das Ergebnis des Sammelverfahrens korrespondiert mit der Linie der Entscheidungen in den Einzelverfahren. Bezogen auf die 151 hier angeführten Ausgänge von Verfahren mit Ermittlungen auch oder allein zu Verbrechen an Roma[1383] von insgesamt mehr als 300, von denen auszugehen wäre, ergeben sich für zwei Drittel Einstellungen und Freisprüche.[1384] Offen muss bleiben, in wie vielen Hauptverfahren Roma betreffende Ermittlungsergebnisse aus dem Vorverfahren noch eine Rolle spielten und im Fall einer Verurteilung in die Urteilsbegründung mitaufgenommen wurden. Ungeklärt bleibt auch, in welchem Umfang die ausgesprochenen Hafturteile tatsächlich umgesetzt wurden. Wie bei

1383 Siehe Anhang: Überblick: Alliierte und westdeutsche NSG-Rechtsprechung zu Verbrechen gegen die Roma-Minderheit, 1946–2014.

1384 Ebd.

dem „Berleburger Zigeunerprozess" aus der für die Täter eher ungünstigen Frühzeit der Verfahren zu sehen, ist davon auszugehen, dass die abgessenen Haftzeiten in der Summe weit unter den in den Urteilen ausgesprochenen lagen.

Bei nur etwas mehr als 8 Prozent in den Hauptverfahren Angeklagten kam es zu einer Einstufung als Täter und damit zur Höchststrafe. Das ist angesichts der Größenordnung der Verbrechen mit ihrer oft immensen Opferzahl und der großen Zahl der an ihnen Beteiligten ein kaum zu begreifendes, aber angesichts der rechtlichen Voraussetzungen doch folgerichtiges Ergebnis. In die westdeutsche Gesamtbilanz der Strafverfolgung von NS-Verbrechen ordnet es sich nachvollziehbar ein. Die Rechtsvorschriften und die Rechtsprechung schufen in allen Bereichen der NS-Kriminalität viele Gehilfen und wenige Täter. Der Bundestagsbeschluss 1969 nach der Dreher'schen Vorarbeit änderte das. Mit den 1970er-Jahren traten an die Stelle von Gehilfenurteilen mit niedrigen Haftstrafen bei hoher Opferzahl Verfahrenseinstellungen bei hoher Opferzahl.

Die ins Privatleben zurückgekehrten Tatbeteiligten waren in dieser Phase der Prozesse in der Regel noch keineswegs altersschwach, sondern befanden sich nach den Berufsjahrzehnten frisch im Ruhestand oder kurz davor. Vier Mal kam es bei nun noch 52 Verfahren wegen Verbrechen an der Roma-Minderheit zu einem Strafurteil. Mit einer Ausnahme betraf das den Tätertyp des „Schergen".

1950 hatte das Landgericht Siegen in einem Amnestiebeschluss zur Deportation der Berleburger Sinti-Nachfahren seine äußerst milde Entscheidung einer „staatspolitischen Zielsetzung"[1385] unterstellt, die Befriedung und „Versöhnung" verlange. Das war der Gesamttenor der westdeutschen NSG-Rechtsprechung. Urteile einer anderen Qualität wären von der Justiz kaum zu erwarten gewesen, denn die Inhaber der gesetzgeberischen Kompetenz, also die etablierten politischen Verantwortungsträger, hatten seit den ausgehenden 1940er-Jahren in ausgedehntem Konsens den Weg dorthin gebahnt, indem sie die rechtlichen Weichen in Abkehr von anderen Möglichkeiten so stellten, dass den Tätern nicht viel passieren konnte. Es fehlten in Normierung und Rechtsprechung die Voraussetzungen, um ein NSG-Verfahren so führen zu können, wie es angemessen gewesen wäre, nämlich als Verfahren zu beispiellosen Verletzungen der Menschenrechte durch Gruppen von Tätern, die mit gemeinsamen Überzeugungen und einer vollständigen

1385 LAV NRW, Abt. Westfalen, Q 226, Nr. 33, Beschluss des Schwurgerichts, 11. 7. 1950.

Absenz von Ethik und Moral aus staatlichen Institutionen heraus zu diesen Verbrechen bereit gewesen waren.

Ausgeklammert blieb auch, dass mit „Einordnung in die Volksgemeinschaft", „Hoch-" bzw. „Minderwertigkeit", „Auslese", „Aussonderung", „Ausmerzung", „Entartung", „asoziale Lebensweise", „Andersartigkeit", „Fremdrasse", „Zigeunerunwesen" in Politik und Gesellschaft ein Bestand an tradierten Ideologemen existierte, mit denen die Verbrechen legitimiert worden waren. Er war durchlaufend medial und politisch in dem 1871 mit drei Kriegen begründeten und 1945 in einem Weltkrieg untergegangenen ersten deutschen Nationalstaat massenwirksam präsent gewesen. Mehr oder weniger blieb er es auch generationenlang im westdeutschen Nachfolgestaat. NS-spezifisch waren nicht diese konservativen und völkischen Ideen, sondern die genozidale Praxis, waren die barbarischen *crimes against humanity*, aber diese Vorstellungswelt gehörte zu deren wesentlichen Voraussetzungen. Dabei ist nicht zu übersehen, dass es auch vor 1933 bereits nicht nur Ideen, sondern auch überleitende voreliminatorische Diskriminierungs- und Aussonderungspraxen gegeben hatte.

„Langdauernde Traditionen"[1386] völkisch-ethnorassistischer und sozialrassistischer Einstellungs- und Praxisdispositionen vornehmlich in der Mitte der Gesellschaft und der Politik wurden in den Verfahren und im medialen Umgang mit ihnen ignoriert und geleugnet. Entgegen den Erkenntnissen kritischer Sozialwissenschaftler bereits der 1930er-Jahre erhielt der Zeitabschnitt 1933 bis 1945 in der Politik wie in der Justiz das Aussehen eines Ausnahmezustands, dem – abgeschnitten von einer Vorgeschichte und herbeigeführt von einem Dutzend zu „Rassenhassverbrechen" bereiter psychopathischer Trieb- und Einzeltäter – eine ebenso separate „Stunde Null" mit anschließendem grunddemokratischem „Neubeginn" gefolgt sei. Das war abwegig, aber entlastend.

Die Eingrenzung aller Verantwortlichkeit auf erstens eine sehr kleine und nicht mehr greifbare Spitze und zweitens auf einige „Schergen" am unteren Ende der Handlungskette individualisierte, entpolitisierte und enthistorisierte die Verbrechen, stellte die zahlreichen Akteure aus den gehobenen Führungsgruppen und den mittleren Rangstufen von Veranwortlichkeiten frei und verhinderte, dass sie angemessen zur Rechenschaft gezogen wurden. Die Justiz folgte der Politik, die mit diesem Ansatz den Verzicht auf strukturelle Eingriffe in den vital

1386 Baumann: Verbrechen, S. 193ff.

gebliebenen sozialen Keim- und Nährboden der völkischen Überzeugungen begründete und durchsetzte.

8.2 Zu den Juristen

Die in diesem Sinn vorgenommenen Begrenzungen der rechtlichen Möglichkeiten setzten staatliche Juristen in Feinjustierung in den einzelnen Verfahren mit oft viel eigener grundsätzlicher Zustimmung um. Bei dem, was ihnen auf den Tisch gelegt wurde, nicht auf das „Recht der Sieger" mit deren völkerrechtlichen und menschenrechtlichen Vorgaben verwiesen zu sein, das entsprach einem mehrheitlichen Vergangenheits- und Selbstverständnis in den Gerichten. In aller Regel hatten diese Juristen ihren Beruf in der Regel schon in den NS-Jahren ausgeübt. Mit ihrem Wiederauftreten, mit dem bewussten Verzicht auf ihren Austausch kehrte ein altes Machtgefälle in den Gerichtssaal zurück.

Es würde jedoch zu kurz greifen und an der Oberfläche bleiben, die westdeutschen Juristen als einheitliche Größe zu betrachten und allein einen für eine ältere Juristengeneration typischen, moralisch blinden tradierten Staatskonformismus und Rechtspositivismus sowie individuelle Voreingenommenheiten als Erklärung für die zahlreichen Verfahrenseinstellungen, Freisprüche und milden Haftstrafen heranzuziehen. Das würde die politisch von außen gesetzten allgemeinen Bedingungen der Verfahren in den Hintergrund rücken, und es würde über den Widerspruch einer Minderheit hinweggehen. In einem Spektrum der Meinungen gab es auch Fritz Bauer, Heinz Düx, Paul Haag oder August Wimmer.

Die Haltung der Mehrheitsjuristen – es begegnen ausschließlich Männer – speiste sich nicht zuletzt aus biografischen und sozialisationsbedingten Gemeinsamkeiten. Sie sind alle den materiell gut ausgestatteten und gesellschaftlich hoch anerkannten Einflussgruppen der höheren und der gehobenen Ränge der gesellschaftlichen Hierarchie zuzuordnen. Dort hielt man sich, auch wenn nach 1945 nicht mehr von „Herrenmenschen" die Rede war, nach wie vor für eine soziale, kulturelle und intellektuelle Besonderheit. Man betrachtete sich als Persönlichkeit mit einer jedes Mittelmaß, schon erst recht aber „die kleinen Leute" überragenden Bedeutung. Das verband mit vielen Beschuldigten, die sich auch so sahen. Sie seien – so mit Unterstellung einer im Grunde gutmütigen Naivität dieser Handlungsträger in Selbst- wie Fremddarstellung – „missbraucht" und „verstrickt" worden. Das waren Zuschreibungen „mit Hochkonjunktur in dieser Zeit", oft verbunden mit Bescheinigungen *„persönlicher* Integrität [Hervorh. i. Orig.]".[1387] Die Vertreter von Justiz, Polizei und Rassenforschung kannten sich aus der beruflichen Kooperation und aus der privaten Gemeinsamkeit. Sie kannten die Angehörigen der Roma-Minderheit aus konfrontativen Situationen und waren sich in ihrem abschätzigen Blick auf die, wie Ritter es sagte, „primitiven, einfachen Leuten" oft einig. Über Gerichtsschranken hinweg war man häufig mit Beschuldigten verbunden und blieb immer ein Antagonist von „Zigeunern". Hier lässt sich verorten, was Christiaan F. Rüter als einen Mangel an sozialer „Affinität zu den Opfern" bezeichnete.[1388]

Aufgrund auch eigener Belastung den Wunsch der Beschuldigten nach Nachsicht teilend befürworteten viele Juristen ein rasches und unspektakuläres Ende der justiziellen Beschäftigung mit NS-Straftaten. Dass Verhaltensweisen in der NS-Zeit jenseits der vom deutschrechtlichen Strafrecht gezogenen Grenzen aus einer ethischen Perspektive anfechtbar gewesen sein könnten, war nicht zu hören. Ob dieseits oder jenseits der Gerichtsschranke, man hatte damals schuldlos nur getan, was man jeweils tun musste. Schuldanerkenntnis aber war das, was die Verfolgten einforderten. Sie wurde ihnen zu ihrer Enttäuschung und nicht zuletzt in der Entschädigungsfrage oft auch zu ihrem materiellen Nachteil von vielen Juristen versagt.

8.3 Zu den Tatbeteiligten

Altersmäßig dominieren die Jahrgänge ab 1900, aber es gab einen beachtlichen Anteil von noch im 19. Jahrhundert Geborenen. Das heißt, es existierten in vielen Fällen Vorerfahrungen als Akteure in organisierten Gewaltkontexten wie dem Ersten Weltkrieg oder in den rechten militärischen oder paramilitärischen Zusammenschlüssen der Weimarer Republik. Daraus resultierte keine Ablehnung von Gewalt als Mittel der Politik und einer hoch gewalttätigen staatlichen Ordnung, sondern die ausgeprägte Hinwendung dazu.

1387 Berg: Holocaust, S. 222; Berg bezieht sein Urteil zur Integrität auf Historiker, „die sich politisch tief mit dem Nationalsozialismus eingelassen" hätten. Es lässt sich zwanglos auf andere Berufsgruppen der westdeutschen Intelligenz ausweiten.

1388 Opfermann: Genozid und Justiz, S. 325.

Auffällig ist der weit über dem Bevölkerungsschnitt liegende Anteil hoher formaler Bildungsabschlüsse (Abitur, akademischer Abschluss) der Männer wie auch der ins Bild tretenden Minderheit von Frauen. Zu Beginn der 1930er-Jahre bewältigten nur 14 Prozent der Schüler und Schülerinnen eines Jahrgangs die Eingangsprüfung zum Gymnasium und längst nicht alle Eltern waren fähig, das erforderliche Schulgeld aufzubringen. 3,3 Prozent aus der Sexta schafften es bis zum Abitur.[1389] Der Ausbildungserfolg, der nahezu immer in leitende Tätigkeiten führte, erklärt sich aus der sozialen Zugehörigkeit. Eltern, Schüler, Schülerinnen, Studierende kamen aus dem Besitz- und Bildungsbürgertum. Das waren noch nicht die oberen Zehntausend, aber es war eine einflussreiche und selbstbewusste Minderheit in Kommandostellen, eine Dominanzgesellschaft von Privilegierten. Die Zahl der gymnasialen Abschlüsse in Westdeutschland zeigt an, dass diese Gruppenbildung nach 1945 bis zur Entdeckung eines „Bildungsnotstands" und den daraus hervorgehenden Korrekturmaßnahmen in der zweiten Hälfte der 1960er-Jahre eine hohe Konstanz hatte: Die Zahl der Abiturienten und Abiturientinnen lag 1950 bei immer noch gerade einmal 4 Prozent, ein Jahrzehnt später bei nicht mehr als 5 Prozent, und 1965 waren es auch nur 5,5 Prozent.[1390]

Diese kleine Minderheit hatte ihr Ausbildungsprivileg, ihre gesellschaftliche Vorrangstellung und oft auch ihre materiellen Mittel über 1945 hinaus aufrechterhalten können. Auch die NS-Schreibtischtäter unter ihnen waren mit einträglichen Arbeitsplätzen ausgestattet gewesen, wobei es eine Besonderheit gab: Dieser Tätertyp war oft rotierend eingesetzt gewesen, also sowohl in Büros an zentralen Orten des Reichs als auch dezentral an den Mordplätzen vor allem im Osten. An solchen Einsatzorten hatte sich die Möglichkeit zusätzlicher Einnahmen durch den Zugriff auf fremdes Eigentum ergeben.

Vor wie nach 1945 bewegten diese Akteure sich in einem Milieu, zu dem Rechtsanwälte, Staatsanwälte und Richter gehörten, mit denen sie die biografischen Verläufe, die Erwerbsweisen, den „Lebensstil", das Gesellschaftsbild und politische Affinitäten, die sprachlichen Ausdrucksformen und ein hybrides Selbstbild als Teil der „besseren Gesellschaft" teilten.

Schaut man auf das Alter, zeigt sich, dass solche Tatbeteiligte selten sind, die 1933 Jugendliche oder noch jünger waren und für die daher

1389 Wolter: Gymnasium, S. 16.

1390 Ebd., S. 20.

gelten dürfte, dass ihre Gewaltbereitschaft unter NS-Sozialisationsbedingungen ihren Ausgang nahm. Die große Mehrzahl bestand nicht aus solchen „Kindern des Nationalsozialismus", sondern aus zur Tatzeit urteils- und entscheidungsfähigen Erwachsenen, die ihre prägenden Erfahrungen im Kaiserreich und in der Weimarer Republik gemacht hatten.

Soweit Frauen agierten, geschah das fast ausnahmslos rollenkonform im Organisationsraum des Reichsgesundheitsministeriums und innerhalb der dort allerdings von einem Mann geführten RHF. Auch hier waren alle Handlungsträger in den hierarchischen Segmenten der bürgerlichen Mittelschichten zu Hause.

Spätestens der Eichmann- und der nachfolgende Auschwitz-Prozess hatten darüber aufgeklärt, dass die Massenmorde auf eine kleinteilige Organisation und eine Kette der Verantwortlichkeiten zurückgingen, in der Handlungsträger an Schreibtischen hohe Bedeutung hatten. In den Staatsanwaltschaften und Gerichtssälen aber sorgten die StGB-Vorgaben weiterhin dafür, dass das Narrativ vom fanatisierten und pathologischen „Schergen" als dem dominierenden Tätertyp im Vordergrund stand. Mit der Konstruktion einer Kleinstgruppe an der Spitze und einer Kleingruppe von „Schergen" aus den Unterschichten am Ende der Befehlskette konnte der Blick auf weiten Abstand zu den mittigen Trägerschichten des NS-Systems gebracht werden. Ein Bonus der sozialen Zugehörigkeit schützte nicht nur den einzelnen Täter, sondern eine ganze Gruppe der Bevölkerung mit ihrer besonderen Zeitgeschichte.

Nach Irritationen in den frühen westdeutschen Jahren hatten die Beschuldigten sich meist gut in die Gesellschaft und in die Zeiten des „Wirtschaftswunders" eingelebt. Unauffällig integriert in eine „nivellierte Mittelstandsgesellschaft" repräsentierten sie gelungene, sie schützende Metamorphosen.

Die soziale Charakteristik dieses im Sammelverfahren ausschließlich auftretenden Typs von Täter unterschied sich grundlegend nicht nur von den Klägern und Belastungszeugen aus der Minderheit, sondern zugleich von den Mannschaftsgraden der SS-Totenkopfverbände in den Lagern, an die die Schreibtische ihre Opfer auslieferten. Die „Schurken" und „Henkersknechte" repräsentierten das Bild vom ungebildet-primitiven „kleinen Mann" aus den Unterschichten, dem alles zuzutrauen sei. Ihm waren die Merkmale einer tiefsitzenden affektiven „Asozialität" beigegeben. Außerstande, die schlicht strukturierte Emotionalität steuern zu können, agiere man in diesem gesellschaftlichen Raum anders als der überlegt handelnde Mittelschichtler und breche gern in „fanatischen Hass“ und körperliche Gewalt aus. Da mochte insofern etwas dran sein, als dort, wo man sich als „hochintelligent“, „hochgebildet“ und „hochsensibel“ betrachtete, Rassismus nicht auf ideologischen Überzeugungen beruhen musste, sondern ein praktisches Mittel zum rationalen Zweck sein konnte, in der Gestalt der überlegt angegangenen Vorteilsnahme mit dem Ziel des weiteren Aufstiegs in der beruflichen Hierarchie, des höheren Gehalts, des erhöhten Status durch gute Leistungen bei der „Ausmerze“ „gemeinschaftsschädlicher“ Bevölkerungsgruppen oder im Kampf um den Erfolg des je eigenen Unternehmens durch Ausschaltung „volksfremder“ Konkurrenten. Es hatte jedenfalls an den Schreibtischen, wie es Dr. Erhard Wetzel mit dem Wort „Verschrottung“ angesprochen hatte, einen Konsens der hemmungslosen Verwertung materieller und menschlicher Ressourcen bis in die Menschheitsverbrechen hinein gegeben. In den Verfahren wurden privater „Hass“ und private „Vorurteile“ nach vorne gestellt und derartige Motive vernachlässigt. Diese Herangehensweise bot den Ermittlern, den Richtern und den medialen Berichterstattern die Möglichkeit, der gruppenbezogenen Erklärung für den strukturell angelegten Rassismus aus dem Weg zu gehen.

Durchweg gilt bei den hier angezeigten Verfahren sowohl für die Ermittlungen also auch für das Auftreten vor Gericht, dass den Tatbeteiligten, welcher Zuordnung auch immer, Reue und Scham so fremd geblieben waren, wie sie ihnen schon an den Tatorten fremd gewesen waren.

8.4 Die Verfolgten und die Verfahrensbilanz

Nur wenige Jahre nach dem Ende des NS-Systems waren die völker- und menschenrechtlichen Vorschriften der Alliierten für den Umgang mit der NS-Kriminalität durch das traditionelle deutschrechtliche Strafrecht bei gewöhnlicher Delinquenz und durch eine damit einhergehende konservative Rechtsprechung abgelöst worden. Die Erwartung der Verfolgten, dass die Täter für ihre Taten büßen würden, musste damit zwangsläufig enttäuscht werden. Sie waren vor Gericht die strukturell Unterlegenen. Der Bereitschaft zur Übernahme einer Zeugenrolle folgte also häufig die Erfahrung einer Niederlage und einer Demütigung.

Es vollzog sich eine Rollenumkehr: Die Staatsanwälte und Richter attestierten den Aussagen von Roma-Zeugen immer wieder eine grundsätzliche Unglaubwürdigkeit und stellten dem eine Glaubwürdigkeit der Beschuldigten und ihrer vormaligen Kollegen und Vorgesetzten gegenüber. Während es, wenn es um Verbrechen an der jüdischen Minderheit ging, bei einer derartigen Verkehrung der rechtlichen Rollen Hemmungen gegeben haben mag, so gab es sie in diesem Fall nicht.

Erst Ende der 1980er-Jahren lässt sich mit dem König-Prozess als von einem Verfahren sprechen, das auch darauf angelegt war, die Opferzeugen in ihren besonderen Schwierigkeiten wahrzunehmen, sie bei ihren gerichtlichen Auftritten zu unterstützen, die Leiden der Opfer in den Mittelpunkt und ins öffentliche Bewusstsein zu rücken und den Gerichtssaal zu einem Ort der zeitgeschichtlichen Aufarbeitung zu machen. Dabei ist zu sehen, dass der *Zentralrat Deutscher Sinti und Roma* diesen Prozess initiiert hatte, den er mit großer Aufmerksamkeit bis zu seinem Abschluss begleitete.

Ob es um die justizielle Aufarbeitung der Verbrechen oder in anderen Verfahren um die Frage der „Wiedergutmachung" ging, die Angehörigen der Minderheit mussten die Ergebnisse der Rechtsprechung immer wieder als eine sich an die NS-Jahre anschließende erneute Ohnmachtserfahrung erleben. Statt ernst genommen zu werden, stießen sie auf Ignoranz und Missachtung bis hin zu der Unterstellung, die Kriminellen seien sie. Sie erlebten die Bedeutungslosigkeit ihrer Gewalterfahrungen und die juristische Nichtigkeit ihrer Tatvorwürfe. Verweigerung von Schuldanerkenntnis und Entschädigung bekräftigten die Nichtzugehörigkeit der Opfer zum volksgemeinschaftlichen „wir", in das Staatsanwälte, Richter und Beschuldigte sich mit aller Selbstverständlichkeit einbezogen.

Das magere strafrechtliche Gesamtergebnis der zahlreichen Verfahren erklärt sich nicht nur aus den juristischen Defiziten. Es hat auch etwas mit der sozialen Geschichte und der sozialen Lage der Minderheit zu tun. Die überlebenden „Zigeuner", wie es bis zum Auftreten der Selbstorganisationen nach wie vor überall hieß, waren nach 1945 sozial und materiell dort verblieben, wohin die Minderheit insgesamt spätestens mit dem Festschreibungserlass von 1939 von der Täterseite versetzt worden war. Ob bis dahin ein Industriearbeiter, ein Kaufmann, ein Schausteller, ein Musiker oder ein Zirkusartist, mit dem erzwungenen Eintritt in den NS-„Arbeitseinsatz" waren sie regelmäßig als ungelernte Hilfsarbeiter in die untersten Etagen der gesellschaftlichen Hierarchie geraten. Integrations- und Aufstiegsprozesse waren beendet worden. Dorthin, in die Randzonen der Arbeit und des Wohnens, kehrten die traumatisierten Überlebenden der Konzentrationslager nach

1945 zurück. Ungeachtet der Einbrüche, die die NS-Verfolgung familiär, sozial, beruflich bewirkt hatte, hielt die westdeutsche Kommunalpolitik sie dort als „Zigeuner“ fest. Die Vorstellung, es wie eh und je mit ort- und heimatlosen „Asozialen“ zu tun zu haben, hatte in den bürokratischen Instanzen durch die Verbrechen nichts von ihrem Gewicht verloren. Man setzte wie ehedem auf Exklusion durch Verbringung in Peripheriequartiere, das heißt, auf Vertreibung und Bekämpfung statt auf Einbezug und darauf, gleiche Lebenschancen herbeizuführen. Von Fritz Bauer stammt aus einem Fernsehinterview der Satz, „wenn ich mein Zimmer verlasse, betrete ich feindliches Ausland“. Auch für die Überlebenden aus der Minderheit war das oft so. Sie mussten nur aus dem Haus treten, den familiären Raum, ihre Nachbarschaft und ihr Wohnquartier verlassen, um erfahren zu können, dass sie nicht als Teil der Gesellschaft betrachtet wurden, sondern in einer Vorstellung von ethnisch-kultureller oder ethnisch-biologischer Unterscheidbarkeit und Unerwünschtheit als Angehörige einer fremdartigen Gegengesellschaft.

Was die Belastungszeugen aus der Minderheit mit den Direkt- und Exzesstätern in den Augen vieler Betrachter verknüpfte, war das, was diese beiden von den Schreibtischtätern trennte, ihre soziale Zugehörigkeit. Die Überlebenden der Verfolgung einerseits und die Schreibtischtäter sowie das justizielle Personal andererseits bewegten sich auf unterschiedlichen Seiten einer sozialen Demarkationslinie, die von Verwaltung, Justiz und Politik ethnisch und damit als unrevidierbar interpretiert wurde. Soziale Ungleichheit in der Gestalt ethnischer Andersartigkeit bewirkte ungleiche Chancen der Interessendurchsetzung in den Prozessen, sie untergrub die formale Rechtsgleichheit. Wenn deutschrechtliche NSG-Verfahren allgemein schon unter für die NS-Verfolgten und deren Erwartungen ungünstigen Bedingungen stattfanden, dann verschlechterten sie sich zusätzlich bei hoch stigmatisierten Bevölkerungsgruppen wie der Roma-Minderheit.

8.5 Abschließende Bewertungen und Ausblicke

Als nach der Jahrhundertwende die allerletzten aus der jüngsten Generation der Tatbeteiligten nach milden Urteilen oder gänzlich ungestört friedlich entschlafen waren, kam das seltsame Wort von der Bundesrepublik als dem „Weltmeister der Vergangenheitsbewältigung“ auf. Es wird dem ungarischen Schriftsteller Péter Esterházy, Fußballenthusiast und

Ironiker, zugeschrieben.[1391] Zitiert wird es häufig und meist ernsthaft und ohne jegliche Ironie. Die Geschichte der justiziellen Bearbeitung der nazistischen Verbrechen an der Roma-Minderheit belegt, dass es sich bei diesem Attribut um eine ziemlich abstruse, den Gang der Dinge ignorierende und mit ihrem Bezug zum professionellen Sport gänzlich deplatzierte Metapher handelt. Ohne dabei etwas unter den Füßen zu haben, wird von Sprechern in einer Siegesmeldung Bilanz gezogen und ein krönender Abschluss der Beschäftigung mit dem Thema verkündet. Die Schlussfolgerung liegt auf der Hand: Darunter könne nun endlich einmal mit dem besten Gewissen der Strich gezogen werden.

Zunächst wäre festzuhalten, dass in der Geschichte der westdeutschen „Vergangenheitsbewältigung" eine dreifache justizielle Kontinuität über 1945 hinaus begegnet, die zu einem glücklichen Abschluss wenig passt: erstens die Aufrechterhaltung von die Justiz in ihren Möglichkeiten einschränkenden Rechtsvorschriften, zweitens zahlreiche staatliche Juristen mit einer zumindest beruflichen NS-Vergangenheit und drittens ein Rahmen fortdauernder älterer weltanschaulicher Überzeugungen, die nur wenig öffentliche Kritik erfuhren und entscheidungsbestimmend blieben. Das galt sicher am ausgeprägtesten und unangefochtensten für einen kämpferisch-strammen Antikommunismus. Er behielt im staatlichen und mehrheitspolitischen Selbstverständnis der Neugründung im Westen nach 1945 seine tragende Rolle. Er wurde unverzichtbar, er wurde Staatsräson. Er erleichterte die deutschrechtliche Wiederbegründung des Strafrechts und insbesondere die Wiedereingliederung ehemaliger Nazis und ihrer vormaligen deutschnationalen Bündnispartner in die staatliche Organisation der Bundesrepublik, so in die Justiz und in die der Justiz zuarbeitende Polizei.

Wenn der Antikommunismus als „eine Art mentaler Brücke über die ideologische Zäsur von 1945" beschrieben wird,[1392] verengt das jedoch die Perspektive auf nur einen Aspekt eines dichten konservativen ideologisch-politischen Gesamtsubstrats, das insgesamt diese Brücke tragfähig machte.

Der als „Volksgemeinschaft" ausgerichteten NS-Gesellschaft hatte die politische Führung mit nationalistischen, ethnisch-völkischen und sozialen Überlegenheitskonstrukten, sprich mit der Möglichkeit zu Herrenmenschenauftritten gegenüber Juden, „Zigeunern", „Russen" oder Polen, und mit Homophobie, mit „Rassenpflege" und mit anderen

1391 Hammerstein: Aufarbeitung, S. 9.

1392 Creuzberger/Geppert: Erbe, S. 9.

klassischen Komponenten einer bürgerlich-konservativen und völkischen Weltbetrachtung ein ausführliches integratives Angebot gemacht.

Das war auf einen fruchtbaren Boden gefallen, der sich nach dem staatlichen und materiellen „Zusammenbruch“ seit den ausgehenden 1940er-Jahren erholen und revitalisieren konnte. Die erprobten gemeinschaftsbildenden Feindprojektionen behielten ihre Eignung für die Herbeiführung von gesellschaftlichem und politischem Zusammenhalt und wurden entsprechend genutzt. Eine NSG-Rechtsprechung mit womöglich viel öffentlicher Aufmerksamkeit und mit aus der Verfolgungsgeschichte begründeten Widerreden zur Exklusion von minderheitlichen Bevölkerungsgruppen störte da nur. Derartige Verfahren mit publizistisch-meinungsbildnerischer Begleitung gab es nur ausnahmsweise und unter den gegebenen politischen Bedingungen ebenso selten wie eine an den zeitgeschichtlichen Tatsachen ausgerichtete Aufklärung in den staatlichen Bildungseinrichtungen. Diese Felder gesellschaftlichen Lernens bildeten eine Brache.

Stattdessen konnte die alte Praxis, sich als Politiker mit Beschimpfung und Exklusion von Minderheiten beliebt zu machen, auch weiterhin noch lange ein gern eingesetztes Mittel der Politik und der Medien bleiben. 1970 erklärte der damalige Spitzenpolitiker und spätere bayerische Ministerpräsident Dr. jur. Franz Josef Strauß auf einer Wahlkundgebung in Westberlin, er wolle „lieber ein kalter Krieger sein als ein warmer Bruder“.[1393] Es handelte sich dabei um ein Wortspiel, die eine von ihm angesprochene Gruppe hatte mit der anderen überhaupt nichts zu tun. Es kann Strauß also nicht darum gegangen sein, irgendetwas erklären zu wollen. Es ging ihm um einen flotten Spruch, mit dem er unter Beifall politische Gegner diffamieren konnte. Er versprach sich durch die massenwirksame Verbreitung von Alltagsressentiments einen Nutzen. Die Sentenz von Strauß – und damit die von ihm vertretene politische Methode – wird bis heute anerkennend tradiert. Sie wird auf einer Homepage seiner Partei auch noch 2023 für überlieferungswürdig und vorzeigbar erachtet. Deren zweite Hälfte, die sich auf eine Gruppe von NS-Verfolgten bezieht, lässt sich durch eine beliebige andere Verfolgtengruppe austauschen. Sie alle sind, da in Teilen der Gesellschaft mit Ressentiments belegt, wahlpolitisch nutzbar. Strauß’ Generalsekretär und Fraktionsvorsitzender Gerold Tandler etwa, ein Bankkaufmann,

1393 Eine Aussage von Dr. Franz Josef Strauß, Neue Osnabrücker Zeitung, 6.3.1970, zit. nach fjs.de, HP der Hanns-Seidel-Stiftung der CSU (2022); abrufbar unter: https://www.fjs.de/fjs-in-wort-und-bild/zitate/ [letzter Zugriff: 20.6.2022].

entschied sich 1983 im Bayerischen Landtag für „Zigeuner“ als Beispiel für „Gesindel“.[1394] Eine Rhetorik aus ranghoher politischer Position, die Antipathien bedient und ein Feindbild ausruft, muss nicht bedeuten, dass der Sprecher das, was er verkündet, auch für wahr hält, dass er damit eine Überzeugung artikuliert. Häufig, wenn nicht in der Regel, dürfte er seinen Vortrag einfach nur nützlich finden, weil so etwas Stimmen einbringt. Das mindert die Bedeutung einer solchen Praxis nicht.

In das Repertoire von Ausgrenzungssprüchen waren antiziganistische Klischeedarstellungen immer inbegriffen. Anders als antisemitische Diffamierungen, die bald nur mehr hinter vorgehaltener Hand ausgesprochen werden konnten, ließ sich diese Variante von Rassismus gleichbleibend vor großem Publikum ohne große Kritik vortragen. Der Roma-Minderheit fehlte in diesem politischen Klima lange die Möglichkeit, eine staatliche, politische, justizielle, wissenschaftliche und publizistische Anerkennung ihrer Verfolgungsgeschichte durchzusetzen. Sie war lange darauf verwiesen, dazu Schritt für Schritt mühsam den außerparlamentarischen Weg zu gehen. Empörung weit über individuelle Reaktionen aus einzelnen Familien hinaus, wie sie in einigen der Verfahren begegneten, löste am 31. Mai 1973 die Erschießung des 53-jährigen Sinto Anton Lehmann durch die Heidelberger Polizei aus.[1395] Lehmann war ein Überlebender des Genozids, und der Rückbezug zur Nazi-Zeit lag auf der Hand. Es kam in der Stadt zu einer ersten politischen Kundgebung von Sinti, auf der Vinzenz Rose die Verweigerung „elementarster Grundrechte“ feststellte und die Einstufung der Minderheit als „Menschen zweiter Klasse“ angriff. Nicht der Polizeischütze aber wurde vor Gericht gestellt, sondern die drei zum Teil schwerverletzten Söhne von Anton Lehmann. Sie wurden wegen Widerstands gegen die Staatsgewalt in Tateinheit mit gefährlicher Körperverletzung zu teils mehrjährigen Haftstrafen verurteilt. Anton Lehmanns Tod war nicht der erste und letzte Fall dieser Art. Dokumentiert sind fünf Erschießungen durch Polizeibeamte zwischen 1950 und 1979. Es gibt Hinweise auf eine höhere Zahl.

1394 Tandler bedauerte, „daß heute aufgrund bestehender Gesetze leider auf das Gesindel mehr Rücksicht als auf rechtschaffene Bürger genommen werde.“ So dürfe „man Zigeuner nicht als Zigeuner ansprechen“, sondern müsse Selbstbezeichnungen verwenden, siehe: Der Spiegel, 37 (1983), H. 38, S. 262.

1395 Diese und die folgenden Angaben in Müller-Münch: Polizeigewalt, insbes. S. 8, 14; „Zigeuner protestierten gegen Diskriminierung“, Rhein-Neckar-Zeitung, 19. 6. 1973. Vinzenz Rose und dessen Neffe Romani Rose stellten die Verhältnismäßigkeit des Polizeieinsatzes und die Objektivität des Gerichts infrage.

Das öffentliche Echo blieb noch auf die Region beschränkt, aber die Betroffenen lernten dazu und seit Ende der 1970er-Jahre hatte eine selbstbewusste, selbstorganisierte Minderheit in der außerparlamentarischen Öffentlichkeit einen festen Platz. Sie vermittelte ein Gefühl kollektiver Stärke, wo vorher individuelle Ohnmacht gewesen war. Eine Bürgerrechtsbewegung, an deren Spitze nun der *Verband Deutscher Sinti, die Rom und Cinti Union, Roma International* in Frankfurt und an deren Seite mit einem Fuß in der Bevölkerungsmehrheit „gemischte" Bündnisorganisationen wie der *Rom e. V.* in Köln, der *Bremer Sinti-Verein* oder der *Förderverein Roma e. V.* in Frankfurt standen, entwickelte durch öffentliche Aktionsformen, die den älteren Zusammenschlüssen der Verfolgten noch fremd gewesen waren, politische und gesellschaftliche Relevanz. Im Oktober 1979 veranstaltete der *Verband Deutscher Sinti* mit Unterstützung der *Gesellschaft für bedrohte Völker* auf dem Gelände der KZ-Gedenkstätte Bergen-Belsen eine große internationale Gedenkveranstaltung, bei der auch die NS-verfolgte erste Präsidentin des Europäischen Parlaments, Simone Veil, eine Ansprache hielt. Am Karfreitag 1980 traten zwölf Sinti in der Evangelischen Versöhnungskirche auf dem Gelände der KZ-Gedenkstätte Dachau in den Hungerstreik. Sie forderten von der Bundesregierung die Anerkennung des NS-Genozids an der Roma-Minderheit, die sofortige Beendigung der polizeilichen Sondererfassung und die Herausgabe von NS-Akten des RSHA, die im Bayerischen Landeskriminalamt weiterhin verwendet werden konnten. Neben den Kämpfen der Selbst- und Unterstützerorganisationen standen neue Ansätze in der Geschichtsschreibung. Die sich gründenden Geschichtswerkstätten meldeten sich zu Wort, Arbeiten einiger jüngerer Nachwuchshistoriker wandten sich auf neue Weise neuen Themen zu. Die Angehörigen der Minderheit hatten den richtigen Weg eingeschlagen. Es war Bewegung entstanden, und sie waren ein Teil davon. Ein politisches Zeichen zugunsten einer Aufarbeitung und zur justiziellen Bearbeitung der Verfolgungsgeschichte der Roma setzte 1982 der damalige Bundeskanzler Helmut Schmidt (SPD). Öffentlich befand er, dass auch „diese Verbrechen [...] den Tatbestand des Völkermordes erfüllt" hätten.[1396] Gemeint war das „rein deklaratorisch", ohne „Finanzfolgen".

Eine Revision des westdeutschen Strafrechts gegen NS-Täter (das 1990 auf die gesamtdeutsche BRD ausgeweitet wurde) ging damit jedoch nicht einher. Die Bundesrepublik war es gewesen, die schon

1396 So Schmidt am 17. 3. 1982 bei einem Empfang des Zentralrats Deutscher Sinti und Roma, siehe Peritore: Denkmal, S. 194; Lotto-Kusche, S. 170.

am Ende der 1940er Jahre einen Kurs eingeschlagen hatte, auf dem dann in Europa allein sie unterwegs sein würde. Das Siegertreppchen, das Esterházy ansprach, kann im Depot bleiben.

Erst drei Generationen nach den Verbrechen und Jahrzehnte nach der Feststellung von Helmut Schmidt rückte der BGH überhaupt erst einen vorsichtigen Schritt vom täterfreundlichen Individualstrafrecht und StGB-Sonderweg ab. 2016 befand er im „Gröning-Verfahren",[1397] wer am Vernichtungsort Auschwitz in der SS gewesen war, der habe sich – gleich in welcher Funktion und mit welchen Beiträgen er dort am Werk gewesen war – an einem Verbrechen beteiligt und sich schuldig gemacht. Dem Kölner Oberstaatsanwalt Günther Feld war dieses in der bundesdeutschen Geschichte des Umgangs mit den nazistischen Verbrechen tatsächlich herausragende Ereignis den Versuch einer Bilanz wert: „Es hätte viel mehr NS-Prozesse geben müssen", stellte er in der Tageszeitung *Die Welt* fest. Feld war von 1978 bis 2011 Staatsanwalt und leitete von 2005 bis 2011 die Zentralstelle zur Verfolgung von NS-Verbrechen in Köln. Wenngleich versehen mit einer unpassenden zeitlichen Einschränkung und einer Verlegung des Schwerpunkts von der Politik auf die Justiz benannte Feld doch wichtige Gründe für das Defizit: „In den 50er- und 60er-Jahren" sei „eine gründliche Aufarbeitung nicht denkbar gewesen, denn die Justiz war voll mit Leuten, die zu NS-Zeiten Karriere gemacht hatten. [...] Der politische und juristische Wille zur Strafverfolgung fehlte."[1398]

"Denkbar" war eine gründliche Aufarbeitung immer gewesen, wie die ständige Forderung danach belegt. Die Kräfteverhältnisse zwischen den Kontrahenten hatten es nicht zugelassen, dass der Gedanke zur politischen und juristischen Praxis wurde.

Im Jahr des Gröning-Verfahrens veranstalteten der BGH und der *Zentralrat Deutscher Sinti und Roma* ein gemeinsames Symposium zur westdeutschen Rechtsprechung zu den NS-Verbrechen an der Minderheit, auch das ein Zeichen einer Veränderung.[1399] Dabei wurde auch eine

1397 Siehe das Lüneburger Verfahren gegen Oskar Gröning: Huth: Die letzten Zeugen, und die Rezension des Buchs durch Werner Renz, abrufbar unter: https://www.recensio.net/rezensionen/zeitschriften/einsicht/2016/15/ReviewMonograph582478006 [letzter Zugriff: 20.6.2022].

1398 BGH zum Fall Oskar Gröning, siehe Hinrichs, Per: Wer in Auschwitz Dienst tat, machte sich schuldig, Die Welt, 28.11.2016.

1399 Diese Angaben und das nachfolgende Zitat: Bundesgerichtshof / Zentralrat Deutscher Sinti und Roma: Doppeltes Unrecht; Rath: Gedenken; Gedenktafel am BGH würdigt stark belastete NS-Juristen, in: Süddeutsche Zeitung, 21.6.2022.

große marmorne Gedenktafel im Erbherzoglichen Palais in Karlsruhe, seit 1950 Sitz des BGH, diskutiert. Der oben schon angesprochene damalige BGH-Präsident Hermann Weinkauff hatte sie 1957 für Mitglieder des Reichsgerichts und der Reichsanwaltschaft an seinem Dienstsitz anbringen lassen. Die Tafel vertrat eine Korrekturerzählung zur NS-Belastung der Justiz. Sie ist ein beachtenswerter Beleg westdeutscher Erinnerungspolitik. Sie galt Juristen, die 1945/46 Lager in der SBZ an vormaligen Standorten eines Konzentrations- und eines Kriegsgefangenenlagers nicht überlebten.[1400] Es handelte sich dabei um zwei sowjetische Internierungslager, wie sie in der ersten Phase der alliierten Entnazifizierung in allen Zonen oft an derartigen Orten eingerichtet worden waren.[1401] 33 der 34 NS-Spitzenjuristen auf der Gedenktafel waren Mitglieder der NSDAP gewesen. Zu ihnen gehörten Befürworter von Todesurteilen bei kleinen Vergehen oder von harter Sanktionierung der „Rassenschande". Es gab zwar später immer wieder einmal Kritik an dieser Memorabilie, aber sie blieb folgenlos.

Aus der Kritik von 2016 wurde ein Arbeitsauftrag für Historiker und Historikerinnen der Universität Mainz, die nun begonnen haben, den „Umgang der Nachkriegsjustiz mit dem Nationalsozialismus einschließlich der personellen Bezüge gerade auch beim Bundesgerichtshof" zu untersuchen. Wenn das Ergebnis vorliegt, werden mehr als acht Jahrzehnte seit den Untaten der verantwortlichen Juristen vergangen sein.

Katrin Stoll schloss sich 2012 in ihrer Arbeit zu den Deportationen jüdischer Ghettobewohner 1943 nach Auschwitz und Treblinka durch Sipo-Beamte und zur Aufarbeitung dieser Verbrechen in einem Bielefelder Strafverfahren einer Schlussfolgerung der Juristin und SPD-Politikerin Lore Maria Peschel-Gutzeit aus den 1990er-Jahren an. Demnach sei insgesamt „die Bilanz der Strafverfahren zwar unbefriedigend" geblieben, weil „Anspruch und Wirklichkeit [...] weit auseinander(klafften). Aber ohne Einsatz der Justiz und ohne Prozesse wäre das ganze Ausmaß der nationalsozialistischen Verbrechen weder aufgedeckt noch

1400 Die Mortalität war höher als in den westlichen Lagern. Als Todesursache ist von Hunger und Krankheiten auszugehen, nicht von physischer Gewalt des Lagerpersonals, die „kaum eine Rolle" spielte. Dabei ist zu sehen, dass „angesichts einer Dürre und Hungerkatastrophe" in der kriegszerstörten Sowjetunion „die Lebensmittel für alle knapp" waren: Niethammer: Alliierte Internierungslager, S. 113. Immer war der Wechsel aus den Lebensbedingungen eines Leipziger Reichsrichters oder Reichsanwalts in die eines Häftlings im Lager Mühlberg oder Buchenwald ein Absturz.

1401 Der Standort des Reichsgerichts war Leipzig gewesen, daher die Zuordnung zur SBZ.

ins öffentliche Bewusstsein gerückt worden."[1402] Ein „Anspruch" der Politik und der Justiz wäre sicher mit einem ganz dicken Fragezeichen zu versehen, und ein Vergleich mit einer Situation ganz ohne einen Einsatz der Justiz und ohne jegliche Prozesse ist nicht mehr als ein reines Gedankenspiel. Schon die Beobachter im Ausland hatten garantiert, dass ein solcher Zustand nicht eintreten konnte. Dass es Prozesse gab, geht im Übrigen weder auf „die" Justiz noch auf „die" Politik noch auf „die" westdeutsche Gesellschaft zurück. Das sind simplifizierende Pauschalurteile. Sie lassen Handlungen als alternativlos erscheinen. Und sie machen die Akteure hoch konflikthaltiger Entscheidungen unsichtbar. Und: Wie endeten die Verfahren?!

Es waren Menschen vor allem außerhalb der staatlichen Justiz, die als Verfolgte und als entschiedene Gegner sowohl des NS-Systems als auch einer restaurativen Politik in Westdeutschland dafür sorgten, dass die staatliche Justiz sich in einem langen Prozess schließlich ein Stück in Richtung vermehrter vergangenheitspolitischer und strafrechtlicher Glaubwürdigkeit bewegte. Das bedurfte eines ständigen Drucks durch diese Träger der Veränderung, denn damit standen sie im Widerspruch nicht einfach nur zu Meinungen in der Gesellschaft, sondern vor allem zu führenden hegemonialen Einflussgruppen und Entscheidungsträgern, die die Rückkehr der NS-Belasteten in Dominanzrollen wünschten, alles ihnen Mögliche dazu unternahmen und sich damit im Großen und Ganzen durchsetzten. Das im erinnerungskulturellen Diskurs gerne als so vorteilhaft angeführte „Beschweigen" der Verbrechen diente diesem Vorhaben, gestört wurde es durch die öffentliche Verhandlung der Fragen um die „Vergangenheitsbewältigung".

Es kann auch nicht davon die Rede sein, dass inzwischen der nazistische Genozid an den europäischen Roma in seinem ganzen Umfang im öffentlichen Bewusstsein angekommen wäre. Die NSG-Strafverfahren haben – und hier ist ganz besonders das Sammelverfahren zum „Zigeuner-Komplex" anzuführen – in all den Jahrzehnten nur wenig für Aufklärung sorgen können. Sie blieben nach ihrem Inhalt defizitär und medial, politisch und historiografisch über den Gerichtsort hinaus meist unbeachtet.

Davon, dass es für aufgeklärte Botschaften von Politikern, Staatsjuristen, Medien, Schulen oder sonstigen Meinungsbildnern keinen gesellschaftlichen Resonanzraum gegeben hätte, lässt sich nicht sprechen.

1402 Peschel-Gutzeit: Aufarbeitung, S. 6, zit. nach Stoll: Herstellung der Wahrheit, S. 82.

Auch hier wäre zu differenzieren. Zu keinem Zeitpunkt war diese westdeutsche Gesellschaft eine einstimmig auf individuellen Voreingenommenheiten beharrende, mehr oder weniger NS-affine, den verfolgten Minderheiten und deren Verlangen nach Aufarbeitung ablehnend gegenüberstehende „Mehrheitsgesellschaft". Menschen wie Marta Adler, Franz Bamberger, Fritz Bauer, Alfred Dietrich, Heinz Düx, Marcel Frenkel, Paul Haag, Oskar und Vinzenz Rose, Emilie Schade, Irmgard und Valentin Senger, Walter Strauß, Siegmund A. Wolf usw. waren Teil der Gesellschaft. Teil der Mehrheitspolitik dagegen waren sie nicht. Sie lehnten deren Positionierungen ab, so wie sie mit ihrem Blick auf die Verfolgung sehr lange von dort angegriffen wurden. Die politischen, medialen und wissenschaftlichen Weichensteller ließen die gesellschaftlichen Impulsgeber einer Aufarbeitung der nazistischen Verbrechen allein oder bekämpften sie.

Das an dieser Stelle einmal anzusprechende Wort von der „Mehrheitsgesellschaft" als Gegenüber der Minderheit unterstellt eine geschlossene einheitlich handelnde nationale leitkulturelle gesellschaftliche Kraft. Es handelt sich um eine Suggestion ähnlich der der „Volksgemeinschaft". Sie überformt die reale gesellschaftliche Struktur und behauptet eine Homogenität, die es nicht gibt und auch nie gab. Sie lässt annehmen, dass es neben dieser Mehrheit minoritäre, ebenso geschlossene „Parallelgesellschaften" und „Kontrastkulturen" geben würde. Über die Führungsgruppen („Eliten") geht „Mehrheitsgesellschaft" hinweg, als gebe es sie nicht, obwohl deren Angehörige wie allgemein bekannt politisch, gesellschaftlich, kulturell mit einem sozialen und materiellen Kapital ausgestattet sind, das ihnen ständig entscheidende Einflussmöglichkeiten sichert.

In Anwendung auf die hier thematisierten Jahrzehnte nach 1945 würde „Mehrheitsgesellschaft" das mehrheitspolitische Defizit an vergangenheitspolitischer Aufarbeitungsbereitschaft oberflächlich auf eine diffuse Breite der Gesamtbevölkerung verschieben und verteilen und dabei all jene Kräfte aus dem gesellschaftlichen Geschehen eskamotieren, die für eine nichtdefizitäre Vergangenheits- und eine konsequent nichtminderheitenfeindliche Gesellschaftspolitik eintraten.

Die Geschlossenheit von „Mehrheitsgesellschaft" in Abgrenzung zu minderheitlichen „ethnischen" Gruppen ruft die Geschichte der völkischen Vorstellungen von nationaler Einheitlichkeit im ausgehenden 19. und im 20. Jahrhundert in Erinnerung. Die Grenzziehungen und Grenzbefestigungen zwischen „Rassen", „Völkern" und „Volksgruppen", wie sie damals in Teilen der Politik und der Gesellschaft ein gewichtiges Thema darstellten, waren aufs engste verbunden mit dem Chauvinismus jener Zeit. Ideologische Konstruktionen kollektiver und wesenhafter Unterschiedlichkeit wurden zu tragenden Komponenten der Verfolgung von Minderheiten. Sie waren häufig abwertend, aber das musste nicht sein. So gab es nicht wenige Bewunderer von „Zigeunern", einer ihnen zugeordneten als „romantisch" empfundenen Musik oder der angeblichen besonderen Freiheit ihrer Lebensweise. Bis heute werden die damals verbreiteten essentialistischen Differenzkonstrukte einschließlich der mit ihnen verknüpften positiven oder negativen Wertungen hochgehalten. Über alle real bestehenden sozialen und kulturellen Gemeinsamkeiten von Menschen aus der vielgestaltigen Roma-Minderheit mit den Menschen der vielgestaltigen Bevölkerungsmehrheit hinweg gilt unter dem Motto „Toleranz für Andersartigkeit" als wesentliches Unterscheidungsmerkmal weiterhin der ethnische Faktor. Es liege bei der Minderheit eine kollektive und prinzipiell anders als bei anderen „Völkern" geartete „Grundprägung" (Karl-Markus Gauß) vor, die unbedingt konserviert werden müsse.[1403] Sprecher schwärmen für „die verschiedenen kulturellen Mitgliedschaften" und für das „Anderssein der Sinti und Roma". Sie empfehlen „der bürgerlichen Gesellschaft" „eine „Koexistenz der Lebensformen" „in der Auseinandersetzung mit dem ‚Fremden'".[1404] Das kann soweit gehen,[1405] dass von Instanzen der NS-Aufarbeitung in aller Unschuld zur Illustration der angeblichen „Andersartigkeit" von Roma eine bildliche Täterquelle affirmativ eingesetzt wird, die 1940 entstand. Die Fotografie zeigt eine Romni barfuß und in äußerst fremdländischer Kleidung, als bilde sie eine heutige migrantische Angehörige der Minderheit ab. Das Bild hatte die Aufgabe, mit der Präsentation von Andersartigkeit Propaganda für

1403 Roma – Europäer par excellence [Interview mit Karl-Markus Gauß], S. 87.

1404 Korfkamp, „Zigeuner", S. 139; die Verschiedenheit der Lebensformen konkretisiert sich etwa in einem Lehrbuch zur Migrationssoziologie 2017 zu den vermeintlich „nomadischen *Lebensformen*, die bis heute in unseren Gesellschaftssystemen existieren (zum Beispiel *Sinti* und Roma)": Aigner: Migrationssoziologie, S. 3.

1405 Siehe Flyer von zwei Schulen zusammen mit der lokalen NS-Gedenkstätte in Krefeld am 16. 12. 2019, dem Jahrestag des Himmler'schen Auschwitz-Erlasses. Am 16. 12. 2002 hatte bereits die *Süddeutsche Zeitung* dasselbe angeblich in Warschau aufgenommene Propaganda-Kompanie-Foto verwendet, um damit einen Bericht über die Auschwitzdeportation der Berleburger Sinti-Nachfahren zu bebildern. Es zeige, so der Hinweis auf Ort und Zeit in der *Süddeutsche Zeitung*, „die ‚Zigeuner' in der Stadt Anfang der 30er Jahre". Zu beiden Vorgängen siehe Opfermann: „Toleranz für Andersartigkeit", abrufbar unter: https://brennpunktkrefeld.de/25340/kommentar-von-dr-opfermann-zum-flyer-der-gedenkveranstaltung/ [letzter Zugriff: 20. 6. 2022].

die nazistische „Ausmerze“ zu machen. Beigegeben war ihm jetzt der wohlgemeinte Appell „Gemeinsam gegen Vorurteile“. Der „ethnopluralistische“ Blick auf „unterschiedliche kollektive Identitätsentwürfe“ ist kein Alleinstellungsmerkmal der rechtsextremen Identitären Bewegung.

Individuelle „Vorurteile“ sind es, die vielen Betrachtern als die Hauptquellen sozialer und kultureller Exklusion gelten, nicht etwa Konzepte und nachfolgende Praktiken einer national getönten Minderheits-, Sozial- oder Migrationspolitik. Die Politik tue vielleicht noch nicht genug oder manchmal das Falsche, sie bringe die Problematik aber nicht hervor, lautet der Schluss. Anders als der ungebildete kleine Mann sei sie in diesen Dingen jedoch lernbereit. Es liege alles beim Einzelnen. Dessen Ressentiments seien der unangenehme Ausfluss zutiefst „verankerter“ privater Befindlichkeiten, Verblendungen und Unduldsamkeiten. Die Individuen sehen sich aufgefordert, sich unter fachlicher Anleitung in der Kleingruppe einen neuen Standort zu erarbeiten. Im persönlichen Ansatz sollen sie jeweils auf sich schauen und lernen, die Grenzen zwischen der Bevölkerungsmehrheit und der Roma-Minderheit im Modus der Toleranz anzuerkennen. Dabei seien zusätzlich auch innerethnische minderheitliche Trennlinien streng zu beachten. Die vom Lehrenden bekräftigten Fremdheiten seien „wertebasiert“ jeweils gutzuheißen und zu unterstützen statt sie abzulehnen. Die Basis von Diskriminierung und Ausschließung – die Grenzziehung gegenüber Fremdartigkeit – wird auf diesem Weg beglaubigt. Zu unterschiedlichen Wertigkeiten überzugehen, ist bei allem Anspruch aber nur ein kleiner Schritt. „Ethnische“ Grenzen zu ziehen, das war es, woran die völkischen Tsiganologen arbeiteten. Die Anerkennung der Prozesshaftigkeit und der allseitigen Offenheit von Kultur bei grundlegender natürlicher menschenrechtlicher Gleichheit der Akteure konnte nur stören. Ob genealogisch-biologistisch oder kulturalistisch begründet, Verschiedenheit ist das Gegenteil von Gleichheit und ein ungeeigneter Ansatz, wenn es um den strukturellen Ausgleich von real vorhandenen sozialen und politischen Benachteiligungen, sprich um ein Ende minderer Lebenschancen, gehen soll. Daher haben Selbstorganisationen der Minderheit der ihnen zugeschriebenen Fremdheit immer wieder widersprochen und Sprecher der Sinti nachdrücklich auf die Tatsache verwiesen, dass ihre Familien seit Jahrhunderten in der mitteleuropäischen Gesellschaft zu Hause sind.

An dieser Stelle sei auf eine Bemerkung von Eva Justin gegenüber Hermann Arnold von 1953 aufmerksam gemacht. Es ging Justin um die gesammelten Scheinbelege einer fiktiven Andersartigkeit der von ihr und ihren Kolleginnen und Kollegen ausgeforschten „Zigeuner“ und „Zigeunermischlinge“, um den Materialbestand der untergegangenen RHF. Justin wollte nicht, dass „das einmal mit viel[en] Opfern Erarbeitete nutzlos verstaubt, sondern wieder ein Helfer bei der Menschenbeurteilung sein“ werde. Schließlich sei „nichts [...] undemokratischer als die verantwortungslose Gleichmacherei“.[1406]

Der Appell zu Toleranz gegenüber Andersartigkeit setzt bestätigend an genau der Stelle an, für die die Abgrenzer und Verfolger den jede „Gleichmacherei“ verbietenden Unterschied proklamieren, am Essentialismus der „Prägung“ von Menschen aus angeblich definitiv anders gearteten Kulturen. Als ein besonderer Gräuel erschienen und erscheinen ihnen dabei die „Mischlinge“, die mit ihrer Existenz die Grenzziehungen infrage stellen und sie als Konstruktionen enthüllen. Die universale Gleichheit der Angehörigen der menschlichen Gattung, das Postulat einer gleichen Geltung der individuellen und sozialen Menschenrechte für alle bleiben wie auch das politische Stichwort „Chancengleichheit“ bei der Zuschreibung von Grundprägungen und einer Andersartigkeit der Lebensform Leerstellen. Die überkommene Perspektive hat sich bei dieser Blickrichtung nicht grundsätzlich, sondern nur partiell verändert. Alte Fragen bleiben damit offen.

1406 Justin an Arnold am 8.4.1953, in: Barch Berlin-Lichterfeld, ZSlg. 142/22 (1.923), zit. nach Kelch: Dr. Hermann Arnold, S. 195.

Anhang

— ※ —

Überblick: Alliierte und westdeutsche NSG-Rechtsprechung zu Verbrechen gegen die Roma-Minderheit, 1946–2014

Beschuldigte / Angeklagte	Gerichtsort, Register-Nr.; JuNSV	Zeit	Ermittlungs- / Verfahrensgegenstand / Tatvorwurf; Tatzeit und -ort; Einstellungs- / Urteilsbegründung	Verfahrensergebnis
1. „Hamburger Ärzte-Prozess“ (britische Curiohaus-Prozesse)	Hamburg TNA, FO 1.060/1.061	1946–1947		
Prof. Dr. med. Hans Hinselmann, Chefarzt Krankenh. Altona			Zwangssterilisierung von mind. 8 „Zigeunermischlingen“, Auschwitz-deportationen	3 J., RM 100.000, 1947 entl.
Dr. med. Günther, Krankenh. Altona Dr. med. Helmut Wirths, Krankenh. Altona Dr. med. Goldbeck, Krankenh. Altona Dr. med. Alfred Bessin, Krankenh. Altona				zwischen 1 und 3 J., bei 2 auf Bewährung, 1 Frspr.
Wilhelm Everding, Kripo Hamburg			Zwangssterilisationen durch Androhung von Auschwitz-Deportation; deren Durchführung	3 J., 1947 vorz. entl.
Kurt Krause, Kripo Hamburg				3 J., 1947 vorz. entl.
2. Nürnberger Nachfolgeverfahren, Fall I („Ärzte-Prozess“), 20 Ärzte, 2 Verwaltungsvertreter, 1 Jurist	Nürnberg	1946–1947	*crimes against humanity*: Zwangsteilnahme von Roma und anderen an Versuchen zur Trinkbarmachung von Meerwasser	
Dr. med. Hermann Becker-Freyseng			Meerwasserversuche; KZ Dachau	20 J., dann 10 J., 1952 entl.
Dr. med. Konrad Schäfer			Meerwasserversuche; KZ Dachau	Frspr.
Prof. Dr. med. Wilhelm Beiglböck			Meerwasserversuche; KZ Dachau	15 J., dann 10 J., 1951 entl.

	Beschuldigte / Angeklagte	Gerichtsort, Register-Nr.; JuNSV	Zeit	Ermittlungs- / Verfahrensgegenstand / Tatvorwurf; Tatzeit und -ort; Einstellungs- / Urteilsbegründung	Verfahrensergebnis
3.	Wilhelm Everding	Hamburg 14 Js 573/47	1946–1948	VgM, Zwangssterilisation durch Androhung der Deportation nach Auschwitz	Vorverf. eingest.
	Kurt Krause				Vorverf. eingest., Beweism., „ne bis in idem“
4.	Nürnberger Nachfolgeverfahren, Fall III („Juristen-Prozess“), 16 Angeklagte, 7 wg. „Vernichtung durch Arbeit“:	Nürnberg	1947	*war crimes and crimes against humanity* gegen politische Gegner, Juden, Roma, polnische und sowjetische Bürger, u. a. Übergabe „asozialer“ und politischer Häftlinge aus Justizhaft in KZ-Haft zur „Vernichtung durch Arbeit“	
	Josef von Altstötter, SS-Oberf., Ministerialdir.				5 J., 1950 entl.
	Dr. jur. Wilhelm von Ammon, Ministerialrat				10 J., 1951 entl.
	Dr. jur. Karl Engert, SS-Oberf., Ministerialdir.				Verf. eingest., verhandlungsunf.
	Dr. jur. Günther Joel, SS-Obersturmbannf.				10 J., 1951 entl.
	Herbert Klemm, Staatssekr.				lebensl., 1957 entl.
	Dr. jur. Wolfgang Mettgenberg, Ministerialdir.				10 J., 1950 verst.
	Dr. jur. Franz Schlegelberger, Staatssekr., stellv. Justizminister				lebensl., 1951 als haftunf. entl.

	Beschuldigte / Angeklagte	Gerichtsort, Register-Nr.; JuNSV	Zeit	Ermittlungs- / Verfahrensgegenstand / Tatvorwurf; Tatzeit und -ort; Einstellungs- / Urteilsbegründung	Verfahrensergebnis
5.	Dr. med. Theodor Kiess, Chefarzt Peter-Friedrich-Ludwigs-Hospital, Oldenburg	Oldenburg 5 Js 1.710/47	1947	VgM, Körperverletzuung im Amt: Zwangssterilisation von Elfriede, Robert und Thea Traubela Franz; 9. 5. 1944, 5. 4. 1945; Belege erst verschwunden, dann 1995 aufgetaucht und vor einer Auswertung im Gesundheitsamt angeblich bereits vernichtet	Vorverf. eingest., Beweism.
6.	Dr. med. Julius Wagner, Chefarzt Chirurgie Städtisches Krankenhaus Esslingen	Stuttgart E/3 Js 3.014/47	1947	Zwangssterilisation von 7 „Zigeunermischlingen“; 1943, 1944	Vorverf. eingest.
7.	Nürnberger Nachfolgeverfahren, Fall VII („Geiselmord-Prozess“), 12 Generäle	Nürnberg	1947–1948	*war crimes and crimes against humanity*: Einzel- und Massentötungen von Juden, Roma, Serben, Kommunismus- und Widerstandsverdächtigen	
	General Walter Kuntze, General, stellv. Oberbefehlshaber Südost			u. a. wegen Erschießung von 3.200 „Juden und Zigeunern“ 1941 in Serbien	lebensl., 1953 entl.
	Generalfeldmarschall Wilhelm List			u. a. wegen Erschießung von „2.100 Juden und Zigeunern“ 1941 in Serbien	lebensl., 1952 als haftunf. entl.

	Beschuldigte / Angeklagte	Gerichtsort, Register-Nr.; JuNSV	Zeit	Ermittlungs- / Verfahrensgegenstand / Tatvorwurf; Tatzeit und -ort; Einstellungs- / Urteilsbegründung	Verfahrensergebnis
8.	Nürnberger Nachfolgeverfahren, Fall IX („Einsatzgruppen-Prozess“), 24 SS-Offiziere	Nürnberg	1947–1948	*war crimes and crimes against humanity*: Einzel- und Massentötungen von Juden, Roma, Kriegsgefangenen, Kommunismus- und Widerstandsverdächtigen	
	Heinz Jost, Polizei-Generalmajor, SS-Brigadef.			u. a. „Weihnachtsgemetzel“ an Roma auf der Krim	lebensl., 10 J., 1952 entl.
	Erich Naumann, Polizei-Generalmajor, SS-Gruppenf.			u. a. „Weihnachtsgemetzel“ an Roma auf der Krim	Todesstrafe, 1951 hinger.
	Gustav Noßke, SS-Obersturmbannf.			u. a. „Weihnachtsgemetzel“ an Roma auf der Krim	lebensl., 1951 entl.
	Heinz Schubert, SS-Obersturmf.			u. a. „Weihnachtsgemetzel“ an Roma auf der Krim	Todesstrafe, 10 J., 1952 entl.
9.	Nürnberger Nachfolgeverfahren, Fall XII („OKW-Prozess“), 14 Angeh. des Oberkommandos der Wehrmacht	Nürnberg	1947–1949	*war crimes and crimes against humanity*	
	Georg von Küchler, Generalfeldmarschall, Oberbefehlshaber Heeresgruppe Nord			zahlreiche Morde unterstellter Einheiten an Roma, „Kommunisten“ wegen Partisanenunterstützung, antideutscher Propaganda, Tötungsverbrechen an 500 Juden, Roma, Kommunisten u. a.; 15. 5. 1942, Chorol (Ukraine)	20 J., 1953 entl.
	Karl von Roques, General, Befehlsh. Rückwärtiges Gebiet Heeresgruppen Süd und A				20 J., 1949 als haftunf. entl. und verst.

	Beschuldigte / Angeklagte	Gerichtsort, Register-Nr.; JuNSV	Zeit	Ermittlungs- / Verfahrensgegenstand / Tatvorwurf; Tatzeit und -ort; Einstellungs- / Urteilsbegründung	Verfahrensergebnis
10.	Spruchkammerverfahren Hinrich Lohse, Reichskomm. Ostland	Bielefeld	1947–1948		10 J. und Einzug des Vermögens, 1951 entl., da „dauernd haftunfähig“
11.	Dr. med. Hermann K., L. Staatliches Gesundheitsamt Ravensburg	Ravensburg Js 243–44/47	1947–1948	VgM u. a.: Zwangssterilisation von Franziska Weissenbach* Reinhardt und Theresia Schwarzenberger* Reinhardt; Januar 1945	Vorverf. eingest., Beweism.
	Dr. med. Arthur K., Ravensburg				Vorverf. eingest.
	G., Kriposekretär, Ravensburg				Vorverf. eingest.
	Theodor Kreeb, Ravensburg				Vorverf. eingest., Beweism.
	Oberbürgermeister Rudolf Walzer, Ravensburg				Vorverf. eingest., Beweism.
12.	N. N., Polizeimstr. in Niedermendig	Koblenz 2 Js 393/47, 9 KLs 14/49 JuNSV: FAZ	1947–1949	VgM, Festnahmen und Misshandlung von sowjetischen Zwangsarbeitern und Juden, Deportation der Sinti-Familie August Kreutz (18 Personen), Ermittlungen gegen Frauen wegen verbotener Beziehungen; 1943	eingest., Widerspruch der Militärreg., dann Frspr., der bestätigt wird

	Beschuldigte / Angeklagte	Gerichtsort, Register-Nr.; JuNSV	Zeit	Ermittlungs- / Verfahrensgegenstand / Tatvorwurf; Tatzeit und -ort; Einstellungs- / Urteilsbegründung	Verfahrensergebnis
13.	Spruchkammerverfahren Dienststelle für Zigeunerfragen München	München	1947–1949	Deportationen; Tätigkeit in der Münchener Dienststelle für Zigeunerfragen	
	August Wutz, Dienststellenleiter, Kripooberkomm.			„Hauptschuldiger“, dann „Mitläufer“	10 J. / Arbeitslager (1947); aufgehoben (1949)
	Josef Zeiser, Kriposekretär			„Hauptschuldiger“, dann „Mitläufer“	10 J. / Arbeitslager (1947); aufgehoben (1949)
14.	Hinrich Lohse, Reichskomm. Ostland	Kiel	1947–1950	Akten nach Verfahren vernichtet	Vorverf. eingest.
15.	Dr. med. Hugo B., Chefarzt Bollmanns-Krankenhaus Nienburg	Verden 6 Js 337/47, 6 KLs 12/47 JuNSV: FAZ	1947–1948	Zwangssterilisation von 5 Angehörigen einer Nienburger Sinti-Familie, „schwere Körperverletzung im Amt“; 1943, 1944	Frspr.
	Gustav M., Kripomstr., Nienburg				Frspr., Beweism.
16.	„Wiesbadener Juristen-Prozess“	Wiesbaden 2 Js 600/48, 2 Ks 2/51 JuNSV, Nr. 310	1947–1952	Überstellung von 14.700 Justizhäftlingen (Juden, Roma, Polen, „Russen“, „Asoziale“ u. a.) zur „Vernichtung durch Arbeit“ in Konzentrationslager; Reich	
	Dr. jur. Karl Engert, RJM, Leiter Abt. XV, Ministerialdir., stellv. VGH-Vorsitzender, SS-Oberf.				angekl., verhandlungsunf., eingest.
	Robert Hecker, Senatspräsident				angekl., verst., eingest.

Nr.	Beschuldigte / Angeklagte	Gerichtsort, Register-Nr.; JuNSV	Zeit	Ermittlungs- / Verfahrensgegenstand / Tatvorwurf; Tatzeit und -ort; Einstellungs- / Urteilsbegründung	Verfahrensergebnis
	Rudolf Marx, RJM, Leiter Abt. V, Ministerialdirigent				Frspr.
	Dr. jur. Albert Hupperschwiller, Ministerialrat				Frspr.
	Friedrich Wilhelm Meyer, Oberstaatsanwalt				Frspr.
	Kurt Giese, Volljurist, Reichshauptamtsl., Beisitzer Volksgerichtshof				Frspr.
	Dr. jur. Otto Gündner, Erster Staatsanwalt				Frspr.
	Herbert Peters				Verf. abgetrennt
17.	3 oder 4 Ärzte des Gesundheitsamts	Konstanz 1 Js 701/48	1948–1950	Zwangssterilisierung von einem Mann „negroiden Typs“ und von 6 Roma; 1. 7. 1937, Juni 1944 – Januar 1945	
	Dr. med. Ferdinand Rechberg, L. Gesundheitsamt				Vorverf. eingest.
	2 oder 3 weitere Ärzte				Vorverf. eingest.

	Beschuldigte / Angeklagte	Gerichtsort, Register-Nr.; JuNSV	Zeit	Ermittlungs- / Verfahrensgegenstand / Tatvorwurf; Tatzeit und -ort; Einstellungs- / Urteilsbegründung	Verfahrensergebnis
18.	Dienststelle für Zigeunerfragen München	München I 1a Js 1.171 72/48	1948	Tätigkeit in der Dienststelle; München; Akten nach Verfahren vernichtet	
	August Wutz, Kripooberkomm.				Vorverf. eingest.
	Josef Zeiser, Kriposekretär				Vorverf. eingest.
19.	N. N., Angeh. Kripo Hamburg	Hamburg 14 Js 86/48	1948	Akten nach Verfahren vernichtet	Vorverf. eingest.
20.	„Berleburger Zigeunerprozess“, 28 Beschuldigte, 7 Angeklagte	Siegen 3 Ks 1/49	1948–1950	VgM, Deportation von 134 Berleburger Sinti-Nachfahren ins KZ Auschwitz; 1943, Reich	
	Otto Marloh, Landrat	JuNSV, Nr. 127		ausgegliedert, eigenes Verfahren	4 J., Haftverschonung wg. Krankh.
	Hans Klamp, L. Kripo Dortmund	JuNSV, Nr. 124			Frspr.
	Josef King, Kriminalsekr., Kripo Dortmund				1 J.
	Fritz Volkhardt, Komm., Kripo Dortmund				½ J.
	Norbert Roters, Kreisl. Wittgenstein				1 ½ J.
	Karl Schneider, Kaufmann, komm. Bürgermstr.				1 ½ J.
	Hermann Fischer, Stadtinspektor				1 ½ J.

	Beschuldigte / Angeklagte	Gerichtsort, Register-Nr.; JuNSV	Zeit	Ermittlungs- / Verfahrensgegenstand / Tatvorwurf; Tatzeit und -ort; Einstellungs- / Urteilsbegründung	Verfahrensergebnis
	Dr. Dr. med. Robert Ritter, RHF				Vorverf. eingest.
	Dr. med. Adolf Würth, RHF				Vorverf. eingest.
	Dr. jur. Theodor Günther, Bürgermstr.				Vorverf. eingest.
	weitere 18 Beschuldigte				Vorverf. eingest.
		Köln, OGHBZ	1950		alle Urteile bestätigt
21.	Dr. Dr. med. Robert Ritter, L. RHF	Frankfurt a. M. 55/3 Js 5.582/48	1948–1950	Zwangsmittel und Körperverletzungen bei Rasseuntersuchungen, Zwangssterilisierungen, Mitwirkung an KZ-Deportation und Mitschuld am Tod „vieler Tausender von Zigeunern“ in KZs; Akten nach Verfahren vernichtet	Vorverf. eingest., Beweism., Amnestierung, Verjährung
22.	„Zyklon-B-Prozess“ Verwaltungsspitzen der DEGESCH	Frankfurt a. M. 4a Js 3/48, 4 Ks 2/48 Wiesbaden	1948–1955 1948–1949	Lieferung des Giftgases Zyklon B zur Vergasung von 450.000 Juden, Roma, Kriegsgefangenen und Arbeitsunfähigen in Auschwitz; wegen Beihilfe zum Totschlag	zunächst für alle Haftstrafen zwischen 5 und 6 J., dann:
	Dr. rer. nat. Gerhard Peters, Geschäftsführer	3 Ks 3/51 JuNSV, Nr. 415	1948–1955	keine Kenntnis einer Verwendung von Giftgas in Auschwitz	Frspr., wegen „erfolgloser Beihilfe“

	Beschuldigte / Angeklagte	Gerichtsort, Register-Nr.; JuNSV	Zeit	Ermittlungs- / Verfahrensgegenstand / Tatvorwurf; Tatzeit und -ort; Einstellungs- / Urteilsbegründung	Verfahrensergebnis
	Karl Amend, Verwaltungsausschuss	Frankfurt a. M. 4 Ks 1/55 JuNSV: FAZ	1951–1953		Frspr., Beweism.
	Hans-Ulrich Kaufmann; Verwaltungsausschuss				Frspr., Beweism.
23.	Friedrich Wilhelm Theilengerdes, SS-Obersturmf., L. Gestapo Oldenburg (Schleswig)	Lübeck (2) 14 Js 384/49 2 KLs 2/50	1949–1950	Verbrechen an Zwangsarbeitern; Denunziation der Sinti-Brüder Paul, Hans und Theo Welp; 1941–1944	Vorverf. eingest., da durch Hinrichtung verst.
24.	Ilse Koch, Ehefrau des Buchenwald-Kommandanten Karl Otto Koch	Augsburg 4 Js 360/49, Ks 22/50, BGH 1 StR 622/51 JuNSV, Nr. 262	1949–1951	Gefährliche Körperverletzung, Anstiftung zur gefährlichen Körperverletzung, Anstiftung zum versuchten Mord und Anstiftung zum Mord an Häftlingen, darunter Roma	lebensl., verst., Suizid in Haft
25.	Aloysius / Alois Elsen, Bürgermeister von Cochem, Kreisleiter, u. a.	Koblenz 9 Js 99/49	1949	VgM, Übergabe des Sinto Peter Hoffmann und von 6 Familienmitgliedern an die Kripo und Deportation nach Auschwitz; März 1943	Vorverf. eingest.
26.	Prof. Dr. med. Carl Clauberg	Kiel 2 Js 3.484/55	1955–1957	u. a. Sterilisationsversuche an mind. 135 Jüdinnen und 35 Romnja; KZ Auschwitz und Ravensbrück	angekl., verst., eingest.

	Beschuldigte / Angeklagte	Gerichtsort, Register-Nr.; JuNSV	Zeit	Ermittlungs- / Verfahrensgegenstand / Tatvorwurf; Tatzeit und -ort; Einstellungs- / Urteilsbegründung	Verfahrensergebnis
27.	Dr. med. Herta Oberheuser, Ärztin im KZ Ravensbrück, Menschenversuche u. a.	Kiel 2 Js 327/56	1956–1961	Tötung von 18 Frauen, darunter der 16-jährigen Romnja „Häschen“ Horvath im KZ Ravensbrück	wg. Vorverurteilung (Nürnberger Ärzteprozess) Vorverf. eingest.
28.	Gustav Sorge, SS-Unterscharf., Rapportf.	Bonn 8 Ks 1/58	1956–1959	zahlreiche Tötungsdelikte, u. a. Anstiftung zum Mord an Sinti-Artisten Rudolf Atsch, Johannes Pasquali, Franz Winterstein am 13. 4. 1940; KZ Sachsenhausen, April 1938 – April 1945	nach Verfahren in der UdSSR lebensl., 1956 in die BRD entlassen („Heimkehrer“), nach Verfahren in Bonn lebensl., 1978 in der Haft verst.
29.	Lokaler deutscher „Selbstschutz“, Einsatzgr., Polizei, 56 Beschuldigte	Gießen 2 Ks 1/59 JuNSV, Nr. 475	1957–1959	u. a. Erschießungen von Polen, Juden, Roma, Kaschuben, so von „Frauen und Männern im Alter von 15 bis etwa 50 Jahren“ der Roma-Minderheit im Oktober 1939 auf dem Judenfriedhof von Schöneck; 1939, Skarszewy, Nowy Wiec (Polen)	
	Adolf Wilhelm Arndt, Gendarmerieoffizier, (deutscher) Selbstschutz				Frspr., Befehlsnotstand
	Kurt D., Selbstschutz				Frspr., Befehlsnotstand
	Walter Eduard August D., Selbstschutz				Frspr., Befehlsnotstand
	Erich N., Selbstschutz				Frspr., Befehlsnotstand

	Beschuldigte / Angeklagte	Gerichtsort, Register-Nr.; JuNSV	Zeit	Ermittlungs- / Verfahrensgegenstand / Tatvorwurf; Tatzeit und -ort; Einstellungs- / Urteilsbegründung	Verfahrensergebnis
	Robert E., Selbstschutz				Frspr., Befehlsnotstand
	Walter Hermann Sch., Selbstschutz				Frspr., Befehlsnotstand
	Günther Modrow, Gutsbesitzer, NSDAP-Kreisl., Starost von Kościerzyna				vor Ankl. verst., Suizid, eingest.
30.	Richard Bugdalle, SS-Blockführer der Strafkompanie, Oberscharf.	München I 1 Js 1471/57 1 Ks 3/59 JuNSV, Nr. 488	1957–1960	KZ Sachsenhausen, 14 Morde, darunter ein von Bugdalle wegen Fehltritten beim Marschieren in die Seite geschlagener Rom, dem die Rippen brachen und in die Lunge drangen, woran er verstarb	lebensl., 1978 entl.
31.	Leo Karsten, Kripo	Frankenthal 9 Js 686/57	1957–1960	Mord / Beihilfe zum Mord, Freiheitsberaubung im Amt mit Todesfolge; 1941–1943, Reich	Vorverf. eingest.
32.	Dr. jur. Hans Maly, Kripo, RKPA	München 1 o Js 2.668/58	1958	Mord an Luise Lieselotte Wolf	an LG Frankfurt a. M. abgegeben
33.	Dr. jur. Hans Maly, Kripo, RKPA	Köln 24 Js 7.019/58	1958	Freiheitsberaubung mit Todesfolge	in das Sammelverfahren zum „Zigeunerkomplex“ übernommen
34.	Leo Karsten, Kripo	Frankenthal 9 Js 153/58	1958–1960	Mord, Beihilfe zum Mord, Freiheitsberaubung im Amt mit Todesfolge; Reich	Vorverf. eingest.

	Beschuldigte / Angeklagte	Gerichtsort, Register-Nr.; JuNSV	Zeit	Ermittlungs- / Verfahrensgegenstand / Tatvorwurf; Tatzeit und -ort; Einstellungs- / Urteilsbegründung	Verfahrensergebnis
35.	Einsatzk. 8, Einsatzgr. B	München I 1a Js 1.522/58 22 Ks 1/61 JuNSV, Nr. 519	1958–1961	Massenmorde an Frauen und Kindern, sowjetischen Kriegsgefangenen, Roma; Polen, Ukraine, Weißrussland	
	Dr. jur. Otto Bradfisch, Regierungsrat, F. Einsatzk., L. Gestapo Litzmannstadt, KdS Litzmannstadt			wegen Beihilfe zum Mord in 15.000 Fällen; Urteil erwähnt auch „andere als rassisch minderwertige angesehene Elemente und KP-Funktionäre“	10 J., 1969 entl. nach vorausgegangenen Teilentl. ab 1965
	Wilhelm Schulz, SS-Hauptsturmf.			wegen Beihilfe zum Mord in 1.000 Fällen	7 J., Entl. unbekannt
	Oskar Winkler, SS-Hauptsturmf.			wegen Beihilfe zum Mord in 650 Fällen	3 ½ J., Entl. unbekannt
	Karl Ruheberg, SS-Obersturmführer				Frspr.
	Günther Ströh				Frspr.
36.	„Erster Auschwitz-Prozess“, 22 Angeklagte, u. a.:	Frankfurt a. M. 4 Js 444/59, 4 Ks 2/63 JuNSV, Nr. 595	1958–1965	Massenverbrechen in Lagern, Gewaltverbrechen	
	Franz Hofmann, F. „Zigeunerlager“, F. Birkenau			Anordnung von Selektionen im „Zigeunerlager“ u. a.	lebensl., 1973 in Haft verst.
	Wilhelm Boger, SS, Politische Abt. des Lagers			Massenmord bei Auflösung des „Zigeunerlagers“, Selektionen auf der Rampe und im „Zigeunerlager“	Frspr. in diesem Punkt, Beweism.

	Beschuldigte / Angeklagte	Gerichtsort, Register-Nr.; JuNSV	Zeit	Ermittlungs- / Verfahrensgegenstand / Tatvorwurf; Tatzeit und -ort; Einstellungs- / Urteilsbegründung	Verfahrensergebnis
	Pery Broad, SS, Politische Abt. des Lagers			Massenmord bei Auflösung des „Zigeunerlagers“	4 J., 1966 entl.
	Gerhard Neubert, SS-Unterscharf., Sanitätsdienstgrad			Beteiligung an Selektionen	eingest., verhandlungsunf.
37.	Sammelverfahren zum „Zigeunerkomplex“, um die 70 Beschuldigte	Frankfurt a. M. und Köln	1958–1970	„hat die gesamten nationalsozialistischen Maßnahmen und Gewalttaten gegen die Zigeuner in Deutschland zum Gegenstand“	
	Dr. jur. Hans Maly, Kripo, RKPA	4 Js 220/59, 24 Js 429/61,	1958–1970		angekl., eingest., verhandlungsunf.
	Dr. phil. Eva Justin, RHF	24 Ks 1/64	1958–1960		Vorverf. eingest.
	Dr. med. Adolf Würth, RHF		1963		Vorverf. eingest.
	Prof. Dr. rer. nat. Sophie Ehrhardt, RHF		1963		Vorverf. eingest.
	Dr. med. Ernst Wentzler, L. Kinderklinik Berlin-Frohnau, Obergutachter beim Kindermord		1963		Vorverf. eingest., verj.
	Prof. Dr. med. Hans Reiter, Präs. Reichsgesundheitsamt		1963		Vorverf. eingest., verj.

	Beschuldigte / Angeklagte	Gerichtsort, Register-Nr.; JuNSV	Zeit	Ermittlungs- / Verfahrensgegenstand / Tatvorwurf; Tatzeit und -ort; Einstellungs- / Urteilsbegründung	Verfahrensergebnis
	Prof. Dr. med. Werner Catel, Dir. Universitätskinderklinik Leipzig, Obergutachter beim Kindermord		1963		Vorverf. eingest.
	Eduard Richrath, Kriminalrat, RKPA		1963		Vorverf. eingest., verj.
	weitere etwa 40 noch lebende Beschuldigte aus RHF, Kripo u. a. staatliche Stellen		1963		Vorverf. eingest.
38.	Karl Hauger, Forstrat, SS-Hauptsturmf.	Offenburg	1959	„gemeinschaftlicher Totschlag“ am 30. 3. 1945 des in die Schweiz geflüchteten Sinto Anton Bühler / Reinhardt (17), der zurück ins Reich abgeschoben worden war; bei Bad Rippoldsau	7 ½ J., 1961 entl.
	Franz Wipfler, Förster, Hauptmann der Wehrmacht	BGH 1 StR 85/60 Karlsruhe III Ks 3/60 JuNSV, Nr. 517	1960 1961		4 J., 1961 entl.
39.	Dr. med. Josef Mengele; SS-Hauptsturmf.	Memmingen Freiburg Frankfurt a. M. 50/4 Js 340/68	1958–1989	Vielzahl von Verbrechen in Auschwitz-Birkenau, u. a. Vergiftung von Roma-Zwillingskindern, Selektion von 507 typhusverdächtigen Roma und 528 Romnja am 25. 5. 1943, Selektion von 600 Roma am 25./26. 5. 1943, Selektion von 2.897 Roma bei Liquidierung des „Zigeunerlagers“ u. a.; seit 1949 in Südamerika, dort 1979 verst.	Vorverf. eingest. da M. nach 1945 verschwunden

	Beschuldigte / Angeklagte	Gerichtsort, Register-Nr.; JuNSV	Zeit	Ermittlungs- / Verfahrensgegenstand / Tatvorwurf; Tatzeit und -ort; Einstellungs- / Urteilsbegründung	Verfahrensergebnis
40.	Prof. Dr. med. Wilhelm Beiglböck	Bückeburg	1959–1960	Mordverdacht: „Meerwasserversuche" an Roma im KZ Dachau	Vorverf. eingest.
41.	Angeh. Einsatzk. 9, Einsatzgr. B	Westberlin 3 PKs 1/62 BGH JuNSV, Nr. 540	1959–1963	neben der Erschießung Tausender Juden, Erschießung auch von Roma, so in Lepel (Weißrussland) (9/1941), Raum Witebsk (Frühjahr 1942)	
	Dr. jur. Alfred Filbert, SS-Obersturmbannf.			wegen Beihilfe zum Mord in 11.000 Fällen	lebensl., 1975 entl.
	Heinrich Tunnat, SS-Untersturmf.			wegen Beihilfe zum Mord in 8.000 Fällen	4 J.
	Wilhelm Greiffenberger, SS-Sturmbannf.			wegen Beihilfe zum Mord in 8.100 Fällen	3 J.
	Konrad Fiebig, SS-Untersturmf.				Frspr., Beweism.
42.	Angeh. Einsatzk. 1a, Einsatzgr. A, und des KdS Estland	Ludwigsburg (Z) 207 AR-Z 246/59,	1959–1975		
	Heinrich Bergmann, Kripokomm., SS-Hauptsturmf., Kripol. beim KdS Reval	Kassel 3 Js 59/66		Exekutionen „potenzieller Gegner", darunter 243 Roma, Männer, Frauen, Kinder; 27. 10. 1942 im KZ Harku; „Sonderbehandlung" für einen ausgewählten Rom; Estland	Vorverf. eingest., verhandlungsunf.
	Otto Bleymehl, SS-Obersturmf., KdS Estland			seit 1945 vermisst.	Vorverf. eingest.

	Beschuldigte / Angeklagte	Gerichtsort, Register-Nr.; JuNSV	Zeit	Ermittlungs- / Verfahrensgegenstand / Tatvorwurf; Tatzeit und -ort; Einstellungs- / Urteilsbegründung	Verfahrensergebnis
43.	Franz Hofmann, Lagerl. KZ Diesingen, Dautmergen	Hechingen 16 Js 326/62 JuNSV, Nr. 625	1959–1966	Tötung von KZ-Häftlingen: u. a. von Juden, Roma, Kriegsgefangenen in Außenlagern, Exekutionen im Auftrag des RSHA; Lager und andere Orte im Reich	13 J., dann Frspr.
	Helmut Schnabel, SS-Oberscharf., Lagerf.				10 J., dann Frspr.
	Eugen Wurth, SS-Untersturmf., Lagerf. Markirch				Frspr.
	Stefan Kruth, SS-Lagerschreiber				12 J., dann Frspr.
44.	SS-Angeh. im KZ Mittelbau-Dora zunächst 30 Beschuldigte, 3 Angeklagte	Essen 29 a Ks 9/66 JuNSV, Nr. 731	1959–1970	Exzesstaten und 266 Hinrichtungen, darunter von „7 Zigeunern“, unter ihnen der Sinto Hans Petermann; KZ Mittelbau-Dora	insgesamt 27 Beschuldigte, alle Vorverf. eingest.
	Erwin Julius Busta, SS-Hauptscharf. in Mittelbau-Dora und Wolffleben				8 ½ J., kein Haftantritt
	Ernst Sander, Kripoass., Gestapo, SS-Oberscharf., Gestapo Mittelbau-Dora				7 ½ J., kein Haftantritt; Frspr. im Fall Petermann
	Dr. jur. Helmut Bischoff, SS-Obersturmbannf., L. SD und Gestapo Bereich Mittelbau-Dora				angekl., eingest., verhandlungsunf.

	Beschuldigte / Angeklagte	Gerichtsort, Register-Nr.; JuNSV	Zeit	Ermittlungs- / Verfahrensgegenstand / Tatvorwurf; Tatzeit und -ort; Einstellungs- / Urteilsbegründung	Verfahrensergebnis
45.	Paul Werner, Kripo, stellv. L. RKPA, Ministerialrat	Bremen 10 Js 22/59	1959		Vorverf. eingest.
46.	Hinrich Lohse, Reichskomm. Ostland	Itzehoe	1959–1962		Vorverf. eingest.
47.	Pery Broad, Politische Abt., KZ Auschwitz	Stuttgart	1959–1993	Vergasung von Häftlingen aus mehreren Blocks, 1943; Beteiligung an der Liquidierung des „Zigeunerlagers" am 31. 7. 1944, dabei Ermordung von mindestens 3.000 Roma	eingest., 1993 verst.
48.	Dr. jur. Hans Maly, Kripo, RKPA	Bonn 8 Js 21/60	1960		in das Sammelverfahren 4 Js 220/59 übernommen
49.	Rudolf Pfleiderer, Staatsanwalt	Lüneburg 2a Js 386/60	1960	Mitwirkung als Ankläger an mindestens 6 Todesurteilen des Sondergerichts Brünn, darunter 1 gegen einen Rom; 1942, Brno	Vorverf. eingest.
50.	August Freuwört, SS-Obersturmführer; Sonderk. 7a, Einsatzgr. B	Braunschweig 1 Js 1.144/60	1960–1961	Erschießung von Juden, Roma, des Kommunismus und des Widerstands Verdächtigten; März 1942, Raum Klincy (Russland)	Vorverf. eingest., Beweism., „gegen seinen Willen beim SK 7a"

	Beschuldigte / Angeklagte	Gerichtsort, Register-Nr.; JuNSV	Zeit	Ermittlungs- / Verfahrensgegenstand / Tatvorwurf; Tatzeit und -ort; Einstellungs- / Urteilsbegründung	Verfahrensergebnis
51.	SS-Oberscharf. Wilhelm Brusch, Kommandant Außenlager Wolkenburg des KZ Flossenbürg	Amberg 2 JS 225/60	1960	Erschießung von 5 weiblichen Häftlingen eines Evakuierungsmarsches, davon 3 namenlose Romnja am 20./21. 4. 1945	Verf. eingest. wg. Vorverurteilungen und Haft in Dachauer und polnischen Verfahren
	Anton Oswald, SS-Sturmbannf.				
	… Schippel, SS-Obersturmf.				
52.	2 Funktionshäftlinge	Kempten Ks 4/59, Ks 2/60 JuNSV, Nr. 493	1960	Ermordung von Roma, Hunderter sowjetischer Kriegsgefangener, weiterer Häftlinge; Januar 1940 – Mai 1945, KZ Mauthausen	
	Josef Schöps, Lagerältester				Frspr., Beweism.
	Adolf Stumpf, Blockältester				Frspr., Beweism.
53.	Rudolf Batz, SS-Obersturmbannf., F. Einsatzk 2, Einsatzgr. A, KdS Krakau, Oberregierungsrat	Bielefeld	1960–1961	Ermordung von Juden, Roma, „Geisteskranken“ und Kommunisten in und um Riga und auf dem Weg nach Leningrad	Vorverf. eingest.; in Haft verst., Suizid
54.	Angeh. Einsatzk. 9, Einsatzgr. B	Westberlin P (K) Ks 1/65 JuNSV, Nr. 630	1960–1966	Tötung von Juden, Roma, Kriegsgefangenen, Häftlingen, u. a. von 23 Roma, Frauen und Männer; 1941–1943, Raum Witebsk, Nepel (Weißrussland)	
	Wilhelm Wiebens, SS-Obersturmbannf., F. Einsatzk. 9				lebensl., 1980 entl.

	Beschuldigte / Angeklagte	Gerichtsort, Register-Nr.; JuNSV	Zeit	Ermittlungs- / Verfahrensgegenstand / Tatvorwurf; Tatzeit und -ort; Einstellungs- / Urteilsbegründung	Verfahrensergebnis
	Karl Rath, SS-Obersturmf.				5 J., 1968 entl.
	Heinz Tangermann, SS-Untersturmf.				6 J., 1969 entl.
	Oswald Schaefer, F. des Einsatzk.				Frspr.
55.	Leopold Windisch, stellv. Gebietskomm. und „Judenreferent“ in Lida (Polen)	Mainz 3 Ks 1/67 BGH 2 StR 530/70 JuNSV, Nr. 712	1960–1971	Beteiligung an Massenerschießungen, u. a. einer Gruppe von 86 Roma und des Judenrats von Lida; Litauen, Weißrussland	lebensl., Entl. unbekannt
	Rudolf Werner, Regierungsoberinspektor, Gebietskomm. in Baranowitschi				eingest., in Haft verst.
56.	Albert Rapp, Kripo, Obersturmbannf., Sonderk. 7a, Einsatzgr. B („Sonderführer-Prozess“)	Essen 45 Js 46/61, 29 Ks 1/64 JuNSV, Nr. 588	1960–1965	gemeinschaftlicher Mord an 1.180 Menschen, mindestens 24 Massenerschießungen von „Juden und anderen sogenannten potentiellen Gegnern des Regimes (Kommunisten, Partisanenverdächtige, Zigeuner und Behinderte)“	lebensl.; in Haft verst.

	Beschuldigte / Angeklagte	Gerichtsort, Register-Nr.; JuNSV	Zeit	Ermittlungs- / Verfahrensgegenstand / Tatvorwurf; Tatzeit und -ort; Einstellungs- / Urteilsbegründung	Verfahrensergebnis
57.	Angeh. Sonderk. 7a, Einsatzgruppe B („Sonderführer-Prozess")	Dortmund (Z) 45 Js 20/64 Essen 29 Ks 1/65 BGH 4 StR 178/67 JuNSV, Nr. 620	1960–1966		
	Kurt Matschke, Kripo, SS-Hauptsturmf.; nach 1945 Handelsvertreter			Beihilfe zum gemeinschaftlichen Mord, gemeinschaftlicher Mord, Massenerschießungen von Juden, Roma und anderen „potentiellen Gegnern" Massenerschießungen von Juden und Roma	5 J., kein Haftantritt wg. Krankh.
	Eduard Spengler, Kripo, SS-Untersturmf.; nach 1945 Kripo			Beihilfe zum gemeinschaftlichen Mord, Massenerschießungen von Juden und Roma	4 J., kein Haftantritt, 1966 verst.
	Franz Tormann, SS-Hauptsturmf.			Beihilfe zum gemeinschaftlichen Mord, Massenerschießungen von Juden und Roma	3 J.
58.	Wilhelm Koppe, HSSPF Wartheland („Chełmno-Prozess")	Bonn 8 Js 52/60	1960–1966	Vernichtung von Juden, Roma, von sowjetischen Kriegsgefangenen, „Geisteskranken" und anderen Menschen	angekl., eingest., verhandlungsunf.

	Beschuldigte / Angeklagte	Gerichtsort, Register-Nr.; JuNSV	Zeit	Ermittlungs- / Verfahrensgegenstand / Tatvorwurf; Tatzeit und -ort; Einstellungs- / Urteilsbegründung	Verfahrensergebnis
59.	Angeh. Polizeibtl. 64, 1. Komp.	Dortmund (Z) 45 Js 14/64	1960–1964	Erschießen und Erhängen von Serben, Juden, Roma und „Kommunisten“ in Usize, Skela, im KZ Šabac; 1941, 1942, Jugoslawien	Vorverf. eingest.
60.	Angeh. Sipo Minsk, Sonderk. 1.005	Koblenz 9 Ks 2/62 JuNSV, Nr. 552, Nr. 601	1960–1965	Massenvernichtungsverbrechen, Euthanasie, Kriegsverbrechen an Juden, Roma, „Agenten“, „Geisteskranken“: Massenerschießungen, Niederbrennen von Dörfern, Lebendverbrennungen u. a.; 1941–44, Minsk, Trostinez, Koidanow, Rakow, Sluzk (Weißrussland)	
	Franz Stark, SS-Hauptsturmf., Sonderk. 1b, Einsatzgr. A, Sipo Minsk			Mord in 3 Fällen (= 4.652 Opfer)	lebensl.
	Georg Heuser, SS-Obersturmf., Sonderk. 1b, Einsatzgr. A, Gestapochef beim KdS Minsk			Beihilfe zum Mord in 9 Fällen (= mind. 30.356 Opfer), einmal Beihilfe zum Totschlag	15 J., 1969 entl.
	Artur Wilke, SS-Hauptsturmf., Sipo Minsk			Beihilfe zum Mord in 6 Fällen (= mind. 3.000 Opfer)	10 J., vorzeitig entl.
	Rudolf Schlegel, SS-Hauptsturmf., Sonderk. 8, Einsatzgr. B, Sipo Minsk			Beihilfe zum Mord in 5 Fällen (= 5.280 Opfer)	8 J., vorzeitig entl.

Nr.	Beschuldigte / Angeklagte	Gerichtsort, Register-Nr.; JuNSV	Zeit	Ermittlungs- / Verfahrensgegenstand / Tatvorwurf; Tatzeit und -ort; Einstellungs- / Urteilsbegründung	Verfahrensergebnis
	Friedrich Merbach, SS-Obersturmf., Sipo Minsk			Beihilfe zum Mord in 5 Fällen	7 J., vorzeitig entl.
	Johannes Feder, SS-Obersturmf., Sipo Minsk			Beihilfe zum Mord in 2 Fällen (= 1.920 Opfer)	4 ½ J., vorzeitig entl.
	Wilhelm Kaul, SS-Obersturrmf., Gestapo Recklinghausen, Saarbrücken, Sipo Minsk			Beihilfe zum Mord in 2 Fällen (= 2.453 Opfer)	4 ½ J., vorzeitig entl.
	Eberhard von Toll, SS-Untersturmf., Sipo Minsk			Beihilfe zum Mord in 4 Fällen	4 ½ J., vorzeitig entl.
	Karl Dalheimer, SS-Obersturmf., Sipo Minsk			Beihilfe zum Mord in 1 Fall (= 1.103 Opfer)	4 J., vorzeitig entl.
	Jakob Oswald, SS-Obersturmf., Sipo Minsk			Beihilfe zum Mord in 1 Fall	4 J., vorzeitig entl.
	Arthur Alexander Harder, SS-Hauptsturmf.			Beihilfe zum Mord in 3 Fällen (Lebendverbrennung von 3 Juden)	3 ½ J., vom BGH aufgehoben, kein späteres Urteil zu ermitteln
61.	Angeh. Polizeibtl. 13, Einsatzk. 2, Einsatzgr. A, SD Libau, 9 Beschuldigte, 7 Angeklagte	Hannover 2 Js 291/60, 2 Ks 3/68 BGH 5 StR 148/73 JuNSV, Nr. 760	1960–1974	Ermordung von 3.000 Juden, „Kommunisten“, Roma, psychisch Kranken; 1941, Liepāja / Libau Priekule, Ventspils (Lettland)	

	Beschuldigte / Angeklagte	Gerichtsort, Register-Nr.; JuNSV	Zeit	Ermittlungs- / Verfahrensgegenstand / Tatvorwurf; Tatzeit und -ort; Einstellungs- / Urteilsbegründung	Verfahrensergebnis
	Carl-Emil Strott, SS- Oberscharf.				7 J.
	Erhard Grauel, SS-Obersturmbannf.				6 J.
	Georg Rosenstock, Polizeireserve-Btl. 13				2 ½ J.
	Otto Reiche, SS				5 J.
	Gerhard Kuketta, SS				2 J.
	Paul Fahrbach, SS				1 ½ J.
	Philipp Krapp, SS				Frspr.
	Josef Michalsky, SS-Scharf.				Frspr.
	Erich Handke, SS				Frspr.
62.	Dr. jur. Erhard Wetzel, Ministerialrat im Ostministerium	Hannover 2 Js 499/61	1961	Teilnahme an Tötungen von Juden, Polen, Roma; „Gaskammerbrief", „Swinemünde-Bericht" mit Vorschlag „Sonderbehandlung" von Roma- und körperbehinderten Kindern; Reich, 1939–1944	Vorverf. eingest., Beweism.

	Beschuldigte / Angeklagte	Gerichtsort, Register-Nr.; JuNSV	Zeit	Ermittlungs- / Verfahrensgegenstand / Tatvorwurf; Tatzeit und -ort; Einstellungs- / Urteilsbegründung	Verfahrensergebnis
63.	N. N., Angeh. Polizeibtl. 64, 3. Komp., Angeh. I. Btl., SS-Polizeiregiment 5	Dortmund (Z) 45 Js 50/61	1961–1964	Erschießung u. a. von Polen, Serben, Juden, Griechen und Roma im KZ Šabac, im Raum Belgrad, im sonstigen Serbien und in Griechenland; 1939–1940	Vorverf. eingest.
64.	Wilhelm Mündtrath, Kripo, „Zigeunerdezernent“	Bremen 10a Js 61/61	1961–1962	Erfassung und Deportation	Vorverf. eingest.
65.	Dr. rer. nat. Sophie Ehrhardt, RHF	Köln	1961–1963	Erfassung und Deportation	Vorverf. eingest.
	Dr. med. Adolf Würth, RHF				Vorverf. eingest.
66.	„Chełmno-Prozess“; erst 12, dann 11 Angekl. aus dem Polizei-SK Kulmhof, Verfahren gg. Wilhelm Koppe ausgegliedert	Bonn 8 Js 180/61, 8 Ks 3/62 BGH 2 StR 149/66 JuNSV, Nr. 594	1961–1963	Vernichtung von mehr als 152.000 Juden, von etwa 4.000 oder 5.000 Roma, von sowjetischen Kriegsgefangenen und anderen Menschen; Delikte an Roma im Urteil unbeachtet	
	Walter Burmeister, Orpo, SS-Unterscharf.			Beihilfe zum Mord in mindestens 152.000 Fällen	13 J.
	Alois Häfele, Orpo, Mstr., SS-Untersturmf.			Beihilfe zum Mord in mindestens 96.100 Fällen	15 J., herabges. auf 13 J.
	Gustav Laabs, Orpo, Revierleutnant, SS-Hauptscharf.			Beihilfe zum Mord in mindestens 52.000 Fällen	15 J., herabges. auf 13 J.

	Beschuldigte / Angeklagte	Gerichtsort, Register-Nr.; JuNSV	Zeit	Ermittlungs- / Verfahrensgegenstand / Tatvorwurf; Tatzeit und -ort; Einstellungs- / Urteilsbegründung	Verfahrensergebnis
	Kurt Möbius, Orpo, Mstr.			Beihilfe zum Mord in mindestens 100.000 Fällen	8 J.
	Karl Heinl, Orpo, Oberwachtmstr.			Beihilfe zum Mord in mindestens 27.000 Fällen	7 J.
	Wilhelm Heukelbach, Orpo, Oberwachtmstr.			Beihilfe zum Mord in mindestens 45.000 Fällen	13 M. 2 W., dann Urteil aufgeh. und entl.
	Friedrich Maderholz, Orpo, Hauptwachtmstr.			Beihilfe zum Mord in mindestens 45.000 Fällen	13 M. 2 W., dann Urteil aufgeh. und entl.
	Wilhelm Schulte, Orpo, Wachtmstr.			Beihilfe zum Mord in mindestens 55.000 Fällen	13 M. 2 W., dann Urteil aufgeh. und entl.
	Heinrich Bock, Orpo, Oberwachtmstr.			Beihilfe zum Mord in mindestens 70.000 Fällen	„wegen geringer Schuld“ straflos (§ 47 MStGB)
	Anton Mehring, Orpo, Unterwachtmstr.			Beihilfe zum Mord in mindestens 26.600 Fällen	„wegen geringer Schuld“ straflos (§ 47 MStGB)
	Alexander Steinke, Orpo, Wachtmstr.			Beihilfe zum Mord in mindestens 1.000 Fällen	„wegen geringer Schuld“ straflos (§ 47 MStGB)
67.	Angeh. Einsatzk. 11b, Einsatzgr. D	München I 22 Js 204/61	1961–1970	Erschießung von Juden, „Kommunisten“ und zumindest 2 größere Mordaktionen ausschließlich gegen Roma; Delikte an Roma im Urteil unbeachtet	

	Beschuldigte / Angeklagte	Gerichtsort, Register-Nr.; JuNSV	Zeit	Ermittlungs- / Verfahrensgegenstand / Tatvorwurf; Tatzeit und -ort; Einstellungs- / Urteilsbegründung	Verfahrensergebnis
	Paul Zapp, Privatsekretär, SS-Obersturmbannf., SD-Hauptamt, L. Einsatzk. 11b			Mord in 13.449 Fällen	lebensl.
	Leo Karl Eugen Baron von der Recke			Beihilfe zum Mord in 5.000 Fällen	13 J.
	Karl Heinrich Noa, SS-Obersturmf.			Beihilfe zum Mord in 897 Fällen	7 J.
	Georg Möhlmeyer				Verf. eingest.
68.	„Zweiter Auschwitz-Prozess“	Frankfurt a. M. 4 Ks 3/63 JuNSV, Nr. 637	1962–1966	Tötung von Juden, Roma, Kriegsgefangenen u. a.; KZ Auschwitz	
	Josef Erber, Lager-Gestapo				lebensl., 1986 entl.
	Wilhelm Burger, L. SS-Standortverwaltung				8 J., nach Anrechnen von Haft in Polen und U-Haft nach Urteil entlassen
	Gerhard Neubert, SS-Sanitätsdienstgrad				3 ½ J., vorz. entl.
69.	Angeh. Polizeibtl. 306, Polizeireiterabt. II, SD-Dienststelle Pinsk	Frankfurt a. M. 4 Js 901/62, 4 Ks 1/71 BGH 2 StR 650/74 JuNSV, Nr. 787	1962–1973	„Vor allem sollten Juden und Zigeuner aufgespürt und vernichtet werden.“ (Urteil); 1942, u. a. Pinsk (Weißrussland)	

	Beschuldigte / Angeklagte	Gerichtsort, Register-Nr.; JuNSV	Zeit	Ermittlungs- / Verfahrensgegenstand / Tatvorwurf; Tatzeit und -ort; Einstellungs- / Urteilsbegründung	Verfahrensergebnis
	Alfred Ebner, stellv. Gebietskomm. Pinsk			Mord	wg. „Pseudodemenz“ eingest.
	Adolf Petsch, SS-Mann, SD			Beihilfe zum Mord in mindestens 13.800 Fällen	15 J.
	Heinrich Walter Groß, Hauptwachtmstr.			Beihilfe zum Mord in einem Fall	4 J.
	Heinrich Plantius, Schupo, Polizeioberltn.			Beihilfe zum Mord in mindestens 16.200 Fällen	4 J.
	Heinz-Dieter Teltz, Schupo, Hauptm.			Beihilfe zum Mord in mindestens 8.000 Fällen	3 ½ J.
	Rudolf Eckert, Schupo, Oberltn.			Beihilfe zum Mord in 18.202 Fällen	3 J.
	Johann Josef Kuhr, Schupo, Wachtmstr., Oberltn.			Beihilfe zum Mord in mindestens 16.201 Fällen	2 ½ J.
70.	N. N., Angeh. Einsatzgr. H	Ludwigsburg (Z) 503 AR 1335/62	1962–1970	Ermordung von 4 Zigeunern; Oberstuben, Drexlerhau (Slowakei)	Vorverf. eingest.
71.	Karl Schäffer, SS-Sturmbannf.	Stuttgart 17 Js 472/62	1962–1963	Tötung eines Rom; KZ Natzweiler	Vorverf. eingest.
	Friedrich Pröll (?), KZ Natzweiler				Vorverf. eingest., 1944 verst.

	Beschuldigte / Angeklagte	Gerichtsort, Register-Nr.; JuNSV	Zeit	Ermittlungs- / Verfahrensgegenstand / Tatvorwurf; Tatzeit und -ort; Einstellungs- / Urteilsbegründung	Verfahrensergebnis
72.	Hans-Dietrich Walther, Oberltn., 9. Komp. Infanteriereg. 403	Konstanz 2 Js 823/62	1962–1964	Erschießung von „3.200 Juden und Zigeunern"; 27.–30. 10. 1941, Serbien	Vorverf. eingest.
73.	Albert Krüger / Alexander Jermoltschik / Ermoltschik / Yermolchik, L. einer Hilfspolizeieinheit	Lüneburg 2a Js 1.453/63 14/2a Ks 1/73	1963–1979	Erschießung von mind. 176 Juden und Roma; Herbst 1942, Choiniki, Novoselki, Strelitschew(land)	angekl., eingest., verhandlungsunf.
74.	Josef Eichberger, Kripo, RKPA	München 116 Js 9,10/63	1963	Beihilfe zur Unfruchtbarmachung und Einweisung von Zigeunern in Konzentrationslager; Reich	Vorverf. eingest.
	Karl Wilhelm Supp, Kripo, RKPA				Vorverf. eingest.
75.	Paul Werner, Kripo, RKPA	Stuttgart 13 Js 355/63	1963	Freiheitsberaubung im Amt, Zwangssterilisation von Roma in Konzentrationslagern	Vorverf. eingest.
76.	Josef Viellieber, L. Gendarmerie Gorlice	Karlsruhe III Ks 4/63 JuNSV, Nr. 566	1963–1964	Erschießung von Juden und Roma; Gorlice, Struce (Polen); Beihilfe zum Mord	3 ½ J.
77.	„Treblinka-Prozess", u. a.	Düsseldorf 8 I Ks 2/64 JuNSV, Nr. 596	1963–1965	Vergasung von mindestens 700.000 überwiegend jüdischer Männer, Frauen, Kinder, sowie auch von Roma; Exzesstaten u. a.	

	Beschuldigte / Angeklagte	Gerichtsort, Register-Nr.; JuNSV	Zeit	Ermittlungs- / Verfahrensgegenstand / Tatvorwurf; Tatzeit und -ort; Einstellungs- / Urteilsbegründung	Verfahrensergebnis
	Franz Suchomel, SS-Unterscharf. in Treblinka und Sobibor			5 oder 6 Romnja und 1 Kind im Lazarett getötet; *in dubio pro reo*; im Urteil unbeachtet	6 J., 1967 entl.
78.	Karl Brumm, SS-Hauptscharf.	Köln (Z) 24 Js 149/64	1964	u. a. Erschießung von 3 Roma, die auf „Evakuierungsmarsch" austreten wollten; 1945, zwischen Ravensbrück und Malchow	Vorverf. eingest., 1964 für tot erklärt
79.	Martin Knittler, SS-Oberscharf., KZ Mittelbau-Dora	Köln (Z) 24 Js 160/64	1964–1966	2 Jungen aus der jüdischen und 1 Jungen aus der Roma-Minderheit, „höchstens 12", wegen „Fluchtversuch" in Steinbruch abgeführt und erschossen; 1944	Vorverf. eingest, 1958 verst.
80.	SS-Personal KZ Mittelbau-Dora, Kommando Ilfeld-Napola	Köln (Z) 24 Js 143/64, 24 Js 150/64	1964–1969	u. a. Erhängen des 14-jährigen Sinto Bernhard Weiß oder eines „Doppschi" Weiß; Erhängen von 5 „Russen"; November 1944	Beschuldigte nicht verifizierbar
	Jung, SS-Unterscharf. (?)				Vorverf. eingest.
	Löffler, SS-Unterscharf.				Vorverf. eingest.

	Beschuldigte / Angeklagte	Gerichtsort, Register-Nr.; JuNSV	Zeit	Ermittlungs- / Verfahrensgegenstand / Tatvorwurf; Tatzeit und -ort; Einstellungs- / Urteilsbegründung	Verfahrensergebnis
81.	Angeh. Polizeibtl. 69, 1. und 3. Komp.	Ludwigsburg (Z) 202 AR-Z-907		u. a. 3 Gruppenerschießungen von u. a. Roma in Nowoukrainka, Winniza, Lithin (Ukraine); Delikte an Roma im Urteil unbeachtet	
	Kurt (?) Matho	Dortmund (Z) 45 Js 11/64	1964–1969	Erschießung von Juden, Partisanen, Roma; 1941/42, Russland	Frspr.
	Paul Jordan, Schupo-Oberkomm.	Wuppertal 11 Ks 1/69 JuNSV, Nr. 730	1969	s. o.	Frspr.
82.	Gustav Wilhelm Fiedler, Orpo, Hauptwachtmstr.	Kiel 2 Js 12/64, 2 Ks 1/65 JuNSV, Nr. 603	1964–1965	Beihilfe zum Mord in mindestens 40.000 Fällen in Chełmno	13 M. 2 W.
83.	Angeh. des Einsatzk. 10a	München I 114 Js 117/64 JuNSV, Nr. 777 (siehe auch München I 22 Js 201/61)	1964–1972	Vergasung mit „Gaswagen" von ca. 1.500 Juden in Taganrog und von 214 körperbehinderten Kindern des Kinderheims in Jeisk; 1941/42 Südrussland; unbeachtet: die Erschießung aller Bewohner („drei LKWs voll") der Roma-Kolchose Ordžonikidze	
	Dr. med. Heinrich Görz, Arzt im Jugend-KZ Uckermark				4 J.

	Beschuldigte / Angeklagte	Gerichtsort, Register-Nr.; JuNSV	Zeit	Ermittlungs- / Verfahrensgegenstand / Tatvorwurf; Tatzeit und -ort; Einstellungs- / Urteilsbegründung	Verfahrensergebnis
	Curt / Kurt Trimborn, Kriminalkomm., SS-Obersturmf.				4 J., nach Anrechnen von Haft in Polen und U-Haft nach Urteil entlassen
	Friedrich Severin, Kriminalkomm., SS-Untersturmf.				4 J.
84.	SS-Personal KZ Sachsenhausen	München II 1 Js 30/65, 1 Ks 1/69 JuNSV, Nr. 721	1965–1969	Tötung von Roma, sowjetischen Kriegsgefangenen u. a. Häftlingen; KZ Sachsenhausen	
	Kurt Eccarius, L. des KZ-Gefängnisses, SS-Hauptscharf.				8 ½ J., nach 2 J. als haftunf. entl.
	Kaspar Drexel, SS-Hauptscharf.				4 J., nach Anrechnen von U-Haft und Aussetzen der Reststrafe nach Urteil entlassen
	Franz-Xaver Ettlinger, SS-Hauptscharf.				Frspr.
85.	Angeh. Kripo Hamburg, „Zigeunerreferat“	Hamburg 141 Js 101/65	1965	Beteiligung an der Deportation von Roma in das Arbeitslager Belzec; 16. 5. 1940	Vorverf. eingest., Beweism.

	Beschuldigte / Angeklagte	Gerichtsort, Register-Nr.; JuNSV	Zeit	Ermittlungs- / Verfahrensgegenstand / Tatvorwurf; Tatzeit und -ort; Einstellungs- / Urteilsbegründung	Verfahrensergebnis
86.	N. N. Angeh. Polizeibtl. 9, 1. Komp., Einsatzk. 2, Einsatzgr A	Dortmund (Z) 45 Js 18/65	1965	Tötung von Juden, Roma, „Kommunisten“, „Geisteskranken“; 1941/42, Raum Riga, auf dem Weg nach Leningrad; Urteil begrenzt auf Massenerschießung der jüdischen Bevölkerung im Raum Jelgava (Mitau) (Lettland)	
	Bernhard Borkowski, Schupo, Polizeimstr.				Vorverf. eingest., verst.
	Helmut Keil, Ltn.				Vorverf. eingest.
	Peter Clausen, Oberltn., Kompanief.				Vorverf. eingest.
	Arnold Kirste, Kripo, Kriminalrat, SS-Obersturmbannf.				Vorverf. eingest., Beweism.
	Alfred Becu, Gestapo, SD-Offizier				an LG Köln abgegeben
	Wilhelm Adelt, Polizeimstr., Polizeibtl. 9				an LG Köln abgegeben
87.	Angeh. Polizeibtl. 9, 1. Komp., Einsatzk. 2, Einsatzgr. A	Köln 24 Ks 1/68 JuNSV, Nr. 686	1964–1972	Tötung von Juden, Roma, „Kommunisten“, „Geisteskranken“; 1942, Raum Riga, auf dem Weg nach Leningrad; Urteil begrenzt auf Massenerschießung der jüdischen Bevölkerung im Raum Jelgava (Mitau) (Lettland)	

	Beschuldigte / Angeklagte	Gerichtsort, Register-Nr.; JuNSV	Zeit	Ermittlungs- / Verfahrensgegenstand / Tatvorwurf; Tatzeit und -ort; Einstellungs- / Urteilsbegründung	Verfahrensergebnis
	Alfred Becu, Gestapo, SD-Offizier			Beihilfe zum Mord; Delikte an Roma unbeachtet	3 J.
	Wilhelm Adelt, Polizeimstr., Polizeibtl. 9			Beihilfe zum Mord; Delikte an Roma unbeachtet	1 ½ J., nach 9 M. entl.
88.	Kurt Wiesenberger, SS-Hauptsturmf. Einsatzk. 10a, Einsatzgr. D	München I 111 Js 8/65	1965–1978	Teilnahme an Ermordung von Roma, Krimtschaken, Juden; Juli 1941 – Januar 1943, Südrussland, Krim, Kaukasus	eingest.
89.	Dr. med. Horst Schumann, T4-Arzt, L. von „Euthanasieanstalten“	Frankfurt a. M. Js 18/67, Ks 2/70	1966–1971	15.314-facher Mord an Kranken 1940/41, arbeitsunfähigen Häftlingen in Auschwitz und Buchenwald, tödliche Menschenversuche in Auschwitz 1942–1944, an jugendlichen Roma 1943/1944, die durch Röntgenstrahlen behandelt und dann getötet wurden; Flucht nach Afrika, Auslieferung	angekl., eingest., verhandlungsunf.
90.	Joseph Kramer u. a.	Wiesbaden 6 Js 853/67	1967	Deportation von Roma ins KZ Auschwitz; 1943	Vorverf. eingest.

	Beschuldigte / Angeklagte	Gerichtsort, Register-Nr.; JuNSV	Zeit	Ermittlungs- / Verfahrensgegenstand / Tatvorwurf; Tatzeit und -ort; Einstellungs- / Urteilsbegründung	Verfahrensergebnis
91.	Angeh. Außenstelle Gorlice des Grenzpolizeikommissariats Jaslo (Polen)	Nürnberg-Fürth 7/42 Ks 4/68 JuNSV, Nr. 688	1968	14 Einzelerschießungen von Juden und Roma, darunter „zwei Kinder, vermutlich Zigeuner“; 1942, Gorlice	
	Paul Baron, Gestapo			mind. 8 vollendete und 4 versuchte Morde	lebensl.
	Ernst Erich Piecha, Gestapo			mehrfacher Mord	lebensl.
92.	Ernst Sander, Kripoass., SS-Oberscharf., Gestapo Mittelbau-Dora	Köln (Z) 24 Js 3/68	1968–1969	Beteiligung an der Tötung von Häftlingen 1944/45, u. a. Wurf der Mütze eines Roma-Häftlings über die Postenkette, Aufforderung, sie zu holen, und Erschießung „auf der Flucht“	Vorverf. eingest., Beweism.
93.	Bernhard Brinkhoff, Feldgendarmerie	Dortmund 45 Js 14/68	1968–1975	Tötung von „Russen“ und Roma; April 1942, Russland	Vorverf. eingest.
94.	Persönliche Referenten von Otto Thierack	Köln (Z) 130 (24) Js 88/68	1968–1970	Überstellung von Justizhäftlingen (Juden, Roma, Polen, „Russen“ u. a.) zur „Vernichtung durch Arbeit“ zur „Korrektur bei nicht genügen den Justizurteilen“	
	Prof. Dr. jur. Heinz Kümmerlein				Vorverf. eingest.
	Heinrich Ebersberg				Vorverf. eingest.

	Beschuldigte / Angeklagte	Gerichtsort, Register-Nr.; JuNSV	Zeit	Ermittlungs- / Verfahrensgegenstand / Tatvorwurf; Tatzeit und -ort; Einstellungs- / Urteilsbegründung	Verfahrensergebnis
95.	Albert Brandes, Schupo-Mstr. in Nordhausen	Köln (Z) 24 Js 13/69	1969	Erschießung des Sinto Johann Schenk, Häftling im KZ Mittelbau-Dora, nach Fluchtversuch aus Außenkommando und erneuter Flucht; 28./29. 8. 1944, Nordhausen	Vorverf. eingest., 1969 verst.
96.	N. N., Angeh. Polizeibtl. 22, 1. Komp.	Hildesheim 9 Js 923/69	1969–1970	u. a. Erschießung von 100 Roma aus Liepāja, weitere Morde an Roma	eingest.
97.	Franz Stangl, SS-Hauptsturmf., Kommandant der KZ Treblinka und Sobibor	Düsseldorf 8 Js 1045/69, 8 Ks 1/69 JuNSV, Nr. 746	1969–1971	gemeinschaftlicher Mord an 400.000 Menschen, zumeist Juden, auch Roma; Ende August 1942 bis Anfang August 1943	lebensl., vor Rechtskraft verst.
98.	Angeh. Gestapoleitstelle Berlin	Westberlin 3 P (K) Js 9/71	1969–1971	Mitwirkung bei Deportationen aus Berlin an Orte der Vernichtung	
	Otto Bovensiepen, Jurist, L. Gestapoleitstelle Berlin, SS-Standartenf.			Beihilfe zum Mord an mind. 41.000 Juden und Roma durch Deportationen in Vernichtungslager und nach Theresienstadt; 1941–1945	angekl., eingest., verhandlungsunf.
	Dr. jur. Kurt Venter, stellv. L. Gestapo Berlin				Frspr.
	Max Bernhard Grautstück, Kripoassistent, Gestapoleitstelle Berlin, Judenreferat				Frspr. 5 Vorverf. eingest.

	Beschuldigte / Angeklagte	Gerichtsort, Register-Nr.; JuNSV	Zeit	Ermittlungs- / Verfahrensgegenstand / Tatvorwurf; Tatzeit und -ort; Einstellungs- / Urteilsbegründung	Verfahrensergebnis
99.	N. N. Angeh. Einsatzk. 10a, Einsatzgr. D, darunter Curt / Kurt Trimborn, Kriminalkomm., SS-Obersturmf.	München I 114 Js 25/70	1970	Erschießung von 10 bis 12 „Kommunisten", willkürliche Erschießung eines sowjetischen Gefangenen nach Weihnachtsfeier, Erschießung aller Bewohner der Roma-Kolchose Ordžonikidze; 1941/42; Poljakowka, Ordžonikidze, Taganrog	Vorverf. eingest.
100.	Dr. med. Rudolf Sicius u. a., Einsatzk. 2, Einsatzgr. A	Kaiserslautern 18 Js 11/70	1970–1972	Exekutionen von Juden, Roma, Behinderten, Kriegsgefangenen; Valmiera (Lettland), Wenden (Polen?), Busk / Krasne (Ukraine), Walk (Estland) u. a.	Vorverf. eingest.
101.	SS-Personal Außenkommando Niemegk des KZ Sachsenhausen	Köln (Z) 130 (24) Js 59/70	1970	Erhängung des Sinto „Bubi" Weiß wg. angeblicher Belästigung der Frau eines SS-Angeh. und von 2 britischen Piloten; November 1944, Nebenlager Niemegk (Heinkel-Werke), Tod des norwegischen Häftlings Bergvist nach schwerem Arbeitsunfall in Sachsenhausen; 1944, Lager Niemegk (Heinkel-Werke)	
	Johann Herfurth, Kommandof.				Vorverf. eingest., 1950 für tot erklärt

	Beschuldigte / Angeklagte	Gerichtsort, Register-Nr.; JuNSV	Zeit	Ermittlungs- / Verfahrensgegenstand / Tatvorwurf; Tatzeit und -ort; Einstellungs- / Urteilsbegründung	Verfahrensergebnis
	weitere ungenannte SS-Angeh.				Vorverf. eingest., kein hinreichender Tatverdacht, Versorgungsmangel: als fahrlässige Tötung verjährt
102.	N. N., Angeh. KdS-Außenstelle Mitau, EK 2, Polizeibat. 9, 22, 105, Feldkommandantur 818, kollaborierende lettische Ordnungspolizei, lettische „Freiwillige unter Arājs“	Verden 2 Js 230/71	1971	Massenerschießungen von Roma und „Geisteskranken“, darunter Erschießung von 280 Roma im Wald Emikju Priedes, von 130 Roma und Patienten des Krankenhauses Günthershof, von 400, oder 500 Zigeunern in einem Wald bei Mitau, 50 Roma in Bausk; 1941–1943, Raum Jelgava (Lettland)	Vorverf. eingest., Zeugen schwiegen, Beweism. „Eine weitere Aufklärung war nicht möglich.“
103.	Dr. jur. Walter Stock, Kripo, L. Judenreferat Gestapo Berlin, Einsatzgr. B	Westberlin 3 P (K) Js 10/71	1971	Beihilfe zum Mord an 42.000 Berliner Juden und Roma durch Deportationen in Vernichtungslager und nach Theresienstadt sowie Mord-Sonderaktionen; 1941–1945	eingest., verhandlungsunf.
104.	Karl Hahn u. a., Gendarmeriezug (mot.), Nr. 9	Koblenz 9 Js 9/71	1971–1973	Erschießung von 40 Roma (Männer, Frauen, Kinder); 13. 7. 1942, zwischen Gudogay und Loska (Litauen)	eingest., Beweism.

	Beschuldigte / Angeklagte	Gerichtsort, Register-Nr.; JuNSV	Zeit	Ermittlungs- / Verfahrensgegenstand / Tatvorwurf; Tatzeit und -ort; Einstellungs- / Urteilsbegründung	Verfahrensergebnis
105.	Paul Pit., SS-Wachmann im Außenlager Rechlin-Retzow des KZ Ravensbrück	Köln (Z) 130 (24) Js 3/71 Kleve 8 KLs 6/75 BGH 3 StR 56/76 JuNSV, Nr. 835	1971–1976	Erschießung eines Roma-Häftlings, der in einer Marschkolonne den Gleichschritt nicht hielt und eines weiteren Häftlings bei Arbeiten; BGH zum Mord an dem Rom: nur versuchter Mord, da zeitgleich ein weiterer SS-Mann auf den Häftling geschossen habe; 1944, Lager Rechlin-Retzow	2 ½ J. Jugendstrafe
106.	Grenzpolizei Sanok	Westberlin 3 P (K) Ks 1/72 JuNSV, Nr. 799	1971–1973	Massenerschießung von Hunderten jüdischen Zwangsarbeitern, Roma und „verwahrlosten Zivilisten“; Sanok, Trepce u. a. (Polen)	
	Johann Bäcker, Schneider, SS-Unterscharf.			25 Morde und Beilhilfe zum Mord	lebensl., reale Haftdauer unbek.
	Hans Quambusch, Maurer, Gestapobeamter, SS-Scharf.			20 Morde	lebensl., reale Haftauer unbek.
107.	N. N., Angeh. des RSHA	Westberlin 1 Js 1/72	1972	Planmäßige Einweisung von jugendlichen Juden und Roma sowie politischen Jugendlichen in die Lager Moringen, Ravensbrück, Fürstenberg, Łódź und Auschwitz und damit Beihilfe zu ihrer Ermordung; 1. 1. 1940–8. 5. 1945	Vorverf. eingest.

	Beschuldigte / Angeklagte	Gerichtsort, Register-Nr.; JuNSV	Zeit	Ermittlungs- / Verfahrensgegenstand / Tatvorwurf; Tatzeit und -ort; Einstellungs- / Urteilsbegründung	Verfahrensergebnis
108.	Stäbe von Einsatzgr. C und BdS Kiew, 3. Kompanie Waffen-SS-Btl. z. b. V. Dern, 2. Kompanie Reserve-Polizeibtl. 3	Itzehoe 9 Ks 1/72	1972	Beteiligung an Vernichtungsaktionen von Juden, Roma, sowjetischen Kriegsgefangenen, Zivilisten, u. a. Befehl zur Erschießung von Roma und Juden nicht seßhaften Juden in Nowoukrainka 1941	Verf. eingest.
	Adolf Blunck, SS-Sturmbannf., Adjutant des F.s der Einsatzgr. C Dr. med. Max Thomas				Vorverf. eingest.
109.	Karl-Heinz Bigell, Textilfachmann, L. Verkauf, Einkauf und Werkstattl. im KZ Krakau-Plaszów	Westberlin 3 P (K) Ks 2/72 JuNSV, Nr. 794	1972–1973	gemeinschaftlicher Mord an Juden und Roma; KZ Krakau-Plaszów (Polen)	lebensl., 1981 entl., kein Roma-Bezug im Urteil
110.	Angeh. des KZ-Personals in Ravensbrück	Frankfurt a. M.	1972–1974	zahlreiche Tötungen von Häftlingen im KZ Ravensbrück, darunter viele Säuglinge und Kinder, so auch eines dreijährigen kranken Roma-Mädchens durch Ertränken in einem nahegelegenen See	
	Edmund Bräuning, SS-Obersturmf., KZ Neuengamme, Ravensbrück, Auschwitz				Vorverf. eingest., da B. seit 1945 verschwunden
	Margot Drechsel, Oberaufseherin, Ravensbrück, Auschwitz				Vorverf. eingest., 1946–1948 in SBZ hingerichtet

	Beschuldigte / Angeklagte	Gerichtsort, Register-Nr.; JuNSV	Zeit	Ermittlungs- / Verfahrensgegenstand / Tatvorwurf; Tatzeit und -ort; Einstellungs- / Urteilsbegründung	Verfahrensergebnis
	Johanna Langefeld, Oberaufseherin, Ravensbrück, Auschwitz				Vorverf. eingest., 1974 verst.
	Hertha Ehlert, Aufseherin, Ravensbrück, Bergen-Belsen				Vorverf. eingest., „kein genügender Anlass zur öffentlichen Klage“
111.	Ermittlungen gg. unbekannt	Stuttgart 19 (85) Js 79/72	1972–1981	u. a. Deportation von 39 Roma-Kindern aus dem Kinderheim in Mulfingen nach Auschwitz-Birkenau u. a. Teilnahme an der Festnahme der in Krcedin lebenden Roma Anfang 1943, die fast alle der Ustascha übergeben wurden und in die KZs Jasenovac und Stara Gradiška gebracht wurden, wo die meisten starben; Kroatien	Vorverf. eingest.
112.	N. N., Angeh. des Deutschen Kulturbunds	Karlsruhe 34 Js 338/73	1973		Vorverf. eingest.
113.	Willi Rudolf Sawatzki, SS-Unterscharf., Arbeitsdienstf. im „Zigeunerlager“	Frankfurt a. M. 4 Ks 2/73 JuNSV, Nr. 829	1973–1976	u. a. gegen wegen Mitwirkung bei der mörderischen Auflösung des „Zigeunerlagers“ in Birkenau mit 3.000 Opfern	Frspr., Beweism.
	Alois Frey, SS-Unterscharf.				Frspr., Beweism.

	Beschuldigte / Angeklagte	Gerichtsort, Register-Nr.; JuNSV	Zeit	Ermittlungs- / Verfahrensgegenstand / Tatvorwurf; Tatzeit und -ort; Einstellungs- / Urteilsbegründung	Verfahrensergebnis
114.	Dr. jur. H. Jaskulsky, F. Einsatzk. 13, Einsatzgr. H, RSHA, Gruppe VI C	Konstanz 20 Js 50/73	1973–1975	Exekution von mind. 30 Roma; 23. 2. 1945, in Dubnica (Slowakei)	eingest.
115.	N. N., SS-Personal Nebenlager Taucha des KZ Buchenwald	Köln (Z) 130 Js 21/74	1974	u. a. Erschießung einer „Zigeunerin“ namens Maria und einer Jüdin wegen Kartoffeldiebstahls; 1944/45, Nebenlager Taucha (Hugo Schneider AG / HASAG)	Vorverf. eingest., Beweism., keine Erfolgsaussichten
116.	Kurt Kempe, SS-Obersturmf., Kommandof. Nebenlager Schlieben des KZ Buchenwald, sonstiges SS-Personal	Köln (Z) 130 Js 35/74	1974	u. a. Erschießung einer jungen Romni und einer Jüdin, hoher Anteil von Romnja im Frauenlager; Nebenlager Schlieben (Hugo Schneider AG / HASAG)	Vorverf. eingest., niemand als Beschuldigter zu ermitteln
117.	Rudolf Kremling, L. Polizei Pančevo	Stuttgart 85 Js 98/74	1974	Beteiligung an Massenerschießungen von jüdischen und Roma-Häftlingen; 1. 6. 1941 bis 30. 4. 1942, Pančevo, Jabuka (Banat / Jugoslawien)	1958 verst., Vorverf. eingest.
118.	N. N., SS-Wachmann	Braunschweig 2 Js 797/75	1975–1976	Erschießung von 5 Roma und einem weiteren Häftling; Außenlager Fallersleben des KZ Sachsenhausen	Vorverf. eingest.

	Beschuldigte / Angeklagte	Gerichtsort, Register-Nr.; JuNSV	Zeit	Ermittlungs- / Verfahrensgegenstand / Tatvorwurf; Tatzeit und -ort; Einstellungs- / Urteilsbegründung	Verfahrensergebnis
119.	Erich Kleinwächter, SS-Scharführer, u. a.	Dortmund (Z) 45 Js 1/76	1976–1984	Deportation von Juden, Polen, Roma aus dem Ghetto Łódź in die KZ Auschwitz und Kulmhof, zahlreiche Einzeltötungen von Juden, Polen, Roma in: Belchatow, Dobra, Grabow, Las, Lentschütz, Łódź, Löwenstadt, Lututow, Neu-Tschechulitz, Ozorkow, Pajeczno, Piontek, Poddebice, Poskornik, Praszka, Przedmoszcz, Ruda, Szczercow, Schierathz, Stroza, Warta, Welungen, Widawa, Wierzuszow, Zabiniec, Zdunska-Wola, Zgierz	Vorverf. eingest.
120.	Angeh. Außenstelle Krosno des Grenzpolizeikommissariats Jasło, des Gend.-Zugs Krosno, des Gend.-Postens Nozdrzec	Dortmund 45 Js 5/77	1977	Tötung von Juden, Polen, Roma; 1939–1944, Kreis Jasło / Krosno (Polen)	
	Oskar Bäcker, volksdeutscher Dolmetscher der Sipo				Vorverf. eingest.

	Beschuldigte / Angeklagte	Gerichtsort, Register-Nr.; JuNSV	Zeit	Ermittlungs- / Verfahrensgegenstand / Tatvorwurf; Tatzeit und -ort; Einstellungs- / Urteilsbegründung	Verfahrensergebnis
121.	N. N., Gendarmen der Schutzpolizei und des Gendarmeriepostens Kielce	Hamburg 2200 UJs 3/78	1978	„Verbrechen im Rahmen der Partisanenbekämpfung“ gegen zivile Polen und Roma, gegen des Widerstands Verdächtigte, u. a. Erschießung von 10 Roma (4 Männern, 4 Frauen und 2 Kindern) in Dabrowka, 17 Roma und einer unbekannten Zahl von Polen bei Cmisk-Rzadowy, weitere Erschießungen von Roma in Cminsk Koscielny; 1943–1944, Polen	Vorverf. eingest., z. T. verjährt
122.	Rolf D'Heureuse u. a.	Göttingen 3 Js 425/78	1978	Erschießung von 10 Roma; 1941/42, Żmigród (Polen)	Verf. eingest.
123.	N. N., Polizeibeamte der Gendarmerieposten Radomsko und Zytno	Koblenz 101 Js 2.561/78	1978–1979	Tötung von mind. 18 Roma, darunter einer Zwölfjährigen als „unnütz“; Ende 1943, bei Huta Drewniana (Polen)	Vorverf. eingest.
124.	N. N., Angeh. des Grenzpolizeikommissariats Jaslo, der KdS-Außenstelle Krosno, der Gestapo Gorlice, sonstiger Besatzungsinstanzen und der ukrainischen Polizei Snietnica	Nürnberg-Fürth 341 Js 35.091/79	1979	Tötung einer Vielzahl von Juden, Roma, anderer Polen, sowjetischen Kriegsgefangenen, „Geisteskranken“ in 62 festgestellten Einzel- und Massentötungen; 1940–1945	Vorverf. eingest, Beschuldigte verst., verhandlungsunf., nicht zu ermitteln

	Beschuldigte / Angeklagte	Gerichtsort, Register-Nr.; JuNSV	Zeit	Ermittlungs- / Verfahrensgegenstand / Tatvorwurf; Tatzeit und -ort; Einstellungs- / Urteilsbegründung	Verfahrensergebnis
125.	N. N., Personal der deutschen Besatzungsbehörden	Stuttgart 19 Js 164/80	1980	Tötung von Hunderten Juden, Roma, Kriegsgefangenen und weiteren polnischen und sowjetischen Häftlingen und deren Einweisung in Vernichtungslager; 1942–1944, Raum Białystok	Vorverf. eingest.
	Dr. jur. Herbert Zimmermann, SS-Obersturmf.				Verf. eingest., 1965 verst.
126.	N. N., Angeh. der Gendarmerie in Zagnansk	Verden 18 Js 300/80	1980–1982	Tötung von Roma; 1943, Tumlin-Dąbrówka, Cminsk-Wvreba (Polen)	Verfahren eingest.
127.	Akenberg u. a. Angeh. KdS Shitomir und Außenstellen	Wiesbaden 6 Js 14.031/80	1980–1985	Erschießung von Kommunisten, Juden, Roma, sowjetischen Kriegsgefangenen in 59 Einzel- und Massentötungen; 1941–1943, Shitomir (Ukraine)	Vorverf. eingest.
128.	Dr. med. Helmuth Rühl	Köln 130 Js 10/80 (Z), Bonn 23 R 4/83	1980–1987	Beihilfe zu Mord in 4 Fällen: qualvolle Giftgas-Versuche in einer Gaskammer an 8 Sinti, von denen 4 verstarben; 15. 6.–8. 8. 1944, KZ Natzweiler	angekl., eingest., verhandlungsunf.

	Beschuldigte / Angeklagte	Gerichtsort, Register-Nr.; JuNSV	Zeit	Ermittlungs- / Verfahrensgegenstand / Tatvorwurf; Tatzeit und -ort; Einstellungs- / Urteilsbegründung	Verfahrensergebnis
129.	Friedrich-Wilhelm Rex, SS-Rottenf.	Hannover 11 Js 8/73, 11 Ks 3/76 JuNSV, Nr. 873	1981	Häftlingsselektionen, Erhängungen u. Erschießungen von jüdischen, Roma- und anderen Häftlingen bei Lagerauflösungen und Evakuierungsmärschen; 1. 4. 1944–16. 4. 1945	6 J., haftunf.
	Alfred Grams, SS-Rottenf.				Frspr.
130.	Prof. Dr. rer. nat. Sophie Ehrhardt, RHF	Stuttgart 19 Js 921/81	1981–1982	„Mord z. N. von Sinti- und Roma-Zigeunern“ durch RHF; Reich	Vorverf. eingest.
	Dr. med. Adolf Würth, RHF				Vorverf. eingest.
131.	Prof. Dr. Sophie Ehrhardt,	Stuttgart 19 Js 928/81	1981–1985	„Mord z. N. von Sinti- und Roma-Zigeunern“ durch RHF; Reich	Vorverf. eingest.
	Dr. med. Adolf Würth, RHF				Vorverf. eingest.
	Prof. Dr. med. Hermann Arnold				Vorverf. eingest.
132.	Einsatzk. 10a, Einsatzgr. D	Kassel 132 Js 29.806/81 JuNSV, Nr. 910	1981–1991	Erschießungen	
	Michael Scheftner, Polizeiangestellter, L. des Polizeipostens Siwaschi			Beihilfe zur Erschießung von etwa 30 Roma in Siwaschi (Siwaseki) und 15 in Pawlowka; Mai 1942, Ukraine	Frspr., Beweism.
133.	Hans Brettschneider	Nürnberg-Fürth 341 Js 45.957/82	1982–1983	Tötung von 24 Roma; März 1943, Zawadka Brzostecka u. a. (Polen)	Vorverf. eingest.

	Beschuldigte / Angeklagte	Gerichtsort, Register-Nr.; JuNSV	Zeit	Ermittlungs- / Verfahrensgegenstand / Tatvorwurf; Tatzeit und -ort; Einstellungs- / Urteilsbegründung	Verfahrensergebnis
134.	Becker u. a.	Nürnberg-Fürth 341 Js 45.958/82	1982–1984	Tötung von Juden und Roma; 1941–1942, Jasło (Polen)	Vorverf. eingest.
135.	Prof. Dr. med. Hermann Arnold	Landau 7 b Js 7.091/83	1983–1984	Beihilfe zum Mord an 14 Pfälzer Sinti; Reich	Vorverf. eingest.
136.	Dr. Ruth Kellermann, RHF	Hamburg 2.200 Js 2/84	1984–1989	„Beihilfe zum Mord (Verschleppung der Zigeuner aus Hamburg nach Auschwitz)“; 1940–1945	Vorverf. eingest.
137.	Rudolf Hilscher u. a.	Würzburg 131 Js 18.895/84	1984–1985	Tötung von Juden und Roma; 1941–1942	Vorverf. eingest.
138.	N. N., unbekannte Angeh. der deutschen Besatzung	Aschaffenburg 1.044 Js 6.403/84 Würzburg 131 UJs 9.000/84	1984	Erschießung von 10 polnischen Roma; Herbst 1943 im Dorf Gorzyce, Kr. Przeworsk (Polen)	Vorverf. eingest.
139.	Ernst-August König, SS-Wachmannschaft, Rottenf., KZ Auschwitz	Köln 130 Js 2/84 (Z) Siegen Ks 130 Js 2/84 (Z), K 24/86 I JuNSV, Nr. 909	1984–1991	Mord; „Zigeunerfamilienlager“ in Auschwitz-Birkenau	lebensl., vor Haftantr. verst.

	Beschuldigte / Angeklagte	Gerichtsort, Register-Nr.; JuNSV	Zeit	Ermittlungs- / Verfahrensgegenstand / Tatvorwurf; Tatzeit und -ort; Einstellungs- / Urteilsbegründung	Verfahrensergebnis
140.	Hans / Willi Ansorge u. a. Angeh. der deutschen Gendarmerie und anderer Polizeieinheiten	Dortmund (Z) 45 Js 4/85	1985	Erschießung von mehreren Tausend sowjetischen Kriegsgefangenen, sowie Polen, Juden und Roma; 1. 1. 1941–31. 12. 1944, Guty-Bujno (Polen)	Vorverf. eingest.
141.	N. N., Gendarmerieposten des KdS Radom	Koblenz 101 UJs 572/85	1985	Ermordung einer Roma-Familie wg. Verdachts auf Hilfe für Partisanen; März 1944, im Wald von Zbvlowice (Polen)	Vorverf. eingest.
142.	N. N., Gendarmerie, „uniformierte Deutsche“	Hamburg 2.100 UJs 4/85	1985–1986	Erschießen von ca. 34 Roma im Wald, Töten eines Rom und Verbrennen seiner 2 Kinder bei lebendigem Leib in ihrem Haus; 1940/41, Gliniany / Hlynjany (Ukraine)	Vorverf. eingest.
143.	Viktor Blaude, volksdeutscher Dolmetscher und nach polnischen Angaben „Gestapooffizier“	Würzburg 169 Js 49/87	1987	Erschießung von Juden, Roma; 1939–1944, Nowy Targ, Zakopane (Polen)	Vorverf. eingest.
144.	N. N., Gendarmerie, Gestapo, Kreis Jaslo, Distrikt Krakau	Nürnberg-Fürth 777 UJs 111.983/87	1987–1989	Erschießung des Rom Piotr Siwak, 1941, Zdwnia (Polen), und des Rom Karo Szoma und dessen Tochter Barbara, 1944, Olchowiec (Polen)	Vorverf. eingest., Beschuldigte nicht zu ermitteln

	Beschuldigte / Angeklagte	Gerichtsort, Register-Nr.; JuNSV	Zeit	Ermittlungs- / Verfahrensgegenstand / Tatvorwurf; Tatzeit und -ort; Einstellungs- / Urteilsbegründung	Verfahrensergebnis
145.	N. N., Angeh. des Personals des Lagers Bełżec	Hamburg 2.100 UJs 1/87	1987	Tötung von deportierten Kieler Roma; 1940–1942, im Lager Bełżec (Polen)	Vorverf. eingest., Beschuldigte nicht zu ermitteln
146.	N. N., Angeh. des Gendarmeriepostens Brzozow und Rymanow Zdro (Ukraine)	Westberlin 3 P (K) Js 2/87	1987	Tötung von einigen Tausend Juden, Roma, Ukrainern; 1941–1943, Zaslaw bei Sanok (Ukraine)	Vorverf. eingest.
147.	Angeh. Gendarmerie, Kripo, SS, darunter W.[ilhelm?] Baumgarten, Gendarmerieleutnant	Dortmund (Z) 45 Js 5/87	1987	Erschießungen von Polen, darunter polnische Roma; 5 Roma 1942, Wolbrom (Polen); 40 Roma 1943, Pilica (Polen)	Vorverf. eingest.
148.	Dr. jur. Anton Böhmer, Kriminalrat, SS-Sturmbannf., L. „Zigeunerlager“ Maxglan	Köln (Z) 130 Js 7/88	1988	Einweisung von reichsdeutschen Sinti und „balkanischen“ Roma ins KZ Auschwitz	Vorverf. eingest.
149.	N. N.	Flensburg	1989–1990	Erschießung von 43 Roma; Imbramowice (Polen); Erschießung von 7 Roma; 3. 2. 1943, Wolbrom (Polen)	Vorverf. eingest.

	Beschuldigte / Angeklagte	Gerichtsort, Register-Nr.; JuNSV	Zeit	Ermittlungs- / Verfahrensgegenstand / Tatvorwurf; Tatzeit und -ort; Einstellungs- / Urteilsbegründung	Verfahrensergebnis
150.	Bolisław Majkowski, L. einer lettischen Polizeieinheit	Münster	1988–1994	Ermordung der 200 Einwohner des Dorfs Audrini im Kreis Rezekne / Rositten, aber keine Thematisierung der akten- und aussagenmäßig belegten Tötung von 20 Sinti-Frauen, -Männern und -Kindern im benachbarten Ort Kaupat	Verf. eingest., verhandlungsunf.
151.	Hans Lipschis, SS-Wachmann in Auschwitz, Rottenf.	Stuttgart 9 Js 94.162/12 Ellwangen 1 Ks 9 Js 94.16	2012–2014	Beihilfe zum Mord in KZ Auschwitz in 9.000 Fällen; Entschädigung für U-Haft	Vorverf. eingest., verhandlungsunf.

Dank

Für ihre Initiative beim Einstieg in dieses Thema und in der Begleitung des Vorhabens bedanke ich mich insbesondere bei Karola Fings (Köln), für Geduld, Kritik und Offenheit beim Gegenlesen des Manuskripts bei Daniela Gress und Frank Reuter (Heidelberg), für die Mühen, die Ausdauer und eine akribische Aufmerksamkeit bei der Umsetzung in den Druck bei Anja Konopka und Jelena Radosavljević (Heidelberg), für unkonventionell übermittelte NSG-Urteile bei Dick W. de Mildt (Amsterdam), für fachliche Mitteilungen bei Stefan Klemp (Dortmund) und Lisa Willnecker (Köln), für die zahlreichen kompetenten und interessanten Anmerkungen, die mehrfach Nachrecherchen auslösten, bei Daniel Bussenius (Berlin), für die freundliche Unterstützung bei der Suche nach Archivalien bei Regina Hönerlage vom Landesarchiv in Duisburg und bei Torsten Zarwel vom Bundesarchiv in Berlin, für wertvolle Hinweise aus umfassender Kenntnis der Literatur und für aufmunternde Worte bei dem Bemühen, dem eingeschlagenen Weg beharrlich zu folgen, bei Waltraud Goergens (Marburg).

Abkürzungen

Angeh.	Angehörige(r)
aufgeh.	aufgehoben
AvS	Arbeitsgemeinschaft verfolgter Sozialdemokraten
BArch	Bundesarchiv
BayHStA	Bayerisches Hauptstaatsarchiv
BdS	Befehlshaber der Sicherheitspolizei und des SD
BEG	Bundesentschädigungsgesetz
Beweism.	Beweismangel
BGH	Bundesgerichtshof
BMI	Bundesministerium des Inneren
BMJ	Bundesministerium der Justiz
BMJFG	Bundesministerium für Jugend, Familie und Gesundheit
BND	Bundesnachrichtendienst
BRD	Bundesrepublik Deutschland
Btl.	Bataillon
BKA	Bundeskriminalamt
BVN	Bund der Verfolgten des Naziregimes
CDU	Christlich Demokratische Union
ChGK	Außerordentliche Staatliche Kommission zur Feststellung und Untersuchung der deutsch-faschistischen Gräueltaten
CSU	Christlich-Soziale Union
DDR	Deutsche Demokratische Republik
DGB	Deutscher Gewerkschaftsbund
Dir., -dir.	Direktor, -direktor
DJ	Deutsche Justiz
DKP	Danmarks Kommunistiske Parti
DKP	Deutsche Kommunistische Partei
DNVP	Deutschnationale Volkspartei
DP	Deutsche Partei
DRK	Deutsches Rotes Kreuz
Dulag	Durchgangslager
DVöpF	Deutscher Verein für öffentliche und private Fürsorge

eingest.	eingestellt
Einsatzgr.	Einsatzgruppe
Einsatzk., EK	Einsatzkommando
entl. / Entl.	entlassen / Entlassung
F., -f.	Führer, -führer
FDP	Freie Demokratische Partei
Frspr.	Freispruch
FSK	Freiwillige Selbstkontrolle
GdP	Gewerkschaft der Polizei
Gef.	Gefängnis
gen.	genannt
Gestapa	Geheimes Staatspolizeiamt
Gestapo	Geheime Staatspolizei
GFP	Geheime Feldpolizei
GG	Grundgesetz
GLA	Generallandesarchiv
GLS	Gypsy Lore Society
GStA	Generalstaatsanwalt
Haftantr.	Haftantritt
haftunf.	haftunfähig
herabges.	herabgesetzt
Hervorh. i. O.	Hervorhebung im Original
Hg.	Herausgeber
hg.	herausgegeben
HIAG	Hilfsgemeinschaft auf Gegenseitigkeit [ehemaliger SS-Angehöriger]
hinger.	hingerichtet
HSSPF	Höherer SS- und Polizeiführer
IfZ	Institut für Zeitgeschichte
IMT	Internationales Militärtribunal
J.	Jahre
JGLS	Journal of the Gypsy Lore Society
JuNSV	Justiz und NS-Verbrechen

...k.	-kommando
KBI	Kriminalbiologisches Institut
KdS	Kommandeur der Sicherheitspolizei und des SD
(...)komm.	...kommissar; kommissarische(r)
Komp.	Kompanie
KPD	Kommunistische Partei Deutschlands
KPÖ	Kommunistische Partei Österreichs
Krankh.	Krankheit
KRD	Kontrollratsdirektive
KRG	Kontrollratsgesetz
Kripo	Kriminalpolizei
KVG	Kriegsverbrechergesetz
L.	Leiter
LAV	Landesarchiv
LG	Landgericht
LKA	Landeskriminalamt
M.	Monate
mind.	mindestens
MStGB	Militärstrafgesetzbuch
-mstr.	-meister
N. N.	*nomen nescio* = Name unbekannt
NRW	Nordrhein-Westfalen
NSDAP	Nationalsozialistische Deutsche Arbeiterpartei
NSG	nationalsozialistische Gewaltverbrechen
OB	Oberbürgermeister
OG	Oberstes Gericht [der DDR]
OGHBZ	Oberster Gerichtshof der Britischen Zone
OKW	Oberkommando der Wehrmacht
OLG	Oberlandgericht
OLGR	Oberlandesgerichtsrat
OStA	Oberstaatsanwalt
OStAsch	Oberstaatsanwaltschaft
ÖTV	Gewerkschaft Öffentliche Dienste, Transport und Verkehr
ÖVP	Österreichische Volkspartei

RHF	Rassenhygienische und bevölkerungsbiologische Forschungsstelle
RJM	Reichsjustizministerium
RKPA	Reichskriminalpolizeiamt
RM	Reichsmark
RSHA	Reichssicherheitshauptamt
SA	Sturmabteilung
SBZ	Sowjetische Besatzungszone
Schupo	Schutzpolizei / -polizist
SD	Sicherheitsdienst des Reichsführers SS
SDS	Sozialistischer Deutscher Studentenbund
SED	Sozialistische Einheitspartei Deutschlands
Sipo	Sicherheitspolizei
Sonderk., SK	Sonderkommando
SPD	Sozialdemokratische Partei Deutschlands
SPÖ	Sozialistische Partei Österreichs
SRP	Sozialistische Reichspartei
SS	Schutzstaffel
StA	Staatsanwalt
StABb	Stadtarchiv Bad Berleburg
StADu	Stadtarchiv Duisburg
Stalag	Stammlager
StAsch	Staatsanwaltschaft
stellv.	stellvertretende(r)
u. a.	und andere(s); unter anderem / unter anderen
UdSSR	Union der Sozialistischen Sowjetrepubliken
URO	United Restitution Organization
Verf.	Verfahren
verhand-lungsunf.	verhandlungsunfähig
verj.	verjährt
verst.	verstorben
VFM	Verband für Freiheit und Menschenwürde
VGH	Volksgerichtshof
VgM	Verbrechen gegen die Menschheit
Vorverf.	Vorverfahren

VVN-BdA	Vereinigung der Verfolgten des Naziregimes – Bund der Antifaschisten
wg.	wegen
Z	Zentrale Stelle

Quellen- und Literaturverzeichnis

— ※ —

Quellen

Archivalische Quellen

Bayerisches Hauptstaatsarchiv (BayHStA)
Entschädigungsakten.
Bundesarchiv (BArch) Berlin-Lichterfelde
R 58, Schriftliche Überlieferung des Reichssicherheitshauptamts.
R 9.361/III, Personenbezogene Unterlagen der SS und SA.
R 9.361-IX, Personenbezogene Unterlagen der NSDAP, Mitgliederkartei, Gaukartei.
Do 1/12.747, Waldheim-Verfahren.
ZSg. 142/Anh., Zeitgeschichtliche Sammlung Arnold.
Generallandesarchiv (GLA) Karlsruhe
446, Gesundheitsämter, Heidelberg-1.
480, Landesamt für die Wiedergutmachung: Einzelfallakten.
Hessisches Hauptstaatsarchiv Wiesbaden
Bestand 505, Justizministerium.
Institut für Zeitgeschichte
Auskunft aus der NSG-Datenbank des IfZ-Archivs, Reportdatum: 17.3.2021.
Landesarchiv (LAV) NRW, Abt. Rheinland
BR PE, Personalakten.
BR 1.111, Polizeipräsidiumn Duisburg, 1945 ff., Vermischte Maßnahmen gegen „asoziale Personen“.

Gerichte Rep. 118, Staatsanwaltschaft Köln, Zentralstelle für NS-Massenverbrechen.
Gerichte Rep. 231, Staatsanwaltschaft Köln.
Gerichte Rep. 248, Staatsanwaltschaft Köln.
Gerichte Rep. 268, Staatsanwaltschaft Düsseldorf.
Gerichte Rep. 299, Staatsanwaltschaft Essen.
NW 174, Sondergerichtsakten mit Todesurteilen.
NW 296, IM Polizeieinsatz.
NW 334, IM NS-Gewaltverbrechen durch Polizei und Gestapo.
NW 1.000 bis NW 1.129, Entnazifizierungsakten.
RW 58, Gestapoakten Düsseldorf.
RW 716, Nachlass Rolf Holtfort.

Landesarchiv (LAV) NRW, Abt. Westfalen
Bestand Q 226, Staatsanwaltschaft Siegen.

Landesarchiv Schleswig-Holstein
Bestände Abt. 352 Kiel; Abt. 761.

Stadtarchiv Bad Berleburg (StABb)
Bestand Nr. 151.

Stadtarchiv Duisburg (StADu)
Bestand 103/A Personalakten.
Bestand 504 Erbgesundheitsamt.
Bestand 506 Entschädigungsakten.

Tiroler Landesarchiv Innsbruck
Bestand Sondergericht beim Landgericht Innsbruck.

Archiv der VVN NRW (Wuppertal)
Bestand Siegen.

Quelleneditionen

Bundesarchiv, Edition „Die Kabinettsprotokolle der Bundesregierung“ online, abrufbar unter: https://www.bundesarchiv.de/cocoon/barch/0000/k/k1959k/kap1_2/kap2_33/para3_7.html [letzter Zugriff: 20.6.2022].

The Einsatzgruppen Case, The RuSHA Case. Trials of War Criminals before the Nuernberg Military Tribunals under Control Council Law No. 10, Vol. IV, Washington o.J., abrufbar unter: https://www.uni-marburg.de/de/icwc/dokumentation/dokumente/nmt/nt_war-criminals_vol-iv.pdf [letzter Zugriff: 20.6.2022].

Gedenkbuch. Die Sinti und Roma im Konzentrationslager Auschwitz-Birkenau. Zwei Bände, Staatliches Museum

Auschwitz-Birkenau (Hg.), in Zusammenarbeit mit dem Dokumentations- und Kulturzentrum Deutscher Sinti und Roma, München u.a. 1993.

Gesetz zur Befreiung von Nationalsozialismus und Militarismus vom 5. März 1946, München 1948, abrufbar unter: https://digicoll.library.wisc.edu/cgi-bin/History/History-idx?type=header;pview=hide;id=History.GesetzBefreiung [letzter Zugriff: 20.6.2022].

Heim, Susanne (Hg.)/Wilke, Maria (Mitarb.): Deutsches Reich und Protektorat Böhmen und Mähren Oktober 1941–März 1943 (Die Verfolgung und Ermordung der europäischen Juden durch das nationalsozialistische Deutschland, Bd. 6), München 2019.

The High Command Case, The Hostage Case, in: Trials of War Criminals before the Nuernberg Military Tribunals under Control Council Law No. 10, Vol. XI, Washington 1950, abrufbar unter: https://www.uni-marburg.de/de/icwc/dokumentation/dokumente/nmt/nt_war-criminals_vol-xi.pdf [letzter Zugriff: 20.6.2022].

The Justice Case. Trials of War Criminals before the Nuernberg Military Tribunals under Control Council Law No. 10, Vol. III, Washington 1951, abrufbar unter: https://www.uni-marburg.de/de/icwc/dokumentation/dokumente/nmt/nt_war-criminals_vol-iii.pdf [letzter Zugriff: 20.6.2022].

Kaden, Helma/Nestler, Ludwig (Hg.): Dokumente des Verbrechens. Aus Akten des Dritten Reiches 1933–1945, Bd. 3, Berlin 1993.

Leszczyński, Kazimierz (Hg.): Fall 9. Das Urteil im Einsatzgruppenprozeß gefällt am 10. April 1948 vom Militärgerichtshof II der Vereinigten Staaten von Amerika, Berlin 1963.

Linne, Karsten (Bearb.) mit einer Einleitung von Angelika Ebbinghaus: Der Nürnberger Ärzteprozeß 1946/47. Wortprotokolle, Anklage- und Verteidigungsmaterial, Quellen zum Umfeld. Erschließungsband zur Mikrofiche-Edition, München 2000.

Rüter, Christiaan F./de Mildt, Dick W. (Hg.): Justiz und NS-Verbrechen. Sammlung [west-]deutscher Strafurteile wegen nationalsozialistischer Tötungsverbrechen, 1945–2012, 49 Bde., Amsterdam 1968–2012: Lfd. Nr. 124, 127, 262, 310, 415, 475, 486, 488, 493, 517, 519, 540, 552, 566, 588, 594, 595, 596, 601, 603, 620, 625, 630, 637, 686, 688, 705, 712, 721, 730, 731, 746, 760, 787, 794, 799, 829, 835, 873, 909, 910.

Sammlung der auf dem Gebiete der vorbeugenden Verbrechensbekämpfung ergangenen Erlasse und sonstigen Bestimmungen.

Bearbeitet von SS-Hauptsturmführer Kriminalrat Richrath im Reichssicherheitshauptamt. Herausgegeben vom Reichssicherheitshauptamt – Amt V, o. O. [Berlin] o. J. [1941].

Steiniger, Peter Alfons / Leszczyński, Kazimierz: Fall 3. Das Urteil im Juristenprozess, gefällt am 4. Dezember 1947 vom Militärgerichtshof III der Vereinigten Staaten von Amerika, Berlin (DDR) 1969.

Zöller, Martin / Leszczyński, Kazimierz (Hg.): Fall 7. Das Urteil im Geiselmordprozeß gefällt am 19. Februar 1948 vom Militärgerichtshof V der Vereinigten Staaten von Amerika, Berlin (DDR) 1965.

Zöller, Martin / Leszczyński, Kazimierz (Hg.): Fall 12. Das Urteil gegen das Oberkommando der Wehrmacht, gefällt am 28. Oktober 1948 in Nürnberg vom Militärgerichtshof V der Vereinigten Staaten von Amerika, Berlin (DDR) 1960.

Literatur

Zeitgenössische Schriften bis 1945

Binding, Karl / Hoche, Alfred: Die Freigabe der Vernichtung lebensunwerten Lebens. Ihr Maß und ihre Form, Leipzig 1920 (ND hg. von Wolfgang Naucke, Berlin 2006).

Dreher, Eduard: Verschiedene Rechtsfragen der Rundfunkverordnung, in: DJ 102 (1940), S. 1419 f.

Ehrhardt, Sophie: Zigeuner und Zigeunermischlinge in Ostpreußen, in: Volk und Rasse 17 (1942), S. 52–57.

Ehrhardt, Sophie: Das Bild des deutschen Menschen, in: Zeitschrift für ärztliche Fortbildung 31 (1934), S. 259–265.

Fischer, Eugen: Der Begriff des völkischen Staates biologisch gesehen, Berlin 1933.

Günther, Theodor: Seßhafte Zigeuner, in: Reichsverwaltungsblatt und Preußisches Verwaltungsblatt 58 (1937), S. 193–197.

Günther, Theodor: Die Zigeunerverhältnisse in Berleburg, in: Ziel und Weg. Zeitschrift des Nationalsozialistischen Deutschen Ärztebundes, H. 7 (1937), S. 262–268.

Hannemann, Karl: Willensfreiheit oder Erbschicksal. Betrachtungen über die rassenpolitische Gefahr der asozialen Psychopathen, in: Ziel und Weg. Monatsschrift des Hauptamtes für

Volksgesundheit der NSDAP., des Sachverständigenbeirates und des Nationalsozialistischen Deutschen Ärztebundes 9 (1939), H. 15, S. 467–479.
Hentig, Hans von: Rechtliche Bedenken gegen das bayerische Zigeuner- und Arbeitsscheuengesetz vom 16. Juli 1926 , in: Juristische Rundschau, Nr. 5, 1927, Sp. 153–156.
Hirschfeld, Magnus: Racism, London 1938.
Höhne, Werner Kurt: Die Vereinbarkeit der deutschen Zigeunergesetze und -verordnungen mit dem Reichsrecht, insbesondere der Reichsverfassung, Heidelberg o.J. [1929].
Huxley, Julian / Haddon, C. Alfred: We Europeans. A survey of Racial Problems, London 1935.
Justin, Eva: Lebensschicksale artfremd erzogener Zigeunerkinder und ihrer Nachkommen, Berlin 1944.
Langenbach, Wilhelm: Die Gefahr der Asozialen! Mit einer Stammtafel, in: Volk und Rasse. Zeitschrift des Reichsausschusses für Volksgesundheitsdienst und der Deutschen Gesellschaft für Rassenhygiene, 1939, H. 1, S. 15–19.
Lechler, Karl Ludwig: Erkennung und Ausmerze der Gemeinschaftsunfähigen, in: Deutsches Ärzteblatt 70 (1940), S. 293–297.
Ritter, Robert: Erbärztliche Verbrechensverhütung, in: Deutsche Medizinische Wochenschrift 68 (1942), H. 21, S. 534–539.
Ritter, Robert: Das Kriminalbiologische Institut der Sicherheitspolizei, in: Kriminalistik. Monatshefte für die gesamte kriminalistische Wissenschaft und Praxis 16 (1942), S. 117–119.
Ritter, Robert: Die Asozialen, ihre Vorfahren und ihre Nachkommen, in: Fortschritte der Erbpathologie, Rassenhygiene und ihrer Grenzgebiete 5 (1941), H. 4, S. 137–155.
Ritter, Robert: Die Aufgaben der Kriminalbiologie und der kriminalbiologischen Bevölkerungsforschung, in: Monatshefte für die gesamte kriminalbiologistische Wissenschaft und Praxis 15 (1941), H. 4, S. 38–41.
Ritter, Robert: Die Bestandsaufnahme der Zigeuner und Zigeunermischlinge in Deutschland, in: Der Öffentliche Gesundheitsdienst 6 (1941), H. 21, S. 477–489.
Ritter, Robert: Primitivität und Kriminalität, in: Monatsschrift für Kriminalbiologie und Strafrechtsreform 31 (1940), S. 198–210.
Ritter, Robert: Die Zigeunerfrage und das Zigeunerbastardproblem, in: Fortschritte der Erbpathologie, Rassenhygiene und ihrer Grenzgebiete 3 (1939), H. 1, S. 2–20.

Ritter, Robert: Zigeuner und Landfahrer, in: Der nichtseßhafte Mensch. Ein Beitrag zur Neuregelung der Raum- und Menschenordnung im Großdeutschen Reich, München 1938, S. 71–88.
Simar, Théophile: Étude critique sur la formation de la doctrine des *races* – au XVIIIe siècle et son expansion au XIXe siècle, Paris 1922 (ND Genf 2003).
Werner, Paul: Die polizeilichen Jugendschutzlager, in: Deutsche Jugendhilfe 35 (1944), Folge 11/12, S. 101–105.
Werner, Paul: Die Einweisung in die polizeilichen Jugendschutzlager, in: Deutsches Jugendrecht. Beiträge für die Praxis und Neugestaltung des Jugendrechts, 1944, H. 4, S. 95–106.
Werner, Paul: Die Maßnahmen der Kriminalpolizei gegen verwahrloste und kriminelle Minderjährige. Polizeiliche Jugendschutzlager, in: Deutsche Zeitschrift für Wohlfahrtspflege 16 (1940/41), H. 11/23, S. 273–280.
Würth, Adolf: Die Zigeuner- *und* Zigeunermischlingsfrage in Deutschland, in: Der Öffentliche Gesundheitsdienst 5 (1939/40), S. 36–37.
Würth, Adolf: Bemerkungen zur Zigeunerfrage und Zigeunerforschung in Deutschland, in: Anthropologischer Anzeiger. Verhandlungen der Deutschen Gesellschaft für Rassenforschung 9 (1938), S. 95–98.
Zirpins, Walter: Der Weg zur Reichskriminalpolizei, in: Die deutsche Polizei. Ausgabe für Sicherheitspolizei und SD, 1944, H. 12, S. 428–432.
Zirpins, Walter: Das Getto in Litzmannstadt, kriminalpolizeilich gesehen, in: Kriminalistik. Monatshefte für die gesamte kriminalistische Wissenschaft und Praxis 15 (1941), H. 9, S. 97 f., und H. 10, S. 111 f.

Schriften nach 1945

Offizielle und offiziöse Verlautbarungen

Ausschuß für deutsche Einheit (Hg.): Gestapo- und SS-Führer kommandieren die westdeutsche Polizei. Eine Dokumentation über 250 leitende Polizeioffiziere Westdeutschlands, Berlin (DDR) 1961.
Ausschuß für Deutsche Einheit (Hg.): Wir klagen an! 800 Nazi-Blutrichter – Stützen des militaristischen Adenauer-Regimes, Berlin (DDR) 1959.

Ausschuß für Deutsche Einheit (Hg.): Gestern Hitlers Blutrichter – Heute Bonner Justiz-Elite, Berlin (DDR) 1957.
Bundesamt für Verfassungsschutz (Hg.): 70 Jahre Bundesamt für Verfassungsschutz 1950–2020, Köln 2020.
Bundesregierung (Hg.): Die antisemitischen und nazistischen Vorfälle in der Zeit vom 25. Dezember 1959 bis zum 28. Januar 1960, Bonn 1960.
Deutscher Bundestag (Hg.): Historische Debatten (4). Verjährung von NS-Verbrechen [23. 04. 1969], abrufbar unter: https://www.bundestag.de/dokumente/textarchiv/24031343_debatten04-199958 [letzter Zugriff: 20. 6. 2022].
Deutscher Bundestag: Drucksache 3.309, Genehmigung zum Strafverfahren gegen den Abgeordneten Könen (Düsseldorf), 4. Februar 1957.
Deutscher Bundestag: 5. Wahlperiode, Drucksache V/4.094, Erster Schriftlicher Bericht des Sonderausschusses für die Strafrechtsreform, abrufbar unter: https://dserver.bundestag.de/btd/05/040/0504094.pdf [letzter Zugriff: 20. 6. 2022].
Hessischer Landtag (Hg.): Antwort des Ministers des Innern auf die Kleine Anfrage des Abg. Holzapfel (SPD) betreffend faschistische Demonstrationen im Frankfurter Westend, Drucks. 8/120, 25. 3. 1975.
Komitee der Antifaschistischen Widerstandskämpfer in der DDR (Hg.): SS im Einsatz, Berlin (DDR) 1957.
Nationalrat der Nationalen Front des demokratischen Deutschland / Dokumentationszentrum der staatlichen Archivverwaltung der DDR (Hg.): Braunbuch. Kriegs- und Naziverbrecher in der Bundesrepublik, 2. überarb. Aufl., Berlin (DDR) 1965.
Rechtsinformationssystem des Bundes, abrufbar unter: https://www.ris.bka.gv.at/eli/bgbl/1958/210/A7/NOR12016938 [letzter Zugriff: 20. 6. 2022].
République Française, Publications officielles, Loi no 64-1326 du 26 décembre 1964, Les crimes contre l'humanité, abrufbar unter: https://www.legifrance.gouv.fr/jorf/id/JORFTEXT000000684761 [letzter Zugriff: 20. 6. 2022].

Presseveröffentlichungen

Abendpost, Daily Express, Frankfurter Allgemeine Zeitung, Frankfurter Rundschau, Kölner Stadt-Anzeiger, Landeszeitung für die Lüneburger Heide, NRZ, Peiner Allgemeine Zeitung, Remscheider General-Anzeiger, Siegener Zeitung, Der Spiegel, Süddeutsche Zeitung, taz, Die Welt, Westfälische Rundschau, Die Zeit.

Selbstaussagen

Adler, Marta: Mein Schicksal waren die Zigeuner. Ein Lebensbericht, hg. v. Robert A. Stemmle, Bremen 1957.

Alnor, Walter: Begegnungen und Gespräche mit Hans Friedrich Blunck, Sonderdruck aus dem Jahrbuch der Gesellschaft zur Förderung des Werkes von Hans Friedrich Blunck, Hamburg 1963.

Franzmann, Hans: „Zwischen den Stühlen". Erfahrungen eines roten Stadtpfadfinders, Grafenau 2005, S. 40–47.

Giesler, Hermann: Ein anderer Hitler. Bericht seines Architekten Hermann Giesler. Erlebnisse, Gespräche, Reflexionen, Leoni am Starnberger See 1978.

Gostner, Erwin: 1000 Tage im KZ. Ein Erlebnisbericht aus den Konzentrationslagern Dachau, Mauthausen und Gusen, Innsbruck 1945.

Guttenberger, Elisabeth: Das Zigeunerlager, in: Adler, H. G./Langbein, Hermann/Lingens-Reiner, Ella (Hg.): Auschwitz. Zeugnisse und Berichte, Frankfurt a. M. 1962, S. 159–162.

Höß, Rudolf: Kommandant in Auschwitz. Autobiographische Aufzeichnungen. Eingeleitet und kommentiert von Martin Broszat, Stuttgart 1958.

„Ich habe sie alle geboxt". Interview mit Jakob Bamberger, in: Boström/Dresing/Escher/Grünewald (Hg.): Buch der Sinti, S. 156–158.

Jegers, Doris: Die Auswirkungen rassischer Diskriminierung während des Nationalsozialismus auf die Persönlichkeitsentwicklung von Kindern und Jugendlichen. Untersuchungen an seßhaften Zigeunernachkommen, Bd. II, Interviews, Siegen 1992.

Kaufmann, Max: Churbn [Zerstörung] Lettland. Die Vernichtung der Juden Lettlands, München 1947.

Kochanowski, Vanya: Some notes on the Gypsies of Latvia, in: Journal of the Gypsy Lore Society XXV (1946), H. 1–2, S. 34–38 und H. 3–4, S. 112–116.

Kraus, Ota / Kulka, Erich: Die Todesfabrik, 2. Aufl., Berlin 1958.
Posser, Diether: Anwalt im Kalten Krieg. Deutsche Geschichte in politischen Prozessen 1951–1968, München 1991.
Senger, Valentin: Kurzer Frühling, Zürich 1984.
Wehner, Bernhard: Rede des Preisträgers, im: Deutsche Kriminologische Gesellschaft (Hg.): Verleihung der Beccaria-Medaille, Frankfurt a. M. 1985, S. 11–20.
Weisz, Zoni: Der vergessene Holocaust. Mein Leben als Sinto, Unternehmer und Überlebender, München 2018.

Monografien und Aufsätze

Aigner, Petra: Migrationssoziologie. Eine Einführung, Wiesbaden 2017.
Aly, Götz: Medizin gegen Unbrauchbare, in: „Aussonderung und Tod", Beiträge zur nationalsozialistischen Gesundheits- und Sozialpolitik, Bd. 1, Westberlin 1987, S. 9–74.
Ambos, Kai: Nationalsozialistisches Strafrecht. Kontinuität und Radikalisierung, Baden-Baden 2019.
Amnestie-Ausschuß tagt über Notstandgesetze, in: vorgänge. Zeitschrift für Bürgerrechte und Gesellschaftspolitik, 1964, H. 7–8.
Anders, Edward / Dubrovskis, Juris: Jews in Liepāja, Latvia, 1941–45. A Memorial Book, Burlingame 2001.
Angrick, Andrej: „Aktion 1005" – Spurenbeseitigung von NS-Massenverbrechen 1942–1945. Eine „geheime Reichssache" im Spannungsfeld von Kriegswende und Propaganda, Göttingen 2018.
Angrick, Andrej / Klein, Peter: Die „Endlösung" in Riga. Ausbeutung und Vernichtung 1941–1944, Darmstadt 2006.
Anspach, Maria: Dr. Josef Mengeles „Probetierchen". Ein Blockführer des „Zigeunerlagers" Auschwitz-Birkenau vor Gericht, in: Tribüne. Zeitschrift zum Verständnis des Judentums 26 (1987), H. 102, S. 132–135.
Anti-Roeder-Arbeitskreis: NSDAP-Propagandisten unter der Lupe. Dokumentation antisemitischer, antidemokratischer und offener NS-Provokationen der Schönborn-Roeder-Christophersen-Bande und ihre Deckung seitens staatlicher Organe, Hamburg 1978.
Apel, Linde (Hg.): In den Tod geschickt. Die Deportationen von Juden, Roma und Sinti aus Hamburg 1940 bis 1945, Berlin 2009.

Arendt, Hannah: Eichmann in Jerusalem. Ein Bericht von der Banalität des Bösen, 14. Aufl., München 2005.

Arndt, Adolf: Richter Paulicks Einstellung, in: Sozialdemokratischer Pressedienst, Hannover, 20. 2. 1950, abrufbar unter: http://195.243.222.33/spdpd/1950/500220.pdf [letzter Zugriff: 20. 6. 2022].

Arnold, Hermann: Die Zigeuner. Herkunft und Leben im deutschen Sprachgebiet, Olten 1965.

Arnold, Hermann: Wer ist Zigeuner?, in: Zeitschrift für Ethnologie 87 (1962), H. 1, S. 115–134.

Arnold, Hermann: Bevölkerungsbiologische Beobachtungen an Sippenwanderern, in: Homo. Zeitschrift für die vergleichende Forschung am Menschen 8 (1960), H. 11, S. 60–66.

Arnold, Hermann: Vaganten, Komödianten, Fieranten und Briganten. Untersuchungen zum Vagantenproblem an vagierenden Bevölkerungsgruppen vorwiegend der Pfalz, Stuttgart 1958.

Asmussen, Nils: Der kurze Traum von der Gerechtigkeit. „Wiedergutmachung" und NS-Verfolgte in Hamburg nach 1945, Hamburg 1987.

Aufarbeitung von Verfolgung und Repression lesbischer und schwuler Lebensweisen in Hessen 1945–1985. Bericht im Auftrag des Hessischen Ministeriums für Soziales und Integration zum Projekt „Aufarbeitung der Schicksale der Opfer des ehemaligen § 175 StGB in Hessen im Zeitraum 1945 bis 1985", Wiesbaden 2018.

Aydin, Taner: Gustav Radbruch, Hans Kelsen und der Nationalsozialismus. Zwischen Recht, Unrecht und Nicht-Recht, Baden-Baden 2020.

Bachhausen, Dirk: Rechtsextreme Vergangenheiten der AfD Teil 2: Andreas Kalbitz neonazistische Biographie (Frank Rennicke, GfP, Guthmannshausen und NPD Kader), 2. 5. 2020, abrufbar unter: https://www.bachhausen.de/rechtsextreme-vergangenheiten-der-afd-teil-2-andreas-kalbitz-neonazistische-biographie-frank-rennicke-gfp-guthmannshausen-und-npd-kader/ [letzter Zugriff: 19. 4. 2023].

Baetz, Michaela / Herzog, Heike / von Mengersen, Oliver: Die Rezeption des nationalsozialistischen Völkermords an den Sinti und Roma in der sowjetischen Besatzungszone und der DDR. Eine Dokumentation zur politischen Bildung, herausgegeben vom Dokumentations- und Kulturzentrum Deutscher Sinti und Roma, Heidelberg 2007.

Baganz, Corinna: Die Hohnstein-Prozesse, in: Vollnhals / Osterloh (Hg.): NS-Prozesse und deutsche Öffentlichkeit, S. 207–220.

Bahlmann, Peter: Verbrechen gegen die Menschlichkeit? Wiederaufbau der Justiz und frühe NS-Prozesse im Nordwesten Deutschlands, Oldenburg 2008.

Balzer, Friedrich-Martin: Heinz Düx – demokratischer Jurist und Antifaschist, in: Düx, Heinz: Justiz und Demokratie. Anspruch und Realität in Westdeutschland nach 1945, Gesammelte Schriften 1948–2013, hg. von Friedrich-Martin Balzer, Bonn 2013, S. 13–30.

Barth, Boris: Genozid. Völkermord im 20. Jahrhundert. Geschichte, Theorien, Kontroversen, München 2006.

Barthou, Peter: Der „Oberstenparagraph". Der Umgang mit Obersten und Generalen der Wehrmacht im Österreichischen Bundesheer, Wien 2008.

Bästlein, Klaus: Zur Historiografie des Völkermords an den europäischen Juden, in: Lehmann, Sebastian / Bohn, Robert / Danker, Uwe (Hg.): Reichskommissariat Ostland. Tatort und Erinnerungsobjekt, Paderborn u. a. 2012, S. 303–329.

Bauer, Fritz: Kleine Schriften, 1962–1969, Bd. 2 (hg. von Foljanty, Lena / Johst, David), Frankfurt a. M. 2018.

Bauer, Fritz: Im Namen des Volkes. Die strafrechtliche Bewältigung der Vergangenheit (1965), in: ders.: Die Humanität der Rechtsordnung. Ausgewählte Schriften, hg. von Joachim Perels und Irmtrud Wojak, Frankfurt a. M. 1998, S. 77–90.

Bauer, Fritz: Das „gesetzliche Unrecht" des Nationalsozialismus und die Strafrechtspflege, in: Kaufmann, Arthur (Hg.): Gedächtnisschrift für Gustav Radbruch, Göttingen 1968, S. 302–307.

Bauer, Fritz: Ideal- oder Realkonkurrenz bei nationalsozialistischen Verbrechen?, in: Juristenzeitung (JZ) 17 (1967), H. 20, S. 625–628.

Bauer, Yehuda: „Es galt nicht der gleich Befehl für beide". Eine Entgegnung auf Romani Roses Thesen zum Genozid an den europäischen Juden, Sinti und Roma, in: Blätter für deutsche und internationale Politik 43 (1998), S. 1380–1390.

Baumann, Imanuel: Dem Verbrechen auf der Spur. Eine Geschichte der Kriminologie und Kriminalpolitik in Deutschland 1880 bis 1980, Göttingen 2006.

Baumann, Imanuel / Reinke, Herbert / Wagner, Patrick: Schatten der Vergangenheit. Das BKA und seine Gründungsgeneration in der frühen Bundesrepublik, Köln 2011.

Baun, Lisa: Beihilfe zu NS-Gewaltverbrechen. Zugleich eine Untersuchung zu den abstrakten Kriterien der Beihilfe durch neutrales Verhalten, Baden-Baden 2019.

Becker, Ingeborg / Huber, Harald / Küster, Otto: Bundesentschädigungsgesetz. Bundesergänzungsgesetz zur Entschädigung für Opfer der nationalsozialistischen Verfolgung (BEG) vom 18. September 1953, Kommentar, Westberlin 1955.

Beorn, Waitman Wade: Marching into Darkness. The Wehrmacht and the Holocaust in Belarus, Cambridge 2014.

Berbüsse, Volker: Das Bild der „Zigeuner" in deutschsprachigen kriminologischen Lehrbüchern, in: Jahrbuch für Antisemitismusforschung 1 (1992), Frankfurt a. M. 1992.

Berenbaum, Michael / Peck, Abraham J. (Hg.): The Holocaust and History. The Known, the Unknown, the Disputed, and the Reexamined, Bloomington 1998.

Berg, Nicolas: Der Holocaust und die westdeutschen Historiker. Erforschung und Erinnerung, Göttingen 2004, 3. Aufl.

Berghoff, Hartmut / Rauh-Kühne, Cornelia: Fritz K. Ein deutsches Leben im 20. Jahrhundert, München 2000.

Bergmann, Werner: Antisemitismus in öffentlichen Konflikten. Kollektives Lernen in der politischen Kultur der Bundesrepublik 1949–1989, Frankfurt a. M. 1997.

Bevers, Jürgen: Der Mann hinter Adenauer. Hans Globkes Aufstieg vom NS-Juristen zur Grauen Eminenz der Bonner Republik, Berlin 2009.

Billig, Joseph: L'Allemagne et le génocide, Paris 1950.

Birn, Ruth Bettina: Heinrich Bergmann – eine deutsche Kriminalistenkarriere, in: Mallmann, Klaus-Michael / Paul, Gerhard (Hg.): Karrieren der Gewalt. Nationalsozialistische Täterbiographien, Darmstadt 2004, S. 47–55.

Böhm, Boris / Scharnetzky, Julius: „Wir fordern schwerste Bestrafung". Der Dresdner „Euthanasie"-Prozess 1947, in: Vollnhals / Osterloh (Hg.): NS-Prozesse und deutsche Öffentlichkeit, S. 189–206.

Bohr, Felix: Die Kriegsverbrecherlobby. Bundesdeutsche Hilfe für im Ausland inhaftierte NS-Täter (Schriftenreihe der Bundeszentrale für politische Bildung, Bd. 10.392), Bonn 2019.

Borries, Bodo von: Vernichtungskrieg und Judenmord in den Schulbüchern der beiden deutschen Staaten, in: Greven, Michael Th. / von Wrochem, Oliver (Hg.): Der Krieg in der

Nachkriegszeit. Der Zweite Weltkrieg in Politik und Gesellschaft der Bundesrepublik, Opladen 2000, S. 215–236.

Boström, Jörg / Dresing, Uschi / Escher, Jürgen / Grünewald, Axel (Hg.): Das Buch der Sinti, Westberlin 1981.

Brand, Mechtild: Unsere Nachbarn. Zigeuner, Sinti, Roma – Lebensbedingungen einer Minderheit in Hamm, Essen 2007.

Brochhagen, Nicolás: „Fachwissen und Diensteifer“ bei der „Bekämpfung des Zigeunerunwesens“. Kriminalpolizist Wilhelm Helten als Akteur der Verfolgung Duisburger Sinti während der Zeit des Nationalsozialismus, in: Duisburger Forschungen. Schriftenreihe für Geschichte und Heimatkunde Duisburgs 63 (2021), S. 245–262.

Brünneck, Alexander von: Politische Justiz gegen Kommunisten in der Bundesrepublik Deutschland 1949–1968, Frankfurt a. M. 1978.

Brunner, Bernhard: Der Frankreich-Komplex. Die nationalsozialistischen Verbrechen in Frankreich und die Justiz der Bundesrepublik Deutschland, Göttingen 2004.

Buchheim, Hans: Die Zigeunerdeportation vom Mai 1940, in: Gutachten des Instituts für Zeitgeschichte, Bd. 1, München 1958, S. 51–60.

Buchloh, Stephan: „Pervers, jugendgefährdend, staatsfeindlich“. Zensur in der Ära Adenauer als Spiegel des gesellschaftlichen Klimas, Frankfurt a. M. 2002.

Bühl, Achim: Rassismus. Anatomie eines Machtverhältnisses, Wiesbaden 2016.

Buhl, Hendrik: Landser-Hefte, in: Fischer / Lorenz: „Vergangenheitsbewältigung“, S. 121–123.

Bundesgerichtshof / Zentralrat Deutscher Sinti und Roma (Hg.): Doppeltes Unrecht – eine späte Entschuldigung: Gemeinsames Symposium des Bundesgerichtshofs und des Zentralrats Deutscher Sinti und Roma zu den Urteilen vom 7. Januar 1956, Karlsruhe 2017.

Buschke, Heiko: Deutsche Presse, Rechtsextremismus und nationalsozialistische Vergangenheit in der Ära Adenauer, Frankfurt a. M. 2003.

Bussche, Hendrik van den: „Zusammenbruch“ und Nachkriegszeit, in: ders. (Hg.): Medizinische Wissenschaft im „Dritten Reich“. Kontinuität, Anpassung und Opposition an der Hamburger Medizinischen Fakultät, Westberlin 1989, S. 419–446.

Bussche, Hendrik van den: Epilog, in: ders.: Medizinische Wissenschaft, S. 447–450.

Calvelli-Adorno, Franz: Die rassische Verfolgung der Zigeuner vor dem 1. März 1943, in: Rechtsprechung zur Wiedergutmachung 12 (1961), S. 529–537.

Creuzberger, Stefan / Geppert, Dominik: Das Erbe des NS-Staats als deutsch-deutsches Problem, in: dies. (Hg.): Die Ämter und ihre Vergangenheit. Ministerien und Behörden im geteilten Deutschland 1949–1972, Paderborn u. a. 2018, S. 7–15.

Crowe, David: A History of the Gypsies of Eastern Europe and Russia, New York 2016.

Curilla, Wolfgang: Die deutsche Ordnungspolizei und der Holocaust im Baltikum und in Weißrussland, 1941–1944, Paderborn 2006.

The Current Digest of the Soviet Press, hg. von der American Association for the Advancement of Slavic Studies (AAASS), Bd. 16, 1964; Bd. 18, 1966.

Dahlhoff, Günther: Konrad Adenauer. Innenpolitik 1949–1953 und ihre Bedeutung, Marburg 2015.

Danckwortt, Barbara: Sinti und Roma – Geschichte und aktuelle Situation einer Minderheit in Deutschland, in: Lepp, Claudia / Danckwortt, Barbara (Hg.): Von Grenzen und Ausgrenzung. Interdisziplinäre Beiträge zu den Themen Migration, Minderheiten und Fremdenfeindlichkeit, Marburg 1997, S. 80–114.

Danker, Uwe: Geschichten und Geschichtskonstruktionen für Gerichte und Öffentlichkeit. Täternarrationen am Beispiel des Hinrich Lohse, in: Lehmann, Sebastian / Bohn, Robert / ders. (Hg.): Reichskommissariat Ostland. Tatort und Erinnerungsobjekt, Paderborn 2012, S. 229–250.

Danker, Uwe / Schwabe, Astrid: Schleswig-Holstein und der Nationalsozialismus, Neumünster 2005.

Danker, Uwe: Der Judenmord im Generalkommissariat „Ostland“, in: Gegenwind: Schleswig-Holstein und die Verbrechen der Wehrmacht (Sonderheft zur Debatte um die Ausstellung „Vernichtungskrieg“. Verbrechen der Wehrmacht 1941–1944 im Kieler Landeshaus 1999), Nr. 128, S. 46–55.

Danker, Uwe: Die drei Leben des Hinrich Lohse, in: Demokratische Geschichte 11 (1998), S. 105–114.

Dean, Martin: Soviet Ethnic Germans and the Holocaust in the Reich Commissariat Ukraine, in: Brandon, Ray / Lower, Wendy (Hg.):

The Shoa in Ukraine. History, Testimony, Memoralization, Bloomington 2008, S. 248–271.
de Jong, Loe: Het Koninkrijk der Nederlanden in de Tweede Wereld-Orlog 1939–1945, deel 7, tweede helft, 's-Gravenhage 1976.
de Mildt, Dick W./Meihuizen, Joggli: „Unser Land muß tief gesunken sein …" Die Aburteilung deutscher Kriegsverbrecher in den Niederlanden, in: Frei (Hg.): Transnationale Vergangenheitspolitik, S. 283–325.
Die Laufbahnverordnung, in: Die Polizei im Lande Nordrhein-Westfalen, hg. von der Bezirksfachabteilung Polizei der ÖTV, H. 6, Juni 1956, unpag.
Dieckmann, Christoph: Das Scheitern des Hungerplans und die Praxis der selektiven Hungerpolitik im deutschen Krieg gegen die Sowjetunion, in: ders./Quinkert, Babette (Hg.): Kriegführung und Hunger 1939–1945. Zum Verhältnis von militärischen, wirtschaftlichen und politischen Interessen, Göttingen 2015, S. 88–122.
Długoborski, Wacław: Sinti und Roma im KL Auschwitz-Birkenau 1943–44 vor dem Hintergrund ihrer Verfolgung unter der Naziherrschaft, Oświęcim 1998.
Döring, Hans-Joachim: Die Zigeuner im nationalsozialistischen Staat, Hamburg 1964.
Döring, Hans-Joachim: Die Motive der Zigeuner-Deportation vom Mai 1940, in: Vierteljahrshefte für Zeitgeschichte 7 (1959), S. 418–428.
Dreher, Eduard: Der Traum als Erlebnis. Zugleich eine Auseinandersetzung mit Sigmund Freuds Traumdeutung, München 1981.
Drobisch, Klaus/Goguel, Rudi/Müller, Werner: Juden unterm Hakenkreuz: Verfolgung und Ausrottung der deutschen Juden 1933–1945, Frankfurt a.M. 1973.
Düsing, Bernhard: Die Geschichte der Abschaffung der Todesstrafe in der Bundesrepublik Deutschland. Offenbach 1952.
Đurić, Rajko/Becken, Jörg/Bensch, A. Bertolt: Ohne Heimat – Ohne Grab, Die Geschichte der Roma und Sinti, Berlin 1996.
Eiber, Ludwig: „Ich wusste, es wird schlimm …". Die Verfolgung der Sinti und Roma in München 1933–1945, München 1993.
Eichmüller, Andreas: Die SS in der Bundesrepublik. Debatten und Diskurse über ehemalige SS-Angehörige 1949–1985 (Schriftenreihe der Vierteljahrshefte für Zeitgeschichte, Bd. 117), Berlin 2018.

Eichmüller, Andreas: Keine Generalamnestie. Die Strafverfolgung von NS-Verbrechen in der frühen Bundesrepublik, München 2012.
Eichmüller, Andreas: Die Strafverfolgung von NS-Verbrechen durch westdeutsche Justizbehörden seit 1945. Eine Zahlenbilanz, in: Vierteljahrshefte für Zeitgeschichte 56 (2008), S. 621–640.
Eidam, Lutz: Der Organisationsgedanke im Strafrecht, Tübingen 2015.
Einhäupl, Karl / Ganten, Detlev / Hein, Jakob: 300 Jahre Charité – im Spiegel ihrer Institute, Berlin 2010.
Eller, Han[n]s: Die Zigeuner – ein Problem, in: Kriminalistik 8 (1954), H. 5, S. 124–126.
End, Markus: Antiziganistische Ermittlungsansätze in Polizei- und Sicherheitsbehörden, Heidelberg 2017.
Eschenburg, Theodor: Hans Globke. Adenauers Schatten, Die Zeit, 2.3.1973.
Ezergailis, Andrew: The Holocaust in Latvia, 1941–1944. The Missing Center, Riga 1996.
Falk, Georg D.: Entnazifizierung und Kontinuität. Der Wiederaufbau der hessischen Justiz am Beispiel des Oberlandesgerichts Frankfurt am Main (Veröffentlichungen der Historischen Kommission für Hessen, Bd. 86), Marburg 2017.
Falk, Georg D.: Die ungesühnten Verbrechen der NS-Justiz, in: Form, Wolfgang / Schiller, Theo / Seitz, Lothar (Hg.): NS-Justiz in Hessen. Verfolgung, Kontinuitäten, Erbe (Veröffentlichungen der Historischen Kommission für Hessen, Bd. 65), Marburg 2015, S. 337–371.
Fassl, Peter: Geschichte und Kultur der Juden in Schwaben. Zwischen Nähe, Distanz und Fremdheit, Konstanz 2007.
Fein, Erich: Die Steine reden. Gedenkstätten des österreichischen Freiheitskampfes, Mahnmale für die Opfer des Faschismus. Eine Dokumentation, hg. von der Arbeitsgemeinschaft der KZ-Verbände und Widerstandskämpfer Österreichs, Wien 1975.
Feyen, Martin: „Wie die Juden?" Verfolgte „Zigeuner" zwischen Bürokratie und Symbolpolitik, in: Frei / Brunner / Goschler: Wiedergutmachung, S. 323–355.
Ficowski, Jerzy: Cyganie na polskich drogach, Kraków 1965.
Ficowski, Jerzy: Cyganie polscy. Szkice historyczno-obyczajowe, Warszawa 1953.
Ficowski, Jerzy: The Polish Gypsies of Today, in: JGLS, Third Series, 29 (1950), Nr. 3–4.

Fings, Karola: „Da ich euch nicht mehr sehen werde“, 2017, abrufbar unter: https://www.romarchive.eu/de/collection/da-ich-euch-nicht-mehr-sehen-werde/ [letzter Zugriff: 20.6.2022].

Fings, Karola: „Restlose Abschaffung der Zigeuner“. Der Völkermord an den Sinti und Roma im Nationalsozialismus, in: Nerdinger, Winfried (Hg.): Die Verfolgung der Sinti und Roma in München und Bayern 1933–1945 (Publikation zur Ausstellung im NS-Dokumentationszentrum München), Berlin 2017, S. 104–113.

Fings, Karola: Sinti und Roma. Geschichte einer Minderheit, München 2016.

Fings, Karola: Schuldabwehr durch Schuldumkehr. Die Stigmatisierung der Sinti und Roma nach 1945, in: von Mengersen, Oliver (Hg.): Sinti und Roma. Eine deutsche Minderheit zwischen Diskriminierung und Emanzipation, Bonn 2015, S. 145–164.

Fings, Karola: Die „gutachtlichen Äußerungen“ der Rassenhygienischen Forschungsstelle und ihr Einfluss auf die nationalsozialistische Zigeunerpolitik, in: Zimmermann, Michael (Hg.): Zwischen Erziehung und Vernichtung. Zigeunerpolitik und Zigeunerforschung im Europa des 20. Jahrhunderts, Stuttgart 2007, S. 425–459.

Fings, Karola: Eine „Wannsee-Konferenz“ über die Vernichtung der „Zigeuner“? Neue Forschungsergebnisse zum 15. Januar 1943 und dem „Auschwitz-Erlass“, in: Jahrbuch für Antisemitismusforschung 15 (2006), S. 303–333.

Fings, Karola / Heuß, Herbert / Sparing, Frank: In the shadow of the Swastika. The Gypsies During the Second World War, Hertfordshire 1999.

Fings, Karola / Opfermann, Ulrich Friedrich (Hg.): Zigeunerverfolgung im Rheinland und in Westfalen. 1933–1945. Geschichte, Aufarbeitung und Erinnerung, Paderborn 2012.

Fings, Karola / Sparing, Frank: Vertuscht, verleugnet, versteckt. Akten zur NS-Verfolgung von Sinti und Roma, in: Beiträge zur nationalsozialistischen Gesundheits- und Sozialpolitik, Bd. 12: Besatzung und Bündnis, Berlin 1995, S. 181–201.

Fings, Karola / Sparing, Frank: Rassismus – Lager – Völkermord. Die nationalsozialistische Zigeunerverfolgung in Köln (Schriften des NS-Dokumentationszentrums der Stadt Köln, Bd. 13), Köln 2005.

Fings, Karola / Sparing, Frank: „... tunlichst als erziehungsunfähig hinzustellen“. Zigeunerkinder und -jugendliche. Aus der

Fürsorge in die Vernichtung, in: Dachauer Hefte 9 (1993), H. 9, S. 159–180.

Fischer, Torben / Lorenz, Matthias N. (Hg.): Lexikon der „Vergangenheitsbewältigung“ in Deutschland. Debatten und Diskursgeschichte des Nationalsozialismus nach 1945, 3., überarb. und erw. Aufl., Bielefeld 2015.

Fleermann, Bastian (Hg.): Die Kommissare. Kriminalpolizei in Düsseldorf und im rheinisch-westfälischen Industriegebiet (1920–1950), Düsseldorf 2018.

Fleischmann, Lea: Dies ist nicht mein Land. Eine Jüdin verlässt die Bundesrepublik, Hamburg 1980.

Forsbach, Ralf / Hofer, Hans-Georg: Aus der Geschichte der Deutschen Gesellschaft für Innere Medizin (DGIM), Teil 2: Die DGIM in der Nachkriegszeit, in: Deutsche Medizinische Wochenschrift, Nr. 143, 2018, S. 201–206.

Foschepoth, Josef: Verfassungswidrig! Das KPD-Verbot im Kalten Bürgerkrieg, Göttingen 2017.

Franz, Corinna: Prinzipien und Pragmatismus. Konrad Adenauers Umgang mit der Vergangenheit, in: Creuzberger / Geppert (Hg.): Die Ämter und ihre Vergangenheit, S. 17–46.

Frei, Norbert (Hg.): Transnationale Vergangenheitspolitik. Der Umgang mit deutschen Kriegsverbrechern in Europa nach dem Zweiten Weltkrieg, Göttingen 2006.

Frei, Norbert: 1945 und wir. Das Dritte Reich im Bewusstsein der Deutschen, München 2005.

Frei, Norbert: Vergangenheitspolitik. Die Anfänge der Bundesrepublik und die NS-Vergangenheit, München 1999.

Frei, Norbert: Vergangenheitspolitik in den fünfziger Jahren, in: Loth, Wilfried / Rusinek, Bernd-A. (Hg.): Verwandlungspolitik. NS-Eliten in der westdeutschen Nachkriegsgesellschaft, Frankfurt a. M. 1998, S. 79–92.

Frei, Norbert / Brunner, José / Goschler, Constantin (Hg.): Die Praxis der Wiedergutmachung. Geschichte, Erfahrung und Wirkung in Deutschland und Israel (Schriftenreihe des Minerva Instituts für deutsche Geschichte der Universität Tel Aviv, Bd. 28), Bonn 2010.

Frese, Fabian / Schröder, Joachim: Die „Dienststelle für Zigeunerfragen“ der Münchner Kriminalpolizei, in: Schröder, Joachim: Die Münchner Polizei und der Nationalsozialismus (hg. vom Polizeipräsidium München / Kulturreferat der Landeshauptstadt München), Essen 2013, S. 103–109.

Freudiger, Kerstin: Die juristische Aufarbeitung von NS-Verbrechen, Tübingen 2002.

Fricke, Thomas: „Zigeuner" im Zeitalter des Absolutismus. Bilanz einer einseitigen Überlieferung. Eine sozialgeschichtliche Untersuchung anhand südwestdeutscher Quellen, Pfaffenweiler 1996.

Friedlander, Henry: The Origins of Nazi Genocide. From Euthanasia to the Final Solution, Chapel Hill 1997.

Friedman, Philip: Nazi extermination of the Gypsies, in: Jewish Frontier 28 (1951), H. 1, S. 11–14.

Friedrich, Klaus-Peter (Bearb.): Die Verfolgung und Ermordung der europäischen Juden durch das nationalsozialistische Deutschland 1933–1945, Bd. 4: Polen September 1939 – Juli 1941, München 2011.

Fritsche, Christiane / Paulmann, Johannes: „Arisierung" und „Wiedergutmachung" vor Ort, in: dies. (Hg.): „Arisierung" und „Wiedergutmachung" in deutschen Städten, Köln 2014, S. 7–44.

Fritz, Ulrich: Wolkenburg, in: Benz, Wolfgang / Diestel, Barbara (Hg.): Der Ort des Terrors. Geschichte der nationalsozialistischen Konzentrationslager, Bd. 4, München 2006, S. 270–272.

Frobenius, Wolfgang: Die Wiederbesetzung der gynäkologischen Lehrstühle in Bayern nach 1945, in: Anthuber, Christoph u. a. (Hg.): 100 Jahre Bayerische Gesellschaft für Geburtshilfe und Frauenheilkunde, Stuttgart 2012, S. 149–185.

Fromm, Rainer: Die „Wehrsportgruppe Hoffmann". Darstellung, Analyse und Einordnung. Ein Beitrag zur Geschichte des deutschen und europäischen Rechtsextremismus, Frankfurt a. M. 1998.

Frühbrodt, Lutz: Wolfgang Staudte – der angebliche Nestbeschmutzer, in: Die Zweite Aufklärung. Einsichten / Aussichten / Essays, 2021, abrufbar unter: https://www.zweite-aufklaerung.de/wolfgang-staudte-der-nestbeschmutzer-des-deutschen-nachkriegsfilms/ [letzter Zugriff: 20. 6. 2022].

Fühner, Harald: Nachspiel. Die niederländische Politik und die Verfolgung von Kollaborateuren und NS-Verbrechern, 1945–1989, Münster 2005.

Garscha, Winfried R.: Zur Funktion der Todesstrafe, in: ders./ Scharf, Franz: Justiz in Oberdonau, Linz 2007, S. 52–60.

Gedenkstätte Konzentrationslager Buchenwald (Hg.) / Stein, Harry (Bearb.): Konzentrationslager Buchenwald, 1937–1945. Begleitband zur ständigen historischen Ausstellung, 5. Aufl., Göttingen 2007.

Geigges, Anita / Wette, Bernhard W.: Zigeuner heute. Verfolgung und Diskriminierung in der BRD, eine Anklageschrift. Mit einem Vorwort von Eugen Kogon und Grußworten von Yul Brynner, Bornheim-Merten 1979.

Gellately, Robert: Nuremberg – Voices from the Past, in: Goldensohn, Leon / ders.: The Nuremberg Interviews. Conversations with the Defendants and the Witnesses, London 2010, S. VII–XXIX.

Gerlach, Christian: Kalkulierte Morde. Die deutsche Wirtschafts- und Vernichtungspolitik in Weißrussland 1941 bis 1944, Hamburg 1999.

Gessler, Philipp: Sekundärer Antisemitismus. Argumentationsmuster im rechtsextremistischen Antisemitismus, in: Bundeszentrale für politische Bildung (Hg.) Dossier Antisemitismus, 21. 11. 2006, abrufbar unter: https://www.bpb.de/themen/antisemitismus/dossier-antisemitismus/37962/sekundaerer-antisemitismus/ [letzter Zugriff 10. 5. 2022].

Geyer, Michael: Der Kalte Krieg, die Deutschen und die Angst. Die westdeutsche Opposition gegen die Wiederbewaffnung und Kernwaffen, in: Naumann, Klaus (Hg.): Nachkrieg in Deutschland, Hamburg 2001, S. 267–314.

Gilsenbach, Reimar: Wie Lolitschei zur Doktorwürde kam, in: Ayaß, Wolfgang / ders. / Körber, Ursula u. a. (Hg.): Feinderklärung und Prävention. Kriminalbiologie, Zigeunerforschung und Asozialenpolitik (Beiträge zur nationalsozialistischen Gesundheits- und Sozialpolitik, Bd. 6), Westberlin 1988, S. 101–134.

Giordano, Ralph: Die zweite Schuld oder von der Last ein Deutscher zu sein, Hamburg 1998.

Glienke, Stephan Alexander: Die Ausstellung „Ungesühnte Nazijustiz“ (1959–1962). Zur Geschichte der Aufarbeitung nationalsozialistischer Justizverbrechen, Baden-Baden 2008.

Glöckner, Olaf: The Collaboration of Ukrainian Nationalists with Nazi Germany, in: Bitunjac, Martina / Schoeps, Julius H. (Hg.), Complicated Complicity. European Collaboration with Nazi Germany during World War II, Berlin 2021, S. 83–98.

Glückel, Jürgen: Klassenfoto mit Massenmörder. Das Doppelleben des Artur Wilke, Göttingen 2020.

Godau-Schüttke, Klaus-Detlev: Die Heyde / Sawade-Affäre, in: Brenneisen, Hartmut / Staack, Dirk / Kischewski, Susanne (Hg.): 60 Jahre Grundgesetz (Polizei und Sicherheitsmanagement, Bd. 6), Münster 2010, S. 371–390.

Görtemaker, Manfred / Safferling, Christoph: Die Akte Rosenburg. Das Bundesministerium der Justiz und die NS-Zeit, München 2016.

Golczewski, Frank, Die Kollaboration in der Ukraine, in: Quinkert, Babette / Dieckmann, Christoph / Tönsmeyer, Tatjana (Hg.): Kooperation und Verbrechen: Formen der Kollaboration in Südost- und Osteuropa 1939–1945, Göttingen 2003, S. 151–182.

Grabitz, Helge: Die Verfolgung von NS-Verbrechen in der Bundesrepublik Deutschland und in der DDR, in: Kuretsidis-Haider, Claudia / Garscha, Winfried R. (Hg.): Keine „Abrechnung". NS-Verbrechen, Justiz und Gesellschaft in Europa nach 1945, Leipzig 1998, S. 144–179.

Grau, Günter: Lexikon zur Homosexuellenverfolgung 1933–1945. Institutionen – Kompetenzen – Betätigungsfelder, Berlin 2011.

Grausam, Udo: Martin Nauck: „Mitzubehandeln" waren „Fragen, die sich mit der Zigeunerbehandlung befassten", in: Proske, Wolfgang (Hg.): Täter – Helfer – Trittbrettfahrer. NS-Belastete aus dem Süden des heutigen Baden-Württemberg, Bd. 9, Gerstetten 2019, S. 278–288.

Greiser, Almut: Der Kommandant Josef Schwammberger. Ein NS-Täter in der Erinnerung von Überlebenden, Berlin 2011.

Gress, Daniela: Visualisierte Emanzipation. Strategien medialer (Selbst-)Darstellung von Sinti und Roma in dokumentarischen Filmen, in: Reuter, Frank / Gress, Daniela / Mladenova, Radmila (Hg.): Visuelle Dimensionen des Antiziganismus, Heidelberg 2021, S. 339–385.

Greve, Michael: Von Auschwitz nach Ludwigsburg. Zu den Ermittlungen der „Zentralen Stelle der Landesjustizverwaltungen zur Aufklärung nationalsozialistischer Gewaltverbrechen in Ludwigsburg", in: Irmtrud Wojak, Irmtraud / Mein, Susanne (Hg.): Im Labyrinth der Schuld. Täter – Opfer – Ankläger, Frankfurt a. M. 2003, S. 41–45.

Greve, Michael: „Im Namen des Volkes …". Eine kurze Bilanz von 50 Jahren bundesdeutscher Strafverfolgung von NS-Verbrechen, 2002, abrufbar unter: www.michael-greve.de [letzter Zugriff: 20. 6. 2022].

Gross, Raphael / Renz, Werner (Hg.): Der Frankfurter Auschwitz-Prozess (1963–1965). Kommentierte Quellenedition, Bd. 1, Frankfurt a. M. 2013.

Großbölting, Thomas / Grawe, Lukas, Wissenschaftliche Aufarbeitung der Geschichte der Landräte hinsichtlich möglicher

Verstrickungen während der Zeit des Nationalsozialismus [im Kreis Segeberg, Münster o. J., abrufbar unter: http://docplayer.org/60053267-Gutachten-wissenschaftliche-aufarbeitung-der-geschichte-der-landraete-hinsichtlich-moeglicher-verstrickungen-waehrend.html [letzter Zugriff: 20. 6. 2022].

Gruchmann, Lothar: Justiz im Dritten Reich 1933–1940. Anpassung und Unterwerfung in der Ära Gürtner, 3., verb. Aufl., München 2001.

Guse, Martin / Kohrs, Andreas: Die „Bewahrung" Jugendlicher im NS-Staat. Ausgrenzung und Internierung am Beispiel der Jugendkonzentrationslager Moringen und Uckermark, maschinenschriftl., Frankfurt a. M. 1985.

Gutman, Israel (Haupthg.): Enzyklopädie des Holocaust. Die Verfolgung und Ermordung der europäischen Juden, Bd. 1–4, München 1998.

Gyomai, Imre: Guerre des "Seigneurs" aux enfants de la route, in: Regards 14 (1945), nouv. sér., no. 17, S. 5, abrufbar unter: https://gallica.bnf.fr/ark:/12148/bpt6k76391262 [letzter Zugriff: 20. 6. 2022].

Hachmeister, Lutz: Der Gegnerforscher. Die Karriere des SS-Führers Franz Alfred Six, München 1998.

Hagemann, Karola / Kohrs, Sven / Landeskriminalamt Niedersachsen (Hg.): Walter Zirpins – Ohne Reue. Der schwarze Fleck des LKA, Hannover 2021.

Halberstadt, Heiner: Valentin Senger. Jude, Journalist, Sozialist, Schriftsteller. Ein Leben in Deutschland 1998

Hammerstein, Katrin / Trappe, Julie: Aufarbeitung der Diktatur – Diktat der Aufarbeitung?, in: Hammerstein, Katrin / Mählert, Ulrich / Trappe, Julie / Wolfrum, Edgar (Hg.): Aufarbeitung der Diktatur – Diktat der Aufarbeitung? Normierungsprozesse beim Umgang mit diktatorischer Vergangenheit, Göttingen 2009, S. 9–18.

Harten, Hans-Christian: Die weltanschauliche Schulung der Polizei im Nationalsozialismus, Paderborn 2018.

Harten, Hans-Christian: Wandlungen des Richter-Leitbildes im 19. und 20. Jahrhundert, in: Dreier, Ralf / Sellert, Wolfgang (Hg.): Recht und Justiz im „Dritten Reich", Frankfurt a. M. 1989, S. 9–33.

Harten, Hans-Christian / Neirich, Uwe / Schwerendt, Matthias: Rassenhygiene als Erziehungsideologie des Dritten Reichs. Bio-bibliographisches Handbuch, Berlin 2006.

Haumann, Heiko: Die Akte Zilli Reichmann. Zur Geschichte der Sinti im 20. Jahrhundert, Frankfurt a. M. 2016.
Hedemann, Volker: „Zigeuner!" Zur Kontinuität der rassistischen Diskrimierung in der alten Bundesrepublik, Hamburg 2007.
Heim, Susanne / Wilke, Maria (Bearb.): Die Verfolgung und Ermordung der europäischen Juden durch das nationalsozialistische Deutschland 1933–1945, Bd. 6: Deutsches Reich und Protektorat Böhmen und Mähren Oktober 1941–März 1944, Berlin 2019.
Heinz, Volker: Worte des Vorsitzenden Franz Josef. Selbstporträt eines nationalen Führers gestaltet aus seinen eigenen Worten, Hamburg 1972.
Herbert, Ulrich: Best. Biographische Studien über Radikalismus, Weltanschauung und Vernunft, München 2016.
Herbert, Ulrich: Wer waren die Nationalsozialisten? Typologien des politischen Verhaltens im NS-Staat, in: Hirschfeld, Gerhart / Jersak, Tobias (Hg.): Karrieren im Nationalsozialismus. Funktionseliten zwischen Mitwirkung und Distanz, Frankfurt a. M. 2004.
Herwig, Malte: Die Flakhelfer. Wie aus Hitlers jüngsten Parteimitgliedern Deutschlands führende Demokraten wurden, München 2013.
Heß, Michael: Von Todsündern und Trendsettern. Zur homosexuellen Toleranzgeschichte in Deutschland und in den Niederlanden, in: Loos, Renate / Lademacher, Horst / Groenveld, Simon (Hg.): Ablehnung – Duldung – Anerkennung. Toleranz in den Niederlanden und in Deutschland. Ein historischer und aktueller Vergleich, Münster 2004, S. 688–729
Hesse, Hans / Schreiber, Jens: Vom Schlachthof nach Auschwitz. Die NS-Verfolgung der Sinti und Roma aus Bremen, Bremerhaven und Nordwestdeutschland, Marburg 1999.
Hessische Biografie, Personenartikel Valentin Senger, abrufbar unter: https://www.lagis-hessen.de/pnd/118613251 [letzter Zugriff: 20. 6. 2022].
Heuß, Herbert / Roßberg, Arnold (Hg.): Schonung für die Mörder? Die justizielle Behandlung der NS-Völkermordverbrechen und ihre Bedeutung für die Gesellschaft und die Rechtskultur in Deutschland. Das Beispiel der Sinti und Roma, Heidelberg 2015.
Hilss, Vanessa: Sinti und Roma. „Nicht aus Gründen der Rasse verfolgt"? Zur Entschädigungspraxis am Landesamt für Wiedergutmachung Karlsruhe, Karlsruhe 2017.

Hölzl, Max: Gutachten über die NS-Vergangenheit der ersten sechs Behördenleiter des Landeskriminalamtes Nordrhein-Westfalen, o. O. [Düsseldorf] 2019, abrufbar unter: https://lka.polizei.nrw/sites/default/files/2019-12/191211_Gutachten%20lang.pdf [letzter Zugriff: 20. 6. 2022].

Hoeppel, Alexander: NS-Justiz und Rechtsbeugung. Die strafrechtliche Ahndung deutscher Justizverbrechen nach 1945, Tübingen 2019.

Hötzel, Yvonne: Debatten um die Todesstrafe in der Bundesrepublik Deutschland von 1949 bis 1990, Berlin 2010.

Hoffmann, Friedrich: Die Verfolgung der nationalsozialistischen Gewaltverbrechen in Hessen, Baden-Baden 2001.

Hohmann, Joachim S.: Robert Ritter und die Erben der Kriminalbiologie. „Zigeunerforschung" im Nationalsozialismus und in Westdeutschland im Zeichen des Rassismus, Frankfurt a. M. 1991.

Holler, Martin: Vergebliche Proteste eines Rigaer Studenten, 2017, in: voices of the victims, romarchive, abrufbar unter: https://www.romarchive.eu/de/voices-of-the-victims/latvia/ [letzter Zugriff: 20. 6. 2022].

Holler, Martin: Lettland, 2017, in: voices of the victims, romarchive, abrufbar unter: https://www.romarchive.eu/de/voices-of-the-victims/latvia/ [letzter Zugriff: 20. 6. 2022].

Holler, Martin: The Nazi persecution of Roma in northwestern Russia. The operational area of the army group north, 1941–1944, in: Weiss-Wendt, Anton (Hg.): The Nazi Genocide of the Roma. Reassessment and Commemoration, New York 2013, S. 153–180.

Holler, Martin: Roma-Verfolgung im Operationsgebiet der Heeresgruppe Nord. Beiträge eines internationalen Symposiums an der Deutschen Hochschule der Polizei in Münster, in: Schulte, Wolfgang (Hg.): Die Polizei im NS-Staat, Frankfurt a. M. 2009, S. 239–261.

Holler, Martin: Der nationalsozialistische Völkermord an den Roma in der besetzten Sowjetunion (1941–1944), Heidelberg 2009.

Hoppe, Bert: Babyn Jar. Massenmord am Stadtrand, in: Osteuropa, 71 (2021), H. 1–2, S. 5–22.

Hoppe, Bert (Bearb.)/Mitarbeit: Hansen, Imke / Holler, Martin: Die Verfolgung und Ermordung der europäischen Juden durch das nationalsozialistische Deutschland, Bd. 8: Sowjetunion mit annektierten Gebieten II, Berlin 2016.

Horkheimer, Max / Adorno, Theodor W.: Dialektik der Aufklärung, Berlin 2017.
Horn, Sabine: „Ich fühlte mich damals als Soldat und nicht als Nazi". Der Majdanek-Prozeß im Fernsehen – aus geschlechtergeschichtlicher Sicht betrachtet, in: Weckel, Ulrike / Wolfrum, Edgar (Hg.): „Bestien" und „Befehlsempfänger". Frauen und Männer in NS-Prozessen nach 1945, S. 222–249.
Horstmann, Thomas / Litzinger Heike (Hg.): An den Grenzen des Rechts. Gespräche mit Juristen über die Verfolgung von NS-Verbrechen, Frankfurt a. M. 2006.
How the Gypsies were Persecuted, in: The Wiener Library Bulletin IV (1950), Nr. 3–4, S. 18.
Hübner, Jutta: Kolposkopie ohne Menschlichkeit. Menschenversuche, in: Hamburger Ärzteblatt, Nr. 4, 2012, S. 34–35.
Huonker, Thomas / Ludi, Regula: Roma, Sinti und Jenische. Schweizerische Zigeunerpolitik zur Zeit des Nationalsozialismus, Zürich 2001.
Huth, Peter (Hg.): Die letzten Zeugen – Der Auschwitz-Prozess von Lüneburg 2015. Eine Dokumentation, Stuttgart 2015.
Huttenbach, Henry R.: The Romani Pořajmos. The Nazi Genocide of Gypsies in Germany and Eastern Europe, in: Crowe, David / Kolsti, John / Hancock, Ian (Hg.): The Gypsies of Eastern Europe, London 1991, S. 31–50.
Jacobsen, Annie: Operation Paperclip. The Secret Intelligence Program that brought Nazi Scientists to America, New York 2014.
Jäger, Herbert: Strafrecht und nationalsozialistische Gewaltverbrechen, in: Kritische Justiz, 1 (1968), H. 2, S. 143–157.
Jaspers, Karl: Die Bundestagsdebatten vom 10. und 25. März 1965 über die Verjährung von Morden des NS-Staates, in: ders.: Wohin treibt die Bundesrepublik? Tatsachen, Chancen, München 1966, S. 47–123.
Jescheck, Hans-Heinrich: Die Verantwortlichkeit der Staatsorgane nach Völkerstrafrecht. Eine Studie zu den Nürnberger Prozessen, Bonn 1952.
Jescheck, Hans-Heinrich / Lüttger, Hans (Hg.): Festschrift für Eduard Dreher zum siebzigsten Geburtstag am 29. April 1977, Westberlin 1977.
Jegers, Doris: Die Auswirkungen rassischer Diskriminierung während des Nationalsozialismus auf die Persönlichkeitsentwicklung von Kindern und Jugendlichen. Untersuchungen an seßhaften

Zigeunernachkommen, Bd. 2, Siegen 1992 (Diplomarbeit, Universität Siegen).
Jeske, Natalja / Morré, Jörg: Die Inhaftierung von Tribunalverurteilten in der SBZ, in: Hilger, Andreas / Schmeitzner, Mike / Schmidt, Ute (Hg.): Sowjetische Militärtribunale, Bd. 2, Die Verurteilung deutscher Zivilisten 1945–1955, Köln 2003, S. 609–661.
Jochimsen, Lukrezia: Zigeuner heute. Untersuchung einer Außenseitergruppe in einer deutschen mittelstadt, Stuttgart 1963.
Jung, Susanne: Die Rechtsprobleme der Nürnberger Prozesse dargestellt am Fall Verfahren gegen Friedrich Flick, Tübingen 1992.
Kaiser, Katharina: Individuelle und kollektive Zurechnung im Strafrecht, Tübingen 2015.
Kartmann, Norbert (Hg.)/Hedwig, Andreas (Bearb.): NS-Vergangenheit ehemaliger hessischer Landtagsabgeordneter. Dokumentation der Fachtagung, 14. und 15. März 2013 im Hessischen Landtag (Veröffentlichungen der Historischen Kommission für Hessen, Nr. 48,12), Wiesbaden 2014; abrufbar unter: https://hessischer-landtag.de/sites/default/files/scald/files/NS-Vergangenheit%20ehem.%20hess.%20Abg.pdf [letzter Zugriff: 20. 6. 2022].
Kaufmann, Arthur (Hg.): Gustav Radbruch, Strafrecht II (= Gesamtausgabe, Bd. 8), Heidelberg 1998.
Kaufmann, Arthur (Hg.): Gedächtnisschrift für Gustav Radbruch, Göttingen 1968.
Kay, Alex J.: The Making of an SS Killer. Das Leben des Obersturmbannführers Alfred Filbert 1905–1990, Paderborn 2017.
Kelch, Christian Gerhard: Dr. Hermann Arnold und seine „Zigeuner“. Zur Geschichte der „Grundlagenforschung“ gegen Sinti und Roma in Deutschland unter Berücksichtigung der Genese des Antiziganismusbegriffs, Diss. Erlangen 2018, abrufbar unter: https://opus4.kobv.de/opus4-fau/files/14576/DissertationChristianGKelch2017_07_19.pdf [letzter Zugriff: 20. 6. 2022].
Kellmann, Klaus: Dimensionen der Mittäterschaft. Die europäische Kollaboration mit dem Dritten Reich, Wien 2019.
Kempner, Robert M. W.: SS im Kreuzverhör. Die Elite, die Europa in Scherben schlug, Nördlingen 1987.
Kenrick, Donald / Puxon, Grattan: Gypsies under the Swastika, überarb. Aufl., Hatfield 2009.
Kenrick, Donald / Puxon, Grattan: Sinti und Roma. Die Vernichtung eines Volkes im NS-Staat, Göttingen 1981.

Kiani, Sleida: Zum politischen Umgang mit Antisemitismus in der Bundesrepublik. Die Schmierwelle im Winter 1959/1960, in: Glienke, Stephan Alexander / Paulmann, Volker / Perels, Joachim (Hg.): Erfolgsgeschichte Bundesrepublik? Die Nachkriegsgesellschaft im langen Schatten des Nationalsozialismus, Göttingen 2008, S. 115–146.

Kilian, Jürgen: Wehrmacht und Besatzungsherrschaft im russischen Nordwesten 1941–1944. Praxis und Alltag im Militärverwaltungsgebiet der Heeresgruppe Nord, Paderborn 2012.

Kipp, Michaela: „Großreinemachen im Osten". Feindbilder in deutschen Feldpostbriefen im Zweiten Weltkrieg, Frankfurt a. M. 2014.

Klee, Ernst: Das Personenlexikon zum Dritten Reich. Wer war was vor und nach 1945, Frankfurt a. M. 2003.

Klee, Ernst: Was sie taten – Was sie wurden. Ärzte, Juristen und andere Beteiligte am Kranken- oder Judenmord, Frankfurt a. M. 1986.

Kleine-Vennekate, Erik: 1945 – Luftangriff, Mord und Einmarsch. Die letzten Wochen des Zweiten Weltkriegs in Ratingen, in: Romerike Berge. Zeitschrift für das Bergische Land, H. 2/215, S. 29–36.

Klemp, Stefan: Albert Rapp: „Du sollst deinen Feind aus aller Seelenkraft hassen ...", in: Proske, Wolfgang (Hg.): Täter – Helfer – Trittbrettfahrer. NS-Belastete aus der Region Stuttgart, Bd. 10, Gerstetten 2019, S. 354–375.

Klemp, Stefan: „Nicht ermittelt". Polizeibataillone und die Nachkriegsjustiz – Ein Handbuch, Essen 2005.

Klug, Ulrich: Die Verpflichtung des Rechtsstaats zur Verjährungsverlängerung, in: Juristenzeitung (JZ) 20 (1965), H. 22, S. 149–153.

Kluger, Nils: Nachwuchswerbung und Öffentlichkeitsarbeit der Bundeswehr. Kommunikationsethische Analysen am Beispiel der audiovisuellen Medien (Schriften des Instituts für Theologie und Ethik der Universität der Bundeswehr München, Bd. 7), Berlin 2020.

Knäpple, Lena: Kriegsfilmwelle, in: Fischer / Lorenz: „Vergangenheitsbewältigung", S. 125–126.

Knigge-Tesche, Renate: „... weit mehr als ein Gerichtsverfahren ..." Der Auschwitz-Prozess 1963 bis 1965 in Frankfurt am Main, in: Blickpunkt Hessen (hg. von der Landeszentrale für politische Bildung), Wiesbaden 2013, H. 16.

Knop, Martin: Viktor Arajs. Kollaboration beim Massenmord, in: Historische Rassismusforschung. Ideologen – Täter – Opfer, hg. von Danckwortt, Barbara / Querg, Thorsten / Schöningh, Claudia Hamburg 1995, S. 231–245.

König, Helmut: Die Zukunft der Vergangenheit. Der Nationalsozialismus im politischen Bewusstsein der Bundesrepublik, Frankfurt a. M. 2003.

Koppel, Wolfgang / Sauer, Karl: Führer durch das braune Bonn, Frankfurt a. M. 1969.

Korfkamp, Jens: „Ein Zigeuner hat keine Heimat". Heimat – Ausschlussprinzip oder Zukunftserzählung, in: Steuten, Ulrich (Hg.): Für immer „Zigeuner". Zur Kontinuität des Antiziganismus in Deutschland, Duisburg 2017, S. 128–140.

Krakowski, Shmuel: Das Todeslager Chełmno / Kulmhof. Der Beginn der „Endlösung", Göttingen 2007.

Kramer, Helmut: Der Beitrag der Juristen zum Massenmord an Strafgefangenen und die strafrechtliche Ahndung nach 1945, in: Kritische Justiz 43 (2010), H. 1, S. 89–107.

Kraus, Ota / Kulka, Erich: Massenmord und Profit. Die faschistische Ausrottungspolitik und ihre ökonomischen Hintergründe, Berlin 1963.

Kraushaar, Elmar: Unzucht vor Gericht, in: ders (Hg.): Hundert Jahre schwul. Eine Revue, Berlin 1997, S. 60–69.

Krausnick, Helmut: Hitlers Einsatzgruppen. Die Truppe des Weltanschauungskrieges 1938–1942, Frankfurt a. M. 1985.

Krausnick, Helmut / Wilhelm, Hans-Heinrich: Die Truppe des Weltanschauungskrieges. Die Einsatzgruppen der Sicherheitspolizei und des SD 1938–1942, Stuttgart 1981.

Kröger, Ullrich: Die Ahndung von NS-Verbrechen vor westdeutschen Gerichten und ihre Rezeption in der Öffentlichkeit 1958 bis 1965, Hamburg 1973.

Krogmann, Jürgen: „Wo Jaspers hinkommt und spricht, ... da wird es hell." Reden zu Karl Jaspers' 50. Todestag, in: Oldenburger Universitätsreden, Nr. 215, Oldenburg 2019, S. 5.

Krüger, Wolfgang: Entnazifiziert! Zur Praxis der politischen Säuberung in Nordrhein-Westfalen, Wuppertal 1982.

Kruglov, Alexander: Genotsid tsigan v Ukrainy v 1941–1944. Statistiko-regional'nyi aspect, in: Golokost i suchastnist. Studii v Ukraini i sviti 6 (2009), no. 2.

Krull, Stephan: Die Geschichte der Gesundheitsbehörde der Freien und Hansestadt Hamburg im 20. Jahrhundert, München 2013, abrufbar unter: https://edoc.ub.uni-muenchen.de/15806/1/Krull_Stephan.pdf [letzter Zugriff: 20. 6. 2022].

Kruse, Falko: NS-Prozesse und Restauration, in: Redaktion Kritische Justiz (Hg.): Der Unrechtsstaat. Zur justiziellen Verfolgung von NS-Gewaltverbechen in der Bundesrepublik, Frankfurt a. M. 1979, S. 164–190.

Kubica, Helena / Setkiewicz, Piotr: The Last Stage of the Functioning of the Zigeunerlager in the Birkenau Camp (May–August 1944), in: Memoria. Memory – History – Education, Juli 2018, H. 10, S. 6–15.

Kuretsidis-Haider, Claudia: Die Rezeption von NS-Prozessen in Österreich, in: Vollnhals / Osterloh (Hg.): NS-Prozesse und deutsche Öffentlichkeit, S. 403–430.

Kuretsidis-Haider, Claudia: „Das Volk sitzt zu Gericht". Österreichische Justiz und NS-Verbrechen am Beispiel der Engerau-Prozesse 1945–1954, Innsbruck 2006.

Kurz, Thilo: Paradigmenwechsel bei der Strafverfolgung des Personals in den deutschen Vernichtungslagern?, in: Zeitschrift für Internationale Strafrechtsdogmatik 8 (2013), Ausg. 3, S. 122–129, abrufbar unter: http://www.zis-online.com/dat/artikel/2013_3_739.pdf [letzter Zugriff: 20. 6. 2022].

Lagrou, Pieter: Eine Frage der moralischen Überlegenheit? Die Ahndung deutscher Kriegsverbrechen in Belgien, in: Frei (Hg.): Transnationale Vergangenheitspolitik, S. 326–350.

Lammers, Karl Christian: Späte Prozesse und milde Strafen. Die Kriegsverbrecherprozesse gegen Deutsche in Dänemark, in: Frei (Hg.): Transnationale Vergangenheitspolitik, S. 351–369.

Lang, Hans-Joachim: Ein schöner Einblick in die Forschungsarbeit. Vorbereitende Beiträge Tübinger Wissenschaftler für die Zwangssterilisation und Ermordung deutscher Sinti, in: Jeggle, Utz / Hägele, Ulrich (Hg.): Sinti und Roma und wir, Tübingen 1998.

Langbein, Hermann: Der Auschwitz-Prozess. Eine Dokumentation, Bd. 1, Frankfurt a. M. 1995.

Langbein, Hermann: Die justizielle Behandlung der NS-Verbrechen, in: Frankfurter Hefte 34 (1979), H. 1, S. 23–28.

Langerbein, Helmut: Hitler's Death Squads. The Logic of Mass Murder, College Station 2004.

Laser, Kurt: Glamour, Kunst und Kinoalltg. Streiflichter der Berliner Filmgeschichte in den Fünfzigern, in: Berlinische Monatsschrift, Bd. 10 (2001), H. 3, S. 141–150.

Leide, Henry: Auschwitz und Staatssicherheit. Strafverfolgung, Propaganda und Geheimhaltung in der DDR, Berlin 2019.

Leßau, Hanne: Entnazifizierungsgeschichten. Die Auseinandersetzung mit der eigenen NS-Vergangenheit in der frühen Nachkriegszeit, Göttingen 2020.

Lilla, Joachim: Staatsminister, leitende Verwaltungsbeamte und (NS-)Funktionsträger in Bayern 1918–1945, Personenartikel Friedrich Burgdörfer, abrufbar unter: https://verwaltungshandbuch.bayerische-landesbibliothek-online.de/burgdoerfer-friedrich [letzter Zugriff: 20. 6. 2022].

Linck, Stephan: Die Stammtisch-Geschichte der Alten Charlottenburger, in: Mallmann, Klaus-Michael / Angrick, Andrej (Hg.): Die Gestapo nach 1945. Karrieren, Konflikte, Konstruktionen (Veröffentlichungen der Forschungsstelle Ludwigsburg der Universität Stuttgart, Bd. 14), Darmstadt 2009, S. 105–121.

Linck, Stephan: Der Ordnung verpflichtet. Deutsche Polizei 1933–1945. Der Fall Flensburg, Paderborn 2000.

Lölke, Janna: „Ergreifen Sie umgehend Maßnahmen, die Guillotine wieder einsatzfähig zu machen." Hinrichtungen in der britischen Besatzuungszone am Beispiel Wolfenbüttels, in: dies. / Staats, Martina (Hg.): Richten – strafen – erinnern. Nationalsozialistische Justizverbrechen und ihre Nachwirkungen in der Bundesrepublik, Göttingen 2021, S. 169–188.

Lotto-Kusche, Sebastian: Der Völkermord an den Sinti und Roma und die Bundesrepublik. Der lange Weg zur Anerkennung 1949–1990, München 2022.

Lüpke-Schwarz, Marc von: „Zigeunerfrei!" Die Duisburger Kriminalpolizei und die Verfolgung der Sinti und Roma 1939–1944, Saarbrücken 2008.

Luchterhandt, Martin: Robert Ritter und sein Institut. Vom Nutzen und Benutzen der „Forschung", in: Zimmermann, Michael (Hg.): Zwischen Erziehung und Vernichtung, Stuttgart 2007, S. 321–328.

Luchterhandt, Martin: Der Weg nach Birkenau. Entstehung und Verlauf der nationalsozialistischen Verfolgung der „Zigeuner", Lübeck 2000.

Mallmann, Klaus-Michael: Lebenslänglich. Wie die Beweiskette gegen Albert Rapp geschmiedet wurde, in: ders. / Angrick (Hg.): Die Gestapo nach 1945, S. 235–269.

Mann, Michael: Die dunkle Seite der Demokratie: Eine Theorie der ethnischen Säuberung, Hamburg 2005.

Manoschek, Walter: „Serbien ist judenfrei". Militärische Besatzungspolitik und Judenvernichtung in Serbien 1941/42, 2. Aufl., München 1995.

Margalit, Gilad: Die Nachkriegsdeutschen und „ihre Zigeuner". Die Behandlung der Sinti und Roma im Schatten von Auschwitz, Berlin 2001.

Margalit, Gilad: Die deutsche Zigeunerpolitik nach 1945, in: Vierteljahrshefte für Zeitgeschichte, 45 (1997), H. 4, S. 557–588.

März, Jascha: Zwischen Politik und Interessenvertretung. Die Verbände der politischen Opfer des Nationalsozialismus in der Bundesrepublik Deutschland von 1947 bis 1990, Köln 2016.

Markus, Josef: Die Strafverfolgung von nationalsozialistischen Gewaltverbrechen und die völkerrechtliche Verantwortung Österreichs, in: Meissl, Sebastian / Mulley, Klaus-Dieter / Rathkolb, Oliver: Verdrängte Schuld, verfehlte Sühne. Entnazifizierung in Österreich 1945–1955, München 1986, S. 150–170.

Marschall, Karl: Volksgerichtsbarkeit und Verfolgung von nationalsozialistischen Gewalverbrechen in Österreich, hg. vom Bundesministerium für Justiz, Wien 1987, 2. Aufl.

Matthäus, Jürgen: Alte Kameraden und neue Polizeimethoden, in: Mallmann, Klaus-Michael / Angrick, Andrej (Hg.): Die Gestapo nach 1945. Karrieren, Konflikte, Konstruktionen, Darmstadt 2009, S. 183–199.

Matthäus, Jürgen: Georg Heuser – Routinier des sicherheitspolizeilichen Osteinsatzes, in: Mallmann, Klaus-Michael / Paul, Gerhard (Hg.): Karrieren der Gewalt. Nationalsozialistische Täterbiographien, Darmstadt 2004, S. 115–125.

Mausbach-Bromberger, Barbara: Arbeiterwiderstand in Frankfurt a. M., Frankfurt a. M. 1976.

Maximoff, Matéo: Germany and the Gypsies. From the Gypsy's Point of View, in: Journal of the Gypsy Lore Society (JGLS), Third Series, 25 (1946), Nr. 3–4, 26. 1. 1946, S. 104–108.

Mazirel, Lau: Die Verfolgung der „Zigeuner" im Dritten Reich. Vorgeschichte ab 1870 und Fortsetzung bis heute, in: Essays über

Naziverbrechen. Simon Wiesenthal gewidmet, hg. vom Bund Jüdischer Verfolgter des Naziregimes (Wien), Wien 1973, S. 123–176.
Mégret, Jean-Claude: Vania de Gila-Kochanowski. Un savant tsigane, Paris 2017.
Mengersen, Oliver von: Sinti und Roma in der Schule – die Meinung von Lehrerinnen und Lehrern. Ergebnisse einer Umfrage des Dokumentationszentrums Deutscher Sinti und Roma, Heidelberg 2004.
Merseburger, Peter: Rudolf Augstein. Der Mann, der den Spiegel machte, München 2009.
Mersey, Rudolf / Hans-Peter Schwarz (Hg.), Adenauer. Teegespräche 1959–1961, Westberlin 1988.
Meusch, Matthias: Von der Diktatur zur Demokratie. Fritz Bauer und die Aufarbeitung der NS-Verbrechen in Hessen (1956–1968) (hg. von der Historischen Kommission für Nassau), Wiesbaden 2001.
Meuser, Maria: Vagabunden und Arbeitsscheue. Der Zigeunerbegriff der Polizei als soziale Kategorie (1996), in: Hund, Wulf D. (Hg.): Fremd, faul und frei. Dimensionen des Zigeunerstereotyps, Duisburg 2014, S. 105–123.
Meyer, Dennis: Entnazifizierung, in: Fischer / Lorenz: „Vergangenheitsbewältigung“, S. 20–21.
Miquel, Marc von: Ahnden oder amnestieren? Westdeutsche Justiz und Vergangenheitspolitik in den sechziger Jahren, Göttingen 2004.
Miquel, Marc von: „Wir müssen mit den Mördern zusammenleben!“ NS-Prozesse und politische Öffentlichkeit in den sechziger Jahren, in: Wojak, Irmtrud (Hg.): „Gerichtstag halten über uns selbst …“. Geschichte und Wirkung des ersten Auschwitz-Prozesses, hg. im Auftrag des Fritz Bauer Instituts, Frankfurt a. M. 2001, S. 97–116.
Miša, Branislav Popov: Nemački zatvori i koncentracioni logori u Banatu, 1941–1944, Belgrad 1992.
Mode, Heinz / Wölffling, Siegfried: Zigeuner. Der Weg eines Volkes in Deutschland, Leipzig 1968.
Moisel, Claudia: Résistance und Repressalien. Die Kriegsverbrecherprozesse in der französischen Zone und in Frankreich, in: Frei (Hg.): Transnationale Vergangenheitspolitik, S. 247–282.
Moisel, Claudia: Frankreich und die deutschen Kriegsverbrecher. Politik und Praxis der Strafverfolgung nach dem Zweiten Weltkrieg, Göttingen 2004.

Molchanov, Vladimir Kirillovich: There shall be Retribution. Nazi War Criminals and their Protectors, Moskau 1984.
Molitor, Jan: The Fate of a German Gypsy, in: JGLS, Third Series, 26 (1947), S. 48–52.
Moreno, Jonathan D.: Undue Risk. Secret State Experiments on Humans, New York 2001.
Müller, Christian: Das Gewohnheitsverbrechergesetz vom 24. November 1933. Kriminalpolitik als Rassenpolitik, Baden-Baden 1997.
Müller, Ernst Wilhelm / Wasserburg, Klaus: „Kritik und Vertrauen": Das Entschädigungsurteil des Bundesgerichtshofes von 1956, in: Denninger, Erhard / Hinz, Manfred O. / Mayer-Tasch, Peter Cornelius / Roellecke, Gerd (Hg.): Kritik und Vertrauen. Festschrift für Peter Schneider zum 70. Geburtstag, Frankfurt a. M. 1990, S. 296–315.
Müller, Ingo: Das Strafvereitelungskartell. NS-Verbrechen vor deutschen Gerichten, in: Freispruch. Mitgliederzeitschrift der Strafverteidigervereinigungen, H. 11, September 2017, S. 60–69.
Müller, Ingo: Die Zerstörung der Rechtsstaatlichkeit im Strafrecht des Dritten Reiches, in: Drecktrah, Volker Friedrich / Willoweit, Dietmar (Hg.): Rechtsprechung und Justizhoheit. Festschrift für Götz Landwehr von Kollegen und Doktoranden, Göttingen 2015, S. 293–308.
Müller, Ingo: Der Frankfurter Auschwitz-Prozess, in: Perels, Joachim (Hg.): Auschwitz in der deutschen Geschichte, Hannover 2010, S. 168–176.
Müller, Ingo: Der strafrechtliche Umgang mit der NS-Vergangenheit, in: InfoBrief, hg. vom Republikanischen Anwältinnen- und Anwälteverein, Nr. 95, 2005, abrufbar unter: https://www.rav.de/publikationen/rav-infobriefe/archiv/infobrief-94-2005/der-strafrechtliche-umgang-mit-der-ns-vergangenheit [letzter Zugriff: 20. 6. 2022].
Müller, Ingo: Furchtbare Juristen, Die unbewältigte Vergangenheit unserer Justiz, München 1987.
Müller, Klaus-Jürgen: Das Heer und Hitler. Armee und nationalsozialistisches Regime 1933–1940, Stuttgart 1969.
Müller-Münch, Ingrid: Tödliche Polizeigewalt gegenüber Sinti und Roma von 1945 bis 1980. Eine journalistische Recherche im Auftrag der „Unabhängigen Kommission Antiziganismus", Berlin 2021, abrufbar unter: Tödliche Polizeigewalt gegenüber

Sinti und Roma 1945 bis 1980 (institut-fuer-menschenrechte.de) [letzter Zugriff: 20.6.2022].

Münster-Schröer, Erika: Frühjahr 1945: Exekutionen im Kalkumer Wald und anderswo. Die Ermittlungen der britischen War Crimes Group im Wehrkreis VI – Raum Düsseldorf, in: Ratinger Forum H. 6 (1999), S. 145–184.

Müssig, Bernd: Mord und Totschlag. Vorüberlegungen zu einem Differenzierungsansatz im Bereich des Tötungsunrechts, Köln 2005.

Musial, Bogdan: „Aktion Reinhardt“. Der Völkermord an den Juden im Generalgouvernement 1941–1944, Osnabrück 2004.

Naumann, Klaus: Nachkrieg in Deutschland, Hamburg 2001.

Nazi Crimes in Khoiniki – White Russia, nichtdatierte und zugeordnete Zitierung von Presseartikeln in: John H.E. Fried Collection, Prozeß-Spiegel, XXXXI. Folge, abrufbar unter: Full text of „John H.E. Fried Collection 1815–1995“ (archive.org) [letzter Zugriff: 20.6.2022].

Nehmer, Bettina: Die Täter als Gehilfen? Zur Ahndung von Einsatzgruppenverbrechen, in: Redaktion Kritische Justiz (Hg.): Die juristische Aufarbeitung des Unrechts-Staats, Baden-Baden 1998, S. 635–668.

Nelhiebel, Kurt: Einem Nestbeschmutzer zum Gedenken. Texte zum 50. Todestag von Fritz Bauer, Dähre 2018.

Nerdinger, Winfried (Hg.): Die Verfolgung der Sinti und Roma in München und Bayern 1933–1945. Publikation zur Ausstellung im NS-Dokumentationszentrum München, Berlin 2017.

Nerdinger, Winfried (Hg.): München und der Nationalsozialismus. Katalog des NS-Dokumentationszentrums München, München 2015.

Niethammer, Lutz: Alliierte Internierungslager in Deutschland nach 1945: Ein Vergleich und offene Fragen, in: Reif-Spirek, Peter / Ritscher, Bodo (Hg.): Speziallager in der SBZ. Gedenkstätten mit „doppelter Vergangenheit“, Berlin 1999, S. 100–123.

Noelle, Elisabeth / Neumann, Erich Peter: Jahrbuch der öffentlichen Meinung, Allensbach 1967.

Noelle, Elisabeth / Neumann, Erich Peter: Jahrbuch der öffentlichen Meinung, Allensbach 1957.

Noelle-Neumann, Elisabeth / Köcher, Renate (Hg.): Allensbacher Jahrbuch der Demoskopie 1998–2002, Bd. 11, München 2002.

Noethen, Stefan: Alte Kameraden und neue Kollegen. Polizei in Nordrhein-Westfalen 1945–1953, Essen 2003.

Novitch, Miriam: Le génocide des tziganes sous le regime Nazi, Paris 1968.

Novitch, Miriam: Il genocidio degli Zingari sotto il regime nazista, in: Quaderni del Centro di Studi sulla Deportazione e l'Internamento 2 (1965), S. 31–59.

Opfermann, Ulrich Friedrich: Zum Umgang der deutschen Justiz mit an der Roma-Minderheit begangenen NS-Verbrechen nach 1945. Das Sammelverfahren zum „Zigeunerkomplex" (1958–1970). Expertise für die Unabhängige Kommission Antiziganismus, Berlin 2021, siehe abrufbar unter: https://www.bmi.bund.de/SharedDocs/downloads/DE/veroeffentlichungen/themen/heimat-integration/antiziganismus/opfermann-nsg-verfahren.pdf?__blob=publicationFile&v=2 [letzter Zugriff: 20.6.2022].

Opfermann, Ulrich Friedrich: Zu Widerspruch und Widerstand aus der Roma-Minderheit gegen NS-Bewegung und NS-System in der Rhein-Ruhr-Region, in: Interkultur Ruhr, 8.5.2020, abrufbar unter: https://interkultur.ruhr/notiz/zu-widerspruch-und-widerstand-aus-der-roma-minderheit-gegen-ns-bewegung [letzter Zugriff: 20.6.2022].

Opfermann, Ulrich Friedrich: „... eines Tattern Kind, so mann Heyden nennet, jedoch Xsten sind". Zur Christlichkeit der Sinti-Minderheit nach frühneuzeitlichen Quellen, in: Zeitschrift für Geschichtswissenschaft (ZfG) 67 (2019), H. 2, S. 101–117.

Opfermann, Ulrich Friedrich: Sinti im frühneuzeitlichen Militär- und Policeydienst. Quellen und Überlieferungsbildung, in: Frühneuzeit-Info, hg. vom Institut für die Erforschung der Frühen Neuzeit, Wien, 30 (2019), S. 56–78.

Opfermann Ulrich Friedrich: „Toleranz für Andersartigkeit", Krefeld 2019, abrufbar unter: https://brennpunktkrefeld.de/25340/kommentar-von-dr-opfermann-zum-flyer-der-gedenkveranstaltung/ [letzter Zugriff: 20.6.2022].

Opfermann, Ulrich Friedrich: Zur Lage der Roma in Deutschland von der Reichsgründung 1871 bis 1933, in: Nerdinger (Hg.): Die Verfolgung der Sinti und Roma in München und Bayern 1933–1945, S. 56–70.

Opfermann, Ulrich Friedrich: Weimar: „Die Rassenkunde gibt Aufschluß", in: von Mengersen, Oliver (Hg.): Sinti und Roma.

Eine deutsche Minderheit zwischen Diskriminierung und Emanzipation (hg. von der Bundeszentrale für politische Bildung und der Bayerischen Landeszentrale für politische Bildungsarbeit), Bonn 2015, S. 71–85.
Opfermann, Ulrich Friedrich: Von Ameisen und Grillen. Zu Kontinuitäten der jüngeren und jüngsten deutschen Zigeunerforschung, in: Dokumentations- und Kulturzentrum Deutscher Sinti und Roma (Hg.): Antiziganismus. Soziale und historische Dimensionen von „Zigeuner"-Stereotypen, Heidelberg 2015, S. 38–52.
Opfermann, Ulrich Friedrich: Siegerland und Wittgenstein: „Etwa 85 v. H. besitzen eigene Häuschen", in: Fings / Opfermann: Zigeunerverfolgung im Rheinland und in Westfalen, S. 233–255.
Opfermann, Ulrich Friedrich: Soest: „Mit deutscher Gründlichkeit und Gewissenhaftigkeit", in: Fings / Opfermann: Zigeunerverfolgung im Rheinland und in Westfalen, S. 258–264.
Opfermann, Ulrich Friedrich: Genozid und Justiz. Schlussstrich als „staatspolitische Zielsetzung", in: Fings / Opfermann: Zigeunerverfolgung im Rheinland und in Westfalen, S. 315–326.
Opfermann, Ulrich Friedrich: „Seye kein Ziegeuner, sondern kayserlicher Cornet". Sinti im 17. und 18. Jahrhundert. Eine Untersuchung anhand archivalischer Quellen, Berlin 2007.
Opfermann, Ulrich Friedrich: Zur Situation der „Zigeuner" in den Territorialstaaten zwischen Main, Lahn und Sieg in der ersten Hälfte des 18. Jahrhunderts. Drei Fälle im Vergleich, in: „Diebstahl im Blick"? Zur Kriminalisierung der „Zigeuner". Herausgegeben im Auftrag der Gesellschaft für Antiziganismusforschung e. V. von Udo Engbring-Romang und Wilhelm Solms (= Beiträge zur Antiziganismusforschung, Bd. 2), Seeheim 2005, S. 64–115
Opfermann, Ulrich Friedrich: The registration of Gypsies in National Socialism. Responsibility in a German region, in: Romani Studies (continuing Journal of the Gypsy Lore Society), 5th Series, 11 (2001), No. 1, S. 25–52.
Opfermann, Ulrich Friedrich: Zigeunerverfolgung, Enteignung, Umverteilung. Das Beispiel der Wittgensteiner Kreisstadt Berleburg, in: Kenkmann, Alfons / Rusinek, Bernd-A. (Hg.): Verfolgung und Verwaltung. Die wirtschaftliche Ausplünderung der Juden und die westfälischen Finanzbehörden, Münster 1999.

Opfermann, Ulrich Friedrich: „Daß sie den Zigeuner-Habit ablegen". Die Geschichte der „Zigeuner-Kolonien" zwischen Wittgenstein und Westerwald, 2., erg. Aufl., Frankfurt a.M. u.a. 1997.

Oppenheimer, Max: Der Weg der VVN. Vom Häftlingskomitee zum Bund der Antifaschisten, in: ders. (Hg.): Antifaschismus. Tradition, Politik, Perspektive. Geschichte und Ziele des VVN-Bund der Antifaschisten, Frankfurt a.M. 1972, S. 5–83.

Oppenheimer, Max: Eichmann und die Eichmänner. Dokumentarische Hinweise auf den Personenkreis der Helfer und Helfershelfer bei der „Endlösung", Ludwigsburg 1961.

Pankok, Otto: The Gypsies in Germany Today, in: JGLS, Third Series, 32 (1953), S. 152–154.

Pauli, Gerhard: Die Zentralstellen zur Verfolgung nationalsozialistischer Gewaltverbrechen. Versuch einer Bilanz, Geldern 2001.

Pendas, Devin O.: Der Auschwitz-Prozess. Völkermord vor Gericht, München 2013.

Pendas, Devin O.: Der 1. Frankfurter Auschwitzprozeß 1963–1965. Eine historische Einführung, in: Gross, Raphael / Renz, Werner (Hg.): Der Frankfurter Auschwitz-Prozess (1963–1965). Kommentierte Quellenedition, Bd. 1, Frankfurt a.M. 2013, S. 55–88.

Perels, Joachim: Ignorieren, relativieren, verharmlosen. Wie die Justiz in der frühen Bundesrepublik mit NS-Gewalttätern umging. Erinnerung an einen Skandal, Die Zeit, Nr. 5, 24.1.2013.

Perels, Joachim: Formen der Ausschaltung des Grundgesetzes im Umgang mit den NS-Verbrechen. Rede des Preisträgers vom 22.9.2012 anlässlich der Verleihung des Fritz-Bauer-Preises durch die Humanistische Union, 25.9.2012, abrufbar unter: https://www.humanistische-union.de/veranstaltungsberichte/2012/formen-der-ausschaltung-des-grundgesetzes-im-umgang-mit-den-ns-verbrechen/ [letzter Zugriff: 20.6.2022].

Perels, Joachim: Formen der Ausschaltung des Grundgesetzes im Umgang mit den NS-Verbrechen. Rede des Preisträgers vom 22.9.2012 anlässlich der Verleihung des Fritz-Bauer-Preises durch die Humanistische Union, 25.9.2012, abrufbar unter: https://www.humanistische-union.de/veranstaltungsberichte/2012/formen-der-ausschaltung-des-grundgesetzes-im-umgang-mit-den-ns-verbrechen/ [letzter Zugriff: 20.6.2022].

Perels, Joachim: Die Umdeutung der NS-Diktatur in einen Rechtsstaat, Leviathan 35 (2007), No. 2, S. 230–247.

Perels, Joachim: Die Übernahme der Beamtenschaft des Hitler-Regimes. Benachteiligung der Entlassenen und Privilegierung der Amtsinhaber der Diktatur, in: Kritische Justiz, (37) 2004, H. 2, S. 186–193.

Perels, Joachim: Das juristische Erbe des „Dritten Reiches“. Beschädigungen der demokratischen Rechtsordnung, Frankfurt a. M. 1999.

Perels, Joachim: Verpaßte Chancen. Zur Bedeutung der Nürnberger Nachfolgeprozesse vor dem Hintergrund der ungenügenden Strafverfolgung von NS-Tätern in der BRD, in: Die frühen Nachkriegsprozesse (Beiträge zur Geschichte der nationalsozialistischen Verfolgung in Norddeutschland, H. 3), Bremen 1997, S. 30–37.

Perels, Joachim: Der Umgang mit Tätern und Widerstandskämpfern nach 1945, in: Kritische Justiz, 30 (1997), H 3, S. 357–374.

Perels, Joachim / Wojak, Irmtrud: Motive im Denken und Handeln Fritz Bauers, in: Bauer, Fritz: Die Humanität der Rechtsordnung. Ausgewählte Schriften, hg. von Joachim Perels und Irmtrud Wojak, Frankfurt a. M. 1998, S. 77–90, S. 9–34.

Peritore, Silvio: Das Denkmal für die im Nationalsozialismus ermordeten Sinti und Roma, in: Bahr, Matthias / Poth, Peter (Hg.): Hugo Höllenreiner. Das Zeugnis eines überlebenden Sinto und *seine* Perspektiven für eine bildungssensible Erinnerungskultur, Stuttgart 2014, S. 189–202.

Peschel-Gutzeit, Lore Maria unter Mitarbeit von Birgit Geigle: Die Bedeutung des Nürnberger Juristenprozesses für die justitielle Bearbeitung der DDR-Vergangenheit, in: König, Helmut / Kohlstruck, Michael / Wöll, Andreas (Hg.): Vergangenheitsbewältigung am Ende des zwanzigsten Jahrhunderts, Wiesbaden 1998, S. 111–135.

Peschel-Gutzeit, Lore Maria: Aufarbeitung von Systemunrecht durch die Justiz, Berlin 1996.

Pfäfflin, Friedemann / Rüh, Herbert / Göpfert, Matthias u. a.: Die Krankenversorgung, in: van den Bussche, Hendrik (Hg.): Medizinische Wissenschaft, S. 267–380.

Pientka, Patricia: Das Zwangslager für Sinti und Roman Berlin-Marzahn. Alltag, Verfolgung und Deportation, Berlin 2013.

Pinwinkler, Alexander: „Bevölkerungsgeschichte“ in der „Deutschen Gesellschaft für Bevölkerungswissenschaft“ (1952 – ca. 1970), in: Ehmer, Josef / Ferdinand, Ursula / Reulecke, Jürgen (Hg.): Herausforderung Bevölkerung. Zu Entwicklungen des

modernen Denkens über die Bevölkerung vor, im und nach dem „Dritten Reich", Wiesbaden 2007, S. 283–294.
Podowin, Norbert (Hg.): Braunbuch. Kriegs- und Naziverbrecher in der Bundesrepublik und in Westberlin. Staat, Wirtschaft, Verwaltung, Armee, Justiz, Wissenschaft, Berlin 2002 (ND der Aufl. von 1968).
Pöpken, Christian: Vergangenheitspolitik durch Strafrecht. Der Oberste Gerichtshof der Britischen Zone und die Ahndung von Verbrechen gegen die Menschlichkeit, Baden-Baden 2021.
Pohl, Dieter: Holocaust. Die Ursachen, das Geschehen, die Folgen, Freiburg 2000.
Pohl, Dieter: Nationalsozialistische Judenverfolgung in Ostgalizien 1941–1944. Organisation und Durchführung eines staatlichen Massenverbrechens, 2. Aufl., München 1997.
Pretzel, Andreas: Aufbruch und Resignation. Zur Geschichte der Berliner „Gesellschaft für Reform des Sexualrechts e. V." 1948–1960, in: ders.: NS-Opfer unter Vorbehalt. Homosexuelle Männer in Berlin nach 1945, Münster 2002, S. 287–338.
Preuß, Dirk: „Anthropologe und Forschungsreisender". Biographie und Anthropologie Egon Freiherr von Eickstedts (1892–1965), München 2009.
Projektgruppe Stolpersteine Gelsenkirchen: Die Dabeigewesenen – Gelsenkirchen 1933–1945, König, Ernst-August, Januar 2019, abrufbar unter: http://www.stolpersteine-gelsenkirchen.de/die_dabeigewesenen_gelsenkirchen_ernst_august_koenig.htm [letzter Zugriff: 20. 6. 2022].
Pross, Christian / Aly, Götz: Der Wert des Menschen. Medizin in Deutschland, Westberlin 1989.
Rabofsky, Eduard / Oberkofler, Gerhard: Verborgene Wurzeln der NS-Justiz. Strafrechtliche Rüstung für zwei Weltkriege, Wien 1985.
Raim, Edith: Verfolgung nationalsozialistischer Gewaltverbrechen, in: Historisches Lexikon Bayerns, abrufbar unter: https://www.historisches-lexikon-bayerns.de/Lexikon/Verfolgung_nationalsozialistischer_Gewaltverbrechen [letzter Zugriff: 20. 6. 2022].
Raim, Edith: Justiz zwischen Diktatur und Demokratie. Wiederaufbau und Ahndung von NS-Verbrechen in Westdeutschland 1945–1949, München 2013.
Rajak, Michael / Rajak, Zvi (Hg.): The Destruction of Glubokie (Hlybokaye, Belarus), Buenos Aires 1956, S. 76–78, abrufbar

unter: jewishgen.org/yizkor/hlybokaye/hly060.html, S. 60–78, Museum of Jewish Heritage, New York [letzter Zugriff: 20. 6. 2022].

Rath, Christian: Gedenken an verstorbene RG-Richter, abrufbar unter: https://www.lto.de/recht/hintergruende/h/bgh-gedenktafel-entfernen-reichsrichter-nsdap-mitglieder-diskussionsrunde-symposium-limpberg/ [letzter Zugriff: 21. 6. 2022].

Rauschenberg, Katharina / Steinbacher, Sybille (Hg.): Fritz Bauer und „Achtundsechzig". Positionen in den Umbrüchen in Justiz, Politik und Gesellschaft, Göttingen 2020.

Reinke, Herbert: Aufstieg und Fall einer Funktionselite, in: Schulte, Jan Erik / Wildt, Michael (Hg.): Die SS nach 1945. Entschuldungsnarrative, populäre Mythen, europäische Erinnerungsdiskurse, Göttingen 2018, S. 209–228.

Renner, Erich: Zur Geschichte und Beheimatung der Pfälzer Zigeuner, in: Pfälzer Heimat 40 (1988), Nr. 3, S. 113–123.

Renz, Werner: Ankläger im Frankfurter Auschwitz-Prozess: Oberstaatsanwalt Dr. Hanns Großmann aus Hofheim, 29. 1. 2014, Vortragstext, HP der Gesellschaft für Christlich-Jüdische Zusammenarbeit im Main-Taunus Kreis e. V., abrufbar unter: https://main-taunus.deutscher-koordinierungsrat.de/gcjz-main-taunus-Anklaeger-im-Frankfurter-Auschwitz-Prozess-2014 [letzter Zugriff: 20. 6. 2022].

Renz, Werner: „Am Rande des Lebens". Fritz Bauer, in: ders. (Hg.): „Von Gott und der Welt verlassen". Fritz Bauers Briefe an Thomas Harlan, Frankfurt a. M. 2015, S. 9–26.

Renz, Werner: Der 1. Frankfurter Auschwitz-Prozess 1963–1965 und die deutsche Öffentlichkeit. Anmerkungen zur Entmythologisierung eines NSG-Verfahrens, in: Vollnhals / Osterloh (Hg.): NS-Prozesse und deutsche Öffentlichkeit, S. 349–362.

Repplinger, Roger: „Hat sich besondere Kenntnisse in der Bearbeitung des Zigeunerunwesens erworben." Der Kriminalinspektor Kurt Krause im Nationalsozialismus und in der Bundesrepublik, in: Zeitschrift für Geschichtswissenschaft 65 (2017), H. 12, S. 1049–1070.

Reuter, Frank: Anton Reinhardt (1927–1945) und Oskar Rose (1906–1968). Flucht und verweigerte Hilfe für Sinti und Roma, in: Borgstedt, Angela / Thelen, Sibylle / Weber, Reinhold (Hg.): Mut bewiesen. Widerstandsbiographien aus dem Südwesten, Stuttgart 2017, S. 341–349.

Reuter, Frank: Die Deutungsmacht der Täter. Zur Rezeption des NS-Völkermords an den Sinti und Roma in Norddeutschland, in: Die Verfolgung der Sinti und Roma im Nationalsozialismus. Beiträge zur Geschichte der nationalsozialistischen Verfolgung in Norddeutschland (hg. von der KZ-Gedenkstätte Neuengamme), Bd. 14, Bremen 2012, S. 127–143.

Richter, Timm C.: „Herrenmensch" und „Bandit". Deutsche Kriegsführung und Besatzungspolitik als Kontext des sowjetischen Partisanenkrieges (1941–44), Münster 1998.

Rigoll, Dominik: Staatsschutz in Westdeutschland. Von der Entnazifizierung zur Extremistenabwehr, Göttingen 2013.

Roma – Europäer par excellence. Interview mit dem Schriftsteller und Publizisten Karl-Markus Gauß, in: Theorie und Praxis der sozialen Arbeit 69 (2018), H. 2, S. 87–91.

Rose, Romani: Die Aufarbeitung der Geschichte des Nationalsozialismus als Chance für die rechtsstaatliche Behandlung von Minderheiten, in: Bundeskriminalamt (Hg.): Das Bundeskriminalamt stellt sich seiner Geschichte. Dokumentation einer Kolloquienreihe, Köln 2008, S. 125–142.

Rose, Romani: Für beide galt damals der gleiche Befehl. Eine Entgegnung auf Yehuda Bauers Thesen zum Genozid an den europäischen Juden, Sinti und Roma, in: Blätter für deutsche und internationale Politik 43 (1998), H. 4, S. 467–472.

Rosenhaft, Eve: Wissenschaft als Herrschaftsakt. Die Forschungspraxis der Ritterschen Forschungsstelle und das Wissen über Zigeuner, in: Zimmermann (Hg.): Zwischen Erziehung und Vernichtung, Stuttgart 2007, S. 329–353.

Roßberg, Arnold: Die Aufarbeitung des NS-Völkermordes an den Sinti und Roma. Ermittlungsverfahren gegen die Täter und Anmerkungen zu dem Prozess beim Landgericht Siegen über das sog. „Zigeunerlager" Auschwitz-Birkenau, in: Heuß / Roßberg: Schonung für die Mörder?, S. 94–113.

Roßberg, Arnold: Der Fall Pery Broad 1959–1993, in: Heuß / Roßberg: Schonung für die Mörder?, S. 143–181.

Roßberg, Arnold: Die Verfolgung von nationalsozialistischen Verbrechen an Sinti und Roma durch die deutsche Justiz, in: Długoborski, Wacław (Hg.): Sinti und Roma im KL Auschwitz-Birkenau 1943–1944, Oświęcim 1998, S. 356–365.

Roßberg, Arnold: Die Aufarbeitung des NS-Völkermordes an den Sinti und Roma durch die deutsche Justiz anhand der

Verfahren gegen die Täter, in: Fondation Auschwitz – Mémoire d'Auschwitz, ASBL. Bulletin trimestriel No. 44–45/1994, Brüssel, S. 33–48.

Roßberg, Arnold: Das Verfahren gegen Hans L. im Jahre 2013/2014, in: Heuß / ders. (Hg.): Schonung für die Mörder?, S. 223–249.

Rossoliński-Liebe, Grzegorz: Stepan Bandera. The Life and Afterlife of a Ukrainian Nationalist. Fascism, Genocide, and Cult, Stuttgart 2014.

Roth, Karl Heinz / Schmidt, Ulf / Weindling, Paul: Dokumente und Materialien zur Vorgeschichte, zum Hintergrund und zu den Auswirkungen des Nürnberger Ärzteprozesses, in: Linne, Karsten (Bearb.) mit einer Einleitung von Angelika Ebbinghaus: Der Nürnberger Ärzteprozeß 1946/47. Wortprotokolle, Anklage- und Verteidigungsmaterial, Quellen zum Umfeld. Erschließungsband zur Mikrofiche-Edition, München 2000, S. 277–310.

Roxin, Claus: Täterschaft und Tatherrschaft, 8. Aufl., Berlin 2006.

Rückert, Joachim: Abschiede vom Unrecht. Zur Rechtsgeschichte nach 1945, Tübingen 2015.

Rudorff, Andrea (Bearb.): Die Verfolgung und Ermordung der europäischen Juden durch das nationalsozialistische Deutschland 1933–1945, Bd. 16: Das KZ Auschwitz 1942–1945 und die Zeit der Todesmärsche 1944/45, Berlin 2018.

Rüter, Christiaan Frederik: Was soll das Ganze? Zur Dokumentation von Strafverfahren wegen nationalsozialistischer Gewaltverbrechen, in: Halbrainer, Heimo / Kuretsidis-Haider, Claudia (Hg.): Kriegsverbrechen, NS-Gewaltverbrechen und die europäische Strafjustiz von Nürnberg bis Den Haag, Graz 2007, S. 118–135.

Rüter, Christiaan Frederik: Täter vor Gericht. Ost- und westdeutsche Prozesse gegen die Verantwortlichen für die Deportationen, in: Zeitgeschichte in Hamburg. Nachrichten aus der Forschungsstelle für Zeitgeschichte in Hamburg (FZH), Hamburg 2006, S. 50–64.

Rüter, Christiaan Frederik: Ost- und westdeutsche Strafverfahren gegen die Verantwortlichen für die Deportation der Juden, in: Klein, Anne / Wilhelm, Jürgen (Hg.): NS-Unrecht vor Kölner Gerichten nach 1945, Köln 2003, S. 45–56.

Rüter, Christiaan Frederik (Hg.): DDR-Justiz und NS-Verbrechen. Sammlung ostdeutscher Strafurteile wegen nationalsozialistischer Tötungsverbrechen, Bd. I, Amsterdam 2002.

Ruhrmann, Fritz: SS-Sturmbannführer als Leiter der Kriminalpolizei in Dortmund. Gewerkschaftliche Stellungnahme zur Personalpolitik der Kriminalpolizei des Landes NRW, in: Die Polizei im Lande Nordrhein-Westfalen, hg. von der Bezirksfachabteilung Polizei der ÖTV, 7 (1959), Nr. 9.

Ruhrmann, Fritz: Gewerkschaftliche Stellungnahme zur Personalpolitik der Kriminalpolizei des Landes NRW, in: Die Polizei im Lande Nordrhein-Westfalen, hg. von der Bezirksfachabteilung Polizei der ÖTV, 7 (1959), Nr. 10.

Rupp, Hans Karl: Die andere Bundesrepublik. Geschichte und Perspektiven, Marburg 1980.

Rusinek, Bernd-A.: „Wat denkste, wat mir objerümt han." Massenmord und Spurenbeseitigung am Beispiel der Staatspolizeistelle Köln 1944/45, in: Paul, Gerhard / Mallmann, Klaus-Michael (Hg.): Die Gestapo. Mythos und Realität, Darmstadt 1995.

Rust, Christian: Deutschland und die Nachkriegsordnung. Großbritannien, die Vereinigten Staaten und die Grundlagen einer Friedensregelung mit Deutschland in Paris 1919 und Jalta / Potsdam 1945, Diss. Berlin 2001, abrufbar unter: http://webdoc.sub.gwdg.de/ebook/diss/2003/fu-berlin/2001/264/ [letzter Zugriff: 20.6.2022].

Safferling, Christoph: Urteil gegen Oskar Gröning. Ende der kalten Amnestie, 22.7.2015, abrufbar unter: https://www.lto.de/recht/hintergruende/h/ermittlungsverfahren-kz-helfer-vernischtungslager/2/ [letzter Zugriff: 20.6.2022].

Sandkühler, Hans Jörg: Nach dem Unrecht. Plädoyer für einen neuen Rechtspositivismus, Freiburg 2015.

Sandner, Peter: Criminal justice following the genocide of the Sinti and Roma, in: Kenrick, Donald (Hg.): The Gypsies during the Second World War, Bd. 3: The Final Chapter, Hatfield 2006, S. 151–168, 250–254.

Sandner, Peter: Frankfurt. Auschwitz. Die nationalsozialistische Verfolgung der Sinti und Roma in Frankfurt a.M., Frankfurt a.M. 1998.

Saner, Hans (Hg.): Karl Jaspers. Provokationen. Gespräche und Interviews, München 1969, S. 101–106 [Gespräch mit François Bondy zum Eichmann-Prozess, 1961].

Sauer, Bernhard: Zur politischen Haltung der Berliner Sicherheitspolizei in der Weimarer Republik, in: Zeitschrift für Geschichtswissenschaft 53 (2005), S. 26–45.

Schäfer, Martin: Treaty Overriding. Ein Beitrag zur verfassungsrechtlichen Zulässigkeit abkommensüberschreibender Bundesgesetze, Tübingen 2020.

Schäfer, Torsten: „Jedenfalls habe ich auch mitgeschossen" (Villigst Perspektiven. Dissertationsreihe des Evangelischen Studienwerks e. V. Villigst, Bd. 11), Münster 2007.

Schatzschneider, Immo: Biogramme. 40 ausgewählte Kurzbiogramme, in: Fleermann (Hg.): Die Kommissare, S. 252–278.

Schenk, Dieter: Generalstaatsanwalt Fritz Bauer im Widerstreit politischer Interessen. Das Interview, 2019, abrufbar unter: http://www.dieter-schenk.info/images/2018/BauerTeilIIIfinal.pdf [letzter Zugriff: 20. 6. 2022].

Schenk, Dieter: Personelle und organisatorische Verknüpfungen des BKA zu Vorgängerinstitutionen, in: Bundeskriminalamt (Hg.), Das Bundeskriminalamt stellt sich seiner Geschichte, Köln 2008, S. 111–124.

Schenk, Dieter: Auf dem rechten Auge blind. Die braunen Wurzeln des BKA, Köln 2001.

Schenk, Dieter: Die Post von Danzig. Geschichte eines deutschen Justizmords. Mit einem Vorwort von Horst Ehmke, Reinbek 1995.

Schiefelbein, Dieter: Wiederbeginn der juristischen Verfolgung homosexueller Männer in der Bundesrepublik Deutschland. Die Homosexuellen-Prozesse in Frankfurt a. M. 1950/51, in: Zeitschrift für Sexualforschung 5 (1992), H. 1, S. 59–73.

Schießl, Sascha: „Das Tor zur Freiheit". Kriegsfolgen, Erinnerungspolitik und humanitärer Anspruch im Lager Friedland (1945–1970), Göttingen 2016.

Schmidt-Lenhardt, Andreas und Uschi: Wolfgang Staudte – Ein politischer Regisseur in Deutschland, in: dies. (Hg.): Courage und Eigensinn. Zum 100. Geburtstag von Wolfgang Staudte, St. Ingbert 2006, S. 11–62.

Schloßmacher, Norbert: „Kurzerhand die Farbe gewechselt". Die Bonner Polizei im Nationalsozialismus, Bonn 2006.

Schmidt-Degenhard, Tobias: Vermessen und Vernichten. Der NS-„Zigeunerforscher" Robert Ritter, Stuttgart 2012.

Schmuhl, Hans-Walter: Die Patientenmorde, in: Dörner, Klaus / Ebbinghaus, Angelika (Hg.): Vernichten und Heilen. Der Nürnberger Ärzteprozess und seine Folgen, Berlin 2001.

Schneider, Rudolf: Die SS ist ihr Vorbild. Neonazistische Kampfgruppen und Aktionskreise in der Bundesrepublik, Frankfurt a. M. 1981.

Schnitzler, Sonja: Soziologie im Nationalsozialismus zwischen Wissenschaft und Politik. Elisabeth Pfeil und das Archiv für Bevölkerungswissenschaft und Bevölkerungspolitik, Wiesbaden 2012.

Schreiber, Carsten: Elite im Verborgenen. Ideologie und regionale Herrschaftspraxis des Sicherheitsdienstes der SS und seines Netzwerks am Beispiel Sachsens, München 2008.

Schröder, Joachim: Ein SS-Netzwerk in der nordrhein-westfälischen Kriminalpolizei. Hintergründe und Folgen einer Pressekampagne der ÖTV aus dem Jahr 1959, in: Fleermann (Hg.): Die Kommissare, S. 400–411.

Schröder, Joachim: Die „Dienststelle für Zigeunerfragen“ der Münchner Kriminalpolizei und die Verfolgung der Sinti und Roma, in: Bahr, Matthias / Poth, Peter (Hg.): Hugo Höllenreiner. Das Zeugnis eines überlebenden Sinto und seine Perspektiven für eine bildungssensible Erinnerungskultur, Stuttgart 2014, S. 141–152.

Schröder, Joachim: Neue Polizei – neues Denken? Kontinuitäten und Wendepunkte, in: ders. / mit Beiträgen von Fabian Frese: Die Münchner Polizei und der Nationalsozialismus (hg. vom Polizeipräsidium München / Kulturreferat der Landeshauptstadt München), Essen 2013, S. 179–185.

Schulte, Jan Erik / Wildt, Michael (Hg.): Die SS nach 1945. Entschuldungsnarrative, populäre Mythen, europäische Erinnerungsdiskurse, Göttingen 2018.

Schwartz, Michael: Homosexuelle, Seilschaften, Verrat. Ein transnationales Stereotyp im 20. Jahrhundert, Berlin 2019

Schwarz, Hans-Peter: Konrad Adenauer. Reden 1917–1967. Eine Auswahl, München 1975.

Schwarz, Hans-Peter / Morsey, Rudolf (Hg.): Adenauer. Rhöndorfer Ausgabe, Paderborn 2000.

Seckendorf, Martin (Hg.): Europa unterm Hakenkreuz. Die Okkupationspolitik des deutschen Faschismus in Jugoslawien, Griechenland, Albanien, Italien und Ungarn (1941–1945), Bd. 6, Berlin 1992.

Seybold, Katrin: „Wir brauchen nicht aufzuschreiben, wer die Mörder an uns Sinte waren, wir wissen es“, in: Dachauer Hefte, 21 (2005), H. 21, S. 197–216.

Seybold, Katrin / Werner, Paul: Großmeister der Vernichtungslager, in BRD-Zeiten Ministerialrat, in: Abmayer, Hermann G. (Hg.): Stuttgarter NS-Täter, Stuttgart 2009.

Sijes, Benjamin Aäron: Vervolging van Zigeuners in Nederland 1940–1945 (Rijksinstituut voor Oorlogsdocumentatie, Monografieën, Bd. 13), 's-Gravenhage 1979.
Simon, Jürgen: Kriminalbiologie und Zwangssterilisation. Eugenischer Rassismus 1920–1945, Münster 2001.
Smolén, Kazimierz / Zimmermann, Michael: Sinti und Roma im KL Auschwitz, in: Debski, Jerzy u. a. (Red.): Sterbebücher von Auschwitz. Fragmente, Bd. 1, München u. a. 1995, S. 149–162.
Sparing, Frank: Das „Zigeunerwohngebiet" im Ghetto Lodz 1941/42, in: Dieckmann, Christoph / Quinkert, Babette (Hg.): Im Ghetto 1939–1945. Neue Forschungen zu Alltag und Umfeld, Göttingen 2009, S. 136–170.
Spernol, Boris: Im Kreuzfeuer des Kalten Krieges. Der Fall Marcel Frenkel und die Verdrängung der Kommunisten, in: Frei / Brunner / Goschler (Hg.): Wiedergutmachung, S. 203–236.
Spitta, Arnold: Entschädigung für Zigeuner? Zur Geschichte eines Vorurteils, in: Herbst, Ludolf / Goschler, Constantin (Hg.): Wiedergutmachung in der Bundesrepublik Deutschland, München 1989, S. 385–401.
Stachwitz, Reinhard: Der nationalsozialistische Völkermord an den Sinti und Roma in aktuellen deutschen Geschichtsschulbüchern, in: Internationale Schulbuchforschung 28 (2006), S. 163–174.
Stange, Daniel / Wirth, Ingo: Paul Werner (1900–1970), in: Zeitschrift für Geschichtswissenschaft 61 (2013), H. 7/8, S. 621–641.
Steinberg, Swen: „Birding im KZ", in: Schulte / Wildt (Hg.): Die SS nach 1945, S. 229–266.
Stengel, Katharina: Die Überlebenden vor Gericht. Auschwitz-Häftlinge als Zeugen in NS-Prozessen (1950–1976), Göttingen 2022.
Stengel, Katharina: Bezweifelte Glaubwürdigkeit. Sinti und Roma als Zeugen in NS-Prozessen, in: ZfG 69 (2021), H. 5, S. 444–463.
Stengel, Katharina: NS-Verfolgte und ihre Organisationen in der frühen Nachkriegszeit, in: dies.: Hermann Langbein. Ein Auschwitz-Überlebender in den erinnerungspolitischen Konflikten der Nachkriegszeit, Frankfurt a. M. 2012.
Stengel, Katharina: Tradierte Feindbilder. Die Entschädigung der Sinti und Roma in den fünfziger und sechziger Jahren, Frankfurt a. M. 2004.
Stephan, Andrej: „Der Begriff Sonderbehandlung ... war mir damals unbekannt": Dr: Josef Ochs (1905–1987), ein „Zigeunerexperte" mit Erinnerungslücken, in: Baumann, Imanuel / Reinke,

Herbert / Wagner, Patrick / Stephan, Andrej: Schatten der Vergangenheit. Das BKA und seine Gründungsgeneration in der frühen Bundesrepublik, Köln 2011, S. 313–322.

Stiefel, Dieter: Entnazifizierung in Österreich, Wien 1981.

Stiftung Niedersächsische Gedenkstätten (Hg.): Die Verfolgung der Sinti und Roma im Nationalsozialismus – Materialien aus Niedersachsen, 6. Täter, Bl. 1–8, abrufbar unter: https://geschichtebewusst-sein.de/wp-content/uploads/2017/02/SNG_014_RZ_Modul6-2017-02-23-1.pdf [letzter Zugriff: 20. 6. 2022].

Stöss, Richard: Vom Nationalismus zum Umweltschutz. Die Deutsche Gemeinschaft / Aktionsgemeinschaft Unabhängiger Deutscher im Parteiensystem der Bundesrepublik, Opladen 1980.

Stoll, Katrin: Die Herstellung der Wahrheit. Strafverfahren gegen ehemalige Angehörige der Sicherheitspolizei für den Bezirk Białystok, Berlin 2012.

Stolleis, Michael: Geschichte des öffentlichen Rechts in Deutschland, Bd. 4, Staats- und Verwaltungsrechtswissenschaft in West und Ost 1945–1990, München 2017.

Streim, Alfred: Die Arbeit der Zentralen Stelle der Landesjustizverwaltungen zur Aufklärung nationalsozialistischer Verbrechen, in: Heuß / Roßberg (Hg.): Schonung für die Mörder?, S. 45–65.

Süselbeck, Heiner: Niemanden verloren geben. Briefwechsel zwischen Helmut Gollwitzer und Hermann Schlingensiepen 1951–1979, Berlin 2014.

Süß, Winfried: Der „Volkskörper" im Krieg. Gesundheitspolitik, Gesundheitsverhältnisse und Krankenmord im nationalsozialistischen Deutschland 1939–1945, München 2003.

Taler, Conrad: Asche auf vereisten Wegen – Berichte vom Auschwitz-Prozess, Köln 2015.

Teschke, John P.: Hitler's Legacy. West Germany Confronts the Aftermath of the Third Reich, New York 1999.

Töteberg, Michael (Hg.): Film-Klassiker. 120 Filme, Stuttgart 2006, S. 166–168.

Tyaglyy, Mikhail: Die Einstellung der einheimischen Bevölkerung in der besetzten Ukraine zur Verfolgung der Roma (1941–1944), in: Übersetzte Geschichte, hg. v. Nordost-Institut, Lüneburg 2020, abrufbar unter: https://www.ikgn.de/ubersetzte-geschichte/uebersetzte-geschichte-artikel/mikhail-tyaglyy-die-einstellung-der-einheimischen-bevoelkerung.html [letzter Zugriff: 20. 6. 2022].

Tyaglyy, Mikhail: Nazi Occupation Policies and the Mass Murder of the Roma in Ukraine, in: Weiss-Wendt (Hg.): The Nazi Genocide of the Roma, S. 120–152.

Tyaglyy, Mikhail: Genocide of the Roma, 1941–1944. How is it being remembered in contemporary Ukraine, in: Anna Mirga-Kruszelnicka / Esteban C. Acuna / Piotr Trojański: Education for Remembrance of the Roma Genocide. Scholarship, Commemoration and the Role of Youth, Krakau 2015, S. 97–120.

Uerlings, Herbert / Patrut, Julia-Karin (Hg.): „Zigeuner" und Nation. Repräsentation – Inklusion – Exklusion (Studien zu Fremdheit und Armut von der Antike bis zur Gegenwart, Bd. 8), Frankfurt a. M. u. a. 2008.

Uhe, Ernst: Der Nationalsozialismus in den deutschen Schulbüchern. Eine vergleichende Inhaltsanalyse von Schulgeschichtsbüchern aus der Bundesrepublik Deutschland und der Deutschen Demokratischen Republik, Frankfurt a. M. 1970.

Ullrich, Christina: „Ich fühl' mich nicht als Mörder". Die Integration von NS-Tätern in die Nachkriegsgesellschaft, Darmstadt 2011.

Uslu-Pauer, Susanne: Strafrechtliche Verfolgung von nationalsozialistischen Tötungsverbrechen vor dem Volksgericht Wien, in: Halbrainer, Heimo / Kuretsidis-Haider, Claudia (Hg.): Kriegsverbrechen, NS-Gewaltverbrechen und die europäische Strafjustiz von Nürnberg bis Den Haag, Graz 2007, S. 221–235.

Uschold, Rudolf: Das Zigeunerproblem, in: Die Neue Polizei 5 (1951), H. 3, S. 38–40, H. 4, S. 60–62.

Verbrechen der Wehrmacht. Dimensionen des Vernichtungskrieges 1941–1944. Ausstellungskatalog, Hamburg 2021.

Vestermanis, Marģers: Die nationalsozialistischen Haftstätten und Todeslager im okkupierten Lettland 1941–1945, in: Herbert, Ulrich / Orth, Karin / Dieckmann, Christoph (Hg.): Die nationalsozialistischen Konzentrationslager: Entwicklung und Struktur, Bd. 1, Göttingen 1998, S. 472–492.

Vollnhals, Clemens: Zwischen Verdrängung und Aufklärung. Die Auseinandersetzung mit dem Holocaust in der frühen Bundesrepublik, in: Büttner, Ursula (Hg.): Die Deutschen und die Judenverfolgung im Dritten Reich, Hamburg 1992, S. 357–386.

Vollnhals, Clemens / Osterloh, Jörg (Hg.): NS-Prozesse und deutsche Öffentlichkeit. Besatzungszeit, frühe Bundesrepublik und DDR, Göttingen 2011.

Vossen, Rüdiger: Zigeuner. Roma, Sinti, Gitanos, Gypsies. Zwischen Verfolgung und Romantisierung, Frankfurt a. M. 1983.

VVN-BdA Siegerland-Wittgenstein (Hg.): Regionales Personenlexikon zum Nationalsozialismus in den Altkreisen Siegen und Wittgenstein, Siegen 2014, abrufbar unter: http://akteure-und-taeter-im-ns-in-siegen-und-wittgenstein.de/ [letzter Zugriff: 20. 6. 2022].

Uslu-Pauer, Susanne: Strafrechtliche Verfolgung von nationalsozialistischen Tötungsverbrechen vor dem Volksgericht Wien, in: Heimo Halbrainer / Claudia Kuretsidis-Haider (Hgg.): Kriegsverbrechen, NS-Gewaltverbrechen und die europäische Strafjustiz von Nürnberg bis Den Haag, Graz 2007, S. 221–237.

Wagner, Patrick: Ein ziemlich langer Abschied. Das Bundeskriminalamt und die konzeptionellen Traditionen der NS-Kripo, in: Bundeskriminalamt (Hg.): Das Bundeskriminalamt stellt sich seiner Geschichte. Dokumentation einer Kolloquienreihe, Köln 2008, S. 95–110.

Wagner, Patrick: Die Resozialisierung der NS-Kriminalisten, in: Herbert, Ulrich (Hg.): Wandlungsprozesse in Westdeutschland. Belastung, Integration, Liberalisierung 1945–1980, 2. Aufl., Göttingen 2003, S. 179–213.

Wagner, Patrick: Hitlers Kriminalisten. Die deutsche Kriminalpolizei und der Nationalsozialismus, München 2002.

Wagner, Patrick: Volksgemeinschaft ohne Verbrecher. Konzeptionen und Praxis der Kriminalpolizei in der Zeit der Weimarer Republik und des Nationalsozialismus, Hamburg 1996.

Weckel, Ulrike: Begrenzte Spielräume. Schwierigkeiten beim grenzüberschreitenden Verleih: Der Untertan, in: Lindenberger, Thomas (Hg.): Massenmedien im Kalten Krieg. Akteure, Bilder, Resonanzen, Köln 2006, S. 31–47.

Weindling, Paul: „Unser eigener ‚österreichischer Weg'". Die Meerwasser-Trinkversuche in Dachau 1944, in: Czech, Herwig / Weindling, Paul: Österreichische Ärzte und Ärztinnen im Nationalsozialismus (Jahrbuch des Dokumentationsarchivs des österreichischen Widerstandes), Wien 2017, S. 133–177.

Weindling, Paul Julian: Nazi Medicine and the Nuremberg Trials. From Medical War Crimes to Informed Consent, Houndmills 2004.

Weinke, Annette: „Alliierter Angriff auf die nationale Souveränität"? Die Strafverfolgung von Kriegs- und NS-Verbrechen in der

Bundesrepublik, DDR und Österreich, in: Frei (Hg.): Transnationale Vergangenheitspolitik, S. 37–93.
Weinke, Annette: Eine Gesellschaft ermittelt gegen sich selbst. Die Geschichte der Zentralen Stelle Ludwigsburg 1958–2008, Darmstadt 2008.
Weiss-Wendt, Anton: Murder without hatred. Estonians and the Holocaust, Syracuse 2009.
Weiss-Wendt, Anton: The Roma in Nazi-Occupied Baltic States, in: Études Tsiganes, Nr. 56–57 (2017), S. 180–193.
Wengst, Udo: Die rechtliche Ahndung von NS-Verbrechen in den Westzonen und der Bundesrepublik Deutschland, in: Timmermann, Heiner (Hg.): Vergangenheitsbewältigung in Europa im 20. Jahrhundert, Bd. 1, Berlin 2010, S. 10–22.
Wentker, Hermann: Die Ahndung von NS-Verbrechen in der Sowjetischen Besatzungszone und in der DDR, in: Kritische Justiz 35 (2002), S. 60–78.
Werkentin, Falco: Politische Strafjustiz in der Ära Ulbricht, 2., überarb. Aufl., Berlin 1997.
Westermann, Edward B.: Hitler's Police Battalions. Enforcing Racial War in the East, Kansas 2005.
Wetzel, Juliane: Italien, in: Benz, Wolfgang / Distel, Barbara (Hg.): Der Ort des Terrors. Geschichte der nationalsozialistischen Konzentrationslager. Bd. 9: Arbeitserziehungslager, Ghettos, Jugendschutzlager, Polizeihaftlager, Sonderlager, Zigeunerlager, Zwangsarbeiterlager, München 2009, S. 292–312.
Widmann, Peter: Auszug aus den Baracken. Der Aufstieg der Sozialpädagogik und die deutsche Kommunalpolitik gegenüber „Zigeunern" seit 1945, in: Zimmermann, Michael: (Hg.): Zwischen Erziehung und Vernichtung, Stuttgart 2007, S. 510–531.
Widmann, Peter: An den Rändern der Städte. Sinti und Jenische in der deutschen Kommunalpolitik, Berlin 2001.
Wiedemann, Felix: „Anständige" Täter – „asoziale" Opfer. Der Wiesbadener Juristenprozess 1951/52 und die Aufarbeitung des Mords an Strafgefangenen im Nationalsozialismus, in: Vierteljahrshefte für Zeitgeschichte 67 (2019), H. 4, S. 593–619.
Wienau, Rolf: Die Freigabe der Vernichtung „lebensunwerten Lebens". Euthanasie – Wandlung eines Begriffs, in: Deutsches Ärzteblatt 86 (1989), H. 7, S. A-371–A-375.
Wildt, Michael: Verdrängung und Erinnerung, in: Bundeszentrale für politische Bildung (Hg.): Informationen zur politischen

Bildung, Nationalsozialismus: Krieg und Holocaust, H. 316, 2012, abrufbar unter: https://www.bpb.de/izpb/151963/verdraengung-und-erinnerung?p=all [letzter Zugriff: 20. 6. 2022].
Wildt, Michael: Der Begriff der Arbeit bei Hitler, in: Buggeln, Marc / ders.: Arbeit im Nationalsozialismus, München 2014, S. 3–24.
Wildt, Michael: Generation des Unbedingten. Das Führungskorps des Reichssicherheitshauptamtes, Hamburg 2002.
Wilhelm, Hans-Heinrich: Die Einsatzgruppe A der Sicherheitspolizei und des SD 1941/42, Frankfurt a. M. u. a. 1999.
Wilhelm, Hans-Heinrich: Rassenpolitik und Kriegführung. Sicherheitspolizei und Wehrmacht in Polen und in der Sowjetunion 1939–1942, Passau 1991.
Willems, Wim: In Search of the True Gypsy. From Enlightenment to Final Solution, London 2013.
Willnecker, Lisa: Ungesühnte Verbrechen an Sinti und Roma. Die Nachkriegskarriere der NS-Täterin Eva Justin, Köln 2020 (Masterarbeit, Freie Universität Berlin).
Wimmer, August: Unmenschlichkeitsverbrechen und deutschrechtliche Straftat in einer Handlung, in: Süddeutsche Juristen-Zeitung, 3 (1948), Nr. 5, Sp. 258.
Wimmer, August: Die Bestrafung von Humanitätsverbrechen und der Grundsatz „nullum crimen sine lege“, in: Süddeutsche Juristen-Zeitung (SJZ) 2 (1947), Sp. 123–132.
Winckel, Änneke: Antiziganismus. Rassismus gegen Roma und Sinti im vereinigten Deutschland, Münster 2002.
Winter, Mathias: Von Robert Ritter zu Hermann Arnold. Zur Kontinuität rassistischer Ideologie in der deutschen „Zigeunerforschung“ und „Zigeunerpolitik“, Tübingen 1991.
Winter, Mathias: Kontinuitäten in der deutschen Zigeunerforschung und Zigeunerpolitik, in: Feinderklärung und Prävention. Beiträge zur nationalsozialistischen Gesundheits- und Sozialpolitik 6, Westberlin 1988.
Wippermann, Wolfgang: „Auserwählte Opfer“? Shoa und Porrajmos im Vergleich. Eine Kontroverse, Berlin 2005.
Wippermann, Wolfgang: „Wie die Zigeuner“. Antisemitismus und Antiziganismus im Vergleich, Berlin 1997.
Wippermann, Wolfgang: Nur eine Fußnote? Die Verfolgung der sowjetischen Roma. Historiographie, Motive, Verlauf, in: Meyer,

Klaus / ders. (Hg.): Gegen das Vergessen. Der Vernichtungskrieg gegen die Sowjetunion, 1941–1945, Frankfurt a. M. 1992.
Wirsching, Andreas: Deutsche Geschichte im 20. Jahrhundert, 2. Aufl., München 2005.
Wirsching, Andreas: Nationalsozialismus in Bayerisch-Schwaben. Herrschaft – Verwaltung – Kultur, Ostfildern 2004.
Wölffling, Siegfried: Zur Verfolgung und Vernichtung der mitteleuropäischen Zigeuner unter dem Nationalsozialismus, in: Wissenschaftliche Zeitschrift der Martin-Luther-Universität Halle-Wittenberg 14 (1965), H. 7, S. 501–508.
Wojak, Irmtrud: Fritz Bauer 1903–1968. Eine Biographie, 2., durchg. Aufl., München 2009.
Wolf, Siegmund A.: Großes Wörterbuch der Zigeunersprache (romani tšiw), Hamburg 1993.
Wolfrum, Edgar: Die beiden Deutschland, in: Knigge, Volkhard / Frei, Norbert / Schweitzer, Anett (Hg.): Verbrechen erinnern. Die Auseinandersetzung mit Holocaust und Völkermord, München 2002, S. 133–149.
Wolter, Andrä: Gymnasium und Abitur als „Königsweg" des Hochschulzugangs, in: Kramer, Jochen / Neumann, Marko / Trautwein, Ulrich (Hg.): Abitur und Matura im Wandel. Historische Entwicklungslinien, aktuelle Reformen und ihre Effekte, Wiesbaden 2016, Formularbeginn S. 1–28.
Yates, Dora E.: Hitler and the Gypsies. The Fate of Europe's Oldest Aryans, in: Commentary Magazine 8 (1949), Nr. 5, S. 455–459.
Zimmermann, Michael: Die Entscheidung für ein Zigeunerlager in Auschwitz-Birkenau, in: ders. (Hg.): Zwischen Erziehung und Vernichtung, Stuttgart 2007, S. 392–424.
Zimmermann, Michael: Rassenutopie und Genozid. Die nationalsozialistische „Lösung der Zigeunerfrage", Hamburg 1996.
Zülch, Tilman: In Auschwitz vergast, bis heute verfolgt. Zur Situation der Roma (Zigeuner) in Deutschland und Europa, Reinbek 1979.

Personenregister

— ※ —

Corrigenda

— ⁂ —

S. 53, Zeile 9 Vier Jahre nach der Staatsgründung *statt:* Drei Jahre nach der Staatsgründung

S. 131, Zeilen 1–10 Einer erhielt eine Jugendstrafe von zweieinhalb Jahren, ein zweiter eine Strafe von sechs Jahren, vier wegen Mordes lebenslänglich. Nur einer von ihnen jedoch wegen Verbrechen an Roma („König-Prozess"), die in den Urteilen ansonsten nicht angesprochen wurden. Wie lange die Lebenslänglichen tatsächlich einsaßen, ist unbekannt. *Statt:* Einer erhielt eine Jugendstrafe von zweieinhalb Jahren, ein zweiter eine Strafe von sechs Jahren, die anderen wegen Mordes lebenslänglich. Nicht einer von ihnen jedoch wegen Verbrechen an Roma. Diese wurden im Urteil gar nicht angesprochen. Es ist nicht bekannt, ob diese vier ihre Strafe tatsächlich bis ans Ende verbüßten.

S. 135, Zeile 20 Da ihm wie dem mitverurteilten Kollegen Becker-Freyseng *statt:* Da dem mitverurteilten Kollegen Becker-Freyseng

S. 432, Zeile 1–5 In einem Abschnitt zur NS-Verfolgungsgeschichte der Minderheit ging das Urteil das Auerbach-Gutachten aufgreifend an einer Stelle auf Ritter und dessen Mitarbeiter ein und fand mit dem Verweis auf die sozialdarwinistische Theorie und die Weltanschauung der Nazis als ideologischer Basis dazu klare Worte. *Statt:* In einem Abschnitt zur NS-Verfolgungsgeschichte der Minderheit ging das Urteil das Auerbach-Gutachten aufgreifend an einer Stelle auf Ritter und dessen Mitarbeiter ein und fand dazu klare Worte. Sie seien „ganz der sozialdarwinistischen Theorie und der nationalsozialistischen Weltanschauung verhaftet" gewesen.

S. 432, Zeile 21 Sechs Mal *statt:* Vier Mal

Druck und Bindung
Books on Demand GmbH
In de Tarpen 42, 22848 Norderstedt